Hartmut Kolbe · Die Entenvögel der Welt

Hartmut Kolbe

Die Entenvögel der Welt

Ein Handbuch
für Liebhaber
und Züchter

3. Auflage

Verlag
J. Neumann-Neudamm

3., neubearbeitete Auflage 1984
Alle Rechte vorbehalten
Verlag J. Neumann-Neudamm GmbH & Co. KG, Melsungen
Lizenzausgabe aus dem
© Neumann Verlag Leipzig · Radebeul, 1984
Lektor: Dr. Manfred Geyer
Gesamtgestaltung: Petra Matzke
Textillustrationen: Wolfgang Leuck
Technische Zeichnungen: Ursula Mehlhase
Gesamtherstellung: INTERDRUCK Graphischer Großbetrieb Leipzig – III/18/97
Printed in GDR
ISBN 3-7888-0424-6

Aus dem Vorwort zur 1. Auflage

Nachdem die modernen Handbücher von WISSEL, STEFANI und RAETHEL (1966): Fasanen und andere Hühnervögel, GROEN (1963): Australische Plattschweifsittiche, und GERBERT (1968): Australische Sittiche, erschienen sind und sich bewährt haben, wird ein solches Handbuch über die Entenvögel der Welt ein gleich starkes Interesse in Fachkreisen finden.

Nach einigen kleineren Werken, wie BOETTICHER und GRUMMT (1965): Entenvögel aus aller Welt, schloß DELACOUR mit seinem vierbändigen Standardwerk: The Waterfowl of the World, London 1954—1964, eine empfindliche Lücke in der ornithologischen Literatur. DELACOUR — selbst Züchter und Ornithologe — wählte eine so sinnvolle Gliederung in der Abhandlung der einzelnen Arten (Characteristics, Distribution, General habits, Captivity), daß sie in abgewandelter Form von mir übernommen wurde.

Das hier vorliegende Handbuch (auf einen Band beschränkt) kann die vielen Subspezies nur in kurzen Vorbetrachtungen zu den jeweiligen Arten erwähnen, behandelt sie jedoch in den Fällen, wo auch Züchter und Feldornithologen mit der Zuordnung einzelner Unterarten konfrontiert werden können. Folgendes Schema wurde angewandt: Bei Arten ohne Subspezies-Bildung folgen nach den Namen die morphologischen Beschreibungen. Bei den übrigen weisen die kurzen Betrachtungen nach den Namen auf alle zur Zeit anerkannten Unterarten hin. Die für den europäischen Raum bekannteste Form ist dann ausführlich behandelt. Sind weitere Unterarten importiert, die sich sicher bestimmen lassen, und unterscheiden sie sich gegenüber der ausführlich behandelten Form, sind diese gekürzt abgehandelt und im Kleindruck wiedergegeben.

Die zahlreichen Maß- und Gewichtsangaben sollen dem Züchter helfen, seine Pfleglinge besser als bisher einzuschätzen. Vergleicht man beispielsweise das Gewicht eines Zuchtvogels mit den angegebenen Normalgewichten freilebender Exemplare, erhält man aufschlußreiche Daten über Größe und Ernährungszustand des Tieres. Bei vielen Arten ermöglichen die Körpermaße ein sicheres Ansprechen der Geschlechter.

Die übersichtlichen Verbreitungskarten und in etwa gleicher Weise die schriftlich dargestellte Verbreitung der einzelnen Arten ermöglichen Rückschlüsse auf Klimaansprüche und Lebensgewohnheiten. Die Verbreitungskarten der auf der nördlichen Halbkugel heimischen Arten zeigen nur das Brutgebiet. Bei den südlichen Arten lassen sich die eigentlichen Brutgebiete vom übrigen Lebensraum nur ungenau, vielfach gar nicht abgrenzen. Hier ist die gesamte Verbreitung der Art eingezeichnet. Kenntnisse über die Biologie, speziell über die Brutbiologie der einzelnen Arten, sind heute Grundvoraussetzungen für eine moderne Vogelpflege.

Der Abschnitt über Haltung und Zucht gibt dem Liebhaber Hinweise für die Pflege seiner Tiere, und dem Ornithologen gewährt er einen Überblick über die Häufigkeit der Arten in Gehegen und Zuchtanlagen und damit den Grad der Wahrscheinlichkeit von Freilandbeobachtungen nichtheimischer Arten. Bekanntlich versagen die feldornithologischen Bestimmungsbücher, wenn ein aus Zuchtgehegen oder zoologischen Gärten entflogener außereuropäischer Entenvogel beobachtet wird.

Obgleich die Darstellung der angeborenen Verhaltensweisen der Tiere in den modernen Büchern einen immer breiteren Raum einnimmt, wurde hier weitgehend darauf verzichtet. Diese Problematik würde über den Rahmen des Buches hinsichtlich seiner Aufgaben und seines Umfanges hinausführen. Das Literaturverzeichnis enthält jedoch die wichtigsten ethologischen Publikationen über die Entenvögel.

Relativ kurz wurden auch die Stimmäußerungen abgehandelt. Viele arttypische Rufe und solche, die zur Geschlechtsbestimmung beitragen, sind bei den jeweiligen Arten beschrieben. Dagegen blieben Stimmführungslaute der Küken und beispielsweise die einzelnen Balzrufe unberücksichtigt.

Im vorliegenden Handbuch sind alle Arten, zahlreiche Unterarten und für Artgruppen typische Küken abgebildet. Auf den 192 Fotos, die 122 von insgesamt 144 auf der Welt lebende oder in den letzten 100—150 Jahren ausgestorbene Arten abbilden, sind sehr viele Formen, die erstmalig im europäischen Schrifttum fotografisch dargestellt sind. An dieser Stelle gilt mein besonderer Dank den Ornithologen, die mir Fotos seltener oder gar nicht nach Mitteleuropa importierter Arten zur Verfügung stellten, es sind dies: H. FEIJEN, H. J. FRITH, P. A. JOHNSGARD, E. KOLBE, K. KUSSMANN, W. R. SIEGFRIED, L. SCHLAWE und D. SLATER.

Das Gelingen dieses Werkes wurde erst durch die großzügige Unterstützung vieler Züchter, Ornithologen und Zoofachleute möglich, denen ich hiermit meinen aufrichtigen Dank ausspreche. Von den Züchtern aus der DDR möchte ich besonders danken:

J. FELGNER, Wiedemar, Bez. Leipzig; H. FRANKE, Leipzig-Rückmarsdorf; H. HARING und P. HÜLSSNER, Dölzig, Bez. Leipzig; H. G. KAISER, Damsdorf, Bez. Potsdam; F. KIRSCH, Delitzsch, Bez. Leipzig; K.-H. KUTSCHKE, Kemnitz, Bez. Dresden; G. LANGE, St. Egidien, Bez. Karl-Marx-Stadt; H. MEYNHARDT, Burg, Bez. Magdeburg; E. MÜLLER, Zwickau; K. REISSAUS, Leipzig; A. RICHTER, Lichtenhain, Bez. Dresden; G. SCHULZ, Finsterwalde; H.-G. STURM, Sebnitz, Bez. Dresden.

Mein Bruder E. KOLBE, Mellendorf-Hannover, analysierte mit großem Fleiß den gegenwärtigen Stand der Wasserziergeflügelzucht bei den Züchtern sowie in den großen Zoos und Tierparks der BRD. Ebenfalls bin ich den Herren J. WIENANDS, Viersen, Reg.-Bez. Düsseldorf, und P. KOOY, P. Kooy's Waterfowl Farm, 't Zand, Holland, zu Dank verpflichtet, die mir ihre Zuchterfahrungen mitteilten.

Von den zahllosen Ornithologen, die mich durch Literatursendungen und vor allem durch briefliche Mitteilungen unterstützten, danke ich besonders: C. M. G. BLAIR, Addis Abeba, Äthiopien; J. B. CONDY, Salisbury, Rhodesien; G. DENNLER DE LA TOUR, Buenos Aires, Argentinien; Dr. H. J. FRITH, Canberra, Australien; E. DRESSLER, Hiddensee; T. P. DUTTON, St. Lucia Game Reserve, Nyalazi River, Zululand; Prof. Dr. K. IMMELMANN, Braunschweig; Prof. Dr. P. A. JOHNSGARD, Nebraska, USA; Dr. H. W. KOEPCKE, Lima, Peru; Dr. K. LIEDEL, Halle/Saale; Dr. D. LUTHER, Leipzig; S. MARCHANT, Forrest A. C. T., Australien; Dr. G. MAUERSBERGER, Berlin; Dr. R. PIECHOCKI, Halle/Saale und H. SCHRÖDER, Waren/Müritz.

Den Herren Dir. Dr. H.-G. KLÖS, Zoologischer Garten Berlin; W. KRAUSE, Zoologischer Garten Hannover; M. MELCHIOR, Tierpark Walsrode; S. ŠIR, Zoologischer Garten Prag; E. WEIHER und Dir. Dr. W. WINDECKER, Zoologischer Garten Köln, verdanke ich wertvolle Aufgaben aus den zoologischen Gärten. Die ausländischen Namen teilten mir mit: dänisch: Dr. H. POULSEN, Zoo Kopenhagen; französisch: Dr. J. DELACOUR, Clères, Frankreich; holländisch: P. KOOY, 't Zand, Holland; tschechisch: S. VEGER, Zoo Prag.

Für die kritische Durchsicht meines Manuskripts bin ich den Herren F. BÖHME, Wittenberg, W. GRUMMT, Berlin, Prof. J. JAEGER, Halle/Saale, und Dr. G. MAUERSBERGER, Berlin, zu großem Dank verpflichtet.

Schließlich ist es mir ein Bedürfnis, dem NEUMANN VERLAG und seinen Mitarbeitern für die jederzeit verständnisvolle und tatkräftige Unterstützung während der Vorbereitung und Drucklegung dieses Bandes zu danken.

Möge dieses Buch den Freunden der Wasservogelhaltung Anregungen geben, die Zucht dieser schönen und interessanten Vogelgruppe in dem Maße zu vervollkommnen, wie es die Sittichzüchter nach dem Erscheinen der obengenannten Handbücher praktizierten und den Ornithologen ein Ratgeber bei der Bestimmung und der Information über nichteuropäische Entenvögel sein.

Roßlau-Meinsdorf, im März 1972

HARTMUT KOLBE

Vorwort zur 2. Auflage

In den vergangenen 10 Jahren seit Erscheinen der 1. Auflage ist unser Wissen über die Entenvögel der Welt enorm angestiegen. Umfangreiche Monographien einzelner Arten oder Artengruppen, moderne Landesfaunen und die Ergebnisse internationaler Wasservogelzählungen, die Erfassungen ganzer Weltpopulationen einzelner Arten ermöglichen, wurden publiziert.

Das von DELACOUR in den 50er Jahren entwickelte natürliche System der Entenvögel wurde durch JOHNSGARD, Nebraska, ganz besonders durch seine eigenen Forschungen, auf den neuesten Stand der Erkenntnisse abgestimmt und die Zugehörigkeit einzelner Arten und Artengruppen zum Teil erheblich verändert. WOLTERS (1976) folgt jenen Erkenntnissen, spaltet jedoch beispielsweise die uns bekannte Gattung *Anas* in über 10 Einzelgattungen auf. Die hier gewählte Systematik entspricht jedoch JOHNSGARD (1978).

Einen ebensogroßen Aufschwung nahmen in den zurückliegenden 10 Jahren auch die Wasservogelhaltung und -zucht auf quantitativer und qualitativer Ebene. In vielen Zoos, Vogelparks und Heimattiergärten ist die Klasse der Vögel am stärksten durch die Ordnung der Entenvögel vertreten. In den Zuchtanlagen der Welt fehlen heute nur noch wenige der 148 Arten. Durch züchterisches Können ist es seit Jahren möglich, den Gesamtgehegebestand nicht nur zu erhalten, sondern auch zu vermehren, so daß Wildtiere lediglich zur Genauffrischung in vertretbaren Maßen neu in Gehege kommen und gefährdete Freilandpopulationen (wie Hawaiigans oder Marmelente) durch gezüchtete Gehegetiere gestärkt werden konnten. Dennoch sind viele Probleme der Wasservogelhaltung und -zucht ungelöst, viele Details sind noch unbekannt – für die Freunde dieser Vogelgruppe noch ein reiches Feld der Betätigung.

Leider blieb es unumgänglich, die Mehrzahl der Fototafeln und die Verbreitungskarten unverändert aus der 1. Auflage zu übernehmen. Eine Überarbeitung ist für die nächste Auflage vorgesehen. Auch konnten die seit 1980 gültigen neuen tschechischen Namen nicht mehr aufgenommen werden.

Trotz vieler Publikationen, von denen nur jene als Literatur aufgeführt sind, die im Text zitiert werden, war oftmals der persönliche Informationsaustausch unumgänglich und für meine Arbeit eine große Hilfe. Für die zahlreichen brieflichen und mündlichen Mitteilungen danke ich den Herren Dr. W. GRUMMT, Tierpark Berlin, und A. KÜHNE, Waldheim/Sa., M. BIEHL, Tostedt, E. SEEBOLD, Rotenburg, G. GROEGER, Ahaus, Dr. U. SCHÜRER, Zoo Wuppertal, B. WESSJOHANN, Cloppenburg, J. WIENANDS, Viersen; KUDRJEWZEW, Zoo Moskau, für die russischen Namen aller Entenvogelarten, Dr. K.-F. SCHÜPPEL, Leipzig, für die Überarbeitung des Abschnittes »Krankheiten der Entenvögel« des 1977 verstorbenen Dr. H. KRONBERGER. H. SCHWARZE, Roßlau, übernahm die Anfertigung der technischen Zeichnungen des »Allgemeinen Teils«.

Sehr zu danken habe ich nicht zuletzt meiner Ehefrau für Verständnis, Unterstützung, sachliche und kritische Beratung.

Roßlau-Meinsdorf, im Dezember 1980

HARTMUT KOLBE

Vorwort zur 3. Auflage

Trotz des relativ kurzen Zeitabstandes zwischen 2. und 3. Auflage gibt es manches Neue über die Ordnung ANSERIFORMES zu berichten. Im Süden Argentiniens wurde 1981 eine eigenständige Art der Dampfschiffenten determiniert und beschrieben. Eine Reihe taxonomischer Änderungsvorschläge im Bereich der Trennung und Zusammenfassung von Arten und Unterarten wurde diskutiert, publiziert und in kurzen Betrachtungen hier dargestellt. Auf eine ausführlichere Behandlung relativ eigenständiger und vom Züchter gut zu unterscheidender Unterarten wurde auch in dieser Auflage nicht verzichtet. Infolge veränderter Satzform und Schriftgröße sind jedoch Arten und Unterarten optisch gleichgestellt. Das Erscheinen neuer Handbücher einzelner Regionen der Erde ermöglichte die Erarbeitung detaiierter Verbreitungskarten, aus denen auch eine Trennung zwischen Brut- und Wintervorkommen hervorgeht.

Stärker als bei dem Gros anderer Tiergruppen ist die Wasservogelhaltung in der Lage, die Arten durch Zucht zu erhalten und zu vermehren, so daß mit wenigen Ausnahmen ein geringes Wildtierpotential für den Aufbau umfangreicher Gehegepopulationen ausreicht. Mehrere Arten wurden über eine ergiebige Zucht mit anschließender Wiederauswilderung vor dem Aussterben bewahrt. Andererseits verschwanden einzelne Formen auf Grund von Inzuchtdepressionen wieder aus den Gehegen der Züchter und Zoos, dies gilt speziell für unscheinbare Inselrassen, denen zu wenig Aufmerksamkeit während der günstigen Fortpflanzungsperioden zuteil wurde. Stärker als bisher sollten landes- und weltweite Maßnahmen helfen, die Genpotentiale individuenschwacher Formen möglichst lange stabil zu halten; Züchter und Zoos könnten dabei gedeihlich zusammenarbeiten.

In den zurückliegenden Jahren konzentrierte sich die Bemühungen der Züchter vornehmlich auf die Meeresenten, einschließlich Eider-, Kragen- und Eisenten, Säger und die Ruderenten. Aber auch für die Zukunft gibt es noch ausreichend Neuland. Selbst in der weltgrößten Sammlung, im englischen Wildfowl Trust, fehlen noch immer mehrere Arten; bei der Haltung der Zwergglanzenten oder der Tanggänse gab es keine bedeutenden Fortschritte, die Vermehrung einzelner Arten ist nach wie vor schwierig und aufwendig.

Nicht zuletzt soll die neue Bebilderung dem besseren Kennenlernen der Arten und Unterarten dienen und Anregungen vermitteln, sich dieser Tiergruppe zu widmen.

Im Jahre 1980 überarbeitete eine tschechische Kommission die bestehende Landesnomenklatur und setzte eine Reihe neuer Namen ein, die für die vorliegende Auflage übernommen wurden.

Roßlau-Meinsdorf, im Frühjahr 1984

HARTMUT KOLBE

Inhaltsverzeichnis

Grundlagen der Wasservogelhaltung 10
   Möglichkeiten der Haltung 10
   Einrichten der Gehege 10
   Teichtypen und Größe der Teiche 11
   Betonteiche *12*
   Dachpappenteiche *13*
   Tonteiche *13*
   Plastteiche *14*
   Bodenvegetation und Bepflanzung der Gehege 14
   Besetzung der Anlagen 15
   Überwinterung 15
   Tierische Feinde 16
   Fütterung der Altvögel 33
   Das Kupieren 34
   Zucht des Wassergeflügels 35
   Allgemeines 35
   Brutplätze und Nisthöhlen 35
   Absammeln und Lagerung unbebrüteter Eier 36
   Bebrütung der Eier 37
   Aufzucht der Küken 37
   Aufzuchtfutter 39

Krankheiten der Entenvögel 40
von Dozent Dr. med. vet. habil Harry Kronberger †
und Dr. K.-F. Schüppel

   Allgemeine Betrachtungen 40
   Ankauf gesunder Vögel 40
   Quarantäne 40
   Anzeichen einer Erkrankung 41
   Untersuchung eines krankheitsverdächtigen Tieres 41
   Isolierung und Allgemeinbehandlung eines kranken Tieres 42
   Einsendung von Kot und von gestorbenen Tieren zur Untersuchung 42
   Schutz vor Gefahren für Mensch und Tier 43
   Hygiene der Haltung und Überwinterung 44
   Versenden von Entenvögeln 44
   Krankheitsformen 45
   Viruskrankheiten 45
   Bakteriell bedingte Krankheiten 46
   Mykosen 49
   Parasitär bedingte Krankheiten 49

Endoparasitenbefall *50*
Ektoparasitenbefall *52*
Ernährungsstörungen 52
Vitaminmangel *53*
Mineralstoffe und Spurenelemente *54*
Darre *55*
Vergiftungen 55
Organkrankheiten 55
Magen-Darm-Kanal 55
Leber *56*
Herz *56*
Atmungsorgane *56*
Harnorgane (Gicht) *56*
Legenot *56*

Die Familie der Entenvögel – *Anatidae* 58
   Zwischen- und innerartliche Kreuzungen 61
   Kreuzungen zwischen zwei Arten 61
   Kreuzungen zwischen zwei Unterarten 61
   Mutationszüchtungen 62
Das Messen der Entenvögel 62
Internationales Artenschutzabkommen 64

Morphologie, Verbreitung, Biologie sowie Haltung und Zucht der Entenvögel 81
   Spaltfußgänse, *Anseranatini* 81
   Pfeifgänse, *Dendrocygnini* 82
   Schwäne und Gänse, *Anserini* 95
   Hühnergänse, *Cereopsini* 129
   Pünktchengänse, *Stictonettini* 131
   Halbgänse, *Tadornini* 132
   Dampfschiffenten, *Tachyerini* 170
   Glanzenten, *Cairinini* 173
   Sturzbachenten, *Merganettini* 193
   Schwimm- oder Gründelenten, *Anatini* 194
   Tauchenten, *Aythyini* 268
   Meeresenten und Säger, *Mergini* 290
   Ruderenten, *Oxyurini* 340

Hinweise zu den Verbreitungskarten 352

Literatur 369

Register 377

Grundlagen der Wasservogelhaltung

Möglichkeiten der Haltung

Einrichten der Gehege

Viele Liebhaber und Züchter von Wasserziergeflügel verfügen nur über kleine Gehege von wenigen Quadratmetern Fläche, andere dagegen besitzen größere oder gar weiträumige Freianlagen. Die kleinen wie die großen Einrichtungen sind für die Wasservogelhaltung geeignet, lediglich die Auswahl der Arten und die Anzahl der Pfleglinge muß richtig getroffen werden. Ein Pärchen Rotschulter- oder Krickenten läßt sich gut in einem 6—8 m² großen Volierenabteil mit kleinem Teich halten. Die Tiere werden zutraulich, und selbst Zuchterfolge sind zu erwarten. Mandarin- oder Brautenten lassen sich in einem 8—10 m² großen Abteil ohne weiteres züchten. Ein zweites Paar Enten, gleich welcher Art, würde die Zuchterfolge jedoch weitgehend beeinträchtigen. Die zwar nur wenig verbreitete Volierenhaltung für Wasservögel bringt, abgesehen von der geringen Fläche, die man den Tieren bieten kann, auch etliche Vorteile. Hochbrütende Arten wie Mandarin- und Rotschulterenten können flugfähig gehalten werden, die Nisthöhlen sind 1—2 m hoch anzubringen. Die geschlossenen Volieren sichern die Enten sowie ihre Gelege und Küken gegen Raubzeug ab. Die Tiere brauchen nachts nicht in Innenräume getrieben zu werden, guten Zuchtpaaren können die Bebrütung der Eier und die Jungenaufzucht selbst überlassen bleiben.

Für die Kleinsthaltung mit einfacher Umzäunung und Kunstteich trifft ähnliches zu wie für die Volieren, nur sind die Enten kupiert zu halten. Wegen der Katzen und des Raubwildes müssen die Enten jedoch regelmäßig — zumindest vom Herbst bis weit in das Frühjahr hinein (nahrungsarme Zeit für Raubsäuger) — abends eingesperrt werden. Bei den sich seltener fortpflanzenden Arten beeinträchtigt das die Zuchterfolge erheblich, da Paarungen, Begattungen, die Nistplatzwahl und oft auch die Eiablage am frühen Morgen erfolgen. Mandarin-, Braut- und Rotschulterenten sowie andere leicht züchtbare Arten stört das Einsperren dagegen weniger. Für sie könnten die Nisthöhlen im Innenraum aufgestellt werden.

Auch einzelne Gänsepaare lassen sich auf relativ engem Raum und bei kleiner Wasserfläche gut halten. Nil- und Rostgänse zum Beispiel beanspruchen ohnedies keinen Rasen und sind durch kleineres Raubwild weniger gefährdet als Enten. Magellan- und Hühnergänse können auf Rasenflächen gehalten werden, sie benötigen statt eines Teiches nur ein Bade- oder Trinkwasserbecken. Beide Arten verbeißen allerdings die Gräser sehr stark, was eine unerwünschte Entwicklung der Kräuter (wie Brennessel oder Gänsefingerkraut) zur Folge hat.

Verbreitet ist die Haltung einzelner Höckerschwanen-Paare auf Parkgewässern. Sofern der Parkteich keine Verbindung zur freien Landschaft, besonders zu anderen Wasserläufen hat, wandern kupierte Schwäne nicht ab; es ist also keine Umzäunung notwendig. Bei Teichen ohne Insel sollten an einem Uferabschnitt die drei Landseiten einer 50—100 m² großen Fläche mit einem 1,5 m hohen Zaun umgeben werden. Hier haben die Schwäne die Möglichkeit, ungestört zu brüten und zu ruhen. Gleichzeitig können sich darin die Futterstelle und die Strohschütte für den Winter befinden.

Für die Wasserziergeflügelzucht sind große Gesellschaftsgehege am besten geeignet (Abb. S. 145). Soll eine Anlage neu eingerichtet werden, so empfiehlt sich die Berücksichtigung folgender Aspekte:

1. Es werden mindestens 2—3 Teiche mit flach auslaufenden Ufern angelegt. Jeder dieser Teiche sollte eine mehrere Quadratmeter große Insel haben, die ringsum von einer 1,5—3 m breiten Wasserfläche umgeben ist. Als Wassertiefen genügen für Gründelenten 30—40 cm, für Tauchenten 70—80 cm. Bei einem so großen Teich, der vorteilhaft oval gehalten wird, könnten die Enten vor Feinden auf dem Wasser und auf den Inseln Zu-

flucht nehmen. Alle Nisthöhlen werden auf den Inseln aufgestellt, die Eier sind hier vor räubernden Igeln und Iltissen geschützt.

2. Der Teich sollte von einem zwei- bis dreimal so großen Laufgehege mit Rasen und einzelnen Büschen umgeben sein.

3. Als Umfriedung genügt schon ein 80–100 cm hoher Maschendrahtzaun.

4. Die einzelnen Teiche mit ihren Grünflächen sind ebenfalls durch Zäune voneinander zu trennen. Der Züchter erhält dadurch die Möglichkeit, einzelne Paare oder störende Einzeltiere von den anderen abzusperren. Außerdem können jedes dieser Gehege ein bis zwei Paare Gänse und ein Paar Schwäne bewohnen. Ein Teil der Züchter hat in den Trennwänden kleine Durchläufe eingebaut, die die Enten passieren können, den großen Arten aber den Durchschlupf verwehren.

5. Es wird ein gemeinsames Winterhaus für alle Tiere gebaut. Bei sehr großen Anlagen empfiehlt es sich, mehrere Überwinterungsräume einzurichten, in denen die kälteunempfindlichen und die wärmebedürftigen Arten getrennt untergebracht werden können.

Ist bereits ein Teich vorhanden, so sollte hier versucht werden, eine oder mehrere Inseln anzulegen. Auf diesen verbringen die Tiere – sicher vor Raubsäugern – die Ruhezeiten, und hier werden auch die meisten Nester angelegt. Für manche Arten, vor allem für Schwäne, Gänse und Tauchenten, wirken diese Inseln geradezu anreizend auf die Fortpflanzungstätigkeit.

Nachdem die Haltung und Zucht von Großsittichen in Einzelvolieren längst zur Selbstverständlichkeit geworden ist, entstanden besonders in den 60er Jahren große Wassergeflügelanlagen auf der Basis von Einzelgehegen. Von den westeuropäischen Tiergärten mögen der Zoo Antwerpen, Belgien, mit seinen 32 (Abb. S. 148) und der Vogelpark Walsrode, Niedersachsen, mit etwa 10 Einzelgehegen genannt werden. Moderne Zuchtanlagen enthalten neben Gesellschaftsteichen auch Einzelgehege (Abb. S. 146).

Da viele Wassergeflügelarten während der Brutperiode mehr oder weniger streitsüchtig sind, also Revier- und Jungenverteidigung immer wieder Anlaß zu Beißereien und damit zu Störungen geben, stellen die Einzelgehege, in denen nur ein oder zwei Paare untergebracht sind, ein weiteres Feld züchterischer Möglichkeiten dar.

Die Größe der einzelnen Gehege und der Typus der Teichanlage richten sich selbstverständlich nach den örtlichen Gegebenheiten und können, wie die Abb. zeigen, stark variieren. Für kleine Entenarten genügt eine Grundfläche von 10–20 m², für Kasarkas etwa 30–60 m² und für Spiegelgänse um 200 m². Eine gesunde Grasnarbe sollte stets vorhanden sein. Wichtig ist, daß die Trennwände zwischen den Einzelgehegen zumindest im unteren Teil aus Holz (Abb. S. 147), Eternit (Abb. S. 148) oder ähnlichem Material bestehen, so daß sich die benachbarten Tiere nicht sehen. Dort, wo die Zuchttiere durch Raubsäuger gefährdet sind, empfiehlt es sich, ein Schutzhaus aufzustellen oder einen Elektroweidezaundraht anzubringen.

Die seit einigen Jahren erbauten Tropenhäuser in den großen zoologischen Gärten werden in jüngster Zeit auch als Zuchtstätten für besonders empfindliche Entenarten genutzt. Der englische Wildfowl Trust pflegt seit 1968 unter anderem Spatelschnabelenten, Zwergglanzenten und Weißrückenenten sowie einige Pfeifgans-Arten in einem Tropenhaus.

Teichtypen und Größe der Teiche

So, wie Gehege verschiedenster Größe für die Wasservogelhaltung brauchbar sind, finden auch die unterschiedlichsten Teichtypen ihre Verwendung.

Der *Naturteich** ist ökologisch gesehen für die Entenvögel selbstverständlich am geeignetsten. Hier braucht das Wasser nicht erneuert zu werden und bleibt dadurch gleichmäßig warm. Auf den meisten dieser Teiche finden die Tiere reichlich natürliche Nahrung, auf die besonders die Löffelenten-Arten angewiesen sind. Die Ufervegetation regt viele Paare zur Eiablage an. Naturteiche können aber auch sehr kaltes Quellwasser führen. Diese Gewässer bieten sich zwar für die Haltung von Schellenten, Eiderenten und Sägern an, sind aber unpassend für alle wärmeliebenden Arten.

Bei den meisten Naturteichen wird eine nachträgliche Uferbefestigung unumgänglich sein. Die Enten zertreten die Litoralflora und beginnen dann den Ufersand durch ständiges Schnattern und Seihen abzutragen. Als Befestigung werden meist Faschinen, Feld- oder Bruchsteine aufgetragen, die Steine teilweise auch vermauert. Diese Befestigungsformen haben jedoch den Nachteil, daß in die Teichufer unbemerkt Ratten ihre Wohnröhren graben können oder sich die Enten unter Wasser mit Kopf und Hals verklemmen. Als günstig erwies sich, die Ufer bis ca. 20 cm unter der Wasseroberfläche fest einzufassen (Betonteile, Eisenbahnschwellen) und den oberen Teil mit grobem Schotter oder mit Feldsteinen flach auslaufen zu lassen.

Das Einfangen der Altvögel gestaltet sich auf großen Teichen oft sehr schwierig. Bei übersichtlichen Gewässern ohne Inseln wird eine Leine über das Wasser gezogen. Die Gänse, Schwäne und Gründelenten schwimmen vor ihr her und gehen in der zuletzt verbleibenden Ecke auf Land, wo sie erhascht werden können. Tauchenten und verängstigte Gründelenten untertauchen jedoch die Leine und sind kaum einzufangen. Hier empfiehlt sich, ein Fanggerät ständig am

---

* Im folgenden soll darunter ein Teich verstanden werden, der ohne Beton- oder Folienabdichtung aus dem Grund- oder Oberflächenwasser gespeist wird.

Ufer aufgestellt zu halten und in ihm zu füttern. Durch Leinenabzug kann man jeden beliebigen Wasservogel darin fangen, ohne die anderen Teichmitbewohner wesentlich zu beunruhigen.

Bei der Einrichtung von *Kunstteichen*** sollten die vorhandene Fläche und die vorteilhafteste Teichgröße zu einem zweckmäßigen und harmonischen Gesamtbild der Anlage vereinigt werden. Für ein einzelnes Paar mittelgroßer Enten könnte der Teichdurchmesser 1,5–2 m betragen. Sollen mehrere Paare in Kleingehegen Unterkunft finden, sind auch hier zwei Teiche von Vorteil. Für Gesellschaftsgehege, in denen die Tiere nachts nicht in einem abgeschlossenen Raum eingesperrt werden, müssen die Teiche die oben angegebenen Mindestmaße haben.

Damit die Enten das Wasser ohne Mühe verlassen können, sind die Ufer, zumindest aber einzelne Stellen, in den oberen 10–20 cm flach auslaufend anzulegen, und die Oberfläche ist dort möglichst rauh oder stufig zu halten. Für den Wasserwechsel wird an der tiefsten Stelle ein Abflußrohr (Mindestdurchmesser 80 mm) eingebaut und mit einem Gummipfropfen oder einem Überlaufrohr verschlossen. Ventile und kleinere Rohrweiten verstopfen zu leicht und sind deshalb ungeeignet.

lem von großflächigen Teichen, setzt jedoch handwerkliche Kenntnisse voraus, die von Fall zu Fall durch die Konsultation oder Mitarbeit eines Fachmanns einzuholen sind. An dieser Stelle werden lediglich einige grundsätzliche Hinweise für den Bau von Kleinteichen gegeben.

Material: Zement, grober Kies, für die obere Abschlußkante Bruchsteine, wie sie für den Straßenunterbau oder für Natursteinwände Verwendung finden.

Bau: Sohle und Seitenwände werden mit 10–20 cm dickem Stampfbeton (Mischungsverhältnis etwa 1 : 5) ausgepackt und mit einer 2–3 cm starken Zementestrich-Schicht (Mischungsverhältnis 1 : 2) ausgekleidet. Die Estrichfläche soll möglichst glattgestrichen werden, damit sich später Schmutz und Algen leicht lösen. Lediglich die von den Enten zum Ausstieg benutzten oberen 10–20 cm des Teichrandes sind grob aufzurauhen. Zur Betoneinsparung können Feldsteine und Ziegel (auch Bruchstücke) in die Wandungen eingestampft oder direkt vermauert werden. In vielen Anlagen sind die Teichkronen mit Bruchsteinen verkleidet.

Wartung: Aus Teichen mit steilen Wänden, an denen Frostschäden auftreten können, muß das Wasser während der stärksten Frostperiode abgelassen werden.

Fangeinrichtung mit Schnurabzug

Betonteiche

Künstlich angelegte Zuchtteiche sind in erster Linie Betonbecken (Abb. S. 148), deren Haltbarkeit bei richtiger Bauweise unbegrenzt sein kann. Der Bau, vor al-

** Mit unterschiedlichen Materialien hergestellte Becken, in denen das Wasser aufgefüllt und von Zeit zu Zeit erneuert werden muß.

Vorteile: Äußerst beständige Bauart, mit der jede gewünschte Teichgröße und Teichform errichtet werden kann.

Nachteile: Teure, aufwendige und körperlich schwere Erstellung, die nicht in jedem Falle ohne spezielle Fachkenntnisse ausgeführt werden kann. Betonteiche sind ausgesprochene Kaltteiche, die in kleineren Abmessungen (hier muß das Wasser häufig gewechselt werden und bleibt deshalb stets kalt) nur bedingt für die Haltung und Zucht wärmebeanspruchender Arten

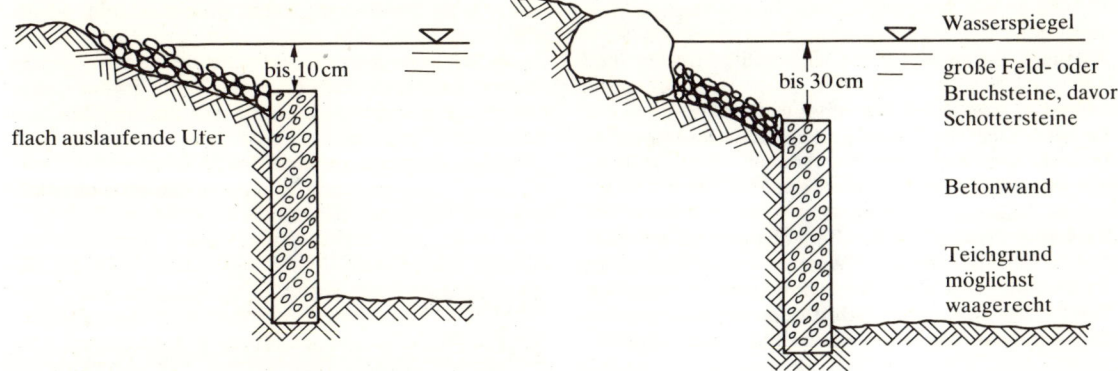

bis 10 cm

flach auslaufende Ufer

Wasserspiegel

bis 30 cm

große Feld- oder Bruchsteine, davor Schottersteine

Betonwand

Teichgrund möglichst waagerecht

brauchbar sind. Oder man verkleidet den oberen Betonrand mit Holz. Dadurch ist zumindest die Sitzfläche für die Tiere nicht mehr so kalt. Ein weiterer Nachteil ist die Scharfkantigkeit vieler Betonbecken. Speziell in Überwinterungsräumen könnte ein Überstreichen mit Polyesterharz oder Bitumen Abhilfe schaffen.

Dachpappenteiche

Neben dem Betonteich gewann der bedeutend wärmere Dachpappenteich für die Haltung kleiner und empfindlicher Entenarten an Bedeutung (Abb. S. 151).
Material: Dach- oder Teerpappe, auch unbesandete Isolierpappe oder Glasfließ, Klebemasse (keinen Dachanstrich verwenden).
Bau: Teichraum ausschachten, Flächen festklopfen und völlig glätten, sämtliche Steine, Wurzeln und lebende Stauden (Schilf, Riesenknöterich usw.) entfernen. Ufer möglichst flach auslaufend anlegen. Dachpappe in zwei Schichten verarbeiten. Erste Schicht: Gesamten Teich auslegen, Bahnen 15–20 cm überlappen, zuletzt alle Überlappungsflächen verkleben. Zweite Schicht: Quer zur ersten auslegen, Bahnen einzeln mit der gesamten Fläche auf die untere Schicht aufkleben. Abschließend kann der ganze Teich noch einmal mit Klebemasse überstrichen werden. Die hierdurch entstandene glatte Oberfläche erschwert den Tieren jedoch das Herausklettern. Deshalb ist es zweckmäßiger, nur die Überlappungen nochmals zu überstreichen. Der Bau des Teiches muß bei trockenem, heißem Wetter erfolgen; die Mindesttemperatur zur Verarbeitung von Dachpappe beträgt 15°C. Im Teich kann mit weich besohlten Schuhen (Gummistiefeln) gelaufen werden. Der Einbau von Inseln und Buchten ist bei entsprechend heißer Witterung gut möglich. Abfluß wie bei anderen Kunstteichen.
Wartung: Sofern die Ufer schräg genug sind, schaden Frost und Eis in der Regel nicht. Einzelne defekte Stellen können durch Überkleben ausgebessert werden.
Vorteile: Einfache Bauweise, die ohne handwerkliches Fachkönnen ausführbar ist. Das Wasser erwärmt sich

Bei etwa waagerechtem Teichgrund kann die Befestigung von den Enten nicht unterhöhlt werden; im oberen Bereich verhindert die Betonkante das Abrollen der Feld- oder Schottersteine.

leicht, und die trockenen Uferwülste bieten schon bei geringer Sonneneinstrahlung im Frühling warme Ruheplätze für die Enten, was sich als äußerst zweckmäßig erweist und sich positiv auf die Legeleistung wärmeliebender Arten auswirkt.
Nachteile: Von Zeit zu Zeit sind kleine Ausbesserungsarbeiten notwendig, die meist nur in den Sommermonaten ausgeführt werden können. Die Vorteile überwiegen aber beträchtlich.

Tonteiche

Das Auspacken künstlich angelegter Parkteiche, Wildtränken oder Gräben mit gestampftem Lehm oder mit Tonerde wird seit langem praktiziert. In abgewandelter Form läßt sich diese Methode für den Bau großer Ziergeflügel-Teiche verwenden.
Material: Ungebrannte, vorgetrocknete Ziegelsteine (sogenannte Formlinge), die sich durch aufgetretene Risse nicht zur Weiterverarbeitung (Brennprozeß) eignen. Diese Tonquader messen etwa $8 \times 16 \times 29$ cm und fallen hauptsächlich im Herbst und Winter an.
Bau: An der tiefsten Teichstelle wird ein Betonschacht mit Abflußrohr eingebaut. Nun packt man den gesamten Teich ein- oder zweischichtig mit Formlingen aus. Die Steine müssen möglichst trocken verlegt und eng gepackt werden. Sobald Wasser eingelassen wird, quillt der Ton auf und wird damit absolut wasserdicht. Lediglich der obere Rand (reichliche Seihtiefe der Enten) muß durch Beton- oder Bruchsteine befestigt werden, um ein Abschnattern der Ufer zu verhindern. Ein auf dem Ton ruhender Betonkamm ist weniger zu empfehlen, da der Ton ständig in sich arbeitet. Die Einflußstelle des Wassers ist ebenfalls durch Beton, Dachpappe oder Plast zu sichern, damit der Ton dort nicht ausgespült wird. Auf die Teichsohle kommt eine 10–15 cm dicke Kiesschicht. Sie verhindert das

Aufwühlen des Tons und die damit verbundene Wassertrübung.

Wartung: Derartige Teiche sind völlig frostfest und halten – sofern die Ufer nicht abgeschnattert werden – ohne jede Pflege über viele Jahre.

Vorteile: Eine sehr billige und einfache Bauweise, die keinerlei handwerkliches Fachkönnen voraussetzt. Sie ist besonders für sehr große Teichanlagen mit Inseln und buchtigen Ufern geeignet.

Nachteile: Wasser und Ufer bleiben relativ kalt. Tauchenten werden das Wasser unter Umständen stark trüben. Bei undichten Ufern tritt ein ständiger Wasserverlust ein. Kein Schilf oder Kalmus anpflanzen, weil deren Wurzeln die Tonsohle durchdringen.

Plastteiche

Plastteiche fanden in der Ziergeflügelzucht bisher wenig Verwendung, obgleich diese die schnellste und einfachste Form darstellen, einen Teich anzulegen. Besonders empfehlenswert ist die Verwendung rußstabilisierter Breitfolien für provisorische Becken, wenn beispielsweise ein einzelnes Entenpaar während der Brutzeit allein auf einem Teich untergebracht werden soll. Auch können leicht kleine, flache Aufzuchtteiche an beliebigen Stellen errichtet werden.

Material: Polyäthylen-Breitfolien sind in einer Dicke von 0,1–0,2 mm bei einer maximalen Breite von 6 m erhältlich. Als Tafeln wird das Material mit den Abmessungen 2 × 1,4 m in den Dicken 1,1–10 mm und als Rollen 1,1–3 mm dick hergestellt. Für den Teichbau eignen sich Dicken von 1,1–3 mm. Rußstabilisierte, also schwarze Folie hat gegenüber der naturfarbenen (z. B. Frühbeetfolie) den Vorteil, daß sie nicht durch UV-Einstrahlung zerstört wird. Ferner eignen sich Polyvinylchlorid-weich-Dichtungsbahnen, dieses PVC-Material wird 1 m breit, 1,5 mm und 2 mm dick hergestellt und läßt sich ausgezeichnet kleben und schweißen.

Bau: Die gewünschte Teichform wird ausgeschachtet, mit einem steinfreien Sandbett oder mit unbesandeter Isolierpappe ausgekleidet und mit der Folie ausgelegt. Der Teichrand kann mit flachen Steinplatten oder einem Holzrahmen abgedeckt beziehungsweise das Ende der Folie einfach eingegraben werden. Bei großen Teichen müssen die Folienbahnen oder die einzelnen Platten verschweißt werden. Auch die Abflußrohre, für die zweckmäßig gleiches Material Verwendung findet, sind einzuschweißen.

Wartung: Sofern mechanische Beschädigungen vermieden werden können, sind Plastteiche wartungsfrei. Frostschäden treten nicht auf, da Plaste einen größeren Dehnungskoeffizienten haben als Eis.

Nach neueren Erfahrungen haben sich rußstabilisierte Breitfolien mit 0,2 mm Dicke und Platten beziehungsweise Rollen von 1,1–3 mm Dicke bestens für Großteiche in zoologischen Gärten bewährt.

Vorteile: Sehr gute Witterungsbeständigkeit, gründlicher als andere Materialien zu reinigen. Kleine Aufzuchtteiche lassen sich leicht errichten und umsetzen.

Nachteile: Die glatte Oberfläche der Plaste, die bei Veralgung sogar glitschig werden kann, erfordert sehr flach auslaufende Ufer. Dünne naturfarbene Materialien (z. B. Frühbeetfolie) erhalten durch die scharfen Zehennägel der Tiere leicht kurze Risse und werden durch UV-Einstrahlung nach 1–2 Jahren unbrauchbar.

Bodenvegetation und Bepflanzung der Gehege

Erfolgt die Bepflanzung der Anlagen mit Bäumen und Büschen vorwiegend aus ästhetischen Erwägungen, so hat die Bodenvegetation als Nahrungszusatz und für die Errichtung freistehender Nester eine große Bedeutung.

Gute Weiden mit Süßgräsern und weichen Kräutern sind für fast alle Gänsearten unbedingt notwendig. Die Vertreter der *Tadorna*-Gruppe und einige Enten, wie Kolben- und Pfeifenten, äsen gern, benötigen den Rasen aber nicht in dem Maße wie die Gänse. Der Gänsezüchter muß folglich von vornherein neben der Teichanlage einen so weiträumigen Auslauf schaffen, daß es den gehaltenen Tieren nicht gelingt, den Rasen gänzlich abzuäsen oder zu zertreten. Eine gemeinsame Beäsung großer Grasflächen durch Gänse und Schafe ist nicht empfehlenswert. Die Schafe meiden das von den Gänsen verkotete Gras.

Eine ganze Anzahl von Entenarten, darunter Krick-, Knäk-, Löffel-, Blauflügel- und Reiherenten, benutzen für die Eiablage nur ausnahmsweise eine Nisthöhle. Sie wollen die Nester an einem für sie sicheren Platz in der Vegetation anlegen. Die genannten Gründelenten bevorzugen dafür einen dichten Gras- oder Krautbestand, der nicht zu niedrig, aber möglichst nur so hoch sein sollte, daß sie in aufrechter Haltung mit dem Kopf über das Gras hinwegschauen können. Tauchenten erbauen die Nester gern unmittelbar am Wasser. Für sie eignen sich dicht mit Seggen (*Carex*), Kalmus (*Acorus calamus*) oder Taglilien (*Hemerocallis flava* und *fulva*) bewachsene Inseln oder Brennesselbestände entlang der Ufer.

In kleinen, stark besetzten Gehegen ist die Erhaltung der Bodenvegetation äußerst schwierig. Für die Bepflanzung der Inseln und Teichufer erwiesen sich Kalmus und Taglilien am ausdauerndsten, als niedriger Bodenbewuchs halten das Gänsefingerkraut (*Potentilla anserina*) und einige Kamillenarten (*Matricaria matricarioides* und *chamomilla*) recht gut aus. Geschlossene Huflattich-Bestände (*Tussilago farfara*) können in einiger Entfernung vom Teich angesiedelt werden; Gründelenten errichten nach der Blattbildung darin gern ihre Nester. Viele Züchter bepflanzen das Auslaufgehege mit kriechenden und strauchwüchsigen Nadelbäumen, wie Kriechendem Wacholder *(Juniperus* spec.), Lebensbäumen (*Thuja* spec.) oder Zwergfichten (*Picea* spec.).

Eine zu starke Beschattung der gesamten Anlage durch Laubbäume (beispielsweise durch Trauerweiden *(Salix babylonica)* ist unzweckmäßig, obgleich einige Bäume zur Schattenbildung angebracht sind. In kleinen Anlagen eignen sich dazu die strauchwüchsigen Fiederspieren *(Sorbaria sorbifolia)* und der Riesenknöterich *(Polygonum sachalinense),* deren Blätter von den meisten Entenvögeln nicht beäst werden. Da für viele Enten – zum Beispiel alle höhlenbrütenden Arten – das Vorhandensein eines Bodenwuchses auf das Fortpflanzungsgeschehen keinen Einfluß hat, empfiehlt es sich, Arten wie Mandarin-, Amazonas-, Rotschulter-, Bahama- und Kolbenenten gemeinsam auf einem Teich mit relativ engem Auslaufgehege zu halten und den frei brütenden Blauflügel-, Knäk- und Zimtenten allein einen Teich mit angrenzendem Grasbestand zu überlassen.

Besetzung der Anlagen

Die Besetzung der Anlage richtet sich nach der Größe von Teich und Gehege sowie nach der Größe und der Verträglichkeit der gepflegten Tiere. Auf die allgemeine Verträglichkeit wird im speziellen Teil bei den jeweiligen Arten hingewiesen.

Darüber hinaus bilden die Auseinandersetzungen um das Brutrevier und die Rangordnung am Futterplatz nicht vorhersehbare Abweichungen von der Regel. Ein völlig »friedfertiges Paar« ist ein sicheres Zeichen für Brutinaktivität, und beginnende Zänkereien deuten auf ein baldiges Legen hin. Am Futterplatz muß der Züchter genau beobachten (speziell nach Umsetzungen oder im Winterquartier), daß auch die rangunteren, das sind meist die kleineren Arten, noch ausreichend Nahrung aufnehmen können. In überbesetz-

ten Anlagen kommt es zwischen an sich verträglichen Arten zu gegenseitigen Störungen, die unbefriedigende Zuchtergebnisse zur Folge haben. Viele Schaubecken in zoologischen Gärten wären als Zuchtgehege übersetzt; obgleich viele Tiere gepaart sind, kommt es nur selten zur Eiablage. Dagegen werden in schwach besetzten Teichanlagen, in denen sich eine gesunde Bodenvegetation erhalten kann, relativ hohe Zuchtergebnisse erzielt. Wie viele Paare eine Anlage aufnehmen kann, läßt sich hier nicht festlegen. Als Beispiele für Gehegebesetzungen können angesehen werden: (1) Biehl, Tostedt, (2) Haring, Leipzig, (3) Hennicke, Dessau, (4) Kolbe, Roßlau.

Mit der Wahl des Brutplatzes erfolgt bei den fest verpaarten Tieren die Inbesitznahme des Brutrevieres, das bei den Parkschwänen weite Gewässerabschnitte oder ganze Buchten einnehmen kann, bei vielen Entenarten aber nur wenige Quadratmeter Wasserfläche um den Nistplatz einbezieht. Die männlichen Partner bewachen das Brutrevier und verteidigen es mehr oder minder heftig. Zwar werden in der Regel nur art- oder gattungsgleiche Männchen zurückgeschlagen, die Spiegelgänse, Kasarkas oder Pfeifgänse dulden aber unter Umständen gar keinen anderen Wasservogel in ihrem Bereich. Auf großen Zuchtteichen verfolgt der verteidigende Erpel seinen Nebenbuhler eine gewisse Strecke und läßt dann von ihm ab. In Kleingehegen führt dies jedoch immer wieder zu störenden Beißereien und kann zum Erlöschen der Brutlust des einen oder des anderen Paares führen. Hier empfiehlt sich eine Unterbesetzung der Anlage oder statt eines größeren Teiches zwei kleinere anzulegen.

Überwinterung

Obgleich die wenigsten Wasservogelarten ohne Schutzraum überwintert werden sollten, wird ihre Kälteempfindlichkeit oft überschätzt. So wurden in dem strengen Winter 1978/79 u. a. Hottentotten- und flugfähige Rotschulterenten im Freien überwintert. Für die Mehrzahl der Arten (auch der tropischen) sind Win-

	Anzahl der Gehege*	Gehege-größe	Wasser-fläche	Insel-fläche	mittlere Bestandsstärke			
					Schwäne	Gänse	Enten	Säger
(1)	4*	10 000 m²	3 500 m²	60 m²	4	30	120	10
(2)	3	1 500 m²	230 m²	25 m²	2–4	10	50–60	–
(3)	9	500 m²	53 m²	3 m²	–	–	40	–
(4)	4*	1 960 m²	680 m²	55 m²	–	20	40	10

* ohne Einzelgehege

tertemperaturen um 5°C völlig ausreichend. Selbst die empfindlichen Zimt- oder Amazonasenten sowie die Radjah- oder Orinokogänse können für kürzere Zeiten Frostgrade im Schutzraum ohne Schaden überstehen. Bedingungen sind jedoch ein zugfreier, trockener Raum und möglichst oft Badegelegenheiten im Freien. Nichteingewöhnte und junge Tiere sind kälteempfindlicher als ältere Zuchttiere. Als Überwinterungsräume haben sich die Glashäuser wenig bewährt. Die Temperaturen korrelieren zu stark mit den Außentemperaturen. Heute werden massive Bauten von ca. 3 m Breite und beliebiger Länge mit einer Fensterfront und gut isoliertem Decken-Dach-Raum bevorzugt (Abb. S. 18, 145 und 154). Als Bodeneinstreu eignen sich Hobelspäne recht gut. Wird eine große Anzahl von Wasservögeln in einem solchen Raum gehalten, temperiert sich dieser durch den Wärmeverlust der Tiere so weit aus, daß überhaupt nicht geheizt zu werden braucht. Andernfalls muß die Gesamttemperatur durch hoch angebrachte Infrarot-Dunkelstrahler oder andere Heizquellen etwas gesteigert werden. Der direkte Wärmebereich eines Strahlers sollte die Tiere jedoch nicht erreichen, die Enten oder Gänse würden bald danach, spätestens aber im Frühjahr mit der Mauser beginnen.

Es empfiehlt sich, die wärmebedürftigen Arten von den übrigen zu trennen und ihren Winterraum auf mindestens 5°C zu halten. Zum Baden werden die Tiere an frostfreien Tagen ins Freie gelassen, in der übrigen Zeit erhalten sie in einem gesonderten Raum eine Badegelegenheit.

Auf Torfmull überwinterte Entenvögel müssen zur Aufrechterhaltung ihrer Verdauungsfunktionen eine Sandschale oder Sand im Wassernapf geboten bekommen.

Tierische Feinde

Obgleich die Wasserfläche unseren Pfleglingen weitgehend Zuflucht vor tierischen Feinden bietet, sind die nicht in geschlossenen Volieren gehaltenen Entenvögel fast immer irgendwelchen Feinden ausgesetzt. Während des Frühjahrs, in dem ihre Jungtiere aufwachsen, und in den nahrungsarmen Wintermonaten streicht Raubzeug weit umher und besucht die Örtlichkeiten, wo es einmal Jagderfolg hatte, dann regelmäßig. Bereits bei der Errichtung der Anlage muß deshalb erwogen werden, mit welchen tierischen Feinden zu rechnen ist. Entsprechend hoch muß der Zaun und breit die Wasserfläche sein. Der Überwinterungsraum hat auf alle Fälle raubtier- und rattensicher zu sein. Auch die Aufzuchtgehege für Jungenten sind gegebenenfalls zu überdachen.

Der Habicht, noch seltener das **Sperber**-Weibchen, dürften die einzigen Greifvögel sein, die gelegentlich in waldnahen Anlagen eine Ente ergreifen. Bei der gegenwärtigen Seltenheit beider Arten bleiben aber derartige Verluste Ausnahmen. Doch sei darauf hingewiesen, daß in der DDR und in einigen Bundesländern der BRD alle Greifvögel, auch Habicht und Sperber, ganzjährig geschützt sind und weder gefangen noch getötet werden dürfen. Sollten Greifvogelschäden auftreten, ist zuerst der Kreisbeauftragte für Naturschutz oder die Kreisjagdbehörde zu konsultieren.

Krähen und Elstern können für Gelege und Küken eine nicht zu unterschätzende Gefahr darstellen. Im allgemeinen wird es sich um Brutpaare handeln, die in der Nachbarschaft nisten oder Junge aufziehen und während ihrer Nahrungsflüge die Entengehege regelmäßig aufsuchen. Mit der Vernichtung der Brutstätte verläßt das Krähen- oder Elsternpaar meist das Revier. Das Nest sollte aber erst an den letzten Bruttagen oder kurz nach dem Schlüpfen der Jungen zerstört werden, denn sonst wird sofort ein Nachgelege in einem neu erbauten, oftmals schwieriger erreichbaren Nest getätigt. Wirksamer ist zweifellos die Bekämpfung der Altvögel durch Abschuß, Giftköder oder Gifteier, was jedoch erst nach Einholung einer Genehmigung durch die zuständigen Behörden erfolgen kann. In Anlagen, die regelmäßig unter Krähen und Elstern zu leiden haben, muß man den frei brütenden Entenarten besonders sichtgeschützte Nistplätze, beispielsweise hohes Gras, bieten. Die Kästen für die höhlenbrütenden Arten sollen möglichst tief sein und ein enges Schlupfloch aufweisen. Selbstverständlich sind die Eier hier täglich, wenn nötig, unmittelbar nach dem Legen, abzusammeln.

Igel: In Anlagen, die gegen Igel nicht abgedichtet werden können, wird außerhalb der Inseln kein Wasservogelgelege zum Schlüpfen kommen, selbst die Eier in den Höhlen bleiben nicht verschont. Hier ergeben sich zwei Möglichkeiten: den Zaun unten völlig abdichten oder alle Nistkästen auf den Inseln unterbringen und freistehende Gelege sofort, spätestens aber im letzten Brutdrittel einsammeln. Bereits das leise Piepsen der Küken während der Schlupfperiode vermag der Igel wahrzunehmen.

Wanderratten sind ganz zweifellos die gefährlichsten und am schwierigsten zu bekämpfenden Schädlinge unseres Wassergeflügels, besonders der Gelege und der Jungtiere.

Bei der Errichtung neuer Anlagen müssen den Ratten die Schlupfwinkel und die Möglichkeiten zum Anlegen von schwer auffindbaren Erdröhren weitgehend genommen werden; Volieren und Innenräume sind grundsätzlich rattensicher zu bauen.

Die Bekämpfungsmethoden sind vielseitig. In von Ratten verseuchten Anlagen wird der Abschuß mit der Luftbüchse erste Erfolge bringen, die Vernichtung aller Sippenangehörigen dürfte so aber nicht möglich sein. Weitgehend wirksam sind die modernen Köder- und Kontaktgifte. Bei allen Giften – besonders wenn sie durch die Ratten verschleppt werden können – muß große Sorgfalt angewandt werden, damit sie nicht für die Entenvögel erreichbar sind.

Paar der Witwenpfeifgans, *Dendrocygna viduata* (L.), vorn der Erpel mit dem beulenartig ausgestellten Hinterkopf.

phot. H. Kolbe

1 Kombiniertes Aufzucht- und Überwinterungshaus in der Anlage des Verfassers, die Außengehege sìnd bis in den Teich hineingezogen. 2 Zweckmäßig bepflanzte und durch Sichtschutz getrennte Gehege, die sich besonders für die Zucht kleiner Entenarten eignen.

phot. H. Kolbe

1 Geräumige Bruthöhle, die gern von Mähnengänsen, Kasarkas oder Gänsesägern bezogen wird. 2 Viele Pfeifgans-Paare brüten bevorzugt auf Wiesen. 3 Brütende Zwerggans in einer Staude der *Iris sibirica* und 4 in einer offenen Hütte.   phot. H. Kolbe

1 Brütende Wanderpfeifgans, *Dendrocygna arcuata* HORSFIELD. 2 Gelege und 3 ein Paar der Wanderpfeifgänse.   phot. H. Kolbe

1 Gelbe Pfeifgans, *Dendrocygna bicolor* VIEILLOT. 2 Küken der Gelben Pfeifgans, geführt von einer Brautente. 3 Erpel der Gelben Pfeifgans sichert vor der Brutablösung.

phot. H. Kolbe

1 Südliche Herbstpfeifgans, *Dendrocygna autumnalis discolor* SCLATER & SALVIN. Zu Beginn der Brutzeit färben sich die ausgeblaßten Schnäbel wieder leuchtend rot. 2 Sichelpfeifgans, *Dendrocygna eytoni* (EYTON). phot. H. Kolbe

Zwergschwan, *Cygnus columbianus bewickii* YARRELL, an seinem Nest im Tierpark Berlin. phot. H. Kolbe

1 Familie des Höckerschwans, *Cygnus olor* (GMELIN). 2 Der fast gänseartige Koskorobaschwan, *Coscoroba coscoroba* (MOLINA).
3 Der Trompeterschwan, *Cygnus cygnus buccinator* (RICHARDSON), ist der größte Vertreter der Entenvögel.　　　　phot. H. Kolbe

1 Bleßgans, *Anser albifrons* (Scopoli), auf ihrem Gelege. Zwerggans, *Anser erythropus* (L.), 2 brütendes Weibchen, 3 der in Nestnähe wachende Ganter.
phot. H. Kolbe

Kaisergans, *Anser canagicus* SEWASTIANOW, 1 Paar, links der Ganter, 2 Weibchen während der Legeperiode mit stark erweitertem Abdomen, von den Züchtern als ›Legebauch‹ bezeichnet.   phot. H. Kolbe

1 Zwergschneegans, *Anser rossi* CASSIN. 2 Atlantische Kanadagans, *Branta c. canadensis* (L.), diese Unterart ist im nördlichen Europa eingebürgert und überwintert u. a. entlang der südwestlichen Ostseeküste. 3 Kurzschnabelgans, *Anser brachyrhynchus* BAILLON.

phot. H. Kolbe

Ganter der Riesenkanadagans, *Branta canadensis maxima* DELACOUR; diese Unterart galt als ausgestorben und wurde 1962/63 im Winterquartier wiederentdeckt.

phot. H. Kolbe

1 Paar der Pazifischen Ringelgans, *Branta bernicla nigricans* (Lawrence). 2 Familie der noch vor wenigen Jahrzehnten vom Aussterben bedrohten Hawaiigänse, *Branta sandvicensis* (Vigors).

Rothalsgans, *Branta ruficollis* (PALLAS), 1 Ganter etwa 10 Monate alt, Flügel noch im Jugendkleid, Kleingefieder vermausert. 2 Altvogel.

phot. H. Kolbe

1 Ganter der Magellangans, *Chloephaga picta* (GMELIN), 2 Große Tanggans, *Chloephaga hybrida malvinarum* PHILLIPS, rechts der weiße Ganter, im Windschatten einer Felsnische die Küken. 3 Rotkopfgans, *Chloephaga rubidiceps* SCLATER.

phot. 1 P. Leysen, 2 U. Schürer, 3 H. Kolbe

1 Australische Kasarka, *Tadorna tadornoides* (Jardine & Selby). 2 Paradieskasarka, *Tadorna variegata* (Gmelin), Weibchen mit Küken. 3 Graukopfgans, *Chloephaga poliocephala* Sclater, mit Küken. 4 Graukopfkasarka, *Tadorna cana* (Gmelin), Paar mit Küken. 5 Blauflügelgans, *Cyanochen cyanopterus* (Rüppel). 6 Amazonasenten, *Amazonetta brasiliensis* (Gmelin), rechts der Erpel.

phot. 1 bis 4 H. Kolbe, 5 P. Leysen, 6 H. Kolbe

Mit sehr guten Erfolgen wird im Tierpark Berlin ein artspezifisches Rattengift auf Cumarin-Basis angewandt. Das Pulver wird als Kontaktgift ausgestreut oder unter Futter (z. B. Fisch) gemischt, das dann für die Ratten aufgestellt wird (GRUMMT, mündl.). Optimale Erfolge hat das Vergasen der Baue, doch ist es relativ teuer, weil es vom Pflanzenschutzamt durchgeführt werden muß und außerdem dem Züchter meist nicht alle Rattenbaue bekannt sind. Auch die Anwendung von Schlag- und Kastenfallen kann erfolgreich sein. Über die Wahl des Bekämpfungsmittels muß der Züchter von Fall zu Fall entscheiden. In Anlagen, die nahe großer Gewässer, Bäche oder Teiche liegen, sollte eine kontinuierliche Rattendezimierung erfolgen.

Füchse und wildernde Hunde versetzen mit ihrem Einbruch in das Wasservogelgehege den gesamten Bestand in eine Panikstimmung und beißen dabei unter Umständen alle Enten und Gänse, ja selbst Schwäne tot. Nur ein sehr großer Teich, auf dem die Wasservögel Zuflucht finden können, bietet ihnen Sicherheit. Zur Abwehr dieser Räuber muß der Zaun zwei Meter hoch und oben möglichst mit einer elektrischen Weidezaunanlage versehen sein.

Marder, Hermelin und Iltis streichen vor allem während der Jungenaufzucht und im Winter weit umher und vermögen jeden Zaun zu überklettern. Der wirksamste Schutz gegen sie ist der Teich. Die Zierenten und -gänse, bei denen der Feindinstinkt noch wesentlich ausgeprägter ist als bei den Hausformen, ruhen nachts stets auf dem Wasser oder auf den Inseln und sind somit – vorausgesetzt die Wasserfläche ist groß genug – für diese Räuber nicht erreichbar. Marder, Wiesel und Iltisse fängt man in Kastenfallen, die an Engpässen, entlang dem Zaun oder auf Laufstegen aufgestellt werden und zweckmäßig immer fängisch stehen. Auch eine elektrische Weidezaunanlage kann ein wirksamer Schutz sein.

Wildernde Katzen können unter Umständen große Schäden unter Jung- und Altvögeln anrichten, zumal die Katzen als Haustiere von den Wasservögeln nicht in jedem Falle als Feinde betrachtet werden.

Nach den Anordnungen der Naturschutzgesetze dürfen fremde Katzen auf eigenem Grundstück während der Frühjahrs- und Sommermonate (Brutzeit der Vögel) gefangen und, sofern der Besitzer nicht bekannt ist, schmerzlos getötet werden.

Fütterung der Altvögel

Für die meisten der behandelten Arten sind im speziellen Teil Angaben über Nahrung und Ernährungsweise der Wildvögel und der in Gehegen lebenden Tiere zu finden. Deshalb bleibt die folgende Erörterung auf einige grundsätzliche Futterprobleme beschränkt.

Das Grundfutter kann in Körnerform oder als Mischfutter geboten werden. Von den Getreidearten nehmen die Entenvögel gern Weizen, Gerste, Hirse, Mais (für kleine Arten gequetscht), Glanz und etwas Hanf. Als Alleinfutter, das angefeuchtet oder pelletiert geboten wird, sind Zuchtenten- und Entenstarterfutter im Handel; hierin sind alle erforderlichen Aufbaustoffe und relativ viel animalische Bestandteile enthalten. Auch die Mastfuttergemische können verfüttert werden, sofern nicht ausdrücklich vermerkt ist: für Wassergeflügel ungeeignet.

Das Grünfutter ist für viele Arten von größter Bedeutung. Gänse und einige Entenarten äsen auf Rasenflächen mit kurzen, weichen Gräsern. Allen übrigen Arten muß soviel wie möglich Grünzeug auf das Wasser gegeben werden. Dabei sind die Wasserlinsen (*Lemna* spec.) für die Haltung und Zucht fast aller Arten unentbehrlich. In den Sommermonaten stehen sie gewöhnlich zur Verfügung, aber nur wenigen Züchtern ist bekannt, daß diese Wasserpflanzen, im Keller zu großen Haufen gelagert, den ganzen Winter hindurch frisch bleiben. Ferner nehmen alle Arten gern zarte Blätter von Löwenzahn, Schafgarbe, Vogelsternmiere, Salat und Mangold; Schwäne und Gänse bekommen in den Wintermonaten geraspelte Möhren, Rüben und Kohl. Getrocknete Brennesselblätter und Heukaff können unter das Mischfutter gemengt werden. Für sehr empfindliche Arten lassen sich notfalls aus stark strömenden, sauberen Bächen auch während der kältesten Jahreszeit frische Wasserpflanzen holen. Die Süßwasser bewohnenden Entenvögel nehmen auch viele Grünalgen auf, die u. a. der Erhaltung einiger Federfarbstoffe dienen (KRUMBIEGEL 1965).

Als Zusatzfutter reicht man Mandarin-, Braut- und einigen anderen großen Enten im Herbst Eicheln, die sie unzerkleinert verschlucken. Während der Legeperiode nehmen viele Arten gern Garnelen, Mehl- und Regenwürmer. Alle Meeresenten erhalten zusätzlich kleine Fische, Fisch- und Fleischstücke. Schließlich können als Zugaben die verschiedensten Aufbaustoffe verabreicht werden. Es empfiehlt sich, Kalkpräparate (Mykostin) ganzjährig, Vitamine während der Wintermonate, vor und während der Legeperiode dem Grundfutter beizumischen.

Bei jeder Fütterung muß versucht werden, ein richtiges Verhältnis zwischen Grund-, Grün- und Zusatzfutter sowie zwischen vegetabiler und animalischer Nahrung zu finden.

Nicht unbeachtet darf der Futterwechsel in den einzelnen Jahreszeiten bleiben.

Während der Wintermonate wird ein kalorienreiches Körnerfutter, bestehend aus Weizen, Mais und Hirse, gereicht. Schwäne und Gänse erhalten als Zusatz geraspelte Möhren oder Rüben. Von Zeit zu Zeit wird allen Tieren etwas Vitamin-Präparat unter das Futter gemischt.

Im Frühjahr muß zuerst der Fettansatz bei den Tieren abgebaut werden, der Mais wird deshalb völlig entzogen. Zur Legezeit hin erfolgt eine Steigerung tierischer Eiweißzugaben in Form von Garnelen, Mehl-

und Regenwürmern, gekochtem oder rohem Ei. Das Getreide wird angekeimt oder angequollen. Nach beendeter Frostperiode kann ein gutes Mischfutter die Getreidefütterung ablösen. Alle Arten erhalten möglichst viel Grünzeug.

Das Kupieren

In Freigehegen untergebrachte Entenvögel werden in der Regel kupiert gehalten. Alle Arten, die von Natur her nur am Boden und auf dem Wasser leben, also weder in Baumhöhlen brüten noch zu den Ruhezeiten Bäume befliegen, gewöhnen sich völlig an ihre Flugunfähigkeit. Dagegen zeigen die baumbrütenden Mandarin- und ganz besonders die Rotschulterenten immer wieder den Drang zum Fliegen. Eine beträchtliche Beeinflussung erfährt deren gesamtes Fortpflanzungsgeschehen. HARING und FRANKE hielten um 1965 die Rotschulterenten freifliegend und erzielten mit ihnen bedeutend größere Gelegestärken als von den flugunfähigen Weibchen. In Volieren gehaltene Rotschulter- und Mandarinenten sollten deshalb stets unkupiert bleiben. In größeren Anlagen, die weit von anderen Gewässern entfernt liegen, ist es auch gut möglich, diese und jene Tiere, möglichst nur die Weibchen, im Freiflug zu halten. Die Neigung zu Abwanderungen ist unbedeutend.

Soll ein Vogel flugunfähig gemacht werden, sind die Handschwingen einer Seite zu entfernen. Durch die ungleiche Luftverdrängung beim Flügelschlag stürzt der Vogel sofort wieder herab. Der Kupierschnitt erfolgt durch den Mittelhandknochen, der unmittelbar hinter dem Daumen durchgetrennt wird. Der Daumen muß unverletzt bleiben; er verdeckt später die Schnittstelle und garantiert eine volle Funktion des restlichen Flügels.

Jungvögel werden am zweckmäßigsten mit einem Elektro-Kupiergerät innerhalb der ersten Lebenswoche kupiert. Ein elektrisch erhitztes Metallbändchen durchsengt den Flügelknochen und verkrustet gleichzeitig die Wunde. Dieses Amputieren erfolgt ohne jede Vor- und Nachbehandlung des Flügels, ist risikolos und für das Küken relativ schmerzarm.

Viele Züchter trennen den Knochen auch mit einer scharfen Schere ab. Dies wird besonders bei älteren Tieren notwendig, bei denen die bereits verhärteten Knochen ein Durchsengen nicht mehr zulassen. Die Schnittwunde ist dann sofort mit Sepso-Tinktur zu betupfen. Um ein Nachbluten und ein Verschmutzen der frischen Wunden zu vermeiden, werden derartige Kupierarbeiten abends durchgeführt. Die behandelten Tiere verbringen die Nacht in einem dunklen, trockenen Raum und dürfen erst am anderen Morgen wieder auf das Wasser zurück.

Das Kupieren von Altvögeln ist für die Tiere wesentlich schmerzhafter und gefährlicher, es sollte möglichst durch einen Tierarzt, zumindest aber durch einen auf dem Gebiete erfahrenen Züchter geschehen. Von den Praktikern wird folgende Methode angewandt:
1. Im Bereich der anzulegenden Schnittfläche werden alle Federchen ausgezupft, und die freigelegte Haut wird mit Chloräthyl besprüht.
2. Mit einem festen Bindfaden wird das Gelenk total abgebunden.
3. Anzulegende Schnittfläche und Schere desinfizieren.
4. Abgebundenes Flügelgelenk hinter dem Bindfaden durchtrennen.
5. Schnittfläche mit Sepso und Kollodium oder Wundspray behandeln.

Der Bindfaden verhindert ein stärkeres Bluten und fällt mit der Heilung der Wunde ab. Durch Aufsprü-

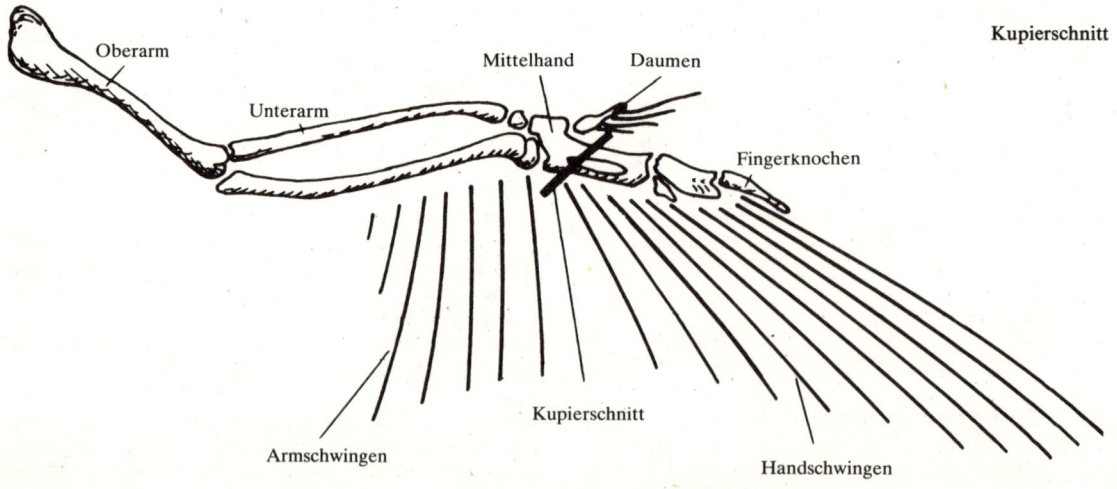

Oberarm
Unterarm
Mittelhand
Daumen
Kupierschnitt
Fingerknochen
Kupierschnitt
Armschwingen
Handschwingen

hen von Chloräthyl wird der Flügel vereist, und die gesamte Operation verläuft für das Tier schmerzärmer. Wenig bekannt ist die Anwendung von Kollodium nach dem Kupieren, was bei großen Arten (Schwänen, Gänsen) in den Sommermonaten außerordentlich wichtig ist. Das Kollodium verschließt die Wunde und macht es damit Fliegen unmöglich, ihre Eier daran abzulegen. Kupierarbeiten sollten nur an kühlen Tagen erfolgen, weil bei derartigen Eingriffen eine vorübergehende Schwächung der Tiere eintritt.

Das Verschneiden der Schwingen ist zwar ebenso wirksam wie das Kupieren selbst, nach beendeter Herbstmauser ist der betreffende Vogel jedoch wieder voll flugfähig und muß erneut verschnitten werden. Bei Neuerwerbungen hat der Züchter deshalb genau zu prüfen, ob der Flügel kupiert oder nur verschnitten ist.

Die Zucht des Wassergeflügels

Allgemeines

Obgleich eine Anzahl von Enten- und Gänse-Arten leicht zu züchten ist, kommen auch bei ihnen die Vermehrungsraten nie denen domestizierter Tierformen gleich. Vielfältige Faktoren – für den Züchter oft unergründbar – beeinflussen das gesamte Fortpflanzungsgeschehen; so können die Zuchterfolge von einem Paar ausgezeichnet sein und von einem zweiten der gleichen Art völlig ausbleiben.

Eine häufige Ursache für schlechte Zuchterfolge dürfte die willkürliche Zusammensetzung der Paare sein. Bei den Gänsen (*Anser* und *Branta*) kommt es teils erst nach 5–10 Jahren zur Paarbildung, teils bleiben die Zuchterfolge völlig aus. Ähnliches trifft auch für die anderen in Mehrjahres- oder Dauerehe lebenden Arten zu. Vor allem alte, als Frischfänge in den Handel gebrachte Gänse paaren sich in Gehegen oft gar nicht wieder. Damit bleiben auch Zuchtergebnisse aus.

Bei allen Wasservogelarten sollte versucht werden, keine Nestgeschwister miteinander zu verpaaren, um Inzuchterscheinungen vorzubeugen. Bei Neuerwerbungen sollte man stets Jungtiere von zwei Paaren kaufen beziehungsweise einen Partner später austauschen.

Die geschlechtliche Reife tritt je nach Art gegen Ende des 1. bis 4. Lebensjahres ein. Obgleich dieser Zeitpunkt bei frei lebenden Entenvögeln nur teilweise und ungenau bekannt ist, scheint es, daß die Tiere in Gehegen ein, teilweise erst 2 Jahre später erfolgreich befruchten, legen und brüten. Das schließt nicht aus, daß die geschlechtliche Reife der Tiere schon früher eingetreten ist. Die Amazonasenten zum Beispiel legen gewöhnlich ab 2. Lebensjahr. Mehrere einjährige Paare, die von KIRSCH unter besonders günstigen Bedingungen gehalten wurden, brachten bereits im 1. Lebensjahr je ein komplettes Gelege. Es sind aber auch Paare aus Kleingehegen bekannt, die erst ab 3. Jahr in Brutstimmung kamen. Diese und die im speziellen Teil angegebenen Werte sind als Minimalwerte anzusehen. Viele Paare, besonders solche von schwer züchtbaren Arten, schreiten erst in späteren Jahren zur Brut.

Zierenten und Gänse werden in den häufigsten Fällen – Schwäne immer – paarweise gehalten. In kleineren Gehegen sollte nur ein Paar der jeweiligen Art den gleichen Teich bewohnen. Überzählige Erpel sind stets getrennt von den Paaren zu halten. Einzelne Züchter praktizieren auch die Stammhaltung. RICHTER, Lichtenhain/Sa., hält getrennt nach Teichen je 3–4 Erpel und etwa die doppelte Anzahl Weibchen von Mandarin-, Braut- und Chilepfeifenten zusammen.

FRANKE, Leipzig, gelang es, die vier 1967 in der DDR vorhandenen Laysan-Stockenten zur Nachzucht zu bringen; der Erpel begattete alle drei Weibchen. BIEHL, Tostedt, hält bis zu vier Paare Witwenpfeifgänse auf einem Teich; jeweils legebereite Paare sondern sich etwas ab und gehen nach beendeter Eiablage wieder in die Gruppe zurück.

Brutplätze und Nisthöhlen

In der freien Natur legen die meisten Entenvögel ihre Nester in der Bodenvegetation und nur relativ wenige in Baumhöhlen oder auf anderen erhöhten Plätzen an. In Gehegen ist das anders. Nur einzelne Entenarten behielten das Errichten freistehender Nester bei, die meisten von ihnen sind zu Höhlenbrütern geworden. Selbst die nordischen Gänse suchen zur Eiablage gern Hütten und Häuschen auf. Trotz allem sollte man den Tieren, insbesondere den Arten, die ursprünglich offen brüteten, neben den unterschiedlichsten Nisthöhlen auch offene Brutplätze schaffen.

Schwäne errichten in jedem Falle ein freistehendes Nest. Sofern eine Insel vorhanden ist, wird dort die erforderliche Nestunterlage, bestehend aus Reisig, Schilf und Stroh, im zeitigen Frühjahr vom Züchter hergerichtet. In der Nestumgebung wird außerdem etwas Nistmaterial verstreut, das die Schwäne später zur Vollendung des Nestes verwenden. Dem bereits ab Februar legenden Schwarzhalsschwan wird der Brutplatz möglichst überdacht.

Für die nordischen Gänse können an mehreren, besonders geeigneten Plätzen Nistgruben (Ø 50–80 cm, Tiefe 15–20 cm) in die Erde gegraben und mit Rasenstücken und trockenem Gras ausgelegt werden. Solche Plätze können zur Eiablage geradezu anregen. Darüber hinaus kann man ihnen kleine Legehütten, kleine Kükenhäuschen oder entsprechend hergerichtete Holzfässer bieten. Die Spiegelgänse benutzen gern Hütten oder vorbereitete Nester in Innenräumen für die Eiablage, obgleich hin und wieder auch im Freien Nester errichtet werden.

Die Kasarka-Arten sowie die Nil-, Orinoko- und Radjahgans brüten in großen Nisthöhlen (Abb. S. 19). Den schwer züchtbaren Arten gibt man möglichst Naturhöhlen; Rost- und Nilgänse benutzen dagegen ebenso Hütten, im Innenraum aufgestellte Körbe oder ähnliches. Als Richtmaß für künstliche Nisthöhlen kann eine Grundfläche von 40 cm Ø, eine Höhe von 60–80 cm und eine Lochweite von etwa 17 cm angenommen werden.

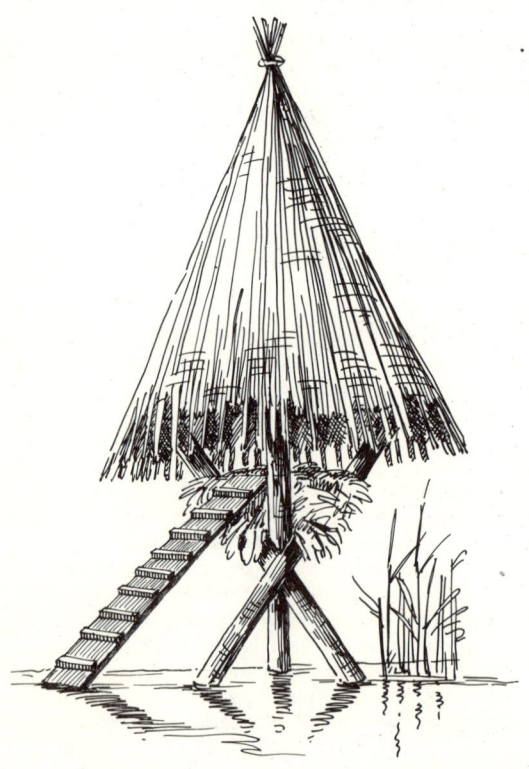

Im Wasser stehende Rohrhütte als Nistplatz für Tauchenten.

Die Gründelenten wählen bis auf wenige Ausnahmen alle die aufgestellten Nistkästen (Abb. S. 152) für die Eiablage. Als Richtmaße gelten hier: Grundfläche um 22–25 cm Ø, Höhe 40 cm, Lochweite um 12 cm. In den relativ kleinen Höhlen mit engem Schlupfloch fühlen sich die Enten am sichersten und beziehen solche auch gern. Als Niststätten für Enten können ferner zum Wasser hin offene, umgestülpte Kisten dienen, die am Ufer aufgestellt und mit Reisig abgedeckt und verblendet werden. In der P. Kooy's Waterfowl Farm werden diese Nistbüsche viel verwendet. Im Wasser aufgestellte Rohrhütten werden gern von Tauchenten bezogen.

Entenkörbe aus Weiden, wie sie bereits in früheren Jahrzehnten in Holland und in jüngerer Zeit zum Beispiel an den Lausitzer Teichen für Wildenten aufgestellt wurden, fanden bei den Züchtern bisher zu wenig Beachtung. Frei brütende Arten beziehen diese Körbe sehr gern. Das Gelege ist hier vor Krähen und Elstern völlig abgeschirmt, andererseits kann die brütende Ente ihre Nestumgebung durch das Geflecht besser beobachten als aus einem Nistkasten heraus.

In allen Gehegen, wo die Gelege durch Raubwild oder Igel gefährdet sind, muß versucht werden, die Brutkästen und die sonstigen Nistgelegenheiten auf Inseln, direkt über dem Wasser oder nur vom Wasser aus erreichbar aufzustellen. Die Kästen können in geringen Abständen und völlig ohne Deckung stehen (Abb. S. 152), obgleich sichtgeschützte Höhlen besonders von schwer züchtbaren Arten lieber aufgesucht werden. Jedem Paar sollen mehrere Nistgelegenheiten zur Auswahl freistehen, was vor allem in kleinen Gehegen wichtig ist. Für die baumbrütenden Arten sollte die Nisthöhle in Freigehegen etwas erhöht angebracht und mit einem schrägen, knorrigen Ast oder einer Laufleiter versehen sein. Für flugfähige Paare sind die Kästen mehrere Meter hoch anzubringen.

Absammeln und Lagerung unbebrüteter Eier

Die in Freigehegen gelegten Eier der Gänse und Enten werden zur Sicherheit fast überall abgesammelt; denn die Gefahr, daß die Gelege durch Raubwild, Igel oder Streitigkeiten unter dem Wassergeflügel selbst zerstört werden, ist sehr groß. Außerdem bringen viele Entenpaare ein Nachgelege, wenn man das erste entfernt. Bei den meisten Entenarten, insbesondere bei den Höhlenbrütern, verbleiben 2–3 Zwergenten- oder Schiereier im Nest, die hinzugelegten werden täglich abgesammelt. Bei frei brütenden Arten, wie Krick-, Blauflügel- oder Knäkente, ist wesentlich vorsichtiger zu Werke zu gehen. Diese Weibchen verlassen leicht ihre Nester und beginnen anderswo ein neues Gelege oder brechen die gesamte Brut ab. Bei ihnen muß Ei für Ei durch ein etwa gleichfarbiges und gleich großes ausgewechselt werden.

Den Gänsen überläßt man in der Regel ihre Gelege zur eigenen Bebrütung. Während der Legeperiode, in der die Eier von den Altvögeln unbeaufsichtigt bleiben, werden die wertvollen Gänseeier gegen solche von Hausgänsen oder Puten ausgetauscht und am ersten Bruttag wieder zurückgegeben.

Schwäne bewachen und bebrüten ihr Gelege stets selbst, bei ihnen brauchen die Eier nicht entfernt zu werden.

Wann und wie oft Eier abzusuchen sind, entscheidet das Vorhandensein von Eierräubern und der Grad der zulässigen Störung am Nest, der von Art zu Art und von Paar zu Paar sehr unterschiedlich sein kann.

Wie von WISSEL, STEFANI und RAETHEL (1966) ausführlich beschrieben, werden die Eier in halbdunklen Räumen bei etwa 10°C und mittlerer Luftfeuchtigkeit gelagert und täglich um eine Vierteldrehung gewendet. Die etwaige Dauer der Lagerfähigkeit läßt sich aus der durchschnittlichen Gelegestärke und den Legeabständen der jeweiligen Art errechnen.

Bebrütung der Eier

Entsprechend den nachfolgenden Aufzuchtmethoden gibt es auch vier Möglichkeiten zur Bebrütung der Eier. Aus den Gegebenheiten heraus wird sich der Züchter für den einen oder den anderen Weg zu entscheiden haben. Nur selten bleibt ihm die Frage erspart: »Wie mache ich es richtig?«

Zuverlässige Brüter sind die Schwäne und die meisten Gänse, aber nur ein Teil der Enten. Ohnedies sind besonders die Enten, ihre Eier und die Küken am meisten durch tierische Feinde gefährdet; mit anderen Worten: Schwänen und Gänsen sollte die Bebrütung ihrer Gelege selbst überlassen bleiben, Enten wird man nur dann brüten lassen, wenn sie vor Feinden sicher sind, beispielsweise in Volieren oder auf Inseln, wenn keine Nachgelege mehr zu erwarten sind oder gewünscht werden.

Die sicherste Bebrütung erfolgt zweifelsohne durch Hausenten oder Hausgänse, die in einen geschlossenen Raum gesetzt werden. Der richtige Feuchtigkeitsgrad des Geleges begünstigt die gesamte Embryonalentwicklung und besonders den Schlupf. Es ist jedoch unbedingt zu beachten, daß dem Bruttier (Gleiches trifft auch für Hennen und Puten zu) nur etwa gleich große Eier untergegeben werden. Entsprechend der

Brutdauer bei den einzelnen Arten sind die Eier so unterzulegen, daß alle Küken ungefähr an einem Tage schlüpfen. Hennen und Puten brüten von Natur her wesentlich trockener, als es die Eier der Entenvögel benötigen. Deshalb muß das Nest mit den Eiern oder das Bauchgefieder des Brutvogels von Zeit zu Zeit angefeuchtet werden.

Unentbehrlich ist heute die elektrische Brutmaschine. Im Grunde ist jeder Typ für die Bebrütung der Wasservogeleier geeignet, sofern eine relativ hohe Luftfeuchtigkeit erzeugt werden kann. Die Schlupfergebnisse sind jedoch in den meisten Fällen weniger befriedigend als bei der Brut durch Enten oder Hennen. Jeder Züchter muß mit seiner Maschine erst Erfahrungen sammeln, er wird dann bessere Ergebnisse erzielen als zu Anfang.

Gute Schlupfergebnisse werden erzielt, wenn die Eier etwa eine Woche durch die Ente oder Gans selbst bzw. durch Hausgeflügel angebrütet und dann in der Maschine ausgebrütet werden. Hier schlüpfen die Küken und verbringen die ersten 20–24 Stunden bis zur völligen Abtrocknung. Das Zurücklegen in den Brutapparat hat zwei Gründe: Manche Hennen und Puten verlassen oder zerhacken das Gelege, wenn sie das für sie unbekannte und fremd klingende Piepen der Enten- und Gänseküken hören. Weiterhin ist die Gefahr, daß Küken zerdrückt werden, während des Schlüpfens und unmittelbar danach besonders groß.

Aufzucht der Küken

Die Aufzucht der Küken kann in sehr unterschiedlicher Weise geschehen. Welche Methode die besten Ergebnisse verspricht, muß der Züchter entscheiden. Alle Schwäne und die meisten Gänse sind völlig zuverlässige Eltern, denen die Betreuung ihrer Küken auch in großen Gesellschaftsgehegen selbst überlassen bleiben sollte. Viele Entenweibchen kümmern sich dagegen nur ungenügend um ihren Nachwuchs. Glanzenten und Pfeifgänse bemühen sich sehr um die Küken, vielfach unter Beteiligung des Erpels.

Die Kükenaufzucht durch die Eltern wird bei Schwänen und den meisten Gänsearten in dem gleichen Gehege erfolgen, wo sich das Paar auch die übrige Zeit aufhält. Lediglich auf zu dicht besetzten Gesellschaftsteichen, wo die Futterkonkurrenz sehr groß ist, muß die Familie abgesperrt werden oder zumindest ein regelmäßiges Zusatzfutter erhalten. Den Küken der Schwäne und der nördlichen Gänse schaden Kälte und Regenwetter wenig, dagegen sind die *Tadorna*-Familien mit ihren anfälligen Küken nachts und bei anhaltendem Regen in einem Innenraum unterzubringen. Bei Enten ist diese Aufzuchtsform für die Paare in Kleingehegen zu empfehlen.

Die Aufzucht durch Zwergenten ist in vielen Fällen die sicherste Form und empfiehlt sich besonders jenen Züchtern, die berufsbedingt viele Stunden des Tages von den Tieren abwesend sein müssen. KUTSCHKE hat wiederholt Kolbenenten-Weibchen mit gutem Erfolg als Ammen für Schellenten-Küken eingesetzt. Sie brüteten auf eigenen Eiern in Nisthöhlen an einem gesonderten Teich, die Schellenten-Eier wurden von Hennen

bebrütet. Wenige Tage vor dem Schlüpfen der Küken wurden die Eier ausgewechselt und die Kolbenenten, die sich als Tauchenten und undomestizierte Form weit besser als eine Zwergente für die Betreuung von Schellenten-Küken eignen, zogen die Küken fast ohne Verluste auf. In meiner Anlage habe ich mehrfach Brautenten zur Betreuung von Pfeifgansküken eingesetzt.

Die Aufzucht durch Hennen (für Enten) **oder durch Puten** (für Gänse und Schwäne) ist eine weitere brauch-

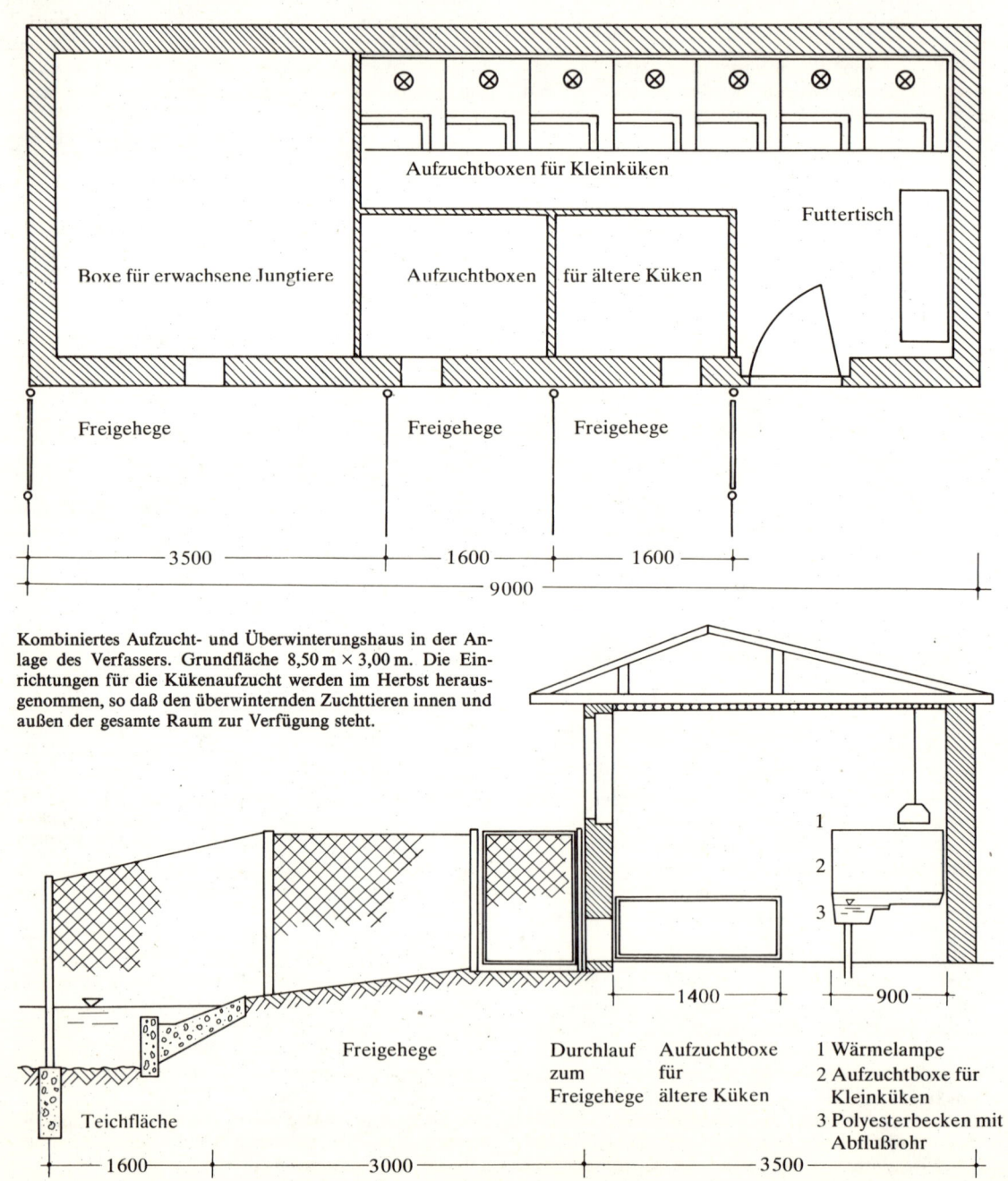

Kombiniertes Aufzucht- und Überwinterungshaus in der Anlage des Verfassers. Grundfläche 8,50 m × 3,00 m. Die Einrichtungen für die Kükenaufzucht werden im Herbst herausgenommen, so daß den überwinternden Zuchttieren innen und außen der gesamte Raum zur Verfügung steht.

bare Methode. Der Einsatz von Puten ist von großem Wert, wenn Schwäne oder Gänse das Gelege verlassen oder sich gar nicht erst zum Brüten setzen. Bei Hennen – weniger bei Puten – besteht jedoch in den ersten Tagen immer die Gefahr, daß sie einzelne Küken erdrücken. Entenküken sollten deshalb von Anfang an unter eine künstliche Wärmequelle gegeben werden. Grundsätzlich ist zu beachten, daß bei allen Küken, die nicht von Wasservögeln gehudert worden sind, das Dunenkleid in den ersten Tagen ungefettet ist und deshalb leicht durchnäßt.

Die Aufzucht mit Infrarot-Dunkelstrahlern, also unter technischer Wärmequelle, stellt zweifellos die Grundform der modernen Wassergeflügelaufzucht dar. Besonders in großen Zuchtanlagen können sehr viele Küken betreut werden. Die Aufzucht von Einzeltieren ist jedoch mit Schwierigkeiten verbunden.

In den ersten 8–14 Tagen werden die Küken am zweckmäßigsten in Aufzuchtboxen untergebracht, die in hellen, sonnigen und somit auch warmen Winterhäusern aufgestellt sein können. Anordnung und Grundrißmaße einer solchen Anlage sind der Abb. S. 38 zu entnehmen. Die aneinander zu montierenden Einzelwände sind etwa 60 cm hoch und aus 5 mm starken, wasserfesten Hartfaserplatten gearbeitet. Die leichte Bauweise ermöglicht ein einfaches Auf- und Abbauen; nach beendeter Brutsaison lassen sich die zerlegten Boxenwände auf engem Raum lagern. Die räumliche Anordnung von Wärmequelle, Futternapf und Wasser ist günstig gelöst. Der Rotstrahler ist stets so anzubringen, daß die Küken seinen Strahlungsbereich nach Belieben verlassen oder aufsuchen können; die Küken halten sich meist darinnen auf und verlassen ihn nur zur Nahrungsaufnahme oder zum Baden. Die Bodeneinlage wird im Bereich des Strahlers – dem Ruheplatz der Küken – folglich nicht vom Badewasser durchnäßt. Der Strahler ist 0,50 bis 0,80 m hoch anzubringen; die Höhe richtet sich nach der Raumtemperatur und dem Alter der Küken. Äußerst wichtig ist auch die Wärme von unten her. FRANKE bettet in der Torfmullage je eine elektrische Wärmeplatte ein, die die Sitzfläche für die Enten angenehm handwarm werden läßt. Im allgemeinen werden als Unterlage Tücher benutzt, die bei Durchnässung und Verschmutzung auszuwechseln sind.

Frisch geschlüpfte Küken brauchen in den ersten 30–40 Lebensstunden keine Nahrung aufzunehmen. Ihr Energiebedarf wird solange aus dem in der Leibeshöhle befindlichen Dottersack gedeckt. Den ersten Teil dieser Zeit bleiben die Küken zur völligen Abtrocknung unter der Glucke oder in der Brutmaschine, nach 20–24 Stunden werden sie dann in die Aufzuchtboxen gesetzt.

Auf ihre neue Umgebung reagieren die Küken der einzelnen Arten sehr unterschiedlich. Die meisten von ihnen suchen sofort die Wärmequelle auf und beginnen wenig später, ihren kleinen Lebensraum zu erkunden. Während des anfänglich ungerichteten Umherschnatterns (angeborene Verhaltensweise) finden sie das Futter und fressen fortan ohne weitere Anleitung. Küken einzelner Arten, zum Beispiel Mandarin-, Marmel- oder Schellenten, verhalten sich anfänglich scheu

und ungestüm; durch ständiges Hochspringen versuchen sie, aus der Box zu entkommen. Zu ihnen werden 2 oder 3 mehrere Tage alte und schon ruhig und futterfest gewordene Küken (notfalls auch Hühnerküken) gesetzt. Durch sie finden auch die scheuen Entenküken das Futter und werden bald ruhig.

Während viele Züchter – u. a. auch der Wildfowl Trust – den Küken vorerst nur Trinkwasser anbieten, erhalten sie in meiner Anlage etwa vom 1. bis 3. Tag eine ca. 1 cm tiefe Schale und danach ein 12 cm tiefes Badebecken. Schellenten-Küken werden kurzzeitig ab 2. Lebenstag auf ein 40 cm tiefes Wasser gelassen, sie sofort mit dem Übungstauchen beginnen. Noch vor der Befiederung kommen die Jungenten auf einen 1,5 × 1,5 m großen und 70 cm tiefen Aufzuchtteich in einer Voliere. Die Mehrzahl der Züchter bietet den Jungenten erst nach deren Brust- und Bauchbefiederung ein tieferes Badebecken.

Aufzuchtfutter

Alle Küken erhalten in den ersten Wochen neben Wasserlinsen und kleinen Wasserlebewesen ein eiweißreiches Weichfuttergemisch. Für die Entenküken muß dieses fein, weich und angefeuchtet sein. Selbst hergestellt, empfiehlt sich folgende Zusammensetzung:

Die Hauptbestandteile bilden in Wasser aufgeweichte und ausgedrückte Semmeln, Biskuit, Haferflocken oder Weizenkleie, krümeltrockener Quark, zerkleinerter Eierstich oder hartgekochtes Ei sowie gehacktes Grünzeug (Salat, Löwenzahn, Mangold, Brennesseln). Als Zugaben dienen Mykostin oder ähnliche Präparate und zur Anreicherung mit tierischem Eiweiß und anderen Aufbaustoffen Ameisenpuppen, Blut- und Knochenmehl sowie feines Garnelenschrot. Das Futtergemisch soll durchfeuchtet, aber doch krümeltrocken sein. Gänseküken erhalten ein gröberes Futter; hier bilden Grünzeug und Kleie beziehungsweise Getreideschrot die Hauptnahrung.

Eine derartig aufwendige Futtermischung ist nur für kleine Kükengruppen herstellbar. In großen Zuchtanlagen erhalten die Tiere ein Entenstarter-, Schwimm- oder Fasanenaufzuchtfutter. Diese Weichfuttergemische werden im angefeuchteten Zustand gereicht. Zur Aufbesserung können Grünzeug, Quark, Mykostin und Garnelenmehl untergemischt werden.

Im Alter von zwei bis drei Wochen nehmen die Jungenten die ersten kleinen Körner, wie Hirse und Glanz, auf, die am besten in das Wasserbecken gestreut werden; fortan ist nach und nach auf das Futter der Altvögel umzustellen. Ein unentbehrliches Zusatzfutter während der gesamten Aufzuchtperiode bilden frische Wasserlinsen.

Krankheiten der Entenvögel

von Prof. Dr. sc. HARRY KRONBERGER† und Dr. K.-F. SCHÜPPEL

Allgemeine Betrachtungen

Ankauf gesunder Vögel

Erfolgreiche Haltung und zufriedenstellende Zucht sind nur mit gesunden Tieren möglich. Auch Schwäne, Gänse und Enten behalten ihre volle Gesundheit über längere Zeiträume nur unter artentsprechenden, möglichst optimalen Umweltbedingungen. Gute Haltung und Fütterung sind also die wirksamsten Krankheitsverhüter. Man sollte sich daher nur solche Arten anschaffen, deren Lebensbedürfnisse in der vorhandenen Anlage, mit dem gegebenen Futter, dem Grad der persönlichen Erfahrung und auch der für die Vogelpflege verfügbaren Zeit ausreichend befriedigt werden können. Das vermag dem Pfleger Mißerfolge und den Tieren ein kümmerliches Dasein und ein qualvolles Siechtum zu ersparen. Man muß die Grenzen seiner eigenen Möglichkeiten illusionslos erkennen, schon ehe man durch den Tod wertvoller Tiere sehr eindeutig darauf hingewiesen wird.

Biologische Grundkenntnisse und ein gewisses Maß an Einfühlungsvermögen sind Voraussetzung dafür, daß die Haltung von Schwänen, Gänsen und Enten tatsächlich die erhoffte Befriedigung und Freude bereitet. Außerdem ist spezielles Wissen zu erwerben, gleichermaßen aus dem Studium einschlägiger Fachliteratur, aus Besichtigungen von Zuchtanlagen, aus Gesprächen mit routinierten Züchtern und aus eigenen Versuchen. Diese beginne man zunächst mit den robustesten, am einfachsten zu haltenden Arten.

Nur mit gesunden Tieren kann man einen gesunden Bestand aufbauen. Daher ist beim Ankauf von Vögeln besondere Sorgfalt aufzuwenden. Man kaufe Tiere möglichst aus Anlagen, die der eigenen ähnlich sind. So kann z. B. die Umgewöhnung von Wasservögeln, die auf einem kleinen, warmen Dachpappenteich in geschützter Lage in der Niederung gezogen worden sind, auf einen großen, kalten, von einem Gebirgsbach durchströmten Naturteich erhebliche Schwierigkeiten bereiten. Jungtiere passen sich besser einer neuen Umwelt an als ältere. Man lasse sich die Tiere möglichst nicht zuschicken, ohne sie selbst gesehen zu haben. Am besten ist es, wenn man sie persönlich abholt. Die dadurch bedingten Mehrkosten stehen meistens in keinem Verhältnis zu dem daraus resultierenden Nutzen. Man kann die Zuchtstätte der Vögel und den gesamten Herkunftsbestand besichtigen und den Züchter eingehend über Besonderheiten der Pflege und Fütterung befragen. Nicht einwandfrei erscheinende Tiere lehne man besser ab. Man kaufe sie auch nicht unter dem verlockenden Angebot eines Preisnachlasses.

Quarantäne

Neu erworbene Tiere füge man nicht sofort in seinen Bestand ein. Man halte sie zunächst eine Zeit getrennt und beobachte sehr genau ihr Verhalten, ihre Futteraufnahme und ihre Ausscheidungen und ziehe aus dem Geschehenen Rückschlüsse auf ihren Gesundheitszustand. Bewährt hat sich eine Einsendung von frischem Kot zur parasitologischen und bakteriologischen Untersuchung, um Parasiten- und Krankheitsträger zu erkennen, damit sie einer gezielten Behandlung unterworfen werden können. Sollte das Untersuchungsergebnis der Kotproben negativ sein, so empfiehlt sich eine nochmalige Einsendung, da Entwicklungsstadien von Parasiten häufig periodisch ausgeschieden werden und ein einmaliges negatives Untersuchungsergebnis noch nicht das Freisein von Parasiten und Krankheitskeimen bescheinigt. Erst wenn die Tiere, insbesondere nach Importen, über mehrere Wochen hinweg frei von Mängeln erscheinen, lasse man sie zu den alteingesessenen Tieren. Man kann den Neulingen die Eingewöhnung erleichtern, wenn sie vor dem Freilassen einige Stunden oder Tage Gelegenheit haben, aus einem anderen Gehege, einem Stall oder Drahtkäfig heraus die Anlage und deren Bewohner kennenzulernen. Die schon vorhandenen Tiere sind Neulingen immer überlegen, selbst wenn diese objektiv stärker sind. Kennen die Neuen das Gelände überhaupt noch nicht, können aus der Revierverteidigung entstehende Angriffe für sie zu Schädigungen führen.

Anzeichen einer Erkrankung

Der Pfleger muß genügend Zeit zum Beobachten seiner Tiere haben. Er muß Anzeichen einer beginnenden Erkrankung frühzeitig erkennen. Dazu muß er jedes Einzeltier wenigstens einmal am Tage sehen und über das normale Verhalten der Art, aber auch des entsprechenden Individuums Bescheid wissen. Es kommt darauf an, auch schon geringste Abweichungen von der üblichen Lebensweise festzustellen und richtig einzuordnen. So verhalten sich Schwäne, Gänse und Enten anders als sonst, wenn sie z. B. beginnen, ein Paar zu bilden, wenn sie balzen, wenn sie ein Revier erobern und verteidigen, einen Nistplatz suchen, wenn die Weibchen kurz vor dem Legen sind oder wenn sie mausern. Alles das sind völlig normale Vorgänge, die aber mitunter auch das Eingreifen des Pflegers erfordern. Wildtiere und halbdomestizierte Arten zeigen im Gegensatz zu echten Haustieren oft nur ganz geringe Verhaltensabweichungen bei Erkrankungen, die häufig in keinem Verhältnis zur Schwere der tatsächlichen Vorgänge und Veränderungen im Organismus stehen. Meist verbergen die Tiere anfangs die oft wenig spezifischen Krankheitssymptome, wenn sie sich beobachtet fühlen. Immer wieder kommen Schwäne, Gänse oder Enten zur Sektion, bei denen der Pfleger keinerlei

Krankheitserscheinungen beobachtet und die er völlig unerwartet plötzlich tot aufgefunden hat. Oft werden dann schwere Organveränderungen festgestellt, die schon längere Zeit bestanden haben müssen. Je eher aber eine beginnende Krankheit erkannt wird, um so größer sind die Aussichten, sie erfolgreich zu behandeln und die übrigen Tiere des Bestandes davor zu schützen.

Kränkelnde Vögel sind meistens ruhiger als gesunde. Sie bewegen sich weniger, erscheinen oft zahmer als sonst und sitzen teilnahmslos und uninteressiert herum. Häufig machen sie einen ausgesprochen schläfrigen Eindruck. Oft sind ihre Augen geschlossen. Die Federn liegen nicht mehr so glatt dem Körper an. Durch zusammengesunkenes Hocken und Abspreizen der Federn wird die den Körper umhüllende, die Körperwärme festhaltende Luftschicht vergrößert. Die Temperaturregulation des kranken Vogels funktioniert nicht mehr richtig. Oft fiebert er und fröstelt dabei. So wird auch der Kopf eingezogen oder gar in das Gefieder gesteckt, um die Wärme abgebende Oberfläche zu verkleinern. Erkrankte Schwäne, Gänse und Enten vermeiden es häufig, ins Wasser zu gehen. Sie sondern sich von ihren Artgenossen ab und verkriechen sich in windgeschützten Winkeln. Oft werden sie aber auch von den gesunden Vögeln angegriffen und vertrieben.

Untersuchung eines krankheitsverdächtigen Tieres

Will man solche auf eine Erkrankung hindeutenden Erscheinungen feststellen, darf man nicht überraschend, schnell, laut und sehr nahe an die Tiere herantreten, sondern man soll sich in üblicher Weise ruhig den Tieren nähern und sie zunächst aus etwas größerer, gewohnter Entfernung beobachten. Erschrecken kranke Tiere, fühlen sie sich bedroht, geben sie ihre Ruhestellung auf und unterscheiden sich zunächst nicht von gesunden. Nehmen die Vögel keine Notiz mehr von den Vorgängen in ihrer Umgebung, dann sind sie meistens schon sehr schwer erkrankt.

Erst wenn man glaubt, alles aus gewohnter Entfernung Erkennbare und für die Beurteilung des Gesundheitszustandes Wesentliche gesehen zu haben, geht man näher an das Tier heran, um nun Einzelheiten feststellen zu können. Die Färbung des Schnabels kann Hinweise auf das Befinden des Tieres geben. Bei kränkelnden Schwänen, Gänsen und Enten ist der Schnabel häufig blasser als bei gesunden Artgenossen. Ebenso verhält es sich mit unbefiederten Hautstellen. Das Auge des kranken Vogels erscheint oft glanzlos, trocken oder gar eingesunken. Die Nasenlöcher können feucht, verschmiert oder verkrustet sein. Mitunter können die Tiere nur mühsam und unter Anstrengung atmen. Der Körper bewegt sich dann mehr oder weniger heftig in oft beschleunigtem Atemrhythmus. Der Schnabel kann dabei geöffnet werden. Die Federn können, vor allem in Umgebung der Kloake, verschmutzt sein.

Nun wird man sorgfältig die Umgebung des Tieres betrachten. Man wird auf eventuell verlorene Federn und Blutspuren achten. Besonders wird man nach Kot von diesem erkrankten Tier suchen und ihn nach Menge, Konsistenz, Farbe und Beimengungen beurteilen.

Schließlich wird man in den meisten Fällen den krank erscheinenden Vogel fangen müssen. Das hat schnell und schonend mit möglichst geringer Jagerei und Aufregung für das Tier zu geschehen. Für das Einfangen der Enten empfiehlt sich die Benutzung eines netzbespannten Keschers mit ausreichend großem Beutel und genügend langer Stange.

Nun kann man das Tier aus allernächster Nähe betrachten. Durch Betasten der Muskulatur der Brust und der Beine muß man sich vom Ernährungszustand des Vogels überzeugen. Man wird mit den Fingern oder durch Pusten Federn auseinanderschieben und die Hautfarbe überprüfen. Die Haut kann blasser als normal, gerötet oder gelblich verfärbt sein. Die Beine und Füße sind auf Verletzungen oder Spuren von Erfrierungen zu prüfen.

Isolierung und Allgemeinbehandlung eines kranken Tieres

Sind durch diese Untersuchungen auf eine Erkrankung hindeutende Anzeichen festgestellt worden, wird man das Tier nicht in der mit weiteren gesunden Schwänen, Gänsen und Enten bevölkerten Anlage lassen. Meistens kann man nach den beschriebenen Untersuchungen noch nicht mit Sicherheit sagen, ob die vorliegende Krankheit übertragbar ist oder nicht. Es könnten so die noch gesunden Vögel durch das kranke Tier angesteckt werden. Viele Arten verhalten sich gegenüber erkrankten Vögeln sehr aggressiv. Sie verjagen diese dann fast oder völlig wehrlosen Tiere, hindern sie an der Futteraufnahme, beißen sie oder töten sie sogar.

Zum Schutz des Bestandes und auch des erkrankten Einzeltieres wird man dieses also isolieren. Der kranke Vogel braucht keinen großen, aber einen ruhigen, geschützten und erwärmbaren Raum. Oft genügt eine Kiste. Den Zustand des Tieres kann man häufig schon durch Wärme günstig beeinflussen. Das Tier muß dabei aber immer selbst einen ihm zusagenden Tempe-

turbereich auswählen können. Ein Infrarotstrahler darf nur einen Teil des Aufenthaltsraumes bestrahlen, so daß der Vogel diesen Bereich oder seine Randgebiete nach Belieben aufsuchen oder verlassen kann. Häufig wird der Fehler gemacht, daß von oben starke Wärme verabreicht wird, der Boden, auf dem das Tier mit seinem Bauch ruht, von unten her aber kalt ist. Es empfiehlt sich daher die Installation einer elektrischen Bodenheizplatte, wie sie für die Küken- und Ferkelaufzucht im Handel sind. Man wird dem isolierten Tier sauberes Wasser zum Trinken und ein leichtverdauliches, vitamin- und mineralstoffreiches Futter bieten. Nimmt es keine Nahrung auf, kann man mehrmals am Tage kleine Futterbrocken in den geöffneten Schnabel über den Zungengrund hinweg möglichst weit nach hinten stopfen. Diese Futterbrocken sollen gut gleitfähig, nicht krümelig oder mehlig sein und möglichst nicht zu leicht zerfallen, um ein Abbröckeln von Teilchen zu verhindern, die dann den Kehlkopf verschließen oder gar abgeatmet werden könnten, wodurch die Gefahr des Erstickens oder einer Lungenentzündung entsteht. Schlundkopf und Speiseröhre von Schwänen, Gänsen und Enten sind recht weit. Der nach der Halsvorderseite zu hinter dem Zungengrund liegende Kehlkopf dagegen hat einen nur schlitzförmigen, verschließbaren Zugang. Wird der Futterbrocken genügend weit nach hinten bis zum Schlundkopf geschoben, so löst er dort Schluckwellen aus, die nicht dem Willen des Vogels untergeordnet sind. Auch bei einem sich widersetzenden Tier wird der Brocken dann gewissermaßen automatisch abgeschluckt. Auf diese Weise kann man ebenfalls Medikamente verabreichen. Man kann sie einem Futterbrocken beimengen oder in Gelatinekapseln geben, wie sie von Tierärzten in verschiedenen Größen benutzt werden. Die Kapsel wird im Magen zerstört, der Inhalt wird dann frei. Die Verabreichung von Flüssigkeiten in die Schnabelhöhle vermeide man am besten.

Einsendung von Kot und von gestorbenen Tieren zur Untersuchung

Wie wir gesehen haben, sind die Möglichkeiten zur Feststellung genauerer, objektiver Krankheitsanzeichen bei Schwänen, Gänsen und Enten recht gering. Zudem reagieren diese Vögel bei vielerlei Krankheiten in einer sehr einförmigen Weise, z. B. eben mit Mattigkeit, müdem Herumsitzen, gesträubtem Gefieder. Es ist daher bei Allgemeinerkrankungen zumeist sehr schwer, die beobachteten Anzeichen einer bestimmten Krankheit zuzuordnen oder daraus gar die Ursache der Erkrankung zu erkennen.

Man kann Kot des erkrankten Tieres an ein entsprechendes tierärztliches Institut zur parasitologischen und bakteriologischen Untersuchung senden. Gestorbene Tiere können zur Sektion geschickt werden. Immer ist ein möglichst genauer schriftlicher Vorbericht mitzugeben, in dem Tierart, Alter, Krankheitsdauer, Haltungsart, Umweltbedingungen, beobachtete Verhaltensänderungen und eventuell durchgeführte Behandlungen angegeben werden sollten. Gestorbene Tiere sollen erst abkühlen, ehe sie verpackt werden, da sie sonst zu schnell faulen. Sie sind so einzupacken, daß auf keinen Fall etwas aus dem Paket nach außen dringen kann, z. B. Kot, Flüssigkeit oder ähnliches. Bei Verunreinigung anderer Sendungen ist der Absender haftbar. Man wird also aufsaugendes Material, z. B. Holzwolle, und flüssigkeitsdichte Stoffe, z. B. Perfolbeutel, verwenden. Das Paket muß aber auch stabil sein, damit der Tierkörper beim Transport nicht zerdrückt werden kann. Im Sommer muß man darauf achten, daß nicht schon Fliegen Eier an den Kadaver gelegt haben. Mitunter kommt dann im Untersuchungsinstitut ein Tierkörper an, in dessen Leibeshöhle von Fliegenmaden nur so wimmelt, aber keine Organe mehr nachzuweisen sind. Der Vorbericht ist so einzupacken, daß er nicht von Flüssigkeit durchtränkt und dadurch unlesbar werden kann. Für die schnellstmögliche Beförderung ist zu sorgen (Eilpost, Expreß oder am besten durch Boten). Ist eine sofortige Versendung nicht angezeigt (z. B. vor dem Wochenende in der warmen Jahreszeit), so ist eine Aufbewahrung bei Kühlschranktemperatur (± 0 bis $+4°C$) zu empfehlen. Einfrieren der Tiere in einer Tiefgefriertruhe birgt den Nachteil in sich, daß die Zellgrenzen durch den Gefrier- und Auftauvorgang bersten und somit die Untersuchungsmöglichkeiten eingeschränkt werden. Es muß des weiteren darauf hingewiesen werden, daß toxikologische Untersuchungen sehr teuer sein können, daß sie meistens frischtotes Material voraussetzen und daß dem Untersuchungsinstitut ausführlich alle Verdachtsmomente mitgeteilt werden.

Sind viele oder gar alle Tiere eines Bestandes oder einer Kükenaufzuchtgemeinschaft erkrankt, ist aber noch kein Vogel gestorben, so wird man nach Rücksprache mit dem betreffenden Institut das oder die am schwersten kranken Tiere lebend oder getötet einsenden.

Schutz vor Gefahren für Mensch und Tier

Es muß für jeden Tierhalter zur Selbstverständlichkeit werden, daß er sich nach jeglichem Hantieren mit kranken oder toten Vögeln die Hände sehr gründlich wäscht und möglichst desinfiziert, daß er Schürze oder andere Schutzbekleidung und Schuhe, am zweckmäßigsten Gummistiefel, wechselt. Von den recht zahlreichen Desinfektionsmitteln sollen nur einige bewährte und leicht zugängliche genannt werden. Für Geräte eignen sich 5 %ige Formalin- oder Chloraminlösungen, wenn keine Korrosionsgefahr besteht auch Wofasteril (1 %ig) unter Beachtung der für Peressigsäure angegebenen Arbeitsschutz- und Lagerbedingungen. Als Desinfektionsmittel für Hände eignen sich Wofasept (2 %ig), C4 (1 %ig), Fesia-mon (2 %ig) und Chloramin (1 %ig). Die Händedesinfektion sollte über 2 Minuten unter Waschbewegungen nach Aufbringen des Mittels oder bei Eintauchen der Hände durchgeführt werden. Bei der Gerätedesinfektion hat sich ein Einlegen der Gegenstände über mindestens 10 Minuten am besten bewährt. Bei Frosttemperaturen sollten Desinfektionen bis auf Wofasterilanwendungen nicht durchgeführt werden. Gegen die meisten Viren wirkt 2 %ige Natronlauge sehr gut. Futter- und Tränkgefäße der gesunden und der kranken Vögel dürfen auf keinen Fall verwechselt werden. Am besten ist es, wenn kranke und gesunde Tiere von verschiedenen Personen versorgt werden. Es dürfte Ehrensache für jeden Liebhaber sein, in Zeiten von ernsten Erkrankungen im eigenen Bestand andere Züchter, Vogelausstellungen, Wasservogelsammlungen zoologischer Gärten, aber auch Nutzgeflügelhaltungen nicht zu besuchen und den Personenverkehr in der eigenen Anlage auf ein Mindestmaß zu beschränken. Natürlich dürfen während dieser Zeit keine Tiere, aber auch keine Eier, Futtermittel, leere Futtersäcke oder andere Dinge, die mit den Tieren Kontakt gehabt haben können, abgegeben werden.

Eine gewisse Absicherung der eigenen Anlage vor Einschleppung von Krankheitserregern empfiehlt sich nicht nur in Zeiten besonderer Bedrohung, sondern jederzeit. Das Einfliegen von freilebenden Stockenten ist meistens nur sehr schwer zu verhindern. Neue Anlagen errichte man möglichst nicht in der Nähe von Wirtschaftsgeflügelhaltungen. Besitzt man selbst Hausgeflügel, so halte man dieses abgetrennt und unterziehe es einer strengen Gesundheitskontrolle. Kränkelnde Haushühner, -gänse oder -enten sind möglichst sofort zu töten. Für die Fütterung verwendete Eier müssen von gesunden Hühnern stammen. Trotzdem ist zu empfehlen, Eier und Eierschalen nur nach ausreichend langem Erhitzen, etwa zehnminütigem Kochen, zu verfüttern. Hält man außer Wassergeflügel noch Sittiche, so sorge man dafür, daß zwischen beiden Gruppen möglichst wenig Kontakte bestehen. Angehörige der Ordnungen der Anseriformes, der Schwimmvögel, und der Psittaciformes, der Papageienvögel, scheinen empfänglicher für die Ornithose bzw. Psittakose als andere Vögel zu sein. So verwende man Reste aus der Sittichfütterung auch besser für Hühner als für Wassergeflügel.

Gefahren drohen Schwänen, Gänsen und Enten aber nicht nur von belebten, übertragbaren Krankheitserregern her. Auch Wasserverunreinigungen können die Gesundheit des Wassergeflügels beeinträchtigen. Es können organische Verbindungen in großer

Menge im Wasser auftreten. Das geschieht z. B., wenn Kot, abgestorbene Pflanzen oder tote Tiere im Wasser verfaulen. Je höher die Temperatur ist, um so schneller kommt es zur Fäulnis, und um so mehr Zersetzungsprodukte treten auf einmal im Wasser auf. Gefährlich kann es sein, wenn Jauche oder Kot aus anderen Tierhaltungen, z. B. Schweineställen, einfließen. Große Bedeutung haben aber auch anorganische Verbindungen. Man prüfe daher vor Errichtung einer Anlage, ob nicht Industriebetriebe Abwässer in den geplanten Zufluß einleiten. Bei besonderen Witterungslagen können sich auch einmal Abgase und Flugasche schädlich auswirken. Schließlich muß man bei der Beschaffung von Grünfutter darauf achten, daß dieses nicht mit Schädlingsbekämpfungsmitteln in Berührung gekommen ist. Verluste, vor allem bei der Aufzucht, können durch verdorbene Futtermittel auftreten. So zersetzt sich z. B. eihaltiges Futter bei Wärme in wenigen Stunden. Vorsicht ist auch bei gequollenem und angekeimtem Getreide geboten. Sehr gefährlich sind verschimmelte Futtermittel, da sie sehr giftige Pilzsubstanzen, sog. Aflatoxine, enthalten können. Die Futtergefäße müssen regelmäßig gereinigt und von Zeit zu Zeit mit kochendem Wasser behandelt werden. Immer wieder führen Fremdkörper im Futter zu Todesfällen, z. B. Nadeln, Drahtstücke, Nägel, die mit abgeschluckt werden und dann die Wand des Magendarmkanals durchbohren.

Hygiene der Haltung und Überwinterung

Die Umwelt der Schwäne, Gänse und Enten ist auch unter Beachtung hygienischer Gesichtspunkte zu gestalten. Je enger der zur Verfügung stehende Raum und je kleiner die Wasserfläche sind und je mehr Tiere gehalten werden, um so größere Sorgfalt muß darauf verwendet werden, und eine um so intensivere Arbeit ist dafür zu verrichten. Wenn ein einzelnes Paar Gänse z. B. 1 000 m² Wiesenfläche zur Verfügung hat, wird der von diesen Tieren ausgeschiedene Kot nicht so schnell zu Schwierigkeiten führen. Hält man dagegen auf etwa 100 m² eine Vielzahl von Paaren, wie das z. B. in zoologischen Gärten zu Schauzwecken geschehen muß, dann muß der Kot täglich sorgfältig entfernt werden. Zu vermeiden sind stagnierende Dreckpfützen und nasse Flächen, die letztlich aus einem Gemisch von Erde, Kot und Wasser bestehen. Die Tiere müssen trockene Ruheplätze aufsuchen können.

In hygienischer Hinsicht problematisch wird oft die Überwinterung einer großen Anzahl Tiere kälteempfindlicher Arten auf engem Raum. Peinlichste Sauberkeit ist hier die erste Voraussetzung für die Gesunder-

haltung. Stets, auch bei Kälte, ist für ausreichende Lüftung zu sorgen. Stickige, sauerstoffarme Luft führt zu Stoffwechselbeeinträchtigungen, die sich später in mangelhafter Zuchtleistung äußern können. Im Frühjahr sind die Überwinterungsräume völlig auszuräumen und gründlichst zu reinigen. Das bodenbedeckende Material ist restlos zu entfernen. Naturboden ist einen Spaten tief abzutragen und durch frischen zu ersetzen. Kotreste und anderer Schmutz sind von Wänden und Gegenständen restlos abzukratzen. Danach ist alles, was abwaschbar ist, gründlich mit möglichst kochendem Wasser unter Zusatz eines Waschmittels zu scheuern. Erst nach sorgfältigster Reinigung kann man mit einem Desinfektionsmittel arbeiten. Mitunter genügt eine gründliche Reinigung ohne anschließende Desinfektion. Nie jedoch reicht die Anwendung eines Desinfektionsmittels ohne vorangegangene rigorose Reinigung aus. Da viele Desinfektions- und Reinigungsmittel auch für Schwäne, Gänse und Enten in bestimmten Konzentrationen nicht harmlos sind, empfiehlt es sich, vor einer Neubelegung Reste dieser Mittel, am besten durch Abwaschen mit klarem Wasser, zu entfernen.

Besonders sorgfältig sind Nistgelegenheiten, Brutstätten, Brutapparate und alle Einrichtungen der Kükenaufzucht zu reinigen. Alles, was nicht von größerem Wert ist, z. B. Einstreu, Stoffunterlagen, Säcke, Holzteile, ist nach einmaliger Benutzung zu vernichten, am besten zu verbrennen. Der Tod eines einzigen Brautentenkükens z. B. verursacht einen größeren ökonomischen Verlust, als er zumeist durch das Verbrennen der genannten Dinge entsteht.

Versenden von Entenvögeln

Ebenso hüte man sich vor der wiederholten unkontrollierten Verwendung von Kartons, Körben oder Kisten für den Transport von Schwänen, Gänsen oder Enten. Enten versendet man zweckmäßigerweise in Spezialkartons mit Löchern. Diese Kartons haben keinen großen Wert und können so leicht nach Verschmutzung verbrannt werden. Bei größeren Arten, bei Gänsen und Schwänen, achte man darauf, daß der Deckel des Transportbehälters aus Sacktuch besteht oder gepolstert ist, um Verletzungen zu verhüten. Die Transportbehälter müssen luftig sein, damit keine Überhitzungen vorkommen. Am besten werden die Tiere einzeln verpackt, damit sie sich nicht gegenseitig schädigen. Wenn der Transport nicht länger als einen Tag dauert, braucht man vorher gut gefütterten Tieren kein Futter mitzugeben. Größere Arten können länger ohne Nahrungsaufnahme auskommen als kleinere. Für sehr lange Transporte ist in an der Wand des Behälters befestigte Tränkgefäße ein derber, nicht zerreißbarer Schwamm oder ein Stück Holz einzulegen, um ein Ausschwappen des Wassers zu verhindern. Allerdings darf der Schwamm nicht so klein sein, daß er von den Tieren abgeschluckt werden kann. Für den Bahntransport sind möglichst die Nachtstunden zu wählen. Der voraussichtliche Ankunftstermin ist dem Empfänger rechtzeitig mitzuteilen. Klar dürfte sein, daß man nur völlig gesunde Tiere versendet. Kälteempfindliche Arten dürfen natürlich nicht ohne besondere Maßnahmen im Winter verschickt werden.

Krankheitsformen

Es ist für jeden Halter von Schwänen, Gänsen oder Enten von Nutzen, eine gewisse Vorstellung von den wichtigsten Krankheiten zu haben, die bei seinen Pfleglingen auftreten können. Daher wird ein kurzer Überblick über derartige Erkrankungen gegeben. Diese Mitteilungen sollen den Betreuer aber nicht dazu verleiten, in ernsteren Fällen auf Rat und Hilfe des Tierarztes zu verzichten.

Viruskrankheiten

Virushepatitis der Enten Die durch ein Virus, einen sehr kleinen Krankheitserreger, bedingte Leberentzündung tritt vor allem bei drei bis zwölf Tage alten Entenküken auf. Mit zunehmendem Alter, spätestens mit sechs Wochen, bildet sich eine gute Widerstandsfähigkeit gegen die Virushepatitis heraus. Der Erreger wird mit dem Kot ausgeschieden und dann meistens mit verunreinigtem Futter, aber auch mit der Atemluft aufgenommen. Die Krankheit verläuft sehr schnell. Nach anfänglicher Mattigkeit können die Tiere nicht mehr stehen, fallen auf die Seite, zucken mit den Beinen und drehen den Kopf nach dem Rücken. Schon nach wenigen Stunden tritt der Tod ein. Nicht immer sind die Krankheitserscheinungen so typisch ausgeprägt. Bei der Sektion werden hauptsächlich Schwellung und Gelbfärbung der Leber und Blutungen in diesem Organ festgestellt. Der Tierarzt kann vorbeugend Entenküken gegen diese Krankheit impfen, auch dann noch, wenn die Virushepatitis bereits im Bestand aufgetreten ist.

Entenpest Diese virusbedingte Krankheit ist in Holland, Belgien, Italien, Indien, Großbritannien, Kanada, USA, BRD und China beobachtet worden. 1979 wurde sie auch in der DDR in einem Moschusentenbestand nachgewiesen. Es ist eine seuchenhafte, durch Viren verursachte Infektionskrankheit der Enten, Gänse und Schwäne. Die wenig charakteristischen Krankheitszeichen sind Mattigkeit, Apathie, Bewegungsstörungen und Lähmungen der Beine, Blauverfärbung des Schnabels und wäßriger Durchfall sowie Tränenfluß und Nasenausfluß. Bei Erregung der Tiere können krampfartige Anfälle auftreten. In wenigen Stunden kann unter Verkrampfung der Tod eintreten. Innerhalb einiger Tage stirbt ein großer Teil der Tiere. Die Einschleppung der Krankheit kann über infiziertes Wildwassergeflügel und über das Gewässer erfolgen. Es ist möglich, die Jungtiere durch eine Impfung gegen die Erkrankung zu schützen.

Enteninfluenza Die durch Influenzaviren Typ A hervorgerufene Erkrankung der Luftwege kann durch Wildgeflügel in die Bestände eingeschleppt werden. Unter ungünstigen Umweltbedingungen entwickelt sich eine akute respiratorische Erkrankung. Die Tiere zeigen hochgradige Mattigkeit, Atembeschwerden, Schleimhautödeme, Augenbindehautentzündung, schlenkern den Kopf und zittern. Bei den gestorbenen Tieren liegen Entzündungen der Atemwege, des Herzbeutels, der Lunge und Luftsäcke sowie der serösen Häute vor.

Virushepatitis der Gänse Im Frühjahr und Sommer kann bei 5 bis 10 Tage alten Gänseküken eine Viruserkrankung auftreten, die schnell unter den Küken um sich greift und rasch zum Tode der Gössel führt. Das Virus wird den Parvoviren zugeordnet. Die Küken zeigen Mattigkeit, taumelnden Gang und Appetitlosigkeit. Die Tiere bleiben in der Entwicklung sichtbar zurück, lassen Laufbeschwerden erkennen und balancieren mit den Flügeln. Überleben die Gössel, fällt ein großer Teil des Flaumgefieders aus, die Haut, insbesondere die Schwimmhäute, und die Bürzeldrüse sind stark gerötet, und es entwickelt sich eine Bauchwassersucht, so daß der Leib der Tiere auf dem Boden schleifen kann. Nach der 5. Krankheitswoche sterben kaum noch Tiere, der Allgemeinzustand bessert sich, jedoch kümmern die Tiere meist und bleiben in der Entwicklung zurück. Bei der Sektion findet man eine heftige Leber- und Herzbeutelentzündung sowie Degeneration von Herzmuskel und Bauchspeicheldrüse. Die Gössel werden über das Brutei oder in den ersten Lebenstagen infiziert. In durchseuchten Beständen werden Antikörper gegen diese Erkrankung von dem Muttertier über das Brutei mitgegeben. Eine Behandlung erkrankter Küken mit Serum, das von Tieren stammt, die die Erkrankung überstanden haben, erwies sich als erfolgreich. Als Desinfektionsmittel eignet sich 2 %ige Natronlauge.

Bakteriell bedingte Krankheiten

Jeder achte der uns zur Sektion eingelieferten Schwimmvögel war einer bakteriell bedingten Krankheit erlegen. Die häufigsten dieser Erkrankungen waren Salmonellosen, Kolibazillose und Tuberkulose.

Ornithose (Chlamydieninfektion) Der Erreger der Krankheit ist *Chlamydia psittaci*, nach neueren Untersuchungen systematisch zu den Bakterien gehörend. Er ist gegen Kälte und Austrocknung sehr widerstandsfähig, empfindlich gegen Erhitzen. Im allgemeinen machen Schwäne, Gänse und Enten eine Infektion mit diesem Erreger ohne offensichtliche Krankheitserscheinungen durch, zumeist schon als Jungtiere. Die Widerstandsfähigkeit herabsetzende Einflüsse, Kälte, Hitze, ungenügende oder qualitativ unzureichende Fütterung, unhygienische Haltung, zu starke Massierung von Tieren in ungünstigem Milieu, können zum Auftreten offensichtlicher Krankheitserscheinungen, zu Todesfällen und auch zu Massenerkrankungen führen. Derartig erkrankte Bestände stellen dann eine ernste Gefahr für andere Geflügel- und Vogelhaltungen und auch für den Menschen dar. Ebenso können Wasservogelsammlungen von erkrankten Nutzgeflügel-, vor allem Hausentenbeständen her infiziert werden. Die Krankheitserscheinungen sind bei Wasservögeln meistens sehr unspezifisch. Die Jungtiere können Entwicklungsstörungen zeigen, sie können matt und bewegungsarm sein. Durchfall, Gleichgewichtsstörungen, Augenveränderungen, Anzeichen einer Lungenentzündung und Abmagerung können bei Schwimmvögeln auftreten. Der eindeutige Nachweis der Ornithose am toten Tier gelingt nur nach Anwendung spezieller Färbemethoden an mikroskopischen Organpräparaten und durch Tierversuche, zumeist mit Laboratoriumsmäusen. Kranke Tiere scheiden mit dem Kot Erreger aus. Diese können mit eingetrocknetem, staubförmigem Kot eingeatmet werden. So können sich andere Vögel, aber auch Menschen infizieren. Beim Menschen kommt es zu Fieberschüben, grippeähnlichen Erscheinungen und Lungenentzündungen. Erkrankt ein Wasservogelpfleger unter unklaren Symptomen, tut er gut daran, den untersuchenden Arzt darauf aufmerksam zu machen, daß er engen Kontakt mit Schwänen, Gänsen oder Enten hat, auch wenn diese nicht offensichtlich krank sind. Beim Menschen kommt es darauf an, möglichst frühzeitig zu Beginn der Erkrankung eine sichere Diagnose zu stellen. Die Ornithose des Menschen kann heute mit modernen Antibiotika erfolgreich behandelt werden. Eine medikamentelle Behandlung gefährdeter Schwimmvögel oder gar Heilversuche an erkrankten sollte man dem Tierarzt überlassen.

Bei Papageienvögeln wird diese Krankheit Psittakose, Papageienkrankheit, genannt. Ornithose, das heißt Vogelkrankheit, und Psittakose werden durch verschiedene Stämme desselben Erregers hervorgerufen.

Kolibazillose Bestimmte Serotypen der Escherichia coli können bei Schwimmvögeln Krankheiten auslösen, vor allem wenn deren Widerstandsfähigkeit durch andere Einflüsse herabgesetzt ist. Die Keime werden über den Verdauungskanal ausgeschieden und vor allem mit eingetrocknetem, staubförmigem Kot eingeatmet. Durch die Wände der Luftsäcke gelangen sie dann weiter in den Organismus. Erkrankte Tiere weisen Anzeichen von Fieber, ein gesträubtes Gefieder, Mattigkeit, Appetitlosigkeit, mitunter Atembeschwerden und häufig Durchfall mit gelbem oder weißlichem, schmierigem Kot auf. Durch Gelenkentzündungen kann es zum Lahmen oder zum Hängenlassen der Flügel kommen. Die Diagnose kann am lebenden Tier kaum mit ausreichender Sicherheit, am toten jedoch durch bakteriologische Anzüchtung des Erregers gestellt werden. Eine Behandlung ist mit Antibiotika, vor allem Streptomycin, möglich. Peinliche Sauberkeit und strenge Hygienemaßnahmen können der Erkrankung vorbeugen.

Salmonellosen Es gibt zahlreiche Salmonella-Arten, die bei verschiedensten Tierarten und beim Menschen schwere Krankheitserscheinungen auslösen können. Früher bezeichnete man diese Erkrankungen als Paratyphus. Besonders junge Schwimmvögel sind empfänglich, erkranken akut und oft tödlich. Häufig wird schon der Eidotter im Leibe des Muttertiers infiziert, oft wandern Keime durch die Schale in das Eiinnere ein, nachdem sie mit Kot auf die Oberfläche des Eies bei dessen Durchtritt durch die Kloake gelangt sind. Die Embryonen in so infizierten Eiern sterben häufig ab, mitunter erst nach Anpicken der Eischale. Schlüpfen die Küken trotz Infektion, scheiden sie vom ersten Lebenstag an Salmonellen aus. Überleben diese Küken und wachsen sie heran, so können sie ebenso wie später infizierte Schwimmvögel ihr ganzes Leben lang Bakterienträger und somit auch Ausscheider von Salmonellen, vor allem mit Kot und Eiern, bleiben, ohne daß sie selbst Krankheitserscheinungen aufweisen. Salmonellen können aber auch mit Futtermitteln in einen bisher gesunden Bestand eingeschleppt werden, vor allem mit nicht einwandfreiem Tierkörper-, Fleisch-, Knochen- und Fischmehl. Möwen und Stockenten können gelegentlich als Salmonellenüberträger auftreten, ebenso Ratten und Mäuse. Salmonellen vermehren sich gut in Eiweißfaulstoffen. Verschmutzte Tümpel und auch Teichanlagen sind daher eine besondere Gefahr für Schwimmvögel, vor allem für tauchende und gründelnde, da es im Bodenschlamm zu einer Salmonellenanreicherung kommt. Bereits im Ei infizierte Tiere können in den ersten Lebenstagen sterben, auch ohne vorangegangene Krankheitserscheinungen. Ansonsten können sie Appetitlosigkeit, Müdigkeit, struppiges Gefieder, herabhängende Flügel, vermehrten Durst, Durchfall, Luftschnappen, Lidbindehautentzündung, Bewegungsunlust, Lähmungen, Gelenkentzündungen und Gleichgewichtsstörungen zeigen. Erwachsene Schwimmvögel durchseuchen meistens stumm. Sie überstehen eine Infektion ohne offensichtliche Krankheitserscheinungen, werden aber meistens für längere Zeit oder gar für das ganze weitere Leben zu Salmonellenausscheidern. Bei der Sektion und bei der mikroskopischen Organuntersuchung können auf Salmonellose hinweisende Veränderungen festgestellt werden. Der endgültige Nachweis wird durch bakteriologische Anzüchtung der Salmonellen aus den Organen erbracht. Eine Behandlung infektionsgefährdeter und erkrankter Schwimmvögel ist mit Antibiotika, vor allem Chloramphenikol, möglich. Peinliche Sauberkeit in Legenestern, Brutstätten oder -apparaten und Aufzuchträumen kann das Auftreten der Krankheit und ihre Ausbreitung einschränken. Brutapparate und Eier können mit gutem Erfolg mit Formaldehyd begast werden. Jede Brutanstalt für Wirtschaftsgeflügel kann über das Verfahren Auskunft und Anleitung für die praktische Durchführung geben. Salmonellosen sind für den Menschen, vor allem für Kinder, sehr gefährliche Krankheiten. Sie können zum Tode führen. Daher ist gründlichstes Händewaschen nach Umgang mit kranken oder krankheitsverdächtigen Schwimmvögeln ein Grundgebot. Bei uns und in anderen Ländern besteht ein Verbot, Enteneier zum Verzehr durch Menschen in den Handel zu bringen. Sollen Enteneier im eigenen Haushalt gegessen werden, müssen sie ausreichend lange, mindestens zehn Minuten, besser länger, gekocht werden.

Pseudotuberkulose Die Pseudotuberkulose kann sehr schnell ohne Krankheitserscheinungen zum Tode führen. Sie kann mit Mattigkeit, Durchfall, gesträubtem Gefieder und Bewegungsstörungen infolge Gelenkentzündungen einhergehen. Es kann zur Ausbildung von bis hirsekorngroßen, mitunter zu mehreren zusammenstehenden, dann knötchenartig wirkenden und damit der Tuberkulose, was ja eigentlich Knötchenkrankheit bedeutet, ähnlichen Herden in Leber und Milz kommen. Danach wurde diese Krankheit Pseudotuberkulose, also falsche Tuberkulose, genannt. Ihr Erreger ist *Yersinia pseudotuberculosis*. Sein bakteriologischer Nachweis ist Grundlage einer sicheren Diagnose, auf die schon das mikroskopische Bild der Organveränderungen hinweist. Zumeist erkranken nur durch andere Vorgänge oder ungünstige Lebensbedingungen bereits geschwächte Tiere. Der Erreger wird mit Wasser oder Futter aufgenommen und mit dem Kot ausgeschieden. Sind Schwimmvögel erst einmal an Pseudotuberkulose erkrankt, so sterben sie auch meistens daran. Eine Behandlung mit Oxytetracyclinen kann versucht werden, führt aber nicht allzu häufig zum Erfolg. Optimale Umweltbedingungen und gute Fütterung sind die beste Vorbeuge.

Pasteurellose Die Pasteurellose oder Geflügelcholera wird durch *Pasteurella multocida* verursacht. Sie kam

früher weit häufiger als heute beim Hausgeflügel vor. Die Übertragung erfolgt von Tier zu Tier. Der Erreger gelangt durch die oberen Atemwege in den Organismus. Die Keime werden mit Nasenausfluß, aber auch mit Kot ausgeschieden. Ungünstige Lebensbedingungen fördern den Ausbruch der Krankheit, die sich dann sehr schnell im Bestand ausbreiten und zahlreiche Todesopfer fordern kann. Erkrankte Schwimmvögel führen im Liegen, mitunter auch auf dem Rücken, Ruderbewegungen mit den Füßen aus, haben struppiges, verschmutztes Gefieder, Augen- und Nasenausfluß, wäßrig schleimigen, grünlichen Durchfall, Gelenkschwellungen und Blutungen in den Schwimmhäuten. Zur eindeutigen Diagnose ist der bakteriologische Erregernachweis nötig. Eine Impfung erkrankter Tiere durch den Tierarzt ist möglich, ebenso eine Behandlung mit bestimmten Sulfonamiden und Antibiotika. In vielen Ländern zählt die Pasteurellose des Geflügels zu den anzeigepflichtigen Infektionskrankheiten, deren Bekämpfung gesetzlich geregelt ist und von Amtstierärzten überwacht wird.

Gänseinfluenza Die Gänseinfluenza wird durch *Pasteurella septicaemiae* verursacht. Es erkranken nur Gänse. Die Tiere haben Fieber, vermehrt Durst, gesträubtes Gefieder und taumelnden Gang. Sie sitzen und liegen viel mit ausgestrecktem Hals und weggespreizten Flügeln. Schließlich können sie kaum noch laufen und überschlagen sich häufig, wobei sie sich aus der Rücken- oder Seitenlage nicht mehr aufrichten können. Atemstörungen und Abmagerung können auftreten. Vor allem und zuerst erkranken junge Tiere, von denen ein großer Teil schnell stirbt. Die Krankheit wird meistens mit importierten Gänsen eingeschleppt. Eine Behandlung mit Antibiotika oder Sulfonamiden kann versucht werden.

Pfeifferellose der Enten Diese durch *Pfeifferella anatipestifer* verursachte Krankheit wurde bisher nur bei Enten unter ungünstigen Haltungsbedingungen in Amerika, Kanada, England, Holland und in der Sowjetunion beobachtet. Die Infektion erfolgt durch Hautverletzungen. Tiere im Alter bis zu 10 Wochen erkranken am häufigsten. Neben den unspezifischen Symptomen Mattigkeit und Schläfrigkeit werden unkoordinierte Bewegungen, wäßriger Augen- und Nasenausfluß, weißgrüner Kot und hin und wieder Schwellungen der Sprunggelenke beobachtet. Der Tod tritt in wenigen Stunden ein. Eine wirksame Behandlung erkrankter Tiere ist nicht bekannt. Der Erreger ist gegenüber Penicillin, Streptomycin, Oxytetracyclin und Chloramphenicol empfindlich.

Mikrokokkose *Micrococcus aureus* ist der Erreger dieser auch bei Schwimmvögeln unter ungünstigen Lebensumständen vorkommenden Krankheit, die sehr schnell oder aber auch mehr schleichend mit Gelenkentzündung, Knochen- und Sehnenentzündung verlaufen kann. Die Gelenke sind geschwollen, vermehrt warm und schmerzen. Aus der Flüssigkeit erkrankter Gelenke kann man die Erreger isolieren. Manche Tiere sterben, andere gesunden wieder, es bleiben aber meistens Gelenkverdickungen und dadurch bedingte Gehbehinderungen zurück. Das Futter erkrankter Tiere darf nicht zuviel Eiweiß enthalten, soll dagegen reich an Vitamin A sein. Behandlung mit Antibiotika kann versucht werden.

Rotlauf Der gleiche Erreger, der den Rotlauf der Schweine verursacht, nämlich *Erysipelothrix rhusiopathiae*, kann auch bei Schwimmvögeln, vor allem Enten, zur Erkrankung führen. Dieser Keim bleibt sehr lange im Erdboden ansteckungsfähig. So kann die Infektion nach Aufnahme von Erde, auch beim Gründeln, oder von Futtermitteln her, z. B. von Fleisch- oder Fischmehl, erfolgen. Infizierte Enten sterben meistens sehr schnell. Mitunter kann man Schwellungen am Kopf, blaurote Verfärbung der Haut und schwankenden Gang beobachten. Bei der Sektion werden Blutungen in Muskulatur und Organen gefunden. Verletzt sich der Mensch bei der Zerlegung einer an Rotlauf gestorbenen Ente, so kann auch er erkranken. Kranke Enten können mit Rotlaufserum und Penicillin oder Tetracyclin behandelt werden.

Listeriose Nur selten erkranken Schwimmvögel an Listeriose. Der Erreger, *Listeria monocytogenes*, kann aber für andere Tiere und für den Menschen sehr gefährlich werden, daher wird diese Krankheit hier erwähnt. Die Vögel können den Erreger beherbergen, ohne Krankheitserscheinungen aufzuweisen. Ungünstige Umwelteinflüsse können aber zu einer Herabsetzung der Widerstandsfähigkeit und so zum Ausbruch einer Krankheit führen. Die Tiere können dann sehr schnell sterben oder aber vorher Schnupfen, Durchfall und Verdrehen des Kopfes zeigen. Eine Behandlung kann mit Sulfonamiden oder Antibiotika versucht werden, falls man wegen der Gefahr für den Menschen nicht besser die Tötung erkrankter Tiere vorsieht.

Tuberkulose Die Tuberkulose der Schwimmvögel wird durch *Mycobacterium avium* verursacht. Dieser Erreger ist sehr widerstandsfähig und kann im Erdboden unter normalen Bedingungen über zwei Jahre ansteckungsfähig bleiben. Er wird zumeist mit dem Kot ausgeschieden und mit verunreinigtem Boden, Futter oder Trinkwasser aufgenommen. Die Tuberkulose des Geflügels ist eine hochgradig ansteckende Krankheit. Hühner- und Fasanenbestände weisen oft einen sehr hohen Verseuchungsgrad auf, der mit steigendem Alter der Tiere noch zunimmt. Es empfiehlt sich daher, die Haushühner des eigenen Bestandes spätestens nach der zweiten Legeperiode zu schlachten. Man hüte sich davor, ohne besondere Maßnahmen eine Schwimmvogelanlage im Bereich ehemaliger Hühnerausläufe zu errichten. Nach der Ansteckung entwickelt sich die Tuberkulose langsam und schleichend. Erst wenn die Erkrankung schon weit fortgeschritten ist, stellt man unspezifische Allgemeinerscheinungen, struppiges, häufig verschmutztes Gefieder und Abmagerung fest. So kann sich die Tuberkulose schon weit im Bestand ausgebreitet haben, ehe man sie bemerkt. Schwimmvögel erkranken vor allem bei Haltung auf engem Raum. Sie sind nicht so empfänglich für Tuber-

kulose wie Hühnervögel. Immerhin waren 3,4 % aller von uns untersuchten Schwimmvögel an einer Tuberkulose gestorben. Während der Erkrankung kommt es zur Bildung von zumeist hirsekorn- bis erbsengroßen und größeren Herden und Knoten in den Organen, vor allem in Leber und Milz und am Darm. Diese weißlichen bis gelblichen Knoten verkäsen oft in ihrem Zentrum. Solche Herde können sich auch in Knochen und im Knochenmark entwickeln. Besteht berechtigter Verdacht auf das Vorliegen einer Tuberkulose, so ist das befallene Tier möglichst bald zu töten. Die bei lebenden Hühnern zur Klärung der Diagnose anzuwendende Tuberkulinprobe ist bei Schwimmvögeln sehr unzuverlässig. Besonders empfänglich für die Geflügeltuberkulose ist das Schwein. Aber auch der Mensch kann nach Infektion mit *Mycobacterium avium* erkranken. Schwerwiegend ist dann dabei, daß dieser Erreger nicht oder kaum empfindlich gegen Medikamente zur Tuberkulosebekämpfung, gegen Tuberkulostatika, ist.

Spirochätose Die durch Bakterien der Gattung *Borrelia*, vor allem *B. anserina,* – deshalb wird die Erkrankung auch Borreliose genannt – hervorgerufene Erkrankung wird durch Zecken übertragen. Bei Enten treten Appetitlosigkeit, grünlicher Durchfall, Benommenheit und Lahmheit auf. Bei Gänsen wurde darüber hinaus starker Durst und Blutarmut beobachtet. Die Spirochätose verläuft unter dem Bild einer akuten Septikämie. Die Sterblichkeit ist hoch. Bei der Sektion sind Leber und Milz stark geschwollen, es können Nekroseherde in diesen Organen auftreten. Der Erreger ist im Blut und in den Organen bei Untersuchung von frischtotem Material nachweisbar. Im Frühstadium der Erkrankung kann eine Behandlung mit Penicillin (5 000 bis 10 000 IE Penicillin G), Oxytetracyclin oder mit organischen Arsenverbindungen (0,03 bis 0,045 g Neosalvarsan in physiologischer Kochsalzlösung intramuskulär) erfolgreich sein.

Botulismus Die Krankheit wird durch ein Gift (Exotoxin) des Bazillus *Clostridium botulinum* verursacht. Das von den Bazillen gebildete sehr giftige Exotoxin führt nach Aufnahme mit dem Futter oder dem Wasser zu einer schlaffen Lähmung des Halses und der Gliedmaßen. Es kommt zu Gleichgewichtsstörungen bei den Tieren, sie sind schwach und liegen auf dem Boden. Je nach aufgenommener Giftmenge gestaltet sich der Krankheitsverlauf. Verdorbene Futtermittel, verdorbene Gemüse- und Fleischkonserven, Fliegenmaden an Tierleichen sowie stagnierendes, sauerstoffarmes, alkalisch reagierendes warmes Wasser können das Gift enthalten. Massenerkrankungen bei Enten, Gänsen, Schwänen und Wildgeflügel sind beobachtet worden. Außer gelegentlich auftretenden Entzündungserscheinungen im Magen-Darm-Kanal und gering ausgeprägten Schädigungen im Gehirn liegen bei der Sektion gestorbener Tiere keine Veränderungen vor. Das Exotoxin kann aus dem Magen- und Darminhalt mit Hilfe eines Tierversuches nachgewiesen werden. Bei Erkrankungen kann man mit Abführmitteln wie Glaubersalz oder Rizinusöl, aber auch mit Sauermilch eine Behandlung versuchen. Auch eine künstliche Ernährung, wenn die Tiere gelähmt sind, kann von Erfolg sein. Erkrankte Tiere sollten an kühle und schattige Plätze gebracht werden. Eine Anreicherung des Wassers mit Sauerstoff, z. B. durch Zufluß von frischem Wasser oder durch einen Springbrunnen, kann der Entwicklung von Clostridien vorbeugen.

Mykosen

Von den vielen in unserer Umwelt lebenden niederen Pilzen können einige Arten beim Menschen und bei Tieren Krankheitserscheinungen hervorrufen und zum Tode führen. Durch derartige Pilze verursachte Erkrankungen bezeichnet man als Mykosen.

Aspergillose Die Aspergillose ist die bei Schwimmvögeln am häufigsten vorkommende Mykose. 12,6 % der von uns untersuchten Schwäne, Gänse und Enten waren an Aspergillose gestorben, damit ebensoviel wie an allen bakteriell bedingten Krankheiten zusammen. Die Aspergillose wird meistens durch die Art *Aspergillus fumigatus* hervorgerufen, die vor allem in der Umwelt von Wasservögeln weit verbreitet ist und als Schimmel, z. B. in Einstreu, in Kompost und auch im Futter, vorkommen kann. Durch Feuchtigkeit wird das Wachstum des Schimmels begünstigt. Anschließendes Eintrocknen führt dazu, daß Vermehrungsformen des Pilzes, die Sporen, durch Bewegungen der Tiere aufgewirbelt werden und darauf längere Zeit mit Staub in der Luft schweben und sich ausbreiten können. So werden sie dann auch massenhaft von den Vögeln eingeatmet. Der Staub reizt die Schleimhaut der Atemwege, wodurch die Ansiedlung der Pilze begünstigt wird. Schwächung der Tiere fördert das Angehen der Infektion. So breitet sich die Aspergillose bevorzugt bei schlechter Haltung und Fütterung, bei ungünstigen Witterungsbedingungen und bei Massierung von Tieren im Winterquartier aus, vor allem, wenn dort bei Wärme eine extrem hohe oder niedrige Luftfeuchtigkeit herrscht. Besonders empfänglich sind Küken in den ersten Stunden und Tagen ihres Lebens. Schon das Ei kann im Nest oder im Brutapparat von schimmligem Material her mit Aspergillussporen infiziert werden. Nur wenn die Eierschale verunreinigt oder abgewaschen und damit ihrer Schutzschicht beraubt worden ist oder wenn sie gesprungen ist, können die Keime in das Innere des Eies eindringen. Häufig führt das dann zum Absterben des Embryos vor dem Schlüpfen. Im Staub von Brut- und Aufzuchträumen können Aspergillussporen bis 18 Monate lebensfähig bleiben. Küken können auch sofort nach dem Schlupf massenhaft Aspergillussporen einatmen. Sie können

dann nach wenigen Tagen auch unter unbestimmten Krankheitserscheinungen sterben. Je jünger die befallenen Tiere sind, um so schneller führt die Aspergillose zum Tode. Außer Mattigkeit, gesträubtem Gefieder, vermehrtem Durst können erkrankte Schwimmvögel angestrengte, beschleunigte Atmung mit geöffnetem Schnabel aufweisen. In den Luftsäcken von an Aspergillose gestorbenen Vögeln findet man flächenhafte grauweiße, gelbgrünliche oder bis schwärzliche Schimmelpilzrasen und häufig runde bis ovale, konzentrisch geschichtete, flache, knopfähnliche Herde. Die Lungen können dunkelrot und entzündet und von hirsekorn- bis erbsengroßen, gelblichen, käsigen Knötchen durchsetzt sein. Eine Behandlung bereits offensichtlich an Aspergillose erkrankter Schwimmvögel führt kaum zum Erfolg. Es sind spezielle Antibiotika als Mittel gegen Pilzerkrankungen entwickelt worden. Sie wirken am besten nach Versprühen in die Atemluft als Aerosol. Die sonst üblichen Antibiotika haben keinen zur Heilung führenden Einfluß auf Mykosen. Um so größere Sorgfalt ist zur Verhinderung der Krankheit aufzuwenden. Die Tiere sind möglichst optimal zu halten. Durch gute Fütterungs-, Haltungs-, Brut- und Aufzuchthygiene ist Schimmelbildung in der Umgebung der Schwimmvögel zu verhindern.

Soor Die vor allem bei Küken und Junggeflügel auftretende, durch hefeartige Pilze *(Candida albicans)* verursachte Krankheit befällt bei Enten vorwiegend die kropfähnliche Erweiterung des Oesophagus am Brusteingang und bei Gänsen den Übergang vom Drüsen- in den Muskelmagen sowie den vorderen Dünndarmabschnitt. Daneben können auch Veränderungen in der Speiseröhre, in der Rachen- und der Schnabelhöhle vorliegen. Die Tiere magern ab und erscheinen blutarm. An den genannten Stellen treten grauweiße bis braune Schleimhautbeläge und bei schweren Verlaufsformen auch tiefergreifende geschwürige Schleimhautveränderungen auf. Typische Krankheitserscheinungen kann man nicht beobachten. Die Tiere entwickeln sich schlecht, erbrechen aufgenommenes Futter und magern ab. Eine exakte Diagnose dieser Erkrankung kann nur durch die Autopsie des Tieres gestellt werden. Therapeutisch hat sich Nystatin, über mehrere Wochen mit dem Futter oder dem Trinkwasser verabreicht, bewährt.

Parasitär bedingte Krankheiten

Unter Parasiten versteht man Lebewesen, die auf oder in einem andersartigen Lebewesen vorübergehend oder dauernd leben, bei ihm wohnen, Nahrung suchen, sich fortpflanzen und ihren Wirt dabei schädigen. Peinliche Sauberkeit, gute Hygiene und vielseitige Fütterung sind die besten Vorbeugungsmaßnahmen gegen Parasitosen. Durch Parasiten sind besonders Jungtiere gefährdet. Die Erscheinungen am lebenden Tier können auf parasitär bedingte Krankheiten hinweisen. Zur eindeutigen Feststellung einer Parasitose gehört der Nachweis von Parasiten selbst, z. B. von Würmern im Darm gestorbener Tiere, oder von ausgeschiedenen Geschlechtsprodukten, z. B. von Wurmeiern im Kot.

Endoparasitenbefall

Endoparasiten leben im Körperinneren ihrer Wirtstiere.

Kokzidiosen Kokzidien sind Protozoen, einzellige Tiere, die eine komplizierte Entwicklung in Zellen des Wirtsorganismus, die sie dabei schädigen und zerstören, und in der Außenwelt durchmachen. Ältere Vögel können Kokzidienträger und -ausscheider sein, ohne selbst krank zu erscheinen. Die entsprechenden Entwicklungsstadien der Kokzidien in der Außenwelt sind sehr widerstandsfähig und können über ein Jahr lang ansteckungsfähig bleiben. Haltungen von kokzidienverseuchten Hausgänsen und eventuell von Hausenten können, auch auf indirektem Wege über Wasser, Futter, Reinigungsgeräte, Schuhwerk, Fliegen, Nagetiere, freifliegende Vögel usw., zu einer Gefahr für Wasservogelbestände werden.

Mehrere Arten von Kokzidien können bei Schwimmvögeln vorkommen. Eine Art ruft bei Gänsen Nierenkokzidiose hervor. Die Tiere erkranken zumeist im Alter von zwei Monaten oder etwas darüber. Nach anfänglicher Mattigkeit kommt es zu Gleichgewichtsstörungen und Kopfverdrehen, mitunter zu vollständiger Lähmung. Nach zwei bis vier Tagen Krankheitsdauer kann der Tod eintreten. Bei der Sektion sieht man geschwollene, graugelbe Nieren mit bis hirsekorngroßen gelbweißen Herden.

Gänse und weit seltener Enten können auch an Darmkokzidiose erkranken, meistens im Alter von zwei bis acht Wochen. Es kommt dabei zu Durchfall mit zunächst breiigem, später wäßrigem, häufig blutigem Kot. Nach wenigen Krankheitstagen kann der Tod eintreten. Bei der Sektion wird eine Entzündung des Darmes, vor allem des Dünndarmes, mitunter mit Bildung von Knötchen mit zwei bis fünf Millimeter Durchmesser beobachtet.

Zur eindeutigen Feststellung einer Kokzidiose ist der Nachweis von Entwicklungsstadien der Kokzidien notwendig. Dieser kann im Kot der Tiere erfolgen. Keine Einschleppung der Parasiten in den Bestand, hygienische Haltung und vollwertige Fütterung sind die beste Vorbeuge gegen Kokzidiose. Mit bestimmten Sulfonamiden und Kokzidiostatika kann die Kokzidiose bekämpft werden. Bei offensichtlich erkrankten Tieren kann der Verlauf der Kokzidiose durch Medikamente nur schwer beeinflußt werden. Mit Antikokzidia (Sulfonamiden, Antibiotika, Nitrofuran-Verbindungen) können an Kokzidiose erkrankte Tiere behandelt und das Entstehen einer Kokzidiose unterdrückt werden. Die Medikamente werden über das Futter oder das Trinkwasser verabreicht. Über gute Resultate bei der Behandlung der Nierenkokzidiose durch intramuskuläre Injektion von Terramycin ist berichtet worden. Als Desinfektionsmittel gegen Kokzidien eignen sich schwefelkohlenstoffhaltige Präparate und Methylbromid, während die meisten der gegen Viren, Bakterien und Pilze wirksamen Desinfektionsmittel auch in höheren Konzentrationen Kokzidienoozysten nicht abtöten. Jedoch sollte die Desinfektion von Räumen dem Fachmann vorbehalten sein, da diese Substanzen sehr giftig sind.

Leucocytozoon-Infektion Kriebelmücken und andere blutsaugende Insekten können Protozoen der Art *Leucocytozoon simondi* und *L. anseris* auf Enten und Gänse übertragen. Die Protozoen vermehren sich in verschiedenen Organen, vor allem in Leber, Herz, Milz, Lunge, Gehirn und Skelettmuskulatur und führen dort zu Organschädigungen. Verluste treten nach starken Infektionen bei Jungtieren und bei Tieren mit herabgesetzter Widerstandskraft auf. Im fortgeschrittenen Krankheitsstadium können schwankender, taumelnder Gang, Schleudern des Kopfes, Verdrehen des Halses, hellere Verfärbung der Wachshaut, des Schnabels und der Schwimmhäute festgestellt werden. Furazolidon 100–150 ppm/Futter soll das Auftreten klinischer Symptome verhindern. Durch Zugabe von Pyrimethanin (0,5–1 ppm) im Futter soll eine Infektion der Tiere vermieden werden können.

Saugwurmbefall Einige Arten der Saugwürmer oder Trematoden können im Dünndarm von Wasservögeln schmarotzen. Sie heften sich dadurch an der Darmwand an, daß sie Teile der Darmschleimhaut in ihren Bauchsaugnapf einziehen. Sie leben von Schleimhautbestandteilen, die sie mit dem Mundsaugnapf losreißen, und von Blut. So kommt es zu Schädigungen des Darmes und zu dessen Entzündung. Die Trematoden der Wasservögel machen eine Entwicklung in jeweils zwei Zwischenwirten durch, z. B. in verschiedenen Schneckenarten, in Kaulquappen, in Wasser- oder Grasfröschen. Trematoden können aus dem Darm von Wasservögeln durch Eingeben von Tetrachlorkohlenstoff in Gelatinekapseln abgetrieben werden. Eine Behandlung mit Mansonil und Radeverm (60 mg für ein erwachsenes Tier) hat zu guten Ergebnissen geführt.

Einige Saugwürmer, vor allem die Art *Prosthogonimus pellucidus*, schmarotzen im Eileiter von Vögeln. Die Entwicklungsstufen leben zunächst in Wasserschnecken und dann in Libellenlarven. Die Wasservögel nehmen sie mit den Larven oder mit vollausgebildeten Libellen auf, meistens im Mai und im Juni. Die Würmer leben im Eileiter und führen zu dessen Entzündung. Es wird die Bildung der Kalkschale gestört. Von den befallenen Vögeln werden Fließeier gelegt. Schließlich kann die gesamte Eibildung beeinträchtigt sein. Die Entzündung kann sich in die Leibeshöhle ausbreiten und dann zum Tode führen. Die Bekämpfung der Schmarotzer im Eileiter ist sehr schwierig. Sie kann durch Eingeben von Tetrachlorkohlenstoff in Gelatinekapseln versucht werden.

Bandwurmbefall Zahlreiche Arten von Bandwürmern, Cestoden, können im Darm von Wasservögeln schmarotzen. Mit dem Kot befallener Tiere gelangen Bandwurmglieder mit vielen Eiern nach außen, die sich in bestimmten Zwischenwirten, vor allem Kleinkrebsen, z. B. *Cyclops-* und *Diaptomus*arten, *Gammarus pullex* (Flohkrebs), zu ansteckungsfähigen Stadien entwickeln. Bandwurmbefall kann, vor allem bei jungen Schwimmvögeln, zu Abmagerung, Schwäche und Tod führen. Eine Bekämpfung der Bandwürmer ist mit verschiedenen Medikamenten, z. B. Zinnpräparaten und gereinigtem Terpentinöl, möglich. Mansonil (60 mg für ein erwachsenes Tier; für Jungtiere werden 0,5 g in 10 ml Wasser suspendiert und davon 2 ml verabreicht) und Radeverm haben sich zur Bandwurmabtreibung gut bewährt. Die Kleinkrebse eines Gewässers können immer wieder durch frei fliegende Wasservögel infiziert werden.

Haarwurmbefall Einige Haarwurm- oder Capillariaarten können sich im Darm oder in der Speiseröhre von Schwimmvögeln ansiedeln. Es handelt sich um relativ lange, haardünne Würmer, die sich mit ihrem Vorderende in die Schleimhaut einbohren. Einige Arten machen eine direkte Entwicklung im Ei in der Außenwelt durch, andere benötigen Zwischenwirte, vor allem Regenwürmer. Die meisten Haarwurmarten sind nicht sehr wirtsspezifisch, so daß Wasservögel mit Würmern von verschiedenen Hausgeflügel- und Wildvogelarten infiziert werden können. Haarwurmbefall kann zu Abmagerung und Darmentzündung führen.

Mit Levamisol (Concurat L) 30 mg/kg Körpergewicht, Nilverm 50 mg/kg Körpergewicht, einmal verabreicht, und Mebendazol (Mebenvet) 30 mg/kg Körpergewicht an drei aufeinanderfolgenden Tagen können Haarwürmer abgetrieben werden.

Magenwurmbefall Bei Gänsen kommt *Amidostomum anseris,* bei Enten außerdem *Echinurea uncinata* vor. Erwachsene Gänse oder Enten mit Magenwurmbefall scheiden mit dem Kot Eier aus, aus denen sich bei genügender Feuchtigkeit der Umwelt infektionstüchtige Larven entwickeln, die im Wasser leben, aber auch an feuchten Gräsern hochkriechen können. Nach Aufnahme dringen die Larven an der Grenze zwischen Drüsen- und Muskelmagen unter die innerste Auskleidung, die Keratinoidschicht, des Muskelmagens vor, wo sie sich zu geschlechtsreifen Würmern entwickeln. Die Keratinoidschicht verfärbt sich rotbraun, löst sich ab, wird bröcklig und zerfällt schließlich zu schmierigem Brei. Meistens erkranken Tiere im Alter von drei bis acht Wochen. Sie nehmen weniger Futter auf, entwickeln sich schlecht, erscheinen müde und vollführen Würgebewegungen mit Schlenkern des Kopfes. Die Tiere können nach Durchfall, Abmagerung und Lähmungen, aber auch ohne vorangegangene auffällige Krankheitszeichen plötzlich sterben. Eine erfolgreiche Behandlung ist mit Tetrachlorkohlenstoff, Nilverm 40 mg/kg Körpergewicht oder Levamisol (Concurat L) 20 mg/kg Körpergewicht möglich. Mebendazol 120 ppm, im Futter über eine Woche verabreicht, hatte gute therapeutische Wirkungen.

Der Parasit *Echinuria uncinata* lebt in der Speiseröhre und im Vormagen von Wasservögeln, besonders der Enten. Bei starkem Befall kommt es insbesondere bei Tieren im Alter von 6 bis 14 Wochen zu Mattigkeit, unsicherem Gang, Augen- und Nasenausfluß, Würgen beim Abschlucken von Weichfutter und starkem Durst. Körnerfutter wird meist verschmäht. Typisch ist das häufige Aufsperren des blassen, hellgelben Schnabels und Einziehen des Kopfes. Die Tiere magern ab, sie liegen gern im Wasser und nach hinten gestreckten Beinen. In den letzten Stunden vor dem Tod wird der Kopf meist auf den Rücken gelegt. Die Parasiten verursachen am Siedlungsort in der Schleimhaut größere Knoten, die das Abschlucken der Nahrung stark beeinträchtigen können. Als Zwischenwirte, die Entwicklungsstadien der Parasiten beherbergen und diese übertragen, fungieren Wasserflöhe. Da die Wasserflöhe nicht überwintern, sind verseuchte Gewässer im darauffolgenden Frühjahr ansteckungsfrei. Befallene Tiere können mit Levamisol oder Mebendazol behandelt werden.

Nematoden der Art *Streptocara crassicauda* befallen den Muskelmagen von Gans und Ente. Zwischenwirte sind Kleinkrebse. Bei starker Invasion wird die Keratinoidschicht des Muskelmagens in eine bröcklige, schmierige Masse verwandelt. Die Tiere magern ab, zeigen Mattigkeit, nehmen aber gut das Futter auf. Todesfälle treten in unregelmäßigen Abständen auf. Zur Behandlung der Tiere wird Citarin L (5 mg/kg) empfohlen.

Tropisurus (Tetrameres) fissispina schmarotzt im Drüsenmagen von Ente, Truthuhn und Taube. Insbesondere die weiblichen Würmer dringen tief zwischen die Drüsen in die Schleimhaut ein und bilden dort bis zu kirschkerngroße Zysten. Dadurch werden die Drüsen stark komprimiert und degenerieren, so daß bei starkem Befall die Funktion des Drüsenmagens weitgehend außer Kraft gesetzt werden kann. Massenerkrankungen mit Todesfällen sind bekannt geworden. Wasserflöhe sind Zwischenwirte für diesen Parasiten. Als Therapie hat sich Disophenol 0,02 g/kg über drei Tage im Futter oder Piperazindithiocarbamat (0,5 g/kg) und Phenothiazin (2 g/kg) an 2 aufeinanderfolgenden Tagen im Futter verabreicht bewährt.

Luftröhrenwurmbefall Die Bronchien und die Luftröhre bei Enten, Gänsen und Schwänen können durch Würmer der Art *Cyathostoma bronchialis* befallen werden. Die Parasiten ziehen Schleimhautteile in ihre Mundkapsel ein, schädigen diese und verursachen dabei Schleimhautentzündungen. Bei den Tieren treten Atembeschwerden auf. Es kann bei starkem Befall zum Verschluß der Luftröhre führen. Husten, Würgen und Kopfschütteln werden beobachtet. Im Gegensatz zum Luftröhrenwurm der Hühnervögel leben bei diesem Parasiten männliche und weibliche Würmer nicht in Dauerkopulation, sondern getrennt. Die Wurmeier werden hochgehustet, evtl. ausgehustet oder abgeschluckt und mit dem Kot ausgeschieden. Nach 2 bis 3 Wochen schlüpfen aus den Eiern infektiöse Larven, die vom Vogel direkt oder nach Einkapselung in einen Stapelwirt, z. B. Schnecken oder Regenwürmer, mit diesem aufgenommen werden. Durch die Darmwand gelangen die Parasiten mit dem Blutstrom in die Lunge und danach in Bronchien und Luftröhre. Gute Behandlungsergebnisse wurden durch Verabreichung von Fenbendazol (20 mg/kg) oder Mebendazol (30 mg/kg) an 3 aufeinanderfolgenden Tagen über das Futter erzielt.

Kratzerbefall   Kratzer oder Acanthocephalen können im Darm von Wasservögeln parasitieren. Die Larven entwickeln sich in Zwischenwirten, in Kleinkrebsen. Die Kratzer können bei den Vögeln zu Darmschädigungen, zu Durchfall und Abmagerung und auch zum Tode führen. Zweitägiges Hungern bewirkt Ausscheidung eines großen Teiles der Kratzer. Eine zusätzliche Behandlung mit Tetrachlorkohlenstoff kann versucht werden.
   Des weiteren wird Dichlorophen 0,5 g/kg Körpergewicht empfohlen.

Ektoparasitenbefall

Ektoparasiten schmarotzen auf der Körperoberfläche ihrer Wirtstiere.

Vogelmilbenbefall   Die Rote Vogelmilbe, *Dermanyssus avium,* hält sich tagsüber in Ritzen des Stalles verborgen und sucht nachts die Vögel auf, um Blut zu saugen. Der Blutverlust kann zur Schwächung der Tiere und sogar zum Tode führen, vor allem bei jungen und brütenden Vögeln. Die Milben können Krankheitserreger übertragen. Je wärmer es ist, um so schneller und zahlreicher entwickeln sich die Milben. Aus vernachlässigten Hühnerställen oder Taubenschlägen in der Nachbarschaft können Vogelmilben in Ställe von Schwimmvögeln einwandern oder eingeschleppt werden. Die Milben können fünf Monate ohne Nahrungsaufnahme überleben.
   Die Milben müssen in ihrem Unterschlupf vernichtet werden. Leicht ersetzbares Inventar ist zu verbrennen. Alle Ritzen sind gründlich mechanisch und mit möglichst heißem Wasser zu reinigen. Kontaktinsektizide vernichten die Milben. Sie sind streng nach der Vorschrift des jeweiligen Herstellers vorsichtig anzuwenden, da sie unter Umständen auch für die Vögel nicht ungefährlich sein können. Nach einigen Tagen muß nochmals dieselbe Prozedur vorgenommen werden, da sich unterdessen eine neue Milbengeneration aus bereits abgelegten und durch das Kontaktinsektizid nicht geschädigten Eiern entwickelt hat. Die Larven schlüpfen bei 9 bis 15 °C Raumtemperatur nach 5 bis 8 Tagen, bei 18 bis 20 °C nach 50 Stunden und bei 33 bis 35 °C nach 36 Stunden.

Federmilbenbefall   Die Milbenart, *Leptosphyra velata,* lebt auf den Federn von Entenvögeln. Die Federn können dabei derartig stark beschädigt werden, daß sich die Enten nicht mehr längere Zeit über Wasser halten können. Zur Bekämpfung sind Federkleid und Stallungen mit Kontaktinsektiziden einzustäuben.

Federlingsbefall   Federlinge, Mallophagen, sind Insekten, die im Federkleid von Vögeln leben und sich von Federn, manche Arten aber auch von Blut ernähren. Die Schmarotzer beschädigen das Federkleid, können außerdem zur Beunruhigung ihrer Wirte und zu schlechterer Entwicklung, bei Massenbefall sogar zum Tode führen. Federlinge können am Tier und in den Stallungen mit Kontaktinsektiziden bekämpft werden.

Ernährungsstörungen

Eine artentsprechende, qualitativ und quantitativ ausreichende Fütterung ist für das Gedeihen und die Fortpflanzung auch von Schwimmvögeln notwendig. Nahrungsmangel schafft oft die Voraussetzungen für das Haften bakterieller und parasitärer Infektionen. Trotz ausreichenden Nahrungsangebotes kann es bei Störungen in der Funktion des Magen-Darm-Kanals und seiner Anhangsdrüsen (Bauchspeicheldrüse, Leber) zu einer ungenügenden Aufschließung und einem mangelhaften Aufsaugen des aufgenommenen Futters kommen. Es bestehen starke tierartliche und auch individuelle Unterschiede im Verarbeitungsvermögen einer angebotenen Futtermischung und im Bedarf an den einzelnen Nahrungsfaktoren.
   Kohlenhydrate, Fette und Eiweiße können sich als Energielieferanten in weitem Maße gegenseitig ersetzen. Für den Aufbau der Körpersubstanz und der Geschlechtsprodukte müssen dem Organismus aber bestimmte Aminosäuren zugeführt werden, die er nicht selbst synthetisieren kann. Aminosäuren sind die Bausteine der Eiweiße. Da die Aminosäuren als solche im Körper nicht gespeichert werden können, müssen die unbedingt notwendigen, die essentiellen, in bestimmtem Mengenverhältnis zueinander gleichzeitig dem Organismus zugeführt werden. Pflanzliche Eiweiße sind für den Aufbau der Körpersubstanz von minderem Wert als tierische. Daher müssen die Futterrationen für Schwimmvögel einen bestimmten Anteil tierisches Eiweiß enthalten. Während des Wachstums, während der Fortpflanzung, während der Mauser und während außergewöhnlicher Belastungen ist der Eiweißbedarf besonders hoch. Eiweißmangel im Futter führt bei Jungtieren zu Wachstumsverzögerungen, zu gestörtem

Federwachstum und zu verspätetem Eintritt der Geschlechtsreife. Bei starkem Eiweißmangel muß das Tier Eiweiß der Körpermuskulatur abbauen, um die Funktion lebenswichtiger Organe aufrechterhalten zu können.

Vitaminmangel

Vitamine sind organische Verbindungen, die der tierische Organismus nicht oder nicht in ausreichendem Maße selbst aufbauen kann, die er aber ständig in kleinen Mengen zur Steuerung seiner Stoffwechselvorgänge benötigt. Sie selbst oder ihre im Körper umzubauenden Vorstufen (Provitamine) müssen daher stets dem tierischen Organismus zugeführt werden. Mangel an Vitaminen oder völliges Fehlen eines Vitamins oder mehrerer Vitamine führen zu Ausfallserscheinungen und zu krankhaften Vorgängen und Veränderungen. Diese können entstehen, wenn das entsprechende Vitamin in der Nahrung nicht oder nicht ausreichend enthalten ist oder wenn die Aufnahme des Vitamins aus dem Darm oder seine Verwertung im Organismus gestört sind. Die klassischen, in vielen Büchern beschriebenen Vitaminmangelschäden können meistens nur im Experiment erzeugt werden. In der praktischen Tierhaltung spielen dagegen gemischte Mangelzustände eine viel größere Rolle, wobei oft mehrere Vitamine, Eiweiß, Mineralstoffe und Spurenelemente ungenügend zugeführt werden sind. Bei einigermaßen vernünftiger und ausgewogener Fütterung treten auch viel weniger krasse Ausfallserscheinungen durch Mangel an einem Vitamin als viel mehr in ihren Ursachen oft nicht klar einzuordnende Leistungsminderungen, schlechte Legeleistung, geringe Befruchtung der Eier, ungenügende Schlupfergebnisse, verzögertes Wachstum der Jungtiere, gestörte Entwicklung des Federkleides usw. auf.

Das Vitaminpräparat sollte in der Schwimmvogelhaltung immer nur als Notbehelf angewendet und im allgemeinen erst dann eingesetzt werden, wenn es nicht mehr gelingt, über natürliche Futtermittel die Vitaminzufuhr zu sichern. Wird ein Vitaminpräparat benutzt, dann ist das synthetische und damit standardisierte dem sogenannten natürlichen, z. B. dem Lebertran, vorzuziehen, von dem man nicht weiß, wieviel Vitamin in ihm tatsächlich enthalten ist. Es empfiehlt sich die Anwendung eines Multivitaminpräparates, das mehrere Vitamine enthält. Wassermischbare Präparate sind öligen vorzuziehen, da sie den Stoffwechsel nicht so belasten. Die Präparate sind kühl und dunkel aufzubewahren; der Inhalt geöffneter Flaschen ist bald zu verbrauchen. In Futtermischungen, auch im Wasser, können Vitamine schnell abgebaut werden. Entscheidend ist also nie, welche Vitamine und wieviel von jedem dem Futter oder Wasser zugesetzt worden sind, sondern was das Tier tatsächlich aufgenommen hat. Bei manchen Vitaminen, A und D, kann eine Überdosierung zu erheblichen Schäden führen. Daher gilt auch bei Vitaminen nicht »viel hilft viel«. Die Vorstufen der Vitamine, die Provitamine, z. B. bei Vitamin A die Karotine, werden im Organismus zu Vitaminen umgebaut. Dies geschieht aber nur in ganz bestimmtem Maße, wobei die synthetisierte Menge unterhalb der schädlich wirkenden Dosen bleibt. Daher kann man mit Provitaminen in größeren Mengen kaum Schaden anrichten.

Vitamin A In Pflanzen sind nur Vorstufen des Vitamins A, Karotine, enthalten. Der Vitamin-A-Bedarf des Organismus steigt mit Zunahme des Eiweißgehaltes des Futters. Für das Gedeihen der Küken ist der Vitamin-A-Gehalt des Eidotters wichtig. Vitamin-A-Mangel führt bei Küken zu Bewegungsstörungen, zu Beinschwäche und unsicherem Gang. Bei erwachsenen Schwimmvögeln kommt es zum Rückgang der Legetätigkeit, zur Zunahme des Anteils der unbefruchteten Eier und zu schlechten Schlupfergebnissen. Die Tiere erscheinen müde, sind blaß, ihr Gefieder ist rauh. Sie können unter Nasen- und Augenausfluß leiden. In Schnabel- und Nasenhöhlen sammelt sich zunächst Schleim, später treten käsige Massen und weiße Pusteln mit bis zwei Millimeter Durchmesser auf den Schleimhäuten bis zu den Bronchien und bis in die Speiseröhre auf. Durch Vitamin-A-Mangel kann der Harnsäurespiegel im Blut auf das 4- bis 10fache des normalen Wertes ansteigen. So kann es zur Nierengicht kommen, zur Uratablagerung in den Harnleitern, im Herzbeutel und auf der Leber- und Milzkapsel. Vitamin A schützt Haut und Schleimhäute und kann so manchen Infektionskrankheiten vorbeugen.

Sind die Mangelerscheinungen noch nicht weit fortgeschritten, lassen sie sich zumeist schnell durch Vitamin-A-Gaben beseitigen. Überdosierung von Vitamin A führt bei wachsenden Tieren zu Schäden im Skelettaufbau, zur Beschleunigung in Knochenbildung und -wachstum.

Um die Jahrhundertwende wurde in europäischen zoologischen Gärten eine besondere Form des Vitamin-A-Mangels bei Brandgänsen *(Tadorna tadorna)* erstmalig beobachtet. Die Tiere litten unter beidseitigen eitrigen Lidbindehautentzündungen, Erweichungen der Hornhaut der Augen und schließlich völliger Erblindung. Durch gute Versorgung mit Vitamin A läßt sich diese Krankheit verhindern.

Vitamin D Bei Vögeln ist Vitamin D_3 weit wirksamer als andere D-Vitamine. Der Vitamin-D-Bedarf ist von der Futterzusammensetzung, vor allem vom Kalzium- und Phosphorgehalt, abhängig. Provitamin aus der Nahrung wird durch die Darmwand aufgenommen und in die unbefiederte Haut transportiert. Bei Sonnenbestrahlung wird es dort in Vitamin D_3 umgewandelt. Vitamin D ist regulierend am Stoffwechsel von Kalzium und Phosphor beteiligt. Bei Mangel an Vitamin D und gleichzeitig ungünstigem Kalzium-Phosphor-Verhältnis kommt es zu Störungen der Verkalkung der Knochen, bei wachsenden Tieren zur Rachitis. Es treten Gehstörungen, Verkrümmungen der Beine, Verdickungen der Gelenke, Verbiegungen der Wirbelsäule und des Brustbeins und Wachstumshemmungen auf. Die Knochen werden nicht fest und bleiben biegsam. Der Schnabel kann so weich sein, daß das Tier kein Futter mehr aufnehmen kann. Reichliche Grünfuttergaben können Vitamin-D-Mangelerscheinungen verhindern. Vitamin-D-Überdosierungen führen zu krankhaften Gewebsverkalkungen.

Vitamin E Vögel haben einen größeren Bedarf an Vitamin E als Säugetiere. Je mehr ungesättigte Fettsäuren im Futter enthalten sind, so z. B. durch hohen Anteil an stark fetthaltigen Fischmehlen oder durch Fettzusätze, um so mehr Vitamin E benötigt der Organismus. Vitamin E ist in grünen Pflanzen, besonders im Getreide, enthalten. Es greift in den Stoffwechsel der Tiere ein, wirkt oxydationshemmend und schützt andere Vitamine, aber auch Hormone und Fermente. Es steigert die Wirkung von Vitamin A. Bei Mangel an Vitamin E können bei zwei bis sechs Wochen alten Schwimmvogelküken Erkrankungen auftreten. Die Tiere erscheinen zunächst schwach, das Gefieder ist struppig. Schließlich können sie den Kopf nicht mehr heben und stützen den Schnabel auf den Boden auf. Nach anfänglicher Lahmheit werden die Beine nachgeschleppt, oder die Küken bleiben mit nach hinten weggestreckten Beinen liegen. Sie können kein Futter aufnehmen und sterben nach drei bis vier Tagen. All das ist Ausdruck einer Erkrankung der gesamten Körpermuskulatur. Die Tiere können aber auch Benommenheit, Zittern, Krampferscheinungen, Verdrehungen des Kopfes und unkoordinierte Drehbewegungen zeigen. Diesen Symptomen liegt eine ernährungsbedingte Schädigung des Kleinhirns zugrunde. Sie entsteht meistens bei gleichzeitigem Mangel an Vitamin A.

Bei erwachsenen Schwimmvögeln können durch Vitamin-E-Mangel bedingte Fortpflanzungsstörungen auftreten. Bei ungenügendem Geschlechtstrieb sind die Befruchtungsergebnisse schlecht. Es kommt zu Störungen der Embryonalentwicklung im Ei. Ein großer Teil der Embryonen stirbt ab. Geschlüpfte Küken sind oft nur beschränkt lebensfähig.

Fortpflanzungsstörungen sind durch Zufuhr von Vitamin E, durch keimendes Getreide oder durch Präparate meistens bald zu beheben. Jungtiere mit bereits deutlich ausgeprägten Mangelerscheinungen sind kaum zu heilen. Vitamin-E-reiche Fütterung und Ausschaltung oder Einschränkung vitaminschädigender Stoffe, z. B. freier ungesättigter Fettsäuren, aus oder in den Futterrationen können Mangelerscheinungen vorbeugen.

Vitamin K Vitamin K ist in den üblichen Futtermitteln in ausreichender Menge enthalten und wird außerdem in dem allerdings sehr kurzen Dickdarm der Vögel synthetisiert. Zu einem Vitamin-K-Mangel kommt es erst durch Störung der Aufnahme und des Aufbaues nach Verabreichung von Sulfonamiden oder auch Antibiotika über längere Zeit, nach Ausfall der Gallesekretion, nach Leberschäden, nach Fettmangel im Futter oder nach ständiger Verabreichung von Kohlepräparaten. Vitamin-K-Mangel äußert sich in Schwäche und Blässe der Tiere und in gesteigerter Blutungsneigung bei gestörter Blutgerinnung.

Im Gegensatz zu den bisher besprochenen fettlöslichen Vitaminen sind die im folgenden erwähnten wasserlöslich.

Vitamin-B-Komplex Die meisten Vitamine des B-Komplexes sind in üblichen Futtermischungen in ausreichenden Mengen enthalten. Der Bedarf der Tiere ist allerdings von der Futterzusammensetzung abhängig. Die B-Vitamine können nicht ausreichend im Körper gespeichert werden, müssen daher ständig mit der Nahrung zugeführt werden. Bei Mangel an Vitamin B_1, Thiamin oder Aneurin, kommt es bei struppigem Gefieder nach Muskelschwäche und Bewegungsstörungen zu Lähmungen, von den Zehenmuskeln beginnend bis zu denen der Beine, des Halses, der Flügel und des Rumpfes. Schließlich liegen die Tiere mit nach hinten gebogenem Kopf auf der Seite. Bei Mangel an Vitamin B_2 fallen schlechtes Wachstum, gestörte Befiederung, Durchfall, Beinschwäche, Einwärtskrümmen der Zehen und Hocken auf den Fersengelenken auf. Allgemein sind die Schlupfergebnisse schlecht. Krankheitserscheinungen durch Mangel an den übrigen Vitaminen des B-Komplexes, Vitamin B_6, Niazinamid, Pantothensäure, Biotin, Cholin, Mesoinosit, Folsäure und auch Vitamin B_{12}, dürften bei Schwimmvögeln nur in ganz außergewöhnlichen Fällen auftreten.

Vitamin C Vögel können Vitamin C im eigenen Organismus in ausreichender Menge synthetisieren, so daß keine Mangelerscheinungen auftreten. Zugeführte hohe Dosen von Vitamin C können schädigende Wirkungen bei besonders starken Belastungen sowie bei ungünstigen Haltungs- und Umweltbedingungen mildern helfen.

Mineralstoffe und Spurenelemente

Bestimmte anorganische Stoffe sind für die Erhaltung der Lebensfunktionen notwendig. Diejenigen, die in größeren Mengen benötigt werden, bezeichnet man als Mineralstoffe, diejenigen, von denen nur sehr kleine Dosen aufgenommen werden müssen, als Spurenelemente. Der Bedarf der Tiere an anorganischen Stoffen ist von vielen Faktoren, auch von den Umweltbedingungen abhängig. Ungenügende Zufuhr von anorganischen Stoffen kann zu Mangelerscheinungen, zu Leistungsminderungen und Erkrankungen führen. Zur Vorbeuge empfiehlt sich die Zufütterung eines guten Mineralstoffgemisches mit Spurenelementen, falls diese Stoffe nicht schon in einem verwendeten kompletten Alleinfutter ausreichend enthalten sind.

In Knochen und Eischale ist viel *Kalzium* enthalten. Bei ungenügender Zufuhr kommt es bei wachsenden Tieren zu unzureichender Verkalkung der Knochen, zur Rachitis, die aber auch aus anderen Gründen (Mangel an Vitamin D) entstehen kann, und zu

Wachstumsverzögerungen und bei erwachsenen Schwimmvögeln zur Entkalkung des Skeletts, zum Dünnerwerden der Eierschalen und schließlich zum Aufhören der Legetätigkeit. Nur bei sehr fett- und eiweißarmem Futter kann ein *Phosphor*mangel entstehen. Es treten dann schlechte Futterverwertung, verlangsamtes Wachstum und Rückgang der Legetätigkeit auf. Die übrigen Mineralstoffe, *Natrium, Chlor, Kalium, Magnesium, Schwefel,* sind in üblichem Futter in ausreichenden Mengen enthalten.

Für Vögel unbedingt notwendige Spurenelemente sind *Eisen, Kupfer, Kobalt, Jod, Mangan* und *Zink,* während die Bedeutung weiterer Elemente noch nicht eindeutig geklärt ist. Unter praktischen Bedingungen sind die benötigten Spurenelemente im allgemeinen im Futter und in der Umwelt der Schwimmvögel in ausreichender Menge enthalten. Unter bestimmten Umständen, besonders auch bei Überschuß von Kalzium und Phosphor in der aufgenommenen Nahrung, kann es zu einem *Mangan*mangel kommen. Ebenso wie bei einem Defizit an verschiedenen Vitaminen kann dadurch eine Perose entstehen. Dabei schwellen die Fersengelenke an und sind gerötet, die Knochen sind deformiert, und schließlich gleitet die Zehenbeugesehne seitlich vom Gelenk ab. Dadurch kommt es zur Dehnung und zumeist Auswärtsstellung des Mittelfußknochens. Die Tiere können das Bein dann nicht mehr belasten. Diese Perose tritt besonders bei wachsenden Schwänen auf. Ist es erst zur Ausbildung des Krankheitsbildes gekommen, ist keine Heilung mehr möglich. Unter bestimmten Umständen kann auch einmal ein *Zink*mangel entstehen, der sich in schlechter Knochen- und Federentwicklung bei Jungtieren äußert. Die meisten Spurenelemente dürfen aber tatsächlich nur in Spuren verabreicht werden, da schon etwas größere Mengen schädlich wirken können.

Darre

Bei 5–12 Wochen alten Enten- und Gänseküken kann eine als »Darre« *(Glossitis gelatinosa circumscripta)* bezeichnete Krankheit beobachtet werden. Es treten bei den befallenen Tieren Schluckbeschwerden, Appetitlosigkeit, Schwäche und vermehrte Wärme des Schnabels und des Kopfes auf. Die Zunge ist schmerzempfindlich, gelblich verfärbt und geschwollen. An der Zungenrückengrube hat sich ein gelatinöser Pfropf gebildet. Durch Spalten der Zunge kann der Pfropf entfernt werden, und eine Heilung ist möglich. Als Ursache für diese Erkrankung wird ein Mangel an Vitaminen und Mineralstoffen angenommen.

Vergiftungen

Die verschiedensten Stoffe können zu Vergiftungen bei Schwimmvögeln führen. Hier soll nur auf eine vor über einem Jahrzehnt erstmalig beobachtete Vergiftung hingewiesen werden. Nach Verfütterung von brasilianischem Erdnußmehl starben massenhaft Entenküken. Die Erdnüsse oder das daraus hergestellte Mehl waren von einem Schimmelpilz, *Aspergillus flavus,* befallen gewesen, der ein Gift gebildet hatte, das man *Aflatoxin* genannt hat. Unterdessen sind mehrere giftbildende Stämme dieses Schimmelpilzes in verschiedensten Futtermitteln nachgewiesen worden. Junge Tiere sind gegen Aflatoxin empfindlicher als erwachsene. Nach Appetitmangel, Frieren und daher Zusammendrängen, Krämpfen und Verdrehen des Kopfes nach hinten sterben sie meistens innerhalb einer Woche. Bei der Sektion findet man Leberschäden. Eine erfolgreiche Behandlung so vergifteter Schwimmvögel ist nicht möglich. Daher überprüfe man sehr sorgfältig neue Futtermittel und gebe sie eventuell zuerst nur einzelnen Küken.

Organkrankheiten

Hier wird nur auf einige Erkrankungen hingewiesen, die nicht im Verlaufe von speziellen Infektionskrankheiten auftreten. 39 % der von uns untersuchten Schwimmvögel waren an Organkrankheiten gestorben.

Magen-Darm-Kanal

Unter den Erkrankungen des Magen-Darm-Kanals treten Darmentzündungen am häufigsten auf. Wir beobachteten bei 16 % der von uns untersuchten Schwimmvögel Darmentzündungen als Todesursache. Darmentzündungen können durch Fütterungsfehler, falsche Zusammensetzung des Futters, verdorbenes, verschimmeltes, vermilbtes oder gefrorenes Futter, plötzlichen Futterwechsel, durch Bakterien, Parasiten, Giftstoffe, durch Überhitzung oder Abkühlung und noch viele andere Faktoren entstehen. Tiere mit Darmentzündung sind im allgemeinen teilnahmslos. Sie nehmen wenig oder kein Futter auf, trinken aber viel. Ihr Gefieder ist oft gesträubt. Ein wichtiger Hinweis auf das Bestehen einer Darmentzündung ist Durchfall. Oft sind die Federn in Umgebung der Kloake verschmutzt und verklebt. Bei derartig erkrankten Tieren ist für eine Diätfütterung mit leichtverdaulichen, möglichst energiereichen und ballastarmen Stoffen zu sorgen. Zur Behandlung können Sulfonamide oder Antibiotika eingesetzt werden. Kohlepräparate, Holz- oder Knochenkohle, können gegen den Durchfall verwendet werden.

Leber

11,5 % der von uns untersuchten Schwimmvögel waren an Erkrankungen der Leber gestorben. Dabei herrschten degenerative Leberveränderungen vor, die zumeist auf Fütterungsschäden zurückzuführen waren. Relativ häufig, bei 3,4 %, wurde eine besondere Form, die Leberamyloidose, festgestellt, und zwar besonders bei schlecht akklimatisierten Tieren, bei nördlichen und Meeresformen, z. B. bei Ringelgänsen (*Branta bernicla*). Geschädigtes Lebergewebe kann durch äußere Einwirkungen, z. B. Druck oder Sturz, relativ leicht zerreißen. Es kann dann aus dieser Rißstelle heraus zu einer inneren Verblutung kommen.

Herz

5 % der von uns sezierten Schwimmvögel waren Erkrankungen des Herzens und des Herzbeutels erlegen. Hierbei handelte es sich zum Teil um entzündliche Veränderungen verschiedener, oft nicht klar zu ermittelnder Ursache.

Atmungsorgane

Erkrankungen der Atmungsorgane unspezifischer Natur, also mit Ausnahme z. B. der Aspergillose, treten bei Schwimmvögeln relativ selten auf. Nur 1,6 % der von uns untersuchten Anatiden waren derartigen Krankheiten, zumeist Lungenentzündungen, erlegen. Das viel häufigere Atmen mit offenem Schnabel muß nicht immer eine Erkrankung der Atmungsorgane zur Ursache haben. Oft wird es bei Stoffwechselstörungen, bei Herz- und bei Leberschäden beobachtet, bei denen zwar durch die Atmungsorgane genug Sauerstoff zugeführt wird, der innere Sauerstofftransport oder -umsatz aber gestört ist oder das Atemzentrum im Zentralnervensystem im Verlaufe einer Krankheit in Mitleidenschaft gezogen ist.

Harnorgane (Gicht)

Nierenentzündungen treten selten auf. Sie wurden nur bei 0,8 % als Todesursache beobachtet. Weit größere Bedeutung hat die *Gicht,* die bei 7,6 % der untersuchten Schwimmvögel diagnostiziert wurde. Nach Ansteigen der Konzentration der harnsauren Salze im Blut kommt es zu deren Ablagerung in Gelenken (Gelenkgicht) oder im Herzbeutel, in der Kapsel von Leber und Milz, in den Nieren und in anderen Organen (Eingeweidegicht). Die Erscheinungen der Gicht entwickeln sich im allgemeinen langsam. Bei schmerzhaften Anschwellungen der Gelenke treten Bewegungsstörungen auf. Die Schwellungen der Gelenke können aufbrechen. Es entleeren sich dann krümlige, grauweiße Massen, die Gipsbrei ähneln. Bei der Eingeweidegicht können Störungen des Allgemeinbefindens und auch Durchfall auftreten. Die Nieren sind dabei geschwollen und mit weißen Ablagerungen durchsetzt, die sich auch in den Harnleitern finden. Herzbeutel, Leber und Milz erscheinen wie mit Puderzucker bestreut. Die Ursachen der Gicht sind noch nicht völlig geklärt. Nach Störung der Harnsäureausscheidung kommt es zu deren Zunahme im Blut. Als Ursachen kommen eine verminderte Ausscheidungsfähigkeit der Nieren, ein Überangebot von Eiweiß im Futter und ein Mangel an Vitamin A, eventuell auch an Vitamin B_{12}, in Betracht. Wahrscheinlich wirken jeweils mehrere Faktoren zusammen. Bei Auftreten von Todesfällen durch Gicht in einem Bestand sind der Eiweißanteil im Futter zu senken und die Zufuhr von Vitamin A zu erhöhen.

Legenot

Bei 0,8 % der untersuchten Schwimmvögel wurde eine Legenot festgestellt. Ursache der Unfähigkeit, ein gebildetes Ei zu legen, können dessen abnorme Größe oder Form oder seine Weichschaligkeit sein oder eine Mißbildung des Eileiters, Einschnürungen oder Geschwülste an diesem Organ, eine Eileiterentzündung oder ein Versagen der Eileitermuskulatur. Legenot tritt besonders bei erstmalig legenden Tieren und während plötzlicher Kälteeinbrüche auf. Schwimmvögel mit Legenot hocken in aufgerichteter Haltung, in sogenannter Pinguinstellung, herum, haben gesträubtes und in Kloakennähe verschmutztes Gefieder. Man kann durch leichte Massage, eventuell nach Einführung von Öl in die Kloake, versuchen, das Ei zu entwickeln. Mit dem eingefetteten Finger kann man dem Ei entgegengehen und Kloaken- und Eileiterschleimhaut kreisförmig zur Seite und über den hervortretenden Eipol schieben. Verletzungen des meist schon stark geröteten, entzündeten Eileiters sind zu vermeiden. Dampfbäder können die Tätigkeit der Eileitermuskulatur anregen. Notfalls muß die Eischale vorsichtig im Eileiter zerdrückt werden. Die einzelnen Teile sind dann geschickt mit der Pinzette herauszuziehen. Nach diesen Manipulationen empfiehlt es sich, ein Sulfonamid- oder Antibiotikumpräparat in den Eileiter einzuführen, um eine bestehende Entzündung zu bekämpfen oder einer solchen vorzubeugen. Ehe man das Tier wieder zur Herde läßt, muß man darauf achten, daß die Kloake wieder vollständig eingestülpt ist. Noch ausgestülpte Teile können verschmutzen und sich entzünden, und sie reizen durch ihre Fleischfarbe andere Schwimmvögel, daran mit ihren Schnäbeln zu arbeiten und so Verletzungen zu setzen.

Die Familie der Entenvögel – *Anatidae*

Das natürliche System der Organismen basiert auf evolutionstheoretischen Erkenntnissen und strebt an, die stammesgeschichtlichen Beziehungen zwischen den Organismen widerzuspiegeln; als Kriterien der Zuordnung gelten: Morphologie (das Aussehen), Anatomie (der Körperbau), Ethologie (das Verhalten), biochemische Kon- und Divergenzen (u. a. der chemische Aufbau von Eiweißen und Bürzeldrüsensekreten), Cytogenetik (spez. die Chromosomensätze) und Hybridisierungen (Kreuzungen zwischen den Arten). Das moderne natürliche System der Entenvögel wurde von DELACOUR und MAYR 1945 erstellt, von DELACOUR (1954–64) in »The Waterfowl of the World« dargelegt und von mir für die 1. Auflage dieses Buches übernommen. Eine Weiterentwicklung, speziell durch Einbezug ethologischer Aspekte, erfolgte durch JOHNSGARD (1965 und 1978), dieses System wurde ab 2. Auflage übernommen. Dem folgend ergeben sich:

1 Ordnung:
Anseriformes
2 Familien:
Anatidae (149 Arten)
Anhimidae (Wehrvögel, 3 Arten)
3 Unterfamilien:
Anseranatinae (Spaltfußgans)
Anserinae (Pfeifgänse, Schwäne, Feld-, Meeres-, Hühner- und Pünktchengänse)
Anatinae (Spiegelgänse, Kasarkagruppe, Entenartige)
13 Tribus:
z. B. *Anatini* (systematische Einheit zwischen Unterfamilie und Gattung)
43 Gattungen:
z. B. *Anas* (1. wissenschaftlicher Name)
149 Arten:
z. B. *Anas platyrhynchos* (2. wissenschaftlicher Name)
etwa 160 Unterarten:
z. B. *Anas platyrhynchos laysanensis* (3. wissenschaftlicher Name

Besitzt eine Art nur zwei wissenschaftliche Namen (z. B. *Cygnus olor*), gibt es keine Unterarten.

Die grundlegende taxonomische Kategorie ist die Art, die MARX (zit. von SCHERER und HILSBERG 1982) definiert: »Alle Individuen einer Population, die sich potentiell untereinander fortpflanzen und damit Teil eines gemeinsamen Genpols sind, gehören zu einer biologischen Art. Von anderen derartigen Populationen sind sie fortpflanzungsbiologisch isoliert.« Während die Abgrenzung der Vertreter der Ordnung *Anseriformes* gegenüber weiteren Ordnungen eindeutig ist, bereitet die Zuordnung zu den kleiner werdenden taxonomischen Kategorien auch heute noch große Probleme und befindet sich im ständigen Fluß (deshalb die »Etwa-Angabe« der Unterarten) wie die Evolution der Arten selbst.

Anatomisch sind die einzelnen Artengruppen der Entenvögel weitgehend den spezifischen Lebensräumen und den Ernährungsweisen angepaßt. Die Hawaiigans, mehr noch die Spaltfußgans, haben reduzierte, alle übrigen Arten voll ausgebildete Schwimmhäute. Die kurzen bis mittellangen Beine befinden sich bei den äsenden Arten unter Körpermitte, bei Gründel- und Glanzenten relativ und bei Tauch- und Ruderenten sehr weit hinten. Der Hals ist lang bis sehr lang. Der von einer weichen Haut überzogene Schnabel weist an der Spitze den hornverstärkten Nagel und an den Seiten Hornlamellen auf, die je nach Nahrungsbesonderheiten grob und wulstig (z. B. Schneegans zum Abbeißen harter Gräser) oder sehr fein (Löffelenten zum Ausfiltern feinster Nahrungspartikel) ausgebildet sind. Zunge und Schnabelinneres weisen zahlreiche Sinneszellen auf, so daß der Nahrungserwerb unabhängig vom Auge als Sinnesorgan auch nachts erfolgen kann.

Das Gefieder erhält durch das ständige Putzen mit dem Sekret der Bürzeldrüse, das mit Schnabel und Kopf verteilt wird, eine geschmeidige und wasserabweisende Außenhülle. Insbesondere bei Meeresenten ist sie nur kurzzeitig wirksam, ihre ständige Erneuerung setzt bei Gehegetieren den Aufenthalt auf dem Wasser und einen normalen Ernährungszustand voraus.

Die Mauser weist neben art- und gattungsspezifischen Besonderheiten folgende Norm auf:
Jugendmauser: Teilmauser (gesamtes oder Teile des Kleingefieders), die nach der Befiederung beginnt und in der das 1. Alterskleid durchgemausert wird.
Brutmauser: Vollmauser; nach beendeter Brutperiode wird erst das Klein-, dann das Großgefieder gewechselt. Die Erpel nordischer Entenarten mausern dabei in das Ruhekleid. Während die Spaltfußgans nach und nach die Schwingen abwirft und flugfähig bleibt, wechseln alle anderen Arten die Schwingen gleichzeitig und sind ca. einen Monat flugunfähig.
Ruhemauser: Teilmauser; beendet die Nichtfortpflanzungsperiode und erfolgt zwischen September und

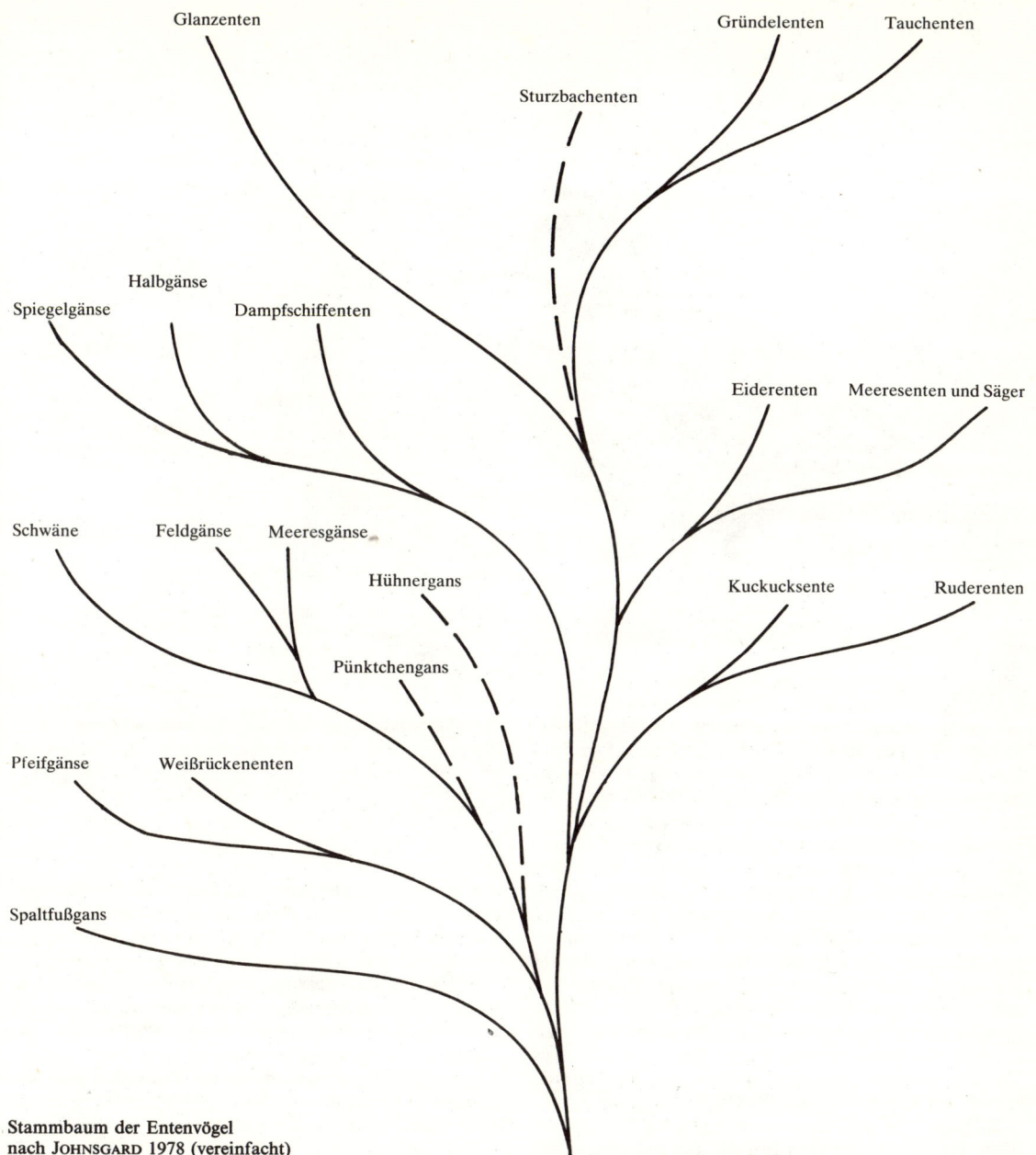

Stammbaum der Entenvögel
nach JOHNSGARD 1978 (vereinfacht)

März. Die Erpel der nordischen Formen legen dabei das Prachtkleid an, während bei den südlichen Arten (wie Pfeifgänse und *Anas*-Arten) die Mauser unscheinbar verläuft.

Da die Flügel zahlreicher Enten- und Halbgansarten im Jugendkleid anders gezeichnet sind als im Alterskleid, ist der einjährige Vogel noch bis zur Brutmauser im folgenden Sommer kenntlich.

Paarung und Paarungsbereitschaft erweisen sich einerseits von Gattung zu Gattung und andererseits unter natürlichen Bedingungen und in Gehegen sehr unterschiedlich. Die nordischen Entenarten leben in Saisonehen und paaren sich im Herbst und Winter (sog. Verlobung), Schwäne und Gänse leben in Dauerehen. In Gehegen halten gute Zuchtpaare lebenslang und zu jeder Jahreszeit (einschließlich der Mauser) zusammen. Umpaarungen sind bei Pfeifgänsen und Enten gut möglich, der nichterwünschte Partner muß jedoch außer Sicht- und Hörweite des anderen sein. Bei Gänsen spielt die Partnerwahl eine größere Rolle als

bei Enten, so daß es nicht selten zu Paarungsschwie-
rigkeiten (insbesondere bei Zweitpaarungen) kommt.
Die Balz ist bei Arten mit starkem Farbgeschlechtsdi-
morphismus, also bei den nordischen Entenarten, stärker ausgeprägt als bei den annähernd gleichgefärbten
südlichen Formen. Die Balz wird jedoch erst voll entfaltet, wenn mehrere Erpel der gleichen Art einen
Teich bewohnen, so daß es zur Gesellschaftsbalz
kommt. Unter natürlichen Bedingungen sind mit Ausnahme mehrerer Glanzenten, der Schellentengruppe
und der Säger alle übrigen Arten Bodenbrüter, wobei
die Kasarkagruppe Erdhöhlen bevorzugt. Mehrere Arten, wie die australischen Augenbrauen- oder Spatelschnabelenten, neigen jedoch in Überschwemmungsgebieten als ökologische Anpassungen zu Höhlenbru-
ten. In Gehegen dagegen bevorzugen die meisten
Gänse und Enten Höhlen oder Hütten zur Eiablage.
Während bei den Trauerschwänen und Pfeifgänsen
beide Partner im Wechsel brüten, das Männchen bei
einigen Pfeifgänsen sogar den Hauptanteil übernimmt,
brüten bei allen anderen Arten die Weibchen allein.
Die Bindung des Männchens zum Weibchen ist bei
Cairina-Arten offenbar sehr gering, lockert sich bei
vielen Entenarten bei Brutbeginn oder hält bei Pfeifgänsen, Schwänen, Gänsen, Rotschulterenten und
Mähnengänsen sowie einigen südlichen *Anas*-Formen
auch während der Jungenführung an. Entsprechend
dem Brutverhalten erfolgt bei Pfeifgänsen keine Dunenauspolsterung des Nestes. Die Bindung der Küken
ist nach HEINROTH und LORENZ untereinander stärker
als zu den Eltern. Sie ist zum Tauchenten-Weibchen
ohnehin gering und löst sich noch vor dem Flügewer-

Die systematische Zuordnung der Saumschnabelente, *Hymenolaimus malacorhynchos* (GMELIN), ist nicht endgültig geklärt. Sicher ist jedoch, daß die Art unter den Bedingungen
der Isolation einem langen Prozeß der Anpassung und Spezialisierung ausgesetzt war.

den der Küken. Die Mehrzahl der Entenfamilien löst
sich mit dem Flügewerden auf, Gänse und Schwäne
wandern mit ihren Jungen gemeinsam ins Winterquartier und trennen sich erst gegen Ende des Winters.
Allein die Schwarzkopfente ist ein echter Brutparasit, wogegen mehrere Tauchentenarten relativ häufig
Eier in andere Entennester ablegen (vermutlich eine
Vorstufe von Brutparasitismus).
Vier Arten wurden domestiziert: Graugans – Haus-
gans, Schwanengans – Höckergans, Stockente – Haus-
ente, Moschusente – Warzenente.

Zwischen- und innerartliche Kreuzungen

sind gar nicht selten. Dagegen kommt es mit der Mandarinente nicht zu Bastardierungen. In meiner Anlage wurden die Mandarinenten vor und während der Legeperiode außer von den eigenen Erpeln von einem Knäk- und einem Chilekrickerpel begattet, ohne daß sich später unter den Jungtieren Hybriden befanden. Eine Brautente, die mehrere Jahre mit einem Mandarinerpel gepaart war, legte durchweg unbefruchtete Eier. Die Erpel Europäische × Amerikanische Pfeifente legen offenbar kein Prachtkleid an.

Kreuzungen zwischen den Arten

Kreuzungen zwischen zwei Unterarten

Verpaaren sich Partner verschiedener Arten, so werden deren Nachkommen als Mischlinge, Bastarde oder Hybriden bezeichnet. Nicht zuletzt aufgrund der leichten Züchtbarkeit tritt bei den Entenvögeln eine Vielzahl von Hybriden auf. GREY (1958) und SCHERER und HILSBERG (1982) erfaßten 418 solcher Mischlinge, die zwischen 126 (der 149 Arten) auftraten. Davon gehören die Eltern zu 52 % unterschiedlichen Gattungen und zu 21 % unterschiedlichen Tribus an. Bei 20 % aller Mischlinge wurden fruchtbare Individuen bekannt. Möglich – obgleich relativ selten – ist auch die Paarung von F_1-Hybriden mit einer dritten Art, als Beispiele seien genannt:
Zwerggans × Graugans/Bleßgans, Zoo Moskau 1967
Amerikanische Pfeifente × Fleckschnabelente/Stockente, Zoo Münster 1966
Bahamaente × Kapente/Amazonasente, HARING 1964
Südgeorgische Spitzschwanzente × vermutlich Moorente/Tafelente, STURM 1964
Stockente × Peposakaente/Kolbenente, Zoo Berlin 1924.
In Verhalten, Größe und Färbung nehmen die Bastarde oft eine Mittelstellung zwischen beiden Eltern ein, wobei die Merkmale des einen oder anderen Partners dominieren können. SCHERER und HILSBERG führen 11 Hybriden an, die weitgehende Übereinstimmungen zu dritten Arten aufweisen. So sind die Erpel Reiher- × Tafelente kaum von den Erpeln der Veilchenente zu unterscheiden und Zimt- × Löffelente ergeben Erpel, deren Kopf-Hals-Vorderrumpf-Partien frappierende Übereinstimmungen mit jenen der Australischen Löffelente aufweisen.

Von der großen Anzahl der in Gehegen gezüchteten Arten neigen viele zu Bastardierungen. Stockerpel und die Männchen einiger Hausentenrassen begatten relativ häufig artfremde Weibchen und sollten aus diesem Grunde nicht auf Zierententeichen gehalten werden. Auch Brautenten-Hybriden (z. B. mit der Tafelente)

Die einzelnen Unterarten (auch geographische Rassen oder Subspezies) einer Art kommen in ihren natürlichen Lebensräumen getrennt voneinander vor. Sie haben entweder unterschiedliche Verbreitungsgebiete (z. B. Spießente nördliche Erdhemisphäre, Kerguelenente südliche Hemisphäre), bewohnen unterschiedliche Höhenlagen (z. B. Chilenische Krickente Niederungsgebiete Südamerikas, Anden-Krick- und Spitzschwingenente die Seen der Hochanden) oder sind in ihrem Gesamtvorkommen auf einzelne Inseln beschränkt (z. B. Laysan- und Hawaii-Stockente). Durch die jahrtausendelange Trennung haben sich mehr oder weniger sichtbare Unterschiede in Färbung, Größe, Brutbiologie und Verhalten herausgebildet. Berühren sich die Verbreitungsgebiete der einzelnen Unterarten – wie das häufig der Fall ist –, dann kommt es dort zu einer Mischpopulation (z. B. zwischen den Unterarten der Ringelgans, der Saatgans, der Zimt- und Amazonasente). Da die Vermischung innerhalb einer Art liegt, sind die Nachkommen voll fortpflanzungsfähig.

Unterarten sicher einzuordnen ist dem Züchter nur teilweise möglich (z. B. bei Trompeterschwan, Punaente, Kerguelenente und Laysanente). Bei den meisten Subspezies (z. B. Zimt- und Bahamaente) müssen ganze Serien (als Präparate) verglichen werden, um ihre Zugehörigkeit zu bestimmen. Brutvögel aus den Mischpopulationen lassen sich nur annähernd einordnen.

Im Tierhandel werden – oft leichtfertig, nicht zuletzt auch berechnend – konkret benannte Unterarten angeboten. Aus den Vorbetrachtungen zu den einzelnen Arten ist zu ersehen, ob und woran es dem Züchter möglich ist, die angebotene Unterart zu erkennen. Besondere Vorsicht ist bei Größenunterschieden geboten! Bei den seit vielen Jahrzehnten in Europa eingeführten und gezüchteten Arten, wie Bahama-, Zimt- und Amazonasenten, ist grundsätzlich keine Zuordnung mehr möglich, wogegen frisch importierte Große Amazonasenten gut kenntlich sind.

Liegt die Zugehörigkeit der Unterart auf Grund sicherer Merkmale fest (wie bei Puna- oder Südgeorgischer Spitzschwanzente), dann ist dafür Sorge zu tragen, daß es zu keiner Vermischung mit anderen Subspezies der gleichen Art (Versicolor- bzw. Chilenische Spitzschwanzente) kommt.

Im englischen Wildfowl Trust wurden in den 50er Jahren auf dem Wege der Rückkreuzung Kerguelenerpel und Spießenten (also innerhalb einer Art) die gegenwärtig in Europa vertretenen Kerguelenenten herausgezüchtet.

Kommt es zu Vermischungen nahe verwandter Arten, wie Stock-, Augenbrauen- und Fleckschnabelente, so entstehen fortpflanzungsfähige Bastarde und können – wie im Falle der Marianenente – eine ganze Population bilden. In Gehegen führt dieses jedoch zu züchterisch uninteressanten Mischformen, beispielsweise zu den bei uns fast durchweg vermischten Fleckschnabelenten.

Über Bastardierungsneigungen bei Gehegetieren finden sich Angaben in KOLBE (1977).

Mutationszüchtungen

Unter dem zahlreich vermehrten Wassergeflügel treten, obgleich sehr selten, Farbabweichungen durch Mutationen auf. Am besten bekannt sind die Silberbahamaenten und die weißen Nilgänse. Unter den Parkschwänen gibt es einen hohen Anteil Albinos, die Tiere haben ein fast weißes Dunen- und Jugendkleid und

fleischfarbene statt schwarze Füße. Weiße Formen sind ferner von der Fleckschnabelente gezüchtet, ließen sich jedoch kaum vermehren. SCHULZ, Finsterwalde, besitzt normalfarbige Fleckschnabelenten, deren Nachkommen zwischen sehr dunkel (ähnlich wie Augenbrauenenten) und silberweiß variieren, gelegentlich fallen reinweiße Tiere, die bereits als Küken durchweg gelb sind. WESSJOHANN, Cloppenburg, BRD, bemüht sich speziell um Farbmutationen bei Enten und berichtet (briefl., Jan. 1978):

»Farbmutationen besitze ich von Spieß-, Knäk-, Kolben-, Versicolor- und Rotschulterenten, bei allen kann der Farbtypus als gelb oder isabellfarben bezeichnet werden. Durch das Fehlen schwarzer Pigmente sind die Küken merklich heller, Schnäbel und Beine fleischfarben. Spieß-, Knäk- und Versicolorenten konnten bereits vermehrt werden, doch haben bereits die Küken einen hohen Letalfaktor. Laysanenten sind in den Farbschlägen lehmgelb, schwärzlich und bläulich vorhanden.«

Im Interesse der Reinhaltung der Wildformen sollte äußerste Vorsicht beim Experimentieren mit farbabweichenden Tieren geboten sein.

Das Messen der Entenvögel

Bisher wurden nur sehr selten von den Liebhabern und Züchtern Maße der Vögel entnommen und mit denen aus dem Schrifttum verglichen. Diese Methode sollte jedoch zur besseren Einschätzung der Tiere verstärkt angewandt werden. Aus den Maßen lassen sich

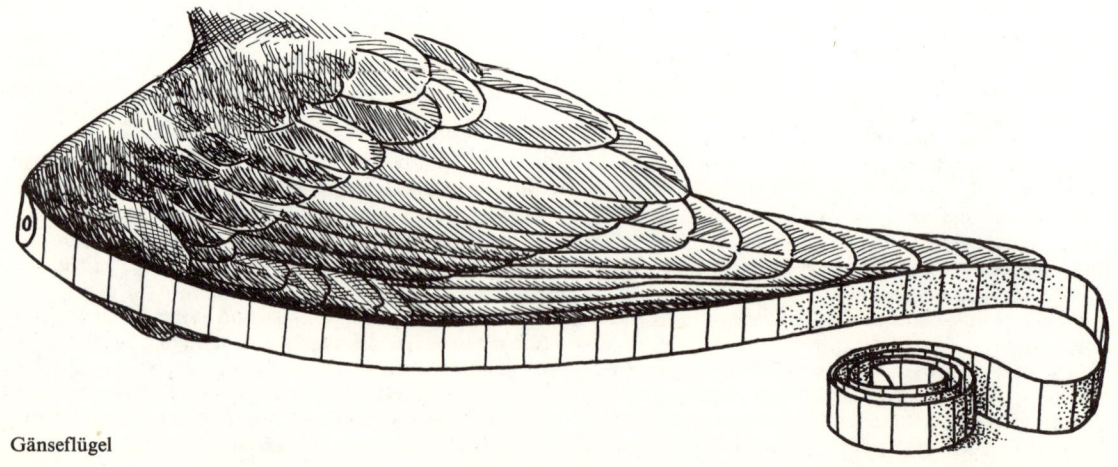

Gänseflügel

Entenflügel

nicht nur bei mehreren Arten die Geschlechter und die Unterarten bestimmen, sondern sie ermöglichen Aussagen über das Verhältnis der Größe des Einzeltieres zu den Wildvögeln. Ein Vergleich der Gewichtsangaben läßt darüber hinaus auch Rückschlüsse über den Ernährungszustand des Tieres ziehen.

Flügellänge: Die Flügel der Enten- und kleineren Gänsearten lassen sich flach auf einen Maßstab drücken und werden nach PIECHOCKI (1961)* wie folgt gemessen: »Der zusammengefaltete Flügel wird auf das Anschlaglineal gelegt. Danach schiebt man den Bug an den Anschlag und drückt die Federn fest auf die Unterlage, so daß die größtmögliche Streckung erreicht wird. Die Entfernung vom Flügelbug bis zur Spitze der längsten Handschwinge ist die Flügellänge.«

Anderen Autoren zufolge wird der Flügel nur schwach angedrückt (die Fingergelenke nicht gestreckt), so daß der Flügel etwas gewölbt bleibt. Bei dieser Methode treten etwas kürzere Meßergebnisse auf.

Gänse- und Schwanenflügel lassen sich nicht in die größtmögliche Streckung bringen, sie werden deshalb mit dem Bandmaß über den leicht gestreckten Oberflügel gemessen. Die ermittelten Werte liegen höher als die mit dem Maßstab entnommenen. Im Text des speziellen Teils sind diese Maße durch den Hinweis »mit dem Maßband gemessen« gekennzeichnet.

Schwanzlänge: Der Maßstab oder Stechzirkel wird an der Haut zwischen den Schäften der mittleren Steuerfedern angesetzt. Die Entfernung von dieser Stelle bis zur Spitze der längsten Steuerfeder ist die Schwanzlänge (Piechocki 1961).

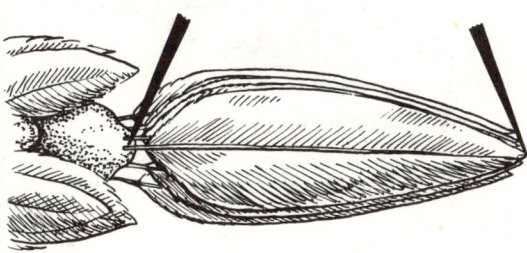

Schnabellänge ist die Entfernung vom Nagel bis zum Beginn der Stirnbefiederung. Sie wird mit dem Stechzirkel oder einer Schublehre abgenommen. Bei Arten mit unbefiederten Zügelpartien oder Höckerbildungen sind die speziell angewandten Meßmethoden angegeben.

Lauflänge: Mit einem Stechzirkel wird der Abstand von der Gelenkfurche zwischen Lauf (Tarsus) und Schienbein (Tibia) auf der Rückseite des Beines und der Gelenkfurche zwischen Mittelzehe und Lauf der Vorderseite abgetastet. Die Gelenkfurchen sind als Querfurchen am gebeugten Fuß gut sichtbar.

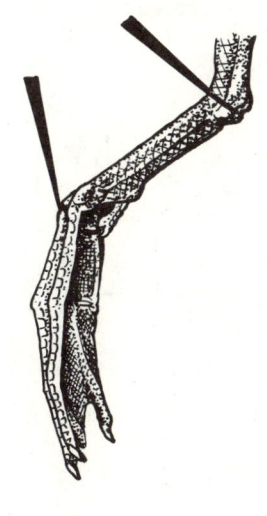

* Piechocki, R. (1961): Makroskopische Präparationstechnik. Teil 1. Leipzig.

Internationales Artenschutzabkommen

Der ständig steigende weltweite Handel mit lebenden Tieren und Pflanzen führte bereits zu Bestandsgefährdungen zahlreicher Arten und Unterarten. Im Interesse der Erhaltung seltener Formen wurde im Rahmen der Vereinten Nationen im März 1973 ein Übereinkommen geschaffen, kurz als Artenschutzabkommen oder Washingtoner Konvention bezeichnet, das den Handel mit bestandsbedrohten Arten stark einschränkt. Beide deutsche Staaten haben das Abkommen unterzeichnet und ratifiziert.

Übereinkommen über den internationalen Handel mit gefährdeten Arten freilebender Tiere und Pflanzen, Auszug aus der deutschen Übersetzung

Artikel II
Abs. 1

Anhang I enthält alle von der Ausrottung bedrohten Arten, die durch den Handel beeinträchtigt werden können. Der Handel mit Exemplaren darf nur in Ausnahmefällen zugelassen werden.

Abs. 2

Anhang II enthält alle Arten, die, obwohl sie nicht notwendigerweise schon heute von der Ausrottung bedroht sind, davon bedroht werden können, wenn der Handel mit diesen Arten nicht einer strengen Regelung unterworfen wird.

Artikel III
Abs. 2

Die Ausfuhr eines Exemplares einer im Anhang I aufgeführten Art erfordert die vorherige Erteilung einer Ausfuhrgenehmigung. Sie wird erteilt, wenn folgende Bedingungen erfüllt sind:
d) wenn eine Vollzugsbehörde des Ausfuhrstaates sich vergewissert hat, daß eine Einfuhrgenehmigung für das Exemplar erteilt worden ist.

Abs. 3

Die Einfuhr eines Exemplares einer in Anhang I aufgeführten Art erfordert die vorherige Erteilung einer Einfuhrgenehmigung. Sie wird erteilt, wenn folgende Bedingungen erfüllt sind:
b) wenn eine wissenschaftliche Behörde des Einfuhrstaates sich vergewissert hat, daß der vorgesehene Empfänger über die geeigneten Einrichtungen für die Unterbringung und Pflege des Exemplares verfügt, und
c) daß das Exemplar nicht hauptsächlich für kommerzielle Zwecke verwendet werden soll.

Artikel IV
Abs. 2

Die Ausfuhr eines Exemplares einer in Anhang II aufgeführten Art erfordert die vorherige Erteilung einer Ausfuhrgenehmigung.

Abs. 4

Die Einfuhr eines Exemplares einer im Anhang II aufgeführten Art erfordert die vorherige Vorlage einer Ausfuhrgenehmigung.

Artikel VII
Abs. 4

Exemplare einer in Anhang I aufgeführten Tierart, die für Handelszwecke in der Gefangenschaft gezüchtet wurden, gelten als Exemplare der im Anhang II aufgeführten Arten.

Anhang I
ANSERIFORMES

Anatidae: Anas aucklandica nesiotis – Campbell-Aucklandente, *Anas oustaleti* – Marianenente, *Anas laysanensis* – Laysan-Stockente, *Cairina scutulata* – Malaienente, *Rhodonessa caryophyllacea* – Rosenkopfente, *Branta canadensis leucopareia* – Aleuten-Zwergkanadagans, *Branta sandvicensis* – Hawaiigans

Anhang II
ANSERIFORMES

Anatidae: Anas aucklandica aucklandica – Aucklandente, *Anas aucklandica chlorotis* – Neuseeländische Aucklandente, *Anas bernieri* – Bernier-Ente, *Dendrocygna arborea* – Kubapfeifgans, *Sarkidiornis melanotos* – Höckerglanzente, *Cygnus bewickii jankowskii* – Jankowski-Schwan, *Cygnus melanocoryphus* – Schwarzhalsschwan, *Coscoroba coscoroba* – Koskorobaschwan, *Branta ruficollis* – Rothalsgans, *Oxyura leucocephala* – Weißkopfruderente

Die Malaienente, *Cairina scutulata* (S. MÜLLER), zählt zu den stark bedrohten Wasservogelarten, der Handel mit Wildvögeln wurde deshalb stark eingeschränkt.

Die Baikalente, *Anas formosa* GEORGI, gehört zu den farblich schönsten Entenvögeln. **phot. H. Kolbe**

1 Riesendampfschiffente, *Tachyeres pteneres* (FORSTER) und 2 die fast ebenso massige Falkland-Dampfschiffente, *Tachyeres brachypterus* (LATHAM).

phot. H. Kolbe, 2 U. Schürer

1 Erpel der Schwarzkopfruderente, *Oxyura jamaicensis* GMELIN. 2 Paar der sehr seltenen Malaienente, *Cairina scutulata* (S. MÜL-LER), im Tierpark Berlin. 3 Paar der Hartlaubsente, *Cairina hartlaubi* (CASSIN), rechts der Erpel.

phot. 1 R. Bräsecke, 2 H. Kolbe, 3 E. Seebold

1 Erpel der Südgeorgien-Spitzschwanzente, *Anas g. georgica* GMELIN, einer Inselform der bekannteren Chile-Spitzschwanzente.
2 Knäkenten, *Anas querquedula* L.. 3 Bei den Kupferspiegelenten, *Anas specularis* KING, sind beide Geschlechter annähernd gleich gefärbt.

phot. H. Kolbe

1 Marmelente, *Anas angustirostris* MÉNÉTRIES; nicht bei jedem Erpel sind die Schopffedern so deutlich ausgebildet. 2 Erpel der Nordamerikanischen Krickente, *Anas crecca carolinensis* GMELIN, kenntlich an dem weißen Streif vor dem Flügelbug. 3 Erpel der Patagonischen Schopfente, *Lophonetta s. specularioides* (KING).   phot. H. Kolbe

Spießente, *Anas acuta* (L.), 1 Erpel, 2 Weibchen.   phot. R. Bräsecke

1 Erpel der Pfeifente, *Anas penelope* L. und 2 der Krickente, *Anas c. crecca* L. .   phot. R. Bräsecke

Sichelente, *Anas falcata* GEORGI, 1 Erpel im Prachtkleid, 2 brütendes Weibchen, 3 Gelege vor der Dunenauspolsterung.

phot. H. Kolbe

1 Erpel der Südamerikanischen Löffelente, *Anas platalea* VIEILLOT. 2 Peposakaente, *Netta peposaca* (VIEILLOT), mit wenigen Tagen alten Küken. 3 Der annähernd weibchenfarbige Erpel der Südafrikanischen Löffelente, *Anas smithi* HARTERT.

phot. H. Kolbe

Halsringenten, *Aythya collaris* (DONOVAN), fanden erst in den letzten Jahren eine gewisse Verbreitung in den Zuchtanlagen.

phot. H. Kolbe

1 Paar der Neuseeland-Tauchente, *Aythya novae-seelandiae* (GMELIN). 2 Die Veilchenente, *Aythya affinis* (EYTON), ähnelt in vielem der Bergente, ist jedoch wesentlich kleiner.

phot. H. Kolbe

Schellente, *Bucephala clangula* (L.), 1 Weibchen, 2 Erpel wacht vor der Bruthöhle. 3 Erpel der Spatelente, *Bucephala islandica* (GMELIN). 4 Weibliche Eiderente, *Somateria m. mollissima* (L.).

phot. H. Kolbe

Männliche Eisente, *Clangula hyemalis* (L.), 1 im frühsommerlichen Brutkleid, 2 im Winterkleid. 3 Paar der noch sehr kostbaren Kragenenten, *Histrionicus histrionicus* (L.).

phot. 1 und 2 H. Kolbe, 3 E. Seebold

1 Bergente, *Aythya marila* (L.). 2 Erpel der Tafelente, *Aythya ferina* (L.). 3 Männlicher Zwergsäger, *Mergus albellus* L. .
phot. 1 und 2 R. Bräsecke, 3 E. Seebold

Mittelsäger, *Mergus serrator* L., 1 Männchen im Jugendkleid, 2 Gelege, 3 Männchen im Teilprachtkleid. phot. H. Kolbe

Küken vom 1 Gänsesäger, *Mergus merganser* L., 2 Mittelsäger, *Mergus serrator* L., 3 Kappensäger, *Mergus cucullatus* L..

phot. H. Kolbe

Morphologie, Verbreitung, Biologie sowie Haltung und Zucht der Entenvögel

Spaltfußgänse
Anseranatini

Spaltfußgans
Anseranas semipalmata
(Latham)

Č	Husovec strakaty	F	Oie pie
D	Skadegås	H	Magpie Gans
E	Magpie Goose	R	Полулапчатый гусь

Habitus: Körper kleiner als Saatgans, durch langen Hals und lange Füße größer als diese wirkend. Abb. Seite 156 und 157.

Alterskleid: ♂ Kopf und Hals schwarz, Schultern, Flanken, gesamter Rumpf sowie innere Flügeldecken weiß, äußere Flügeldecken, Schwingen und Schwanz wiederum schwarz. Oberkopf durch Knochenleiste höckerartig erhöht. Unbefiederte Kopfpartien und Schnabel blaß fleischrot, unterschiedlich stark graufleckig. Iris braun, Füße blaßrot. Drei Vorderzehen nur an der Basis durch kleine Schwimmhäute verbunden, Hinterzehe sehr lang. ♀ ebenso gefärbt, doch kleiner und mit schwächer ausgebildetem Höcker. Alte ♂♂ haben eine stark aufgewölbte, äußerlich fühlbare Luftröhrenschleife, die weiblichen und immaturen Tieren fehlt. Die Schwingen werden nacheinander abgeworfen, damit bleibt die Art als einziger Entenvogel ganzjährig flugfähig. *Maße:* ♂ Flügel: 368–450, Schwanz: 170–190, Schnabel: 72–92, Lauf: 90–105 mm; ♀ Flügel: 356–418, Schwanz: 130–160, Schnabel: 63–82, Lauf: 80–92 mm (Delacour 1954

und Frith 1967). *Gewicht:* ♂ 1838–3195 g; ♀ 1405–2770 g (Frith 1967).

Dunenkleid: Kopf und Hals zimtrot, Augenring etwas heller; Rumpf oberseits einfarbig dunkelgrau, Bauch weiß, Flügel- und Schwanzdunen fahlgrau. Schnabel und Beine weinrot, nach 3–5 Tagen färben sie sich gelb.

Jugendkleid: Etwa wie Alterskleid, aber weiße Partien mehr oder weniger grau und braun durchsetzt.

Lebensweise: Obgleich große Teile des ehemaligen Verbreitungsgebietes im östlichen und südöstlichen Australien in den letzten Jahrzehnten aufgegeben worden sind, leben die Spaltfußgänse im tropischen Nordaustralien gegenwärtig noch in ungeheuren Mengen. Trupps von 5000 Exemplaren stellen eine Regelerscheinung dar, aber auch bis zu 80000 sah man in einer einzigen Ansammlung (Frith 1967). In der Gegend der Stadt Darwin hielten sich 1958 etwa 1 Mill. dieser Gänse auf (Immelmann 1960).

Spaltfußgänse bewohnen seichte und versumpfte Altarme, Mäander und Lagunen der Fluß- und Flußmündungssysteme. Diese weiten Sumpflandschaften

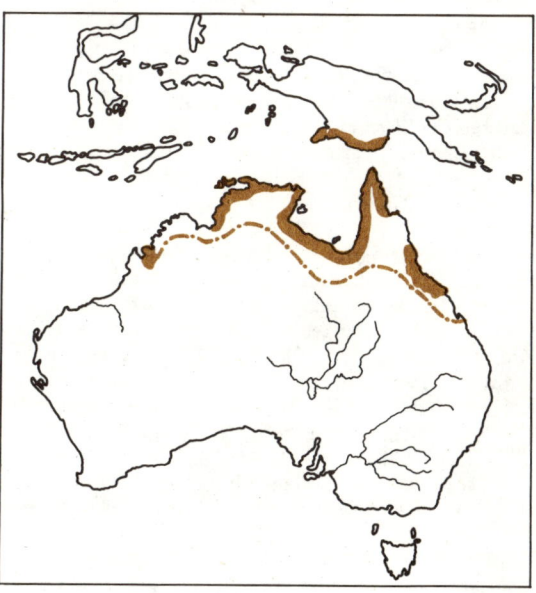

Gegenwärtiges Brutvorkommen der Spaltfußgans, ehemalige Brutplätze in SO-Australien sind aufgegeben; –·– nomadisches Auftreten der Art außerhalb der Brutzeit.

sind vorwiegend mit Simsen (*Eleocharis*) und Wildreis – der Hauptnahrung der Gänse – bewachsen, etwas erhöht schließen sich Sumpfwiesen an. Spaltfußgänse schwimmen nur selten und meiden weitgehend Wassertiefen über einen Meter, sie waten vornehmlich im flachen Sumpfland umher. Der Beginn der Regenzeit löst die Brutaktivität aus. Die Schwärme konzentrieren sich jetzt mehr auf die Brutplatzgebiete. Die mit dem Regen einsetzende neue Wachstumsperiode der Sumpfpflanzen regt sofort zum Nestbau an. Herausgerissene Wurzelballen der Simsen und umgetretene Stengel lassen eine Plattform entstehen, die nach und nach vergrößert wird und zuletzt eine tiefe Nestmulde aufweist. Der Nestbau kann sich über ein bis zwei Monate hinziehen, dann erst – gegen Ende der Regenzeit – beginnt die Eiablage. Das sind gewöhnlich die Monate Dezember bis Mai. Die Nester stehen überwiegend in großen Kolonien, die bevorzugte Wassertiefe beträgt 40–50 cm. Spaltfußgänse leben offensichtlich in Dauerehen, die überwiegend aus einem Männchen und zwei Weibchen bestehen. Diese Trios bauen ein gemeinsames Nest, bebrüten das gleiche Gelege und führen später die Jungen gemeinsam (FRITH & DAVIES 1961). Die Gelege enthalten 3–12, meist 6–10 cremeweiße Eier mit den Maßen 64–80 × 46–63 mm; Ø 72 × 53 mm (FRITH 1967). Die durchschnittliche Gelegestärke von Paaren mit einem Weibchen beträgt nach gleichem Autor 8,6, mit zwei Weibchen 9,4 Eier. Die Brutdauer beträgt 28 Tage. Wenn die Jungen schlüpfen, ist der Wasserspiegel in den Sümpfen schon beträchtlich gefallen. Simsen und Gräser tragen frische Blüten und Samen; so wachsen die Küken, geführt von ihren zwei oder drei Eltern, unter idealen Bedingungen heran. Im Alter von 4–5 Wochen beginnt die Befiederung, mit 11 Wochen erlangen die Junggänse ihre Flugfähigkeit.

Nahrung: Sie bilden zu über 50 % die Bulben der Simsen, die mit dem kräftigen Schnabel herausgerissen werden, ferner die Grünteile des wilden Reises und der Gräser. Kleintiere werden kaum aufgenommen.

Haltung und Zucht: Seit mehr als 100 Jahren werden Spaltfußgänse in zoologischen Gärten gehalten, in Berlin seit 1871. Als Folge der Ausfuhrsperre für australische Tiere ist die Art heute in den Zoos seltener denn je.

Die Unterbringung erfolgt auf Weideflächen, ein temperierter Winterraum ist erforderlich. Gelangen Paare in Brutstimmung, werden sie meist bösartig.

Zuchterfolge gelangen 1945 und 1946 im San Diego Zoo, USA, zwischen 1956 und 1971 im englischen Wildfowl Trust, wo 44 Tiere aufwuchsen, sowie in einigen australischen Zoos. Über die 15jährigen Zuchterfolge im Trust berichten JOHNSGARD (1961) und KEAR (1973):

Auch in den Zuchtanlagen bildeten sich Elterntrios (1 ♂, 2 ♀♀). Legebeginn zwischen 6. April und 15. August, meist um den 22. Juni. Die Nester wurden von flugfähigen Tieren bevorzugt auf Sträuchern oder *Lonicera*-Gebüsch errichtet, beide Partner trugen Nistmaterial ein. Kopulationen erfolgten im Nest. Das zweite Weibchen begann meist einen Tag nach dem ersten zu legen, bei etwa 36stündigen Legeintervallen.

Männchen und Weibchen brüteten im Wechsel, der Ganter meist nachts. Den Küken wurde in den ersten Lebenstagen die Nahrung von den Altvögeln vorgehalten, wobei der blaßrote Schnabel der ad. und das zimtrote Gesicht der Küken gegenseitig stimulierend wirkten. Die Junggänse waren mit 6 Wochen befiedert und mit 7–8 Wochen flugfähig, offenbar früher als die der Wildvögel. Eines der Zuchtweibchen starb im Alter von 25 Jahren. Eine neue Zuchtserie begann 1979; bis 1982 wuchsen bereits 27 junge Spaltfußgänse heran.

Pfeifgänse, *Dendrocygnini*

Tüpfelpfeifgans
Dendrocygna guttata
SCHLEGEL

Č	Husička tečkovaná	F	Dendrocygne tacheté
D	–	H	Spotted Boomeend
E	Spotted Whistling Duck	R	Пятнистая свистящая утка

Habitus: Gedrungener als bei gelbfarbigen Pfeifgans-Arten; etwa kleines Abbild der Kubapfeifgans. Abb. Seite 157.

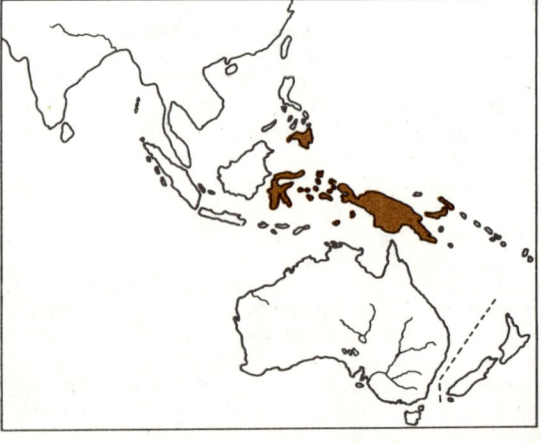

Jahresvorkommen der Tüpfelpfeifgans.

Alterskleid: ♂ und ♀ Gesamtgefieder dunkelbraun bis schwarzbraun, lediglich Kopfseiten und Kehlgegend aufgehellt; Brustfedern von kleinen weißen Pünktchen überzogen, Flanken grob weiß gefleckt; Bauch flockig graubraun. Das Nackengefieder ist wenig verlängert und kann bei Erregung aufgerichtet werden. Die Schulterfedern und in der Fortsetzung die Flügeldecken haben hellbraune Endsäume; die auffällig kurzen Handschwingen werden von den innersten Armschwingen überdeckt und sind einfarbig schwarzbraun. Mittelrücken, Bürzel und die kurzen Steuerfedern einfarbig schwarz, obere und untere Schwanzdecken schwarzweiß gezeichnet. Schnabel, Iris und Füße dunkel rotbraun. *Maße:* ♂ und ♀ Flügel: 212–223, Schwanz: 83–87, Schnabel: 41–46, Lauf: 47–51 mm. Gewicht: um 800 g.

Dunenkleid: Ein kurzer Überaugenstreif, das typische breite Kopfband, Kehle, Brust, Bauch und ein Streif hinter dem Flügelrand und oberhalb des Schenkels sind weiß bis grauweiß; übrige Partien auf Kopf, Rücken und Schenkel schwarzgraubraun. Schnabel und Füße graugrün.

Jugendkleid: Den Altvögeln schon recht ähnlich, aber stumpfer im gesamten Gefieder; Flanken schmaler und nur undeutlich gefleckt.

Lebensweise: Von allen Pfeifgans-Arten ist über Leben und Brutbiologie der Tüpfelpfeifgans am wenigsten bekannt. Wie es scheint, sind diese Pfeifgänse nur sporadisch und mit unterschiedlicher Häufigkeit über die einzelnen Inseln verbreitet. Größere Schwärme wurden lediglich aus Neuguinea bekannt. RAND and GILLARD (1967) bezeichnen sie als die häufigste und am weitesten verbreitete Ente auf dieser Insel, die tagsüber in Trupps – teilweise zu mehreren hundert Exemplaren – in Grassümpfen und ähnlichen Flachgewässern ruht und in den Abendstunden unter lautem Rufen wassernahe Schlafbäume aufsucht. Diese Schlafgewohnheit scheint bei dieser Art zu dominieren, JOHNSTONE (1960) vermutet auf Grund von Volierenbeobachtungen, daß sie sich mehr als andere *Dendrocygna*-Arten auf Bäumen aufhält.

Die Brutzeit erstreckt sich über viele Monate, auf Neuguinea gehäuft zwischen August und September. Die wenigen bisher beschriebenen Nester waren sowohl in der Bodenvegetation als auch in Baumhöhlen errichtet. Ein Bodennest bestand gänzlich aus Laub und wies keine Dunen auf. Die Gelege haben 6–12 weiße Eier mit den Maßen 52–55 × 39,5–42 mm; Ø 53,5 × 40,8 mm. Über Brutdauer und Jungenaufzucht freilebender Tüpfelpfeifgänse ist nichts bekannt.

Haltung und Zucht: Die ersten Tüpfelpfeifgänse gelangten 1888 in den Zoo London. Ein zweiter Import erfolgte nach DELACOUR (1954) im Jahre 1935; der Zoopark Clères, Frankreich, erwarb sechs Tiere, die bis 1940 flugfähig in geräumigen Volieren lebten. Der englische Wildfowl Trust hält die Art seit 1953 und brachte sie 1959 erstmalig zur Fortpflanzung. Danach gelangten wiederholt kleine Gruppen dieser Pfeifgänse in den Tierhandel, ohne daß es bis 1980 zu nennenswerten Nachzuchten kam.

Über die Erstzucht schreibt JOHNSTONE (1960): »Im Wildfowl Trust lebten 5 voll flugfähige Tüpfelenten in geräumigen, heizbaren Volieren. Ab Ende August legte ein Weibchen in einer Nisthöhle 11 Eier ab, die denen der anderen *Dendrocygna*-Arten ähnelten, aber ovaler und glatter waren. Die anfangs von den Eltern bebrüteten Eier mußten später in eine Brutmaschine gege-

Flankenfedern der Kubapfeifgans, *Dendrocygna arborea* (L.); Tüpfelpfeifgans, *Dendrocygna guttata* SCHLEGEL; Witwenpfeifgans, *Dendrocygna viduata* (L.); Zwergpfeifgans, *Dendrocygna javanica* (HORSFIELD); Wanderpfeifgans, *Dendrocygna arcuata* (HORSFIELD); Sichelpfeifgans, *Dendrocygna eytoni* (EYTON), verlängerte Schmuck- und Seitenfeder.

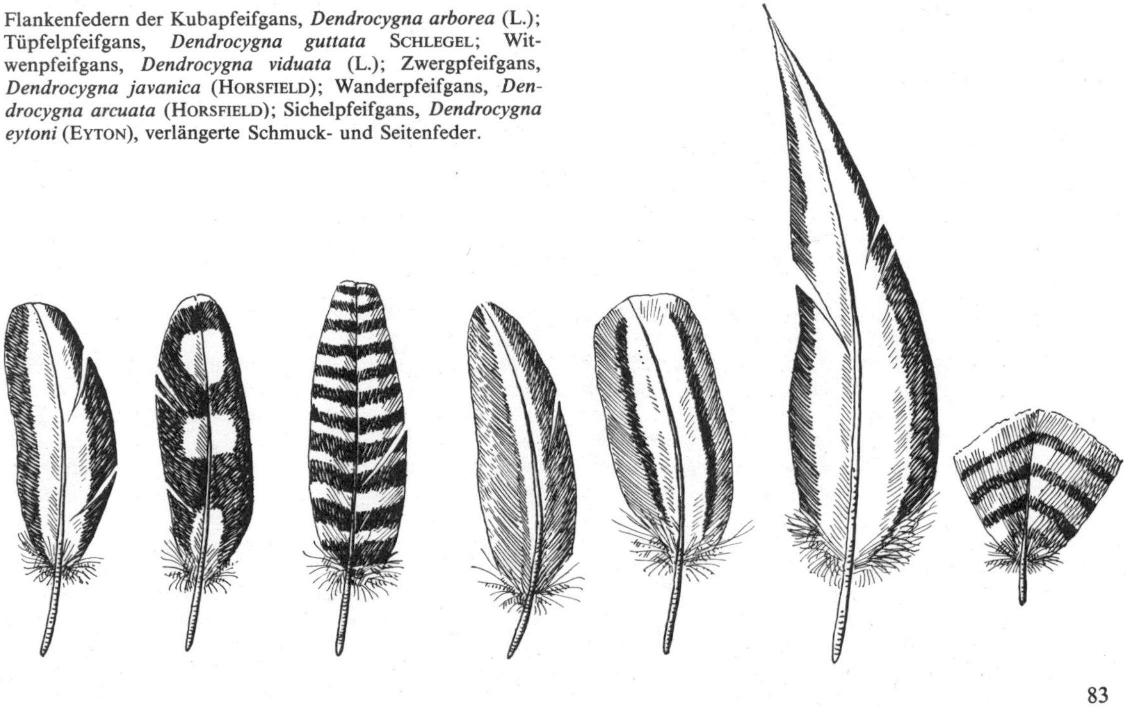

ben werden; hier schlüpften nach insgesamt 31 Bruttagen 11 Küken. Diese zeigten fast keine Scheu, mußten jedoch – weil sie keine Nahrung aufnehmen wollten – zu einer Familie Kubapfeifgänse gegeben werden, die nach anfänglichen Sorglosigkeiten doch noch 6 Tüpfelpfeifgänse aufzogen. Trotz fortgeschrittener Jahreszeit entwickelten sich die jungen Pfeifgänse zügig. Im Alter von 7 Wochen war die Befiederung etwa abgeschlossen.«

Im folgenden Jahr wuchsen unter Führung der Eltern 12 und zwischen 1973 und 1979 insgesamt 36 Tüpfelpfeifgänse im Trust heran. Als Legebeginn wurden der 8. und 17. Juli angegeben. Eine Brutdauer von 28 bis 30 Tagen ließ sich ermitteln.

Die Ursachen, daß Tüpfelpfeifgänse bis zur Gegenwart nur selten vom Tierhandel angeboten, damit auch kaum gehalten und gezüchtet werden, sind nicht recht bekannt. Auch ist bisher über die Haltung im allgemeinen nicht berichtet worden, man darf jedoch annehmen, daß die Art nach sorgfältiger Eingewöhnung nicht hinfälliger als Zwerg- oder Wanderpfeifgänse ist. Das 1982 vom Tierpark Berlin erworbene Paar zeigt sich betont dämmerungsaktiv; tagsüber ruhen die Tiere im ufernahen Gebüsch und erscheinen erst abends auf der freien Wasserfläche und an den Futterstellen.

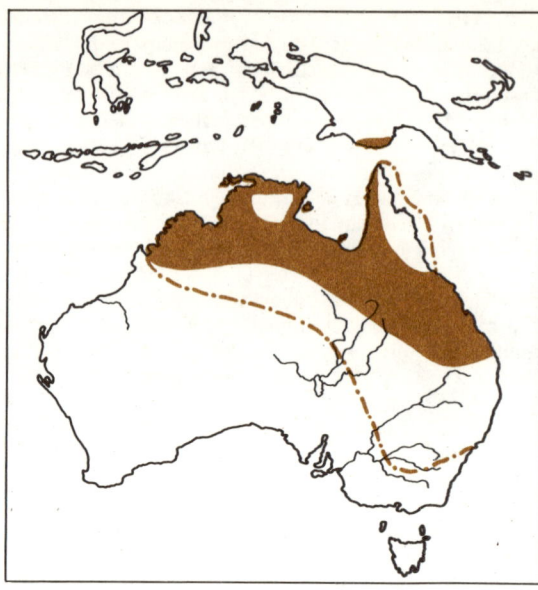

Jahresvorkommen der Sichelpfeifgans; —·— nomadisches Auftreten von Nichtbrütern.

Sichelpfeifgans
Dendrocygna eytoni
(Eyton)

Dt. Syn.: Gelbfuß- oder Eytons Baumente
Schmuckpfeifgans

Č	Husička drobná	F	Dendrocygne d'Eyton
D	–	H	Gepluimde Boomeend
E	Plumed Whistling Duck	R	Свистящая утка Эйтона

Habitus: Mittelgroße Pfeifgans; hochbeinig, schlank und mit aufrechter Körperhaltung. Abb. Seite 22 und 159.

Alterskleid: ♂ und ♀ an Kopf und Hals lehmbraun, Kehlgegend und Vorderhals etwas heller; Brust, oberer Rücken und Schulterfedern dunkelbraun, teils mit hellen Säumen; vordere Flankenfedern auf rostrotem Grund dunkelbraun gebändert, hintere lanzettförmig verlängert, durch sichelartige Krümmung über den Rücken hinausragend, sie sind ockergelb gefärbt und haben braune Außensäume. Bauch hellbraun, schwach gebändert; Flügel und Schwanz einfarbig schwarzbraun. Oberschwanzdecken überwiegend lehmgelb und mit dunkelbraunen Außensäumen, Unterschwanz rahmgelb. Schnabel auf rotbraunem Grund schwarz gefleckt, Iris gelb oder orange, Füße fleischrot. *Maße:* ♂ Flügel: 222–242, Schnabel:

37–48 mm; ♀ Flügel: 215–245, Schnabel: 37–49 mm (Frith 1967); ♂ und ♀ Schwanz: 83–88, Lauf: 53–56 mm (Delacour 1954). *Gewicht:* ♂ 600–930 g, ♀ 580–1 400 g (Frith 1967).

Dunenkleid: Zeichnung wie die anderer *Dendrocygna*-Küken, die Rückenpartien sind kräftig sandfarben und damit heller als allgemein dargestellt (Ripley 1967).

Jugendkleid: Ähnlich dem Alterskleid, aber fahler und farbflacher, Flanken schmaler und weniger scharf gebändert, die Sichelfedern mit breiten dunklen Rändern.

Lebensweise: Sichelpfeifgänse sind typische Bewohner des tropischen Graslandes von Nordaustralien und Queensland. Während der Trockenzeit, in der teilweise weite Wanderungen unternommen werden, kommt es an den wenigen permanenten Gewässern zu riesigen Konzentrationen. Auf offenen Bänken und entlang der Ufer ruhen sie dann tagsüber dicht bei dicht zu Tausenden vereint. Der Zustand des Wassers ist für sie relativ bedeutungslos; denn zur Nahrungsaufnahme werden hauptsächlich Wiesen und kurzgrasiges Brachland aufgesucht.

Der Beginn der Brutsaison steht auch bei der Sichelpfeifgans in voller Abhängigkeit von den Niederschlägen und liegt in Nordaustralien und Queensland gewöhnlich im Februar und März, anderswo im September, Oktober oder Dezember. Mit dem Einsetzen der Regengüsse lösen sich die großen Verbände schnell auf. Die ansässigen Populationen verteilen sich über die höher liegenden Wiesenflächen der angrenzenden Gebiete und errichten dort in gleicher Weise wie die Wanderpfeifgänse ihre Nester, unter Umständen 2–3 km vom Wasser entfernt. Die Vollgelege enthalten 10–12 (teils bis 14) reinweiße oder elfenbeinfarbige

Eier mit den Maßen 44–51 × 33–38 mm; ⌀ 48 mal 36 mm (FRITH 1967). Die Brutdauer beträgt 28–30 Tage.

Nach SERVENTY and WHITTELL (1951) lösen sich die beiden Partner in 24stündigem Wechsel jeweils während der Abendstunden ab. Keine Dunenauspolsterung. Die Küken werden bald nach dem Abtrocknen – begleitet von beiden Eltern – zum Wasser geführt und dort an den seichten Ufern aufgezogen. Einzelne Autoren glauben, daß das Männchen den Hauptanteil der Jungenbetreuung übernimmt. Nach FRITH (1967) halten die Paare auch nach beendeter Brutsaison zusammen, so daß Dauerehen nicht ausgeschlossen sind.

Nahrung: Sie ist rein pflanzlich und besteht in der Regenzeit zu über 90 % aus Gras. Während der Trockenperiode sondern sich in den Nachmittagsstunden kleine Trupps von den großen Verbänden ab und befliegen Wiesen oder sumpfige Uferstreifen. Ergiebige Futterplätze werden viele Nächte hintereinander aufgesucht. Erst am Morgen finden sich die Gruppen wieder auf den Uferbänken ein (FRITH 1967).

Haltung und Zucht: Als australische Art gehört die Sichelpfeifgans seit langem zu den selteneren importierten Wasservögeln. Sie wird in Westeuropa in großen zoologischen Gärten gezeigt und heute auch in Privatanlagen gehalten. Gut eingewöhnte Tiere sind hart und langlebig, doch wenig fortpflanzungsfreudig. Sie sollten vorzugsweise in Gehegen mit guter Grasnarbe Unterbringung finden. Nach DELACOUR (1954 und 1964) wuchsen nur in Lichtfield, USA, 1938 zwei Küken und ab 1961 bei KOOY, Holland, Sichelpfeifgänse heran. FRANZ (1959) erwähnt für 1957 und 1958 Zuchterfolge aus München-Hellabrunn. Ferner waren zu dieser Zeit Hybriden mit der Gelben, der Kuba- und Herbstpfeifgans bekannt. Ab 1967 wurden auch im Wildfowl Trust eine größere Anzahl Eier gelegt, doch wuchsen nur 1971 und ab 1976 juv. auf. Das Gros der Eier war unbefruchtet; eine Erscheinung, die für viele Gehegetiere typisch zu sein schien. Wie RIPLEY (1967) berichtete, wurde die Art auch in den USA nur spärlich gezüchtet, heute jedoch mit gutem Erfolg vermehrt. Um 1980 gelangten von dort mehrere Importe nach Europa, mit denen 1983 erste Zuchterfolge gelangen

(BIEHL, BRD, briefl.). KOOY (briefl.) erwarb 1957 zwei Paare. Von diesen Frischimporten blieben zwei Tiere am Leben, die sich im Folgejahr begatteten. Erste Eiablage 1961, drei Junge schlüpften und wuchsen auf. In den Jahren 1962 und 1963 wurden jeweils zwei Gelege mit 8–12 Eiern erzielt; 1964 schlüpften aus drei Gelegen mit je 12 Eiern insgesamt 33 Junge, die auch aufwuchsen. Während der Brutzeit bewohnte das Paar ein 6 m breites, grasbewachsenes Einzelgehege mit einem 2 m breiten Wassergraben. Das Weibchen errichtete das Nest gut verborgen im Grase und legte in 24stündigen Intervallen. Den Hauptanteil der Brut hatte bei dem Paar das Männchen. Die Kükenaufzucht unter technischer Wärmequelle verlief annähernd verlustlos. Die Befiederung war mit 6–8 Wochen im wesentlichen abgeschlossen.

Gelbe Pfeifgans
Dendrocygna bicolor
(VIEILLOT)

Č	Husička dvoubarvá	F	Dendrocygne à bec fauve
D	Gulbrun Træand		
E	Fulvous Whistling Duck	H	Fulvous Boomeend
		R	Рыжая свистящая утка

Habitus: Mittelgroße *Dendrocygna*-Art. Abb. Seite 21, 158 und 159.

Alterskleid: ♂ und ♀ Oberkopf und hinterer Halssaum schokoladenbraun, die Nackenfedern wenig verlängert, Kopf- und Halsseiten hell lehmbraun, Kehle weißlich; Brust, Bauch und Flanken einfarbig gelbbraun, die verlängerte Flankenfederreihe braun mit breitem gelbem Mittelstreif. Rücken, Schultern und Flügeldecken schwarzbraun mit hellen Endsäumen; Schwingen und Schwanz schwarz, Schwanzdecken

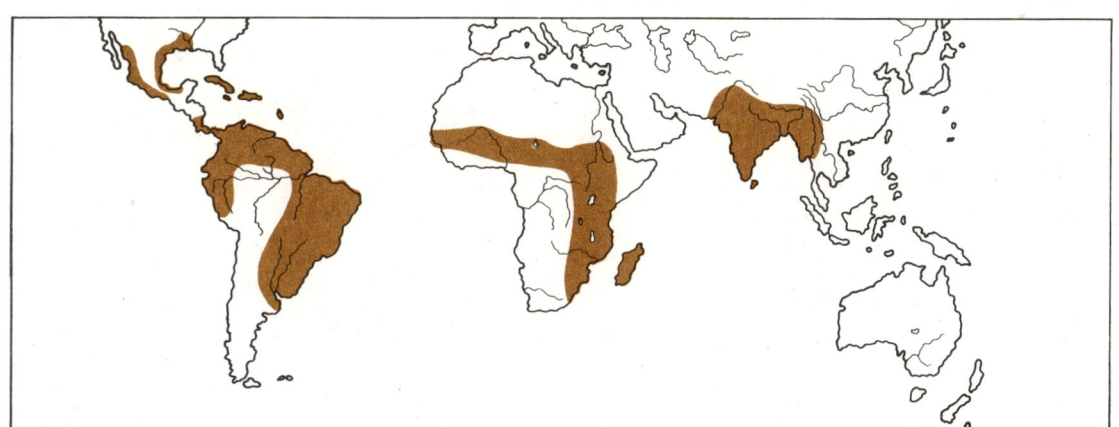

Jahresvorkommen der Gelben Pfeifgans.

gelb. Schnabel und Füße blaugrau, Iris schwarzbraun. *Maße:* ♂ Flügel: 214–225, Schnabel: 45–48 mm; ♀ Flügel: 203–211, Schnabel: 44–47 mm; *Gewicht:* ♂ 621–755, ⌀ 675 g; ♀ 631–739, ⌀ 690 g (JOHNSGARD 1978).

Dunenkleid: Kopf und Oberseite dunkelgrau, zu den Seiten hin aufgehellt; Kehle, breites Nackenband und Bauchseite silberweiß. Schnabel dunkelgrau, Nagel hornbraun, Iris grau, Füße olivgrün.

Jugendkleid: Nur geringfügige Unterschiede zum Alterskleid, das unmittelbar nach dem Flüggewerden, langsam beginnend, durchgemausert wird.

Lebensweise: Die Gelbe Pfeifgans ist auf den unterschiedlichsten tropischen und subtropischen Gewässern beheimatet und fast überall auch ein verbreiteter Brutvogel. Trotz des großen Verbreitungsgebietes haben sich keine Unterarten herausgebildet, obgleich es unter den Gehegetieren deutlich unterscheidbar große und kleinere, fahl gelbliche und dunkel lehmgelbe Tiere gibt.

Im südlichen Nordamerika und in Indien bevorzugt sie Reisfelder und Marschlandschaften; in Südamerika ziehen diese Pfeifgänse baumbestandene Gewässer vor. Wegen der Piranha-Gefahr ruhen sie hier oft auf Bäumen – eine Verhaltensweise, die aus Afrika kaum bekannt ist. Wie alle Pfeifgänse lieben auch sie die Geselligkeit mit Artgenossen und sind sehr ruffreudig. Ihre helle, pfeifende Stimme lassen sie besonders häufig bei den abendlichen Rundflügen hören.

Die Brutzeiten dieses weitverbreiteten Vogels sind in den einzelnen Gebieten völlig unterschiedlich und meist abhängig von den Regenzeiten. Die folgenden brutbiologischen Angaben veröffentlichten MEANLEY und MEANLEY (1959):

Die ausgedehnten Reisfelder sind die hauptsächlichsten Brutplätze der Gelben Pfeifgänse in den Prärien Louisianas. Erst im späten Frühjahr, wenn die Blauflügelenten längst ihre Brutreviere bezogen haben, kehren sie in kleinen Scharen aus den südlicheren Wintergebieten zurück und sind dann noch eifrig mit der Paarbildung beschäftigt. Diese erfolgt unter anderem in stockenten-ähnlichen Reihflügen. Die Verfolgungsjagden sind durch viele Wendungen, Kurven und scharfe Schräglagen von einer Seite zur anderen charakterisiert. Der Nestbau beginnt ab Mitte Mai, dann erst bieten die heranwachsenden Reispflanzen den nötigen Schutz. Die Nester werden entlang der Deiche, häufiger aber direkt in den Reiskulturen nach Art der Tauchenten errichtet. Die Hauptlegezeiten sind Juni und Juli. Die Vollgelege bestehen aus 10–15 elfenbeinfarbigen Eiern mit den Maßen 47–60 mal 37–44 mm; ⌀ 53,7 × 40,9 mm (SCHÖNWETTER 1960). Nicht selten legen zwei oder drei Weibchen in ein Nest, und ein solches wies 62 Eier auf. Die Brutdauer geben die Autoren mit 24–26 Tagen an, sie beträgt jedoch 28 Tage. Eine Dunenauspolsterung erfolgt nicht, doch überdacht der brütende Vogel das Nest laubenartig und verstopft sogar das seitliche Einschlüpfloch. Männchen und Weibchen brüten abwechselnd und führen auch gemeinsam die Jungen. Die Familien halten lange zusammen und gehen später in die Schwärme nichtbrütender Tiere auf. Die geschlechtliche Reife der juv. tritt gegen Ende des zweiten Lebensjahres ein.

Nahrung: Sie besteht fast ausschließlich aus den Grünteilen und Samen der Wasserpflanzen, zeitweilig können Reiskörner den Hauptnahrungsanteil bilden.

Haltung und Zucht: Gelbe Pfeifgänse werden seit langem in großer Zahl auf den europäischen Tiermärkten angeboten. Die Zoos zeigten Gruppen dieser geselligkeitsliebenden Tiere in den Schaugehegen, in Privatanlagen waren sie nur selten anzutreffen. Baumenten, wie diese Gruppe früher hieß, galten als hinfällig, temperaturempfindlich und schwer züchtbar. Das trifft für die heutigen Gehegevögel nicht mehr zu, ihre Zucht gelingt erheblich besser, seit man durch den Kloakentest gezielt Paare zusammenstellen kann.

Die Unterbringung der Pfeifgänse erfolgt in nicht zu engen Gesellschaftsgehegen mit einem größeren, über 50 cm tiefen Teich; Zaunhöhe nicht unter einem Meter. Die Uferbepflanzung, wie Lilien-, Kalmus- oder Seggenstauden, werden zum Bau nestartiger Plattformen in Wassernähe stark herabgetreten. Die Überwinterung erfolgt in schwach temperierten Schutzräumen, an frostfreien Tagen sollten die Pfeifgänse stets die Möglichkeit haben, im Freien zu baden. Ältere Tiere sind relativ frostunempfindlich.

Die Zucht gelingt heute mit der Mehrzahl der Paare. Die Eiablage erfolgt in Nistkästen oder in der wassernahen Bodenvegetation. Aus einer Plattform, die aus herabgetretenen Pflanzen besteht, entsteht während der täglichen Eiablage ein kompakter Unterbau und vor Brutbeginn eine laubenartige Überdachung. Eine Balz fehlt, die Kopulation wird mit einem gemeinsamen Futtertauchen eingeleitet, es folgen ein kurzes Umschwimmen, eine sehr kurze Begattung und unter kräftigem Wassertreten ein rasches Aufrichten der beiden äußeren Flügel, wobei beide Partner ihre Körper parallel stellen (KOLBE 1976). Die Eiablage begann in meiner Anlage um Ende April, im Wildfowl Trust oft schon im März und kann sich bis August erstrecken. Die Mehrzahl der Weibchen bringt drei Gelege, auch wenn diese durch die Eltern zeitweilig bebrütet wurden. So sind Nachzuchtraten von 20 bis 30 Jungtieren von einem Paar keine Seltenheit.

Innerhalb der ersten 24 Stunden wogen 30 Küken eines relativ großen Weibchens 27–36 g, ⌀ 30,8 g und 10 Küken eines kleineren Tieres (bei gleichem Erpel) 23–30 g, ⌀ 26,3 g. Die Befiederung beginnt zwischen 20. und 22. Tag an den Flanken, 23.–24. Tag an den Schultern, danach befiedert die Unterseite. Mit 30–33 Tagen verliert sich das Nackenband, Schwingen und Schwanzfedern entfalten sich. Mit 6–7 Wochen können die Junggänse voll befiedert sein. Andererseits können negative Faktoren, wie schlechte Futteraufnahme, die Entwicklung um Wochen verzögern (KOLBE 1976). Das Ausgangsgewicht wirkt dabei nicht entscheidend. Die Küken sind anfangs stark wärmebedürftig, baden am liebsten in angewärmtem Wasser und möchten das Futter aus dem Wasser heraussehen. Später nehmen sie krümelfeuchtes Futter, laufen jedoch mit jedem vollen Schnabel zum Wasser.

Wanderpfeifgans
Dendrocygna arcuata
(HORSFIELD)

Č	Husička stěhovavá	F	Dendrocygne à lunu-
D	–		les
E	Wandering Whist-	H	Indische Boomeend
	ling Duck	R	Странствующая
			свистящая утка

Drei Unterarten, die sich vornehmlich in der Größe, weniger in der Färbung unterscheiden, haben folgende Verbreitung: *Dendrocygna a. arcuata* (HORSFIELD) – Philippinen und Indonesien; *Dendrocygna a. australis* (REICHENBACH) – Süd-Neuguinea und Australien; *Dendrocygna a. pygmaea* (MAYR) – Neu-Britannien.

Beschreibung von *Dendrocygna arcuata australis:*
Habitus: Deutlich kleiner als Gelbe Pfeifgans. Abb. Seite 20 und 87.
Alterskleid: ♂ und ♀ Kopfplatte, Nacken und hinterer Halssaum schwärzlich, übrige Kopf- und Halspartien fahl gelbbraun; Brust auf gleichfarbigem Grund spärlich schwarz gefleckt. Rückengefieder schwarzbraun mit hellen Säumen; Bauch fahl kastanienbraun, vergrößerte Flankenfedern gelb mit kastanienbraunen Außensäumen. Flügel – ausgenommen die braunen

Armdecken – und Schwanz durchweg schwarz; die oberen Schwanzdecken cremeweiß, die unteren gelbbraun. Schnabel schwarz, Iris dunkelbraun, Füße dunkelgrau. *Maße:* ♂ Flügel: 196–230, Schnabel: 39–52 mm; ♀ Flügel: 201–231; Schnabel: 39–50 mm (FRITH 1967); ♂ und ♀ Schwanz: 50–55, Lauf: 43–45 mm (DELACOUR 1954). *Gewicht:* ♂ 866–949 g, ♀ 453–976 g (FRITH 1967).
Dunenkleid: Zeichnung entspricht im wesentlichen dem der *D. bicolor,* die *arcuata*-Küken sind jedoch kleiner, auf Kopf und Rücken schwarzgrau, sepiabraun übertönt und die Unterseite mehr grauweiß – also insgesamt dunkler.
Jugendkleid: Die immaturen Wanderpfeifgänse sind nur wenig kleiner, farbunreiner und dunkler als die Altvögel.
Lebensweise: Die Australische Wanderpfeifgans (von den beiden anderen Unterarten sind nur wenige biologische Einzelheiten bekannt) bevorzugt während des ganzen Jahres große Gewässer mit einer reichen Unterwasser- und Schwimmflora in den Uferzonen. FRITH (1967) nennt die Art Water Whistle-duck im Gegensatz zu Grass Whistle-duck, der Sichelpfeifgans, und weist damit auf die ökologische Bindung zum Wasser hin. Während der Trockenzeit beschränkt sich das Vorkommen auf die permanent wasserführenden großen Flußsysteme. In riesigen, dicht gedrängten Scharen ruhen die Wanderpfeifgänse hier auf Uferbänken oder Sandinseln. Die Nahrungsaufnahme erfolgt fast ausschließlich im Wasser.

Die ersten Niederschläge lösen bei ihnen die Brutstimmung aus. Innerhalb der umfangreichen Scharen entfaltet sich besonders unter den Männchen eine rege Aktivität; Balz und Verfolgungsflüge beginnen. Binnen weniger Tage verteilen sich die Wanderpfeifgänse nun in kleineren Gruppen über die zahllosen neu ent-

Wanderpfeifgans, *Dendrocygna arcuata* (HORSFIELD)

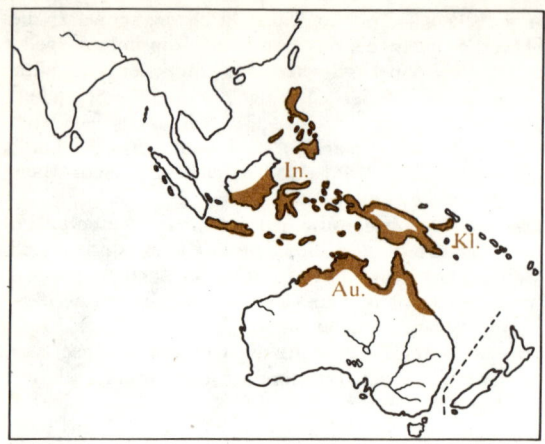

Jahresvorkommen der Indonesischen (In.), Australischen (Au.) und Kleinen (Kl.) Wanderpfeifgans.

brachte es der Züchter BIEHL, Tostedt, (briefl.). Er erwarb 1975 zwei Paare (Wildfänge), die bereits ca. 5 Jahre in Gehegen lebten. Im Sommer 1977 brachte ein Weibchen 9 Eier (in zwei Gelegen), die ersten Küken wuchsen mühelos heran. Im Folgejahr legte das gleiche Weibchen 11 und 8 Eier im Grase ab; Brutbeginn 9. Juni und 3. Juli, Brutdauer je 28 Tage. In jener Anlage konnten bis 1983 etwa 150 Wanderpfeifgänse aufgezogen werden. Die sichere Geschlechtsbestimmung war in der 5. Woche durch Kloakentest möglich, mit 6 bis 7 Wochen waren die Jungtiere voll befiedert. Das ist eine merklich kurze Zeitangabe; bei der Herbstpfeifgans (BOLEN 1973) und der Gelben Pfeifgans (KOLBE 1976) ist die Befiederung mit 8 bzw. 9 Wochen abgeschlossen. In Australien aufgezogene Wanderpfeifgänse wogen frisch geschlüpft um 20 g und waren mit 12 bis 13 Wochen flugfähig. Geschlechtliche Reife allgemein gegen Ende des 2. Lebensjahres; bei BIEHL legten 1979 drei einjährige Weibchen, eine davon mit einjährigem Erpel, befruchtete Eier, die geschlüpften Küken waren jedoch kaum lebensfähig. Für meine Anlage erwarb ich im Herbst 1981 einen Erpel und zwei weibliche Tiere, die derzeit einzigen Wanderpfeifgänse in der DDR. Ab 23. April 1983 legten beide Weibchen in einer Binsenstaude auf einer Wiese 16 unbefruchtete Eier ab. Aus dem am 20. Mai begonnenen Nachgelegen wuchsen dann die ersten Jungtiere heran.

standenen Seen und Creeks der Küstenebenen. Mit als die ersten Wasservögel Nordaustraliens beginnen die Wanderpfeifgänse dort ab Januar/Februar mit Nestbau und Eiablage.

Die Nistplätze befinden sich im etwas erhöht liegenden Grasland und sind deshalb am wenigsten von Überflutungen gefährdet* (IMMELMANN 1963). Die Nester werden gut verborgen im hohen Gras und unter Sträuchern, aber auch fast ohne Deckung im kurzen Grasland errichtet. Die Nestmulde wird lediglich mit Pflanzenteilen, nicht mit Dunen ausgelegt. Die Vollgelege bestehen aus 6–10 weißen Eiern mit den Maßen 47–53 × 35–39 mm; ⌀ 51–37 mm (FRITH 1967). Die Brutdauer beträgt 28–30 Tage. Die Bebrütung der Eier und die Jungenführung übernehmen beide Eltern; die meisten Familienverbände halten lange zusammen. FRITH berichtet aber auch von großen Ansammlungen nicht flügger Jungvögel, unter denen sich nur einzelne Altvögel befanden.

Nahrung: Sie wird tauchend, gründelnd und seihend aus dem Wasser entnommen und besteht (jahreszeitlich wechselnd) aus den Grünteilen, Samen und Knospen von Wasserpflanzen, besonders der Seerosen, der Hirsearten und vom Wildreis.

Haltung und Zucht: Wanderpfeifgänse werden relativ wenig aus den Ursprungsländern exportiert, so daß sie in Europa und Nordamerika zu den selteneren Wasservögeln gehören. Haltung, Unterbringung, Nahrungsgewohnheiten und Überwinterung sind denen anderer Pfeifgans-Arten gleich. Die allgemeine Empfindlichkeit früherer Tiere konnte bei den in Gehegen herangewachsenen nicht mehr beobachtet werden.

Die Zucht gelang bisher nur selten; so 1936 in Kalifornien, 1939 in Leckford, GB, und nach 1960 ab und an im Wildfowl Trust. Zu ergiebigen Zuchterfolgen

---

* Die direkt am Wasser brütenden Arten müssen vor der Eiablage den maximalen Wasserstand der Regensaison abwarten, ehe sie mit dem Legen beginnen.

Zwergpfeifgans
Dendrocygna javanica (HORSFIELD)

Dt. Syn.: Javanische Baumente

Č	Husička malá	F	Dendrocygne de l'Inde
D	Indisk Træand		
E	Lesser Whistling Duck	H	Java Boomeend
		R	Малая свистящая утка

Habitus: Kleinste *Dendrocygna*-Art mit schlankem, aufrecht getragenem Körper. Abb. Seite 159.
Alterskleid: ♂ und ♀ im wesentlichen wie Gelbe Pfeifgans, von dieser wie folgt zu unterscheiden: kleiner, gut sichtbarer gelber Augenring, Rückengefieder rauchgrau, Oberschwanzdecken braun (bei *bicolor* gelb), verlängerte Flankenfedern überwiegend hellbraun mit gelbem Kielstreif. *Maße:* Flügel: 170–204, Schwanz: 53–55, Schnabel: 38–42 mm; *. Gewicht:* 450–680 g.
Dunenkleid: Wie alle Pfeifgans-Küken gezeichnet, helle Partien grauweiß, dunkle schwarzbraun; die hellen Rückenflecken relativ groß.
Jugendkleid: Ähnlich dem Alterskleid, nur stumpfer und farbunreiner.

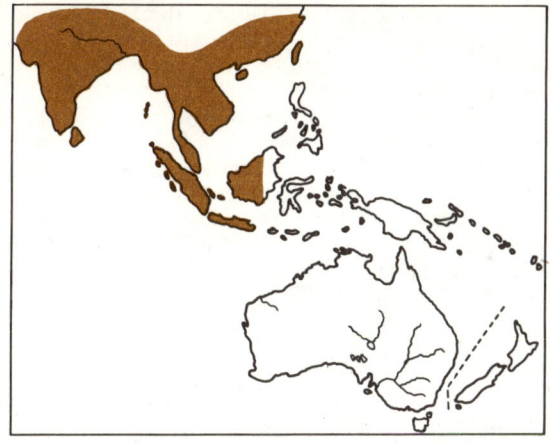

Jahresvorkommen der Zwergpfeifgans; die nordöstlichen Populationen wandern während der Wintermonate südwärts.

Haltung und Zucht: Zwergpfeifgänse werden seit über 100 Jahren in Europa importiert, doch bis heute relativ selten in Zoos und Privatgehegen gehalten. Gut eingewöhnte Tiere sind nicht hinfälliger als andere Pfeifgänse. Erfolgreiche Zuchten blieben auch in den 70er Jahren rar. DELACOUR (1954) nennt zwei Bruterfolge aus den USA, über die 1940 im Avic. Mag. berichtet wurde. Im Wildfowl Trust Slimbridge wurden 1965 und 1966 insgesamt 3 Gelege mit je 6 (überwiegend unbefruchteten) Eiern erzielt, nur 1975 wuchs ein Jungvogel auf. Legebeginn: 25. Mai (1966), 6. Juni (1965), 12. Juli (1968). BIEHL, briefl., erwarb 1976 in der BRD gezüchtete Jungtiere und mehrere Wildfänge. Im Juli und August 1978 legten zwei Wildfang-Weibchen, gepaart mit gezüchteten Erpeln, 10, 9 und 6 Eier, viele davon unbefruchtet; 7 Küken schlüpften nach jeweils 27 Bruttagen, starben jedoch wenige Tage alt. Beide Eltern brüteten im Wechsel und verteidigten die Nester dem Pfleger gegenüber mit heftigen Attacken; 1979 schlüpften 14 Küken, von denen 9 aufwuchsen, ähnlich gute Ergebnisse schlossen sich in den Folgejahren an.

Lebensweise: Zwergpfeifgänse sind in ihren Brutarealen weit verbreitet und vielerorts die häufigsten Entenvögel, wie in Vietnam (FISCHER 1974), Indien und Sri Lanka (JOHNSGARD 1978). Nur wenige Populationen wandern, die Mehrzahl sind Standvögel. Bevorzugt werden vegetationsreiche Flachgewässer im Dschungel und in den Acker- und Reisbaugebieten besiedelt, gern solche, die mit Lotos- und Wasserhyazinthen-Beständen bedeckt sind. Küsten- und Brackgewässer werden gemieden. Nicht brütende Vögel leben gesellig, nicht selten in gemischten Schwärmen mit Gelben und Wanderpfeifgänsen. Mit Beginn der Dämmerung wechseln die Gruppen zur Nahrungsaufnahme zu den Reisfeldern über. Ihr Flug wird von HENRY (1955) als langsam, etwas mühevoll und mit schwerem Flügelschlag beschrieben, wogegen sie FISCHER (1974) als sehr fluggewandt bei ihren Paarungsflügen beobachten konnte. Die eingekerbte Innenfahne der ersten Handschwinge verursacht beim Fliegen ein gut hörbares Pfeifen – zweifellos eine akustische Kontaktbrücke zu den Artgenossen. Auf dem Lande vermögen sie gut und schnell zu laufen, sind geschickte Schwimmer und tauchen für den Nahrungserwerb 2–2,5 m tief.

Die Brutperiode leiten unter anderem Paarungsflüge ein, wobei bis zu fünf Erpel einer Ente nachjagen (FISCHER). Eiablage in Indien von Juni bis Oktober, auf Sri Lanka Dezember/Januar und Juli/August, regional abhängig vom Monsunregen (ALI & RIPLEY 1968). Nester wurden in der Bodenvegetation, in Baumhöhlen und auf Reiherhorsten gefunden; keine Dunenauspolsterung. Gelege enthalten 7–12 rundlich weiße Eier mit den Maßen 44–54 × 35–41 mm; Ø 47 × 36,9 mm. Brutdauer 27–28 Tage. Beide Eltern führen die Küken.

Nahrung: Sie besteht aus Samen und Grünteilen der Wasser- und Sumpfpflanzen, aus Kleinlebewesen und in den Reisanbaugebieten zu einem beträchtlichen Teil aus Reiskörnern.

Witwenpfeifgans
Dendrocygna viduata (L).

Č	Husička vdova	F	Dendrocygne à face blanche
D	Hvidkævedet Træand	H	Witkopboomeend
E	White-faced Whistling Duck	R	Белолицая свистящая утка

Habitus: Mittelgroßer Entenvogel, Beine und Hals ziemlich lang. Abb. Seite 17 und 19.

Alterskleid: ♂ und ♀ vordere Kopfhälfte und Kehle weiß, hintere Kopfhälfte und oberer Halsteil schwarz, übriger Hals und die Brust kastanienbraun; Schulter- und Rückenfedern dunkelbraun, im oberen Teil mit gelblicher Querwellung, die übrigen breit gesäumt. Flanken schwarz und weiß gebändert, mittlerer Bauchstreif, Schwanzteil und Schwingen schwarz, kleine Flügeldecken kastanienbraun, mittlere und große dunkelgrau. Schnabel schwarz, meist mit hellgrauer Querbinde vor dem Nagel; Iris schwarzbraun. Die Gesichts- und Kehlzeichnung sowie die Breite des schwarzen Bauchstreifs variieren und sind keine geschlechtsgebundenen oder geographischen Merkmale. *Maße:* ♂ und ♀ Flügel: 205–220, Schwanz: 68–72, Schnabel: 45–48, Lauf: 47–48 mm (DELACOUR 1954); CLANCEY (1967) gibt für afrikan. Populationen an: Flügel: 219–240, Schnabel: 46–53 mm; *Gewicht:* ♂ 637–735 g, Ø 686 g; ♀ 502–820 g, Ø 662 g.

Dunenkleid: Zeichnung wie das aller *Dendrocygna*-Küken, helle Partien gelb, dunkle olivbraun; Füße grünlichgrau.

Jugendkleid: durchweg kaffeebraun mit Aufhellungen an Kopf und Kehle (nicht weiß) und dunklerem Bauch. Flankenfedern noch relativ einfarbig, Flügel dagegen wie im Alterskleid.

Lebensweise: Obwohl die Witwenpfeifgans in drei Faunengebieten, nämlich in Südamerika, Afrika und Madagaskar, ein weit verbreiteter Brutvogel ist, hat sie keine geographischen Unterarten gebildet. In dem weiträumigen Verbreitungsgebiet ist diese Pfeifgans an den meisten Gewässern der Niederungen und der Ebene, vorzugsweise an solchen in Waldlagen, ein häufiger Brutvogel. Außerhalb der Brutzeit halten sie sich stets zu Scharen vereint auf, wo sie dann eine recht auffällige Erscheinung abgeben. Witwenpfeifgänse sind überwiegend nachts aktiv, sie streichen in den Abend- und Morgenstunden unter anhaltendem Rufen in Schwärmen umher und gehen auch nachts der Nahrungssuche nach. Tagsüber ruhen die in Afrika und auf Madagaskar beheimateten Witwenpfeifgänse auf den freien Wasserflächen oder auf Uferbänken größerer Seen und Flüsse. Die amerikanischen Populationen meiden dagegen wegen der gefährlichen Piranhas das tiefe Wasser und lassen sich dafür auf Bäumen oder am Strand nieder (REISER 1926).

Der Beginn der Brutsaison ist den lokalen Witterungsverhältnissen angepaßt, die Brut kann zu allen Monaten des Jahres beginnen. In den meisten Gebieten liegt der Beginn am Ende der Regensaison. Für Paraguay und Nordost-Brasilien werden die Monate März und April, für Guayana Juni und Juli als Brutmonate genannt. Viele afrikanische Populationen brüten ebenfalls in den ersten sechs Monaten des Jahres. Die Nester befinden sich sowohl in Baumhöhlen als auch in der Bodenvegetation. Die Bodennester – und das dürfte der größere Teil sein – sind solide Bauten aus trockenem Pflanzenmaterial; Dunen werden nicht hinzugefügt. Die Gelege bestehen aus 8–12 hell rahmfarbenen bis weißlichen Eiern mit den Maßen 42–57,6 × 34–41 mm; ⌀ 48,8 × 37,3 mm (SCHÖNWET-TER 1960 und ROBERTS 1957). Die Brutdauer beträgt 28 Tage. An der Bebrütung der Eier ist der Erpel maßgeblich, vielleicht überwiegend, beteiligt, ähnlich ist es bei der Jungenführung.

Nahrung: Sie besteht zu einem nicht unbedeutenden Teil aus tierischen Substanzen, doch dürften die pflanzlichen überwiegen. An der afrikanischen Küste sah man die Witwenpfeifgänse während der Ebbezeit kleine Krebse und Weichtiere auflesen. Nachts beflogen sie auch die Getreidefelder.

Haltung und Zucht: Witwenpfeifgänse gelangten 1835 erstmals nach London (DELACOUR 1954) und 1846 in den Zoo Berlin, wo bereits 1885 fünf Küken zum Schlupf kamen (SCHLAWE 1969). In diesem Jahrhundert wurden die schönen Witwenpfeifgänse stets in großer Zahl vom Tierhandel angeboten. In zum Teil ansehnlichen Gruppen bevölkern sie die Teiche vieler Zoos und Vogelparks. Das Interesse für Privatanlagen stieg mit der Züchtbarkeit der Art nach 1970. In den Zoo- und Liebhaberanlagen der DDR wurden nur Wildfangtiere gehalten. Erste gezüchtete Tiere erhielt HAGEMANN, Bez. Magdeburg, 1976 (Erstzucht für DDR 1978); im Dezember 1978 erfolgte ein weiterer Import von 11 gezüchteten Jungtieren.

Der Züchter hält Witwenpfeifgänse paarweise auf nicht zu kleinen Gesellschaftsteichen, denn alle Pfeifgänse sind sehr bewegungsaktiv und erscheinen in Kleingehegen förmlich gelangweilt. BIEHL, briefl., hält eine Gruppe von 8 Tieren auf einem großen Zuchtteich; brutbereite Paare sondern sich heraus und beziehen ein relativ enges Brutrevier. Gleicher Züchter, bei dem zwischen 1975 und 1983 etwa 700 Witwenpfeifgänse aufwuchsen, schreibt: Nester werden im Gras oder in der Ufervegetation errichtet. Eiablage zwischen letzter Maidekade und erster Augusthälfte, jedes Weibchen erbrachte drei Gelege mit 9 bis 12 (einmal 13) Eiern; gelegt wurde täglich, Brutdauer 27–30 Tage. Die vier Weibchen legten 1978 117 Eier, 112 davon befruchtet, 108 Küken schlüpften, 94 wuchsen auf. Die Aufzucht erfolgte in Boxen mit Wärmelampe. Küken sind gegenüber hinzugesetzten arteigenen und artfremden Tieren sehr bösartig, was sich erst gegen Ende der Befiederung legt. BIEHL vermutet, daß jede Gruppe über bestimmte Lauterkennungsmerkmale verfügt. Ähnlich sei es bei den brütenden Paaren; wenn ein Brutpartner gerufen wird, antwortet aus der Altvogelgruppe heraus stets der richtige.

Bald nach dem Flüggewerden beginnt die Umfärbung in das Alterskleid, die bei Frühbrüttieren etwa bis Dezember beendet ist. Geschlechtliche Reife gegen Ende des zweiten Lebensjahres. Innerhalb brutaktiver Zuchtgruppen legen auch knapp einjährige Weibchen befruchtete Eier; WIENANDS, briefl., züchtete 10 Junge mit einem einjährigen Paar. Die Maße von 32 in meiner Anlage gelegten Eiern (3 Gelege) betragen: 50,0–57,0 × 36,0–41,5 mm; ⌀ 53,48 × 39,23 mm; 9 Eintagsküken wogen zwischen 23 und 30 g, durchschnittlich 26,8 g. Neben Fertig- und Mischfutter nehmen halbwüchsige Junge und die Alttiere sehr gern Hirse und Garnelen aus dem Wassernapf auf.

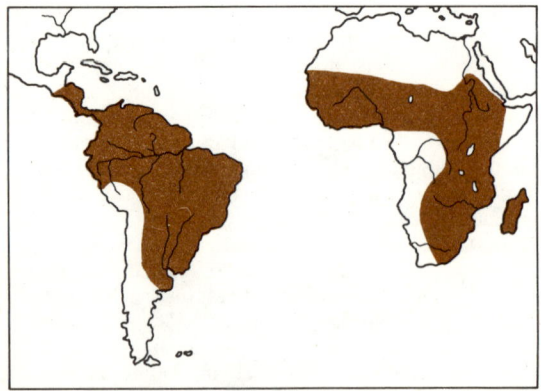

Jahresvorkommen der Witwenpfeifgans.

Kubapfeifgans
Dendrocygna arborea (L.)

Č	Husička stromová	F	Dendrocygne à bec
D	Sortnæbbet		noir
	Træand	H	Cuba Boomeend
E	Black-billed Whist-	R	Кубинская свист-
	ling Duck		ящая утка

Habitus: Größte aller Pfeifgansarten, auffällig hochbeinig. Abb. Seite 91 und 157.

Alterskleid: ♂ und ♀ Kopf- und Halsseiten hellbraun bis hellgrau; Oberkopf, Nacken und hinterer Halsstreif schwarzbraun, Federn im Nacken meist beulenartig hervortretend; Brust und Rücken dunkel rehbraun, Endsäume der Rückenfedern heller. Flanken schwarzbraun und weiß gefleckt; Bauch und Unterschwanzdecken grau mit feinen schwärzlichen Tüpfeln, Oberschwanzdecken schwarz, Großgefieder einfarbig schwarzbraun. Schnabel und Füße schwarz. *Maße:* Flügel: 230–270, Schwanz: 100–105, Schnabel: 45–53, Lauf: 62–75 mm. *Gewicht:* um 1200 g.

Dunenkleid: (Beschreibung nach einem 15 Tage alten Küken) Oberkopf und Nacken olivbraun, hinterer Halsstreif und Oberseite fahl graubraun. Schmaler Überaugenstreif, Nackenband, Kehle, Vorderhals und Unterseite sowie die hinteren Flügelränder und zwei kleine Fleckchen an den Bürzelseiten fahl graugrün, an der Brust von braunen Dunen durchsetzt. Schnabel und Beine graugrün, Läufe schon sehr lang und mit stark ausgebildeten Oberschenkelmuskeln. Frisch geschlüpfte Küken sind farblich etwas reiner und leuchtender.

Jugendkleid: Dem Alterskleid sehr ähnlich. Kopf, Brust und Rücken etwa gleichfarbig, Flanken dunkel mit hellbraunen bis gelben Außenfahnen. Schnabel dunkelgrau, Augen braun, Füße graugrün.

Lebensweise: Als bevorzugte Biotope werden baumbestandene Sümpfe in den Niederungen und die Mangrovenwälder der Küstenregionen beschrieben. Großräumige Abholzungen der Sumpfwälder, das starke Bejagen der Altvögel und das Wirken der eingeführten Mungos haben den Bestand auf den großen Inseln bereits vor Jahrzehnten arg dezimiert. BARBOUR (1923) fand die Art nur an wenigen, von Menschen dünn besiedelten Küstenabschnitten noch häufig an. BOND (1956) schreibt: »Auf Kuba und Hispaniola (Haiti) lokal verbreitet, auf Jamaika ziemlich häufig.« Nach KEAR und WILLIAMS (1978) lebt eine abnehmende, aber noch relativ stabile Population auf Kuba und Hispaniola; auf den Cayman- und einigen Bahama-Inseln existieren kleine, aber gesicherte Gruppen; auf Puerto Rico ist sie sehr selten; auf Jamaika wurden um

Küken der Kubapfeifgans, *Dendrocygna arborea* (L.). Der weiße Kopfstreif ist für alle *Dendrocygna*-Küken typisch.

1960 die letzten Kubapfeifgänse beobachtet. Das »Red Data Book« (1977) führt die Art unter »vulnerable« (verletzlich, in naher Zukunft vom Aussterben bedroht).

In kleineren Gruppen leben die Kubapfeifgänse tagsüber ruhig und unauffällig in den Sumpfwäldern. Nachts unternehmen sie Nahrungsflüge zu den Palmenhainen in den Plantagen. Die traubenartigen Früchte der Königspalme bilden offenbar eine bevorzugte Nahrung. Die Brutzeit erstreckt sich über die Sommermonate Februar bis Oktober. Nester wurden in der Bodenvegetation, auf epiphytisch wachsenden Bromelien und in Baumhöhlen gefunden. Die Gelege enthalten 10–14 stumpfpolig weiße Eier mit den Maßen 52–57,5 × 40,5–44,4 mm; ⌀ 54,3 × 42 mm. Brutdauer 30 Tage. Eine Dunenauspolsterung der Nester erfolgt nicht, beide Partner brüten im Wechsel und führen auch die Jungen gemeinsam.

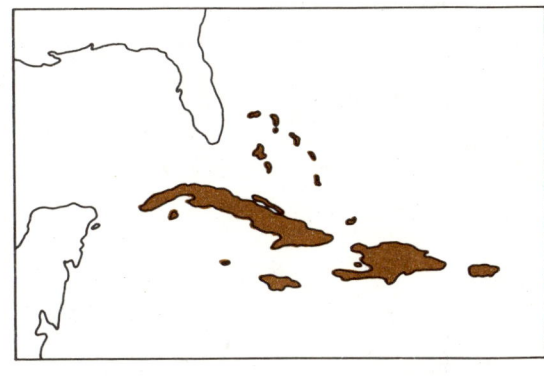

Jahresvorkommen der Kubapfeifgans (nach KEAR and WILLIAMS 1978, KEAR 1979).

Nahrung: Untersuchungen freilebender Kubapfeifgänse liegen nicht vor.

Haltung und Zucht: Bereits 1750 gelangten die ersten Kubapfeifgänse in eine englische Privatsammlung, ab 1831 zeigte sie der Zoo London, 1869 wurden sie im Zoo Köln gezüchtet, und 1872 werden sie erstmals für den Zoo Berlin genannt (DELACOUR 1954, SCHLAWE 1969). Auch in der Folgezeit war die Kubapfeifgans stets in europäischen Zoos, weniger in Privatanlagen vertreten. Seit 1977 steht diese Pfeifgans unter dem Artenschutzabkommen der Washingtoner Konvention, das einen Handel mit Wildvögeln verbietet und mit gezüchteten einschränkt.

Kubapfeifgänse sind die robustesten unter den *Dendrocygnas*. Mehr als die anderen Arten entfernen sie sich vom Wasser, so daß ihre Pflege bevorzugt in großen Gesellschaftsgehegen ähnlich wie die der nordischen Gänse erfolgen kann. Andererseits sind auch in Einzelgehegen gute Zuchterfolge zu erzielen, zumal die Aggressivität fortpflanzungsaktiver Paare nicht zu unterschätzen ist. Überwinterung bei Frostgraden in einem Schutzraum, tagsüber Bademöglichkeiten im Freien bieten. Keine besonderen Futteransprüche.

Ein großes Problem bot und bietet zum Teil auch heute noch das Erkennen der Geschlechter, zweifellos eine Ursache der »schweren Züchtbarkeit«. Nur ein Teil der Tiere zeigt morphologische Geschlechtsunterschiede (Größe, Kopfform etc.), selbst der Kloakentest, also das Herausdrücken des Penis, gelingt nur bei einem Teil der Erpel, am ehesten noch bei halbflüggen Jungtieren. Gut gepaarte Tiere können dagegen sehr produktiv sein. Die Eiablage erfolgt in Nistkästen (ab März, meist im Mai oder Juni) in 24stündigen Intervallen, 10–14 Eier sind die Regel, ein bis zwei Nachgelege sind keine Seltenheit. Das Nest wird nicht mit Dunen ausgelegt; beide Eltern sollen im Wechsel brüten, doch ist mir zumindest ein Paar bekannt, bei dem nur ein Partner (Erpel?) brütete. Die wärmeliebenden Küken lassen sich mit den Eltern oder unter einer technischen Wärmequelle verlustarm aufziehen. Ihre geschlechtliche Reife tritt gegen Ende des zweiten Lebensjahres ein.

Herbstpfeifgans
Dendrocygna autumnalis (L.)

Č	Husička podzimni	F	Dendrocygne à bec rouge
D	Rødnæbbet Træand	H	Roodbek Boomeend
E	Red-billed Whistling Duck Black-bellied Whistling Duck	R	Осенняя свистящая утка

Die etwas größere Nördliche Herbstpfeifgans, *Dendrocygna a. autumnalis* (L.), bewohnt Mittelamerika, die Südliche Herbstpfeifgans, *Dendrocygna a. discolor* SCLATER & SLAVIN, den südamerikanischen Subkontinent. Nicht vermischte Tiere sind gut unterscheidbar.

Beschreibung von *Dendrocygna autumnalis discolor*
Habitus: Mittelgroße *Dendrocygna*-Art. Abb. Seite 22 und 158.

Alterskleid: ♂ und ♀ Oberkopf, Nacken, mittlere Halspartien und Rücken kastanienbraun; Gesicht und Brustschild grau (bei der nördlichen Form von Hals bis Rücken durchgehend rotbraun). Bauch und Flanken schwarz. Flügel: kleine Decken ockerfarben, mittlere grau, große weiß, Schwingen schwarz. Schwarz-weiß-Fleckung der Unterschwanzdecken variierend, kein Geschlechtsmerkmal (vgl. KOLBE 1972). Schnabel während der Mauser und bei einjährigen Tieren blaßrot, dann karminrot. Füße fleischfarben. *Maße: discolor:* ♂ und ♀ Flügel: 210–232, Schnabel: 40–48, Lauf: 51–59 mm (DELACOUR 1954); *autumnalis:* ♂ Flügel: 233–248, Schnabel: 49–56, Lauf: 61–65 mm; ♀ Flügel: 229–247, Schnabel: 51–56, Lauf: 58–66 mm (BOLEN 1964 a). *Gewicht:* ♂ 680–907 g, Ø 816 g; ♀ 652–1020 g, Ø 839 g (BOLEN 1964 a).

Dunenkleid: Kopfplatte, Nackensaum, Rücken und Schenkelseiten schwarz, ein wenig oliv getönt. Stirn bis Augenhöhe, Nackenband, Hals, Brust und vier gleichgroße Flecke auf dem Rücken gelb; Bauch und Flanken etwas blasser. Oberschnabel graugrün, Augen schwarz, Beine hell olivgrau mit dunkel hornfarbenen Nägeln.

Jugendkleid: Farb- und Zeichnungstyp wie der der Altvögel, insgesamt farbflacher; Schnabel grau, später fleischrot wie die Füße.

Lebensweise: Die Herbstpfeifgänse bewohnen vegetationsreiche Flachseen, Flußarme und Teiche in der Ebene, besonders solche in Waldgebieten, meiden aber auch die Gewässer der Kultur- und Graslandschaft nicht. In fast allen ökologisch günstigen Biotopen ihres Verbreitungsgebietes sind sie häufige Brutvögel. Die an der Nord- und Südperipherie beheimateten Populationen sind Zugvögel. Die in Texas brütenden Tiere kehren im April zurück und verlassen dieses Land im frühen November, einzelne überwintern. Als Brutbiotope werden gern Gewässer mit alten, abgestorbenen Bäumen, die direkt im oder dicht am Wasser stehen, aufgesucht. Nach BOLEN (1964 b) brüteten in Texas von 420 untersuchten Brutpaaren 88 % in einem derartigen Geländetyp. Die Eier werden hier ausschließlich in großen Baumhöhlen abgelegt, wobei auch Nistkästen gern bezogen werden. Bei einem großen Nisthöhlenangebot kann es sogar zu lockeren Koloniebildungen kommen. In anderen Gebieten befinden sich jedoch die meisten Gelege gut getarnt in der Bodenvegetation, manchmal auch in nichtbesetzten Greifvogelnestern. Die Brutzeit beschränkt sich im Norden auf die Monate Mai bis Juni/Juli, in den Tropen nimmt sie einen wesentlich größeren Zeitraum ein. Die Nisthöhle wird von beiden Partnern inspiziert. Die Eiablage erfolgt täglich, die Vollgelege bestehen

Brutvorkommen der Nördlichen (Nö.) und Südlichen (Sü.) Herbstpfeifgans; jahreszeitliche Wanderungen erfolgen innerhalb des Areals.

die nördliche. Der europäische Gehegebestand der 70er Jahre dürfte aus ca. 70 % *discolor,* 30 % *autumnalis* und einzelnen Mischlingen bestanden haben. Herbstpfeifgänse sind temperaturempfindlicher als Gelbe oder Kubapfeifgänse und relativ streitsüchtig. Ihre Pflege empfiehlt sich in großen Anlagen.

Die dürftigen Zuchterfolge bis nach 1960 sind ohne Zweifel auf die bis zu der Zeit nicht möglichen Geschlechtsbestimmungen zurückzuführen. Heute können durch Kloakentest gezielt Paare zusammengestellt werden, die meist eine große Nachkommenschaft erzeugen. Die Eiablage erfolgt in Nistkästen; Legebeginn im Wildfowl Trust von der südlichen Form am 20. März, von der nördlichen selten vor Mitte Mai. Nachgelege sind die Regel. Erstzuchten Tierpark Berlin und FISCHER (BRD) 1973.

Die Kükenaufzucht, mit Eltern oder unter Wärmelampe, bereitet keine Probleme. Dreißig Eintagsküken der südlichen Form wogen 24–31 g; ∅ 27,4 g. Die Befiederung beginnt am 21. Tag an Schultern und Flanken und ist mit 50–56 Tagen im wesentlichen abgeschlossen. Etwa mit 60 Tagen sind die Junggänse flugfähig. Bald danach färben sich Schnabel und Füße rötlich. Geschlechtliche Reife gegen Ende des zweiten Lebensjahres.

Weißrückenente
Thalassornis leuconotus
EYTON

aus 12–16 weißlichen Eiern. Maße für *D. a. autumnalis* 44–58 × 29–42 mm; ∅ 52,3 × 38,3 mm (Eier der *discolor* 50,5 × 37,5 mm). Die Brutdauer beträgt 27–28 Tage, beide Partner brüten. Eine Dunenauspolsterung erfolgt nicht. Als eine Besonderheit für diese Art führt BOLEN (1964 b) an, daß in günstig gelegene Höhlen sehr oft mehrere Weibchen gleichzeitig legen. In diesen sogenannten »dump-nests« wurden bis zu 38 Eier gefunden. Die Jungenführung erfolgt durch beide Eltern. Dem großen Geselligkeitstrieb zufolge scharen sich die Herbstpfeifgänse nach vollendeter Brut bald wieder zu lockeren Flügen zusammen. Tagsüber nur wenig aktiv, streichen sie nachts umher und unternehmen Futterflüge nach nahegelegenen Feldern. Hierbei lassen sie ihre laute, pfeifende Stimme hören.

Nahrung: Sie besteht nach BOLEN und FORSYTH (1967) in Südtexas zu 92 % aus Vegetabilien (hauptsächlich Getreide, Gräser *[Cynodon dactylon],* Wildhirse) und zu 8 % aus Kleintieren, vorwiegend Mollusken und Insekten.

Haltung und Zucht: Annähernd häufig wie die Witwenpfeifgans wird die Herbstpfeifgans seit Mitte des 19. Jahrhunderts in europäischen Zoos gehalten. Wohl zu jeder Zeit war überwiegend die südliche Form importiert, die auch heute noch leichter züchtbar ist als

Č	Kachnice bažantí bělohřbetá	F	Canard à dos blanc
D	–	H	White-backed Duck
E	White-backed Duck	R	Белоспинная савка

Die Afrikanische Weißrückenente, *Thalassornis l. leuconotus* EYTON, wird auf Madagaskar von der etwas kleineren und dunkleren Madagaskar-Weißrückenente, *Thalassornis l. insularis* RICHMOND, vertreten. Taxonomische Untersuchungen ergaben nähere verwandtschaftliche Beziehungen zu den Pfeifgänsen als zu den Ruderenten, denen sie bisher zugeordnet war (JOHNSGARD 1967 und 1968).

Beschreibung von *Thalassornis leuconotus leuconotus*

Habitus: Kleine, kurz und gedrungen wirkende Ente mit kräftigem Schnabel und großem Kopf. Schwimmt tief eingetaucht, Schwanz liegt stets flach auf dem Wasser. Abb. Seite 160.

Alterskleid: ♂ und ♀ Kopf dunkelbraun, von einer ockergelben Querwellung durchwirkt; Halsseiten überwiegend ockergelb; Schnabelbasis gelblichweiß. Rumpfgefieder schwarzbraun, grob ockergelb und braun gesäumt und gebändert; Unterrücken und Bürzel weiß, Bauch aufgehellt. Flügel und Schwanz schwarzbraun. Schnabel dunkelgrau mit unregelmäßiger gelber Fleckung. Iris braun, Füße oliv. *Maße:* ♂ Flügel 160–180, Schwanz: 45–55, Schnabel: 38–45, Lauf: 35–41 mm; ♀ Flügel: 150–160, Schnabel: 35–42 mm. *Gewicht:* ♂ 650–790 g, ♀ 625–765 g (JOHNSGARD 1978).

Dunenkleid: Kopfplatte, Nacken und hintere Halslinie sowie Augengegend schwarz; Kopfseiten, Brust und Unterseite hell rostbraun, oberer Rumpfteil schwarzbraun.

Jugendkleid: Einfarbiger und weniger klar gebändert als das Alterskleid; Schäfte der Schwanzfedern an den Spitzen oft unbefiedert (DELACOUR 1959).

Lebensweise: Die Afrikanische Weißrückenente ist allgemein verbreitet und an geeigneten Gewässern recht häufig (JOHNSGARD 1978). Ähnliches trifft wohl auch für Madagaskar zu, wo SCOTT und LUBBOCK im August 1973 auf einem See ca. 80 in einem Trupp und drei Familien mit 2–5 Küken beobachten konnten, obgleich über den Gesamtstatus kein Überblick vorliegt. Bevorzugte Biotope sind ruhige flache Lagunen, Seen und Überschwemmungsflächen mit üppiger Schwimmpflanzen-Vegetation, wo sie gemeinsam mit Hottentotten- und Zwergglanzenten vorkommen; offene Wasserflächen werden gemieden (JOHNSGARD 1978). Dagegen schreibt CONDY (briefl.): In Rhodesien trifft man Weißrückenenten hauptsächlich zwischen 600 und 1 500 m Höhe auf Gewässern mit reichen Riedbeständen entlang der Ufer, jedoch nicht auf solchen mit zu üppiger Unterwasser- und Schwimmflora. Weißrückenenten schwimmen und tauchen sehr gut, an Land gehen sie selten.

Die Brutvögel leben paarweise und sind außerhalb der Balzzeit recht unscheinbar. Die Brutsaison erstreckt sich in den meisten Gebieten über viele Monate des Jahres. Ähnlich unseren Tauchern werden die Nester schwimmend zwischen Papyrus- und Schilfbüscheln errichtet. Sie sind so angelegt, daß der brütende Vogel direkt ins Wasser gleiten kann, einzelne sind laubenartig überdacht; keine Dunenauspolsterung. Die 5–10 Eier sind glattschalig, braun und relativ groß, Maße: 55–66 × 44,9–51 mm; ⌀ 61,6 × 48,5 mm (ROBERTS 1957). Die Brutdauer der Wildvögel wurde in einem Falle mit 36 Tagen ermittelt, beide Eltern führen die Küken.

Nahrung: Die feinen Nahrungsteilchen werden seihend zwischen den Schwimmpflanzenbeständen und tauchend am Bodengrund aufgenommen. Sie bestehen aus Grünteilen, Samen und zu einem großen Teil aus Kleinlebewesen.

Haltung und Zucht: Weißrückenenten sind bisher kaum importiert worden. DELACOUR 1959 berichtet von zwei Einfuhren aus Madagaskar um 1930. Der englische Wildfowl Trust erhielt 1959 die afrikanische und 1973 die madagassische Unterart. Im Tierhandel werden sie nur selten angeboten. Haltung und Zucht der Weißrückenente blieben sehr problematisch. Ihre Unterbringung erfolgt auf sonnigen, warmen Teichen oder in einem Tropenhaus.

Die Erstzucht gelang 1933 im Foxwarren Park, England; aus zwei Gelegen schlüpften fünf Küken. Die Nester befanden sich in der Ufervegetation, die Bebrütung übernahm allein das Weibchen, die Jungenführung oblag beiden Eltern. Im Wildfowl Trust erfolgten zwischen 1965 und 1969 Eiablagen, doch nur 1966 schlüpften einige Küken; KEAR (1967) berichtet: Drei Weibchen legten, zwei davon in einem Nest, 21 Eier. Nach 31tägiger Bebrütung schlüpften unter einer Henne 8 Küken mit einem Mittelgewicht von 53,8 g. Als Futter bot man ihnen Wasserflöhe, Mückenlarven, Ameisenpuppen, kleine Schnecken, Mehl- und Regenwürmer, gehacktes Fleisch und Wasserlinsen, dennoch wuchsen die Jungen nicht auf. JOHNSGARD (1967 und 1978) gibt eine Brutdauer von 29–31 Tagen an.

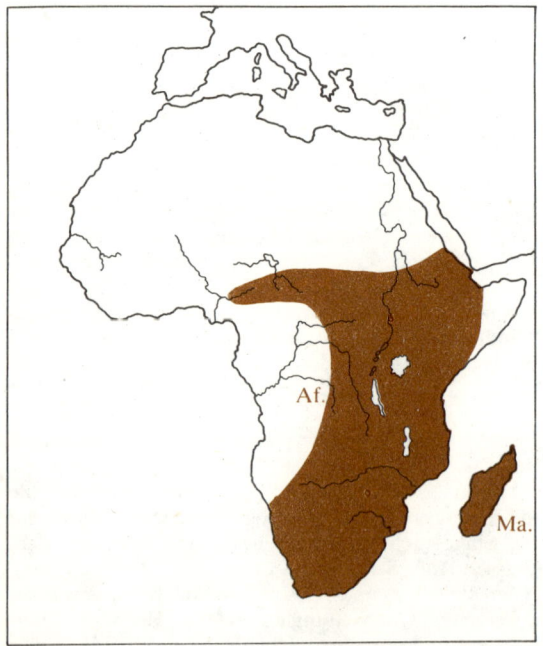

Jahresvorkommen der Afrikanischen (Af.) und der Madagaskar-Weißrückenente (Ma.).

Schwäne und Gänse, *Anserini*

Höckerschwan
Cygnus olor
(GMELIN)

Č Labuť velká F Cygne muet
D Knopsvane H Knobbel Zwaan
E Mute Swan R Лебедь-шипун

Habitus: Gegensätzlich zu Sing- und Zwergschwan wird der Hals stets in S-förmiger Krümmung getragen. Abb. Seite 24, 95, 102 und 226.
Alterskleid: ♂ und ♀ Gefieder weiß, Oberschnabel rot, Nagel, Nasenloch, Unterschnabel und Stirnhöcker einschließlich unbefiederter Zügelgegend schwarz; Iris dunkelbraun, Füße schwarzgrau. ♀ meist etwas kleiner als ♂, Stirnhöcker stets schwächer ausgebildet. *Maße:* ♂ Flügel (mit Bandmaß gemessen): 548−630, Schwanz: 190−245, Schnabel: 76−85, Lauf: 98 bis 120 mm; ♀ Flügel: 535−622, Schnabel: 73−81 mm (mehrere Autoren). *Gewicht:* ♂ 11−13 kg, nicht selten über 20 kg, abgemagerte nur 5 kg; ♀ 9−12 kg, selten mehr.
Dunenkleid: Silbergrau, Unterseite leicht aufgehellt; Schnabel und Füße schwarz.
Jugendkleid: Graubraun; Kopfseiten, Hals und Schultern von weißen Federn durchsetzt, Kehle und Vorderhals schmutzig weiß. Schnabel und Füße bleigrau, Schnabelhöcker schwach angedeutet. Bei der ersten Herbstmauser hellt sich das Gefieder mehr und mehr auf, nach der zweiten ist das Tier ausgefärbt.

Unter den Halbwild- und Parkschwänen tritt ein erblicher Leuzismus auf; Schnabel bei diesen Tieren matt rosarot, Füße hell fleischfarben oder rötlichgrau. Dunen- und Jugendkleid heller als bei Wildschwänen.
Vorkommen in Mitteleuropa: Der Brutvogelbestand des Höckerschwanes wurde nach beiden Weltkriegen annähernd ausgerottet. Beide Male erholten sich die Bestände − begünstigt und aktiv gefördert durch den Menschen − relativ schnell (RUTSCHKE 1983). Ausgehend von den angestammten Vorkommen »wilder Schwäne« auf den Seen Mecklenburgs und Schleswig-Holsteins sowie den bekannten »Havelschwänen« aus der Zeit Friedrich II., besiedelt die Art heute das gesamte Gebiet der DDR und große Teile der BRD und der ČSSR, von Nord nach Süd fortschreitend. Der Höckerschwan gehört nicht mehr zu den vom Aussterben bedrohten Arten; örtlich werden Bestandsreduzierungen erwogen und künftig unumgänglich sein. Durch Zählungen wurden ermittelt: in der DDR Ende der 50er Jahre um 250 Brutpaare, 1971 1388 Brutpaare und 12500 als Gesamtbestand, 1981 2254 Brutpaare und 17500 als Gesamtbestand (RUTSCHKE 1983), in der BRD nach 1970 um 10000 Individuen (SCHERNER 1974). Auch in den benachbarten Ländern, speziell in Dänemark, Schweden und Finnland kam es zu umfangreichen Populationsvergrößerungen.
Lebensweise: Die lückenhafte Verbreitung des Höckerschwanes ist vorrangig auf das Einwirken des Menschen zurückzuführen; in zahlreichen Primärlebensräumen ausgerottet, wurde er in den westeuropäischen Ländern angesiedelt. Einbürgerungen erfolgten ferner 1866 auf Neuseeland, zwei Jahre vor der des Trauerschwans (FRITH 1967), 1919 im USA-Staat Michigan (die nordamerikanische Wildpopulation (also ohne Parkschwäne) umfaßt nach BELLROSE (1976) über 4000 Individuen) und in Australien.

Die mitteleuropäischen Höckerschwäne bewohnen zur Brutzeit von breiten Röhrichtbeständen umgebene Seen und Fischteiche unterschiedlicher Größe, Altwässer und Flußarme (Havel) sowie die Boddengewässer und in zunehmendem Maße Klein- und Kleinstgewässer. In Innerasien besiedeln sie ausschließlich flache, vegetationsreiche Steppenseen.

Im Februar/März − in der Sowjetunion meist im April −, noch bevor die Eisdecke der Seen gänzlich abgetaut ist, kehren die alten Paare auf ihre Brutgewässer zurück; die nicht brütenden ein- und zweijährigen Tiere folgen einige Wochen später. In der Regel behauptet jedes Schwanenpaar ein großes, streng abgegrenztes Brutrevier, das durch Imponiergebaren und durch harte Kämpfe unter den Männchen verteidigt wird. Örtlich kommt es aber auch zu Koloniebildungen, beispielsweise in der Abbotsburry-Nehrung, Südengland, wo um 1960 über 500 Paare brüteten. Die Nestabstände betragen dort nur wenige Meter. Das

Küken des Höckerschwans, *Cygnus olor* (GMELIN). Die Küken aller *Cygnus*-Arten sind einfarbig silbergrau.

Nest selbst ist ein umfangreicher Bau aus Schilf- und Rohrhalmen und wird in oder nahe der Flachwasserzone auf Kaupen, Inselchen oder direkt im Röhricht, seltener auf Land oder in Strandnähe errichtet. Die Eiablage erfolgt in der zweiten Aprilhälfte, in Innerasien teils erst Ende Mai. Die Vollgelege enthalten bis 9, bei halbzahmen und domestizierten Paaren bis zu 12 graugrüne, körnige Eier mit den Maßen 100 bis 122 × 70–80 mm; ∅ 112,5 × 73,5 mm.

Die Brutdauer beträgt 35–37 Tage. Niess (1960) wies nach, daß die Männchen während der Brut gelegentlich zwar auf den Eiern sitzen, doch brütet allein das Weibchen. Die Küken schlüpfen in relativ großen Zeitabständen und wiegen am ersten Tage 180 bis 250 g. Ihre Betreuung erfolgt durch beide Eltern, die zu unterschiedlichen Zeiten mausern (Weibchen zu Beginn der Kükenführung, Männchen etwa 6 Wochen später), so daß während der Führungszeit eines der Elterntiere immer flugfähig ist. Die Jungschwäne nehmen im ersten Monat beträchtlich an Größe zu, die Schwingen beginnen mit 7–8 Wochen zu wachsen, mit 20–25 Wochen (Ende September) wird die Flugfähigkeit erreicht. Wenig später setzt die Kleingefiedermauser ein. Die geschlechtliche Reife tritt zwischen dem 3. und 4. Jahr ein, doch bilden sich die Paare nach einem, meist im 2. Lebensjahr.

Nahrung: Grünteile, Samen und Rhizome vieler Wasserpflanzen, die durch Eintauchen des Vorderkörpers unter Wasser abgerissen werden; ferner Sumpfpflanzen und Gräser (Parkschwäne äsen gern auf Rasenflächen). Mit den Pflanzen werden unbedeutende Mengen Kleinlebewesen aufgenommen.

Haltung und Zucht: Die Haltung und Zucht der Höckerschwäne wurde bereits im antiken Griechenland und im alten römischen Reich betrieben und blieb bis in das 19. Jahrhundert vorwiegend ein Privileg des Hochadels. Selbst die gegenwärtig auf den Brandenburger Seen lebenden sogenannten halbwilden Havelschwäne sind Nachkommen solcher Züchtungen am Hofe Friedrichs II. von Preußen. Erst im 20. Jahrhundert wurden die Tiere verstärkt auf kleineren Parkseen, in Zoos und in städtischen Anlagen gehalten. Bei Wassergeflügelzüchtern sind sie wegen ihrer Größe und Unverträglichkeit nur selten anzutreffen.

Höckerschwäne lassen sich auf jedem angemessen großen Teich ohne Schwierigkeiten halten.* Für die kalte Jahreszeit bietet man ihnen eine Strohschütte in windgeschützter Lage. Als Grundnahrung empfiehlt sich Mischfutter und viel Grünzeug, sofern kein natürlicher Wasserpflanzenwuchs vorhanden ist. Ein Schwan benötigt nach Krumbiegel (1965) täglich 0,5 kg, nach Steinbacher (1957) sogar 1 kg Futter. Das schwierigste Problem bildet die Verträglichkeit der Schwanenpaare untereinander, gegenüber anderen Schwanenarten und anderen Entenvögeln. Nach Steinbacher (1957) benötigt ein Schwanenpaar eine Mindestwasserfläche von 200 m². Sollen neben den Schwänen Enten und Gänse den gleichen Teich be-

* Über die Schwanenhaltung auf Parkgewässern wird im allgemeinen Teil (Seite 10) berichtet.

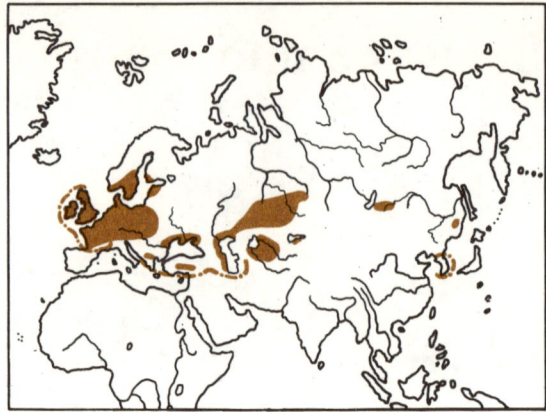

Brutvorkommen und Überwinterungsgebiete des Höckerschwans.

wohnen, muß dieser so groß sein, daß die kleineren Arten das Brutrevier der Schwäne weitgehend meiden können. Mehrere Schwanenpaare vertragen sich auf einem Teich nur dann, wenn sie ihre Brutreviere gegenseitig abgrenzen können. Ferner ist bei der Haltung von Höckerschwänen zu berücksichtigen, daß die revierverteidigenden Männchen nicht selten Hunde und sogar Menschen angreifen und sie mit Flügelschlägen und Bissen arg zurichten können.

Die Zucht von Höckerschwänen ist einfach und in der Regel sehr ergiebig. Sie verläuft in ähnlicher Weise wie beim Trauerschwan.

Trauerschwan
Cygnus atratus
(Latham)

Dt. Syn.: Schwarzer Schwan

Č Labuť černá	F Cygne noir
D Sort Svane	H Zwarte Zwaan
E Black Swan	R Чёрный лебедь

Habitus: Wesentlich kleiner als Höckerschwan; auffällig lang- und dünnhalsig. Abb. Seite 102 und 226.

Alterskleid: Gefieder beider Geschlechter samtschwarz mit dunkelbrauner Tönung und schmalen, hellgrauen Federsäumen, nur Hand- und Armschwingen sind weiß. Federn der Rückenpartien sanft gewellt, die am Hals persianerartig gekräuselt. Schnabel, unbefiederte Zügel und Augen leuchtend rot, vorderes Drittel vom Oberschnabel mit hellrosa Querband; Füße schwarz. ♂ insgesamt kräftiger und mit längerem, dickerem Hals (stärkere Federkräuselung) als ♀. Schnabel und Iris beim ♂ etwas intensiver gefärbt.

Maße: ♂ Flügel: 434–543, Schwanz: 130–145, Schnabel: 57–79, Lauf: 90–115 mm, Hals: 702 bis 880 mm; ♀ Flügel: 416–499, Schwanz: 120–125, Schnabel: 56–72, Lauf: 85–100, Hals: 572–765 mm (FRITH 1967 und DELACOUR 1954). *Gewicht:* ♂ 4600 bis 9750 g, ♀ 3700–7200 g (FRITH 1967).

Dunenkleid: Dunkel silbergrau; Schnabel, Augen und Beine graubraun.

Jugendkleid: Mit Ausnahme der weißen Schwingen gesamtes Gefieder dunkel graubraun mit breiten, hellen Säumen. Schnabel blaßrot, das helle Querband ist angedeutet; Iris braun, Füße stumpf grau.

Lebensweise: In großer Zahl besiedelt der Trauerschwan viele der ursprünglichen australischen Areale; so wurde in jüngerer Zeit das tropische Queensland neu besiedelt, auf dem Moulting-See, dem Hauptbrutplatz Tasmaniens, verweilten um 1960 über 4000 Altvögel (darunter über 1000 Brutpaare), und in Neuseeland, wo dieser Schwan 1864 eingebürgert wurde, brüteten 1961 in einer Kolonie am Ellesmere-See über 5000 Paare, zeitweilig wurden hier bis 80000 Individuen registriert (GUILER 1966 und MIERS & WILLIAMS 1969). Im April 1968 vernichtete ein Zyklon etwa 75 % dieser Population und große Teile des Litorals, so daß selbst 1978 weniger als ein Drittel der Tiere von 1961 ansässig waren (WILLIAMS 1979).

Bevorzugte Biotope sind große Binnenseen mit flach auslaufenden Ufern, Küstengewässer und Überschwemmungsgebiete, außerhalb der Brutzeit auch vegetationsarme Brack- und Salzwasserlagunen. Die Brutplätze befinden sich ähnlich wie die des Höckerschwans entlang des Schilfsaumes sowie kolonieweise auf Grasinseln oder am Ufer. Der Legebeginn wird auf dem Kontinent durch Regionalklimate (z. B. Niederschläge) ausgelöst, auf Tasmanien und Neuseeland liegt er zwischen August und September bzw. August und November. Die Gelege enthalten bis 12, meist 3–7, im Mittelwert 5,4 gestreckte graugrüne Eier, die in etwa 36stündigen Abständen gelegt werden; ihre Maße betragen 96–115 × 60–73 mm; ⌀ 104 × 67 mm (FRITH 1967). Die Brutdauer wird vielfach mit 37–41 Tagen angegeben, nach MIERS & WILLIAMS (1969) beträgt sie 32–43, meist 35–38 und im Durchschnittswert 36,4 Tage. Beide Partner brüten im Wechsel, innerhalb von 24–48 Stunden schlüpfen die Küken, im Mittelwert zwischen 3 und 4 pro Paar. Das Durchschnittsgewicht von 84 Eintagsküken betrug 186,74 g (GUILER 1966). Im Alter von 55 Tagen zeigen sich die ersten Schulterfedern, im Alter von 75–95 Tagen ist das Kleingefieder im wesentlichen entwickelt, doch die Schwingen erhalten erst nach 5–6 Monaten ihre volle Länge. Die geschlechtliche Reife tritt bei Wildvögeln vermutlich nach einem Jahr ein (positive Spermienteste), doch brüten diese Tiere nicht, sondern halten sich in großer Zahl in den Brutkolonien auf (FRITH 1967).

Nahrung: Sie besteht aus Wasserpflanzen, wie Laichkräutern, Schilf, bestimmten Algen, die vom Teichgrund abgeäst werden, weniger aus Gräsern.

Haltung und Zucht: Trauerschwäne werden seit 1791 in England und seit wenigen Jahren danach auch in Frankreich gehalten; im Winter 1854 brütete das erste Paar erfolgreich (DELACOUR 1954). Um 1905 brüteten mehrere freigelassene Trauerschwäne bei London und Oxford. Dieser Einbürgerungsversuch scheiterte an der zu großen klimatischen Empfindlichkeit der Schwäne und an deren allzu starkem Wandertrieb. Die Fortpflanzungsrate blieb gering (NIETHAMMER 1963).

Gegenwärtig werden die Schwarzen Schwäne in fast allen zoologischen Gärten, in städtischen Parkanlagen und häufig von Züchtern gehalten. Wie alle Schwäne benötigen auch sie einen angemessen großen Teich, im Gehege möglichst etwas Grasland und für den Winter entweder offenes Wasser und am Ufer eine Strohschütte in windgeschützter Lage oder, wenn das Wasser nicht eisfrei gehalten werden kann, einen ungeheizten Überwinterungsraum. Sollen die Schwäne mit Enten und Gänsen zusammen ein Gehege bewohnen, muß dieses so groß sein, daß kleinere Arten genügend Ausweichmöglichkeiten vor den Schwänen haben. Unter solchen Bedingungen können die Trauerschwäne auch während der Brutzeit, in der sie meist streitsüchtig sind und ein mehrere Quadratmeter umfassendes Nestrevier in Anspruch nehmen, bedenkenlos in gemischten Kollektionen gehalten werden. Als Nahrung nehmen sie außer Mischfutter gern Getreide und viel Grünzeug.

Trauerschwäne sind in der Regel leicht zu züchten. Wie mehrere australische Arten neigen auch sie zu Winterbruten; Importtiere wurden in den ersten Jahren fast immer im Spätherbst brutlustig. Die seit Generationen hier gezüchteten Paare haben sich auf den europäischen Jahresrhythmus umgestellt. Nach einer Zusammenstellung von PETZOLD (1964) brüteten im

März	10 %
April	30 %
Mai	40 %
Juni	5 %
Juli	keine Bruten
August	10 %
September	5 %

Legebeginn im Wildfowl Trust (Slimbridge und Peakirk) zwischen 1964 und 1973: 21. Jan.–10. Feb.

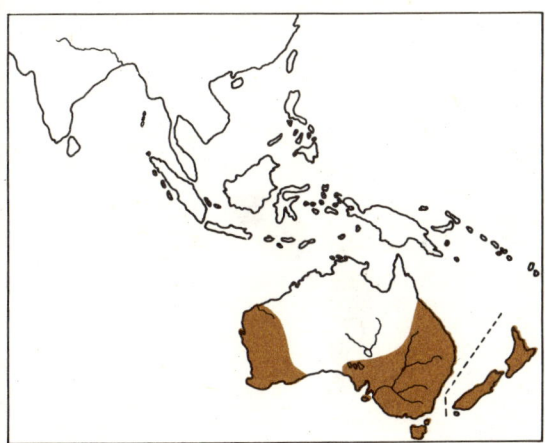

Jahresvorkommen des Trauerschwans; auf Neuseeland eingebürgert.

13mal, 10.–20. März 2mal. Im zeitigen Frühjahr ist die Nestunterlage – eine Schütte von Reisern, Stroh, Schilf und einigen Grasbülten – auf einer Insel oder am Teichufer im Schutze eines Baumes oder Strauches zu errichten. Das Paar vervollständigt diesen Bau vor der Eiablage und auch noch während des Brütens. Die Vollgelege bestehen bei den hiesigen Paaren aus 5–6 Eiern. Beide Partner brüten und führen auch die Jungen gemeinsam. Die Aufzucht erfolgt am leichtesten und sichersten durch die Eltern. Bei reichlich gebotenen Wasserlinsen und einem guten Mischfutter gedeihen die Jungschwäne vorzüglich. Die Geschlechtsreife gezüchteter Tiere tritt nach zwei, bei einem Teil erst nach 3–4 Jahren ein. Alte Paare legen nicht selten zweimal, ausnahmsweise sogar dreimal im Jahr Eier ab.

Schwarzhalsschwan
Cygnus melanocoryphus (MOLINA)

Č Labuť černokrká
D Sorthalset Svane
E Black-necked Swan
F Cygne à col noir
H Zwarthals Zwaan
R Черношейный лебедь

Habitus: Wie Höckerschwan, wenig kleiner; der lange, etwas nach oben getragene Schwanz läßt den Rumpf besonders schlank erscheinen. Abb. Seite 102 und 227.

Alterskleid: ♂ und ♀ mit hellblauem Schnabel und einem bis zum Auge reichenden roten Stirnhöcker; Kopf und Hals schwarz, ein schmaler Augenstreif sowie gesamtes übriges Gefieder ab unterem Halsdrittel weiß. Füße fahl rosarot, Iris dunkelbraun. ♀ wenig kleiner als ♂ und mit schwächer ausgebildetem Stirnhöcker. *Maße:* ♂ Flügel: 435–450, Schwanz: 195–200, Schnabel: 82–86, Lauf: 85–88 mm; ♀ Flügel: 400–415, Schnabel: 71–73 mm. *Gewicht:* um 4–6 kg.

Dunenkleid: Silberweiß; Schnabel, Augen und Füße schwarzgrau.

Jugendkleid: Kopf- und Halsfedern schwarzbraun, rostrot gesäumt, übrige Partien hell graubraun, stark weiß durchsetzt. Der rote Stirnhöcker bildet sich erst mit dem Eintritt der Geschlechtsreife im zweiten Lebensjahr voll aus.

Lebensweise: Schwarzhalsschwäne bewohnen die flachen Seen und Lagunen der Pampa-Region, einer ebenen, im Regenschatten der Anden liegenden Hartgrassteppe. Die Pampa-Seen sind meist von beträchtlicher Größe, haben klares, kaltes Wasser und einen breiten Ufervegetationsstreifen. Infolge der Flachgründigkeit ist eine reiche Unterwasserflora vorhanden.

Die meisten Populationen der Schwarzhalsschwäne sind ganzjährig ansässig, nur die am weitesten südlich beheimateten und die aus dem Landesinneren weichen für einige Monate nach Norden aus.

Die Brutzeiten sind den jeweiligen Klima- und Niederschlagszonen angepaßt und erstrecken sich etwa zwischen September und Dezember. Auf den Falkland-Inseln (und ähnlich auf Feuerland) liegt die Fortpflanzungszeit zwischen Mitte Oktober und Mitte Januar bei Temperaturmittelwerten um 8°C (WELLER 1972), doch sind die größten Brutvorkommen aus der Provinz Buenos Aires bekannt, also aus Bereichen gemäßigter Klimate. Die Brutpaare beanspruchen ein großes, gegen Artgenossen streng abgegrenztes Revier. Das Nest wird im Bereich der Flachwasserzone innerhalb der Sumpfvegetation errichtet. Es ist ein umfangreicher Bau, die Nestmulde überragt den Wasserspiegel etwa 30–40 cm (CASARES 1933). Die 3–7 glattschaligen, schwach rahmgelben Eier messen 93 bis 109 × 63–69,5 mm; ⌀ 101 × 66,5 mm und werden allein vom Weibchen in 34–36 Tagen erbrütet. Nach CASARES und CAWKELL & HAMILTON (1961) wird das Gelege während der Brutpausen mit Niststoffen und Dunen abgedeckt. Während der Jungenaufzucht haben die Familien auf den großen Lagunenseen nur selten die Möglichkeit, das Land aufzusuchen; die Küken werden nicht gehudert, sondern wärmen sich im Rückengefieder der Eltern.

Mit dem Flüggewerden der Jungschwäne sind die Wasserflächen vieler Brutgewässer – besonders die im Landesinneren – als Folge der herrschenden Trockenperiode weit abgesunken, so daß die Schwäne zur Ab-

Brutvorkommen und nördliche Begrenzung der Überwinterungsgebiete des Schwarzhalsschwans; Überwinterungen südwärts bis Feuerland.

wanderung in die niederschlagsreichen Küstengebiete gezwungen werden. Hier leben sie gesellig auf ausgedehnten Küstenseen und Lagunen oder vor der Küste. Gewöhnlich bilden sich Trupps von 20–40 Tieren, in trockenen Jahren kommt es zu Schwarmbildungen von 1000 und mehr Exemplaren, besonders im Gebiet der Provinz Buenos Aires, dem Hauptbrut- und Überwinterungsgebiet vieler Wasservögel in Argentinien.

Trotz dieser stattlichen Ansammlungen weist CASARES bereits 1933 auf erforderliche Schutzmaßnahmen für den Schwarzhalsschwan hin, der durch starke Bejagung bereits um 1930 stellenweise sehr selten geworden war.

Nahrung: Sie besteht überwiegend aus Wasserpflanzen und dürfte sich nur unwesentlich von der des Höckerschwans unterscheiden.

Haltung und Zucht: Schwarzhalsschwäne werden schon seit über 100 Jahren in mehreren europäischen Zoos gepflegt und fast ebensolange, wenn auch selten ergiebig, gezüchtet. Hervorzuheben sind deshalb die guten züchterischen Erfolge von BLAAUW, Holland, um 1910 und die von DELACOUR, Clères, Frankreich, in den 30er Jahren. Auch der Berliner Zoo besitzt seit Jahrzehnten zuchtfähige Schwarzhalsschwäne. Heute wird die Art in mehreren europäischen Ländern mit gutem Erfolg vermehrt, dennoch gehört dieser Schwan zu den selteneren und begehrten Wasservögeln. Heute ist der Handel mit Wildvögeln durch das Artenschutzabkommen stark eingeschränkt (vgl. Seite 64).

Trotz der Hinfälligkeit frisch importierter Tiere – sie sollten in der Eingewöhnungszeit auf möglichst klarem Wasser gehalten werden – erweisen sich die akklimatisierten als relativ robust und langlebig. Ihre Unterbringung erfolgt auf entsprechend großen Teichen; Rasenflächen sind kaum erforderlich. Überwinterung möglichst auf eisfreiem Wasser, gegebenenfalls mit einer Strohschütte an einem geschützten Ufer oder in einem trockenen, zugfreien Schutzraum. Fortpflanzungsaktive Schwarzhalsschwäne dulden andere Entenvögel auch in unmittelbarer Nestnähe, so daß sich diese Art besonders für Gesellschaftsgehege eignet. Die Zuchtaussichten sind keineswegs gering. DELACOUR (1954) berichtet von Paaren, die jährlich bis zu drei Bruten zu je 5–6 Jungen brachten. Andererseits zeigt sich ein beträchtlicher Teil wenig brutbereit (Inzuchterscheinungen?) oder beginnt im Frühjahr mit der Mauser. Die Eiablage beginnt bei regelmäßig züchtenden Paaren meist im Februar, Nachgelege sind bis Mai/Juni möglich. KOOY, Holland, schreibt in einem Brief vom 14. Februar: »Hier brütet der Schwarzhalsschwan am völlig verschneiten Teich auf vier Eiern.«

Von den Züchtern der DDR wird die Art etwa seit 1960 gehalten. Ein 1959 als Jungtiere in England erworbenes Paar legte seit 1961 fast alljährlich zweimal. Die vorbereitete Nestmulde bot man ihnen im Schutze dichter Wacholder- und Lebensbaumbüsche. Die Schwäne vervollständigten den Bau und fügten später reichlich Nestdunen hinzu. Das Weibchen deckte das Gelege während der Brutpausen nicht ab; Gleiches berichtet auch DELACOUR (1954), ein Widerspruch zu den Freilandbeobachtungen von CASARES (1933) und

CAWKELL/HAMILTON (1961). Fünfzehn gemessene Eier des von FRANKE gehaltenen Paares haben einen ⌀ von 101,6 × 66,1 mm und entsprechen somit völlig den Maßen aus freier Wildbahn. Schwarzhalsschwäne sind meist zuverlässige Brüter. Die Jungenaufzucht erfolgt zweckmäßig durch die Eltern; mit Puten oder unter künstlicher Wärmequelle verläuft sie selten ohne Verluste. Ein am 7. Mai geschlüpfter Jungschwan war Anfang Oktober im Gefieder völlig durchgefärbt, Schnabel und Stirnhöcker begannen, kräftigere Farben anzunehmen.

Singschwan
Cygnus cygnus (L.)

Č Labuť zpěvná	F Cygne sauvage
D Sangsvane	H Wilde Zwaan
E Whooper Swan	R Лебедь кликун

Der altweltliche Singschwan, *Cygnus c. cygnus* (L.) wird in Nordamerika durch den größeren Trompeterschwan, *Cygnus c. buccinator* RICHARDSON, ersetzt. Von mehreren Autoren wird der Trompeterschwan heute als selbständige Art geführt; er trägt dann den Namen *Cygnus buccinator*.

Singschwan
Cygnus cygnus cygnus (L.)

Habitus: Rumpf schlank und gestreckt wirkend, Hals in normaler Schwimmhaltung ungekrümmt (vergleiche Höckerschwan). Abb. Seite 225.
Alterskleid: ♂ und ♀ Gefieder durchweg weiß; unbefiederte Zügelpartien und Oberschnabel bis vor das Nasenloch gelb (siehe Abb. Seite 102), übriger Schnabel und Füße schwarz; Iris dunkelbraun. *Maße:* ♂ Flügel (mit Bandmaß gemessen): 577–660, Schwanz: 160–200, Schnabel: 101–112, Lauf: 112–129 mm; ♀ Flügel: 569–635, Schnabel: 93–112 mm. *Gewicht:* ♂ und ♀ 6,7 kg–12,7 kg, meist um 9–10 kg.
Dunenkleid: Hell silbergrau, oberseits etwas dunkler; Oberschnabel fleischrot; Nagel, Unterschnabel und Beine grau.
Jugendkleid: Schiefergrau (nicht braun wie beim Höckerschwan und etwas heller als beim Zwergschwan).

Brutvorkommen und Überwinterungsgebiete des Trompeter- (Tr.) und Singschwans (Si.); Rasterfläche Ansiedlungen des Trompeterschwans in Schutzgebieten.

Vorderschnabel fleischfarben, von Nagel und Rändern her schwarz durchfärbend; das gelbe Schnabelfeld der adulten Tiere ist bei den juvenilen samtartig graugrün; Füße schwarzgrau. Im ersten Jahreskleid Kopf, Hals und Flügel grau, übrige Partien weiß.

Vorkommen in Mitteleuropa: Singschwäne sind regelmäßige Wintergäste und Durchzügler an der Nord- und Ostseeküste sowie auf den Seen Mecklenburgs und Schleswig-Holsteins, in den übrigen Gebieten nimmt ihre Zahl nach Süden hin ab. Die niederländisch-westdeutsche Nordseeküste wird lediglich in kalten Wintern verstärkt aufgesucht; einzelne überwintern auch im Bodenseebereich. Der Zuzug setzt in Mecklenburg im Oktober und November ein, die größten Konzentrationen bilden sich hier im Dezember und Januar mit maximal 1000 bis 1800 Tieren, die letzten verweilen bis April.

Lebensweise: Die Brutgebiete der Singschwäne liegen überwiegend an den borealen Waldgewässern der sibirischen Taiga und reichen bis in die Strauchtundra. In den zentralasiatischen Steppenregionen sind diese Schwäne nur sporadisch verbreitet (JOHANSEN 1959). Als Sommerbiotope werden in der Waldzone von breiten Schilfwäldern umsäumte Flachseen, ruhige, verschilfte Flußwindungen und Altwässer bewohnt. In den Steppen und auf den Hochebenen sind sie nur auf sehr großen, vegetationsreichen Flachseen mit Süß-, Salz- und Brackwasser zu finden. Die Nähe menschlicher Siedlungen wird gemieden.

Singschwäne gehören im Vorfrühling zu den am zeitigsten zurückwandernden Wasservögeln. Das mittlere Sibirien erreichen die ersten Trupps schon Anfang April. Mit dem Eisfreiwerden der Landschaft treffen die Schwäne fest gepaart an den Brutplätzen ein und beziehen unmittelbar danach die Nestreviere, die nun gegen hinzukommende Artgenossen hartnäckig verteidigt werden. Um die April-Mai-Wende beginnt das Paar an schwer zugänglichen Stellen im Röhricht, auf Inselchen oder Landzungen ein Nest zu errichten. Es sind dies sehr umfangreiche Bauten aus Reisig, Röhricht und Grasbüscheln. Später wird die Nestmulde mit Dunen ausgelegt. Die Ablage der 4—6 cremeweißen Eier erfolgt in der Steppe Anfang, im mittleren Sibirien um den 20. Mai. Ihre Maße betragen 104,5—126 × 68—77 mm; ⌀ 112,3 × 72,6 mm. Die Brutdauer ist nur von Gehegebruten bekannt und beträgt um 35 Tage. Die Singschwan-Küken erklettern nicht den Rücken der Eltern, sondern werden am Ufer gehudert. Im Oktober beginnt der Abzug in die Wintergebiete. Ähnlich wie bei uns überwintern die Singschwäne auch in Asien entlang der Küsten und auf großen Binnenseen.

Nahrung: Im wesentlichen wie die des Höckerschwans, doch sind Singschwäne besser »zu Fuß« und äsen gern auf ufernahen Wiesen.

Haltung und Zucht: Singschwäne sind häufig in zoologischen Gärten, selten dagegen in Privatanlagen anzutreffen. Ihre Unterbringung ist nur in sehr großen Anlagen zu empfehlen, Brutpaare sind ferner getrennt von anderen Wasservögeln zu halten. Die Aggressivität der Männchen richtet sich gegen alle Gehegemitbewohner, z. T. auch gegen Tierpfleger und Zoobesucher.

Singschwäne werden mit einem grob pelletierten Fertigfutter oder mit einem Gemisch aus Schrot, Körnern, gekochten Kartoffeln oder Brot ernährt, zusätzlich benötigen sie stets frisches Grün, im Sommer in Form der Grasweide, im Winter als Salat, Kohl, Möhren und ähnliches.

Die Brutbereitschaft steht jener des Höckerschwans weit nach. DELACOUR (1954) erwähnt erste Zuchterfolge aus dem Londoner Zoo von 1839, SCHLAWE (1969) führt für 1882 und 1883 solche für den Berliner Zoo an, und HEINROTH (1928) berichtet über Singschwanzuchten ab 1926 im gleichen Zoo. In neuerer Zeit gelingt zahlreichen Zoos der Welt die Zucht der

Singschwäne, in der DDR zwischen 1964 und 1971 dem Zoo Rostock und seit 1975 dem Tierpark Cottbus. Die Rostocker Tiere bewohnten ein weiträumiges Trockengehege mit kleinem Betonteich, die Cottbusser einen ringförmig angelegten Graben mit angrenzendem Weideland; jeweils relativ kleine Wasserflächen! Aber beide Paare lebten zuvor in großen Teichanlagen und wurden erst mit zunehmender Brutstimmung und Aggressivität in die Zuchtgehege umgesetzt. PREUSS (1973) berichtet über das Schwanenpaar im Zoo Rostock: Balz und Kopulation wurden ab zweiter Februar-Hälfte beobachtet, der Nestbau begann Ende März. Das Männchen legte Nestmaterial bereit, welches das Weibchen verbaute. Die Ablage der 4–9 (im Ø 6,5) Eier begann nach dem 1. April, als Brutdauer wurden 33–37 Tage ermittelt. In den genannten Jahren wuchsen aus insgesamt 52 Eiern 39 Junge auf. (Im Tierpark Cottbus wurden 1976 aus einer Brut 8 Tiere groß.) Die Flugfähigkeit erlangen junge Singschwäne mit etwa 75 Tagen, keinesfalls früher. Die Jungenaufzucht verläuft problemlos, wenn den Familien ausreichend Weideland oder Wasserpflanzen geboten werden können.

In Südschweden hat sich vermutlich aus freigelassenen Gehegetieren der 30er Jahre eine Wildpopulation gebildet, die 1976 aus 18 Brutpaaren bestand.

Im Zoo Chicago Brookfield, USA, wuchs 1962 ein Hybrid Höcker × Singschwan auf.

Trompeterschwan
Cygnus cygnus buccinator RICHARDSON

Č Labuť zpěvná trubač   F Cygne tromette
D Trompetersvane   H Trompet Zwaan
E Trumpeter Swan   R Лебедь-трубач

Habitus: Wie Singschwan, aber größer (größter Schwan der Welt). Abb. Seite 24 und 225.
Alterskleid: ♂ und ♀ weiß; Schnabel schwarz, kräftiger und länger als der des Singschwans (vgl. Abb. Seite 102). Maße: ♂ Flügel: 654–680, Schnabel: 104–119 mm; ♀ Flügel: 604–636, Schnabel: 101–112 mm. Gewicht: ♂ um 12 kg, ♀ um 10 kg (JOHNSGARD 1975).
Jugendkleid: Gefieder graubraun, Schnabel schwarzgrau, Beine bräunlich. Von juv. Pfeif- und Singschwänen am langgezogenen Trompetenruf zu unterscheiden.
Lebensweise: Der Trompeterschwan ersetzt ökologisch in Nordamerika den altweltlichen Singschwan und bewohnte ursprünglich weite Gebiete der nördlichen USA-Staaten und Kanadas, insbesondere die weiten Prärieseen. Abschuß zur Feder- und Fleischgewin-

nung ließen den Bestand 1932 auf 69 Exemplare zusammenschrumpfen. Strengste Schutzmaßnahmen und die Errichtung eines 155 km² großen Reservates in Montana hoben den Bestand bis 1954 auf 642 Tiere; davon lebten 380 im genannten Schutzgebiet und 87 im Yellowstone Park (BANKO 1960, HANSEN 1973). Bis 1957 zeigten sich leicht rückläufige Tendenzen, dann begann der Trompeterschwan verstärkt Brutreviere außerhalb der Reservate zu besiedeln. Mitte der 70er Jahre betrug die Gesamtpopulation zwischen 4000 und 5000 Individuen und ist nicht mehr vom Aussterben bedroht.

Die Brutbiologie gleicht weitgehend der des Singschwans. Die Nester befinden sich im Ried der Flachwasserzone und werden weitgehend allein vom ♀ errichtet. Vollgelege enthalten bis 9, im Mittelwert um 5 Eier mit den Ø-Maßen 114 × 73,5 mm; als Legeintervalle wurden 40–48 Stunden ermittelt. Die Brutdauer beträgt 32–35 Tage. Die Küken schlüpfen mit 200 bis 230 g und wiegen nach 8–10 Wochen über 8 kg, die Jungschwäne sind dann im wesentlichen befiedert, beginnen aber erst mit 14–15 Wochen zu fliegen (BELLROSE 1976, COOPER 1979). Die geschlechtliche Reife tritt nach 3–5 Jahren ein (BANKO 1960).

Haltung und Zucht: Die geringe Anzahl freilebender Trompeterschwäne erklärt ihre Seltenheit in Zoos und Privatanlagen. Der Berliner Zoo besaß die Art erstmals 1874 (SCHLAWE 1969), während sie der Zoo London bereits 1870–1876 erfolgreich züchtete. Der Holländer BLAAUW zog um 1905 mehrfach Junge auf und lieferte sogar mehrere Tiere zu Blutauffrischungen der freilebenden Populationen nach Nordamerika. Er bot seinen Tieren u. a. viel frische Krebsschere *(Stratiotes aloides)*, vielleicht ein Grund für die guten Zuchterfolge.

Im Herbst 1951 erhielt der englische Wildfowl Trust aus Kanada drei Paar Trompeterschwäne, sie dürften derzeit die einzigen Vertreter ihrer Art in Europa gewesen sein.

Gemäß The International Zoo Yearbook (Vol. VI bis IX) lebten 1962 nur 15, 1965 55 und 1967 108 Trompeterschwäne in über 40 Zoos der Welt, vorwiegend in denen der USA und Kanadas. Dann vergrößerte sich die Zahl rapid, neben mehreren westdeutschen Zoos pflegt der Tierpark Berlin seit 1974 ein Paar.

Zu ersten Zuchterfolgen in jüngster Zeit kam es im Wildfowl Trust. Nachdem 1959–1961 von einem Weibchen unbefruchtete Eier gelegt wurden, gelang es 1964, zwei Küken aufzuziehen. Je zwei Eier wurden von einem Trauer- und einem Schwarzhalsschwan erbrütet. In den folgenden 10 Jahren wuchsen dann über 50 Trompeterschwäne in Slimbridge und Peakirk heran. Der Legebeginn liegt gleichmäßig über die vier Aprildekaden verteilt. Die Küken selbst sind robust und wachsen wie jene des Singschwans auf.

Pfeifschwan
Cygnus columbianus
(ORD)

Von den drei Unterarten bewohnt der Pfeifschwan, *Cygnus c. columbianus* (ORD) den Norden Alaskas und Kanadas, der Zwergschwan, *Cygnus c. bewickii* YARRELL, und der sich von ihm kaum unterscheidende Jankowski-Schwan, *Cygnus c. jankowskii* ALPHÉRAKY, den hohen Norden Eurasiens. Der Pfeifschwan wird von mehreren Autoren als selbständige Art geführt, der Zwergschwan erhält dann den Namen *Cygnus bewickii*, andererseits wird der Jankowski-Schwan u. a. von JOHNSGARD (1978) nicht als eigene Unterart anerkannt. Trotz relativ weiter Brutverbreitung in den Tundren Eurasiens beträgt die Population des Zwergschwanes nur um 10000 Individuen und ist offenbar kleiner als die des Jankowski-Schwanes, der dem Artenschutzabkommen (vgl. Seite 64) unterliegt. Die Pfeifschwan-Population, die zu über 60 % in Alaska brütet, umfaßt knapp 100000 Individuen (KEAR and WILLIAMS 1978).

Zwergschwan
Cygnus columbianus
bewickii
YARRELL

Č Labuť malá západosi-
  biřská
D Pibesvane
E Bewick's Swan

F Cygne de Bewick
H Kleine Zwaan
R Западный тундровый
  лебедь

Habitus: Wenig kleiner als Singschwan; Hals relativ kurz und dick, stets in gerader, aufrechter Haltung. Abb. Seite 23 und 102.
Alterskleid: ♂ und ♀ durchweg weiß; Oberschnabel von der Basis her bis zum Nasenloch gelb, übrige Teile schwarz (siehe Abb. Seite 23 und 102); Iris braun, Füße schwarz. *Maße:* ♂ Flügel (mit Bandmaß gemessen): 515–537, Schwanz: 150–180, Schnabel: 87–103, Lauf: 90–106 mm; ♀ Flügel: 465–525, Schnabel: 75–96 mm (mehrere Autoren). *Gewicht:* ♂ und ♀ 4,5–8,25 kg; ∅ bei 5,5 kg. Detaillierte biometrische Angaben von Wintervögeln bei EVANS and KEAR (1978).

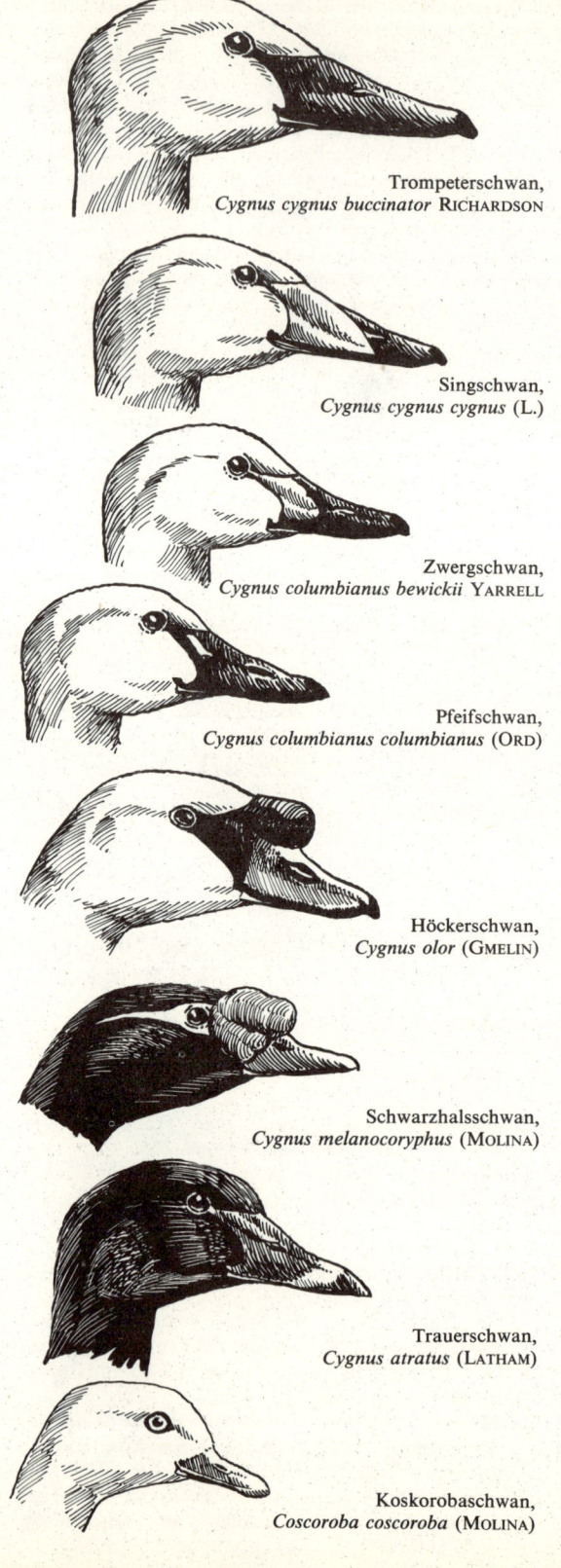

Trompeterschwan,
Cygnus cygnus buccinator RICHARDSON

Singschwan,
Cygnus cygnus cygnus (L.)

Zwergschwan,
Cygnus columbianus bewickii YARRELL

Pfeifschwan,
Cygnus columbianus columbianus (ORD)

Höckerschwan,
Cygnus olor (GMELIN)

Schwarzhalsschwan,
Cygnus melanocoryphus (MOLINA)

Trauerschwan,
Cygnus atratus (LATHAM)

Koskorobaschwan,
Coscoroba coscoroba (MOLINA)

Dunenkleid: Grauweiß, oberseits etwas kräftiger grau; Schnabeloberseite matt fleischrot, Nagel und Ränder sowie Beine bleigrau.

Jugendkleid: Verwaschen schiefer-graubraun, Rücken fast blaugrau. Je nach Alter von weißen Federbüscheln oder ausgedehnten weißen Feldern durchsetzt. Schnabel an Nagel und Rändern schwarz, mittlerer Oberschnabel unregelmäßig fleischrot, zwischen Basis und Nasenloch rahmgelb (SCOTT 1966). Füße vom Rötlichen ins Schwarzgraue übergehend.

Vorkommen in Mitteleuropa: Als die seltenste der drei nördlich beheimateten Schwanen-Arten rasten die Gruppen durchziehender Zwergschwäne zwischen Mitte Oktober und Anfang Dezember auf den Seen Mecklenburgs und Brandenburgs, weniger auf den Boddengewässern, um dann zu den Überwinterungsplätzen in den Niederlanden, England und Irland weiterzuziehen. Zahlreiche Einzelbeobachtungen liegen aus dem übrigen Binnenland vor. Der Rückzug verläuft in Mecklenburg zwischen Anfang März und Ende April.

Lebensweise: Die Brutplätze des Zwergschwans liegen überwiegend nördlich von denen des Singschwans und sind auf die niederen, versumpften Tundrateile beschränkt. Die Art nistet hier auf kleinen, flachen Binnenseen, Altwässern und in Sumpfniederungen und bevorzugt solche mit üppiger Unterwasserflora, aber einer offenen und niedrigen Ufervegetation.

Die Ankunft in den Brutgebieten erfolgt Mitte bis Ende Mai. Die Tiere kehren fest gepaart zurück und beziehen sofort das Brutrevier und den alten Nistplatz – beide müssen unter Umständen hartnäckig gegen andere Brutpaare verteidigt werden. Das aus Moos und Halmen erbaute Nest steht bevorzugt auf trockenen Erhebungen oder Inselchen, so daß der brütende Vogel seine Nestumgebung gut überblicken kann. Die Nestmulde wird während der Legeperiode mit weißen Dunen und Konturfedern ausgelegt. Ende Mai und im Juni kommt es zur Ablage der 2–4, selte-

ner bis 5 cremefarbenen Eier mit den Maßen 96–110,5 × 64,8–70,5 mm; ⌀ 103 × 67 mm. Die Brutdauer wird mit 29–31 Tagen (für den Pfeifschwan sogar bis 36 Tagen) angegeben. Das Weibchen brütet überwiegend allein. Die Jungschwäne erhalten gegen Ende August ihre Flugfähigkeit. Sehr schnell vollzieht sich im Juli und August die Großgefiedermauser der Altvögel. Nach HEINROTH (1928) vermochte ein Altschwan 29 Tage nach Abwurf der Schwingen wieder zu fliegen. Der Abzug in die Wintergebiete erfolgt im September.

Nahrung: Fast ausschließlich pflanzlich; sie besteht aus den erreichbaren Wasserpflanzen, die die Schwäne gründelnd abäsen, sowie aus Gräsern und Wiesenkräutern mit deren Wurzeln und Rhizomen.

Haltung und Zucht: Zwergschwäne werden in großen Zoos und Vogelparks, dagegen selten in Privatanlagen gehalten. Sie sind robust und langlebig wie alle nordischen *Cygnus*-Arten und, da nur wenige Paare Brutstimulanzen zeigen, in der Regel auch verträglich. Der Pfeifschwan gelangte nach 1900 in die Zoos London und Berlin (hier 1 Exemplar, das nur kurze Zeit lebte), weitere Importe erfolgten nach 1950; doch noch heute zählt er zu den selten gehaltenen Formen. Der Jankowski-Schwan wird außer in japanischen Zoos u. a. im Wildfowl Trust (seit 1951), im Tierpark Berlin (seit 1963) und im Zoo Moskau gezeigt.

Von allen drei Unterarten wurden nur spärliche Zuchterfolge erzielt. Der Pfeifschwan wurde in einigen nordamerikanischen Wildfowl Collections gezüchtet, der Tierpark Berlin erzielte 1974 zwei unbefruchtete Gelege und im Wildfowl Trust Slimbridge wuchsen 1976 und 1977 insgesamt 12 Jungtiere auf. Der Jankowski-Schwan konnte im japanischen Zoo von Takamatsu gezüchtet werden. Von einer Mischehe mit dem Zwergschwan wird aus dem Zoo Moskau berichtet. Zwergschwanbruten sind aus Slimbridge und Bentley in Großbritannien sowie aus Moskau und Askania Nova, UdSSR, bekannt.

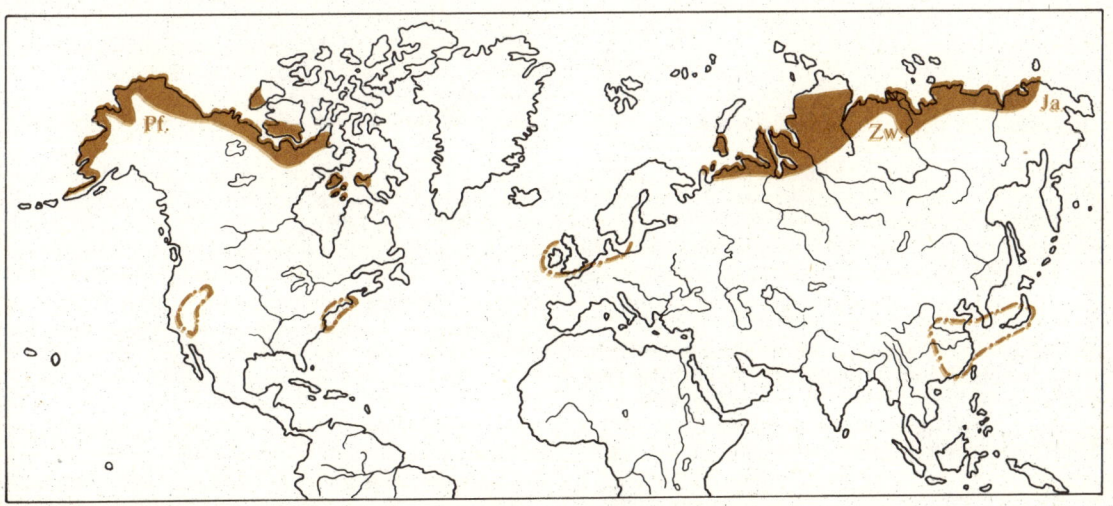

Brutvorkommen und Überwinterungsgebiete des Pfeif- (Pf.), Zwerg- (Zw.) und Jankowski-Schwans (Ja.).

Über die Zucht des Zwergschwans in England berichten EVANS (1975) und SECRETT (1972): Erstzucht im Trust 1956, das Männchen wurde 1948, das Weibchen 1950 als Wildfänge erworben. Dieses Weibchen verpaarte sich bis 1974 nacheinander mit fünf Männchen und war bis 1970 das einzige Zuchtweibchen. In jenem Jahr begannen 1967 geborene Nachkommen in der Bentley Wildfowl Collection mit der Eiablage. Die Nester wurden jeweils von beiden Partnern errichtet. Zwischen 30. April und 6. Juni, meist in der ersten Maihälfte, begann die Eiablage. Die Gelege enthielten hier 5–6 Eier, die in 29–31 Tagen von beiden Eltern erbrütet wurden. Während der Legeperiode verweilten überwiegend die Männchen am Nest, an der Bebrütung beteiligten sie sich etwa zu einem Drittel. Die Kükenführung übernahm jeweils das Weibchen, während der Ganter die Familie bewachte. Die Jungschwäne entwickelten sich wesentlich langsamer, als in der ornithologischen Literatur beschrieben. Fünf Wochen alte Jungschwäne sind noch voll in Dunen gehüllt und haben noch keine sichtbaren Konturfedern, mit 9 Wochen bedeckt das Kleingefieder den Körper, und mit 13 Wochen sind sie voll befiedert.

Über die Erstzucht des Pfeifschwanes im Wildfowl Trust berichtet EVANS (1977): Ab 8. Mai wurden in zweitägigen Intervallen 6 Eier gelegt. Das Männchen übernahm mehr als 50 % des Nestbaues und einen kleinen Anteil der Brut. Bereits nach 27 Bruttagen schlüpfte eines der Küken, zwei Jungschwäne wuchsen heran.

Brutvorkommen und nördliche Begrenzung der Überwinterungsgebiete des Koskorobaschwans.

Koskorobaschwan
Coscoroba coscoroba
(MOLINA)

Č Labuť koskoroba	F Cygne Coscoroba
D Coscorobasvane	H Coscoroba Zwaan
E Coscoroba Swan	R Коскороба

Habitus: Durch relativ kurzen Hals und lange Beine sehr gänseähnlich. Kleinste Schwanenart. Abb. Seite 24, 102, 105 und 225.
Alterskleid: ♂ und ♀ Gefieder mit Ausnahme der schwarzen Handschwingenspitzen durchweg reinweiß, Zügel voll befiedert. Schnabel schwach löffelartig verbreitert und leuchtend karminrot gefärbt, Nagel hell rosa. Iris beim ♂ orangegelb bis hell rahmbraun, beim ♀ und bei Jungtieren dunkelbraun; Augenlider rosarot. Füße hell fleischfarben. *Maße:* Flügel: 430–450, Schwanz: 145–170, Schnabel: 65–70, Lauf: 88 bis 98 mm (DELACOUR 1954). *Gewicht:* ♂ 3,8–4,9 kg, ♀ 3,17–4,5 kg.
Dunenkleid: Stirnmaske, mittlerer Rücken, Flügel, Schenkel und Oberschwanz mausgrau, übriger Körper

silberweiß. Schnabel grau, Füße schmutzigrotbraun und grau.
Jugendkleid: Überwiegend weiß mit einzelnen braunen Federpartien auf Rücken und Flügeln. Schnabel anfangs noch grau, dann an Rändern und Wurzel weißlich, später über blaßrot umfärbend.
Lebensweise: Ähnlich wie der Schwarzhalsschwan bewohnt der Koskorobaschwan vorzugsweise die großen, nahrungsreichen Flachseen der Pampa-Regionen Argentiniens und Chiles. Seltener ist er auf Feuerland, auf den Falkland-Inseln und offenbar auch nördlich 35° südlicher Breite als Brutvogel heimisch. Während der südlichen Wintermonate und Trockenzeiten streichen die Koskorobaschwäne, zu Gruppen bis zu 50 Exemplaren vereint, nordwärts bis Südbrasilien und Bolivien.

Zur Brutzeit beziehen die einzelnen Paare sehr große Gewässerabschnitte und errichten im Flachwasser der Uferzone, selten direkt auf dem Land, ihre großen Kegelnester. Nach CASARES (1933) haben die aus Teichschlamm und Pflanzenteilen bestehenden Nesthügel unten einen Durchmesser von etwa 90 cm und überragen das Wasser um 40 cm. Die Mulde kann bis zu 25 cm tief sein und wird mit feinen Gräsern und später reichlich mit hellgrauen Dunen ausgekleidet. Die Eiablage erfolgt in Patagonien während der Frühjahrsmonate September bis Dezember, in Paraguay im März und April (STEINBACHER 1962). In der Provinz Buenos Aires sind Ende Juni und im August brütende Tiere aufgefunden worden (HARRISON 1962). Die Vollgelege enthalten 6–9 schmutzigweiße, fast gleichpolige und wenig glänzende Eier mit rauher Oberfläche. Ihre Maße betragen 82–94,5 × 56–62 mm; Ø 89,1 × 60,2 mm. Die Brutdauer beträgt 34–36 Tage. Das Weibchen brütet allein, beide Eltern führen gemeinsam die Küken und suchen dabei gern wassernahe Wiesen zur Äsung auf. Die geschlechtliche Reife tritt bei Jungschwänen ab drittem Lebensjahr ein.

Nahrung: Über die Zusammensetzung der Nahrung ist wenig bekannt, doch sind mit Sicherheit die Grasanteile größer als bei den *Cygnus*-Arten.

Haltung und Zucht: Koskorobaschwäne wurden um 1870 nach Europa gebracht und seitdem regelmäßig, obgleich stets in geringer Zahl, in großen Zoos und wenigen Privatanlagen gehalten. Die während der Eingewöhnungszeit sehr hinfälligen Tiere erweisen sich später als recht ausdauernd, sofern ihre Pflege nicht vernachlässigt wird. Eine Überwinterung ohne Schutzraum ist gut möglich. Erfolgreiche Zuchten blieben bis vor wenigen Jahren nicht alltäglich. Nach GRISWOLD (1973) gelang die Erstzucht 1914 in den Anlagen des Herzogs BEDFORD, Woburn Abbey, GB; es folgten 1950 der Zoo Philadelphia und 1952 der Wildfowl Trust in Slimbridge. Jedoch erwähnt HEINROTH bereits 1910 die Brutversuche eines Koskoroba-Paares im Zoo Berlin und Küken in den Anlagen von Woburn. The International Zoo Yearbook (Vol. I–IX) führt zwischen 1959 und 1967 insgesamt 12 Bruten auf, vornehmlich die der Zoos Buenos Aires und Philadelphia. Über beachtliche Zuchterfolge im letztgenannten Zoo berichtet GRISWOLD (1973): Ein 1950 gezüchtetes Geschwisterpaar brachte bis 1972 in einem nur 10 × 17 m großen Gehege 83 Junge groß. Die Eiablage erfolgte zwischen Februar und April (im San Antonio Zoo, Texas, zwischen Januar und August, im Wildfowl Trust im März, 1966 am 24. Februar); 4–6, maximal 8 Eier bildeten die Vollgelege. Brut 34–36 Tage allein durch das Weibchen. Die Eier wurden vor dem Schlupf in einen Inkubator gelegt (37,5 °C, 85 % Luftfeuchte) und die Küken ohne Eltern aufgezogen, die meist ein Nachgelege begannen. In neuerer Zeit wird die Art auch in westeuropäischen Privatanlagen gezüchtet. Hier zeigte sich, daß brutaktive Paare sehr aggressiv werden und zweckmäßig in Einzelgehegen unterzubringen sind.

Küken des Koskorobaschwans, *Coscoroba coscoroba* (MOLINA).

Schwanengans
Anser cygnoides (L.)

Č Husa labuti F Oie cygnoide
D Svanegås H Zwaan Gans
E Swan Goose R Сухонос

Habitus: Größte Feldgans mit langem, dünnem Hals, recht langen Beinen und einem sehr kräftigen, langen Schnabel, der mit dem First geradlinig in die Stirnpartie übergeht. Abb. Seite 228.

Alterskleid: ♂ und ♀ obere Kopf- und hintere Halshälfte dunkelbraun, untere Kopfhälfte und Vorderhals hell rahmfarben, Schnabelbasis schmal weiß eingefaßt. Rumpfgefieder einschließlich der Flügel wie bei anderen Feldgänsen gefärbt. Schnabel schwarzgrau, Iris dunkelbraun, Füße orangegelb. ♀ etwas kleiner und kurzhalsiger als ♂. *Maße:* ♂ Flügel: 450–460, Schwanz: 138–152, Schnabel: 87–98, Lauf: 80 bis 82 mm; ♀ Flügel: 375–440, Schnabel: 75–85 mm. Andere Autoren geben größere Flügelmaße an. *Gewicht:* ♂ um 3500 g, ♀ 2850–3450 g.

Dunenkleid: Oberkopf, Augenstreif, Rücken, Flügel und Oberschwanz hell olivgrün; Nacken, Gesicht, Hals und Unterseite gelb. Schnabel dunkelgrau, leicht abwärts gebogen, Iris und Beine dunkel bleigrau.

Jugendkleid: Weißer Schnabelsaum fehlt, Farbpartien an Kopf und Hals unreiner und ineinander übergehend. Rumpfgefieder grauer und breiter gesäumt als bei den Altvögeln.

Lebensweise: Die Lebensräume, speziell die Brutbiotope, sind bei der Schwanengans sehr vielgestaltig. JOHANSEN (1959) schreibt:

»Die Schwanengans nistet nach SUSCHKIN sowohl in der Ebene als auch auf den Hochplateaus bis 2400 m. Im Minussinsker Gebiet brütet sie an offenen, manchmal salzhaltigen Seen der Steppe; am Irtysch-Fluß sind es breite, von Rohr und Schilf eingefaßte Wasserflächen. In der Kuraisteppe im Altaigebirge liegen die Brutplätze am versumpften, mit Bülten und Weidengesträuch bestandenen Ufer des hier ruhig fließenden Kurai-Flusses. In der Mongolei am Böku-Morin fand SUSCHKIN die Gans auf sumpfigen Wiesen an schmalen, schnellen Wasserläufen mit Schilf und Weidendickicht. Nach dem Größerwerden der Jungen sieht man die Schwanengänse oft an sandigen oder schlammigen See- und Flußgestaden.«

GISENKO und MISCHIN (1952) fanden die Brutplätze der Schwanengans auf Sachalin entlang der Flußläufe an den mit Porst (*Ledum* spec.), Erlenbüschen und Zirbelkiefern *(Pinus cembra)* bewaldeten Uferhängen. Sie zählten dort auf 25 km Uferlinie etwa 12000 Brutpaare. Während die Schwanengans in der westlichen

Mongolei heute noch in großer Anzahl brütet, gilt sie in der Sowjetunion seit 1975 als bestandsgefährdete Art. OGILVIE (1978) schätzt den Gesamtbestand für 1970 auf 10 000 Individuen.

Im April kehren die Schwanengänse zu ihren Brutplätzen zurück, beginnen dann aber nicht so überstürzt mit dem Brutgeschäft wie die hochnordischen Gänse. Die Vegetationsperiode ist mit 6 Monaten hier doppelt so lang wie der arktische Sommer. Die Nester werden einzeln oder kolonieweise auf Grasinseln, im Ried oder am trockenen Waldboden errichtet. Die Ablage der 5–8 schwach cremefarbenen Eier erfolgt im Mai, ihre Maße betragen 76–90 × 53–58 mm; Ø 83,8 × 56,4 mm. Brutdauer 28–30 Tage. Während das Weibchen brütet, wacht der Ganter in Nestnähe, später führen beide die Küken. Es beginnt die Schwingenmauser der Altvögel, die mit ihren Jungen im August flugfähig werden.

Im September erfolgt die Abwanderung nach Korea, Südjapan und NO-China, wo die Schwanengänse auf Feldern, in Flußniederungen und auf küstennahem Marschland überwintern.

Nahrung: Sie besteht neben Gräsern, Kraut- und Sumpfpflanzen örtlich aus Moos- und Heidelbeerkraut sowie aus jungen Lärchennadeln, ferner zu einem großen Teil aus Wurzeln und Rhizomen der Litoralpflanzen.

Haltung und Zucht: Bemerkenswert spät gelangten Schwanengänse nach Europa; nach HEINROTH (1928) dürften sie vor dieser Zeit kaum importiert worden sein. DELACOUR (1954) sieht die Aufzucht von drei Jungvögeln 1937 in England als Erstzucht an. Im gleichen Jahr wuchsen im Berliner Zoo zwei Bastarde Schwanenganter × Graugans auf (STEINBACHER 1937). Nach 1950 gelangten erneut, wenn auch stets in geringer Anzahl, Schwanengänse aus China und der Sowjetunion nach Europa, unter anderem in den Tierpark Berlin.

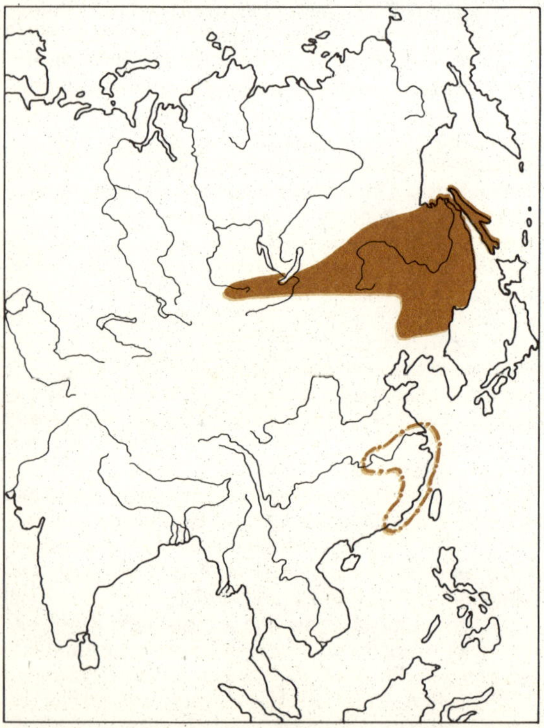

Die sehr großen Schwanengänse werden nur selten in Privatanlagen und Zoos gehalten. Mit ihren langen Schnäbeln graben sie auf der Suche nach Rhizomen bis zu 30 cm tiefe Löcher in die Ufer- und Flachwasserzone und zerstören damit jeglichen Pflanzenwuchs, selbst den festsitzenden Kalmus. Dagegen äsen sie nur selten auf Rasenflächen.

Schwanengänse sind relativ leicht züchtbar. KOOY, Holland, brachte sie erstmalig seit 1956 zur Fortpflanzung. Der Wildfowl Trust begann die Zucht mit zwei Wildfanggantern und zwei Höckergänsen; nach Rückzüchtungen glichen die Nachkommen der dritten Generation phänotypisch wieder den Wildvögeln. Völlig rein sind dagegen Eltern und Nachkommen aus dem Tierpark Berlin und damit die in der DDR gehaltenen Schwanengänse.

In meiner Anlage wurde ein knapp zweijähriges Paar fortpflanzungsaktiv. Im März zeigten sich beide Partner enorm ruffreudig, das Männchen balzte auf dem kleinen Teich nach Art der Grauganter und verteidigte später das Nestrevier durch Beißen und Flügelschlagen. Gegen Ende März begann das Weibchen mit dem Nestbau, legte zwischen 11. und 19. April 5 Eier und erbrütete die Küken ab 17. 4. in 29 Tagen. Während dieser Zeit wurde der Nestbau komplettiert, anfangs wurden wenig, gegen Ende der Brut viele Konturfedern und Dunen untergemischt. Drei Küken wogen 78, 82 und 85 g, sie befiederten wie folgt: Schultern, Flanken und Schwanz zwischen 21. und 23. Tag, die Unterseite war am 32. Tag voll bedeckt, zur gleichen Zeit entfalteten sich die ersten Schwingen. Volle Befiederung um den 60. Tag (doch nicht volle Größe). Zwischen 3. und 4. Woche färbten sich die Füße gelboliv. Die Mitte Mai geschlüpften Tiere begannen um den 20. August an Rücken, Kopf und Hals mit der Umfärbung in das 1. Alterskleid, doch war der weiße Schnabelsaum bis Ende Oktober nicht durchgefärbt.

Höckergans

Brutvorkommen und Überwinterungsgebiete der Schwanengans.

Als einzige Zuchtform stammt die Höckergans von der Schwanengans und nicht von der Graugans ab. Es wird vermutet, daß die Schwanengans schon vor etwa 3 000 Jahren in China als Hausgeflügel gehalten wurde. Von dort gelangte sie über Indien in andere Teile Asiens und nach Afrika, besonders nach Madagaskar, viel später erst nach Europa und etwa 1830 nach Amerika. In Mitteleuropa war sie als Wirtschaftsgeflügel lange unbekannt und hat erst während und nach dem 1. Weltkrieg stärker Fuß gefaßt. In den Tropen neigt sie leichter zur Brut als die Graugans-Abkömmlinge und wird dort bevorzugt gehalten.

Saatgans
Anser fabalis
(LATHAM)

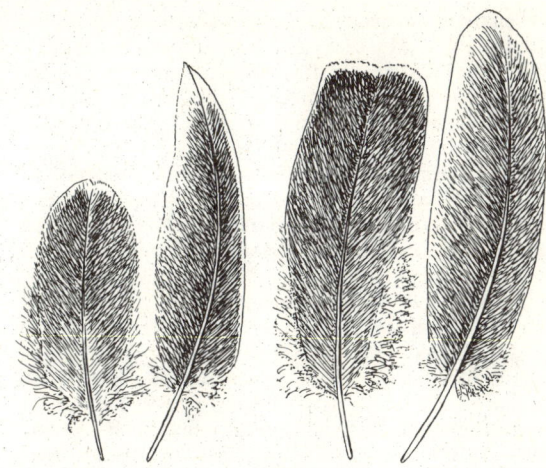

Schulter- und Schwanzfedern der Saatgans, *Anser fabalis* (LATHAM); links Jungvogel, rechts Altvogel. Federtypen gelten für alle *Anser*-Arten.

Č Husa polni
D Sædgås
E Bean Goose

F Oie des moissons
H Rietgans
R Гуменник

Die Saatgans unterliegt einer sehr starken Rassengliederung. Den zwei Lebensräumen Taiga und Tundra entsprechend haben sich eine Wald- und eine Tundragruppe herausgebildet. Die Waldformen *Anser f. fabalis* (LATHAM), *Anser f. johanseni* DELACOUR und *Anser f. middendorfi* SEVERTZOW sind langhalsig und haben schlanke Schnäbel; die Tundraformen *Anser f. rossicus* BUTURLIN, *Anser f. serrirostris* SWINHOE sind dagegen gedrungen, kurzhalsig und haben dicke, kurze Schnäbel. Neben Individuen mit orangefarbenen Füßen und Schnabelbinde treten bei den asiatischen Unterarten solche mit rötlichen Hautstellen auf, die früher als Suschkingänse, *Anser f. neglectus* SUSCHKIN, beschrieben wurden.

Habitus: Hausgans-Graugans-Typus. Abb. Seite 229.

Alterskleid (Artkennzeichen): ♂ und ♀ mit Ausnahme des weißen Bauches und der weißen Schwanzdecken gesamtes übriges Gefieder ziemlich dunkelbraun, lediglich die Brust etwas aufgehellt; Federn auf Rücken, Flügeln und Flanken rahmfarben gesäumt. Schnabel an Wurzel und Nagel schwarz, im Mittelteil orange oder rosenrot; Iris dunkelbraun, Füße blaß- oder orangerot. *Maße:* ♂ Flügel: 450–498, Schwanz: 71–87, Schnabel: 58–67, Lauf: 72–85 mm; ♀ Flügel: 410–450, Schnabel: 51–60 mm. *Gewicht:* ♂ 3300 bis 4100 g, ♀ 3050–3900 g. (Maße und Gewicht der Nominatform).

Dunenkleid: Breite Linie vom Schnabel zum Hinterkopf sowie gesamte Oberseite olivbraun; Gesicht, Nacken und Flügelränder gelb, Unterseite gelblichweiß; Schnabel und Füße grau.

Jugendkleid: Etwa wie Alterskleid, aber Rumpf dunkler, Kopf und Hals heller; weiße Oberschwanzdecken von braunen Federn durchsetzt; Füße gelblich.

Vorkommen in Mitteleuropa: Die europäischen Überwinterungsgebiete der Saatgans erstrecken sich südwestlich der Linie Dänemark-ČSSR, hier verweilen

nach TIMMERMAN (1976) 100000 bis 150000. Auf dem Zuge, der zwischen Ende September und November sowie Februar und März erfolgt, rasten große Scharen in den nördlichen und mittleren Bezirken der DDR (allein im November 1973 ca. 141000, NAACKE 1976) und im Nordwesten der BRD. Diese Population überwintert in Holland und brütet im Distrikt Archangelsk im europäischen Norden der Sowjetunion.

Lebensweise: Das Gros aller Saatgänse bilden die Tundraformen, deren Brutplätze im Bereich der Flechten-, Moos- und Strauchtundren liegen. Hier nisten sie auf erhöhten, aber doch sumpfigen Stellen, entlang der Flußniederungen und auf trockenen, felsigen Schotterfeldern oder an steilen Uferfelsen. Die Waldformen besiedeln Moore, breite Flußniederungen mit Altwässern und Schilfinseln sowie Waldsümpfe. Die am süd-

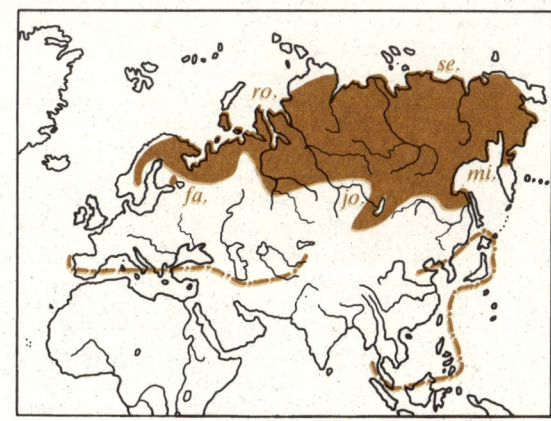

Brutvorkommen der Saatgans: *A. f. fabalis* (fa.), *A. f. rossicus* (ro.), *A. f. johanseni* (jo.), *A. f. middendorfi* (mi.) und *A. f. serrirostris* (se.);

–·–·– südliche Begrenzungen der Überwinterungsgebiete.

lichsten beheimateten Unterarten sind vorwiegend Gebirgsvögel.

Die Ankunft an den Brutplätzen erfolgt in den Taigagebieten bereits Ende April; die Tundrasaatgänse treffen als erste Rückzügler oft schon Mitte Mai ein, wenn die Tundra noch von Frost und Schnee beherrscht wird (JOHANSEN 1959). Offenbar beginnen die Saatgänse nicht in der Eile anderer arktischer Vögel mit dem Nestbau, sondern streunen in kleinen Gruppen umher, in denen es gelegentlich zu Balzspielen oder Paarungskämpfen unter den Männchen kommt (USPENSKI 1965). Die Nester werden an trockenen Plätzen zwischen kurzer Tundravegetation, an kleinen Sträuchern oder Büschen und im Röhricht angelegt. Die Eiablage beginnt in der Tundra Mitte Juni, in der Taiga bis zu einem Monat früher. Die Vollgelege enthalten 5–7 blaßgelbliche Eier mit den Maßen 73,6–93 × 42–62 mm; ⌀ 84,1 × 56,2 mm (mehrere Autoren). Die Brutdauer beträgt 27–29 Tage. Bei Gefahr drücken sich beide Partner zunächst mit ausgestrecktem Hals flach auf den Boden. Nach dem Schlüpfen der Gössel halten sich die Familien anfangs abgesondert von anderen Trupps auf, schließen sich aber mit Beginn der Flügelmauser der Altvögel um die Juli-August-Wende zu größeren Verbänden zusammen. Nichtbrütende Gänse beginnen im Juni zu mausern, ein Teil von ihnen unternimmt offenbar einen Mauserzug zur Südinsel von Nowaja Semlja.

Der Herbstzug der nördlichen Populationen beginnt ab Ende August, die südlicheren verlassen im September, Anfang Oktober ihre Brutgebiete. Die Herbst- und Wintermonate verbringen die Saatgänse auf Weide- und Ackerbaugebieten, aber auch in sumpfigen Steppen oder in Niederungen nahe der Küste. Hier erfolgt die Neuverpaarung der Jungvögel, die im zweiten, vielleicht auch erst im dritten Lebensjahr fortpflanzungsfähig werden.

Nahrung: Überwiegend pflanzlich, sie besteht im Sommer fast ausschließlich aus Gräsern und Kräutern, im Herbst kommen viele Beeren, besonders Moos- und Rauschbeeren *(Vaccinium oxycoccus* und *uliginosum),* örtlich auch Bohnen hinzu. Die Nahrung mecklenburgischer Winterpopulationen setzt sich nach SCHRÖDER (1975) wie folgt zusammen: Rhizome der Quecke *(Agropyron repens)* 30 %, Getreide von Stoppelfeldern 14 %, frisch gedrilltes Saatgetreide 13,8 %, Kartoffeln 13,4 %, Schachtelhalm *(Equisetum* spec.) 8 %.

Haltung und Zucht: Alljährlich gelangen überwinternde Saatgänse in die Hände des Menschen und werden somit in vielen Zoos, weniger häufig von Züchtern gepflegt. Haltung und Ernährung bereiten keine Schwierigkeiten. Selbst unter wenig günstigen Bedingungen (z. B. fehlende Weidefläche) bleiben sie jahrelang in guter Form. Zu erfolgreichen Zuchten kommt es gelegentlich in Zoos und Vogelparks, kaum in Privatanlagen, wo die Saatgans zugunsten attraktiverer Gänsearten vernachlässigt wird. In Gehegen aufgewachsene Tiere sind nicht weniger fortpflanzungsbereit als Zwerg- oder Bleßgänse, auch unterscheiden sich Brut und Aufzucht nicht von jenen Arten.

Im britischen Wildfowl Trust werden die Westliche Saatgans, *A.f.fabalis,* und die Tundrasaatgans,

A.f. rossicus, regelmäßig gezüchtet. Die Eiablage erfolgt dort zwischen 14. April und 16. Juni, meist zwischen 23. und 27. April. Im Sommer 1975 wuchs erstmals ein Küken der ostasiatischen Tundraform *A.f. serrirostris* auf.

Da die Brutgebiete der Saatgänse breite Überlappungen zwischen den einzelnen Unterarten aufweisen, gibt es bereits unter natürlichen Bedingungen umfangreiche Mischpopulationen, die eine sichere Bestimmung der Rassenzugehörigkeit sehr erschweren.

Kurzschnabelgans
Anser brachyrhynchus
BAILLON

Č Huspolní islandska   F Oie à bec court
D Kortnæbbet Gås   H Kleine Rietgans
E Pink-footed Goose   R Короткоклювый гуменник

Die Kurzschnabelgans wird vielfach als Unterart der Saatgans, *Anser fabalis brachyrhynchus* BAILLON, (DELACOUR 1954, VOOUS 1962, VAURIE 1965), in neuerer Zeit jedoch als selbständige Art angesehen. Nach VOOUS ist die Kurzschnabelgans das isolierte Endglied einer sonst ununterbrochenen Kette von Tundraformen der Saatgans.

Habitus: Wenig kleiner als Saatgans. Abb. Seite 27 und 229.

Alterskleid (Artkennzeichen): ♂ und ♀ sind gleich gefärbt; von der Saatgans unterscheidet sich die Kurzschnabelgans wie folgt: Kopf und Hals merklich dunkler, Rücken und besonders die oberen Flügeldecken hellgrau bis silbergrau. Der kleine, kurze Schnabel ist an Grund und Nagel schwarz, im Mittelteil rosenrot; Füße leuchtend rot: *Maße:* ♂ Flügel: 406–490, Schnabel: 41–54 mm; ♀ Flügel: 395–454, Schnabel: 37–48 mm (RINGLEBEN 1957). *Gewicht:* ♂ 1900 bis 3350 g, ♀ 1800–3100 g.

Dunenkleid: Oberseits oliv-graugrün, Hals und hinterer Flügelrand etwas heller; Zügel und Augengegend dunkelbraun; Unterseite hell lehmgelb, Schnabel dunkel hornbraun, Nagel gelbbraun; Füße grau, teilweise mit Federchen an den Zehen.

Jugendkleid: Kopf heller und Rückengefieder bräunlicher als bei den Altvögeln, somit allgemein farbflacher erscheinend. Schnabel und Füße fleischfarben.

Vorkommen in Mitteleuropa: Die grönländischen und isländischen Populationen überwintern in Großbritannien, vorrangig in Schottland – Zählungen ergaben 75 000 bis 82 000 Individuen. Die Brutvögel Spitzbergens ziehen über Dänemark bis Holland, diese Gruppe umfaßt etwa 15 000 Exemplare (TIMMERMANN 1976). Binnenlandbeobachtungen sind relativ selten.

Lebensweise: TIMMERMANN (1933) und RINGLEBEN (1957) bezeichnen als typische Brutbiotope felsige Ge

Brutvorkommen und Überwinterungsgebiete der Kurzschnabelgans.

biete oberhalb 400 m ü. d. M. Die Nester werden in
lockeren Kolonien, vornehmlich auf schmalen und vegetationsarmen Terrassen der Cañontäler und Rand-
berge, auf Flußinseln oder zerklüfteten Lavafeldern errichtet. Diese Örtlichkeiten gewähren einen guten
Schutz gegen den Polarfuchs. Scott and Fisher (1957)
durchforschten 1951 erstmalig den weitaus größten
Brutplatz der Kurzschnabelgans auf Island am Fuße
des Hofs-Jökull-Gletschers. Er erstreckt sich über die
114 km² große, sumpfige Entwässerungssenke des
Gletschers, 600 m ü. d. M. Auf 81 km² wurden dort
2300 Nester registriert, das entspricht 75 % des isländischen Gesamtbestandes. Die riesigen Schmelzwasser-
massen bilden hier weiträumige Sumpfflächen, Moore,
Seen, Gräben und reißende Flüsse. Die überaus üppige und schnellwüchsige arktische Vegetation der
Wiesen besteht vorrangig aus flachwüchsigen Weiden,
Zwergbirken, ferner aus Wollgräsern (*Eriophorum*
spec.), Löwenzahn (*Leontodon* spec.), Wiesenschaum-
kraut *(Cardamine pratensis)*, Storchschnabel *(Gera-
nium* spec.) und alpiner Vogelsternmiere (*Stellaria*
spec.). Auf den trockenen Moränenwällen gedeihen
Steinbrech-Arten (*Saxifraga* spec.). Die Nester werden
meist auf den Moränenwällen, den höchsten Stellen im
Nestrevier, errichtet. Die Ankunft in den Brutgebieten
erfolgt auf Island Anfang bis Mitte Mai, auf Grönland und Spitzbergen im Juni. Bereits wenige Tage
später beginnen Nistplatzwahl, Nestbau und Eiablage. Die 3–8, meist 5–8 glanzlos gelblichweißen Eier haben die Größe 70–90 × 48–58 mm;
⌀ 78,3 × 52,4 mm. Vor der Bebrütung wird die Nestmulde sehr reichlich mit Dunen und Nestfedern ausgelegt. Während der 25–28tägigen Brutdauer wacht
der Ganter in Nestnähe, später beteiligt er sich an der
Führung der Gössel. Scott and Fisher (1957) geben
von den Sommerbeobachtungen nachfolgenden phä-
nologischen Abriß: Die Eiablage erfolgt zwischen 12.
und 24. Mai, um den 22. Juni schlüpfen die meisten
Jungen. Am 3. Juli beginnen die nichtbrütenden und
am 10. Juli die Junge führenden Altvögel mit der
Schwingenmauser. Während der Flugunfähigkeit der
Altvögel rotten sich die Familien zu riesigen »Fußgän-

ger-Herden« zusammen. Die Junggänse, bei denen in
den ersten Wochen die Beinmuskulatur besonders
stark wächst, können bereits ebenso schnell und fast
so ausdauernd laufen wie die Altvögel. Anfang August
erlangen alte und junge Gänse die Flugfähigkeit und
ziehen dann bald in die Wintergebiete ab.

Nahrung: Sie ist ganzjährig rein pflanzlich. Während
des Sommers werden Blätter, Stengel und Knospen
vieler Kräuter und Gräser, vor allem von Knöterich
(*Polygonum* spec.) und Schachtelhalm (*Equisetum*
spec.) aufgenommen, im Winter außerdem alle erreichbaren Feldfrüchte.

Haltung und Zucht: Die Kurzschnabelgans unterscheidet sich in der Haltung nicht von der Saatgans, doch
ist sie etwas seltener in zoologischen Gärten und vornehmlich bei britischen Züchtern anzutreffen.

Zuchterfolge gehörten lange zu den Seltenheiten. So
legte und brütete im Berliner Zoo nach 1910 mehrere
Jahre hintereinander eine einzelne Kurzschnabelgans.
Brodel (1955) brachte 1954 ein Wildfangpaar zur
Fortpflanzung, das seit 1936 in einem großen Obstgar-
ten lebte. Im November 1970 erhielt ich eine flügelver-
letzte Gans und im Frühjahr 1973 einen Ganter, die
bereits 12 Jahre im Tierpark Berlin lebte. Bereits im
April wurde reges Balzverhalten gezeigt, das Weibchen bildete einen starken Legebauch, gegen Ende
Mai ebbte die Brutstimmung ab; 1974 wurde wiederholt kopuliert und im Mai 1976 auch ein Nest errichtet
und der Nestplatz (eine Insel) gegen Zwerggänse verteidigt, doch zur Eiablage kam es nicht. In Westeuropa wird die Kurzschnabelgans heute erfolgreich
gezüchtet, und ein großer Teil der gegenwärtig gepflegten Tiere ist in Gehegen geboren und demzufolge fortpflanzungsbereiter als die Wildfänge. Jungvögel paaren sich innerhalb der ersten Lebensjahres, begatten
sich ab zweitem und beginnen meist ab drittem Jahr
mit der Brut. Eiablage im Wildfowl Trust und im Institut für Verhaltensforschung Seewiesen, Oberbayern,
um den 20. April.

Die Bastardierungsneigungen der Kurzschnabel-
gänse sind sehr groß, in Seewiesen erfolgten über 50 %
aller Bruten mit artfremden Partnern.

Bleßgans
Anser albifrons
(Scopoli)

Č Husa běločelá	F Oie rieuse
D Blisgås	H Kol Gans
E White-fronted Goose	R Белолобый гусь

Die vier Unterarten der Bleßgans bewohnen die hol-
arktischen Regionen der Neuen und Alten Welt. Die
Europäische Bleßgans, *Anser a. albifrons* (Scopoli),

brütet im Norden Eurasiens; Teile Westgrönlands bewohnt die sehr dunkle, am Bauch fast schwarze Grönland-Bleßgans, *Anser a. flavirostris* DALGETY & SCOTT; auf den nordkanadischen Inseln ist die viel größere Thule-Bleßgans, *Anser a. gambelli* HARTLAUB, und beiderseits des Beringmeeres die Pazifische Bleßgans, *Anser a. frontalis* BAIRD, heimisch.

Beschreibung von *Anser albifrons albifrons:*
Habitus: Graugans-Hausgans-Typus; etwas kleiner als Graugans. Abb. Seite 25.
Alterskleid (Artkennzeichen): ♂ und ♀ an Schnabelbasis und Stirn weiß; übriges Kleingefieder etwas heller braun als bei den anderen Feldgänsen, Brust, Bauch und Flanken unregelmäßig schwarzbraun quergeschuppt. Schnabel fleischfarben mit weißem Nagel, Iris dunkelbraun, Augen nur ausnahmsweise von einem schmalen, gelben Ring umgeben; Füße orangerot. *Maße:* ♂ Flügel: 380–442, Schwanz: 114–132, Schnabel: 42–52, Lauf: 60–80 mm; ♀ Flügel: 368–421, Schnabel: 42–52 mm. *Gewicht:* ♂ 1970 bis 3340 g, ♀ 1700–3000 g.
Dunenkleid: Kopfplatte, hintere Halshälfte und Rücken sepiabraun, Flügel und Bürzelseiten mit hellen Flecken; Gesicht – von einem braunen Augenstreif durchzogen –, Vorderhals und Brust gelbbraun, Bauchseite grauweiß.
Jugendkleid: Ähnlich wie Alterskleid, doch insgesamt farbflacher; Stirnblesse fehlt oder ist nur schwach angedeutet; Flanken und vorderes Bauchgefieder unterschiedlich stark braunflockig, aber niemals schwarzschuppig. Schnabel an Wurzel und Nagel bräunlich, sonst blaßrot.
Vorkommen in Mitteleuropa: Noch vor wenigen Jahrzehnten beobachtete man nur wenige Bleßgänse auf den Äckern und Weiden Mecklenburgs, Schleswig-Holsteins und Niedersachsens, das Gros bildeten die Saatgänse. Heute sind bis zu 90 % aller in Ostfriesland und im Emsland rastenden Gänse Bleßgänse, in der DDR registrierte man im Januar 1973 ca. 98 000 (NAACKE 1976). In den Niederlanden stieg die Zahl der Überwinterer von 8000–10000 vor 1956 auf annähernd 100 000 nach 1970 (TIMMERMAN 1965 und 1976).

Lebensweise: Die Bleßgans dürfte die größte Gesamtpopulation aller nordischen Gänse aufweisen. OGILVIE (1978) schätzte sie 1970 auf 900000 Exemplare.
Die Brutgebiete der Bleßgans erstrecken sich zwischen der arktischen Tundra und der Strauchtundra. In der unwirtlichen arktischen Tundra, teilweise bei mittleren Juni-Temperaturen von 4°C, registrierte man die größte Brutdichte. Die Art brütet einzeln oder in lockeren Kolonien. Jedes Paar behauptet ein abgetrenntes Brutrevier (JOHANSEN 1959), bevorzugt an trockenen Stellen der erhöhten Tundra und an seichten Flußhängen. Aber auch Sumpfniederungen und Senken in Meeresnähe werden aufgesucht. Die Nester bestehen aus einer locker zusammengefügten Unterlage von Stengeln und Gräsern, vor Brutbeginn erfolgt eine reiche Dunenauspolsterung. Das Nest selbst befindet sich stets auf einem trockenen, meist etwas erhöht liegenden Platz. Etwa 10–12 Tage nach der Rückkehr werden in Sibirien Mitte Juni, auf Grönland nach dem 20. Mai die 5–7 gelblichweißen Eier abgelegt; ihre Maße betragen 72–89 × 47–59 mm; ⌀ 79,0 × 53,3 mm. Legeintervalle von 24 Stunden wurden ermittelt. Brutdauer 26–28 Tage. Während dieser Zeit, besonders in den letzten Tagen vor dem Schlüpfen der Küken, sollen beide Eltern fast keine Nahrung aufnehmen. Die Jungenaufzucht erfolgt in feuchten Senken mit üppigerer Vegetation als auf dem Nistplatz. Mit dem Mauserbeginn der Altvögel scharen sich die Familien zu großen Herden zusammen. Ab Mitte August erlangen Jung- und Altvögel gleichzeitig die Flugfähigkeit und ziehen unmittelbar danach, spätestens Mitte September, in die Wintergebiete ab. Die geschlechtliche Reife der Junggänse tritt im zweiten oder dritten Sommer ein (DZUBIN u. a. 1964).
Nahrung: Sie besteht nach der Rückkehr ins Brutgebiet zunächst aus Seggen (*Carex* spec.), Gräsern und Wollgras (*Eriophorum* spec.). Bis zum Wegzug bildet dann das Schmalblättrige Wollgras (*E. angustifolium*) die Hauptnahrung; während der Mauser nehmen die Gänse gern Schachtelhalm (*Equisetum* spec.) auf. Bei den mecklenburgischen Winterpopulationen ermittelte SCHRÖDER (1975) folgende Nahrungszusammensetzung: Grünäsung (Getreide- und Wildgrasblatt, Klee und Raps) 53,1 %, Getreidekörner von Stoppelfeldern

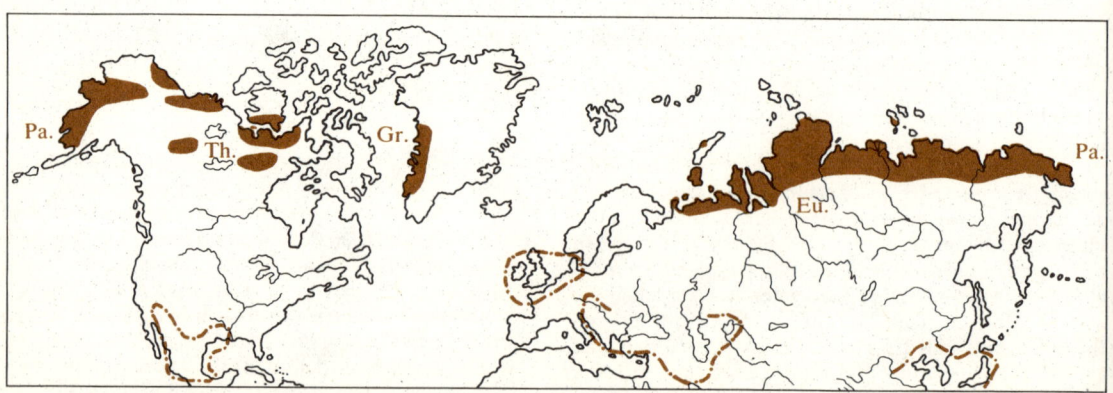

Brutvorkommen und Überwinterungsgebiete der Pazifischen (Pa.), Thule- (Th.), Grönland- (Gr.) und der Europäischen (Eu.) Bleßgans.

10,1 %, frisch eingedrilltes Wintergetreide 12 % und Kartoffeln 8,6 %.

Haltung und Zucht: In vielen Zoos und Tierparks werden Bleßgänse ohne Schwierigkeiten über viele Jahre gehalten. Bei den Züchtern sind sie weniger anzutreffen. Meist handelt es sich um Vertreter der Nominatform, die als verletzte Wintergäste in Gewahrsam genommen wurden; solche Tiere gewöhnen sich leicht an das Gehegeleben und zeigen wenig Scheu. Die anderen drei Unterarten werden im britischen Wildfowl Trust und vereinzelt in Zoos und Vogelparks gehalten. Eine sichere Bestimmung der Subspezies ist dem Züchter nur begrenzt möglich.

Erfolgreiche Zuchten stellen keine Seltenheiten dar, obgleich Wildfänge eine sehr lange Eingewöhnungs- und Paarungszeit benötigen. Nachzuchttiere werden mit 2 bis 3 Jahren fortpflanzungsaktiv. Im Wildfowl Trust brütet die Grönland-Bleßgans seit 1953, die europäische seit 1956, die Pazifische Bleßgans seit 1971 und die Thule-Bleßgans seit 1978; Legebeginn bei der grönländischen zwischen 10. April und 21. Mai, meist um den 20. April, bei den anderen Formen vorwiegend in der 1. Maihälfte.

Bleßgänse neigen stark zu Bastardierung, speziell mit Saatgänsen. Da auch nach Mischehen Umpaarungen mit artgleichem Partner schwierig sind, sollten Bastardierungsmöglichkeiten im voraus weitgehend eingeschränkt werden.

Zwerggans
Anser erythropus (L.)
Dt. Syn.: Zwergbleßgans

Č Husa malá	F Oie naine
D Dværggås	H Dwerg Gans
E Lesser White-fronted Goose	R Пискулька

Habitus: Wie Bleßgans, aber wesentlich kleiner. Abb. Seite 19, 25 und 230.

Alterskleid (Artkennzeichen): ♂ und ♀ im gesamten Farbtypus wie Bleßgans, insgesamt aber grauer. Die weiße Stirnblesse reicht bis über die Augen, ist also ausgedehnter als bei *albifrons*. Die Augen selbst sind von einem leuchtend gelben Ring umschlossen. Schnabel und Füße blaß orangerot, Iris dunkelbraun. *Maße:* ♂ Flügel: 362–412, Schwanz: 95–110, Schnabel: 28–35, Lauf: 58–62 mm; ♀ Flügel: 334–381, Schnabel: 25–35 mm. *Gewicht:* ♂ 1440–2300 g, ♀ 1300–2150 g.

Dunenkleid: Ähnlich dem des Bleßgans-Kükens, insgesamt aber dunkler.

Jugendkleid: Deckgefieder graubraun, Schnabelbasis und Stirn dunkler als übriges Kopfgefieder; Augenring blaß gelbgrün, schwarze Bauchfleckung fehlt.

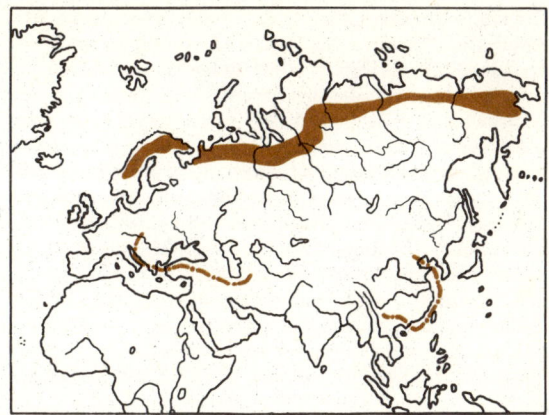

Brutvorkommen und südliche Begrenzung der Überwinterungsgebiete der Zwerggans.

Vorkommen in Mitteleuropa: Östlich der Weichsel erfolgt regelmäßiger Durchzug zu den Winterplätzen Ungarns und der Schwarzmeerländer. In den DDR-Nordbezirken überwintern alljährlich kleine Gruppen, wogegen nur Einzelvorkommen aus dem Binnenland und Westeuropa bekannt wurden.

Lebensweise: Die Brutgebiete der Zwerggans liegen vorwiegend in der borealen Waldtundra und schieben sich nach Norden bis in die südliche Strauchtundra vor. Sie schließen etwa südlich an die der Bleßgans an. Bevorzugte Brutbiotope stellen die von Polarbirken und Zwergweiden durchsetzten Grasmatten an Bergseen, felsigen Hängen und in sumpfigen Hochebenen dar, in denen die Gänse teilweise bis dicht an die Zone des ewigen Schnees vordringen. In Norwegen werden die hoch gelegenen Fjells bewohnt.

Zu den Brutplätzen kehren die Zwerggänse Ende Mai-Anfang Juni zurück. Bis zum Einsetzen der intensivsten Schneeschmelze streichen sie in Schwärmen umher und beginnen dann auf kleinen Inselchen mit reicher Bodenvegetation und niedrigen Büschen, an steinigen Uferhängen oder auf Heideflächen mit dem Nestbau. Das Nest selbst steht gut versteckt zwischen Weiden-, Birken- oder unter Wacholderbüschen, im Heidekraut oder zwischen Krähen- und Rauschbeergesträuch. Als Unterlage dienen Zweige, Gräser und Moos der Nestumgebung; später umgibt ein dicker Dunenwall das aus 3–8, meist aus 4–5 weißen Eiern bestehende Gelege. Die Eiablage beginnt in Lappland Ende Mai, in Sibirien im Juni. Die Maße der Eier werden mit 69–84,5 × 43–52 mm; ∅ 76,0 × 49,0 mm angegeben. Die Brutdauer liegt zwischen 25 und 28 Tagen. Während das Weibchen brütet, wacht der Ganter in Nestnähe, er begleitet es in den Brutpausen und beteiligt sich später an der Jungenführung. Die Aufzucht erfolgt auf wassernahen Wiesen. Die Familien führen nach ROSENIUS (1931) eine sehr versteckte Lebensweise, nach USPENSKI (1965) scharen sie sich zu großen Trupps zusammen und versuchen, Gefahren rechtzeitig durch Laufen auszuweichen. Die Junggänse werden etwa im Alter von 5–6 Wochen flugfähig. Der Abzug in die Wintergebiete erfolgt nach vollendeter Schwingenmauser der Altvögel zwischen Mitte August und Anfang September. Den Winter verbringen diese Gänse auf großen Acker- und Wiesenflächen, in Brüchen oder auf sumpfigen Steppen.

Nahrung und Nahrungserwerb: Sie unterscheiden sich nicht wesentlich von denen der Bleßgans.

Haltung in Zuchtanlagen: Zwerggänse werden in vielen zoologischen Gärten und sehr gern von Züchtern gehalten. Die geringe Größe, das ruhige, vertraute Wesen und die Verträglichkeit anderen Arten gegenüber machen sie begehrenswert. Bei guter Unterbringung, zu der eine ständige Weidemöglichkeit gehört, ist die Zwerggans hart und ausdauernd.

Unter den nordischen Gänsen ist sie am leichtesten züchtbar. In England wurde sie 1918 erstmalig gezüchtet. In den 20er und 30er Jahren wuchsen in Holland und Frankreich regelmäßig Junggänse heran. Heute dürfte die Mehrzahl der Gehegetiere Nachkommen bereits gezüchteter Vorfahren sein. Zur Stabilisierung der weitgehend erloschenen skandinavischen Brutpopulation werden seit 1981 in Gehegen herangewachsene Junggänse in Lappland ausgewildert.

Eine Zuchtgruppe wird zweckmäßig aus Jung- oder noch nicht verpaarten Altvögeln aufgebaut. Hier gibt es kaum Probleme bei der Paarung. Innerhalb des Winterschwarmes bemühen sich die Ganter um die Weibchen und zeigen hier typische Balz- und Sexualverhaltensweisen, wie sie von der Graugans bekannt sind. Begattungen erfolgen etwa ab März, Nestbau und Eiablage ab Mitte April, meist um den 1. Mai. Als Nistplatz werden bewachsene Inseln der Bodenvegetation im Gehege und Hütten vorgezogen. Gern werden vorbereitete Nester (mit trockenen Grasbüscheln ausgelegte Mulden) angenommen. Bis zu 7 Eier werden in ein- oder zweitägigem Abstand gelegt und vom vorletzten Ei an bebrütet. Brut und Kükenbetreuung erfolgen zweckmäßig durch die Eltern, zumal Zwerggänse nur selten Nachgelege bringen. Innerhalb 24 Stunden wogen 5 Küken 60 bis 78 g; Ø 67,9 g (KEAR in BAUER u. a. 1968), 28 aus eigener Anlage 69–86 g; Ø 79,82 g. Während der ersten drei Tage laufen die Gössel sehr ungeschickt, wachsen dann aber schnell heran. Zwischen 10. und 13. Tag beginnt die Befiederung der Schultern und Flanken, um den 18. Tag entfalten sich Schwanz und Schwingen. Sechs Wochen alte Junggänse sind voll befiedert und unternehmen Flugübungen, nach weiteren zwei Wochen sind sie etwa so groß wie die Eltern. Während der Kleingefiederentwicklung färbt sich der anfangs hornbraune Schnabel blaß rosarot, der Nagel bleibt dunkel. Die Umfärbung in das Alterskleid beginnt im Herbst, ab Januar ist die Blesse teilweise weiß, der Augenring leuchtend gelb, das Bauchgefieder braunfleckig. Die geschlechtliche Reife tritt gegen Ende des zweiten Lebensjahres ein. Besondere Nahrungsansprüche werden nicht gestellt. Altvögel äsen bevorzugt kurze Gräser, Küken nehmen bereits zu Beginn der Befiederung Weizenkörner auf.

Graugans
Anser anser (L.)

Č Husa velká   F Oie cendrée
D Grågås   H Grauwe Gans
E Graylag Goose   R Серый гусь

Die Graugans bewohnt in zwei Unterarten weite Gebiete des borealen und gemäßigten Europas und Asiens. Westliche Graugans, *Anser a. anser* (L.), mit gelblich orangefarbenem Schnabel und oft mit weißer Schnabelbasis; Östliche Graugans, *Anser a. rubrirostris* SWINHOE, mit rosarotem oder fleischfarbigem Schnabel. Tiere einer breiten Mischpopulation erschweren eine sichere Bestimmung.

Habitus: Prototyp aller echten Gänse. Abb. Seite 113 und 228.

Alterskleid (Artkennzeichen): ♂ und ♀ Kopf, Hals und Brust durchweg hell graubraun, Federn auf Rücken und Flanken breit hellgrau gesäumt, Bauchseite manchmal schwarzfleckig. Abdomen und Schwanzdecken weiß; Flügeldecken hell silbergrau. Schnabel orangerot, Nagel weiß; Iris braun, Füße blaßrot. *Maße:* ♂ Flügel: 445–482, Schwanz: 129–150, Schnabel: 55–72, Lauf: 73–82 mm; ♀ Flügel: 416–470, Schnabel: 54–70 mm. *Gewicht:* ♂ 2860–3940 g, ♀ 2575–3540 g.

Dunenkleid: Oberseits olivbraun, mit zunehmendem Alter schmutzig graubraun, Kopf, Hals und Körperseiten grünlichgelb; Schultern, Flügelränder und gesamte Unterseite gelblichweiß, die Hell-Dunkel-Partien stark ineinander übergehend. Schnabel und Füße olivgrau.

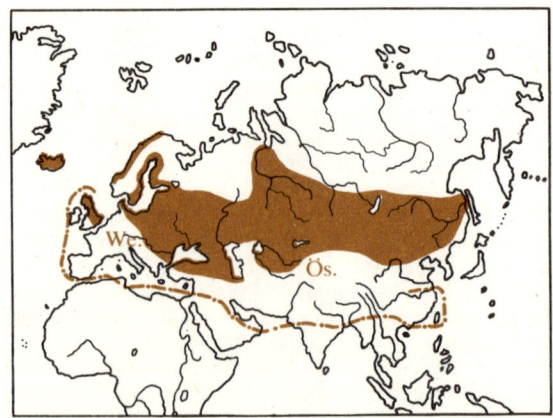

Brutvorkommen und Überwinterungsgebiete der Westlichen (We.) und Östlichen (Ös.) Graugans.

Küken der Graugans, *Anser anser* (L.).

Jugendkleid: Gegenüber dem Alterskleid brauner, die Säume der Deckfedern breiter und verwaschener gezeichnet; Halsgefieder nicht gerillt. Schnabel anfangs grau, später gelblich und orange; Iris graubraun, Füße olivgrau. *Gewicht:* ♂ 2630–3630 g, ♀ 2360 bis 3265 g.

Vorkommen in Mitteleuropa: Brutplätze befinden sich östlich der Elbe von Schleswig-Holstein, Mecklenburg, Brandenburg, der Lausitz, über Böhmen und Mähren bis in das Pannonische Becken. In der DDR umfaßte die Graugansenpopulation 1977 etwa 27000 Exemplare, davon knapp 6000 Brutvögel, etwa 2600 Paare brachten 7000 bis 9000 Junggänse groß; Herbstzug hier zwischen Juli und September, Frühjahrszug ab Ende Januar, verstärkt im März. Nichtbrüter konzentrieren sich ab April auf Rastplätzen im Bereich der Brutgebiete. Die zentraleuropäischen Brutvögel überwintern im Mittelmeerraum, südwärts bis Tunesien und Ostalgerien (FRÄDRICH u. LITZBARSKI 1976, LITZBARSKI 1982, TIMMERMAN 1976).

Lebensweise: In Mitteleuropa brüten die Graugänse an ruhigen, einsamen Seen mit breitem Schilfgürtel und angrenzenden Wiesen und Äckern. Die östlichen Populationen bewohnen flache Steppenseen, Altwässer und vegetationsreiche Moore, gern solche mit kleinen schwimmenden Inseln, auf denen sie dann brüten. Auf den schwedischen Schären nisten sie teilweise in lockeren Kolonien auf kurzem Grasland entlang der Küste, wie es BENGT BERG (1930) anschaulich darstellt. Über die Müritz-Population geben RICHTER (1959) und MOLL (1962) folgenden Abriß:

Die Ankunft in den Brutgebieten erfolgt Mitte Februar, bei kalter Witterung erst Mitte März. Hier schließt sich eine rege Balzzeit an. Die Nester stehen fast durchweg an schwer zugänglichen Stellen auf Kaupen, im Schilf oder Röhricht, sind umfangreiche Bauten aus vorjährigen Pflanzenteilen und werden vorwiegend vom Weibchen errichtet. Der Legebeginn schwankt mit den Witterungsverhältnissen zwischen Mitte März und Ende April, meist liegt er um die März-April-Wende.

Das Vollgelege besteht aus 4–9, bisweilen aus 12 glanzlosen, weißen Eiern mit den Maßen

76–99 × 52–62 mm; ∅ 86,0 × 58,0 mm. Die Bebrütung beginnt mit dem vorletzten oder letzten Ei und dauert 28–29 Tage. Die frisch geschlüpften Gössel wiegen 96–122 g und bleiben etwa 24 Stunden im Nest. Von beiden Eltern betreut, werden sie auf angrenzendes Weide- und Wiesenland geführt und erlangen nach 50–60 Tagen um Mitte August ihre Flugfähigkeit. Die Altgänse beginnen im Juli mit der Schwingenmauser. Zwischen Mitte September und Mitte Oktober ziehen die Graugänse aus dem Müritzgebiet ab.

Die Geschlechtsreife der Junggänse tritt nach vollendetem zweiten Lebensjahr ein, die Sexualität äußert sich aber schon nach etwa 18 Monaten und führt zunächst zur Verlobung. Die Tiere gehen in der Regel eine Dauerehe ein, die auch außerhalb der Brutzeit aufrechterhalten wird.

Nahrung: Rein pflanzlich, sie besteht vorwiegend aus Blättern, Trieben und Stengeln der Landpflanzen, die mit dem Schnabelnagel abgerissen oder mit der seitlichen Hornleiste abgebissen werden. Im Spätsommer und Herbst äsen die Graugänse vorzugsweise auf Getreidestoppelfeldern. Der hier aufgenommene Körneranteil betrug nach Ermittlungen von SCHRÖDER (briefl.) 59 % der Gesamtnahrung; weitere 13 % stellten Wildgräser und Grünteile der Getreidepflanzen sowie 10 % die der Schachtelhalme.

Haltung und Zucht: Die Graugans stellt die Stammform fast aller unserer Hausgans-Rassen dar, sie wurde besonders im mitteleuropäischen Raum domestiziert. Heute leben beide Unterarten der Graugans – vornehmlich die westliche – in allen Zoos und in vielen städtischen Anlagen und Parks. Von den Züchtern werden sie relativ wenig gehalten. Obwohl auch diese Gänse auf Teichen mit angrenzender großräumiger Rasenfläche am wirkungsvollsten sind, begnügen sie sich ebenso mit wesentlich kleineren Gehegen. Graugänse sind winterhart und benötigen für die kalten Monate lediglich eine eisfreie Wasserstelle als Schutz gegen Raubsäuger.

Zuchterfolge mit der Graugans stellen keine Besonderheiten dar, sind aber bei weitem nicht mit allen als »Paar« zusammengebrachten Tieren zu erzielen. Die geringe Fortpflanzungsneigung bei einem Teil der Graugänse dürfte in der fehlenden Paarungsbereitschaft begründet liegen. Die in Dauerehe lebenden Gänse verpaaren sich nach Verlust eines Partners oder bei zwangsweise zusammengestellten Tieren oftmals gar nicht oder erst nach vielen Jahren, andererseits sind Umpaarungen selbst bei weiterer Anwesenheit der ehemaligen Brutpartner nicht selten. Ist es zur Paarbildung gekommen, dann bleiben Zuchterfolge auch unter weniger guten Bedingungen selten aus. Der Züchter REISSAUS, dessen Erfahrungen sich verallgemeinern lassen, berichtet (briefl.): »Zwischen 1954 und 1955 erwarb ich insgesamt 22 Graugänse. Aus dieser Herde bildete sich bald ein Paar heraus, das dann ab 1957 alljährlich zur Brut schritt, bis das Weibchen 1965 verunglückte. Obwohl die Gänse außerhalb der Brutzeit viel Auslaufmöglichkeiten hatten, war das Zuchtgehege nur 150 m² und der Teich 4 m² groß. Am Rande des Teiches war aus aufgestelltem Reisig ein sichtgeschützter Nistplatz errichtet worden. Als Nestunterlage dienten ebenfalls Reiser. Das Paar vervollständigte den Nestbau. Gebaut wurde nur vom Weibchen, der Ganter verlegte das Material lediglich. In den acht Jahren schwankte der Legebeginn zwischen dem 28. März (1961) und dem 1. Mai (1958). Das Weibchen legte 6 oder 7 Eier und brütete regelmäßig ab 5. Ei. Bei den Nestkontrollen zischte die Gans heftig und stieß mit dem Schnabel, während der Ganter flügelschlagend das Nest verteidigte. Die Brutdauer betrug immer 28 Tage. Die Kükenaufzucht erfolgte durch die Eltern und verlief alljährlich verlustarm. Ende Juli waren die jungen Graugänse flugfähig. Um ein Abwandern der Familie zu verhindern, beschnitt ich gegen Ende der Schwingenmauser den Altvögeln die Flügel. Der Verband hielt bis zum Brutbeginn des folgenden Jahres eng zusammen, dann biß das alte Paar die Jungen weg.« Im Freiflug gehaltene Paare wandern nur selten ab und bringen wesentlich höhere Fortpflanzungsraten als kupierte Tiere. HEINROTH (1926) bot den flugfähigen Graugänsen im Berliner Zoo Nistkörbe in den Ästen großer Bäume. Diese ruhigen Plätze wurden von mehreren Paaren zur Eiablage angenommen.

Die Aufzucht junger Graugänse ist auch ohne Eltern oder Ammen gut möglich. Im Gegensatz zu jungen Entenküken sind die Gössel von vornherein vertraut und ruhig, sie schließen sich schon nach kurzer Zeit eng der Amme oder dem Pfleger an. Über die Befiederung schreibt HEINROTH (1928):

»Mit drei Wochen zeigen sich die Schulter- und Schwanzfederkiele, anschließend schieben die Armschwingen. Mit 26 Tagen lösen sich die Erstlingsdaunen von den Federspitzen. Nach 5 Wochen ist die Befiederung etwa zu 75 % abgeschlossen. Mit 57 Tagen werden die ersten Flugversuche unternommen, doch erst mit 11 Wochen sind die Handschwingen voll ausgewachsen. Gleichzeitig beginnt auch die Kleingefiedermauser, die mit 18 Wochen ihren Abschluß findet. Anfang Mai geschlüpfte Junge haben also Ende September das fertige Alterskleid. Nach zwei Jahren tritt dann die Geschlechtsreife ein.«

Streifengans
Anser indicus
(LATHAM)

Č Husa indická	F Oie à tête barrée
D Indisk Gås	H Strepen Gans
E Bar-headed Goose	R Горный гусь

Habitus: Wie Graugans. Abb. Seite: 229 und 230.
Alterskleid: ♂ und ♀ Kopf weiß mit zwei schwarzen Bändern quer über dem Nacken. Hals vorn dunkelbraun, ein schmaler Seitenstreif weiß, hinten matt

schwarzbraun. Brust, Rückenpartien und Unterseite fast einfarbig hell silbergrau, Schulterfedern mit schmalen weißen Endsäumen; Flanken in der hinteren Hälfte bräunlich. Schwungfedern grau, an den Spitzen in Schwarz übergehend. Schnabel gelb oder orangerot mit schwarzem Nagel; Füße ebenfalls orangerot. Das ♀ ist in der Regel etwas schwächer und kleiner als das ♂. *Maße:* ♂ Flügel: 450–482, Schwanz: 140–170, Schnabel: 48–63, Lauf: 70–80 mm; ♀ Flügel: 406–460, Schwanz: 127–160. Schnabel: 47–55, Lauf: 63–75 mm. *Gewicht:* ♂ und ♀ 2000–3000 g; 9 juv. ♂♂ 2310–2770 g, 7 juv. ♀♀ 1935–2535 g (Gehegevögel) (WÜRDINGER 1975).
Dunenkleid: Kopfplatte, die Augengegend, der Rücken sowie Flügel und Schenkel olivgrün; übrige Partien, besonders Brust und Bauchseite, blaß gelb. Zwischen der Hell-Dunkel-Zeichnung bestehen zarte Übergänge. Schnabel bläulichgrau, Füße graugrün.
Jugendkleid: Rumpfgefieder insgesamt verwaschen bräunlichgrau, nur Schwanzdecken und Aftergegend sind weiß. Die dunkelgraubraune Hinterhalszeichnung zieht sich bis zur Stirn, Nackenstreifen fehlen. Schnabel und Füße gelblichgrün.
Lebensweise: Die Streifengänse bewohnen in ihrer rein kontinentalen Brutheimat die Seen, Sumpfniederungen und Flußläufe der Gebirgssteppen und Hochplateaus etwa zwischen 3000 und 5600 m über dem Meere. OGILVIE (1978) schätzt den Gesamtbestand auf 10000 Individuen; die stark abnehmende Population der UdSSR umfaßt ca. 1000 Tiere.

Im östlichen Tibet treffen die Trupps der Streifengänse um den 15. April ein (SCHÄFER 1938). Zu dieser Zeit sind die Gewässer noch stark vereist, häufig beherrschen starke Nachtfröste und Schneefall die Landschaft. Bei ihrer Ankunft sind die Gänse fest verpaart und beginnen sofort mit der Nistplatzsuche. Streifengänse brüten meist in lockeren Kolonien. Die Nester werden auf kleinen Grasinselchen der Steppenseen oder in den Sumpfniederungen errichtet. GROTE (1931) fand die Streifengänse in der Mongolei in alten Greifvogelnestern 4–6 m hoch auf Pappeln brütend. SCHÄFER bemerkt für Osttibet, daß die Art ausschließlich entlang der Flußläufe auf den schmalen Felsstufen der Steilwände, oft in unmittelbarer Nachbarschaft von Greifvögeln und Kolkraben brütet. Die einzelnen Nester stehen manchmal nur 2–3 m voneinander entfernt. Anfang Mai beginnt hier die Eiablage. Teils ohne Unterlage, teils in den Nestmulden unbesetzter Horste werden die 4–5 (selten bis 8) rahmweißen Eier abgelegt; deren Maße betragen 75–91 × 51–59 mm; ∅ 84 × 55,1 mm. Während das Weibchen brütet, wacht das Männchen neben dem Nest. Die Brutdauer beträgt etwa 27–30 Tage. Durch die Lockrufe der Eltern verlassen die etwa einen Tag alten Küken das Nest, und die Familie siedelt nun zu größeren Wasserflächen über. Die Küken der erhöht stehenden Nester springen herab. SCHÄFER sah ein wenige Stunden altes Gössel, das aus einer 25 m hohen Steilwand von Fels zu Fels fallend herabsprang und unten auf dem steinigen Ufergeröll aufschlug. Binnen kurzer Zeit kam es zu sich und lief zum lockenden Altvogel. Obgleich beide Eltern sehr besorgt die Führung ihrer Gössel

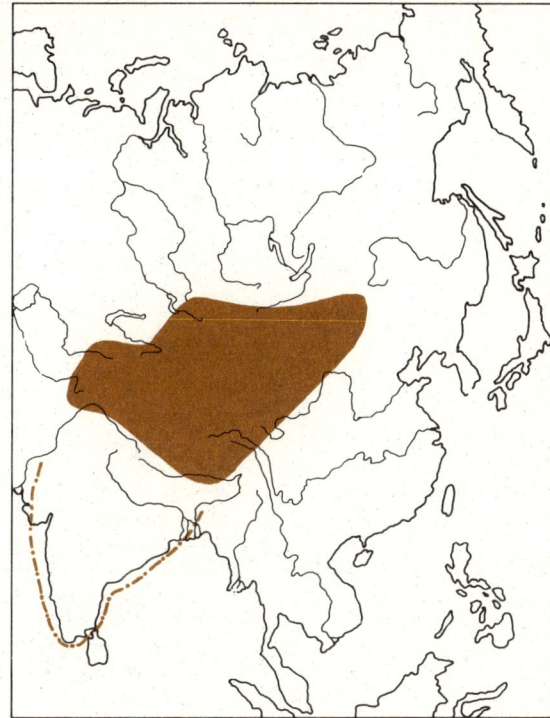
Brutvorkommen und Überwinterungsgebiete der Streifengans.

deren Gehegegröße und -qualität keine Rothals- oder Ringelganszuchten verspricht. In städtischen Anlagen ist sie für die Belebung von Parkteichen geeignet, bastardiert jedoch stark mit anderen Gänsearten, speziell mit der Graugans.

Auf den Tiermärkten werden heute überwiegend gezüchtete Jungtiere angeboten. Diese Gänse paaren sich im 1. und 2. Jahr und werden im 2. oder 3. Lebensjahr geschlechtsreif. Die Nester werden in der Bodenvegetation, gern auf Inselchen oder in Hütten errichtet. Beginn der Eiablage im rauhen Erzgebirgsklima der DDR und unter den Bedingungen des britischen Seeklimas im Wildfowl Trust jeweils zwischen 15. und 25. April, wogegen diese Zeitspanne für Seewiesen, Oberbayern, bereits den Brutbeginn darstellt (DAVIES, FISCHER, GWINNER 1969). Obgleich Nachgelege zu erwarten sind, sollte den Eltern, wenn es die örtlichen Bedingungen erlauben, Brut und Aufzucht selbst überlassen bleiben. Wie WÜRDINGER (1975) in Seewiesen nachweisen konnte, entwickeln sich Jungtiere unter optimalen Bedingungen der Handaufzucht am schnellsten, sie sind mit 49–53 Tagen flugfähig, dagegen von den Eltern geführte ab 58. und im Tienschan herangewachsene ab 62. Tag. Ferner spielt die Rangordnung in der Geschwisterschar bei der Gewichtszunahme eine Rolle. Maximale Gewichtszunahme zwischen 20. und 28. Tag, etwa ab 50. Tag wird das Adultgewicht erreicht. Die Befiederung beginnt am 16. Tage an Schultern, am 18. an den Flanken, am 19. an den Oberschwanzdecken, am 22. auf der Bauchseite, und ab 20. Tag entfalten sich die Handschwingen. Während der Befiederung werden Läufe und Schwimmhäute gelb, mit 6–7 Wochen ist der Schnabel umgefärbt. Bald danach beginnt die langsame Umfärbung des Klein- und Rückengefieders in das Alterskleid, die im Alter von etwa 8 Monaten abgeschlossen wird.

übernehmen, erreichen in den meisten Fällen doch nur 1–3 Junggänse pro Familie etwa im Alter von 60 Tagen im August ihre Flugfähigkeit. Die Mauser der Altvögel setzt Mitte Juli – bei Tieren, die keine Jungen führen –, bereits schon Ende Juni ein. Ab September erfolgt dann der Abzug über das Himalaja-Massiv, wo Streifengänse in fast 9000 m Höhe angetroffen wurden, in ihre südlich davon liegenden Winterquartiere.

Im Gegensatz zum Verhalten in den Überwinterungsgebieten, wo die Streifengänse stark verfolgt werden und demzufolge äußerst scheu sind, liegt die Fluchtdistanz brütender Paare oft unter 10 m (SCHÄFER), und in Lhasa, wo sie nicht verfolgt werden, brüten sie in der Stadt und zeigen keinerlei Scheu dem Menschen gegenüber (BERNDT/MEISE 1962).

Nahrung: Sie besteht im wesentlichen aus grünen Pflanzenteilen.

Haltung und Zucht: Streifengänse werden seit 1845 im Zoo London und seit 1872 im Zoo Berlin gehalten, zu ersten Zuchterfolgen kam es 1880 in Berlin und 1888 im Zoo Paris (DELACOUR 1954, SCHLAWE 1969). Heute ist die Art bei Züchtern sowie in Vogelparks und Zoos – im Sommer nicht selten mit Nachkommen – anzutreffen. Frischimporte kamen ausschließlich aus den Winterquartieren der Art, deshalb »Indische Streifengans«.

In ihrer Unkompliziertheit und in den für Gänse überdurchschnittlichen Zuchtaussichten ist die Streifengans für Anfänger und jene Züchter zu empfehlen,

Schneegans
Anser caerulescens (L.)

Č Husa sněžní	F Oie des neiges
D Snegås	H Sneeuw Gans
E Snow Goose	R Белый гусь

Zwei Unterarten: Die Kleine Schneegans, *Anser c. caerulescens* (L.), und ihre blaue Mutante* (Fußnote Seite 116) werden auf den Inseln um die Baffin-Bay und auf NW-Grönland durch die Große Schneegans, *Anser c. atlanticus* KENNARD, vertreten.

Beschreibung von *Anser caerulescens caerulescens*:
Habitus: Wie Graugans, nur etwas kleiner. Abb. Seite 232.

Brutvorkommen und Überwinterungsgebiete der Großen (Gr.) und Kleinen (Kl.) Schneegans.

Alterskleid: ♂ und ♀ durchweg weiß, nur Flügel-handdecken hell graubraun, Handschwingen schwarz-braun. Schnabel und Beine fleischrot, Schnabelinneres und wülstige Zahnleisten schwarz. Blaue Mutation: Kleingefieder von Kopf und Hals, manchmal auch Brust und Bauch weiß, sonst mehr oder weniger schie-fergrau bis graubraun. Die etwas verlängerten Schul-terfedern sind fast schwarz und haben breite weiße Ränder. *Maße:* ♂ Flügel: 395–460, Schwanz: 115–140, Schnabel: 51–62, Lauf: 78–91 mm; ♀ Flü-gel: 387–450, Schnabel: 50–61, Lauf: 71–85 mm. Herbst-*Gewicht:* 467 ♂♂ 2055 bis 3402 g, ∅ 2744 g; 422 ♀♀ 1814–3075 g, ∅ 2517 g (COOCH u. a. 1960).
Dunenkleid: Oberer Teil von Kopf und Rumpf sowie ein Augenstreif gelblichbraun; Gesicht, Unterseite, Fleckchen auf Flügel und Rücken grünlichgelb. Die gesamte Farbintensität ist variabel und kann bei den Küken der blauen Form bis ins Dunkelolivgrün oder Schwarzbraun gehen. Schnabel und Füße graugrün bis schwärzlich. Frischgeschlüpfte Küken wiegen 61,4–96,7 g (SMART 1965).
Jugendkleid: Kleingefieder bei der weißen Variante anfangs durchweg hell graubraun, später mehr oder weniger von weißen Federn durchsetzt. Junggänse der blauen Mutante anfangs dunkel graubraun bis grauschwarz, lediglich Bauch und Unterschwanzdek-ken sind weiß. Alterskleid beginnt am Kopf durchzu-färben. Gewicht immaturer Tiere im ersten Herbst: 832 ♂♂ 1361–3175 g, ∅ 2177 g; 630 ♀♀ 1361–2721 g, ∅ 1917 g (COOCH u. a. 1960).

---

* Über die Beziehungen der beiden Farbformen zueinander schreibt MAUERSBERGER (1969):
»Die Beziehungen der beiden Formen sind recht verwickelt. Obwohl die Erbanlage für dunkles Gefieder überlegen (domi-nant) ist und sich bei Mischpaarungen durchsetzt, sorgt die Vorliebe für gleichgefärbte Partner zusammen mit der höheren Eizahl der weißen Schneegänse doch dafür, daß es zwar viele reinweiße Brutkolonien gibt, aber keine einzige, wo alle Vögel grau sind. Neuerdings breitet sich die graue Form mit der Er-wärmung der kanadischen Arktis rasch aus und beginnt die weiße Form zu überflügeln.«

Vorkommen in Mitteleuropa: Kleine Gruppen von Schneegänsen überqueren alljährlich den Atlantik und werden auf den britischen Inseln, ausnahmsweise bis Holland angetroffen. Beobachtungen in den anderen europäischen Ländern gehen auf Fehlbestimmungen, Gehegeflüchtlinge oder eine in Südschweden gehaltene Freiflugpopulation zurück. Allein für Mecklenburg liegen aus den letzten Jahren 15 Beobachtungen mit insgesamt 20 Exemplaren der weißen Phase vor.
Lebensweise: Das Brutvorkommen konzentriert sich auf relativ wenige, aber sehr umfangreiche Brutkolo-nien. Nach OGILVIE (1978) brütet die etwa 2,7 Mill. In-dividuen umfassende Gesamtpopulation in 14 großen und etlichen kleineren Kolonien. Während die neu-weltlichen Populationen auch gegenwärtig anwachsen, nimmt die Zahl der Brutpaare auf der Wrangelinsel bedrohlich ab. Altvögel wurden gezählt: 1960 400000 bis 450000, 1970 120000 und 1975 noch 32000 (USPENSKI 1965, RUTSCHKE 1976).

Die Fortpflanzungsbiologie der Schneegänse ist auf den extrem kurzen Sommer der arktischen Brutinseln eingestellt. Hier bricht die geschlossene Schneedecke erst gegen Mitte oder Ende Mai auf. Das Sommer-klima ist kalt, rauh und windig; die Vegetation besteht nur aus niedrig, oftmals aber üppig wachsenden arkti-schen Gräsern und Kräutern sowie aus kleinen Zwerg-weiden-Büschen. Auf der Wrangelinsel, wo um 1960 etwa 130000 Paare in einer rund 20 km² großen Kolo-nie brüteten, kehren die Schneegänse im letzten Mai-drittel zurück. Balz und Paarung sind abgeschlossen, und es wird sofort mit Nestbau und Eiablage begon-nen. Die Nester stehen in kleinen, gescharrten Nest-mulden, die mit vorjährigen Halmen und Flechten, später dann dick mit Dunen ausgelegt werden. In den meisten kanadischen Kolonien erfolgt die Eiablage zwischen dem 5. und 25. Juni (COOCH 1961), also in einer extrem engen Zeitspanne. Die Vollgelege enthal-ten gewöhnlich 4–6 weiße, schwach glänzende Eier mit den Maßen 63,2–88,0 × 41,8–57,2 mm; ∅ 78,6 × 52,3 mm (BENT 1925). Brutdauer um 23 Tage. Während die Familien in den ersten Tagen in der Ko-lonie äsen, scharen sich die Gössel etwa nach einer Woche zu Trupps zusammen und siedeln mit den Altvögeln zu den Äsungsplätzen in Gewässernähe über. Hier erfolgt im Juli die kaum einen Monat dauernde Schwingenmauser der Altvögel. Gegen Mitte August erlangen diese mit ihren Jungen die Flugfähigkeit. Ende August erfolgt die Abwanderung in die Wintergebiete, die für die kanadischen und sibirischen Brutvögel fast ausschließlich in Kalifornien und Louisiana liegen. In den Marschen des ausgedehnten Mississippi-Deltas und entlang der Golfküste von Texas treffen die Scharen ab Oktober, vor allem im November ein und verlassen diese Ende Februar.

Nahrung: Sie besteht in den Brutgebieten aus arktischen Gräsern und Kräutern, örtlich bildet die Segge *Carex stans* die Hauptfutterpflanze. Im Winterquartier streifen die Gänse die Samen der Gräser ab, graben Wurzelstücke und Rhizome von Binsen und äsen auf Ackerflächen und Weiden.

Haltung und Zucht: Später als andere nordamerikanische Gänsearten gelangte die Schneegans kurz vor der Jahrhundertwende nach Europa. Vermutlich war es anfangs die Nominatform mit ihrer blauen Farbvariante. Die atlantische Unterart wurde mit Sicherheit ab 1914 nach Westeuropa gebracht. Auch die heutigen Gehegevögel dürften überwiegend Kleine Schneegänse sein, doch ist dem Züchter eine Rassenzuordnung nur begrenzt möglich und sollte deshalb unterbleiben.

Schneegänse sind robust, anspruchslos und verträglich; ihre Überwinterung ist im Freien möglich, das Zuchtgehege sollte jedoch eine Grasnarbe aufweisen. Die Bastardierungsneigung mit anderen Gänsearten ist unter nichtverpaarten Tieren relativ hoch. Unmittelbar nach dem Erstimport gelang dem Holländer BLAAUW eine Zucht mit blauem Ganter und weißer Gans. Auch heute gehören Schneegänse zu den leicht züchtbaren *Anser*-Arten. GRUMMT (mündl.) berichtet von zwei weiblichen Schneegänsen, die während der Flügelmauser 1961 auf der Wrangelinsel gefangen wurden und 1962 bereits je 4 Eier legten, aus denen 7 Junge aufwuchsen. Als Jungvögel zusammengestellte Paare werden fast ausschließlich im 2. oder 3. Lebensjahr fortpflanzungsaktiv. In Hütten, in vorbereiteten Nestgruben, im Schutze von Gebüsch oder auf der Teichinsel erfolgt die Eiablage. Im Wildfowl Trust wurden 28 Gelege zwischen 16. 4. und 14. 5., davon 19 zwischen 24. 4. und 3. 5. begonnen. Diese Zeitspanne trifft für 19 Gelege in Seewiesen, Oberbayern, bereits für den Brutbeginn zu (DAVIES, FISCHER und GWINNER 1969). Da kaum Nachgelege zu erwarten sind, sollte der Züchter Brut und Kükenbetreuung den Eltern selbst überlassen. Die Gössel schlüpfen etwa mit 70 g, sind robust wie ihre Eltern und enorm schnellwüchsig. Wildvögel, die im arktischen Sommer Tag und Nacht Nahrung aufnehmen können, beginnen ab 35. Tag mit den Flugübungen und sind zwischen 42. und 50. flugfähig. Etwa mit 12 Wochen beginnt die Umfärbung in das Alterskleid. Den Gösseln ist eine ausreichende Weidemöglichkeit zu bieten, so daß nur eine begrenzte Zusatzfütterung erforderlich ist.

Zwergschneegans
Anser rossi CASSIN

Dt. Syn.: Ross's Gans

Č Husa bělostná	F Oie de Ross
D Ross Snegås	H Ross Gans
E Ross' Goose	R Россов гусь

Habitus: Wesentlich kleiner als die Schneegans, auffallend kurzschnäblig. Abb. Seite 27.

Alterskleid: Handschwingen überwiegend schwarz, gesamtes übriges Gefieder reinweiß. Der zierliche, rote Schnabel weist bei den jungen ♂ ♂ zur Brutzeit, bei den älteren während des ganzen Jahres von der Basis her bis zu den Nasenlöchern faltige und warzige, graublaue Hautwülste auf. Bei den ♀ ♀ sind sie schwächer entwickelt oder fehlen gänzlich. Füße dunkel fleischrot. *Maße:* ♂ Flügel 360–380, Schwanz: 117–127, Schnabel: 40–46, Lauf: 61–70 mm; ♀ Flügel: 345–360, Schwanz: 100–119, Schnabel: 37–40 mm. *Gewicht:* ♂ 1150–2100 g, ∅ 1400–1700 g; ♀ 950–2000 g, ∅ 1300–1650 g (RYDER 1967).

Dunenkleid: DELACOUR (1954) bildet drei Farbvarianten ab und schreibt: Die Küken sind vielgestaltig in der Färbung. Ein Teil ist gelblichgrau mit hellgelbem Kopf, dunklerer Ober- und hellerer Unterseite sowie einer dunklen Zügelpartie. Schnabel grau mit weißlicher Spitze; Füße olivgrün. Andere Küken entbehren aller gelben Färbung und sind grauweiß. Diese Farbvarianten treten bereits unter Geschwistern auf. Dunen sehr lang und flaumig.

Jugendkleid: Schmutziggrau, sehr ähnlich dem der jungen Schneegänse. Typisch ist der kleine, kurze, rotbraune Schnabel; die Warzenbildung fehlt oder ist nur schwach entwickelt. Füße graugrün.

Lebensweise: Die Kolonien in der Perry-River-Region wurden erst 1940 entdeckt und ab 1949 wissenschaftlich bearbeitet. Die ursprünglich kleine Brutpopulation (HANSON u. a. [1956] schätzen 1949 knapp 2000 Exemplare) hat sich seither stark vergrößert; 1960 waren es um 9000, im Juli 1965 bereits 32086 Altvögel (RYDER 1969). Die im Winterquartier erfaßte Gesamtpopulation umfaßte 1956 bis 1974 im Mittel 23400 Tiere (BELLROSE 1976), RYDER (1967, 1969, 1970) erforschte die Brutbiologie der Zwergschneegänse. Auf fünf von acht Inseln des Arlone-Sees am Perry River, die eine Größe von 0,8–2,4 ha haben, bestehen sechs Brutkolonien, in denen 1963 769 Paare brüteten. Die Inseln und das Land rings um den See sind flach hügelig und meist übersät von großen, freiliegenden Felsbrocken (Eiszeitrelikten). Die Vegetation besteht aus Gräsern, Moosen sowie aus kleinen Birken- und Weidenbüschen. Während des ganzen Sommers weht ein permanenter Südwind; die Durchschnitts-Temperatur vom 3. April bis 10. August 1963 betrug 9,8 °C mit Tagesspitzen bis 28 °C und Tiefstwerten bis −7 °C. In den Jahren 1965 bis 1967 wurden an 35 Brutplätzen rund 30 000 Brutvögel erfaßt. In der größten Kolonie brüteten 12 000 Ross's- und 5 160 Schneegänse (RYDER 1969).

Die Zwergschneegänse treffen in kleinen Gruppen zwischen der ersten Juni-Dekade und dem Ende des Monats ein. Bei ihrer Ankunft sind sie fest verpaart, Kopulationen finden vermutlich bereits auf dem Zuge statt. Unmittelbar nach der Ankunft werden die Reviere bezogen, und der Nestbau beginnt. Die Nester stehen immer im Windschutz, so auf der Lee-Seite der Insel, hinter Steinen oder zwischen Büschen. Die durchschnittliche Nestdichte beträgt 2,4 pro Hektar. Auf einer Unterlage von Moos, trockenem Gras und Zweigen, die später mit Dunen ausgelegt wird, erfolgt bereits wenige Tage nach dem Eintreffen die Eiablage. Die Gelege bestehen aus 2−7, meist aus 3−5 cremeweißen Eiern in der Größe 73−76,8 × 47,2 bis 49,9 mm; $\varnothing$ 73,7−48,8 mm (dagegen Kl. Schneegans 79,8 × 52,7 mm) (RYDER 1964), die in etwa 24stündigen Intervallen zur Ablage kommen. Die Brutdauer beträgt 22−24 Tage. Das Weibchen brütet allein und wird während dieser Zeit und in den häufigen Brutpausen − die längste erfaßte Brutzeit betrug 46 Minuten − vom Ganter bewacht und begleitet. Wenn die Gössel Anfang Juli geschlüpft sind, vereinen sich mehrere Familien zu kleinen Trupps und verlassen bald das Brutrevier; wenig später setzt bei den Altvögeln die Mauser ein. Frischgeschlüpfte Küken wiegen um 65 g. Nach rund vier Wochen sind die Junggänse nahezu erwachsen und wiegen 700−1 000 g, im Herbst erreichen sie die untere Altersgewichtsgrenze.

Nahrung: Sie besteht wie bei allen Feldgänsen fast nur aus Vegetabilien.

Haltung und Zucht: Die ersten Zwergschneegänse kamen um die Jahrhundertwende aus Kalifornien nach Europa, blieben hier jedoch bis zum 2. Weltkrieg äußerst selten. Von der bereits erwähnten Forschungsreise 1949 an den Perry River, an der auch Peter SCOTT teilnahm, gelangte die Art erneut nach Westeuropa, in den Wildfowl Trust, wo mit diesen und weiteren 6 Paaren, die als Küken um 1970 aus dem gleichen Gebiet geholt wurden, das Gros der gegenwärtig in Europa lebenden Gehegevögel gezüchtet werden konnte. In der Haltung und den Ansprüchen − sowohl der Altvögel als auch der Küken − ist die Zwergschneegans den anderen kleineren nordischen Gänsen gleichzusetzen.

Die Erstzucht gelang dem Holländer BLAAUW 1903 mit einem 1902 zusammengestellten Paar. Ein Küken wuchs heran, im Alter von zwei Wochen hatte es die Größe einer Bantam-Henne. KOOY, Holland, erhielt 1957 zwei Jungvögel, die ab drittem Jahr jeweils 4−5 Gössel aufzogen. Der Tierpark Berlin züchtet die Art seit 1974. Im Wildfowl Trust wuchsen zwischen 1954 und 1965 (ohne 1958) aus 297 Eiern 130 Junge auf. Während die Schlupfrate nur bei 53 % lag, konnten über 70 % der geschlüpften Gössel aufgezogen werden. Legebeginn zwischen 1969 und 1973 jeweils in der 2. Maidekade.

Kaisergans
Anser canagicus
SEWASTIANOW

Č Husa cisařská	F Oie empereur
D Kejsergås	H Keizer Gans
E Emperor Goose	R Белошей

Habitus: Etwas gedrungener wirkend als der anderer Feldgansarten. Abb. Seite 26 und 231.

Alterskleid: ♂ und ♀ Kopf und hintere Halshälfte weiß, Kehle und Vorderhals schwarz, letzterer zur Brust hin in Blaugrau übergehend. Gesamtes Rumpfgefieder einschließlich der Schultern und Schwanzdecken hell blaugrau, die einzelnen Federn mit schmalen schwarzen und weißen Endbinden. Flügel ohne besondere Zeichnung; Schwanzfedern weiß, zur Basis hin grau. Schnabel in ähnlichen Variationen wie bei der Saatgans schwarzgrau und blaßrot; Iris dunkelbraun, Füße leuchtend gelb. Geschlechter in Färbung, Größe

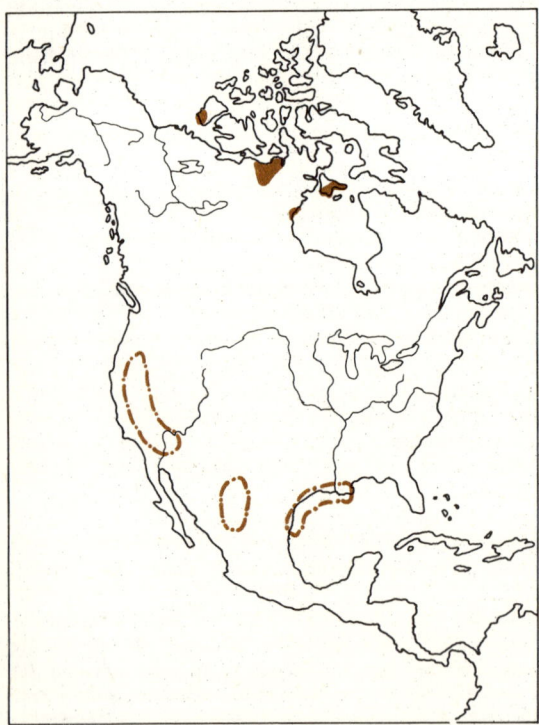

Brutvorkommen und Überwinterungsgebiete der Zwergschneegans; das Gros nistet am Queen Maund Golf in Kanada und überwintert im zentralen Kalifornien.

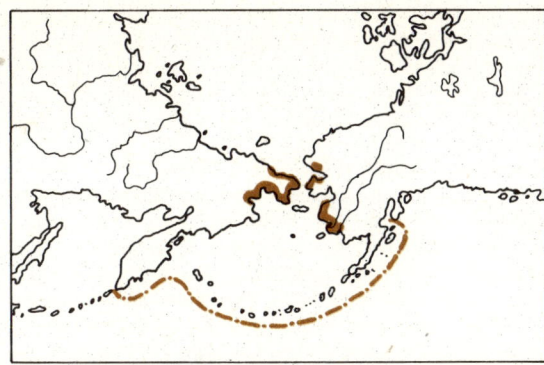

Brutvorkommen und Überwinterungsgebiete der Kaisergans (nach EISENHAUER and KIRKPATRICK 1977).

und Habitus nicht in jedem Falle unterscheidbar. *Maße:* ♂ Flügel: 380–420, Schwanz: 140–152, Schnabel: 40–51, Lauf: 66–72 mm; ♀ Flügel: 350–390, Schnabel: 35–40 mm (mehrere Autoren). *Gewicht:* 6 ♂♂ im ⌀ 2812 g, 9 ♀♀ im ⌀ 2766 g (JOHNSGARD 1975).

Dunenkleid: Durchweg hell perlgrau, lediglich Rückenpartien etwas dunkler als die Bauchseite. Schnabel und Füße schwarz.

Jugendkleid: Mantelgefieder grau, braun übertönt; Rückenfedern schmaler und stärker gerundet als bei ad., die Endbinden weniger klar gefärbt und verwaschener gezeichnet. Kopf und Hals durchweg schwarzgrau, Schnabel schwarz, Füße olivgrau. Nach der Kleingefiedermauser im Frühjahr gleichen die immaturen Gänse weitgehend den Altvögeln, weiße Kopf- und Halspartien bleiben von schwarzen Federn durchsetzt, ferner am bräunlichgrauen Jugendflügel kenntlich.

Lebensweise: Die Brutgebiete der Kaisergans konzentrieren sich auf die Deltaregionen der Flüsse, die Küstenlinien des Festlandes und die vorgelagerten Inseln im Bering- und Eismeer. Allein auf der Yukon-Halbinsel brüten 95 % der 150000–200000 Individuen umfassenden Gesamtpopulation. In großen Scharen kehren die Kaisergänse in der zweiten Maihälfte, an den Eismeerbrutplätzen erst im Juni, zurück, wenige Tage später beginnen Nestbau und Eiablage. Die Paare sind untereinander streitsüchtig und behaupten ein großes Brutrevier. Nester wurden in der höchsten Flutlinie der Küste zwischen Treibholz und aufgeschwemmtem Seetang sowie in der moorigen Tundra gefunden. Es sind kunstlose Bauten aus trockenen Pflanzenteilen, ausgelegt mit Dunen und einzelnen Konturfedern. Die Gelege bestehen aus 2–9, meist 4–7 mattweißen Eiern mit den Maßen 70 bis 89 × 48,3 bis 56,2 mm; ⌀ 79,1 × 52,2 mm. Brutdauer um 25 Tage. Während das Weibchen brütet, scharen sich nach USPENSKI (1965) die Ganter zu Trupps zusammen und verweilen in der Uferzone, nach KITCHINSKI (1972) bleiben sie in Nestnähe. Entgegen den starken Gelegen liegt die Zahl flügger Junggänse niedrig; beispielsweise aus 11 Eiern 2–3 Junge; letztgenannter Autor

vermutet eine schlechte Nestauspolsterung und eine schwache Kälteresistenz der Küken und leitet daraus begrenzende Faktoren für eine weitere Ausbreitung der Art ab. Ende Juli mausern die Altvögel. Während der Flugunfähigkeit betreiben die Eskimos eine umfangreiche Jagd auf diese Gänse, u. a. bedient man sich der altherkömmlichen Gänsepferchs. Die mausernden Gänse werden mit Booten umzingelt, auf Land gedrückt und dort in umzäunte Gehege – die Pferchs – getrieben, wo sie mühelos erschlagen werden können. Gegen Mitte August werden die alten Kaisergänse und mit ihnen ihre Jungen flugfähig. Der Abzug in die Wintergebiete beginnt Ende September. Auch in den Winterquartieren halten sich die Kaisergänse bevorzugt in der Litoralzone der Meeresküste auf.

Nahrung: Sie besteht nach USPENSKI (1965) aus Mollusken, Crustaceen, Ringelwürmern und anderen Kleinlebewesen, die am Strand aufgelesen werden und nur in kleinem Maße aus Gräsern. Nach KITCHINSKI (1972) äsen die Brutvögel in den Moortundren vorwiegend Seggen *(Carex stans)*.

Haltung und Zucht: Unter den Feldgänsen gehören die Kaisergänse zu den selten eingeführten Arten; sie wurden 1908 erstmals vom Londoner und wenig später für den Berliner Zoo erworben. BLAAUW, Holland, gelang 1915 die europäische Erstzucht, zu guten Erfolgen kam es ferner zwischen 1932 und 1940 in Clères, Frankreich. Der britische Züchter JONES, Leckford, erhielt um 1950 Frischimporte aus Alaska und brachte sie bereits 1952 zur Fortpflanzung. Die Nachkommen jener Tiere bildeten das Gros der europäischen Gehegepopulation, so daß die Kaisergans über zwei Jahrzehnte relativ gut züchtbar war, sich aber zunehmend Inzuchterscheinungen (viele unbefruchtete Eier, schlechter Schlupf) einstellten. Heute dürfte die Art genetisch durch Wildtiere wieder stabilisiert sein.

Unterbringung vorzugsweise auf großen Auslaufgehen mit gesunder Grasnarbe und nicht zu kleinem Teich, andererseits werden Kaisergänse auch in Kleingehegen mit eingesetztem Wasserbecken gezüchtet. Kaisergänse werden gegen Ende des zweiten Lebensjahres geschlechtsreif. Ein einzelnes Gehegepaar zeigt kein Balzverhalten und ist während aller Fortpflanzungsphasen voll verträglich (in meiner Anlage brüteten Kaisergans und Reiherente in 60 cm Abstand). Lediglich das rastlose Suchen des Weibchens nach einem Nistplatz und der dicke Legebauch lassen auf ein baldiges Legen schließen. Die Eiablage erfolgt in Hütten und Ställen, auf Inseln, im Grase oder zwischen Seggenkaupen. Der Nestbau beginnt erst nach dem 1. oder 2. Ei, verstärkt während der ersten Bruttage. Legebeginn ab letzter April-Dekade, meist Anfang Mai in 30- bis 48stündigen Intervallen. Die Weibchen brüten ruhig und fest. Werden die Eier entfernt, ist im Juni ein Nachgelege zu erwarten. Die Aufzucht der relativ kleinen, unbeholfenen Küken erfolgt zweckmäßig mit einer Zwerghenne. In den ersten Tagen ist ein sauberer Rasen mit jungen Grasspitzen, ein gehaltvolles Mischfutter und wenig später reichlich Auslauf zu bieten. Die Küken sind tagsüber vor zu starker Sonneneinstrahlung und nachts vor zu starker Abkühlung zu schützen. Ihre Entwicklung notierte ich wie folgt: Gewicht von 17 Eintagsküken 83–95 g, ⌀ 87,5 g. Beginn der Befiederung an Flanken und Schultern (16. bis 18. Tag), Bauch-, Schwung- und Schwanzfedern entfalten sich um den 25. Tag, volle Befiederung mit 45–50 Tagen. Zwei Monate alte Tiere haben etwa die Größe der Eltern und beginnen an Kopf und Hals mit der Umfärbung in das erste Alterskleid.

Hawaiigans
Branta sandvicensis
(VIGORS)
Dt. Syn.: Ne-Ne, Nene

Č Berneška havajská	F Bernache d'Hawaii
D Hawaiigås	H Hawaii Gans
E Hawaiian Goose	R Гавайская казарка

Habitus: Etwa so groß wie die Rothalsgans, doch hochbeiniger. Abb. Seite 29 und 235.

Alterskleid: Bei ♂ und ♀ vorderer und oberer Kopfteil, Nacken und Hinterhals schwarz; Federn der Halsseiten lehmbraun und grob, rillenartig gekräuselt. Ein schmaler, schwärzlicher Ring trennt die helle Halsfärbung von dem übrigen dunkelbraunen, heller gesäumten Brust-, Bauch- und Rückengefieder. Hinterer Bauchteil, Ober- und Unterschwanzdecken weiß. Großgefieder dunkelbraun und besonders die Flügeldecken breit hell gesäumt. Schnabel und Augen schwarz; die langen, braunen Füße haben tief gebuchtete Schwimmhäute (eine Anpassung an das Leben auf den Lavafeldern). *Maße:* ♂ Flügel: 372–378, Schwanz: 147–158, Schnabel: 40–47, Lauf: 81–90 mm; ♀ Flügel: 350–368, Schwanz: 144–151, Schnabel: 40–42, Lauf: 73–78 mm. *Gewicht:* ♂ um 2250 g, ♀ um 2000 g. ♂ (Gehegevogel im normalen Ernährungszustand) 1740 g.

Dunenkleid: Kopfplatte und ein breiter Augenstreif dunkel graubraun; Stirn, Überaugenstreif und Kehle weißlichgrau, übriges Dunengefieder einfarbig schiefergrau, die Unterseite schwach aufgehellt. Schnabel und Beine schwarzgrau, Schwimmhäute tief gebuchtet.

Jugendkleid: Im Farbtypus den Alttieren ähnlich. Die helle Halsfärbung mit der groben Rillung ist vorhanden, doch mehr grau statt lehmgelb. Das Deckgefieder am Rumpf ist matter und sehr breit hell gesäumt, daher insgesamt schuppig wirkend.

Verbreitung: Inseln Hawaii und Maui.

Lebensweise: Der Gesamtbestand an Hawaiigänsen betrug Ende des 18. Jahrhunderts ca. 25 000 Individuen. Jagd und tierische Feinde führten um 1950 zu einem Tiefstand mit 35 Tieren. Einsetzende Schutzmaßnahmen, die Errichtung der Prohakuloa-Zuchtstation auf Hawaii und die ausgezeichneten Zuchterfolge

des Wildfowl Trusts bewahrten die Art vor dem Aussterben. Während 1950 Wildvögel für die Zuchtstationen eingefangen werden mußten, konnten zwischen 1960 und 1972 auf Hawaii und Maui 1195 Tiere, davon 197 aus Slimbridge, die übrigen aus der Prohakuloa-Station, ausgesetzt werden (KEAR 1975a). Um 1978 lebten etwa 600 Wildvögel auf Hawaii, 200 auf Maui und über 1250 in Zuchtgehegen und Zoos der Welt, etwa 200 davon im englischen Wildfowl Trust.

Die Brutgebiete der Hawaiigänse liegen auf den steppenartig bewachsenen Lavafeldern der Vulkankegel des Mauna Kea und des heute noch aktiven Mauna Loa in über 2000 m Höhe. Infolge ganzjährig hoher Niederschläge und starker Taubildung gedeihen auf dieser, von Lavaströmen durchzogenen Landschaft vielerlei Gräser, Beerensträucher, wilde Erdbeeren und andere flachwachsende Pflanzen. Permanent wasserführende Tümpel oder Bäche gibt es hier nicht.

Die Brutzeit der Nenes liegt im Winter. Vom November bis Februar, hauptsächlich zur Wintersonnenwende, traf man brütende Weibchen an. Die Nester werden in gescharrten Erdmulden errichtet und mit Pflanzenmaterial, später mit Dunen ausgelegt. Die normale Gelegestärke beträgt 5–7 Eier, oft aber auch weniger. Sie sind rahmfarben und messen 74–89 × 52–58 mm; ⌀ 78,2 × 55 mm. Nachgelege fand man von Wildvögeln nicht. Die Brutdauer beträgt 29 Tage. Die langen Nächte des Hawaii-Winters haben eine langsame Wachstumsrate der Jungen zur Folge. Erst im Alter von 5 Wochen zeigen sich die ersten schmutziggrauen Federn, 8 bis 12 Wochen benötigen sie zur Erlangung der Flugfähigkeit. Während der Aufzuchtperiode vollzieht sich auch die Schwingenmauser der Altvögel, die sie etwa 4–6 Wochen flugunfähig macht. Raubwild wie Hunde, Katzen, Mungos, Ratten und Schweine bedeuten in diesen Wochen eine große Gefahr für die Gänse. Zum Mai hin scharen sich die Nenes zusammen und ziehen bis zum August in tiefer gelegene Gebiete ab. Dort hat sich jedoch die Vegetation durch den vermehrten Zuckerrohranbau und durch die rapide Zunahme einiger angesiedelter Tropenpflanzen derart verändert, daß sie den ökologischen Ansprüchen der Nenes nicht mehr zu entsprechen scheint. Ein Teil der Gänse verbringt heute die Sommermonate in wesentlich höher gelegenen Gebieten als früher.

Nahrung: Sie besteht vorwiegend aus frischen Gräsern und Blättern verschiedener Kräuter (u. a. Kohlgänsedistel, *Sonchus oleraceus*, und Ferkelkraut, *Hypochoeris* spec.), Samen der Gräser und Binsen und im Herbst aus den Beeren verschiedener Sträucher sowie aus Erdbeeren. Ihren Trinkwasserbedarf decken die Nenes aus den Nebelniederschlägen und dem Tau an den Pflanzen.

Haltung und Zucht: Die ersten Hawaiigänse wurden bereits 1823 in England importiert, wo sie ein Jahr später erfolgreich züchteten. Der Berliner Zoo erhielt diese Art erstmals 1849. In den folgenden Jahrzehnten – etwa bis um die Jahrhundertwende – gelang ihre Zucht fast regelmäßig, so unter anderem in den Zoos Berlin und Köln sowie bei dem holländischen Züchter BLAAUW. Wohl infolge von Inzucht blieben weitere Erfolge nach der Jahrhundertwende aus.

Mit der Errichtung der Prohakuloa-Zuchtstation wurden 1950 auch dem Wildfowl Trust ein Ganter und zwei Weibchen übergeben. Mit diesen drei Tieren und weiteren zwei Gantern, die 1974 von Hawaii geholt wurden, konnte ab 1952 eine so erfolgreiche Hawaiigans-Zucht aufgebaut werden (weit über 700 Jungtiere wuchsen auf), daß seit Mitte der 60er Jahre einzelne Paare an Zoos vergeben und ab Herbst 1973 an Züchter verkauft werden konnten. Danach setzte eine noch breitere und erfolgreichere Vermehrung ein; z. B. wuchsen im Zoo Berlin ab 1971 über 60 Nenes auf. Der Tierpark Berlin erhielt 1973 ein Paar und züchtete damit seit 1974.

Hawaiigänse werden auf Rasenflächen gehalten. Ein Badeteich wird nur von Tieren aufgesucht, die tieferes Wasser gewöhnt sind, Begattungen erfolgen auf dem Lande. Nenes werden ab Dezember brutaktiv und die Ganter damit bösartig zu kleineren Arten. In klimatisch ungünstigen Lagen ist ein Schutzhaus zu bieten, in dem auch das Nest vorbereitet wird. Während die Hawaiigänse im Wildfowl Trust anfangs paarweise in 250 m² großen Einzelgehegen gezüchtet wurden (JOHNSTONE 1969), ist man jetzt zur Schwarmhaltung übergegangen und hat damit offenbar bessere Zuchterfolge.

Eiablage ab Januar, hauptsächlich im Februar und März, Nachgelege bis Mai; nach KEAR (1975b) beginnt sie bei Tageslängen von 8,8 Stunden, verstärkt bei 9,5 Stunden Tageslänge, bei 13,8 Stunden Helligkeit setzt die Mauser ein. Etwa 50 % der Weibchen in Slimbridge bringen ein, 7 % zwei Nachgelege. Die Mehrzahl der Küken wächst mit den Eltern heran. Die Entwicklung der Junggänse verläuft im Trust schneller als bei Wildvögeln (Flugfähigkeit ab 9. statt 12. Woche). Die geschlechtliche Reife setzt gegen Ende des 2. Lebensjahres ein, doch haben einjährige Weibchen gelegt und einjährige Ganter befruchtet.

Bestands- und Zuchtentwicklung bis 1970 siehe KOLBE (1972).

Kanadagans
Branta canadensis (L.)

Č Berneška velká
D Kanadagås
E Canada Goose

F Bernache du Canada
H Canada Gans
R Канадская казарка

Von der Kanadagans bewohnen 6 große, langhalsige Unterarten die Prärie- und Nadelwaldregionen Nordamerikas, während 6 kleine, überwiegend helle und kurzhalsige Formen in den Tundren des hohen Nordens brüten. Übersicht s. S. 122.

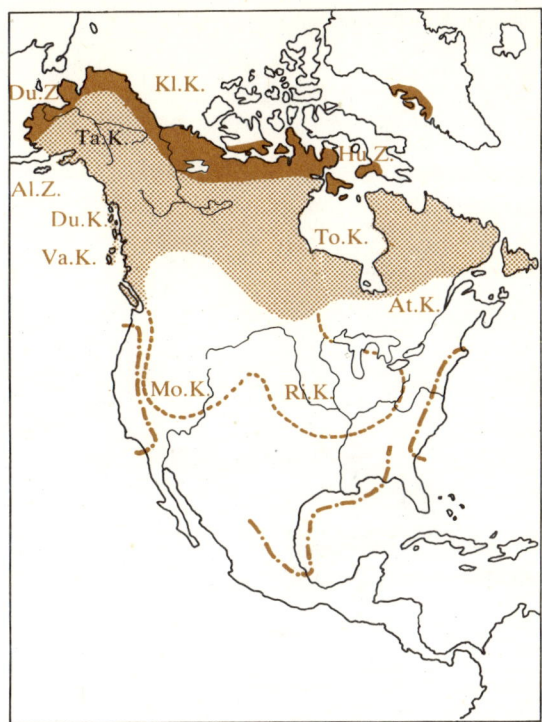

Brutvorkommen der Kanadagans: abgedeckte Fläche (kleine Tundraformen) Aleuten (Al.Z.), Dunkle (Du.Z.), Hutschins (Hu.Z.) Zwergkanadagans und Kleine Kanadagans (Kl.K.); Rasterfläche (größere Formen) Taverners (Ta.K.), Dunkle (Du.K.), Vancouver (Va.K.), Todds (To.K.) und Atlantische (At.K.) Kanadagans; ——— (große Prärieformen) Moffitts (Mo.K.) und Riesenkanadagans (R.K.); –·–·– Hauptüberwinterungsgebiete.

Die ausgestorben geglaubte Riesenkanadagans ist 1962/63 im Winterquartier wiederentdeckt worden; ihre Gesamtpopulation umfaßte 1975 ca. 54 000 Individuen. Von der Aleuten-Zwergkanadagans gab es 1963 weniger als 300 Tiere; umfassende Schutzmaßnahmen und ein Zuchtprogramm mit Wiederauswilderungen ließen den Bestand bis 1977 auf 1 600 anwachsen. Die Bering-Zwergkanadagans, eventuell nur eine Teilpolulation oder Variation der Aleuten-Rasse, gilt als ausgestorben.

Beschreibung von *Branta canadensis canadensis*
Habitus: Eine der größten Gänse überhaupt, der lange Hals wird steil aufrecht getragen. Abb. Seite 27 und 235.
Alterskleid: ♂ und ♀ Kehle und Wangen weiß, übriger Kopf und Hals schwarz; Rumpfgefieder erdbraun mit blaßbraunen Säumen, Brust und Bauch stark aufgehellt; Schwanzdecken und hinterer Bauch weiß. Großgefieder schwarzbraun. Schnabel schwarz, Iris dunkelbraun, Füße schwarzgrau. ♀ oft kleiner als ♂.
Maße: ♂ Flügel: 476–518, Schwanz: 122–153, Schnabel: 52–62. Lauf: ∅ 71 mm; ♀ Flügel: 445–495, Schwanz: 125–150, Schnabel: 45–55, Lauf: ∅ 86 mm.

		Gewicht g	Flügel mm	Schnabel mm
Atlantische Kanadagans	helle Brust- und Bauchseite.	♂ 3990	466	56
B. c. canadensis	In Europa eingebürgert	♀ 3440	465	53
Todds Kanadagans	eingedunkelte Brust- und	♂ 4170	510	55,5
B. c. interior	Bauchseite	♀ 3490	479	50
Moffitts Kanadagans	gesamter Rumpf relativ hell	♂ 4500	518	56
B. c. moffitti		♀ 3720	478	52
Riesenkanadagans	sichtbar größer als die	♂ 5900	526	60,7
B. c. maxima	Atlantische Kanadagans	♀ 5000	495	57
Dunkle Kanadagans	gesamter Rumpf dunkel, Körper	♂ 4500	478	46
B. c. occidentalis	wirkt schlank, auffällig dünnhalsig	♀ 3730	450	44
Vancouver Kanadagans	Rumpf sehr dunkel, durch schmale	♂ 4625	480	52
B. c. fulva	Federsäume fast einfarbig wirkend	♀ 3537		49
Kleine Kanadagans	mittelgroße Unterart,	♂ 2770	445	44
B. c. parvipes	heller Rumpf	♀ 2450	422	42
Taverners Kanadagans	mittelgroß, etwas dunkler	♂ 2250	400	38
B. c. taverneri	als parvipes	♀ 2130		37
Aleuten Zwergkanadagans	Rumpf heller als minima,	♂ 2241	385	34,7
B. c. leucopareia	zum Teil mit weißem Halsring	♀ 2050	365	32,5
Hutschins Zwergkanadagans	Rumpf sehr hell	♂ 2040	378	33,7
B. c. hutchinsi		♀ 1850	365	31,6
Dunkle Zwergkanadagans	insgesamt sehr dunkel	♂ 1500	364	27
B. c. minima		♀ 1280	353	28
Bering-Zwergkanadagans	stets mit breitem weißem Halsring			
B. c. asiatica				

Maße und Gewichte nach Bellrose (1976) und Johnsgard (1975)

Gewicht: ♂ 3300–6200 g, ♀ 2400–5900 g. Die britischen Wildvögel sind im Mittel etwas größer, so daß vermutet wird, daß an der Einbürgerung in Europa außer *canadensis* auch *interior* und *maxima* beteiligt sind.

Dunenkleid: Gesicht, Brust, Bauch und hinterer Flügelrand strohgelb; Kopfplatte, Augengegend, Rücken und Flügel olivgrün. Schnabel und Füße dunkel graublau. Kükenmittelgewichte werden mit 115,4–135,1 g angegeben.

Jugendkleid: Farbverteilung wie bei ad., Rumpfgefieder matter, breiter gesäumt, die Einzelfeder relativ schmal und rund auslaufend.

Vorkommen in Europa: Gezielte Einbürgerungen führten zu folgenden Populationsbildungen: England 20000 1976 (OWEN 1977); Norwegen 185 1972 (TANGEN 1974); Finnland Ansiedlung seit 1964, Brut seit 1966 (KORHONEN 1972); Dänemark einige Paare (FOG 1977); Schweden 9000 1971 (ebenda). Während die meisten der genannten Populationen ganzjährig seßhaft sind, überwintern die südschwedischen Brutvögel zu einem beträchtlichen Teil an der mecklenburgischen Ostseeküste; größte Ansammlungen im September und Oktober auf Rügen (bis zu 1500 Ex.), im Winter und Frühjahr weniger, Einzelvorkommen auch im Sommer und im Binnenland möglich (KLAFS und STÜBS 1977). Überwinterungen erfolgen ferner in Dänemark und im NW der BRD.

Lebensweise: In biologischer Sicht unterscheiden sich die 12 Unterarten der Kanadagans kaum voneinander, die unterschiedliche geographische Lage ihrer Brutgebiete hatte jedoch die Herausbildung einiger spezieller Anpassungsformen zur Folge. Die Atlantische Kanadagans und mit ihr die Todds und Moffitts Kanadagans sind Charaktervögel der Binnenseen, Sumpf- und Flußniederungen der offenen Landschaft, besonders der Präriegebiete, und nehmen nach VOOUS (1962) dort die Stellung der paläarktisch verbreiteten Graugans ein, während die Zwergformen echte Tundrabewohner sind. Kanadagänse gehören mit zu den ersten Wasservögeln, die im Frühling nach Norden zurückwandern. Die am südlichsten überwinternden Populationen begeben sich bereits im Februar, andere im März und April auf den Rückzug. In V-Formation fliegend, rotten sie sich zu großen Scharen zusammen. Wenn die Kanadagänse auf ihren Brutseen eintreffen, sind sie verpaart und beginnen bald mit dem Brutgeschäft. Die Nester werden bevorzugt auf graswachsenen Inselchen oder in Simsen-Beständen der Flachwasserzone errichtet. Weniger häufig befinden sich die Brutplätze auf trockenem Grund entlang der Ufer, an Dämmen oder gar auf Bäumen. Für die im Flachwasser stehenden Nester werden – ähnlich wie bei Graugans und Höckerschwan – Pflanzenteile aus der unmittelbaren Umgebung zu einem Nesthügel zusammengefügt, ansonsten wird eine Nestmulde gescharrt, die mit einigen Halmen, Stengeln und gelbbraunen Dunen ausgelegt wird. Die Eiablage erfolgt in Nordost-Kalifornien hauptsächlich zwischen 25. März und 10. April (NAYLOR 1953), in Norddakota etwa ab Ende April, auf Labrador und Neufundland zwischen Ende Mai und Anfang Juli (BENT 1923). Die

Gelege bestehen aus 5–6 cremeweißen Eiern. SCHÖNWETTER (1960) gibt für die atlantische Form 79–99 × 53,5–64,5 mm; ⌀ 86 × 58,2 mm an, trennt aber vermutlich die Todds und Moffitts Kanadagans nicht ab. Die Brutdauer beträgt bei *B. c. canadensis* 28–30 Tage. Das Weibchen brütet allein, der Ganter hält sich in Nestnähe auf und verteidigt das Gelege bei drohender Gefahr. Nach dem Schlüpfen der Küken verlassen viele Familien ihren Brutplatz und ziehen sich in besonders ruhige Sumpfteile des Gewässers mit angrenzenden Weideflächen zurück. Gegen Ende der Aufzuchtzeit erfolgt die Vollmauser der Altvögel. Im August und September vereinen sich Alt- und Jungvögel bereits zu großen Scharen und beginnen umherzustreichen, die arktischen Brutvögel wandern in die Wintergebiete ab.

Nahrung: Sie besteht in den Sommermonaten neben Wiesengräsern aus Sumpf- und Wasserpflanzen, im Winter äsen die Scharen auf Äckern und Weiden.

Haltung und Zucht: Bereits 1678 wurden in England Kanadagänse auf Parkgewässern gehalten, und um 1785 waren sie vielfach gezüchtet und weit verbreitet (NIETHAMMER 1963). Die heute überall in Zoos, Parks und öffentlichen Anlagen gehaltenen Tiere dürften die Nachkommen britischer und schwedischer Wildvögel sein. Neben der Dunklen Zwergkanadagans, die vorrangig in Zuchtanlagen gehalten wird, sind erst in den letzten Jahrzehnten – speziell durch den britischen Wildfowl Trust – die übrigen Unterarten importiert worden. Gegenwärtig erfährt die Dunkle Kanadagans zunehmend züchterisches Interesse. Der Wildfowl Trust besitzt etwa seit 1975 alle 11 Unterarten, der Tierpark Berlin 1978 7 Unterarten, darunter seit Jahren die Riesenkanadagans und seit 1977 die sehr seltene Aleuten-Zwergkanadagans. Für den Züchter ist nur bei einem Teil der Tiere die Bestimmung der Unterart möglich, zumal bei Gehegetieren stets mit Mischlingen zu rechnen ist. Doch sollten reine Formen unbedingt rein erhalten bleiben!!

Die Haltung von Kanadagänsen bereitet keine Probleme, sie sind robust und langlebig. Ihre Unterbringung erfolgt entsprechend der Größe der Unterart auf nicht zu kleinen Teichen mit angrenzender Grasfläche, Überwinterung im Freien möglich. Als Futter bietet man Körner, pelletiertes Mischfutter und Grünzeug.

Die Paarung erfolgt im ersten oder zweiten Lebensjahr, mit 22, häufiger mit 34 Monaten werden sie brutaktiv. Die Eiablage, bei den großen Formen ab Anfang März, erfolgt in Hütten, auf Inseln oder in vorbereiteten Nestern aus altem Röhricht, Stroh oder Grassoden. Brut und Jungenaufzucht übernehmen die Eltern mit Sorgfalt, während dieser Zeit können die Ganter recht bösartig sein. Die Gössel wachsen anfangs langsamer als die der hochnordischen Arten, etwa mit 50 Tagen haben sie ihr Jugendgewicht erreicht, und mit 63 Tagen sind sie flügge (WÜRDINGER 1975 und BAUER und GLUTZ von BLOTZHEIM 1968). Der Familienverband hält bis zum nächsten Frühjahr zusammen.

Relativ groß ist die Neigung unverpaarter Kanadagänse, mit anderen Arten, speziell mit der Graugans, Ehen einzugehen.

Dunkle Zwergkanadagans
Branta canadensis minima
RIDGWAY

Č	Berneška zakrslá	F	Bernache naine
D	Lille Kanadagås	H	Cackling Gans
E	Cackling Goose	R	Малая канадская казарка

Habitus: Wesentlich kurzhalsiger als die Nominatform; etwa in der Größe der Zwerggans.

Alterskleid: Rumpf- und besonders Brustgefieder schwarzbraun, Federn nur schmal gesäumt. *Maße:* Flügel: 330–370, Schnabel: 26–32 mm. *Gewicht:* 1200–1600 g.

Dunenkleid: Die Küken sind kleiner und etwas dunkler als die der Nominatform. Frisch geschlüpfte wiegen 54,5–73,5 g, Küken der *B. c. maxima* dagegen 80,5–134,8 g (SMART 1965).

Jugendkleid: Rumpfgefieder insgesamt matt rotbraun wirkend, Deckfedern breit gesäumt.

Lebensweise: Die Dunkle Zwergkanadagans reiht sich in die Gruppe der sechs Kleinrassen ein, die durchweg nördlicher als ihre großen Verwandten beheimatet sind. Ihre Brutplätze befinden sich an den Tundra- und Taigagewässern, und nicht wenige von ihnen brüten auf den zahlreichen arktischen Inseln, die dem Kontinent vorgelagert sind. Die Fortpflanzungsbiologie ist auf den extrem kurzen arktischen Sommer eingestellt.

Gegen Mitte Mai, wenn die Gewässer eisfrei werden und der Schnee an den geschützten Stellen abgetaut ist, kehren die Massen von Wasservögeln und mit ihnen die Zwergkanadagänse zu den Brutplätzen zurück. Bei ihrer Ankunft sind sie fest verpaart, halten sich jedoch anfangs noch in Herden auf, aber bereits gegen Ende Mai beginnen viele Weibchen zu legen. Auf Inselchen, entlang der Ufer oder auf Bülten werden im Schutze kleiner Büsche oder im Grase Nestmulden ausgescharrt, mit etwas Pflanzenmaterial ausgelegt und später reichlich mit Dunen ausgepolstert. Die Gelege enthalten 5–6 cremeweiße Eier mit den Maßen 66,3–85 × 37–55,5 mm; ⌀ 72,7 × 48 mm (BENT 1923). Brutdauer 24–25 Tage. Die Familien bilden, nachdem ihre Küken geschlüpft sind, lockere Trupps, die später zu großen Scharen anwachsen. In diesen Verbänden erfolgt die Mauser der Altvögel und im September und Oktober auch der Zug in die Winterquartiere.

Haltung und Zucht: Die Dunkle Zwergkanadagans – von den Züchtern schlechthin Zwergkanadagans genannt – ist die am zweithäufigsten gehaltene Unterart der Kanadagänse. Schon vor vielen Jahrzehnten pflegte man sie in mehreren Zoos und in Liebhaberanlagen. Ein Zuchtbericht liegt von 1939 aus England vor. Die Zuchtaussichten sind keineswegs gering, doch liegen sie bedeutend niedriger als bei der Atlantischen Kanadagans. In Haltung und Fütterung unterscheiden sie sich nicht; auch ist die Zwergkanadagans hart und ausdauernd wie ihre großen Verwandten. Eiablage beginnt selten vor Mai, Nachgelege sind nicht die Regel.

In der DDR wird die Zwergkanadagans seit vielen Jahren im Tierpark Berlin und von einigen Züchtern gehalten. Erstzucht durch FRANKE, Leipzig, 1966, der sie besonders nach 1975 ergiebig vermehren konnte (1977 aus zwei Gelegen 13 Junge).

Von der sehr seltenen Aleuten-Zwergkanadagans wurde um 1970 durch das Wildlife Research Center, N-Dakota, aus Wildvögeln eine Zuchtgruppe aufgebaut. Etwa seit 1973 werden Nachzuchttiere u. a. im Wildfowl Trust und von dem BRD-Züchter LÜGER gehalten und gezüchtet. Die unterschiedliche Ausbildung des weißen Halsringes bei den heutigen Nachkommen und das relativ dunkle Mantelgefieder schließen Einkreuzungen anderer Unterarten nicht ganz aus, obgleich diesbezügliche Variationen auch von Wildvögeln bekannt sind.

Weißwangengans
Branta leucopsis
(BECHSTEIN)
Dt. Syn.: Nonnengans

Č	Berneška bělolicí	F	Bernache nonnette
D	Bramgås	H	Brand Gans
E	Barnacle Goose	R	Белощёкая казарка

Habitus: Etwa wie Graugans, kleiner und kurzbeiniger. Abb. Seite 125 und 234.

Alterskleid: ♂ und ♀ Stirn, Kopfseiten und Kehle rahmweiß, Zügelstreif, Kopfplatte, Hals und Brust schwarz; Rücken- und Flügelfedern hell silbergrau mit breiten schwarzen und schmalen weißen Endsäumen; Flanken flockig rahmbraun, Unterseite weiß. Schnabel und Füße schwarz, Iris schwarzbraun. ♂ meist etwas größer als ♀, schwarze Gesichtszeichnung variierend. *Maße:* ♂ Flügel: 385–425, Schnabel: 27–32 mm; ♀ Flügel 385–417, Schnabel: 28–31 mm; ♂ und ♀ Schwanz: 119–140, Lauf: 63–74 mm (mehrere Autoren). *Gewicht:* ♂ 1200–2400 g, ♀ 1220–2200 g.

Dunenkleid: Kopfplatte und Oberseite graubraun, Nacken und Kopfseiten gelblich, dunkler Streif vom Schnabel bis zum und rings um das Auge, Flügelränder und Unterseite schmutzigweiß, zu den Körperseiten hin oliv. Ein Teil der Küken grau, silbergrau und weiß, also ohne Gelb- und Brauntöne. Schnabel und Füße schwarzgrau.

Brutvorkommen und Überwinterungsgbiete der Weißwangengans.

Jugendkleid: Schwarze Gefiederpartien des Alterskleides hier dunkelgrau, durch breitere Säume braun übertönt.

Vorkommen in Mitteleuropa: Während die Grönland- und Spitzbergen-Population (insgesamt 25 000 bis 30 000 Individuen) in Schottland und Irland überwintert, durchwandern die nordosteuropäischen Brutvögel die Wattenmeergebiete der BRD und überwintern in Ostfriesland und Holland (1973 ca. 40 000 bis 50 000 Tiere) (TIMMERMAN 1976). Entlang unserer Ostseeküste ziehen alljährlich kleinere Gruppen (maximal 300 bis 400) im März und April sowie zwischen Mitte Oktober und Mitte November; wenige überwintern oder rasten weiter südlich im Binnenhandel unter Saat-, Bleß- oder Graugänsen (NEHLS in KLAFS und STÜBS 1977)

Lebensweise: Die Brutplätze der Weißwangengänse befinden sich auf schmalen – für den Polarfuchs nicht erreichbaren – Bändern und Vorsprüngen kahler Felsküsten und steiler Hänge nahe Fjords und Seen innerhalb der arktischen Tundra. Die Nahrungsaufnahme erfolgt in den üppig bewachsenen Tälern. Bevorzugt wird in kleinen Kolonien von 8 bis 30 Paaren und in nächster Nähe von Großfalkennestern gebrütet, doch sind auch größere Kolonien und Einzelbruten sowie solche auf flachem Grasland bekannt. Um den 20. Mai treffen Gruppen fest verpaarter Weißwangengänse an den Brutplätzen ein. Unmittelbar danach werden die Nistmulden ausgescharrt und mit dem spärlich vorhandenen Pflanzenmaterial ausgekleidet. Eiablage Ende Mai und Anfang Juni. Vollgelege enthalten 4–6 grauweiße Eier mit den Maßen 68–82 × 46–54 mm; ⌀ 76,7 × 50,2 mm. Während der 24-25tägigen Bebrütung ist das Nest mit hellgrauen Dunen und weißen Konturfedern ausgelegt. Das brütende Weibchen und der in der Nähe wachende Ganter nehmen während dieser Zeit kaum Nahrung auf und magern deshalb stark ab. Die frischgeschlüpften Küken springen von den Felswänden herab, ein kleiner Teil soll von den Eltern im Schnabel oder im Rük-

Weißwangengänse, Branta leucopsis (BECHSTEIN).

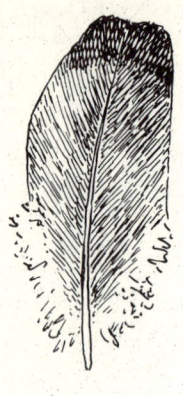
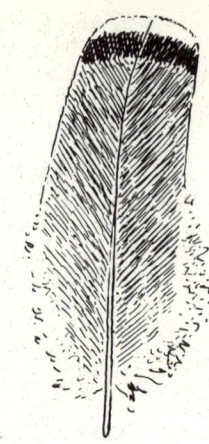

Schulterfedern der Weißwangengans,
links Jugendkleid, rechts Alterskleid.

kirk zwischen 27. 4. und 11. 5., meist um den 3. Mai.
Brut und Kükenaufzucht erfolgen durch die Eltern.

Die Entwicklung der Küken verläuft wie folgt: 12 frischgeschlüpfte wogen 48,4 bis 71,5 g, ⌀ 63,4 g (SMART 1965), die maximale Gewichtszunahme liegt zwischen 14. und 18. Tag, in der 6. Woche wird etwa das Jugendgewicht erreicht. Die Befiederung beginnt an Schultern und Flanken am 13., der Oberschwanzdecken am 14. und der Unterseite am 17. Tag, die Handschwingen entfalten sich ab 14. Tag. Mit 6 Wochen sind die Junggänse flugfähig, noch bevor die Schwingen ausgewachsen sind (WÜRDINGER 1975). Geschlechtliche Reife ab drittem Lebensjahr.

Ringelgans
Branta bernicla (L.)

Č	Berneška tmavá	F	Bernache cravant
D	Knortegås	H	Rot Gans
E	Brant Goose	R	Чёрная казарка

Vier Unterarten, die zirkumpolar verbreitet sind: mit kleinem weißen Fleck auf der Halsseite die Dunkelbäuchige Ringelgans, *Branta b. bernicla* (L.) und die Hellbäuchige Ringelgans, *Branta b. hrota* (MÜLLER); mit breitem, fast geschlossenem weißem Halsring die sehr dunklen Pazifik-Ringelgänse, *Branta b. nigricans* (LAWRENCE) und *Branta b. orientalis* TOUGARINOV, letztere wohl nur eine an den Flanken hellere Form von *nigricans*. *Abb. Seite 29 und 233.*

Beschreibung von *Branta bernicla bernicla*
Habitus: Kleine, relativ kurzbeinige Gans.
Alterskleid: ♂ und ♀ Kopf, Hals und Brust schwarz, schmale weiße Halszeichnung ist nicht als Ring geschlossen; Rücken- und Großgefieder dunkel schiefergrau, bräunlich übertönt, Flügeldecken schmal hellbraun gesäumt. Bauch und Flanken dunkel graubraun, Abdomen und Schwanzdecken weiß. Schnabel und Füße schwarz, Iris dunkelbraun. *Maße:* ♂ Flügel: 310–351, Schwanz: 90–125, Schnabel: 29–40, Lauf: 62–66 mm; ♀ Flügel: 321–339, Schnabel: 31–38 mm. *Gewicht:* ♂ 1400–2250 g, ♀ 1200 g.

Die Pazifische Ringelgans ist deutlich größer, langhalsiger und weist statt der schiefergrau-bräunlichen Tönung eine klare Schwarzfärbung auf.
Dunenkleid: Oberseite braungrau, Kopf- und Halsseiten sowie ganze Unterseite hellgrau, Zügel- und Augengegend schwarzgrau. Schnabel und Füße schwarz.
Jugendkleid: Gesamtes Rumpfgefieder heller und bräunlicher, die Einzelfedern breiter gesäumt als im Alterskleid. Der weiße Halsfleck wird ab Herbst mit dem 1. Jugendkleid durchgemausert.
Vorkommen in Mitteleuropa: Die in NW-Sibirien brütende Nominatform wandert über Südschweden nach

kengefieder herabgetragen werden. Die Familien verweilen 1–2 Wochen an nestnahen Gewässern und wandern dann zu den Fjordküsten ab, wo sich 10–15 Familien zu lockeren Scharen vereinen. Hier erfolgt während der Jungenaufzucht die Schwingenmauser der Altvögel, die mit ihrem Nachwuchs im August wieder flugfähig werden und Anfang September in die Wintergebiete abwandern (BAUER und GLUTZ von BLOTZHEIM 1968).
Nahrung: Sie besteht im Sommer aus den jungen Blattspitzen verschiedener Süßgräser, Seggen, Hahnenfuß, Klee, Säuerling (*Oxyria* spec.), ferner aus Moos und den Blättern, Knospen und Kätzchen der Polarbirken und -weiden. Im Winter bilden kurze Weidegräser, Wintersaaten und in kleiner Menge Seegras und Algen die Nahrung.
Haltung und Zucht: Weißwangengänse gehören mit den Kanadagänsen zu den häufig gehaltenen Meeresgänsen, denn sie sind anspruchslos, verträglich und robust. Nicht wenige Tiere werden bis 20 Jahre alt. Die in früheren Jahrzehnten auf den Tiermärkten angebotenen Weißwangengänse waren oftmals Wildfänge, die in Gehegen zwar schnell vertraut und wenig scheu zeigten, doch blieb ihre Brutaktivität gering oder setzte erst nach 8–10 Jahren ein. Zumindest in Privatsammlungen werden heute fast ausschließlich gezüchtete Tiere gehalten, die sich recht ergiebig und auch in Kleinanlagen fortpflanzen können. Andererseits bleibt auch von ihnen ein beachtlicher Teil brutinaktiv.

Der Wildfowl Trust in Slimbridge hält in den letzten Jahren um 100 Altvögel (überwiegend flugfähig) in einem großen Freigehege. Auf einer wenig bewachsenen Halbinsel mit Hanglage brüten die Weibchen nur in wenigen Metern Abstand voneinander. Als Nisthilfen bot man ihnen zwei im Winkel zusammengelegte, etwa 1 m lange Baumstämme. In der zum Hang hin entstandenen Mulde werden die meisten Nester angelegt. Beginn der Eiablage über 10 Jahre in Slimbridge zwischen 14. und 28., meist um den 25. April, in Pear-

126

Holland, Südengland bis zur französischen Atlantik- küste. Relativ kleine Trupps (im Mittel 10–30, maxi- mal bis 250 Ex.) streifen dabei zwischen Ende Septem- ber und Mitte November, etwas regelmäßiger noch während des Rückzuges im März, unsere Ostseeküste. Häufiger ist sie an der Wattenmeerküste der BRD, wo auch einige überwintern. Die hellbäuchige Form über- wintert in Großbritannien und Irland und wird nur selten und entlang der friesischen Nordseeküste be- obachtet.

Lebensweise: Seit der Jahrhundertwende zeigt der europäische Winterbestand der Ringelgänse rückläu- fige Bestandszahlen. Bis auf ca. 10 bis 25 % brachen die Populationen zusammen, als um 1932 durch eine Pilzepidemie im Atlantik und seinen Randmeeren die Bestände des Seegrases – der ehemals wichtigsten Fut- terpflanze im Winterquartier – erloschen. Gegenwär- tig sind deutlich steigende Tendenzen spürbar. Gesamtbestand für *bernicla*: 1963 23 000 bis 25 000 (BAUER und GLUTZ VON BLOTZHEIM 1968); 1973 60 000 bis 80 000 (TIMMERMAN 1976); 1975/76 etwa 110 000 (FOG 1977); der Herbstbestand 1982 wird auf fast 200 000 geschätzt; für *hrota* 1975/76 12 000 (FOG 1977) und für die Pazifik-Formen im Mittel 140 000 (BELL- ROSE 1976).

Die Brutplätze befinden sich in den arktischen Re- gionen der Moos- und Flechtentundren, die nördlich- sten im Bereich der Juli-Isothermen von nur 1 °C (VOOUS 1962). Die Ringelgänse bewohnen hier sump- fige Tundraabschnitte, nicht selten direkt an den Mee- resgestaden, Flußniederungen und oft bis zu 600 m hoch gelegene Tundraseen, entfernen sich aber nie weit von der Küste.

Ab Ende Mai treffen die Ringelgänse in den Brutge- bieten ein und beginnen sofort mit Nestbau und Ei- ablage; 10 Tage nach ihrer Rückkehr wurden bereits Sechser-Gelege gefunden. Die Nester stehen meist in lockeren Kolonien, ihre Auspolsterung erfolgt mit bräunlichen Dunen. Das Vollgelege besteht aus 3–6 hell olivgrünen Eiern mit den Maßen 64–80 mal 42–52 mm; Ø 70,7 × 46,7 mm. Die Brutdauer be- trägt 24–26 Tage. Gössel wiegen frischgeschlüpft 45–65,5 g; Ø 54,7 g (SMART 1965). Die Ganter halten sich in Nestnähe auf und beteiligen sich anfangs an

der Jungenführung, sondern sich jedoch vor Beginn ihrer Schwingenmauser von den Familien ab und bil- den große Mauserscharen (USPENSKI 1965). Nach Ge- hegebeobachtungen wuchsen die Schwungfedern in- nerhalb von 22 Tagen nach. Ab Ende August ziehen Alt- und Jungvögel entlang der Meeresküsten in die Wintergebiete ab. Nach JONES (1966) lösen sich die Fa- milienverbände bereits während des Herbstzuges auf.

Nahrung: Sie besteht in den Brutgebieten aus Tundra- pflanzen einschließlich Flechten und Moosen, die von den Felsen abgeäst werden. Im Herbst nehmen die Ringelgänse ferner Beeren und im Winterquartier fast ausschließlich Seegras auf. Wo dieses zurückging, wie in der Nordsee, haben sich die Ringelgänse auf andere Wasserpflanzen wie Seetang, Grünalgen und verschie- dene Salzpflanzen umgestellt. Häufiger als zuvor wer- den heute die Marschwiesen beflogen. Ganzjährig bil- den Mollusken, Crustaceen und andere Wirbellose eine wesentliche Futterergänzung.

Haltung und Zucht: Ringelgänse sind in der Haltung nicht ganz unproblematisch und relativ kurzlebig. Eine ausreichend große, qualitativ gute Weidemöglich- keit, ein kaltes und klares Wasser führender Teich und ein gehaltvolles Futter sind zu bieten. Während ur- sprünglich die an den europäischen Küsten überwin- ternden Hell- und Dunkelbäuchigen Ringelgänse in den Tierhandel gelangten, erfolgten nach 1960 meh- rere größere Exporte Pazifischer Ringelgänse aus der Sowjetunion nach Westeuropa. Hiervon stammt die Mehrzahl der heutigen Gehegevögel ab.

Von allen nordischen Gänsen ist die Ringelgans auch gegenwärtig noch am schwersten zu züchten, das gilt ganz speziell für Einzelpaare. Die besten Erfolge werden mit der pazifischen Unterart erzielt. Der Wild- fowl Trust züchtet sie bereits seit 1958; WILLIAMS, Her- penden, GB, brachte sie in Einzelgehegen zur Fortpflanzung, die Eiablage erfolgte in kleinen Hütten. BIEHL und WESSJOHANN, BRD, halten Gruppen von etwa 6 Paaren; Legebeginn ist meist in der 2. Mai- hälfte; die Nester befinden sich nur 3–8 m voneinan- der entfernt. Jungtiere wurden ab 3. oder 4. Lebensjahr brutaktiv. Erstzucht gelang in der DDR 1968 HARING, Raum Leipzig, (2 Jungtiere wuchsen auf).

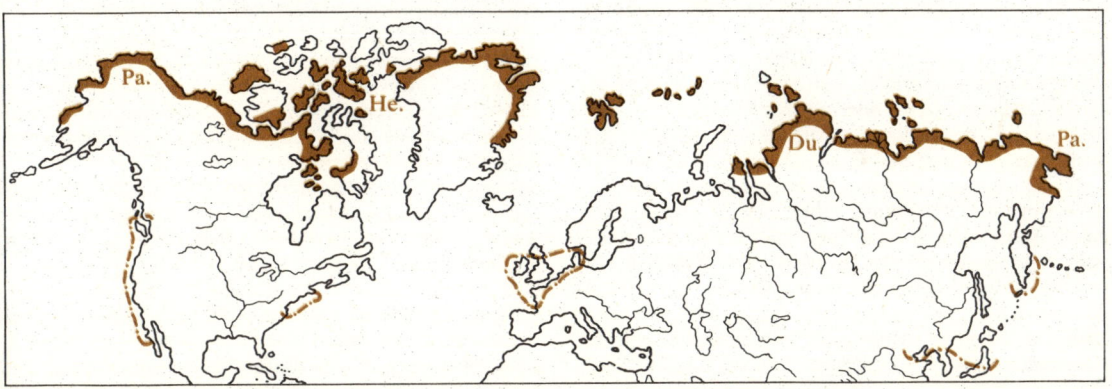

Brutvorkommen und Überwinterungsgebiete der Pazifik- (Pa.), Hellbäuchigen (He.) und der Dunkelbäuchigen (Du.) Ringelgans.

Seit den 70er Jahren bemüht man sich erneut um die beiden atlantischen Unterarten. Von der Dunkelbäuchigen Ringelgans werden etliche Gruppen gehalten, die als Wintergäste in Gewahrsam genommen wurden, jedoch weitgehend fortpflanzungsinaktiv blieben. Die Weibchen bekommen Ende April dicke Legebäuche, und die Ganter zeigen sich überaus paarig; doch im Juni ebbt beides ab und die Tiere beginnen zu mausern.

Über die Hellbäuchige Ringelgans berichtet CAMPOLI (1982): »Im Sommer 1976 wurden Wildvögeln 17 Eier entnommen. Daraus wuchsen 17 gesunde Tiere heran, die ab 2. Lebensjahr fortpflanzungsaktiv wurden und dann alljährlich Junge aufzogen. 1979 bis 1982 bestand die Zuchtgruppe aus 5 Gantern und 10 Gänsen, die eine Grasfläche von 33 × 43 m mit kleinen Wasserbehältern bewohnten. Die 132 Eier wurden in flache Brettumrandungen von 75 × 75 cm gelegt, 53 Gössel schlüpften, 41 wuchsen auf.« In den letzten Jahren wird diese Ringelgans auch in England gezüchtet. FISCHER, Jever, BRD, erwarb von dort 1981 mehrere Jungtiere und züchtete sie erstmals 1983. In meiner Anlage leben seit 1978 Dunkelbäuchige und seit 1979 Pazifische Ringelgänse; zu einer Eiablage kam es bisher nicht.

Rothalsgans
Branta ruficollis
(PALLAS)

C	Berneška rudokrká	F	Bernache à cou roux
D	Rødhalset Gås	H	Roodhals Gans
E	Red-breasted Goose	R	Краснозобая казарка

Habitus: Kleine, dickhalsige, kurzschnäbelige Gans. Abb. Seite 30 und 233.
Alterskleid: ♂ und ♀ ein weiß eingefaßtes Wangenfeld sowie Vorderhals und Brust satt rotbraun; übrige Kopfpartien, hintere Halshälfte, gesamter Rücken und Bauch einschließlich Flanken schwarz; ein Zügelfleck sowie schmale Konturlinien an Hals, Flanken und auf den Endsäumen der großen und mittleren Flügeldecken, ferner hintere Bauchhälfte und Schwanzdecken weiß. Schnabel, Iris und Füße schwarz. Die alten ♂♂ zeichnen sich durch einen mähnigen Hinterhals aus, doch kann dieses Merkmal fehlen oder auch alten ♀♀ eigen sein. *Maße:* ♂ Flügel: 342–390, Schwanz: 100–110, Schnabel: 23–27, Lauf: 52–58 mm; ♀ Flügel: 342–360 mm (mehrere Autoren). *Gewicht:* ♂ und ♀ 1360–1720 g.
Dunenkleid: Kopf, Hals und Rückenpartien dunkel oliv-sepiabraun, Augengegend fast schwarz; kleine Flecken an Flügel und Bürzelseiten sowie der Bauch gelblichgrün. Küken insgesamt sehr dunkel.

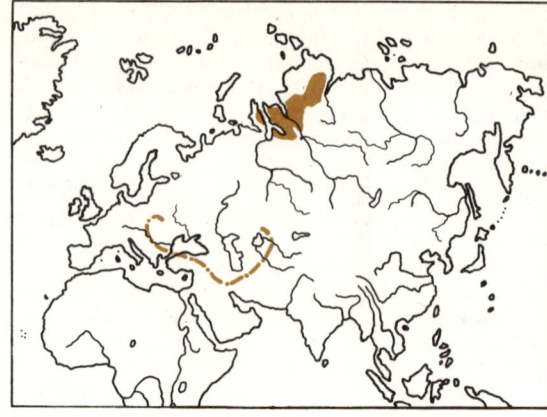

Brutvorkommen und Überwinterungsgebiete der Rothalsgans.

Jugendkleid: Farbverteilung wie bei den Altvögeln, aber dunkle Partien grau und Federn mit hellbraunen Säumen; Brustschild stumpf zimtbraun, die hellen Konturlinien graubraun durchsetzt.
Vorkommen in Mitteleuropa: Im 19. Jahrhundert seltener Irrgast, heute unregelmäßiger Wintergast mit weiterer Zunahme der Nachweise. STERBETZ und SZIJJ (1968) führen bis 1967 für Ungarn 94 und für die mitteleuropäischen Länder (einschließlich Holland und Belgien) 125 Beobachtungen an, wovon nur ein unbedeutender Teil Gehegeflüchtlingen zuzuordnen ist. NEHLS nennt für Mecklenburg 12 Nachweise mit 18 Individuen, die hier wie andernorts in Saat- und Bleßgansschwärmen auftraten.
Lebensweise: Als Brutbiotop bewohnen die Rothalsgänse ein schwach welliges Gelände, dessen Hügel kaum höher als 15 m sind, stellenweise jedoch bis 30 m erreichen. In der Nähe von Wasserläufen ist die Tundra indes ziemlich zerklüftet, Steilhänge treten auf, die aus grauen Lehm-, Sand- und Kiesschichten zusammengesetzt sind. Zahlreiche Seen, Flußarme und kleine Wasserlachen sind in die Tundra eingebettet. In den südlichen Teilen des Brutareals gibt es noch spärliche Erlen, häufiger sind strauchwüchsige Weiden und Zwergbirken. Die tiefer gelegenen Tundrateile sind sumpfig und mit Wollgras und Binsen bewachsen. Erst wenn der meiste Schnee getaut ist, die Gewässer eisfrei sind und die neue Vegetationsperiode des Wollgrases begonnen hat, kehren die Rothalsgänse um den 10. Juni an ihre Brutplätze zurück. Im Gegensatz zu den anderen in der Tundra lebenden Gänsearten meiden sie die in den Niederungen gelegenen Sümpfe und halten sich fast ausschließlich in den höherliegenden Tundrateilen auf. Hier nisten die Rothalsgänse an zerklüfteten Steilhängen entlang der Gewässer. Die Nester stehen gewöhnlich in lockeren Kolonien von 5–7, selten bis zu 30 Stück auf Terrassen und Absätzen von steil abfallenden Uferböschungen. Fast immer befinden sich in deren unmittelbarer Nähe Greifvogelnester. Nach USPENSKI (1965) wird die Besiedlung eines Gebietes durch die Rothalsgans von der Verteilung und Siedlungsdichte der Greifvogelreviere (Wanderfalke, Rauhfußbussard u. a.) bestimmt. Um

den 20. Juni haben die meisten Paare bereits ein volles Gelege, das aus 3–6, selten bis 9 hellgrünen Eiern mit den Maßen 61–72 × 44–49 mm; ⌀ 70,6 × 48,7 mm besteht. Die Brutdauer beträgt 24–26 Tage. Etwa Mitte Juli schlüpfen die Junggänse, und schon Ende Juli beginnen die Altvögel mit der Schwingenmauser; nichtbrütende Tiere mausern bereits ab Ende Juni. Um den 20. August sind Alt- und Jungvögel voll flugfähig. In großen Scharen setzt in der ersten September-Dekade der Abzug entlang der Niederungen von Ob, Irtysch, Tobol und Jenissei ein.

Neben den altherkömmlichen Überwinterungsplätzen entlang der westlichen Kaspi-Küste und am Aralsee überwintern seit Mitte der 60er Jahre Rothalsgänse zunehmend in der rumänischen Dobrudscha (3000 bis 4000) und an der bulgarischen Schwarzmeerküste (Januar 1980 16000). Die Gesamtpopulation umfaßte nach USPENSKI (1965) in den 50er Jahren etwa 50000, heute um 30000 Tiere oder weniger.

Nahrung: Im Brutgebiet vorwiegend Süßgräser, spez. Wollgras-Arten, im Winterquartier neben kurzen Weidegräsern Strandsimsen, Queller und Wintergetreide.

Haltung und Zucht: Während noch um 1960 zahlreiche Rothalsgänse aus der Sowjetunion nach Westeuropa exportiert wurden, steht die Art seit 1978 als vom Aussterben bedroht im Rotbuch der UdSSR, wird nicht mehr gejagt und für den Tierhandel gefangen; sie unterliegt dem Ausfuhrverbot des Washingtoner Artenschutzabkommens.

Nach einer ungewöhnlich langen Eingewöhnungszeit (im Mittel um 10 Jahre) begannen einige Wildfangpaare in den 60er Jahren zu legen. Die Mehrzahl der heutigen Gehegevögel (spez. in Privatanlagen) sind gezüchtet, doch auch hiervon wird offenbar nur ein Teil ab 3. oder 4. Jahr brutaktiv.

Die Welterstzucht gelang 1926 in Woburn, England, (DELACOUR 1954), die DDR-Erstzucht 1969 durch MÜLLER, Zwickau, (KOLBE 1972, MÜLLER 1974). Seit 1971 wuchsen wiederholt im Tierpark Berlin und seit 1978 in meiner Anlage junge Rothalsgänse heran.

Im Dezember 1974 erwarb ich zwei Jungtiere, die bis zum Herbst 1975 das Alterskleid durchmauserten. Über Winter 1975/76 erhielt der Erpel eine Halsmähne, und bis 1978 schienen beide größer und kräftiger geworden zu sein. Eine erste Begattung wurde im Mai 1975 beobachtet (Verlobung), 1976 und 1977 zeigte sich das Paar brutverdächtig (Weibchen mit Legebauch, Begattungen, Reviervertei digungen). Ab April 1978 beide erneut paarig, Erpel ruft häufig und vertreibt Zwerggänse aus dem Brutrevier, dem äußeren Rand einer Gebüschgruppe; seit Anfang Mai Weibchen mit starkem Legebauch. Ablage von 7 Eiern zwischen 11. und 20. Mai (nur 3 Meter neben der legenden Zwerggans); Beginn des Nachgeleges am 29. 5. mit 5 Eiern. Acht Küken schlüpften mit 45–52 g und entwickelten sich wie folgt: Schulter- und Flankenfedern entfalteten sich am 16. und 17. Tag, Schwingen und Schwanz ab 18. Mit 3 Wochen war die Unterseite und mit 6 der gesamte Vogel befiedert, einen Monat später waren die Junggänse etwa erwachsen. Umfär-

bung in das Alterskleid ab September (Teilmauser). Während die Befiederung schneller als bei Zwerggänsen verläuft, erfolgt die Mauser in das Alterskleid wesentlich langsamer. Eine Geschlechtsbestimmung war bei diesen Tieren nur durch Kloakentest möglich.

Hühnergänse, *Cereopsini*

Hühnergans
Cereopsis novaehollandiae LATHAM

Č	Husice kuří	F	Céréopse
D	Hønsegås	H	Hoender Gans
E	Cape Barren Goose	R	Куриный гусь

Habitus: Große, kräftige Gans mit sehr stämmigen Beinen. Abb. Seite 130, 131 und 240.

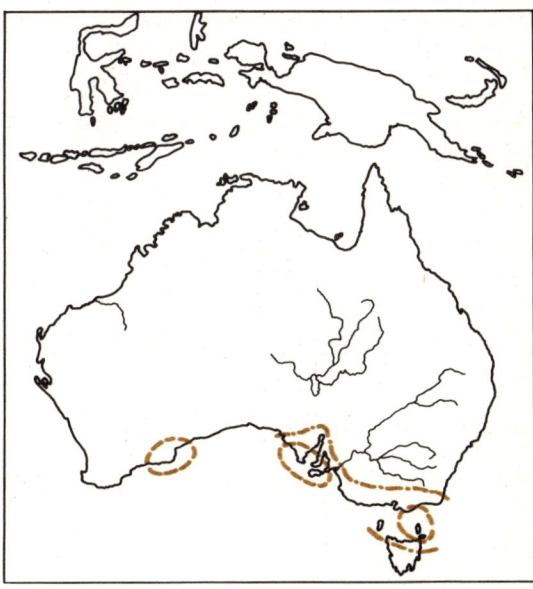

Brutvorkommen (———) und Übersommerungsgebiete (—·—·) der Hühnergans.

Alterskleid: ♂ und ♀ Stirn und Kopfplatte weiß, übriges Kleingefieder aschgrau, braun übertönt. Schultern tropfenartig hell braungrau und rahmweiß, große Decken schwärzlich gefleckt; Schwingen dunkelgrau, zu den Spitzen hin schwarz. Bürzel und Schwanz gleichfalls schwarz. Der kurze, kräftige Schnabel ist bis dicht vor dem Nagel von einer hellgrünen Wachshaut überzogen, freie Schnabelteile schwarz; Iris braun, Läufe hellrot bis blaß karminrot, Zehen und Schwimmhäute schwarz. *Maße:* ♂ Flügel: 450 bis 500, Schwanz: 160—200, Schnabel: 45—50, Lauf: 100—110 mm. *Gewicht:* 3170—6800 g; ∅ 5600 g (GUILER 1967). Das ♀ ist etwas kleiner als das ♂. Eine sichere Geschlechtsunterscheidung ermöglicht die Stimme; das ♀ läßt laute, dumpfe, das ♂ hohe, leise Rufe hören.

Dunenkleid: Ein schwarzbrauner Streif zieht sich von der Stirn über Oberkopf und Nacken bis zum Rücken, von gleicher Färbung sind ein breiter Augenstreif, die Körperseiten und die Flügel; Gesicht, Unterseite und je ein breiter Längsstreif über den Rücken bis zum Schwanz hin grauweiß. Schnabel und Füße schwarzgrau.

Jugendkleid: Insgesamt dunkler graubraun als das Alterskleid und verwaschener dunkelbraun gefleckt. Stirn und Kopfmitte rahmfarben bis hellgrau (bei ad. weiß), Läufe blaß fleischrot, Zehen und Schwimmhäute schwarzgrau. Stimmunterscheidung bei juv. ab 4. bis 5. Monat möglich.

Lebensweise: Hühnergänse bewohnen zur Brutzeit flache, mit kurzem Gras und etwas Gestrüpp bewachsene kleine Eilande. Einige von ihnen haben felsige Küsten, die meisten sind nicht vom Menschen besiedelt. Außerhalb der Brutzeit, in den australischen Sommermonaten November bis Februar, halten sie sich auf den Grasländereien und in den Niederungsgebieten anderer Inseln und der Küstenebene auf. Hühnergänse sind ausgesprochene Weidevögel, sie schwimmen nur, wenn es gilt, Feinden auszuweichen. Ihre Gesamtpopulation wurde Mitte der 70er Jahre auf 5000 bis 6000 Individuen geschätzt. Bereits ELYMANN (1914) berichtet, daß die Gänse auf dem Festland nur noch selten brüten, auf den Inseln aber unvermindert vorkommen. Infolge starker Bejagung bis um 1960 nahm der Bestand bedrohlich ab, danach setzten wirksame Schutzmaßnahmen ein. Zählungen auf der Furneaux-Inselgruppe (dem Hauptbrutgebiet) ergaben nach GUILER (1967 und 1974):

Jahr	1957	1959	1960	1962	1964
Altvögel	1616	1259	943	1919	2642

Jahr	1966	1968	1970	1972	1973
Altvögel	2821	2682	2623	4401	>3220*

Nach 1966 wuchsen dort jährlich über 1000 Jungtiere auf.

* 1973 wurden nicht alle Gänse erfaßt, weil ein Teil heute andere Zugwege und Brutplätze hat (GUILER, briefl.).

Hühnergans, *Cereopsis novaehollandiae* LATHAM; links Jungvogel mit dunkelfleckiger Schnabelwachshaut und grau durchsetzter Kopfoberseite. Rechts Altvogel, Schnabelwachshaut durchweg hellgrün, Stirn und Kopfplatte weiß.

Im Sommer 1977 wurden auf diesen Inseln aus einer Population von 5000 Individuen annähernd 1000 abgeschossen, um die Schäden auf den Agrarflächen zu reduzieren (KEAR 1979).

Hühnergänse leben in Dauerehe. Die Paare sind während des ganzen Jahres, insbesondere aber in der Brutzeit, sehr streitsüchtig. Sie besetzen ein großes Nestrevier und verteidigen dieses äußerst heftig gegen Artgenossen und Feinde. Die Brut erfolgt in den australischen Wintermonaten, in denen auch die Wachstumsperiode der Gräser liegt (Winterregengebiet). Etwa ab Februar treffen die Gänse auf den Brutinseln ein, aber erst zwischen Mai und Juli beginnt die Eiablage. Die Nester werden offen im Grasland, an Felsblöcken und Büschen, manchmal sogar auf den dichten Kronen von Sträuchern errichtet. Daran beteiligen sich beide Partner. Als Nistmaterial dienen hauptsächlich Grasbüschel, später werden graue Dunen hinzugefügt. Einzelne Paare benutzen den Nestplatz mehrmals. Die Gelege bestehen aus 3–6 weißen, rauhkörnigen, elliptischen Eiern mit den Maßen 73–92 × 44–59 mm; ∅ 83 × 56 mm (FRITH 1967). Die Brutdauer wird mit 30–40 Tagen angegeben. Das Paar bleibt mit seinen Jungen etwa sechs Wochen im Brutrevier, dann vermischen sich halbflügge Küken mehrerer Familien untereinander. Der Abzug in die Sommergebiete erfolgt gruppenweise und beginnt bald nach dem Flüggewerden der Jungvögel. Die immaturen Gänse bleiben während des ganzen Jahres in kleinen Gruppen zusammen.

Nahrung: Sie besteht nur aus Vegetabilien, vorwiegend aus den Grünteilen der Gräser *(Poa, Lolium)*, weniger aus deren Samen.

Haltung und Zucht: Hühnergänse werden häufig in zoologischen Gärten, weniger in Privatanlagen gehalten. Als ausgesprochene Weidevögel soll ihnen ein großes Stück Grasland, zumindest aber ein weiträumiges Gehege geboten werden. Ein Teich ist nicht erforderlich, Hühnergänse sind geradezu wasserscheu und begatten sich stets auf dem Lande. Für den Winter muß ein zweckmäßiger, etwa 7 bis 10 m² großer und gegebenenfalls beheizbarer Raum zur Verfügung stehen, in dem Brut und Aufzucht erfolgen können. Während der gesamten Fortpflanzungszeit sind die Hühnergänse extrem unverträglich und werden deshalb separat gehalten, wogegen nicht brutaktive Tiere in geräumigen Gesellschaftsgehegen untergebracht werden können. In jeder Altersstufe sind Hühnergänse relativ anfällig gegen Aspergillose. Als Nahrung bietet man ihnen ein einfaches Mischfutter, Getreide und bei fehlender Grasnarbe Salat, Kohl, Rüben oder Möhren.

Zuchterfolge sind nicht selten, aber auch nicht alltäglich. Die abnehmende Tageslänge im Herbst löst die Fortpflanzungsaktivität aus. Wenn im Oktober die Tageslichtdauer unter 10 Stunden absinkt, beginnen die Reifung der Keimdrüsen, die Begattungen und mit der Inbesitznahme des Brutreviers der heftige Aggressionstrieb. Jetzt muß den Zuchtpaaren das Wintergehege mit dem Brutraum geboten werden. Für die Eiablage, die mit großer Regelmäßigkeit im Zoo Prag im November, im Tierpark Cottbus im Dezember und in Slimbridge jeweils im Januar begann, wird im Innenraum eine Nestunterlage aus Stroh und Grassoden vorbereitet. Die Legeintervalle sind wenig einheitlich (wohl infolge der relativ niedrigen Temperaturen); im Zoo Prag wurden 4 Eier innerhalb von 7 Tagen, 5 Eier in 8 bzw. 9 Tagen und 6 Eier in 14 Tagen abgelegt (ŠIR, briefl.). Die Bebrütung kann im Inkubator oder durch das Weibchen erfolgen, im ersteren Falle sind Nachgelege zu erwarten. Als Normalwert der Brutdauer wurden 34–37 Tage ermittelt. Die Küken benötigen vom ersten Tage an stets kurzes Gras oder sprießendes Getreide. Ihr Trieb, zu weiden und zu zupfen, ist so stark ausgeprägt, daß sie in Ermangelung frischen Grüns das Dunengefieder ihrer Geschwister oder gar das Bauchgefieder der Eltern abzuweiden beginnen (JACOB 1976). Einen Tag alt wiegen die Hühnergänse um 75 g, mit 26 Tagen erfolgt ihre Befiederung an Flanken, Schultern und Schwanz, mit 40 Tagen ist die Unterseite befiedert, ab 6. Woche bil-

det sich das Großgefieder, und mit 70 bis 75 Tagen sind die Junggänse erwachsen (VESELOVSKY 1973).

Die geschlechtliche Reife tritt im 3. oder 4. Lebensjahr ein, doch sondern sich Jungvögel bereits im Sommer ihres Geburtsjahres paarweise aus dem Familienverband ab.

In einigen westeuropäischen Zoos und Zuchtanlagen gelang die Zucht der Hühnergänse auch in Freigehegen ohne Schutzraum.

Pünktchengänse
Stictonettini

Pünktchengans
Stictonetta naevosa (GOULD)

Dt. Syn.: Affengans (-ente)

Č	Kachna vlnkovaná	F	Canard moucheté
D	–	H	Freckled Duck
E	Freckled Duck	R	Крапчатая утка

Nach JOHNSGARD (1965 und 1968) hat sich diese Art seit dem Oligozän als isoliertes Seitenglied aus der *Anserini*-Gruppe entwickelt und zeigt wenig verwandtschaftliche Beziehungen zu den Enten.

Habitus: Etwa brandgansartig, besonders durch den stark konkav gebogenen Schnabel. Abb. Seite 240.

Alterskleid: ♂ gesamtes Kleingefieder auf bräunlichschwarzem Grund mit kleinen lehmgelben und weißen Fleckchen und Kritzeln bedeckt; Unterseite durch stärkere und gröbere Fleckung insgesamt heller. Flügel ohne Spiegel, Oberseite der Schwingen einfarbig dunkelbraun, Decken wie Rückenpartien gefärbt; Unterflügel beträchtlich heller. Schnabel schiefergrau, während der Brutsaison an der Basis leuchtend orange- bis karminrot; Iris braun, Füße grau. ♀ etwas kleiner und insgesamt heller als ♂; Grundfärbung der Rückenpartien braun, niemals schwarz. Schnabel und Beine grau, Iris braun. *Maße:* ♂ Flügel: 186–258, Schnabel: 50–59 mm; ♀ Flügel: 205–236, Schnabel: 46–53 mm (FRITH 1967); ♂ Schwanz: 72–79, Lauf 40–45 mm; ♀ Schwanz: 60–70, Lauf: 40–44 mm (DELACOUR 1956). *Gewicht:* ♂ 747–1130 g, ♀ 691–985 g (FRITH).

Dunenkleid: Einfarbig grau, Bauchseite und unter den Flügeln etwas heller, fast weiß. Schnabel graublau, zur Basis hin blau. Nagel rosa, Innenseite blaßrot. Läufe

Küken der Hühnergans, *Cereopsis novaehollandiae* LATHAM

blaugrau, Schwimmhäute lederbraun bis grau; Iris dunkelbraun (FRITH 1964).

Jugendkleid: Ähnlich dem Alterskleid, aber heller; Grundfärbung ist hellbraun, die Fleckung lehmgelb.

Lebensweise: Obgleich Pünktchengänse nach neueren Ermittlungen nicht so selten sind, wie man lange Zeit vermutete, ist die Gesamtindividuenzahl der Art doch relativ gering. Das Brutvorkommen beschränkt sich im wesentlichen auf zwei Sumpftypen, und zwar auf die großflächigen permanenten Cumbungi-Sümpfe (Senken mit Schilf- und Riedbeständen) und auf die etwas flacheren, fast permanenten Lignum-Sümpfe (die Hauptvegetation bildet der strauchwüchsige Knöterich *Muehlenbeckia cunninghamii*). In jenen Biotopen ist die Pünktchengans keine Seltenheit, aber die Zahl derartiger Sümpfe ist in Neusüdwales relativ gering. Da in naher Zukunft große Meliorationsvorhaben in diesen Niederungen geplant sind, muß mit einer starken Abnahme der Pünktchengans gerechnet werden (FRITH 1965 und 1967). Dagegen berichtete BRIGGS (1982) von einer deutlichen Zunahme der Art seit Ende der 70er Jahre in SO-Australien und speziell im NW-Teil von Neusüdwales.

Nichtbrütende Pünktchengänse halten sich in kleinen Gruppen oft unter anderen rastenden Arten, besonders unter Augenbrauenenten auf. Nur ganz selten bilden sich Ansammlungen von 100 und mehr Exemplaren. Einer der größten Schwärme wurde 1958 auf einer offenen Wasserfläche im südwestlichen Neusüdwales angetroffen – 520 Exemplare saßen auf im Wasser stehenden Pfeilern, Stümpfen und auf den Pfosten eines Wasserzaunes. Mehrere Autoren betonen das vertraute, teils als schläfrig bezeichnete Wesen dieser Gänse. Während der nächtlichen Futterflüge wird die größte Aktivität entfaltet. Soweit bekannt, brüten die meisten Paare von September bis Dezember, die anderen während der übrigen Monate. Die wenigen bisher gefundenen Nester waren in der Sumpfvegetation nahe dem Wasser, zwischen angeschwemmtem Pflanzenmaterial oder in alten Nestern der Bleßhühner errichtet. Die Verfilzung der Dunen in der Nestwand, wie dies DELACOUR (1956) angibt, trifft nicht zu, sie werden wie von anderen Anatiden verwendet (FRITH 1967). Die Gelege enthalten 5–14, meist 7 creme- oder elfenbeinfarbene und sehr glattschalige Eier; ihre Maße betragen 60–65 × 45–48 mm; ∅ 63–47 mm (FRITH 1967). Die Brutdauer liegt zwischen 26 und 28 Tagen. Das Weibchen brütet allein. Die Dunenjungen ähneln den Küken der Gänse, sie werden im nahrungsreichen Seichtwasser aufgezogen.

Nahrung: Sie wird ähnlich wie bei den Löffelenten von der Wasseroberfläche geseiht und besteht aus feinen pflanzlichen Teilen (Algen, Wasserlinsen, Wassergräsern), weniger (meist unter 10 %) aus kleinen Wasserlebewesen. In Reisanbaugebieten werden nachts die Reisfelder beflogen.

Haltung und Zucht: Pünktchengänse sind wiederholt in australischen Zoos und von Wissenschaftlern gehalten worden, über Zuchterfolge ist jedoch nichts bekannt. Im Gehege aufgezogene Küken (Eier wurden Gelegen von Wildvögeln entnommen) zeigten folgende Entwicklung: In den ersten Lebenstagen wogen sie 39–60 g. Am 14. Tag zeigten sich die Kiele der Schwanzfedern und am 18. die der Handschwingen. Im Alter von 23 Tagen entfalteten sich die Federchen an Flanken und Schultern, nach weiteren 11 Tagen war die Brust voll befiedert, die Handschwingen begannen zu wachsen. Mit 37 Wochen war das Alterskleid fertig durchgemausert (FRITH 1967).

Halbgänse, *Tadornini*

Blauflügelgans
Cyanochen cyanopterus
(RÜPPELL)

Brutvorkommen der Pünktchengans; darüberhinaus sind aus Tasmanien und großen Teilen Ostaustraliens Vorkommen von Nichtbrütern bekannt.

Č	Husice modrokřidlá	F	Bernache à ailes bleues
D	–	H	Blauwvleugel Gans
E	Blue-winged Goose	R	Синекрылый гусь

Habitus: Kurz und gedrungen wirkend; in der Ruhestellung wird der Hals ganz unter das Gefieder geschoben. Abb. Seite 32.

Alterskleid: ♂ und ♀ im gesamten Deckgefieder fahl graubraun; auf der Unterseite verwaschen dunkler gefleckt, der Rücken dagegen fast schwarzbraun. Schwanz und Handschwingen schwarz, Armschwingen mit grünschillerndem Spiegel; Decken hell schieferblau, Bug und Unterflügel weiß. Schnabel und Beine schwarz. ♂ größer als ♀. *Maße:* ♂ Flügel: 368–374, Schwanz: 160–165, Schnabel: 32–33, Lauf: 70–73 mm; ♀ Flügel: 314–334, Schwanz: 135–142, Schnabel: 30–31, Lauf: 51–65 mm. *Gewicht:* ♂ 2000–2360 g. ♀ 1300–1500 g.

Dunenkleid: Oberseite, ein nach hinten breiter werdender Augenstreif und Teile der Körperseiten grauschwarz; Gesicht in den ersten Tagen strohgelb, dann graugrün; Unterseite und die hellen Flecken an den Körperseiten grauweiß. Schnabel und Füße schwärzlich. Insgesamt an die Küken der Andengans erinnernd, doch kleiner.

Jugendkleid: Im Farbtypus bereits dem Alterskleid gleichend, jedoch an den allgemeinen Merkmalen des Jugendgefieders kenntlich.

Lebensweise: Das Vorkommen der Blauflügelgans ist auf die Hochplateaus des Abessinischen Berglandes zwischen 2500 und 4000 m Höhe beschränkt. In dieser tropischen Hochlandregion bestimmen waldarme Savannen und eine fast baumlose Hochgebirgsvegetation, auf der lediglich etwas Viehwirtschaft betrieben wird, das Landschaftsbild. (Die Kulturzone mit menschlichen Siedlungen und verbreitetem Ackerbau liegt zwischen 1800 und 2500 m ü. d. M.). Sommers wie winters herrschen Durchschnittstemperaturen von 10–20 °C. Als einzigen Biotop bewohnt diese Gans offenes Gelände, wo kurzgrasige Wiesenflächen in Bach- und Flußniederungen, an Seen und in Senken infolge des ganzjährig vorhandenen Wassers ein üppiges Wachstum entfalten. Dagegen werden mit Röhricht und Busch umsäumte Gewässer völlig gemieden. Früher wie auch in jüngerer Zeit wurden die Blauflügelgänse in vielen dieser Niederungen angetroffen, doch sind sie nirgends sehr häufig (BLAIR, briefl.). Stets zu Paaren vereint, gehen die Gänse auf den Wiesen äsend oder im Flachwasser nach Entenart gründelnd der Nahrungssuche nach. Ihre Fluchtdistanz ist gering, Gefahren versuchen sie erst durch Laufen auszuweichen, ehe sie auffliegen. Aufgescheucht, streichen die Gänse in ruhigem Flug niedrig über das Gelände hin, nicht selten dem Lauf des Baches oder Flusses folgend. Tiefes Wasser meiden sie anscheinend völlig.

Die Brutzeit soll zwischen Juli und Dezember liegen, Dunenjunge führende Familien sind aber auch im Mai und Juni beobachtet worden. GAJDÁCS (1974) fand Nester mit 4–5 Eiern an den Ufern der Bäche im Gras, sie waren nur sehr spärlich ausgepolstert. Aus Gefangenschaftsbruten ist ferner bekannt, daß die Blauflügelgänse 4–8 gestreckte, cremefarbene Eier legen, die vom Weibchen in 30 (BLAAUW) bzw. 34 Tagen (STEINMETZ, Gef. Welt 1932) erbrütet werden. Über die Jungenaufzucht freilebender Paare ist nichts bekannt.

Jahresvorkommen der Blauflügelgans.

Nahrung: Sie besteht zweifellos zu einem großen Teil aus Gräsern und Kräutern sowie aus deren Samen, doch hebt REICHENOW (1905) hervor, daß in den Mägen geschossener Exemplare vorwiegend Würmer, Insekten, Insektenlarven und Schnecken gefunden wurden.

Haltung und Zucht: Das erste Paar Blauflügelgänse gelangte 1913 in den Tierpark Schönbrunn bei Wien. Von sieben 1923 importierten Exemplaren brütete vier Jahre später ein Paar bei dem holländischen Züchter BLAAUW. Seit dieser Zeit werden Blauflügelgänse in den meisten großen zoologischen Gärten und Vogelparks, selten dagegen von Züchtern gehalten.

Gut eingewöhnte und gezüchtete Blauflügelgänse sind trotz ihrer Hochgebirgsheimat robust und langlebig. Ihre Haltung empfiehlt sich in Großgehegen oder als Nebenbesetzung grasbewachsener Huftieranlagen. Ähnlich wie die nahverwandten Spiegelgänse sind brutaktive Tiere bösartig, Zuchtpaare werden besser in Einzelgehegen untergebracht. Überwinterung in einem Schutzraum.

Obgleich man sich nie intensiv um die Blauflügelgans bemüht hat, sind die Zuchtchancen nicht gering. Außer in mehreren Zoos (Tierpark Berlin 1962 und 1964) gelingt die Zucht im Wildfowl Trust fast alljährlich. Beginn der Eiablage für 15 Gelege zwischen 14. 4. und 3. 6., hauptsächlich in der 2. Aprilhälfte; Jungenaufzucht vorwiegend in Boxen ohne Eltern. Über die Erstzucht berichtet BLAAUW (Ibis 1927):

Das Paar bewohnte ein großes Rasengelände mit einem kleinen Teich, einigen Bäumen und Sträuchern sowie einer Binsen- oder Schilfsenke (engl. ›sedge‹). Anfang Juni wurde ein Nest dieser Gänse unter einem Strauch entdeckt, zur Eiablage kam es vorerst nicht. Gegen Ende Juni errichteten sie ein zweites Nest, diesmal in dem Binsenbestand. Anfang Juli legte das Weibchen 6 Eier, brütete aber schon ab fünftem Ei.

Das Paar war nachts sehr aktiv, und wahrscheinlich sind auch die Nester vorwiegend nachts errichtet worden. Wegen des allzu kühlen Wetters in jenem Sommer legte man einer Haushenne die Eier unter. Nach 30tägiger Bebrütung waren 5 Eier am 8. August gepickt, und am folgenden Tag schlüpften vier Küken. Die Gössel erwiesen sich als überaus schnellwüchsig. Sie bekamen nach drei Wochen die ersten Federn und waren im Alter von vier Wochen auf der Unterseite und den Schultern voll befiedert. Nach reichlich fünf Wochen zeigten sich die blauen Flügeldecken, und im Alter von sechs Wochen war die Befiederung bis auf das Längenwachstum der Schwingen im wesentlichen abgeschlossen. Ende Januar begannen die Junggänse zu mausern. BAUER (1981) berichtet von einem in den USA gehaltenen Paar, das in einem Nistkasten (Einschlupfloch 15 cm ⌀) alljährlich 2 Gelege mit 4–5 Eiern erbrachte. Als Brutdauer wurden jeweils 30 bis 31 Tage ermittelt.

Andengans
Chloephaga melanoptera
(EYTON)

Č	Husice andská	F	Bernache des Andes
D	Andengås	H	Andas Gans
E	Andean Goose	R	Андский гусь

Habitus: Größte Spiegelgans mit sehr aufbauschendem Gefieder und auffällig kurzem, dickem Hals. Abb. Seite135 und 236.
Alterskleid: ♂ und ♀ Kleingefieder durchweg weiß, Federn des oberen Rückens mit schwarzer Tropfenzeichnung; Flügel und Schwanz schwarz, Zentren der Scapularen dunkelbraun, Arm- und Tertiärschwingen intensiv bronzefarben, große Decken mehr metallischpurpurn glänzend. Der kurze, kräftige Schnabel rot mit schwarzem Nagel; Iris dunkelbraun, Füße rotbraun. ♀ wesentlich kleiner als ♂ und mit tiefer Stimme. *Maße:* ♂ Flügel: 460–475, Schwanz: 180–185, Schnabel: 38–43, Lauf: 90–105 mm; ♀ Flügel: 420–430, Schnabel: 34–37 mm. *Gewicht:* ♂ und ♀ 2730–3640 g.
Dunenkleid: Ein etwa gleichbreiter Streif von der Schnabelwurzel bis über den Rücken, ein kleiner Ohrfleck, die vorderen Flügelränder und ein Schenkelfleck schwarz, übrige Partien weiß, Gesicht in den ersten Tagen gelblich. Schnabel und Füße schwarz.
Jugendkleid: Großgefieder schwach glänzend und überwiegend in schwarzgrauer Tönung. Kleingefieder bis zur zweiten Mauser verwaschen grau, teilweise von hellbraunen Federn durchsetzt.
Lebensweise: Andengänse bewohnen die tundraartigen Hochtäler der Anden in Höhen zwischen 3000 und

5000 m. In den Senken dieser wenig unterhalb der Zone des ewigen Eises liegenden Hochsteppe bilden sich im Frühjahr und Sommer durch Schmelzwasser der umliegenden Bergmassive zahlreiche Lagunen, Sumpfniederungen und ausgedehnte grundwasserreiche oder überflutete Grasflächen. Zu den Hängen hin schließen sich weite Grasmatten an. Klima und Vegetation entsprechen weitgehend denen des östlichen Patagoniens, wo die übrigen Spiegelgänse beheimatet sind.

Die Andengänse leben meist paarweise, halten sehr eng zusammen und dulden keine Artgenossen in ihrem großen Revier. Bevorzugte Aufenthaltsorte bilden sumpfige Wiesen und die etwas höher liegenden Grashänge. Zu bestimmten Tageszeiten werden tiefere Lagunen zum Baden aufgesucht. »Sie schwimmen mit einer Ruhe, die vollkommen der dortigen Atmosphäre angepaßt ist oder ruhen unbeweglich auf Felsgestein, als wollten sie die sie umgebende Einsamkeit überwachen«, schreibt CASARES (1933).

Die Brutzeit ist – besonders bei den südlich beheimateten Populationen – auf den dortigen Sommer, also auf November bis Januar beschränkt. Die Nester werden zwischen Felsspalten, in der Regel weit entfernt vom Wasser, errichtet. CASARES (1933) beschreibt ein solches auf einem von Felsbrocken übersäten Hügel zwischen Gestein und einigen kleinen Weidensträuchern. Die Gelege enthalten 6–10 cremefarbene Eier mit den Maßen 77–80 × 49,5–53,5 mm; ⌀ 78 × 51 mm.

Die Brutdauer beträgt etwa 30 Tage. Das Männchen wacht währenddessen in Nestnähe. Die Gössel werden von beiden Eltern in die Sumpflagunen ge-

Jahresvorkommen der Andengans; Überwinterung in tieferen Höhenlagen.

Küken der Andengans, *Chloephaga melanoptera* (Eyton)

führt und hier – sicher vor dem Fuchs – aufgezogen. Mit Beginn der kalten und trockenen Jahreszeit, etwa im März, scharen sich die südlichen Populationen der Andengänse zu kleineren Trupps (vermutlich Familienverbände) zusammen und wandern nach Norden ab. Ein Teil zieht auch in tiefer gelegene Täler (um 2000 m) hinab.

Wo die Andengänse nicht gejagt werden, ist ihre Fluchtdistanz gering, einzelne Paare halten sich selbst in unmittelbarer Nähe bewohnter Gehöfte auf, andere werden gezähmt als Haustiere gehalten.

Nahrung: Sie besteht ausschließlich aus Gräsern und Kräutern.

Haltung und Zucht: Andengänse gelangten 1871 in den Zoo London und werden seither regelmäßig in großen Zoos, heute vielfach auch in Vogelparks gehalten, dagegen sind relativ wenige Züchter im Besitz einzelner Paare. Gut eingewöhnte Wildfänge und gezüchtete Tiere sind hart und robust, doch ist eine hohe Anfälligkeit für Tuberkulose und Aspergillose vorhanden.

Mit Beginn der Paarung im zweiten Lebensjahr werden Andengänse extrem unverträglich. Züchter halten sie deshalb stets in großen, teilweise schattigen Einzelgehegen. Soll die Grasnarbe erhalten bleiben, muß sie 300 bis 400 m² groß sein. Ein Teich ist angebracht, doch nicht erforderlich; Spiegelgänse begatten sich auf Land oder im Flachwasser (z. B. in Wasserschalen). Ein Schutzraum muß den Tieren speziell für naßkalte Witterung und gegen zu starke Sonneneinstrahlung zur Verfügung stehen. In Zoos werden Andengänse gern außerhalb der eigentlichen Gehege paarweise auf den Grünflächen gehalten.

Seit der Erstzucht 1915 im Zoo London wird die Andengans zwar nicht häufig, doch regelmäßig gezüchtet. Da die Zoo-Paare vornehmlich Schauzwecken dienen, sind erfolgreiche Zuchten oftmals Zufälle. Zielstrebige Zuchtbemühungen leitete u. a. der Wildfowl Trust ein (Bruterfolge in Slimbridge seit 1963), ihm folgten Privatliebhaber, die es sehr bald zu guten Zuchtergebnissen mit dieser Gans brachten. Wie-

NANDS, briefl., zog 1974 aus einem Gelege von 14 und einem Nachgelege von 12 Eiern 21 Junge auf. In der DDR liegen Zuchtergebnisse aus dem Zoo Cottbus 1977 vor. Die Eiablage erfolgt in Hütten, die zweckmäßig im Schutzhaus aufgestellt sind, oder frei auf der Wiese, meist im April, seltener im Mai. Nachgelege sind möglich. Über die Entwicklung der Junggänse berichtet BLAAUW (zit. in DELACOUR 1954): Am 30. Juni und 4. Juli 1933 schlüpften von zwei Paaren 9 Gössel. Nach 3 Wochen begannen die anfangs schwarzen Beine rot zu werden, nach 4 Wochen zeigten sich die ersten Schulterfedern und die der Flanken. Am 13. August waren die Beine voll umgefärbt, der Schnabel begann am 20. August umzufärben und war am 10. Oktober farblich verändert. Im Alter von 15 Wochen waren die Junggänse etwa erwachsen und befiedert.

Die geschlechtliche Reife tritt gegen Ende des 3. Lebensjahres ein, Brutaktivitäten setzen meist später ein.

Magellangans
Chloephaga picta
(GMELIN)

Č	Husice magelánská	F	Oie de Magellan
D	Magellangås	H	Magellan Gans
E	Magellan oder Upland Goose	R	Магелланов гусь

Die Kleine Magellangans, *Chloephaga p. picta* (GMELIN), wird auf den Falkland-Inseln durch die im wesentlichen gleich gefärbte Große Magellangans, *Chloephaga p. leucoptera* (GMELIN), ersetzt. Die auf der Unterseite durchweg gebänderten männlichen Magellangänse stellen eine Farbvariante der Nominatform dar (früher als *Ch. p. dispar* geführt). SCHÜRER (1980) zitiert HUMPHREY et al. (1970) und schreibt: »Etwa 99 % der männlichen Magellangänse von Feuerland gehören der gebänderten Form an, etwa 0,33 % der rein weißen und 0,63 % einer intermediären Form. Weiter nördlich in der Proviz Santa Cruz kommen beide Formen in etwa gleichen Anteilen vor, etwa 2 % sind intermediär. Im Norden des Brutgebietes hat die überwiegende Mehrzahl der Ganter eine weiße Brust.«

Beschreibung von *Chloephaga picta picta*
Habitus: Eine sehr kräftige, reichlich mittelgroße Gans. Abb. Seite 31 und 237.
Alterskleid: ♂ Kleingefieder einschließlich oberem Rücken weiß, bei der gestreiften Variante gesamte Unterseite – am Hals auslaufend –, bei der hellen nur auf oberem Rücken und Flanken breit schwarzgrau quergebändert. Rücken dunkelschiefergrau, zu den Schultern hin in Querwellung übergehend. Flügel: kleine

135

und mittlere Decken sowie Armschwingen weiß, die relativ langen großen Decken glänzend stahlgrün, Handschwingen schwarz. Schnabel, Iris und Füße dunkelgrau. ♀ wenig kleiner als ♂; Kopf, Schultern und gesamte Unterseite einschließlich Hals, Brust und Flanken auf hellbraunem, teils rahmfarbenem Grund dunkelbraun überbändert. Flügel wie ♂. Schnabel und Iris dunkelgrau, Füße gelbbraun. *Maße:* ♂ Flügel: 395–435, Schwanz: 150–180, Schnabel: 33–40, Lauf: 73–88 mm; ♀ Flügel: 380–403, Schnabel: 31–38 mm. *Gewicht:* ♂ 2834 g, ♀ 2750 und 3200 g.

Maße von *Ch. p. leucoptera:* ♂ Flügel: 430–462, Schwanz: 165–200, Schnabel: 42–47, Lauf: 92–95 mm; ♀ Flügel: 400–425, Schnabel: 40–45 mm.

Dunenkleid: Zügel- und Augengegend, Kopfplatte, hinterer Halssaum, vorderer Flügelrand und Bauchseiten dunkelbraun; Kopf- und Halsseiten, Brust, Bauch und ein breiter Streif vom hinteren Flügelrand entlang der Bürzelseiten bis zum Schwanz perlgrau. Schnabel und Füße dunkelgrau. Küken der gestreiften Variante insgesamt dunkler, braune Partien ausgedehnter.

Jugendkleid: ♂ Kleingefieder grauweiß; schwarzgraue Wellung durchgehend von Hals bis Bauch, große Flügeldecken fast glanzlos, kleine und mittlere weiß, einzelne grau. Im zweiten Jahr verliert sich die schwarze Wellung an Hals und Brust, im dritten Jahr wird das endgültige Alterskleid durchgemausert. Die jungen ♀♀ gleichen schon fast den adulten, haben jedoch eine zimt- statt kastanienbraune Grundfärbung im Kleingefieder; Flügel wie junge ♂♂.

Lebensweise: Magellangänse sind in den ausgedehnten Grasländereien des südlichen Südamerikas sehr häufige Brutvögel. Besonders zahlreich brüten sie in der dortigen Meseta, den trockenen, niederschlagsarmen Steppenplateaus, in deren Senken sich viele Flachseen mit angrenzenden Grünlandsäumen befinden. Obwohl meist in der Nähe der Gewässer lebend, suchen die Magellangänse nur selten das Wasser auf.

Die Brutzeit liegt auf den Falklandinseln zwischen Mitte Oktober und Januar, in Patagonien und Chile im November und Dezember. Während dieser Zeit halten sich die sonst in Schwärmen lebenden Magellangänse in Paaren getrennt voneinander auf. Die Nester stehen auf Feuerland meist ohne jede Deckung auf trockenem Erdboden, weit entfernt vom Wasser. KRIEG (1940) fand die Nester in Patagonien unter den Zweigen kleiner Büsche oder im hohen Grase nahe den Ufern größerer Seen. Die ausgescharrte Nestmulde wird vor der Eiablage mit einigen Pflanzenstengeln, später reichlich mit schwarzgrauen Dunen ausgelegt. Die Vollgelege enthalten 5–8 glattschalige, elliptische, bräunlich rahmfarbene (im ganz frischen Zustand rötliche) Eier mit den Maßen 67 bis 86 × 47–56 mm; ⌀ 76,7 × 51,8 mm. Die Brutdauer beträgt 30–32 Tage. Bei Verlust des ersten wird ein zweites Gelege getätigt. Die Gössel werden von beiden Eltern betreut; bei Gefahr nimmt die Familie auf der freien Wasserfläche Zuflucht. Bereits im Januar und Februar scharen sich die Magellangänse anfangs zu kleinen Mausertrupps, zum März hin zu riesigen Scharen zusammen. So ziehen sie dann in die nördli-

Brutvorkommen der Großen (Gr.) und Kleinen (Kl.) Magellangans, –·–·– nördliche Begrenzung der Überwinterungsgebiete der Kleinen Magellangans.

cheren Gebiete ab. Ein kleiner Teil überwintert in der Brutheimat. CASARES (1933) schreibt über die Häufigkeit der Magellangans: Man findet sie in einem Überfluß, den sie nur der vorstellen kann, der in diesem Gebiet gewesen ist. Auf den Grasland-Steppen Feuerlands ist sie nirgends außer Hör- und Sichtweite. Das Fehlen der Füchse, die von Pelzjägern fast völlig ausgerottet worden sind, und die ständige Erschließung weiterer Grasländereien für die Viehwirtschaft dürften die Ursachen für ihre ungeheure Vermehrung sein. Durch den Grasverbiß wird die Magellangans zu einem bedeutenden Futterkonkurrenten für die Schafe. Doch trotz intensiver Nachstellungen haben sich die Gänse noch vermehrt. Auf dem Gelände einer einzigen Farm wurden in einem Sommer 63 000 Eier abgelesen, und im Herbst traten kaum weniger Jungtiere als in anderen Jahren auf. Von ähnlicher Häufigkeit berichten WELLER (1972) von den Falklandinseln und JOHNSGARD (1978) von Feuerland und Patagonien.

Nahrung: Rein pflanzlich, sie besteht vorrangig aus Weidegräsern.

Haltung und Zucht: Die ersten Magellangänse gelangten 1857 in den Zoo London und 1871 in den Zoo Berlin (DELACOUR 1954, SCHLAWE 1969). Wohl zu jeder Zeit wurden die Magellangänse von den Spiegelgänsen am häufigsten gehalten und gezüchtet. Vorwiegend ist die kleine, in letzter Zeit selten die gestreifte Variante und nur vereinzelt die große Form importiert, wobei es der Züchter unterlassen sollte, aus dem Größeneindruck seiner Tiere auf die Unterart zu schließen. Die farbenprächtigen Magellangänse, bei denen die Geschlechtsbestimmung auf Grund unterschiedlicher Färbung keine Schwierigkeiten bereitet, die anspruchslos in Pflege und Ernährung, winterhart und recht fortpflanzungsfreudig sind, würden sich zweifellos größerer Beliebtheit erfreuen, wären die Ganter nicht so extrem unverträglich und aggressiv.

Ihre Unterbringung erfolgt in grasbewachsenen Einzelgehegen (250–300 m²), Schutzhaus und Badeteich sind angebracht, doch nicht notwendig. Die Pflege in geräumigen Zoo- und Vogelparkanlagen mit Schwänen und großen Gänsen ist möglich, doch auch hier können paarige Magellanganter andere Arten lebensgefährlich bedrängen.

Magellangänse werden gegen Ende des 2. oder 3. Lebensjahres geschlechtsreif, auch die Wildvögel (WELLER 1972). Zur Eiablage bietet man ihnen Hütten oder Nistkörbe, möglichst innerhalb des Schutzraumes, einzelne Nester werden auch frei auf der Wiese oder unter Gebüsch errichtet. Gelegt wird zwischen März und Mai, meist um Mitte April, in 48stündigen Intervallen. Ein bis zwei Nachgelege sind die Regel. Ist das Gelege gegen Raubzeug gesichert, sollten den Gänsen Brut und Kükenaufzucht überlassen bleiben. Die Befiederung der Junggänse dauert 9–10, manchmal bis 12 Wochen, unmittelbar danach beginnt die langsame Umfärbung in das Alterskleid. Bei meinen Tieren war der Ganter im November und das Weibchen im Dezember des gleichen Jahres durchgemausert, wobei es unklar blieb, ob ein Teil der großen Decken gewechselt wurde (vgl. KOLBE 1972). Erstes Aggressions- und Balzverhalten (sicher mit der Vorpaarung »Verlobung« nordischer Anatiden gleichzusetzen) im folgenden Frühjahr.

Das Futter der Altvögel sollte neben Körnern (bis Maisgröße) und Mischfutter viel Grün enthalten, die Gössel nehmen etwa ab 4.–5. Woche Körner auf.

Tanggans
Chloephaga hybrida
(MOLINA)
Dt. Syn.: Kelpgans*

Č	Husice pobřežní	F	Bernache antarctique
D	Tanggås	H	Kelp Gans
E	Kelp Goose	R	Водорослевый гусь

Zwei Unterarten: die Kleine Tanggans, *Chloephaga h. hybrida* (MOLINA), bewohnt die chilenische Festlandküste und ihre vorgelagerten Inseln. Auf den Falklandinseln wird sie von der Großen Tanggans, *Chloephaga h. malvinarum* PHILLIPS, ersetzt.

* Das englische kelp entspricht dem deutschen Wort Tang. Beide Namen weisen auf die vermutete Hauptnahrung, den Seetang, hin.

Brut- und Jahresvorkommen der Großen (Gr.) und Kleinen (Kl.) Tanggans –·–·– Küstenlinie als Überwinterungsgebiet einzelner Populationen der Kleinen Tanggans.

Beschreibung von *Chloephaga hybrida hybrida*
Habitus: Wenig größer als Rotkopfgans, Schnabel und Füße auffällig kurz. Abb. Seite 31 und 138.
Alterskleid: ♂ durchweg weiß; der kurze, kräftige Schnabel schwarz mit rotem Fleck an der Wurzel. Iris dunkelbraun, Füße lehmgelb. ♀ dunkel graubraun, Bauch und Flanken kräftig schwarzweiß gewellt; Hinterleib, Schwanzdecken und Steuerfedern weiß. Flügel mit metallisch grünglänzenden großen Decken, schwarzgrauen Handschwingen und weißen Decken und Armschwingen. Oberschnabel orangegelb; das braune Auge ist von einem Kranz weißer Federn eingefaßt; Füße gelb. *Maße:* ♂ Flügel: 363–385, Schwanz: 128–140, Schnabel: 35–38, Lauf: 67 bis 71 mm; ♀ Flügel: 334–360, Schnabel: 35–38 mm. *Gewicht:* ♂ 2607 g, ♀ 2041 g (JOHNSGARD 1978).
♀ der Großen Tanggans insgesamt etwas dunkler und auf der Unterseite gröber gewellt als die Kleine Tanggans. ♂ Flügel: 390–396, Schnabel 38–40 mm; ♀ Flügel: 360–380, Schnabel: 36–40 mm.
Dunenkleid: Silberweiß, oberseits graubraun übertönt, Gesicht teilweise dunkelgrau. Schnabel, Augen und Füße schwarzgrau.
Jugendkleid: Beide Geschlechter ♀-ähnlich, doch juv. ♂♂ mit braunen (statt weißen) Flügeldecken und dunkel gelbgrünen Füßen, juv. ♀♀ ferner mit dunklen Oberschwanzdecken. Die flüggen Erpel mausern sehr bald einzelne weiße Federn des Alterskleides durch.
Lebensweise: Tanggänse leben während des ganzen Jahres im Bereich der Gezeitenzone entlang felsiger Küsten mit starkem Grünalgen- und Seetangbewuchs

Tanggans, *Chloephaga hybrida* (MOLINA); oben Weibchen, unten Männchen

und eingesprengten Sandstrandbuchten. Die relativ kurzen Beine mit den starken Krallen sind eine Anpassung an die durch die Algen schlüpfrigen Geröllfelder, auf denen sich die Tanggänse sehr geschickt fortbewegen. Weniger gut »zu Fuß« sind sie auf Weideflächen, die auch nur selten aufgesucht werden.

Obgleich in vielen Gebieten recht häufig vorkommend, wie beispielsweise um Kap Hoorn und auf den Falklandinseln, bilden die Tanggänse nie so große Scharen wie die Magellan- oder Graukopfgänse, sondern leben paarweise oder zu kleinen Gruppen vereint. GLADSTONE and MARTELL (1968) trafen auf den Falklandinseln selten mehr als 50, nur einmal eine Mausergruppe von 316 Gänsen in einem Verband, aber mit einer auffällig geringen Fluchtdistanz.

Die Brutsaison beschränkt sich auf den südlichen Sommer, nach DELACOUR (1954) erfolgt die Eiablage im November, etwas später als bei den übrigen dort lebenden Entenvögeln. CAWKELL and HAMILTON (1961) beobachteten auf den Falklandinseln noch Anfang November Trupps, in denen die Ganter intensiv balzten. Dagegen registrierten GLADSTONE and MARTELL (1968) den Beginn der Eiablage von über 40 Paaren um die Oktober-November-Wende. Die Nester befinden sich direkt am Saum der Steilküsten, seltener an küstennahen Binnenseen. Sie werden überwiegend im Grase, aber auch zwischen Felsen und auf deckungslosem Grund errichtet. Die Vollgelege enthalten 4–6 cremeweiße Eier mit den Maßen 75–92 × 52–58 mm; ∅ 84 × 54,5 mm. Die Brutdauer beträgt vermutlich 30 Tage. In den Brutpausen deckt das Weibchen die Eier sehr dick mit grauen Dunen ab. Die Küken verlassen innerhalb von 48 Stunden das Nest. Mit ihren scharfen Krallen sind sie besonders gut in der Lage,

sich zwischen Steinen und Geröll fortzubewegen. Nach GLADSTONE and MARTELL (1968) können die algenreichen Nahrungsgründe durchschnittlich nur zwei Stunden am Tage bei normal flacher Ebbe aufgesucht werden. Daraus leiten sie das langsame Wachsen der Gössel ab. Die ersten Federchen zeigen sich im Alter von 17–25 Tagen, ihre Flugfähigkeit erlangen die Gössel frühestens mit 12 Wochen, meist später. Im Gegensatz zu allen anderen Spiegelgänsen soll der Kelpganter seine Familie bei drohender Gefahr nicht verteidigen; die Paare gehen Dauerehen ein. Nach beendeter Jungenaufzucht und Vollmauser streichen die Gänse an den Küsten umher und weichen zum Teil vor der Winterkälte nach Norden aus.

Nahrung: Sie wird während der etwa zweistündigen Ebbe von den Steinen der Litoralzone abgelesen und besteht aus Grünalgen (*Enteromorpha* und *Ulva* spec.), weniger aus Tangarten (*Porphyra* spec.), die der Gans den Namen gaben, und Gräsern; im Herbst ferner aus den Früchten der Krähenbeere (*Empetrum rubrum*). Einige Autoren erwähnen auch marine Mollusken als Nahrungsbestandteil (BOENIGK 1980, SCHÜRER 1980 u. a.).

Haltung und Zucht: Tanggänse sind bisher nur vereinzelt nach Europa und Nordamerika importiert worden. So gelangten einzelne Exemplare um die Jahrhundertwende in die Zoos von London und Berlin; BLAAUW, Holland, pflegte die Art um 1910. Fast alle diese Tiere lebten nur wenige Wochen oder Monate. Im April 1939 gelangten dann über 40 Tanggänse aus Chile nach Europa, vor allem nach Clères, Frankreich, und Leckford, England. Viele von ihnen waren in guter Kondition und lebten mehrere Jahre. Als Nahrung erhielten sie neben dem Grundfutter getrockneten und frischen Seetang, Wasserlinsen und anderes Grünzeug. Zu Fortpflanzungen kam es nicht (DELACOUR 1954). Nach 1950 erfolgten einige Neuimporte nach Europa und Nordamerika, unter diesen Tieren befanden sich auch Große Tanggänse. DOLAN (1965) berichtet über ein Paar, das am 8. Januar 1964 in den Zoo San Diego gelangte:

Bei ihrem Eintreffen waren die Tiere scheinbar in guter Verfassung, trotzdem starb das Weibchen nach knapp einem Monat. Als Nahrung bot man ihnen frischen Salat, der mit getrocknetem Tang überstreut wurde und ein Mischfutter. Die stumpfen Flügelsporen wurden von beiden Geschlechtern in Abwehrsituationen heftig benutzt.

Der englische Wildfowl Trust importierte wiederholt Tanggänse, konnte sie jedoch immer nur für kurze Zeit halten, offenbar starben viele an Aspergillose. GLADSTONE and MARTELL (1968) zogen auf den Falklandinseln 17 Tanggans-Küken auf und übergaben sie später dem Wildfowl Trust. Auch diese Tiere starben innerhalb eines Jahres. Die Gössel wurden mit Putenaufzuchtfutter, Haferflocken, hartgekochtem Ei und Löwenzahn gefüttert. SCHÜRER (1980) schreibt dazu: »Die Tatsache, daß ein Großteil des Futters von den Wildvögeln im Bereich des Strandes gesucht wird, der durch Ebbe und Flut dauernd überspült und damit gereinigt wird, vergleicht man damit Wiesen, auf denen Gänse weiden und ihre Exkremente hinterlassen, erklärt vielleicht die hohe Anfälligkeit dieser Gans gegen Krankheiten, wenn man versucht, sie in Gehegen zu halten.«

Bisher ist erst eine erfolgreiche Zucht bekannt geworden. Aus einer Gruppe von 6 Exemplaren, die 1955 nach Kalifornien importiert wurde, blieben zwei Ganter und eine Gans am Leben, die nach der Eingewöhnungszeit keine Haltungsschwierigkeiten mehr bereiteten. Das Weibchen legte 1958 und 1959 unbefruchtete Eier, nach einer Umpaarung wuchs 1960 ein Küken auf (DELACOUR 1964).

Graukopfgans
Chloephaga poliocephala
SCLATER

Č	Husice rudoprsá	F	Bernache à tête grise
D	Gråhovedet Gås	H	Grijskop Gans
E	Ashy-headed Goose	R	Сероголовый гусь

Habitus: Wie Magellangans, etwas kleiner. Abb. Seite 32.

Alterskleid: ♂ Kopf und Hals bis zum unteren Drittel aschgrau, das Auge meist von einem weißen Federkranz umgeben. Brust und Rückenansatz kastanienbraun, Flanken kräftig schwarzbraun und weiß gebändert; der Bauch weiß, Bürzel und Schwanz schwarz.

Brutvorkommen und nördliche Begrenzung der Überwinterungsgebiete der Graukopfgans.

Die Flügel haben schwarzgraue Handschwingen, weiß sind Armschwingen, kleine und mittlere Decken; große Armdecken relativ lang, damit die Armschwingen weitgehend überdeckend, grünschillernd. Schulter- und Rückengefieder dunkelbraun mit hellbraunen und schwarzen Endsäumen. Schnabel dunkelgrau, Iris dunkelbraun, Füße gelborange und schwarz. ♀ ein wenig kleiner, graue Hals- und braune Brustzeichnung weniger scharf abgesetzt. Eindeutiger sind die Stimmunterschiede: ♀ tiefes Gackern, ♂ leises wisperndes Pfeifen. *Maße:* ♂ Flügel: 355–380, Schwanz: 138–145, Schnabel: 30–33, Lauf: 62–70 mm; ♀ Flügel 335–340, Schnabel: 26–28 mm. *Gewicht:* ♂ 2267 g, ♀ um 2000 g.

Dunenkleid: Ein etwa gleichbreiter Streif von der Stirn bis über den Rücken, ein Augenstreif, die Flügel und Schenkel sepiabraun, übrige Dunen grauweiß. Schnabel dunkelgrau mit hornfarbenem Nagel, Füße dunkel graugrün.

Jugendkleid: Im Farbtypus dem Alterskleid gleichend, doch farbunreiner; Kopf und Hals braun übertönt, Brust und Rücken graubraun, Flanken verwaschener gebändert. Kleine und mittlere Flügeldecken weiß, aber von grauen Federn durchsetzt.

Lebensweise: Graukopfgänse unterscheiden sich in Biologie und Verhalten nur unwesentlich von den Magellan- und Rotkopfgänsen.

Die Hauptbrutgebiete der Graukopfgans liegen zwischen 42° und 46° südlicher Breite in Chile, weniger zahlreich sind sie in Patagonien und auf Feuerland heimisch. Ihre Gesamtpopulation ist wesentlich kleiner als die der Magellangans. Selbst in dem relativ kleinen Brutgebiet nistet die Art bei weitem nicht so massiert wie *Chl. picta*. Auch die Winterschwärme werden meist nur von wenigen, selten über 100 Exemplaren gebildet.

Zur Brutzeit bewohnen die Graukopfgänse grasbewachsene Senken der Hochgebirgsplateaus und lieben hier die Nähe der Gebirgsbäche und Gebirgsflüsse. Im Schutze kleiner Sträucher werden die Nester angelegt. Die wenigen Gelege wurden im November gefunden und enthielten 4–6 glattschalige, cremebraune Eier mit den Maßen 67–72,6 × 47,2–49,7 mm; ∅ 70,4 × 47,8 mm. Die Brutdauer beträgt 30 Tage. Nach dem Flüggewerden der Jungtiere wandern die Graukopfgänse nördlich und erscheinen etwa Mitte März in den Ebenen der Provinz Buenos Aires, dem Hauptwinterquartier. Hier rasten die Graukopfgänse auf Saatäckern und auf den weiten Grasländereien, oftmals unter den großen Flügen der Magellangänse. CASARES (1934) bezeichnet die Graukopfgans als die scheueste und vorsichtigste aller Spiegelgänse.

Nahrung: Sie besteht im wesentlichen aus Gräsern und Kräutern.

Haltung und Zucht: Graukopfgänse gelangten bereits 1833, also über 20 Jahre vor der Magellangans, in den Londoner und 1874 in den Berliner Zoo. Seither wird die Art in vielen zoologischen Gärten, in den letzten Jahrzehnten verstärkt auch in Vogelparks und Privatanlagen gehalten.

Die farblich schönen Graukopfgänse stehen nicht nur in der Größe zwischen Magellan- und Rotkopf-

139

gänsen, sondern auch in ihren Ansprüchen an Unterbringung und Fütterung, in Robustheit, Lebenserwartung und Verträglichkeit sowie in den Zuchtaussichten. Die Erstzucht gelang bereits 1852 im Zoo London, nach der Jahrhundertwende konnte sie BLAAUW, Amsterdam, und seit 1956 u. a. der Wildfowl Trust gut vermehren. Erstzucht für die DDR 1963 durch MÜLLER, St. Egidien (KOLBE 1972).

Zuchtablauf wie der anderer Spiegelgänse; Beginn von 10 Gelegen im Trust in der 1. und 2. Aprildekade, je ein Gelege am 22. 4. und 3. 5. Geschlechtliche Reife gegen Ende des 3. Lebensjahres.

Rotkopfgans
Chloephaga rubidiceps
SCLATER

Č	Husice rudohlavá	F	Bernache à tête
D	Rødhovedet Gås		rousse
E	Ruddy-headed	H	Roodkop Gans
	Goose	R	Красноголовый
			гусь

Habitus: Wie Magellangans, doch kleiner und kurzhalsiger. Abb. Seite 31 und 236.

Alterskleid: ♂ und ♀ Kopf und Hals zimtbraun, Augen meist von einem weißen Federring umgeben. Ab unterem Halsdrittel bis Brust, Flanken und Rückenansatz auf gräulich lehmgelbem Grund fein schwarzbraun gebändert, großes Schulter- und Rückengefieder dunkelgrau, Mittelrücken bis Schwanz schwarz. Flügel mit weißen Arm- und schwarzen Handschwingen, grünschillernden großen Armdecken, weißen mittleren und kleinen Flügeldecken; Unterflügel mit Ausnahme der Handschwingen ebenfalls weiß. Bauch und Unterschwanzdecken hellbraun. Schnabel schwarz, Iris dunkelbraun, Füße orangegelb, schwarz gefleckt. Die Geschlechter lassen sich am Gesamthabitus, sicherer an der Stimme (siehe Graukopfgans) unterscheiden.
Maße: ♂ Flügel: 330–350, Schwanz: 125–140, Schnabel: 28–30, Lauf: 60–73 mm; ♀ Flügel: 310–340, Schnabel: 25–28 mm. *Gewicht:* ♂ und ♀ um 2000 g.

Dunenkleid: Nicht mit Sicherheit von den Küken der Graukopfgans zu unterscheiden.

Jugendkleid: Wenig farbunreiner als das Alterskleid; juv. Tiere bis zur ersten Vollmauser an einzelnen grauen Federn zwischen den weißen Flügeldecken kenntlich.

Lebensweise: Während CASARES (1934) noch die Häufigkeit der Rotkopfgans für Feuerland betont und von einer Masseninvasion überwinternder Tiere 1909 in der Provinz Buenos Aires berichtet, wird seit 1950 ein rapider Rückgang, vermutlich durch ständiges Absammeln der Eier (das eigentlich der Magellangans als

Nahrungskonkurrent der Schafe gilt) und den primär zur Kaninchenbekämpfung ausgesetzten Füchsen beobachtet. Die gegenwärtige Feuerland-Population wird auf weniger als 1000 Individuen geschätzt. Häufiger ist die Gans in einigen Gebieten der Falklandinseln, nach KEAR und WILLIAMS (1978) sind es hier mehr als 40000 Individuen.

Im August und September lösen sich die aus dem Winterquartier zurückkommenden Schwärme auf, die einzelnen Paare verteilen sich über die Brutreviere. Bei der Revierabgrenzung kommt es zu heftigen Kämpfen zwischen den Gantern. Als Brutbiotope werden grassteppenartige Hochebenen oder flachwelliges Gelände in Wassernähe besiedelt. Auf Feuerland brüten sie zwischen den Magellangans-Revieren, die Nester der Rotkopfgans sind dann an den zimtfarbigen Dunen kenntlich. Die Nester stehen im Schutze kräftiger Büschelgräser, zwischen Felsgestein oder unter flachen Büschen. Ablage der 5–8 glänzend rahmbraunen Eier zwischen Ende September und Anfang November; *Maße:* 65–74,5 × 46–51,5 mm; ∅ 69,5 × 48,4 mm, Brutdauer 30 Tage. Nach dem Schlupf der Gössel äsen die Familien auf feuchteren Wiesenabschnitten, wo zartere Gräser wachsen und wo bei Gefahr die Wasserfläche aufgesucht werden kann. Die Winterschwärme verweilen auf den Grasflächen der kalten, niederschlagsarmen Pampas oder auf den Äckern und Weiden der Provinz Buenos Aires.

Nahrung: Sie besteht aus Blattspitzen der Gräser und Kräuter, zu einem großen Teil aus Samenkapseln und ausgegrabenen Wurzelstöcken und Rhizomen.

Haltung und Zucht: Die Rotkopfgans ist die kleinste der Spiegelgänse. Sie gelangte ab 1860 in den Zoo

Brutvorkommen und Überwinterungsgebiete der Rotkopfgans; die Falkland-Populationen sind ganzjährig ansässig.

London, wo sie bereits zwischen 1865 und 1887 regelmäßig gezüchtet wurde. Für den Berliner Zoo wird sie 1872 erstmals genannt. In den 30er Jahren hat BLAAUW, Amsterdam, mit seinen Nachzuchttieren die Mehrzahl der europäischen Zoos und Privatanlagen beliefert (DELACOUR 1954, SCHLAWE 1969). Nach 1950 gelangten wiederholt Rotkopfgänse von den Falklandinseln nach Westeuropa, u. a. in den Wildfowl Trust, wo sie seit 1957 erfolgreich – obgleich weniger als die Graukopfgans – vermehrt wird. In der DDR sind der Tierpark Berlin sowie einige Züchter im Besitz einzelner Paare; Erstzucht durch STURM, Sebnitz 1972.

Obgleich die kleinen Rotkopfgänse andere Gänsearten weniger lebensgefährlich bedrängen können wie z. B. die Magellangans, sollte Zuchtpaaren ein abgrenzbares Brutrevier, zweckmäßig ein geräumiges Einzelgehege, geboten werden. Eine gesunde Grasnarbe benötigen die Tiere ebenso wie ein gehaltvolles Mischfutter (Körner allein sind unzureichend). Niedere Temperaturen schaden ihnen weniger als naßkaltes Winterwetter.

Rotkopfgänse werden gegen Ende des 3. Lebensjahres geschlechtsreif. Eiablage (im Wildfowl Trust zwischen 25. 3. und Mitte Mai, meist im April) in Hütten oder ähnlich vorbereiteten Nestern. Nachgelege sind zu erwarten, werden die Eier des ersten Geleges entfernt. Den heranwachsenden Gösseln muß eine gute Weidemöglichkeit geboten werden.

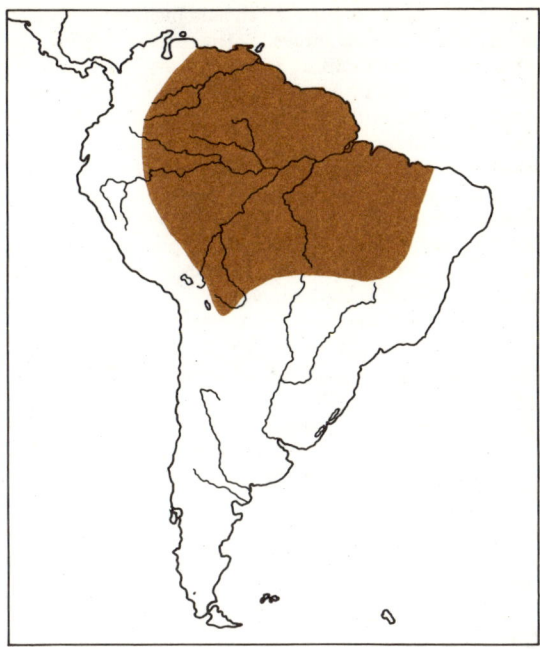

Jahresvorkommen der Orinokogans

Orinokogans
Neochen jubatus
(SPIX)

Č	Husice orinocká	F	Oie de l'Orénoque
D	Orinocogås	H	Orinoco Gans
E	Orinoco Goose	R	Гривистый гусь

Habitus: Wenig kleiner als Nilgans; bemerkenswert hochbeinig und mit aufrechter Körperhaltung. Abb. Seite 238.

Alterskleid: ♂ und ♀ Kopf, Hals und Brust hell graubraun, zart isabellfarben übertönt, mähniges Halsgefieder mit rötlichen Sprenkeln durchwirkt. Rücken- und Schulterfedern rötlichbraun, im Zentrum schwarz. Bauch und insbesondere Flanken rotbraun, äußere Flankenfedern wiederum hell lehmbraun. Unterrücken und Schwanzteil einschließlich Steuerfedern glänzend schwarz, darin eingefaßt die weißen Unterschwanzdecken. Flügel überwiegend schwarzgrün, Flügeldecken purpurrot glänzend, Armschwingen mit großem grünen und schmalem weißem Spiegelfeld, Scapularen rotbraun. Schnabelfirst schwarz, Seiten leuchtend rot, Iris braun. Füße hellrot. ♀ wenig kleiner, mit schwächerer Halsmähne als ♂. Geschlechter

an unterschiedlicher Lautäußerung (analog denen von Nil- und Andengans) kenntlich. *Maße:* ♂ Flügel: 315–333, Schwanz: 118–125, Schnabel: 38–40, Lauf: 75–82 mm; ♀ Flügel: 300–310, Schnabel: 35–37 mm. *Gewicht:* ♀ um 1250 g.

Dunenkleid: Kopfplatte, hinterer Halssaum, Flügel und mittlerer Rücken sowie ein kleiner Augenstreif und je ein Fleck in der Ohrgegend und am Schenkel schwarzbraun; übrige Partien einschließlich des hinteren Armteils des Flügels weiß, Schnabel grau, Füße blaß fleischfarben.

Jugendkleid: Im wesentlichen wie Alterskleid, aber alle Gefiederpartien stumpf und unrein gefärbt; Füße hell fleischfarben.

Lebensweise: Orinokogänse sind reine Tropenvögel, deren Hauptvorkommen die tropischen und subtropischen Urwaldgewässer in den Einzugsgebieten von Amazonas und Orinoko darstellen. In den höheren Andenregionen und in Küstennähe fehlen sie völlig, und nur in wenigen Arealen sind sie wirklich häufig. Ihre Lebensräume bilden Kies- und Geröllbänke entlang der Flußläufe, aber auch Lagunen und Sumpfniederungen, sofern diese von Wald umgeben sind. Orinokogänse erweisen sich als reine Standvögel. Während der längsten Zeit leben sie paarweise und in streng abgegrenzten Brutrevieren. Zu Beginn der Fortpflanzungsperiode wird sehr intensiv, auffällig und lange gebalzt. Die 6–10 blaßbraunen, cremefarbenen oder schwach grünlichen Eier kommen in Baumhöhlen zur Ablage; ihre Maße betragen 58–62 × 40,9–46,5 mm; ⌀ 60,2 × 42,8 mm, Brutdauer 30 Tage. Die Nestunterlage wird mit weißen Dunen ausgepolstert. NIETHAMMER (1953) beobachtete im September an den Flußläufen Boliviens mehrere Familien mit gut befiederten Jungen. Demzufolge müßte die Brutperiode innerhalb der Trockenzeit liegen. Nach beendeter Brut und Mauser finden sich die Orinokogänse auf den Uferbänken zu kleinen Trupps von 5–20 Exemplaren zusammen.

Nahrung: Sie enthält neben Vegetabilien einen beträchtlichen Anteil tierischer Substanzen wie Wasserinsekten, Mollusken und Würmer.

Haltung und Zucht: Die ersten Orinokogänse gelangten 1830 in den Zoo London. Seitdem erfolgten, wenn auch in weiten Abständen und stets in kleiner Anzahl, wiederholt Importe von Wildvögeln nach Europa. Nach 1960 lebten einzelne Paare in fast allen großen Zoos und Vogelparks Westeuropas, in der DDR im Zoo Leipzig und Cottbus sowie im Tierpark Berlin. Relativ wenige Tiere befinden sich in Privatbesitz. WIENANDS, briefl., der nach 1970 wiederholt Orinokogänse aufzog, hatte viele Verluste unter erwachsenen Tieren, die auf Streßeinflüsse zurückzuführen waren; er schreibt: »Diese Gänse sind unverträglich, nicht winterhart und empfindlich – das ist *ein* Nachteil zu viel!«

Die Unterbringung von Zuchtpaaren erfolgt in großen, klimatisch günstig gelegenen Einzelgehegen (sonnige Lage, Windschutz) mit sauberer Grasnarbe und ausreichendem Badeteich. Ein gut temperierbarer, geräumiger Schutzraum und der zeitweilige Aufenthalt der Tiere im Freien sind erforderlich, um Orinokogänse in guter Kondition über den Winter zu bringen, denn ab Februar–März kann die Eiablage beginnen.

Erste Nachzuchten erzielte der Holländer BLAAUW um 1900 und 1920. Im Wildfowl Trust wurde die Art mit Wildfangtieren zwischen 1952 und 1960 sehr erfolgreich gezüchtet, über 80 Jungtiere wuchsen auf, 1954 wurden von zwei Weibchen 34 Eier gelegt, aus denen 28 Küken schlüpften, 22 von ihnen wuchsen auf. Dagegen erfolgten bis 1976 nur noch zwei Eiablagen, aus denen keine Küken schlüpften. Legebeginn jeweils in der 2. Märzhälfte, einmal Mitte April. Der Zoo Leipzig importierte 1972 zwei Paare, die unkupiert in Volieren (c. 6 × 8 × 3 m) untergebracht waren. Anfang Juli 1973 legte eines der Weibchen 7 befruchtete Eier ab und brütete dann selbst in einer gemauerten Nische etwa 2 m hoch. Es schlüpften 6 Küken, 3 davon zog das Weibchen auf. Ein Paar dieser Tiere übernahm der Zoo Cottbus. Dort legte die Gans im Februar 1976, also knapp dreijährig, 7 Eier in einer ca. 1,5 m hoch angebrachten Nisthütte ab, ein Jungtier wuchs auf. Die Nahrung der Alt- und Jungvögel muß sorgfältig ausgewählt sein und neben Grund- und Grünfutter reichlich tierische Bestandteile enthalten.

Nilgans
Alopochen aegyptiacus (L.)

Č	Husice nilská	F	Oie d'Egypte
D	Aegyptisk Gås	H	Nijl Gans
E	Egyptian Goose	R	Нильский гусь

Habitus: Mittelgroße Gans, ziemlich hochbeinig und mit aufrechter Gangart. Abb. Seite 239.

Alterskleid: ♂ und ♀ Kopf und Hals hellgrau, ein großer Fleck um das Auge und der hintere Halssaum schokoladenbraun; Brust, Flanken, oberer Rückenteil einschließlich Schultern lehmbraun, fein dunkelgraubraun quergewellt; Unterrücken bis Schwanz durchgehend schwarz. Bauch hellgrau, gleichfalls fein gewellt; halbmondförmiger Bauchfleck rotbraun. Flügel: Armdecken (ober- und unterseits) weiß, die oberen großen Decken mit schwarzer Zwischenbinde; Armschwingen intensiv metallisch grünglänzend, Außenfahnen der Tertiären rotbraun; Handschwingen und dazugehörige Decken schwarz. Schnabel hellrot, Ränder dunkler, Nagel schwarz; Iris gelbbraun, Beine blaß fleischrot. *Maße:* ♂ Flügel: 400–430, Schwanz: 160–170, Schnabel: 52–56, Lauf: 85–90 mm; ♀ Flügel: 350–385, Schwanz: 160–170, Schnabel: 49–53, Lauf:

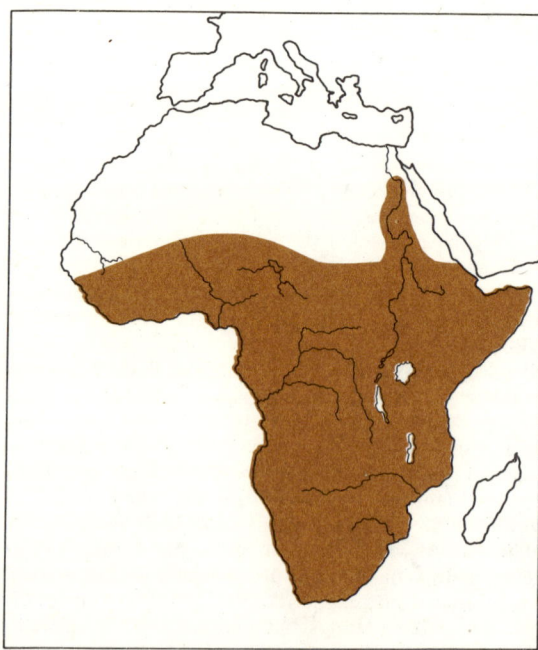

Jahresvorkommen der Nilgans; Brutvorkommen in Syrien, Libanon, Israel und Sinai gelten als erloschen.

78–80 mm (HARTERT 1912–21 und SIEGFRIED 1966); *Gewicht:* ♂ 1900–2740 g, ♀ 1500–2080 g. ♀ also beträchtlich kleiner als ♂. Der Ruf des Ganters ist ein leiser, heiserer Kehllaut, der des ♀ dagegen ein lautes, helles Schreien.

In der freien Wildbahn gibt es zwei gut unterscheidbare Farbvarianten, von denen die eine – besonders auf den Rückenpartien – mehr rotbraun, die andere mehr grau ist. Bei den graueren Tieren ist der Bauchfleck klein, oder er fehlt (DELACOUR 1954).

Dunenkleid: Oberseits oliv-erdbraun, helle Partien an Flügel und Bürzelseiten strohgelb, Unterseite weißlich. Sehr ähnlich den Kasarka-Küken.

Jugendkleid: Gefieder um die Schnabelseite grauweiß, übrige Kopfpartien und der Hals braun, Brust und Flanken auf hellgrauem Grund braun gesperbert. Obere Flügeldecken verwaschen grauweiß; das restliche Großgefieder etwa wie im Alterskleid, aber matter und farbunreiner.

Vorkommen in Mitteleuropa: Im 18. Jahrhundert wiederholte Nachweise und Brutverdacht in Ungarn und Bulgarien. In neuerer Zeit dürfte es sich bei allen Freilandbeobachtungen um Gehegeflüchtlinge oder um verwilderte Tiere handeln. In der englischen Grafschaft Norfolk lebten um 1960 etwa 300–400 Nilgänse im Freiflug, um 1970 bildeten sich in den Niederlanden kleinere Wildpopulationen, u. a. lebten bei Den Haag 1973 etwa 70–80 Nilgänse, die in den Dünengebieten oder an Parkteichen brüteten.

Lebensweise: Die Nilgänse bewohnen, abgesehen von kleinen und schnellfließenden Bächen, fast jeden afrikanischen Gewässertyp von der Küste bis in annähernd 4000 m Höhe. Besonders häufig sind sie in Ost- und Südafrika anzutreffen. Nilgänse halten sich einzeln, in Paaren oder – außerhalb der Brutzeit – zu kleineren oder größeren Scharen vereint auf. Die Ruhezeiten verbringen sie gern auf den Schotterbänken großer Flüsse, häufig baumen sie auch auf. Die Nahrungssuche erfolgt gewöhnlich im Flachwasser oder auf Weideland. In den Wochen der Getreideaussaat und -ernte unternehmen sie in den Dämmerungs- und Nachtstunden Nahrungsflüge zu den Kulturflächen, wo dann nicht selten große Schäden verursacht werden. Streckenflüge erfolgen in Linienformation, selten in V-Form (SIEGFRIED 1963).

Die Brutsaison scheint zumindest in den südafrikanischen Ländern sehr einheitlich auf die Monate Juli bis Dezember beschränkt zu sein. Die gleiche Zeit gibt auch ZEDLITZ (1909) für die Gebiete um den Blauen und Weißen Nil an. Während dieser Zeit halten die Paare eng zusammen und behaupten ein relativ großes Brutrevier. Typisch für die Nilgans ist die erstaunliche Variationsbreite in der Nistplatzwahl. Sie reicht von in Gras und Röhricht stehenden Bodennestern zu solchen zwischen Gestein und in Felsspalten bis zu den Nestern in Baumhöhlen. Aber auch die Baumnester großer Vögel in 15 bis 20 m Höhe, hier besonders die riesigen Nestbauten der Schattenvögel *(Scopus umbretta)* auf den Kronenflächen der Schirmakazien, werden als Nistplätze gewählt. PITMAN (1965) gibt eine umfassende Zusammenstellung unterschiedlicher Nistplätze der Nilgans und bringt darin zum Ausdruck, daß das Baumbrüten wahrscheinlich unverdient überbetont wurde, die meisten Nester am Boden ständen, aber seltener gefunden würden. Die Gelege bestehen aus 8–10 weißen, schwachporigen und wenig glänzenden Eiern mit den Maßen: 62–74 × 47–54 mm; ∅ 68,7 × 47,7 mm. Die Eier werden vom Weibchen allein in knapp 30 Tagen erbrütet. Die Nestauspolsterung erfolgt mit rauchgrauen, nicht mit weißen Dunen, wie teilweise beschrieben. Solange das Weibchen brütet, hält sich der Ganter in Nestnähe auf und begleitet es in den Brutpausen; später beteiligt er sich aktiv an der Jungenführung. Die Aufzucht der Küken erfolgt in der Seichtwasserzone zwischen lockerer Ufervegetation. Im Alter von 9–10 Wochen sind die Junggänse erwachsen und damit auch voll flugfähig. Während die Jungvögel nun in einer langsam ablaufenden Mauser alle Kleingefiederpartien wechseln, mausern die Altvögel unmittelbar nach der Brutsaison das gesamte Gefieder.

Nahrung: Überwiegend pflanzlich. Sofern vorhanden, äsen die Nilgänse gern auf Weideflächen oder befliegen abgeerntete Getreidefelder.

Haltung und Zucht: Die Nilgänse waren bereits den alten Ägyptern, Griechen und Römern als Parkvögel bekannt. Nach Westeuropa gelangten sie im 17. und 18. Jahrhundert, wo sie anfangs in Parks, Menagerien und seit Anbeginn in den Zoos gehalten und gezüchtet wurden. Die ausgeprägte Aggressivität gegenüber allen Gehegebewohnern, das laute Rufen und besonders die Problemlosigkeit in der gesamten Pflege ließen diese Art für den Züchter relativ schnell uninteressant werden. Das Gros der Nilgänse wird heute in kleinen Tierparks, auf Parkteichen (hier gemeinsam mit Höckerschwänen) und in den Zoos gehalten. Altvögel sind völlig winterhart und robust. Bei ausreichend offenem Wasser, z. B. an der Fütterungsstelle der Parkschwäne, benötigen sie keinen Überwinterungsraum. In Zuchtanlagen sind Nilgänse paarweise in Einzelgehegen unterzubringen. Besondere Nahrungsansprüche werden nicht gestellt.

Nilgänse werden ab 2. oder 3. Lebensjahr fortpflanzungsaktiv. Die Eiablage erfolgt in Hütten oder Nistkästen. Gelegt wird in zweitägigem Abstand; die Weibchen brüten ruhig und sicher, andererseits bleiben Nachgelege selten aus. Die Jungenführung übernehmen beide Eltern. Bei den Küken zeigen sich nach 17–21 Tagen die ersten Federchen an Schultern, Flanken und Schwanz, um den 25. Tag befiedern die Kopf- und Bauchpartien. Schwung-, Rücken- und Bürzelfedern erscheinen mit einem Monat. Im Alter von 8–10 Wochen sind die Junggänse voll befiedert. Die allmähliche Umfärbung in das Alterskleid erfolgt im Laufe des ersten Lebensjahres. Nach SIEGFRIED (briefl.) wird zwischen dem 3. und 5. Monat der Augenfleck und um den 5. Monat der rotbraune Brustfleck durchgemausert. Nach eigenen Beobachtungen an hiesigen Gehegevögeln beginnt die Umfärbung erst im Alter von 4–5 Monaten mit dem Erscheinen des Augenfleckes, der Brustfleck wird im 7.–8. Monat erst wenige Wochen vor Beginn der Vollmauser sichtbar.

Ende der 60er Jahre konnte in Westeuropa eine hell rahmfarbene, fast weiße Mutationsform der Nilgans herausgezüchtet werden, die in den 70er Jahren eine allgemeine Verbreitung fand.

Unverpaarte Nilgänse neigen sehr stark zu Bastardierungen, speziell zur *Tadorna*-Gruppe.

Rostgans
Tadorna ferruginea
(PALLAS)

Dt. Syn.: Kasarka

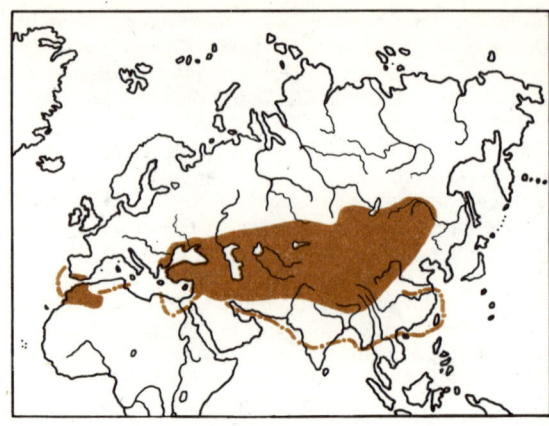

Brutvorkommen und Überwinterungsgebiete der Rostgans.

Č	Husice rezavá	F	Casarca roux
D	Rustand	H	Rode Kasarka
E	Ruddy Shelduck	R	Огарь

Habitus: Kopf, Schnabel und der relativ kurze, gekrümmt getragene Hals enten-, die Rumpfpartien und die relativ weit vorn ansitzenden Beine dagegen gänseähnlich. Mittelgröße zwischen Graugans und Stockente (Prototyp der Halbgänse).

Brutkleid: ♂ Kleingefieder und Schultern rostbraun, Kopf und Hals oberhalb des schwarzen Halsringes rahmbraun. Flügel mit schwarzen Handschwingen, erzgrün glänzenden Armschwingen, rotbraunen Scapularen und weißen Flügeldecken. Unterer Rücken, Bürzel, Oberschwanzdecken und Steuerfedern schwarz, Unterschwanzdecken braun. Schnabel und Füße schwarzgrau, Iris braun. ♀ stets kleiner als ♂; Deckgefieder einschließlich Schultern etwas dunkler, Kopf und Hals dagegen hell lehmbraun, Augengegend teilweise rahmweiß. Flügel, Schnabel und Füße wie ♂. *Maße:* ♂ Flügel: 355–387, Schwanz: 142–146, Schnabel: 42–50, Lauf: 60–66 mm; ♀ Flügel: 315–365, Schnabel: 36–47 mm. *Gewicht:* ♂ 1200–1640 g, ⌀ 1390 g; ♀ 925–1500 g.

Ruhekleid des ♂: Juni/Juli bis Oktober. Kleingefieder heller und blasser, auf Rücken und Flanken mit rahmfarbenen Säumen. Halsring fehlt.

Dunenkleid: Obere Kopfhälfte, Hinterhals und Rükken grauschwarz mit hellbraunen Grannen; untere Kopfhälfte, vorderer Hals und gesamte Unterseite grauweiß. Vor und hinter den Flügeln je ein weißes Feld. Schnabel und Füße dunkel olivgrau.

Jugendkleid: Kleingefieder durchweg verwaschen graubraun; große Flügeldecken überwiegend grau, Armschwingen farbflacher als bei Altvögeln. Färbungsunterschiede zwischen den Geschlechtern (♀ mit weißem Gesicht) werden während des Herbstes sichtbar, der schwarze Halsring des ♂ färbt meist im Februar durch. Einjährige Tiere an grauen Innenfahnen der Oberflügeldecken von zwei- und mehrjährigen zu unterscheiden (NIETHAMMER 1938).

Vorkommen in Mitteleuropa: Ältere Nachweise, die bis auf das Jahr 1601 zurückgehen, beweisen den gelegentlichen Einflug von Rostgänsen in Europa nördlich der Alpen. Bei allen jüngeren Beobachtungen handelt es sich weitgehend um Gehegeflüchtlinge, die z. T. bei

uns in freier Wildbahn brüten und dabei eine gewisse Ortstreue zeigen. Zur Bildung einer stabilen Freilandpopulation kam es offenbar noch nicht.

Lebensweise: Rostgänse bewohnen die innerasiatischen Steppen- und Wüstenzonen und besiedeln dort vornehmlich flache, salzhaltige Seen und Lagunen auf trockenen, leicht welligen oder hügeligen Hochplateaus, weniger solche in Niederungen oder gar versumpfte Süßwassersenken. Im Altai nisten sie noch in Höhen von 2400 m, in Tibet wurden sie bis in 5000 m Höhe in den Quellgebieten der südostasiatischen Ströme brütend angetroffen. Nichtbrütende Rostgänse halten sich auf Schotterbänken an Flüssen und Seen, oft auch weit entfernt vom Wasser in der Steppe auf. GROTE (1931) schreibt: »Es mutet seltsam an, ihr Geschrei in den fast wasserlosen Wüstenbergen zu hören.«

Mit der Schneeschmelze kehren die einzelnen Paare in die Brutheimat zurück und beziehen wenig später ihre relativ großen Nistreviere, aus denen jede fremde Rostgans wütend vertrieben wird. Die Nester befinden sich in den meisten Gegenden in Felsspalten, zwischen oder unter Gestein und in den Erdröhren großer Steppensäuger. Nicht selten fand man sie auf schmalen Terrassen steiler Hänge neben den Horsten von Geiern, Adlern und Raben und in den Steinbauten verlassener Kirgisensiedlungen, seltener in Baumhöhlen oder unter dichtem Gebüsch. GROTE (1931) berichtet von einem Nest, das 8 bis 9 km vom nächsten Gewässer entfernt errichtet war. Die Ablage der 8–11, teils bis 16 glattschalig weißen Eier erfolgt in einzelnen klimatisch günstigen Gebieten Ende März, Anfang April, meist jedoch im Mai. Die Maße betragen 61,5–72 × 45–49,5 mm; ⌀ 68,0 × 47,0 mm, die Brutdauer währt 28–30 Tage. Das Weibchen brütet allein, der Ganter wacht währenddessen in Nestnähe, in den Brutpausen fliegt das Paar gemeinsam zur Nahrungsaufnahme. Sobald die Gössel geschlüpft sind, werden sie von beiden Eltern zum Wasser geführt und in dessen Nähe aufgezogen.

Nach beendeter Mauser der Altvögel beginnen die Familien ab Mitte August, weiter umherzustreifen. Im

Zuchtanlage M. BIEHL, Tostedt, BRD; links Aufzucht- und Einzelgehege, Mitte Gesellschaftsteiche, rechts Einzelgehege.

phot. E. Kolbe

1 Mittelteil der Anlage des Verfassers mit Einzelgehegen, Gesellschaftsteich und Aufzuchtvoliere. 2 Die geringe Besetzung der Gesellschaftsgehege gewährt eine gesunde Ufer- und Bodenvegetation.
phot. H. Kolbe

1 Aufzuchtvoliere mit einer Gesamtfläche von 48 m² und angrenzendem Schutzhaus. 2 Blick in ein Einzelgehege mit angrenzendem Schutzhaus.

phot. H. Kolbe

1 Einzelne zoologische Gärten unterhalten für das Publikum nicht zugängliche Zuchtgehege; die Abb. zeigt die Außenstation Planckendaal des Zoos Antwerpen, Belgien. 2 Einzelgehege in der Anlage J. WIENANDS, Viersen, BRD.

phot. 1 L. Schlawe, 2 J. Wienands

1 Kleiner Gesellschaftsteich in der Anlage H. und R. Franke, Rückmarsdorf bei Leipzig. 2 Ein zweckmäßig gestaltetes und äs-
thetisch wirksames Schaugehege im Zoo Gelsenkirchen. phot. 1 H. Kolbe, 2 K. Kussmann

1 und 3 In der Anlage des Verfassers dienen der Uferbefestigung unter Wasser Stahlbeton-Hohldielen und im Ufersaum Feldsteine. 2 Erhöht angelegte Teiche erleichtern das Wegleiten des verschmutzten Wassers.

phot. H. Kolbe

1 Natürlich bewachsene Ufer bieten Windschatten und gute Nistmöglichkeiten für Tauch- und Ruderenten. 2 Teich für kleinere Entenarten aus verklebter Dachpappe.

phot. H. Kolbe

Nistmöglichkeiten auf Inseln; 1 für Schwäne, 2 für Gänse, 3 für höhlenbrütende Enten.

phot. H. Kolbe

Brutboxen für Hennen zum Erbrüten von Wasservogeleiern 1 Mittelsägereier, 2 brütende Henne, 3 zwei Doppelboxen (von der rechten wurde zum Fotografieren der Drahtdeckel entfernt).

phot. H. Kolbe, Zerbst

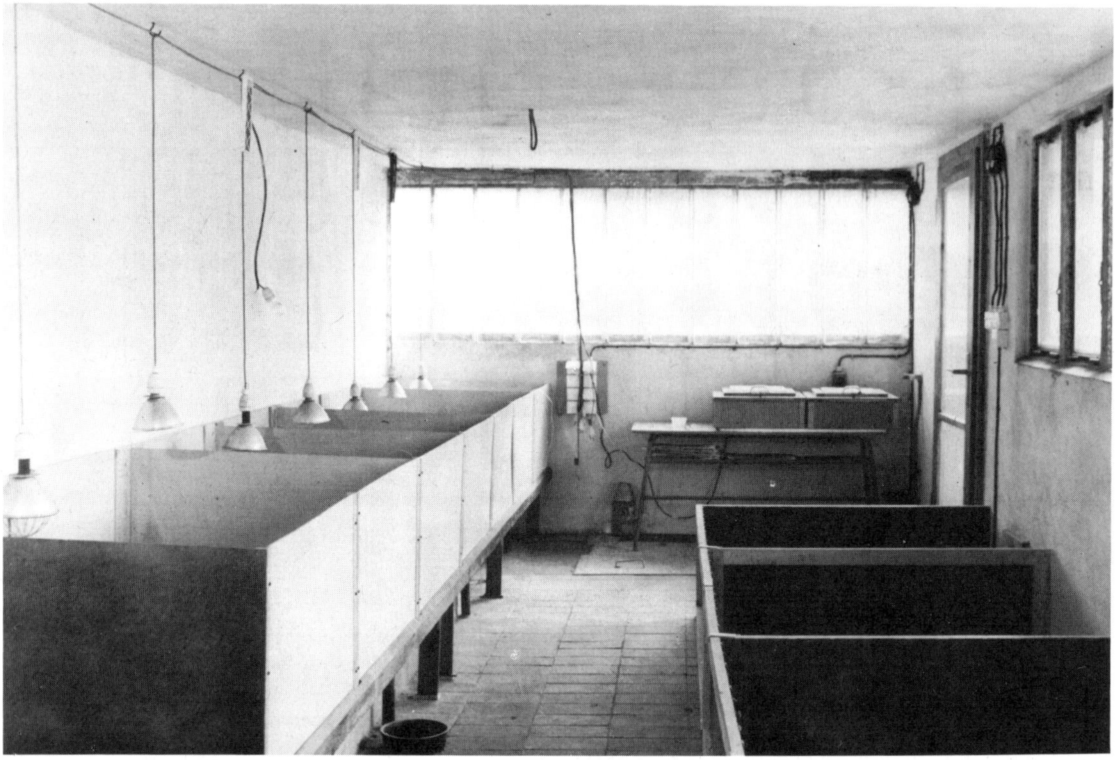

1 Innengestaltung des Aufzuchthauses in der Anlage des Verfassers, links Aufzuchtboxen für Kleinküken; 2 Gestaltung der Freigehege.

phot. H. Kolbe, Zerbst

Innengestaltung des Aufzuchthauses, 1 Blick in die Boxen für Kleinküken, 2 Boxen für ältere Küken. phot. H. Kolbe, Zerbst

155

Die Spaltfußgans, *Anseranas semipalmata* (LATHAM), besitzen nur wenige zoologische Gärten außerhalb Australiens, in den Zuchtanlagen fehlt sie völlig.

phot. K. Kussmann

1 Den Küken der Spaltfußgans, *Anseranas semipalmata* (LATHAM), wird das Futter anfangs von den Eltern im Schnabel vorgehalten. 2 Die Kubapfeifgans, *Dendrocygna arborea* (L.), gehört in ihrer karibischen Heimat zu den gefährdeten Arten. 3 Äußerst selten wird die Tüpfelpfeifgans, *Dendrocygna guttata* SCHLEGEL, für die Gehegehaltung importiert.

phot. 1 L. Schlawe, 2 H. Kolbe, 3 K. Kussmann

Gelbe Pfeifgans, *Dendrocygna bicolor* (VIEILLOT); 1 das Gelege bleibt ohne Dunenauspolsterung, 2 sichernder Altvogel in Nest-nähe. 3 Von der Herbstpfeifgans, *Dendrocygna autumnalis* (L.), wird vorwiegend die abgebildete südliche Unterart gehalten.

phot. H. Kolbe

1 Die Zwergpfeifgans, *Dendrocygna javanica* (HORSFIELD), ist bisher nur selten in Zuchtanlagen und Zoos anzutreffen. 2 Die Gelbe Pfeifgans, *Dendrocygna bicolor* (VIEILLOT), zeichnet sich in Gehegen durch hohe Vermehrungsraten aus. 3 Die Sichelpfeifgans, *Dendrocygna eytoni* (EYTON), ist als australisches Faunenelement nur durch wenige Zoos importiert worden.

phot. 1 und 3 K. Kussmann, 2 H. Kolbe

1 Die Weißrückenente, *Thalassornis leuconotus* EYTON, steht verwandtschaftlich den Pfeifgänsen nahe. 2 Der in Nordamerika beheimatete Pfeifschwan, *Cygnus c. columbianus* (ORD), wird nur in wenigen europäischen Zoos gehalten.

phot. 1 P. A. Johnsgard, 2 L. Schlawe

September verlassen die meisten Populationen die Brutheimat und ziehen nach Süd- und Südostasien ab. Während des Herbstzuges kommt es in der Osttürkei und entlang der Südküste des Kaspi zu Schwarmbildungen von mehreren Tausend Tieren.

Nahrung: Die der ad. besteht überwiegend aus Grünteilen und Samen von Kultur-, Steppen-, Litoral- und Wasserpflanzen, während die Küken bevorzugt Kleinlebewesen (Heuschrecken, Salinekrebschen) aufnehmen.

Haltung und Zucht: Rostgänse waren bereits im alten Ägypten und Griechenland als Ziervögel bekannt, dennoch gelangten sie erst 1850 in den Londoner und 1861 in den Berliner Zoo. Heute gehören sie mit zu den populärsten Wasservogelarten in Zoos, auf Parkgewässern und in den Zuchtanlagen.

Die robusten, winterharten Rostgänse sind anspruchslose Pfleglinge und leicht zu züchten, sie sind jedoch sehr streitsüchtig und können nur bedingt in Gesellschaftsgehegen Unterbringung finden. Ihr Drang, das Brutrevier von allen weiteren Wasservögeln frei zu halten, führt zwischen Paarungszeit (Dezember/Januar) und Vollmauser (Juni) zu heftigen Beißereien. Von Züchtern werden die Rostgänse in Einzelgehegen, in Zoos auf Stelzvogelwiesen oder als Nebenbesetzung von Säugetiergehegen untergebracht. Obgleich alle Kasarkas gern äsen, können sie auch ohne Grasnarbe gut auskommen. Ein Schutzraum ist nur für Kleingehege erforderlich. Eine zweite Wesensart ist das laute, unmelodische Rufen der Weibchen, besonders zur Paarungszeit, das bis zu Ruhestörungen für die Nachbarn führen kann.

Die Zucht gelingt mit den meisten Paaren. Ab März, meist im April, legt das Weibchen in zweitägi-gen Abständen bis zu 10 (selten mehr) Eier in großen Nisthöhlen, Hütten oder im Schutzraum ab und brütet, sofern es sich sicher fühlt und nicht beunruhigt wird, fest und zuverlässig. Die Küken lassen sich durch die Eltern, von Ammen (Hennen) oder unter elektrischer Wärmequelle leicht aufziehen. Prägungen zum Ammentier oder zu artfremden Küken sind stets oberflächlich und lösen sich mit dem Flüggewerden. Die Befiederung junger Rostgänse beginnt in der 3. Woche an Schultern und Flanken, mit 7 bis 8 Wochen sind sie flugfähig und mit 8 bis 9 Wochen etwa erwachsen, danach setzt die Jugendmauser ein. Die geschlechtliche Reife tritt im 2. Jahr ein. Die Bastardierungsneigung zur Nilgans und den anderen *Tadorna*-Arten ist relativ hoch.

Graukopfkasarka
Tadorna cana
(GMELIN)

Č	Husice sědohlavá	F	Casarca du Cap
D	Sydafrikansk Rustand	H	Grijskop Kasarka
E	Cape Shelduck	R	Южноафриканский огарь

Habitus: Wie Rostgans. Abb. Seite 32, 162 und 307.

Alterskleid: ♂ Kopf und Hals schiefergrau; Brustschild sowie Unterschwanzdecken gelbbraun; Rücken, Flanken und Bauch dunkel rostrot und sehr fein schwärzlich gewellt. Flügel wie bei allen *Tadorna*-Arten mit weißen Decken, grünem Spiegel und dunkelbraunen Scapularen. Handschwingen, Bürzelgegend und Schwanzfedern wie auch Schnabel und Füße schwarz, Iris dunkelbraun. ♀ am Kopf unregelmäßig, meist ausgedehnt weißfleckig, übrige Kopfpartien und Hals aschgrau. Das übrige Kleingefieder ist kräftig kastanienbraun, etwas dunkler als beim ♂ und ohne helleres Brustschild. *Maße:* ♂ Flügel: 365–380, Schwanz: 145–150, Schnabel: 46–51, Lauf: 60–62 mm; ♀ Flügel: 330–340, Schwanz: 140–145, Schnabel: 43–45, Lauf: 58–60 mm; *Gewicht:* ad. ♂ 1032–2032 g, Ø 1527 g; ad. ♀ 872–1835 g, Ø 1230 g; juv. ♂ Ø 1290 g; juv. ♀ Ø 1050 g (DEAN u. a. 1979).

Dunenkleid: Farbe und Farbverteilung wie bei *T. ferruginea*.

Jugendkleid: ♂ und ♀ Mantelgefieder stumpf lehmgelb bis dunkel lehmbraun, Kopf graubraun, um Schnabelbasis aufgehellt. Ab 10. Woche mausern ♀♀, am Augenring beginnend, das weiße Kopfgefieder durch, bei den ♂♂ verliert sich das helle Schnabelbasisgefieder, und der gesamte Kopf wird grau wie beim ad. ♂. Einjährige Tiere sind am Jugendflügel (u. a. grau durchsetzte Flügeldecken) kenntlich.

Lebensweise: Die Graukopfkasarka ist innerhalb ihres relativ kleinen Gesamtareals weit verbreitet und zu-

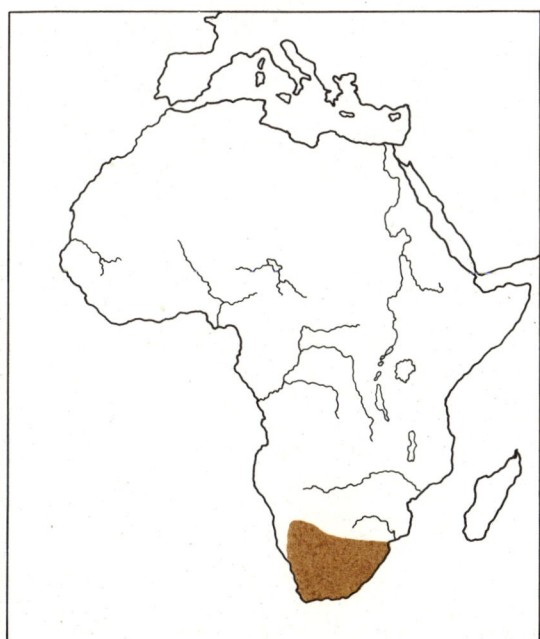
Jahresvorkommen der Graukopfkasarka.

161

meist nicht selten. Große Seen mit ausgedehnten und algenreichen Seichtwasser-Stellen, mit Wasser wenig überdeckte Schlammbänke und die Gezeitenbereiche von Meeresbuchten sind die bevorzugten Aufenthaltsorte dieser Kasarkas. Ferner bewohnen sie Flußniederungen, die Staugewässer von Farmen und Sumpfgebiete. Außerhalb der Brutzeit bilden die Graukopfkasarkas kleine Trupps, während der Mauserzeit auch ansehnliche Verbände. Wo selten gejagt wird, sind sie wenig scheu, und örtlich bestehen sogar Tendenzen freiwilliger Halbdomestikation.

Der Beginn der Brutzeit steht in Abhängigkeit von Regen und Nahrungsangebot und ist in den verschiedenen Gebieten zu jeder Jahreszeit möglich. Andererseits erstreckt sich die Fortpflanzungsperiode im Graaff-Reinet-Gebiet allein von Februar bis Dezember (TAYLOR 1957). Zwischen Februar und Mai erfolgt dort die Balz; gegen Ende dieser Zeit sind die meisten Altvögel fest verpaart. Die Nester befinden sich in Erdhöhlungen in den Bergen, teils recht weit vom Wasser entfernt. Gern werden die Erdwohnungen des Erdferkels *(Orycteropus afer)* bezogen. Die Legezeit erstreckt sich im genannten Gebiet über zwei bis drei Monate. Die Gelege bestehen aus 10–14 gelblichweißen Eiern der Größe 65–71 × 46–49,5 mm; ∅ 68,8 × 46,8 mm. Ein freigelegtes Nest war aus trockenem Pflanzenmaterial errichtet und dicht mit Dunen ausgepolstert. Die Brutdauer beträgt etwa 30 Tage. Die meisten Küken schlüpfen dort im September und Oktober. Im seichten Wasser und auf den Schlammbänken erfolgt die Jungenaufzucht; bei nahender Gefahr wird das tiefe Wasser aufgesucht. Beide Eltern sind um die Sicherheit ihres Nachwuchses sehr besorgt, und meist gelingt es ihnen auch, 6–8 Küken (∅ 7,6 pro Paar) bis zur Erlangung der Flugfähigkeit zu bringen. Nach den Erfahrungen SIEGFRIEDS (briefl.) liegt dieser Durchschnitt jedoch niedriger.

Nahrung: Sie besteht aus zarten Blättern, Blütenköpfen, vor allem vom Löwenzahn, und zu einem beträchtlichen Teil aus Algen (TAYLOR 1957).

Haltung und Zucht: Die ersten Graukopfkasarkas gelangten um 1850 nach England, eines der Weibchen kreuzte sich im Londoner Zoo mit einer Rost- und Brandgans. Anscheinend war dieses für viele Jahre der einzige Import. Äußerst selten blieb die Art auch bis um 1930, in jenen Jahren brüteten einige Paare in England und eines im Berliner Zoo. Weitere Importe erfolgten um 1960, die gemeinsam mit den Nachzuchttieren zu einer allgemeinen, wenn auch spärlichen Verbreitung in den europäischen Zuchtanlagen und Zoos führten.

Innerhalb der *Tadorna*-Gruppe ist die Graukopfkasarka die robusteste, aber auch die aggressivste und ruffreudigste Art, ihre Unterbringung empfiehlt sich deshalb nur in Einzelgehegen.

Die Zucht gelingt ähnlich ergiebig wie mit der Rostgans. Verpaarte Tiere treiben und begatten sich etwa ab Januar und beginnen nach geeigneten Nistplätzen zu suchen. Die Eiablage erfolgt relativ früh, normal ab 2. Märzhälfte. Legeintervalle zwischen 30 und 48 Stunden. Vollgelege enthalten selten mehr als 10 Eier, meist 6–8. Die reichlich verwendeten Nestdunen sind hell-

grau, zum Zentrum hin weiß, die Konturfedern rostbraun. Die Aufzucht der sehr robusten Küken erfolgt zweckmäßig mit den Eltern. Die Gössel werden in der ersten Woche wenig, in der zweiten nur bei ungünstiger Witterung und danach nur noch nachts gehudert. Die Befiederung beginnt nach 22 Tagen auf den Schultern, nach 28 Tagen an den Flanken, und wenig später befiedert die gesamte Unterseite (von der Halsvorderseite bis zu den Unterschwanzdecken). In der 6. Woche, wenn nur noch der Mittelrücken und die Bürzelseiten Dunen tragen, entfalten sich Schwanz- und Flügelfedern. Junggänse im Alter von 11–12 Wochen haben etwa die Größe der ad., unternehmen häufig Flugübungen, die einsetzende Kleingefiedermauser verdeutlicht die Geschlechtsunterschiede (s. o.). In diese Zeit fällt auch der Stimmwechsel vom Kükentrillern zu den differenzierten Rufen der ad. Die Jugendmauser ist etwa mit 18–20 Wochen (September/Oktober) abgeschlossen. Nach der Vollmauser (Sommer des Folgejahres) wird das endgültige Alterskleid angelegt, das lediglich geringfügig zwischen Brut- und Ruhekleid wechselt. Die geschlechtliche Reife tritt gegen Ende des 2. Lebensjahres ein.

Küken der Graukopfkasarka,
Tadorna cana (GMELIN)

Australische Kasarka
Tadorna tadornoides
(JARDINE & SELBY)

Č	Husice pestrá	F	Casarca d'Australie
D	Australsk Gravand	H	Australische Kasarka
E	Australian Shelduck	R	Австралийский огарь

Habitus: Wie andere Kasarkas. Abb. Seite 32.

Brutkleid: ♂ Kopf und Hals schwarz mit schwachem violettem Glanz; der sich anschließende weiße Halsring bildet einen wirksamen Kontrast zum gelbbraunen Brustschild und dem ebenso gefärbten Vorderrükken. Übriges Rumpfgefieder einschließlich Schwanzdecken auf schwarzem Grund fein gelbbraun gewellt. Flügel und Scapulargefieder wie bei den anderen Kasarka-Arten gefärbt. Schnabel schwarz, Iris dunkelbraun, Füße dunkelgrau. ♀ ist ähnlich in der Färbung, es unterscheidet sich lediglich durch ein schwarzbraunes Brustschild, einen weißen Augenfleck und einen unterschiedlich breiten weißen Ring um die Schnabelwurzel. Schnabel, Iris und Füße wie ♂. *Maße:* ♂ Flügel: 318–392, Schnabel: 41–49 mm; ♀ Flügel: 304–355, Schnabel: 38–45 mm (FRITH 1967); ♂ Schwanz: 140–148, Lauf: 60–64 mm; ♀ Schwanz: 130–136, Lauf: 56–60 mm (DELACOUR 1954). *Gewicht:* ♂ 990–1980 g, ♀ 878–1850 g (FRITH).

Ruhekleid des ♂: Brustschild dunkler und Halsring verwaschener als im Brutkleid.

Dunenkleid: Hierin nur schwer vom Rostgans-Küken zu unterscheiden, insgesamt aber etwas heller. Rückenfärbung wird mit umbrabraun angegeben.

Jugendkleid: Dunkler und farbflacher als Alterskleid, Flügeldecken graufleckig. Weiße Kopfpartien variabel, nach WIENANDS (briefl.) befiedert der Augenring der ♀ sofort weiß, nach anderen Autoren wird er erst im Verlauf der ersten Mauser (im Sommer) sichtbar. Nach FRITH (1967) haben die meisten juv. weiße Flecken zwischen Schnabel und Augen.

Lebensweise: Obgleich örtlich stark bejagt, sind die Australischen Kasarkas in allen Teilen ihres Verbreitungsgebietes auch heute noch zahlreich anzutreffen. Dies wird besonders in den Sommermonaten deutlich, wenn sich umfangreiche Scharen dieser Gänse an den schlammigen Ufern großer Binnen- und Küstenseen, in den Mündungsgebieten der Flüsse und in ruhigen Meeresbuchten zusammenfinden. Für ihren Tagesaufenthalt bevorzugen sie hier brackige und schwach salzige Gewässer, suchen aber zum Trinken Süßwasser auf. In den Nachmittagsstunden werden Nahrungsflüge zu anderen Uferabschnitten, gelegentlich auch zu nahen Feldern und Wiesen unternommen.

Gegen Ende des Sommers – bei normalen Niederschlagsverhältnissen im März – kehren die Kasarkas in kleinen Gruppen zu ihren weiter im Landesinneren gelegenen Brutgebieten zurück. Die Ganter werden hier untereinander zunehmend streitsüchtiger, und die einzelnen Paare beziehen nun ihre Brutreviere an den von alten Bäumen umgebenen Teichen, Staugewässern, Viehtränken und kleineren Seen der offenen Weidelandschaft. Die Eiablage erfolgt in großen Baumhöhlen, zwischen Felsspalten, in den baumarmen Weidegebieten auch in Kaninchenröhren. Viele Paare beziehen jahrelang die gleiche Bruthöhle. Mitten im Winter, gewöhnlich von Juni bis September, werden die 10–14 glattschaligen, cremeweißen Eier abgelegt. Ihre Maße betragen 62–74 × 45–51 mm; Ø 68 × 49 mm (FRITH 1967); Brutdauer 30–33 Tage. Die Nestauspolsterung erfolgt mit grauen, an der Spitze dunkleren und im Zentrum weißlichen Dunen. Brut

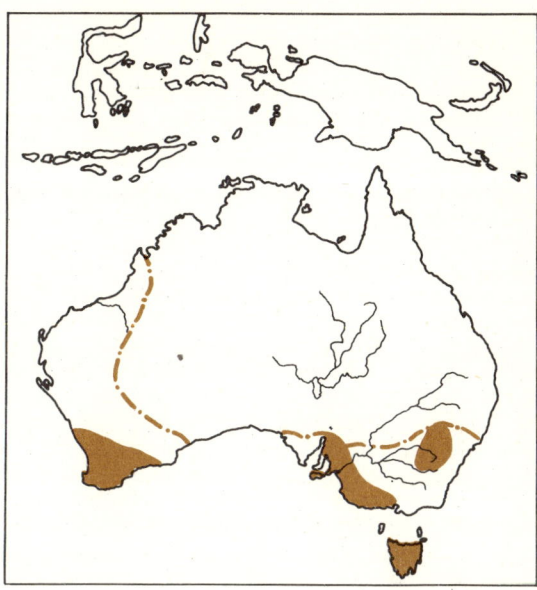

Hauptbrutvorkommen und (—·—·) sporadisches Brüten der Australischen Kasarka.

allein durch das Weibchen. Die Küken springen nach dem Abtrocknen aus dem Nest herab und wachsen, von beiden Eltern betreut, auf dem Bruttümpel heran. In einigen Gebieten wechseln die Paare mit ihren halbflüggen Küken zu größeren Wasserflächen über. Hier vereinen sich die Jungvögel mehrerer Familien und werden alsbald von den Eltern verlassen. Die sich anschließende Mauserperiode verbringen die meisten Australischen Kasarkas auf dem Albert und Alexandrina Lake, den zwei großen Küstenseen südöstlich von Adelaide. Nach der Mauser ziehen viele direkt bis zur Küste weiter. Während der Mauserperiode und in den großen Sommerscharen halten die Paare stets zusammen; die Art geht offenbar Dauerehen ein.

Nahrung: Sie wird an den schlammigen Ufern, im flachen Wasser und auf dem Weideland aufgenommen und besteht hauptsächlich aus Vegetabilien (Grünteilen und Samen von Klee und Gräsern sowie Algen), weniger aus kleinen Wasserlebewesen (FRITH 1967). Auf den Meereslagunen der Rottnest-Inseln bilden zeitweilig die Salzkrebschen *(Artemia salina)* die Hauptnahrung der Jung- und Altvögel (STORR 1965).

Haltung und Zucht: Der Erstimport erfolgte 1860 durch den Zoo London. Ab 1872 wurde die Australische Kasarka fast regelmäßig im Zoo Berlin und nach der Jahrhundertwende vielfach in Europa gehalten. Als Folge der Ausfuhrsperre australischer Tiere ist sie heute die seltenste der vier Kasarka-Arten, dennoch erfährt ihr Bestand in den Privat- und Zooanlagen durch die Nachzuchten einen allmählichen Anstieg.

Australische Kasarkas sind annähernd so robust, winterhart und langlebig wie ihre afrikanischen und neuseeländischen Verwandten. Wegen der Bösartigkeit der Ganter während der Balz- und Brutzeit ist die Pflege in Einzelgehegen angebracht; nicht brutaktive Paare sind friedfertig und können in Gemeinschaftsanlagen Unterbringung finden. Der Winterraum sollte etwa frostfrei gehalten werden. Zuchterfolge blieben etwa bis um 1980 bemerkenswert selten. BLAAUW, Amsterdam, pflegte diese Kasarka viele Jahre, ohne sie zu züchten. DELACOUR (1954) führt eine gelungene Zucht aus Clères, Frankreich, im Jahre 1939 und eine aus Leckford, England, 1940 an. In den letzten Jahrzehnten gelangen wiederholt Nachzuchten in den westeuropäischen Ländern. Die Fortpflanzungsaktivität wird, etwa wie bei der Hühnergans, durch die abnehmende Tageslänge ausgelöst. Somit gelangen die Australischen Kasarkas in den Wintermonaten in Brutstimmung, die sich durch Balzverhalten, Unverträglichkeit und Unruhe äußert. Bietet das Wintergehege entsprechende Bedingungen, beginnt das Weibchen ab Februar mit der Eiablage. Fehlen Nistmöglichkeiten oder wird das Paar in das Sommergehege umgesetzt, ebben die Aktivitäten schnell ab, und im April oder Mai setzt die Mauser ein. Ferner scheint für die Art typisch, daß auch erfolgreiche Paare nicht in jedem Jahr brutbereit sind.

Legebeginn wie bereits erwähnt Februar/März, einmal im britischen Wildfowl Trust ab 22. Juli. Hütten oder Bruthöhlen sollten möglichst kälteabhaltend sein. Legeintervalle um 48 Stunden. Bebrütung der Eier und Kükenaufzucht bieten – abgesehen von der frühen Jahreszeit – keine Probleme. Jungtiere dürften gegen Ende des zweiten Lebensjahres geschlechtsreif sein, doch wurden vorwiegend ältere Tiere zur Zucht gebracht.

Die Bastardierungsneigungen, speziell innerhalb der Kasarkagruppe, sind relativ hoch und sollten im Bereich der Paarungsmöglichkeiten unterbunden werden. Erstzucht für die DDR durch FRANKE, Leipzig, 1980; ein Jungtier wuchs auf.

Paradieskasarka
Tadorna variegata
(GMELIN)

Dt. Syn.: Neuseeländische Kasarka

Č	Husice rajaká	F	Casarca de Paradis
D	–	H	New Zealandse Kasarka
E	Paradise Shelduck	R	Новозеландский огарь

Habitus: Wie Rostgans, etwas größer. Abb. Seite 32 und 306.
Alterskleid: ♂ Mantelgefieder schwarz, von einer feinen silbergrauen Wellung überzogen. Flügel mit weißen Decken, grünschillernden Armschwingen und

Jahresvorkommen der Paradieskaṣarka.

kastanienbraunen Scapularen. Handschwingen, Schwanzfedern sowie Schnabel und Beine schwarz. ♀ Kopf und Hals weiß, übriges Deckgefieder kastanienbraun und schwarz, fein silbergrau überwellt. Ruhekleid nur unwesentlich verändert. *Maße:* ♂ Flügel: 365–380, Schwanz: 160–170, Schnabel 42–45, Lauf: 65–70 mm; ♀ Flügel: 325–355, Schwanz: 130–145, Schnabel: 37–40, Lauf: 58–62 mm. *Gewicht:* ♀ 1260–1340 g.
Dunenkleid: Hell-Dunkel-Zeichnung entspricht der der übrigen *Tadorna*-Küken; schwarzbraune Kopffärbung erstreckt sich bis zur Schnabelwurzel (im Gegensatz zu Brandgans-Küken mit ihrem weißen Stirnband).
Jugendkleid: Kleingefieder matt graubraun mit verwaschener Wellung; Kopf schwarzgrau, Schnabelwurzel und Augengegend unterschiedlich stark aufgehellt; mittlere und große Flügeldecken grauweiß. Nach beendeter Befiederung mausern die ♂♂ schwarze, die ♀♀ weiße Kopffedern durch.
Lebensweise: Ursprüngliche Biotope der Paradieskasarka waren Bergströme, von Altbäumen gesäumte Flußläufe, Seen und Küsten. Heute als Kulturfolger auf Weideflächen ansässig, die durch Waldrodungen noch erweitert werden. Trotz des starken Jagddruckes, der gebietsweise zu rückläufigen Bestandsentwicklungen führte, ist die Art insgesamt nicht gefährdet, sondern bildet zunehmend stärkere Populationen.

Während der Brutzeit werden Teiche und Seen (oftmals kleine Staubecken) innerhalb der Weidegebiete bewohnt. Wie MC ALLUM (1965) in einem Wiesengelände nachwies, ist das Vorhandensein älterer Baumgruppen in nicht zu großer Entfernung von Wasser für die Ansiedlung der Brutpaare von dominierender Bedeutung. Reine Waldteiche werden gemieden. Die Brutsaison ist im allgemeinen auf die Monate August bis Dezember beschränkt. Da die Kasarkas zur Fortpflanzungszeit unter Artgenossen sehr streitsüchtig sind, werden kleinere Seen meist nur von einem Paar bewohnt.

Die Eiablage erfolgt vorzugsweise in hohlen Bäumen in 3–8 m, teils auch in über 10 m Höhe (McALLUM 1965). WILLIAMS (1979) berichtet von zahlreichen Gelegefunden in hohlen Stubben als Überbleibsel der gerodeten Wälder. Auch soll ein großer Teil der Nester nach OLIVER (1930) gut getarnt in der Bodenvegetation oder zwischen Felsgestein errichtet werden. Die Gelege bestehen aus 6–11 cremefarbenen Eiern mit den Maßen 63 bis 72,4 × 46 bis 51,6 mm; ⌀ 67,4 × 48,4 mm. Die Brutdauer beträgt 30 Tage. Die Küken werden unmittelbar nach dem Trockenwerden von beiden Eltern auf das Wasser geführt. Bei Gefahr sucht die Familie in den ersten Wochen die freie Wasserfläche auf, während sich bereits befiederte Jungvögel gut in der Ufervegetation zu verstecken wissen. Die Verluste auf den Wiesenteichen sind unter den Küken relativ gering, die Paare bringen 3–10, durchschnittlich 6 Junge bis zur Erlangung der Flugfähigkeit. In den ersten Monaten des Jahres erfolgt bei den Altvögeln die Vollmauser. Hierzu beziehen die Paradieskasarkas Mauserplätze (Seen im Bereich der Brutgebiete meist mit Sandbänken oder Felsufern), auf denen sie sich zu Scharen von mehreren hundert Exemplaren zusammenfinden. Außerhalb der Brutzeit und nach der Mauser streichen sie nur unweit umher und besuchen in diesen Monaten auch die Küstengebiete. Ein Teil der Jungvögel wird ab 2. Jahr, die übrigen ab 3. Lebensjahr brutaktiv.

Nahrung: Sie besteht vorwiegend aus Gräsern und zarten Kräutern, die auf den Wiesen geäst werden; ferner aus Wasserinsekten, Mollusken und Crustaceen. Während des Aufenthalts an der Küste überwiegt die tierische Nahrung. Die Küken nehmen zu Anfang kleine Wasserlebewesen auf. Mit zunehmendem Alter werden sie von den Eltern mit auf die Wiesen geführt.

Haltung und Zucht: Paradieskasarkas werden schon seit über 100 Jahren in Europa gehalten und gezüchtet, doch bis heute gehören sie zu den selteneren Ziergänsen. Der Berliner Zoo pflegte sie seit 1869 und hatte bereits 1871 erste Zuchterfolge (SCHLAWE 1969); Erstimport für die DDR 1963, Erstzucht 1966 (FRANKE, Leipzig).

Trotz ihrer subtropischen Herkunft sind die Paradieskasarkas winterhart, ihre Pflege empfiehlt sich auf geräumigen Gesellschaftsanlagen wie in Einzelgehegen. Fortpflanzungsinaktive Tiere sind voll verträglich, dagegen bedrängen die Ganter der Brutpaare etwa ab Februar (Beginn der Balz) die Gehegemitbewohner, speziell andere Gänsevögel. Als Niststätte dienen Hütten, auch solche innerhalb eines Raumes, Nistkästen und Erdhöhlen. Eiablage ab Mitte März, meist in der ersten Aprilhälfte, im britischen Wildfowl Trust zwischen Mitte April und Mitte Mai in 48stündigen Intervallen. Die Küken schlüpfen mit 48 bis 55 g (3 pulli) und sind in der ersten Zeit wärmebedürftiger als Brand- oder Graukopfkasarka-Küken, so daß sich bei ungünstiger Witterung eine Aufzucht unter techni-

scher Wärmequelle empfiehlt. In meiner Anlage begannen die Küken erst mit 27 Tagen die Schulter- und mit 29–30 Tagen die Flanken und Bauchbefiederung; 7 Wochen alte Junggänse waren im wesentlichen befiedert, während die Schwingenentwicklung mit 9 Wochen etwa beendet war. Unmittelbar danach setzt die Umfärbung in das Alterskleid ein; bei 3 Monate alten Weibchen sind Kopf und Hals überwiegend weiß, bei den Gantern schwarz, mit 4–5 Monaten ist die Kleingefiedermauser abgeschlossen. Danach (bis zur Schwingenmauser im Sommer) sind die juv. an den hellgrauen statt weißen Flügeldecken von den ad. zu unterscheiden. Die geschlechtliche Reife tritt mit 2 Jahren ein, Zuchterfolg oft erst ab 3. Jahr.

Schopfkasarka
Tadorna cristata
(KURODA)

Č	Husice chocholatá	F	Tadorne huppé
D	Koreagravand	H	Crested Kasarka
E	Korea crested Shelduck	R	Хохлатая пеганка

Habitus: Etwas kleiner als Rostgans. Abb. Seite 166.
Alterskleid: ♂ Oberkopf bis Augenhöhe und verlängerte Nackenfedern schwarz mit grünlichem Glanz; Gesicht und Hals grau, von feinen braunen Linien überzogen; Kinn schwärzlich. Brustschild, Bürzel und Schwanz schwarz, intensiv grün glänzend; Bauch,

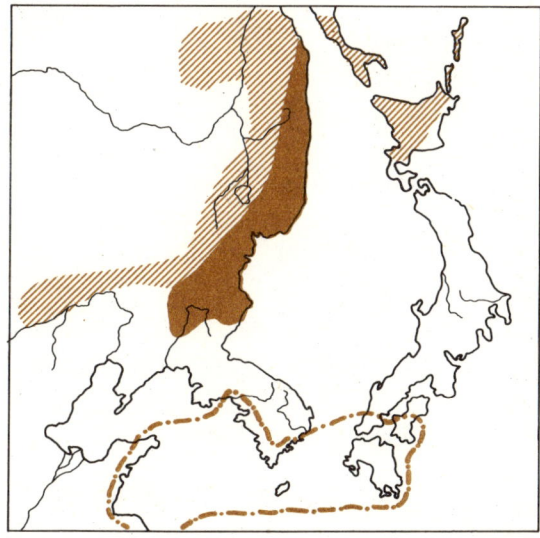

Hypothetisches Brutvorkommen und Überwinterungsgebiet der Schopfkasarka (nach NOWAK 1982).

165

Flanken und Schulterpartien mit dunkelgrauer, zart rosa übertönter Wellung; Unterschwanzdecken ockergelb. Flügel wie alle *Tadorna*-Arten mit weißen Decken, metallisch grün schillernden Armschwingen, dunkelbraunen Scapularen und schwarzen Handschwingen. Schnabel und Füße fleischrot. ♀ Oberkopf, mit Ausnahme der Stirn- und Zügelpartien sowie der Augengegend schwarz, Nackenfedern nur wenig verlängert. Unter Kopfhälfte und Hals grauweiß und von feinen schwärzlichen Linien durchzogen. Brust, Bauch, Flanken und Rückenpartien dunkelbraun, grob rahmweiß quergewellt. Flügel und Schwanzteil ähnlich wie beim ♂. Schnabel und Füße fleischrot. *Maße:* ♂ Flügel: 320, Schwanz: 117, Schnabel: 45, Lauf: 49,5 mm; ♀ Flügel: 310, Schnabel: 41,5, Schwanz: 115, Lauf: 47 mm. Es ist unbekannt, ob die Art ein farblich verändertes Ruhekleid trägt.

Dunen- und Jugendkleid sind unbekannt.

Lebensweise: Von der Schopfkasarka sind nur drei Museumsstücke bekannt. Das erste adulte Weibchen wurde im April 1877 bei Wladiwostok erlegt und befindet sich im Museum Kopenhagen. Ende November, Anfang Dezember 1913 oder 1914 erbeutete man an der Mündung des Kun-Kian-Flusses in der Nähe der koreanischen Stadt Söul ein Männchen und Anfang Dezember 1916 ein weiteres Weibchen bei Fusan in Südkorea. Die beiden letztgenannten Stücke befinden sich in der Kuroda-Sammlung in Tokio.

Nachdem Kuroda 1924 das 1913 oder 1914 gesammelte Präparat erhielt, ließ er Nachforschungen über diese Art anstellen. Danach sollen im März 1916 aus einem Trupp von 6 Tieren 3 an der NW-Küste Koreas geschossen worden sein, Präparate existieren davon nicht. Als erste Ornithologen sahen Labzjuk und Nasarow (1967) am 16. Mai 1964 3 Schopfkasarkas nahe der Rimski-Korsakow-Inseln in der Bucht Peter des Großen. 1 Erpel und 2 Weibchen verweilten auf einem Felseiland in einem Trupp Kragenenten. Nowak (1983) wertet diesen Sichtnachweis als Bestätigung, daß die Art nicht ausgestorben ist. Die IUCN-Liste (1965) erkennt als Letztnachweis eine Beobachtung aus dem Jahre 1943 an, während Vaurie (1965) alle Meldungen nach 1916 als ungesichert ansieht.

Nowak (1983) analysiert 17 Nachweise der lezten 300 Jahre, darunter 6 japanische Abbildungen aus dem 18. und 19. Jahrhundert. Er weist nach, daß die Art zu jeder Zeit individuenschwach war und vermutet ein engbegrenztes nacheiszeitliches Reliktvorkommen im küstennahen borealen Ostasien. Ob die Kasarka im Süden Japans jemals seßhaft war, konnte nicht voll bestätigt werden; die Vorlagen für die japanischen Bilder wurden aus Korea importiert. Er schlägt eine internationale Such- und Rettungsaktion vor, die auch Gehegezuchten einschließt. Außer in Japan wurden die Suchaktionen 1983 eingeleitet. Dadurch angeregt veröffentlichte O Myong Sok (1984) eine Beobachtung von 6 Tieren Ende März 1971 an der Flußmündung des Pochon an der Ostküste Nordkoreas. Nowak (1984) präzisiert das mutmaßliche Brut- und Überwinterungsgebiet der Schopfkasarka.

Schopfkasarka, *Tadorna cristata* (Kuroda); links der Erpel, rechts Weibchen

Brandgans
Tadorna tadorna (L.)

Dt. Syn.: Brandente

Küken der Brandgans, *Tadorna tadorna* (L.)

Č	Husice lišči	F	Tadorne de Belom
D	Gravand	H	Bergeend
E	Common Shelduck	R	Пеганка

Habitus: Etwas zierlicher als der der Kasarka-Arten. Abb. Seite 167 und 306.

Brutkleid: (Artkennzeichen): ♂ Kopf und Hals dunkel flaschengrün, übriges Kleingefieder mit Ausnahme des rotbraunen Brustschildes und des schwarzen Bauchstreifs weiß: Schultern schwarz, Flügel ähnlich wie bei Kasarka-Arten. Der konkav nach oben gebogene Schnabel und der Stirnhöcker rot, Iris dunkel rotbraun, Füße blaßrot. ♀ im wesentlichen wie ♂ gefärbt, jedoch ohne Stirnhöcker und stets etwas kleiner. Iris braun. *Maße:* ♂ Flügel: 318–370, Schwanz: 110–130, Schnabel: 52–60, Lauf: 50–57 mm; ♀ Flügel: 290–311, Schwanz: 100–115, Schnabel: 44–54, Lauf: 48–52 mm. *Gewicht:* ♂ 980–1450 g, ⌀ 1210 g; ♀ 801–1250 g, ⌀ 1000 g.

Ruhekleid des ♂: Juli bis September/November. Stirnhöcker stark zurückgebildet, Kopf und Hals ohne Grünglanz, Brustschild blaß braun, Bauch nur mit angedeutetem (beim ♀ z. T. fehlendem) schwarzem Band.

Dunenkleid: Kopfplatte (nicht die Stirn), ein Streif über Hals und Rücken bis zum Bürzel, ein kleiner Ohrfleck sowie die Schultern und Schenkelseiten schwarzbraun, übrige Partien scharf weiß abgesetzt.

Jugendkleid: Kopf und Hals dunkelgrau, vom Schnabel her rahmfarben aufgehellt. Schulter- und obere Rückenfedern graubraun, hell gesäumt, übriges Kleingefieder weiß. Kleine und mittlere Flügeldecken überwiegend weiß, die großen hellgrau. Scapularfedern des Ellenbogens schwarzgrau, Außenfahnen bei den ♀♀ schwach, bei ♂♂ sichtbar stärker rotbraun übertönt; gemeinsam mit dem Grünglanz der Armschwingen ein recht sicheres Geschlechtsmerkmal.

Vorkommen in Mitteleuropa: Verbreiteter Brutvogel entlang der Nord- und Ostseeküste sowie auf den vorgelagerten Inseln. Der Brutvogelbestand wurde um 1965 für die BRD auf etwa 2000 und für die DDR 1975 auf knapp 200 Paare geschätzt. (BAUER und GLUTZ von BLOTZHEIM 1968). Erfolgreiche Schutzmaßnahmen, speziell im Mausergebiet Großer Knechtsand bei Cuxhaven, wo zwischen 80000 und 100000 Altvögel die Schwingen wechseln, führten zu Binnenlandbesiedlungen, den großen Flüssen aufwärts folgend: Niederrhein bei Krefeld BRD seit 1961, am Unterlauf von Ems und Weser sowie entlang der Elbe bis Dessau DDR bis 1980. Der Zug erfolgt entlang der Küste, nur wenige Einzeltiere sind im Binnenland zu beobachten.

Lebensweise: Das Brutvorkommen der Brandgans ist fast ausnahmslos auf Salz- und Brackgewässer beziehungsweise auf Süßwasserseen in deren unmittelbarer Nähe beschränkt. Entlang der Nord- und Ostsee werden flache Sandküsten in den Buchten und die dem Lande zugewandten seichten Strände der Inseln bewohnt. Nichtbrütende Tiere halten sich bevorzugt im Bereich des Wattenmeeres auf. Die innerasiatischen Populationen brüten an offenen, salzhaltigen Flachseen der Steppengebiete. Auch außerhalb der Brutzeit leben die Brandgänse überwiegend an Meeresküsten und auf Salz- und Brackwasserlagunen.

Die hiesigen Brutvögel kehren bereits ab Februar, meist im März, fest verpaart in ihre Brutheimat zurück. Nach einer intensiven Balzperiode werden im April die Nistplätze in den Dünen, an Hängen, Dämmen und Uferböschungen bezogen und wenig später die Nester in 1–2 m langen Erdröhren, sehr gern in alten Kaninchen- oder Fuchsbauen und in künstlich angelegten Brutröhren errichtet. In Ermangelung der Erdhöhlen werden in neuerer Zeit frei stehende Nester unter Gebüsch oder im dichten Strandroggen (*Elymus arenarius*), zwischen Betonplatten der Küstenbefestigungsanlagen und in den Räumen unbenutzter Baken erbaut. In Zentralasien nisten die Brandgänse in den Röhren der Wüstenfüchse (*Megalotis* spec.) und der Steppenmurmeltiere (*Marmota bobak*), sie benutzen aber auch Nischen in den Steinherden und Grabhügeln verlassener Kirgisensiedlungen, oft weit entfernt vom Brutgewässer. In einzelnen Gegenden werden auch Baumhöhlen bis in 10 m Höhe bezogen. Die Eiablage beginnt an unseren Küsten Ende April, in Innerasien um Mitte Mai. Das Vollgelege enthält 7–12 glattschalige, rahmfarbene Eier, die in 48stündigen Intervallen abgelegt werden. Größere Gelegestärken stammen von mehreren Weibchen (bis zu 100 Eier in einem »Nest«), andererseits werden häufig einzelne Eier in den Nestern der Mittelsäger gefunden. *Maße:* 61–71 × 43–50 mm; ⌀ 65,6 × 47,3 mm. Die Brutdauer beträgt 28, z. T. bis 30 Tage, nach Beginn der Auspolsterung mit den hell silberweißen Dunen und den weißen, vorn braun gesäumten Brustfedern werden noch ein bis zwei Eier gelegt. Während das Weibchen brütet, wacht der Ganter in Nestnähe, selten di-

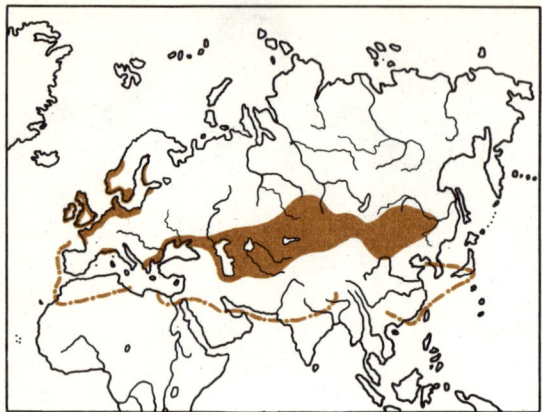
Brutvorkommen und Überwinterungsgebiete der Brandgans.

rekt vor dem Höhleneingang. Die Küken wiegen neugeboren 48–56 g und werden einen Tag nach dem Schlupf von beiden Eltern in seichte Wasserstellen entlang des Ufersaumes oder ins Wattenmeer geführt. An besonders günstigen Nahrungsgründen vermischen sich die Familien. Ein Teil der Eltern verläßt dann die noch flugunfähigen Junggänse, und es kommt zur Bildung von sogenannten Kindergärten; eine häufig wechselnde Anzahl halbwüchsiger Gänse (bis zu 100) wird von wenigen Altvögeln (vermutlich Nichtbrüter) betreut.

Nahrung: Sie wird überwiegend im Flachwasser aufgenommen und besteht aus kleinen Schnecken, Muscheln, Würmern, Krebstierchen sowie Wasserinsekten und deren Larven; dagegen werden nur wenige Land- und Wasserpflanzen verzehrt.

Haltung und Zucht: Brandgänse werden in Zoos, auf Parkgewässern und in zahlreichen Privatanlagen gepflegt und gezüchtet. Ihr farbenfreudiges Gefieder und die allgemeine Verträglichkeit nichtbrütender Tiere ließen sie zu beliebten Ziergänsen werden. Die Unterbringung kann auf Teichen unterschiedlichster Größe und Wasserqualität erfolgen. Werden jedoch Zuchtergebnisse erwartet, sollte das Gesellschaftsgehege nicht zu eng und der Teich nicht zu klein sein, besser noch, man gewöhnt das Paar für die Fortpflanzungszeit an ein Einzelgehege und läßt das Weibchen an einem sicheren Platz im Schutzraum brüten. Bei der Überwinterung erweisen sich Brandgänse hinfälliger als Kasarkas, ohne Schutzraum oder gelegentliche Bademöglichkeit sollten sie nicht überwintert werden.

Ernährungsprobleme gibt es mit den modernen Mischfuttersorten nicht mehr, doch sind Wasserlinsen, Hirse oder Garnelen eine willkommene Zusatzkost.

Die Zucht der Brandgänse bietet kaum Probleme und verläuft in der Regel verlustarm. Ab Dezember bildet das Männchen den Stirnhöcker aus. Beginnend mit der Balz und der Brutreviersuche (etwa ab Februar) werden die Ganter recht bösartig und führen mit bestimmten Teichbewohnern (in meiner Anlage war es viele Jahre der Schellerpel) heftige Kämpfe aus,

die oft zur Beunruhigung weiterer Paare führen. Andererseits führt ein abgesondertes Paar ein nahezu vollendetes »Ehe- und Familienleben«. Die Eiablage beginnt ab Ende März, meist in der 1. Aprilhälfte. Die Brutpausen werden im letzten Brutdrittel bemerkenswert verlängert (nach YOUNG in Scot. Birds 3, 1965 bis zu sechsmal täglich oder insgesamt 7 Stunden). Die Küken sind in der Futteraufnahme keinesfalls wählerisch und entwickeln ab 2. Woche einen enormen Stoffumsatz. Im Alter von 45–50 Tagen sind die Junggänse voll befiedert, unternehmen Flugübungen, und die Geschlechter lassen sich außer am Flügel (s. o.) nun auch an der Größe erkennen. Das Männchen wirkt voller, das Weibchen kleiner mit dünnerem Hals und kleinem Kopf. Ab 10. Woche zeigen sich die ersten schwarzen Federn des Alterskleides an Schultern, Kopfseiten und Hals, wenig später mausert das braune Brustschild durch. Bis Dezember (unter ungünstigen Haltebedingungen im Januar oder Februar) ist das gesamte Kleingefieder und ein Teil der Flügeldecken gewechselt. Brutaktivitäten sind ab 2. Lebensjahr zu erwarten.

Radjahgans
Tadorna radjah
(LESSON)

Č Husice královská   F Casarca radjah
D –   H Radjah Kasarka
E Radjah Shelduck   R Пеганка-раджа

Zwei Unterarten sind im indo-australischen Raum verbreitet. Die Schwarzrücken-Radjahgans, *Tadorna r. radjah* (LESSON), bewohnt die Inseln um die Molukken und Neuguinea und die Rotrücken-Radjahgans, *Tadorna r. rufitergum* HARTERT, Nordaustralien.

Beschreibung von *Tadorna radjah rufitergum*
Habitus: Ähnlich den Kasarka-Arten, aber bedeutend kleiner. Abb. Seite 305.
Alterskleid: ♂ und ♀ Kopf, Hals, Flanken und Unterseite weiß; Rücken, Schultern und ein schmales Kropfband dunkel rotbraun (bei der Nominatform schwarz). Flügeldecken weiß, große Decken mit schmaler schwarzer Binde (ähnlich wie bei der Nilgans); der intensiv grünschillernde Spiegel wird von einer weißen Außenbinde eingefaßt; Scapularen kastanienbraun, Handschwingen und Schwanz schwarz. Der breite Schnabel und die Füße sind hell fleischrot. Iris gelb. Die Geschlechter sind analog der anderen *Tadorna*-Arten an der Stimme zu unterscheiden. *Maße:* ♂ Flügel 260–268, Schnabel: 40–54 mm; ♀ Flügel 246–298, Schnabel: 42–55 mm (FRITH 1967); ♂ und ♀ Schwanz: 120–130, Lauf: 52–62 mm (DELACOUR 1954). *Gewicht:* ♂ 750–1101, ♀ 600–1130 g (FRITH 1967).

Dunenkleid: Kopfplatte bis in Augenhöhle lebhaft kastanienbraun, hinterer Halsstreif und Rücken schwarzbraun; Kinn, Kehle, Vorderhals, Unterseite, hinterer Flügelrand und je ein Fleck an den Bürzelseiten sind hell silbergrau. Schnabel und Füße schwarzgrau. Iris hellgrau.

Jugendkleid: Sehr ähnlich dem Alterskleid, aber weiße Partien, besonders die Kopfplatte und die Flügeldecken, verwaschen graubraun; Iris etwas dunkler.

Lebensweise: Das Hauptvorkommen der Radjahgänse liegt in Australien – ähnlich auch auf Neuguinea und den anderen Inseln – in der Brackwasser- und Litoralzone der Meeresküste. Die sumpfigen Mangrovenwälder, Mäander bewaldeter Flußniederungen (vor allem in den Mündungsgebieten), Waldsümpfe und Waldteiche bilden die bevorzugten Brutbiotope. Außerhalb der Brutzeit werden auch offene Sumpflandschaften und Hochlandseen aufgesucht (FRITH 1967).

In Familientrupps oder paarweise gehen die Radjahgänse auf schlammigen Uferbänken, im Seichtwasser oder auf wassernahen Wiesen der Nahrungssuche nach. Tiefes, offenes Wasser wird nur selten aufgesucht; die Ruhezeiten verbringen sie auf Bäumen im Sumpfwald. Als typische Waldbewohner sind sie ziemlich ruffreudig, neu hinzukommende Artgenossen werden stets mit lautem Geschrei begrüßt beziehungsweise vertrieben.

Radjahgänse leben offenbar in Dauerehen. Schon vor Beginn der Regenzeit setzt bei ihnen die Brutstimmung ein, und mit den ersten großen Regenfällen befinden sich die Paare in voller Balz. Wenig später, etwa ab Januar/Februar, werden in Nordaustralien die Nestreviere an kleinen Waldtümpeln, Mäanderschleifen oder im Sumpfwald bezogen. Eiablage gegen Ende der Regenzeit im Mai oder Juni, wenn das höchste Wasser verebbt ist. Die dazu von beiden Partnern

ausgewählten Baumhöhlen befinden sich dicht am Wasser oder im überschwemmten Sumpfwald. Die Gelege enthalten 6–12 cremeweiße, glattschalige Eier mit den Maßen 55–61,5 × 39–45 mm; ⌀ 58,3 × 42,2 mm (FRITH 1967 und SCHÖNWETTER 1961). Brutdauer etwa 30 Tage. Nach beendeter Eiablage erfolgt eine Dunenauspolsterung. Während das Weibchen brütet, ruht der Erpel auf einem benachbarten Baum. Zur Zeit der Kükenaufzucht führen die von breiten Schlickflächen umgebenen Flußarme und Tümpel nur noch seichtes Restwasser; es sind die Wochen des größten Nahrungsangebotes. Hier verweilen die Familien, die sehr lange zusammenbleiben, bis die fortschreitende Austrocknung eine Abwanderung erfordert. Bleiben Wasserflächen erhalten, verlassen die Radjahgänse ihre Brutgebiete gar nicht.

Nahrung: Sie besteht fast ausschließlich aus Kleinlebewesen (hauptsächlich Mollusken) weniger aus Algen und anderen kleinen Wasserpflanzen. Das Futter wird aus dem flachen Wasser geseiht, nur während der Regenzeit suchen die Gänse auch auf feuchten Wiesen nach Nahrung. Jedes Paar hält ein bestimmtes Futterterritorium ein, das an jedem Morgen und Abend aufgesucht wird und unter Umständen weit vom Nistplatz entfernt liegen kann.

Haltung und Zucht: Radjahgänse wurden zu allen Zeiten nur selten importiert, hinzu kommt die hohe Sterblichkeitsrate wenig eingewöhnter Tiere, so daß diese Art bis heute zu den seltener gehaltenen Wasservögeln gehört. Beide Unterarten sind importiert (vorwiegend die rotrückige), ein Teil der Gehegevögel dürften auch Mischlinge sein. Für den Züchter sind die Formen gar nicht oder nur bedingt unterscheidbar.

Für die Haltung der Radjahgänse sollten sich nur erfahrene Züchter und solche Zoos entscheiden, die den Tieren optimale Bedingungen bieten können: ein geschütztes, sonniges Gehege mit einem warmen, seichten Teich; Überwinterung bei über 5° C. Die Unterbringung in Einzelgehegen ist wegen der Aggressivität mancher Brutvögel und der bestmöglichen Futterversorgung zu empfehlen. Die allgemeine Hinfälligkeit und spez. das witterungsbedingte Wohlbefinden der Radjahgänse, wie es in den 60er Jahren noch arttypisch war (WIENANDS, briefl. in KOLBE 1972), ist bei den heutigen Zuchtvögeln weitgehend überwunden; ihre Empfindlichkeit entspricht etwa der der Pfeifgänse.

Die Zuchtchancen haben sich in neuerer Zeit ebenfalls verbessert, doch sind ergiebige und regelmäßige Nachzuchten auf wenige Paare beschränkt. Geschlechtliche Reife gegen Ende des zweiten Lebensjahres. Für die Nestanlage werden Bruthöhlen, Erdröhren oder Hütten aufgestellt. Eiablagen wurden in Westeuropa von der ersten Aprilhälfte bis zum Juli bekannt. Die Jungenaufzucht erweist sich in der Regel als unproblematisch und verläuft wie jene der übrigen *Tadorna*-Arten. Die Küken sind sehr wärmeliebend. Das Futter (auch für die Altvögel) muß relativ feinkörnig sein und mit tierischen Bestandteilen (wie Garnelen) angereichert werden. Wasserlinsen sollten stets vorhanden sein.

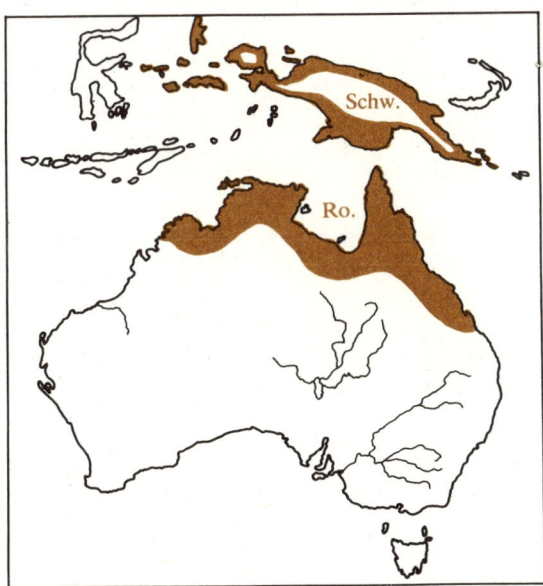

Jahresvorkommen der Rotrücken- (Ro.) und Schwarzrücken- (Schw.) Radjahgans.

Dampfschiffenten, *Tachyerini*

Dampfschiffenten bilden in Habitus, Farbtypus und ganz besonders in ihren biologischen Eigenheiten eine sehr einheitliche und geschlossene Gruppe; Lebensweise sowie Haltung und Zucht werden deshalb zusammengefaßt abgehandelt. Zur Bestimmung der Artzugehörigkeit wird den Beschreibungen ein Bestimmungsschlüssel vorangestellt.

Dampfschiffenten *Tachyeres* spec.

Č Kachyně
D Dampskibsand
E Steamer Duck
F Canard-vapeur
H Stoomboot eenden
R Утки-пароходы

Nach den drei bekannten Arten der Gattung *Tachyeres* ist 1981 eine vierte, die *T. leucocephala* durch HUMPHREY und THOMPSON beschrieben worden. Alle

Magellan-Dampfschiffente *Tachyeres pteneres* (FORSTER)

Dt. Syn.: Riesendampfschiffente

Č Kachyně parníková
D –
E Magellanic Flightless Steamer Duck
F Canard-vapeur de Patagonie
H –
R Магелланова утка-пароход

Habitus: Sehr große, massige Ente mit klobigem Schnabel, stämmigen Beinen und leicht nach oben eingebogenen Schwanzfedern. Abb. Seite 66.

	T. pteneres	*T. brachypterus*	*T. patachonicus*	*T. leucocephala**
Relation Körpergröße/Flügel	sehr groß mit kurzen Schwingen	groß mit kurzen Schwingen	wesentlich kleiner mit langen Schwingen	mittelgroß mit kurzen Schwingen
Flügelmaße (DELACOUR 1954)	♂ 260–288 ♀ 255–271	♂ 272–282 ♀ 251–272	♂ 287–317 ♀ 276–301	♂ 262–295 Ø 279 ♀ 255–288 Ø 271
Gewicht (WELLER 1976)	2 ♂ Ø 6039 g 5897–6180 g 4 ♀ Ø 4111 g 3629–4763 g	5 ♂ Ø 4334 g 4200–4650 g 4 ♀ Ø 3383 g 3100–3580 g	8 ♂ Ø 3078 g 2891–3190 g 11 ♀ Ø 2441 g 1665–2835 g	11 ♂ Ø 3790 g 2700–4400 g 8 ♀ Ø 2950 g 2550–3350 g
Schnabel (WELLER 1976) ♂	durchweg orange, zuweilen mit dunkler Basis	orange Basis geht über in hell fleischrote Spitze	Basis gelborange, Seiten in Höhe der Nasenlöcher abgesetzt olivgrau	überwiegend orange, Nagel schwarz
♀	einfarbig orange	olivgrau, Basis und Schnabeldach gelb	olivgrau, Basis und Schnabeldach blaß gelb	
Kopffärbung (WELLER 1976) ♂	einfarbig grau, alte ♂ mit weißlicher Kopfplatte	Alte Erpel weißlich; juv. ♂ mit gräulichem oder bräunlichem Gesicht und weißem Augenstreif	weißlich; juv. ♂ mit gräulichem oder bräunlichem Gesicht, weißer Augenstreif	bis hin zum Hals überwiegend weiß, Kopfplatte hellgrau
♀	einfarbig grau, zuweilen mit weißem Augenstreif	rötlichbraunes Gesicht mit grauer Kappe und weißem Augenstreif	rötlichbraunes Gesicht mit grauer Kappe und bogenförmig abwärtsziehendem weißen Augenstreif	rötlichbraun, vom Auge zum Hals hin breiterwerdend weiß
Körper ♂ und ♀	vorherrschend grau	auf grauem Grund ist die Mehrzahl der Federn rotbräunlich gesäumt		

* Angaben nach HUMPHREY und THOMPSON (1981)

Alterskleid: ♂ Kopf und Hals schiefergrau, von der Kehle her zart braun übertönt; Augenring und angedeuteter Augenstreif weiß. Brust-, Rücken und Flankenfedern hellgrau, breit schiefergrau gesäumt; Schwanzteil einfarbig grau, Bauch weiß. Flügel mit schwarzgrauen Handschwingen und weißem Feld auf Armschwingen und -decken. Iris dunkelbraun, Füße gelb, Schwimmhäute olivgrau. ♀ dem ♂ sehr ähnlich, doch insgesamt etwas brauner und mit tiefer Stimme (Erpel mit hoher Stimmlage, SCHÜRER, briefl.) *Maße:* ♂ Schwanz: 85–99, Schnabel: 55–66, Lauf: 66–79 mm; ♀ Schnabel: 54–61 mm.
Dunenkleid: Die auffällig langen Dunen sind dunkel graubraun, lediglich je ein Fleckchen über dem Auge, in der Ohrgegend und auf der Halsseite sowie hinterer Flügelsaum und Bauch schmutzigweiß. Schnabel und Füße schwarz.
Jugendkleid: Im wesentlichen wie Alterskleid; ♂ insgesamt etwas grauer als ♀, dieses mehr bräunlich.

Falkland-Dampfschiffente
Tachyeres brachypterus
(LATHAM)

Č Kachyně krátkokřídlá
D –
E Falkland Flightless Steamer Duck
F Canard-vapeur des Iles Falkland
H –
R Фолклендская утка-пароход

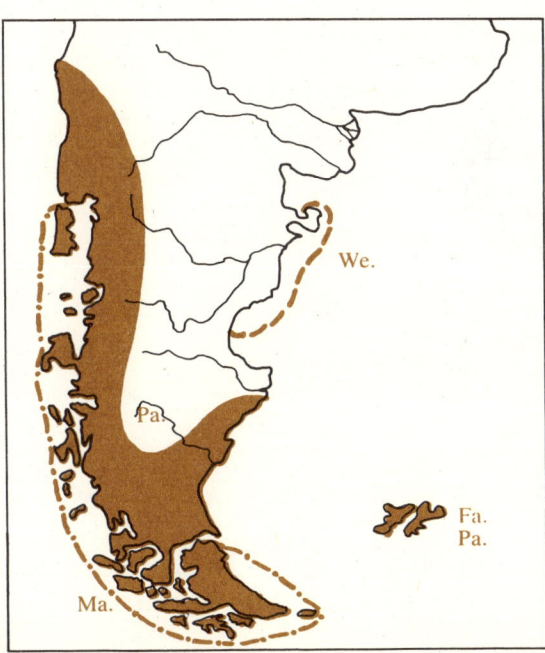

We.

Pa.

Fa.
Pa.

Ma.

Habitus: Wie Magellan-Dampfschiffente, kleiner und etwas schlanker. Abb. Seite 66.
Alterskleid: ♂ Kopf hellgrau bis fast weiß, Kehlgegend ausgedehnt hell rotbraun. Übriges Kleingefieder dem der *pteneres* ähnlich, doch Federsäume brauner, Schwingen länger, dennoch zur Körpermasse relativ kurz. Iris und Füße wie *pteneres*. ♀ Kopfplatte grau, Kopfseiten und oberer Halsteil dunkelbraun, deutlicher Augenstreif weiß; übrige Partien brauner als beim ♂. *Maße:* ♂ Schwanz: 91–102, Schnabel: 53–61, Lauf: 63–67 mm; ♀ Schnabel: 52–58 mm.
Dunenkleid: Heller und graubrauner als bei *pteneres*-Küken und mit durchgehend weißem Band von Schnabelbasis über Augen- und Ohrgegend bis zu den Halsseiten.
Jugendkleid: Etwa wie Alterskleid, Kopffärbung dunkler.

Weißkopf-Dampfschiffente
Tachyeres leucocephala
(HUMPHREY & THOMPSON)

E White-Headed Flightless Steamer Duck

Habitus: Mittelgroße Dampfschiffente, flugunfähig, ♀ kleiner als ♂.
Die neubeschriebene Art nimmt in mehreren Merkmalen, so auch in der Färbung, Intermediärstellungen zwischen den übrigen Dampfschiffenten ein; kennzeichnend sind in allen Kleidern und bei beiden Geschlechtern die Kopf-Hals-Färbungen.
Alterskleid: ♂ Kopf von der Schnabelbasis unterhalb des Auges bis zum Hals weiß, Kopfplatte und Zügel hellgrau. Der weiße Hals ist zum grauen Brustgefieder sehr scharf abgesetzt. Iris braun, Beine leuchtend gelb mit schwarzen Krallen. ♀ Kopfplatte dunkelgrau, Unteraugenpartien rötlichbraun; vom Auge ausgehend verbreitert sich ein weißes Feld bis zu einem geschlossenen Ring auf dem Halsansatz. Schnabel dunkler als beim ♂. *Maße:* ♂ Schnabel: 51–63 mm, Ø 55 mm; Lauf: 61–67 mm, Ø 65 mm; ♀ Schnabel: 54–57 mm, Ø 55 mm; Lauf: 59–66 mm, Ø 63 mm (HUMPHREY and THOMPSON 1981).
Dunenkleid: Offenbar noch nicht beschrieben.
Jugendkleid: ♂ und ♀ mit relativ kleinem weißem Gesichtsfeld, das hinter dem Auge beginnt und sich zum Hals hin etwas ausdehnt.

Jahresvorkommen der Weißkopf- (We.), Magellan- (Ma.), Falkland- (Fa.) und Patagonischen (Pa.) Dampfschiffente (nach WELLER 1976, HUMPHREY and THOMPSON 1981); Artzugehörigkeit der südargentinischen Küstenpopulationen gegenwärtig ungeklärt.

Patagonische Dampfschiffente
Tachyeres patachonicus (KING)

Dt. Syn.: Langflügeldampfschiffente

Č	Kachyně patagonská	F	Canard-vapeur volant
D	–	H	–
E	Flying Steamer Duck	R	Патагонская утка-пароход

Habitus: Kleinste Dampfschiffente.
Alterskleid: ♂ und ♀ weitgehende farbliche Übereinstimmungen mit der Falkland-Dampfschiffente, doch ist *patachonicus* wesentlich kleiner, und ihre Flügellänge ermöglicht ein normales Fliegen. *Maße:* ♂ Schwanz: 92–124, Schnabel: 48–57, Lauf: 55–69 mm; ♀ Schnabel: 50–59 mm.
Dunenkleid: Erdbraune Oberseite; Kopfseiten mit einem rahmweißen Band oberhalb der Augen beginnend. Schnabel weniger klobig als bei vorangehenden Arten, stellenweise fleischrot.
Jugendkleid: Etwa wie Alterskleid
Lebensweise: Während die flugfähigen Patagonischen Dampfschiffenten neben Fjorden und Küstengewässern auch Flüsse, Binnenseen und besonders die hochgelegenen Andenseen bewohnen, beschränkt sich das Vorkommen der flugunfähigen Riesen-, Weißkopf- und Falkland-Dampfschiffenten auf die stark zerklüfteten Küsten des Kontinents und der Falklandinseln. Auf den Andengewässern werden stille Buchten, deren steil emporragende Uferwände Schutz gegen kalte Winde und hohe Wellen bieten, bevorzugt. Die schmalen Flachwasserstreifen entlang der Uferzone sind meist vegetationsarm und werden von Geröllablagerungen gebildet. KRIEG (1940) schreibt über seine Beobachtungen in Patagonien:

Die Dampfschiffenten leben paarweise. Es sind gute Schwimmer und Taucher, aber schlechte Flieger. Gefahren weichen sie schwimmend oder tauchend aus. Verfolgte Tiere schlagen unter Zuhilfenahme der Flügel die mächtigen Ruder in rascher Folge hinter sich paddelnd auf das Wasser. So wirkt die flüchtende Ente wie ein kleiner Heckraddampfer, eine beachtliche Welle hinterlassend. Die neueren Berichte von den Falklandinseln (CAWKELL and HAMILTON 1961 und WELLER 1972 und 1976) ergeben folgendes Bild: Während des südlichen Frühlings beziehen die in Dauerehe lebenden Dampfschiffenten ihre Brutreviere, die gegen Artgenossen heftig verteidigt werden. Die flugunfähigen Arten bevorzugen dabei flache Geröll- und Sandstrandküsten, die flugfähigen Süßwasserseen mit Moor- und Sumpfcharakter sowie sandigen Uferzonen, in denen zahllose Wasserschnecken und Muscheln leben. Die Nester befinden sich im Grase, zwischen Geröll oder Steinen. Eiablage ab September, ab

Ende Oktober wurden die meisten kükenführenden Familien beobachtet. Die Gelege enthalten 6–12, im Mittel um 7 cremegelbe, relativ große Eier. Die *Maße* betragen für *pteneres* 81–89,4 × 59,6–62,3 mm; ⌀ 85,4 × 58,8 mm; für *brachypterus* 80,3–86 mal 55,4–57 mm; ⌀ 82,1 × 56,5 mm; für *patachonicus* 73–83 × 51–55 mm; ⌀ 76,4 × 52 mm. Während das Weibchen brütet, bewacht und verteidigt der Erpel das Brutrevier, später beteiligt er sich an der Kükenführung. Die Familien halten sich im Flachwasserbereich (bevorzugte Tiefen unter einem Meter) auf, wo sie ein reiches Nahrungsangebot an Mollusken vorfinden. Mit etwa 12 Wochen sind die Jungenten voll befiedert. Nach der Brutzeit kommt es zur Bildung lockerer Verbände (meist 20 bis 30, zuweilen bis 200 Individuen) entlang der Küste und in Flußmündungen.
Nahrung: Die der Altvögel besteht fast ausschließlich aus Schnecken, Muscheln und Krebsen, die der Küken aus Wasserasseln, kleinen Schalentieren und Krebschen sowie einigen Algen.
Haltung und Zucht: Dampfschiffenten wurden von jeher nur in geringer Zahl importiert und demzufolge lediglich in einigen großen Zoos gehalten (KOLBE 1972). In großräumigen Gehegen und auf Teichen mit guter Wasserqualität bereitet die Pflege eingewöhnter Altvögel keine Probleme, wogegen Import- und Jungtiere stark aspergilloseanfällig sind. Insbesondere brutaktive Dampfschiffenten sind hochgradig aggressiv, so daß sie in Einzelgehegen oder in Zoos auf Stelzvogelanlagen oder Absperrgräben moderner Säugetiergehege untergebracht werden sollten. Die drei bisher beschriebenen Arten sind importiert, am seltensten davon die patagonische; die Weißkopf-Dampfschiffente wird nicht in Gehegen gehalten. Während die Magellan-Dampfschiffente nicht höher als 30 cm fliegt, ist die Falkland-Art in der Lage, sich 1 bis 2 m hoch in die Luft zu erheben und somit Gehegezäune zu überfliegen. Als Nahrung wird ihnen ein grobes, eiweißreiches Mischfutter geboten, zusätzlich erhalten sie Fisch- oder Fleischstücke, Garnelen oder Muscheln.

Zu ersten Fortpflanzungsaktivitäten mit der *T. pteneres* kam es 1966 im Zoo Philadelphia (GRISWOLD 1968), mit der *T. brachypterus* 1966 im Zoo Duisburg (GEWALT 1968), 1967 im Zoo Zürich (SCHMIDT 1969) und 1969 im Wildfowl Trust Slimbridge.

Über die Magellan-Dampfschiffente berichtet GRISWOLD: 1962 wurde ein juv. Männchen und 1964 ein ad. Weibchen erworben. In einer Hütte am Wasser legte die Ente zwischen dem 18. und 25. Mai 1966 fünf und etwa zur gleichen Zeit 1967 vier Eier ab. Brutdauer 31 Tage; 8 Eier messen 78–82 × 52–58 mm, ⌀ 80 × 56 mm; Kükengewicht 87 und 99 g.

Die Falkland-Dampfschiffenten im Zoo Zürich begatteten sich ab Januar und begannen Anfang März mit dem Nestbau in einem Bambusdickicht nahe dem Wasser. Ablage von 6 Eiern zwischen 4. und 14. März 1967 und in der zweiten Februarhälfte 1968. Das Weibchen brütete allein, nach 32–35 Tagen schlüpften die Küken, die von beiden Eltern betreut wurden (SCHMIDT 1969). Im Zoo Wuppertal wuchsen zwischen 1972 und 1983 53 Jungtiere der Falkland-

Dampfschiffente heran (SCHÜRER, briefl.). Ein 1963 erworbenes Weibchen paarte sich 1970 mit einem später hinzugesetzten Erpel. Im Frühjahr 1972 wurden beide zunehmend aggressiv, und im Mai fand man die Ente brütend auf 5 Eiern in einem Koniferengebüsch. Von den Jungtieren aus dem Zoo Wuppertal wuchsen u. a. im Zoo Dortmund 1977 und bei WIENANDS, Viersen, BRD, 1981 Nachkommen der 2. Generation heran. Dazu schreibt WIENANDS (briefl.): »Außer bei KOOY, Holland, dürften sich keine Dampfschiffenten in Privatgehegen befinden, denn sie können selbst Gänsen und Schwänen gefährlich werden. Die Tiere begannen, wie die im Zoo Dortmund, im 3. Lebensjahr mit der Eiablage. Das 1. Gelege mit 7 Eiern war am 19. April und das 2. mit 5 Eiern am 21. Mai komplett. Im Inkubator wurde eine Brutdauer von nur 28—30 Tagen ermittelt. Die Kükenaufzucht erwies sich als problemlos und erfolgte wegen der Aspergillose-Gefahr bei optimer Sauberkeit in Boxen.« Die Küken im Zoo Wuppertal erhielten anfangs getrocknete Ameisenpuppen auf das Wasser gestreut, ab 3. Tag nahmen sie Entenaufzuchtfutter an. Stimmunterschiede zwischen den Geschlechtern treten erst bei einjährigen Tieren auf.

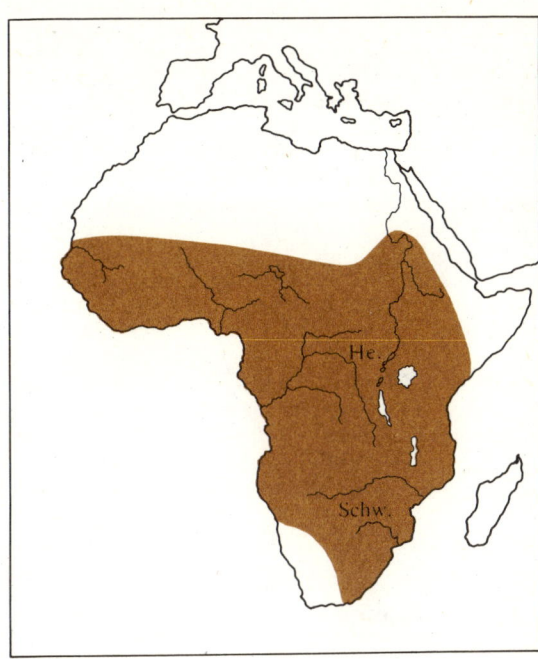

Jahresvorkommen der Hellen (He.) und Schwarzen (Schw.) Sporengans.

Glanzenten, *Cairinini*

Sporengans
Plectropterus gambensis (L.)

Č Pižmovka ostruhatá F Oie armée
D Sporegås   H Spoorwiek Gans
E Spur-winged Goose   R Шпорцевый гусь

Zwei Unterarten: Etwa südlich des Sambesi-Flusses wird *Plectropterus g. gambensis* (L.) durch die Schwarze Sporengans *Plectropterus g. niger* SCLATER vertreten. Bei der letztgenannten sind der gesamte Hals und fast die ganze Unterseite schwarzgrün.

Beschreibung von *Plectropterus g. gambensis*
Habitus: Sehr groß; mit aufrechter Körperhaltung, langem Hals und langen, kräftigen Beinen. Abb. Seite 308.

Alterskleid: ♂ die ungefiederte Stirn mit dem mehr oder weniger großen, bisweilen warzigen Höcker und der Schnabel sind rot; die nackte Zügel- und Augengegend blaugrau. Gesamte Körperoberseite tiefschwarz mit kräftigem metallischem Glanz, befiederte Kopfpartien und hintere Halshälfte mehr schwarzbraun. Wangen und Kehle weiß, teils schwarzfleckig; Vorderhals, Brust und Bauch bis zu den Flanken weiß. Schwingen sowie große Decken und Steuerfedern glänzend schwarz, Flügelbug – dieser mit kräftigen, spitzen Sporen – und Unterflügeldecken weiß. Iris braun, Füße fleischfarben. Bei sehr alten Exemplaren zeigen sich nackte rote Stellen an den Halsseiten. ♀ farblich dem ♂ gleichend, aber wesentlich kleiner. *Maße:* ♂ Flügel: 530—550, Schwanz: 196—232, Schnabel (vom Nasenloch): 59—63, Lauf: 110—120 mm; ♀ Flügel: 422—440, Schnabel: 57—59, Lauf: 90—100 mm. *Gewicht:* ♂ 5400—6800 g, teils auch mehr; ♀ 4000—5400 g (MACKWORTH-PRAED and GRANT 1962).
Dunenkleid: Oberseite erdbraun; Gesicht, mit Ausnahme eines braunen Augenstreifs, Unterseite, Achselgegend und Bürzelseiten gelbbraun, Schnabel und Füße grau.
Jugendkleid: Kleingefieder braungrau, vielfach hell gesäumt, Gesicht, Bauch und Unterschwanzdecken aufgehellt. Stirn und Zügel befiedert.
Lebensweise: Die großen, hochbeinigen Glanzenten, ihrer Erscheinung nach wirklich einer Gans nahekommend, sind über weite Gebiete Afrikas verbreitet und insgesamt wohl die häufigsten gänseähnlichen Vögel

des Kontinents; in Mausergebieten wurden bis zu 2 000 Tiere beobachtet. Die Sporengänse bewohnen ausgedehnte Sumpfniederungen, große Flußläufe und Binnenseen (einschließlich Stauseen), doch bevorzugt solche, wo einzelne trockene Bäume am oder im Wasser stehen, die zum Nächtigen oder vor dem Einfallen auf der freien Wasserfläche aufgesucht werden. Nahrungsgründe bilden vegetationsreiche Flachgewässer, überschwemmte Wiesen und Niederungen sowie Bestände von wildwachsendem Reis. Auf landwirtschaftlichen Nutzflächen werden besonders durch das Niedertreten der Kulturpflanzen erhebliche Schäden angerichtet.

Die Brutzeit ist regional unterschiedlich und beginnt meist während oder nach der Regenzeit. In Südafrika brütet die Mehrzahl von Dezember bis Februar, in Sambia von Januar bis März.

Die Nester sind umfangreiche Bauten aus Röhricht und Wurzelballen, sie werden vom Weibchen zwar überwiegend in der Riedzone (teilweise schwimmend), aber auch auf Termitenhügeln im Überschwemmungsland, zwischen Felsgestein oder auf den Nestern des Schattenvogels (*Scopus umbretta*) errichtet. Sie haben tiefe Nestmulden, nur manchmal mit Dunen ausgelegt (CLARK 1980). Vollgelege enthalten 6–10 (auch bis 17) glattschalig cremefarbene Eier mit den Maßen 68–86,2 × 51–58,8 mm; ∅ 74,5 × 55,3 mm; Brutdauer 30 bis 32 Tage. Die Kükenbetreuung erfolgt offenbar nur durch das Weibchen und dauert über zwei Monate, bis die Jungtiere flugfähig sind (CLANCEY 1967 in JOHNSGARD 1978). Nach dem Flüggewerden scharen sich die Familien zusammen und bilden während der Schwingenmauser der Altvögel (Südafrika Juni bis August) ansehnliche Schwärme. Über den Beginn der geschlechtlichen Reife ist nichts bekannt, doch deuten zahlreiche Nichtbrüter auf eine zwei- oder dreijährige Spanne hin.

Nahrung: Sie besteht aus Grünteilen und Samen zahlreicher Sumpf- und Wasserpflanzen, u. a. aus den Blütenköpfen der Seerosen und Samenständen von *Iris*-Arten, weniger aus Wasserinsekten, Laich und Heuschrecken. Auf Feldern werden Getreidekörner, Erdnüsse und Mais aufgenommen.

Haltung und Zucht: Beide Unterarten der Sporengänse werden seit über 100 Jahren in europäischen zoologischen Gärten, im Berliner seit 1874, mit guten Erfolgen gepflegt. Für die Haltung in Zuchtanlagen eignen sie sich weniger und dürften hier völlig fehlen. Entsprechend ihrer Körpergröße benötigen diese Entenvögel geräumige Gehege, möglichst mit Grasnarbe und für den Winter einen schwach temperierbaren Schutzraum. Sporengänse sind zudem wenig verträglich, sich paarende und brutaktive Tiere bösartig; mit Hilfe ihrer Flügelsporen vermögen sie selbst Schwäne in die Flucht zu schlagen. In Zoos werden sie auf Stelzvogel- oder Huftieranlagen gehalten.

Die Zucht gelingt hin und wieder, doch sind die Chancen auch heute noch recht gering. Neben einigen Mischehen, die Sporengänse mit Moschusenten, Nil- oder Magellangänsen eingingen, führt DELACOUR (1959) lediglich eine erfolgreiche Brut aus England an. Dagegen schreibt ECKARD (Beitr. Fortpflb. d. Vögel

1925): »Die Art hat während des Weltkrieges wiederholt im Düsseldorfer Zoologischen Garten gebrütet; junge Vögel, die daselbst erbrütet waren, beflogen die ganze Umgebung des Niederrheines, um immer wieder zurückzukehren.«

Der britische Wildfowl Trust hält die Art zwar seit Anfang der 50er Jahre, brachte sie jedoch zwischen 1959 und 1967 nur zur Eiablage; erst zwischen 1979 und 1982 wuchsen 17 Junge auf. Im Zoo Hannover kam es 1968 zur Eiablage, das Gelege wurde jedoch durch Zebras zertreten (KRAUSE, mündl.). MARLER (1973) berichtet über erfolgreiche Aufzuchten der Schwarzen Sporengans im Zoo Olney, England, dort wurde eine Brutdauer von 34–36 Tagen ermittelt.

Moschusente
Cairina moschata (L.)

Č	Pižmová velká	F	Canard de Barbarie
D	Mosküsand	H	Muskus Eend
E	Muscovy Duck	R	Мускусная утка

Habitus: Sehr große, kurzbeinige, massige Ente. Abb. Seite 175.

Alterskleid: ♂ gesamtes Kleingefieder, Schwingen und Schwanz schwarz mit intensivem purpurgrünem Glanz; mähnenartig verlängertes Kopf- und Halsgefieder schwarzbraun. Flügeldecken und Axillaren reinweiß. Der graublaue, warzige Stirnhöcker variiert in der Größe und erstreckt sich von der Schnabelwurzel bis zum Auge. Schnabel selbst dunkelgrau, hellrosa gefleckt; Iris gelbbraun, Füße schwarz (mit kräftigen Krallen). ♀ ist wesentlich kleiner und hat nur einen schwach ausgebildeten, teils nur angedeuteten Stirnhöcker. *Maße:* ♂ Flügel: 350–400, Schwanz: 180–190, Schnabel 65–75, Lauf: 55–65 mm; ♀ Flügel: 300–315, Schnabel: 50–53 mm. *Gewicht:* ♂ um 3000–5000 g, ♀ 1600–2800 g.

Dunenkleid: Gesamte Oberseite einschließlich Oberkopf, Augenstreif, Hals und Schenkel dunkelbraun; Gesicht, Bauchseite bis in Achselhöhe sowie kleine Fleckchen an Flügel und Bürzelseiten kräftig gelb. Schnabel und Füße schwarz, letztere mit stark gekrümmten Krallen.

Jugendkleid: Durchweg schwarzbraun mit schwachem grünem Gefiederglanz und ohne Stirnhöcker. Die überwiegend braunen Decken der Flügel sind von weißen Federn durchsetzt. Größenunterschiede zwischen den Geschlechtern beträchtlich.

Lebensweise: Die allgemein verbreitete, doch nirgends sonderlich häufige Moschusente bewohnt langsamströmende Flußsysteme, Sümpfe und Brackwasserlagunen, sofern diese von tropischen Hochwäldern um-

Moschusente, *Cairina moschata* (L.); vorn der Erpel

geben oder durchsetzt sind. REICHHOLF (1975) fand die Art im subtropischen Südamerika paarweise auf kleinen Flüssen, Bächen und in Sumpflagunen, nur einmal in Trupps von über 100 Tieren, die aus Familiengruppen gebildet wurden.

Moschusenten gehen keine feste Paarung ein, die Balz der Erpel ist sehr einfach, Nistplatzsuche, Brut und Jungenbetreuung obliegen allein dem Weibchen, doch wird in der neuen Literatur die polygame Lebensweise nicht mehr erwähnt. Die Brutzeit beginnt zu unterschiedlichen Zeiten, meist zu Anfang der Regenperiode; so in Peru im März, in Guayana im Februar bis Mai, in Bolivien im November, in Mittelamerika im Juni. Die Ablage der 10–15, teilweise bis 20 lichtgrauen oder -grünen Eier (hohe Gelegestärke vermutlich von 2 Weibchen) erfolgt in Baumhöhlen, in den Kronen bestimmter Palmen, seltener im Grase. Maße der Eier betragen 56,6–67,5 × 42,7–48 mm; ∅ 64 × 46 mm. Brutdauer 35 Tage. Nach SNETHLAGE (1928) sind die brütenden Weibchen Störungen gegenüber sehr empfindlich und die Zahl aufwachsender Küken trotz hoher Gelegestärken nicht größer als bei anderen Entenarten. Nach der Brutzeit kommt es zu kleineren Schwarmbildungen (überwiegend Familientrupps) und dort zu Wanderbewegungen, wo als Folge der einsetzenden Trockenzeit die Brutgewässer versiegen. Die Tiere wechseln zu küstennahen und permanenten Gewässern über. Die meisten Populationen sind ganzjährig seßhaft.

Nahrung: Analysen liegen offenbar nicht vor, doch ist bekannt, daß neben pflanzlicher Kost kleine Fische, Insekten, Kleinkrebse, kleine Reptilien, bevorzugt Termiten und gelegentlich Krabben aufgenommen werden (JOHNSGARD 1978).

Haltung und Zucht: So bekannt und verbreitet die domestizierte Moschusente ist, so selten gelangten Wildvögel oder deren Nachzucht in die zoologischen Gärten. HEINROTH (1910) erwarb erstmals 1910 für den Berliner Zoo Jungtiere, deren Vater ein Wildvogel und deren Mutter ein Halb-Wildvogel waren. Diese Tiere erwiesen sich als schlanker und wesentlich scheuer als domestizierte Moschusenten. Das Verhalten dieser Art beschrieb er wie folgt:

»Eine Stimme ist bei *Cairina* so gut wie nicht vorhanden, nur in Erregung werden leise Töne ausgestoßen. Als Grundzug des Wesens – wenigstens bei der domestizierten Form – ist das Fehlen jeglichen Familienlebens zwischen den Eltern anzusehen. Selbst zur Paarungszeit werden zwischen bestimmten Partnern der beiden Geschlechter keine besonderen Beziehungen gepflegt, wohl aber lebt die Art gesellig untereinander. Eine eigentliche Balz fehlt. Der Begattung geht lediglich eine heftige Jagd der Erpel hinter der Ente voraus, die sich, vom Männchen ergriffen, lang auf die Wasserfläche legt und zum Treten bereit ist. Der Erpel umschwimmt so die Ente ein paarmal und tritt dann mit sehr viel Ungestüm und Ungeschick. Unter den Männchen herrscht eine Rangordnung; alle Erpel treten bevorzugt die Ente, die zur Zeit mit dem Legen beginnt oder begonnen hat. Das Männchen kümmert sich in keiner Form um die Nistplatzsuche, das brütende Weibchen oder um die Aufzucht der Jungen.«

Auch in jüngster Zeit wird die reine Wildform der Moschusente nur von wenigen Zoos und Tierparks gehalten. Im englischen Wildfowl Trust pflanzen sich die Moschusenten – von denen man annehmen darf, daß es sich um reinblütige Wildvögel handelt – seit 1963 relativ ergiebig fort. Dagegen konnte der Berliner Zoo, der nach 1960 im Besitz solcher Enten war, über viele Jahre keine Zuchterfolge erzielen (KLÖS, briefl.). Im Prager Zoo wurden nach 1960 Rückzüchtungen aus domestizierten Tieren vorgenommen. Die zahlreich heranwachsenden Jungvögel (1964 waren es 96 Stück) stellen zwar vom Erscheinungsbild *Cairina moschata* dar, blieben aber dennoch domestizierte Moschusenten. Ihre Küken waren wie die der Wirtschaftsrassen rein gelb.

Über Haltungsbesonderheiten wirklicher Wildvögel wurde wenig berichtet. Die Erpel sind meist bösartig und sollen andere Wasservögel arg bedrängen (auch Gänse und Schwäne) und sogar töten. DELACOUR (1959) empfiehlt, Moschusenten getrennt von anderen Arten in nicht zu kleinen Gehegen unterzubringen.

Andererseits leben Wildvogelnachkommen auf größeren Gewässern in den Tierparks Berlin und Cottbus, ohne daß es hier zu nennenswerten Beißereien durch die Erpel gekommen wäre.

Der Weg zur Domestikation Moschusenten wurden bereits in der vorkolumbischen Zeit von Indianern gezähmt als Hausgeflügel gehalten und 1514 durch die Spanier nach Europa gebracht. Die Tatsache, daß Mo-

schusenten, besser als die Hausrassen der Stockente, ohne Badewasser und unter tropischen Klimaverhältnissen gedeihen, erlaubte eine rasche Verbreitung über viele Teile Afrikas, Madagaskars und Asiens, wobei es unklar ist, ob die ostasiatischen Völker die Moschusenten auf direktem Wege von Südamerika oder durch europäische Händler bezogen. Ihre starke Verbreitung an der Westküste Afrikas fand die Ente offenbar durch rückwandernde amerikanische Sklaven (DENNLER DE LA TOUR, briefl.); in diesem Zusammenhang steht der Name Guinea-Ente. Dem französischen Namen Canard de Barbarie – die Berberische Ente – nach zu urteilen, muß sie auch in Nordafrika frühzeitig gehalten worden sein. Der wissenschaftliche Name *Cairina* dürfte mit der Stadt Kairo gewisse Beziehungen aufweisen. Bald bürgerte sich auch der deutsche Name Türkenente ein. In Europa, Nord- und Westafrika ist die Warzenente zu einer schweren Mastform gezüchtet worden, in Ost- und Südostasien wird sie dagegen im Typ ähnlich unseren Laufenten gehalten.

Malaienente
Cairina scutulata
(S. MÜLLER)
Dt. Syn.: Weißflügelente

Č	Pižmovka bělohlavá	F	Canard à ailes blanches
D	–		
E	White-winged Wood Duck	H	White-winged Wood Duck
		R	Белоголовая утка

Habitus: Langgestreckt und fast so groß wie Moschusenten-♀. Abb. Seite 64 und 67.
Alterskleid: ♂ Kopf und oberer Hals weiß, mehr oder weniger von kleinen schwarzen Flecken und Tüpfeln durchsetzt. Tüpfelung und Weißausdehnung variieren – Erpel von Java und Sumatra haben teilweise reinweiße Vorderkörper. Brust, Rücken und Schwanzdecken glänzend schwarzgrün; Bauch und Flanken dunkel haselnußbraun. Flügeldecken überwiegend weiß, zu den Schwingen einen grauen, schwarzfleckigen Saum bildend; Außenfahnen der Armschwingen blaugrau, äußere Tertiärschwinge weiß mit schwarzem Saum. Die relativ langen und kräftigen Steuerfedern sind dunkelbraun. Schnabel orangerot mit schwarzen Sprenkeln; Iris und Füße orangegelb. Schnabel schwillt während der Brutzeit von der Basis her an. ♀ im wesentlichen gleich gefärbt, doch bedeutend kleiner, mit dünnerem Hals und dunkelbrauner Iris. Gesamtes Gefieder unreiner, dunkler und weniger grünglänzend als beim Erpel. *Maße:* ♂ Flügel: 360–400, Schwanz: 130–170, Schnabel: 58–66, Lauf: 54–60mm; ♀ Flügel: 305–355, Schnabel 55–61 mm. *Gewicht:* ♂ 2500–3000 g, ♀ 1800–1900 g (MACKEN-

Jahresvorkommen der Moschusente.

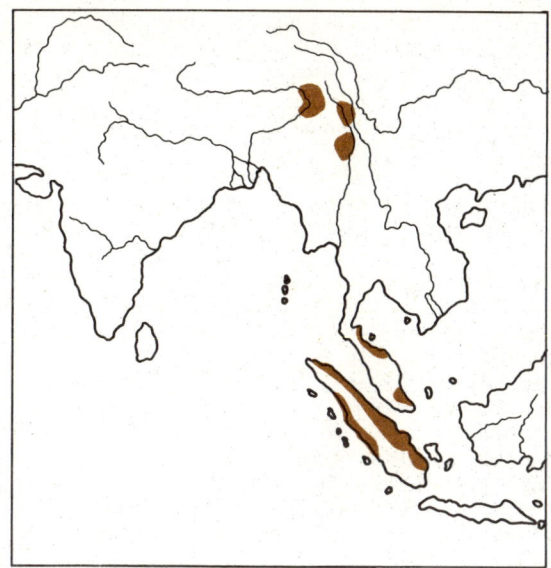

Gegenwärtige Verbreitungsrelikte der Malaienente (nach MACKENZIE and KEAR 1976).

...ZIE and KEAR 1976); höhere Gewichte (♂ bis 4300 g) werden als Ausnahmen angesehen.

Dunenkleid: Oberseite und zwei vom Auge V-förmig nach hinten verlaufende Kopfstreifen dunkelbraun; Gesicht sowie je ein Fleck vor, auf und hinter den Flügeln und die Unterseite gelb; Schnabel bleigrau mit hornbraunem Nagel.

Jugendkleid: Dunkler, brauner und weniger glänzend als das Alterskleid, Kopf und Hals stärker von Schwarz durchsetzt.

Lebensweise: Innerhalb des kleinen Verbreitungsgebietes war die Malaienente nach BAKER (1921) in geeigneten Biotopen allgemein anzutreffen, doch setzten sehr bald Bestandsrückgänge ein. Heute sind noch ca. 10 isolierte Kleinvorkommen zwischen NO-Assam, Sumatra und Java bekannt. Als ausgesprochener Standvogel bewohnt sie versumpfte Flußniederungen im Bereich immergrüner tropischer Regenwälder. Tagsüber ruhen die Malaienenten im Geäst alter Urwaldbäume oder auf freien Wasserflächen größerer Waldseen. Schwarmbildungen sind nicht bekannt, man fand sie paarweise oder im Familienverband. Mit der Abenddämmerung beginnt ihre Aktivität, zur Nahrungsaufnahme werden nachts seichte Tümpel und überschwemmte Uferabschnitte aufgesucht. Beim Fliegen läßt der Erpel einen trompetenähnlichen Ruf hören, die Stimme des Weibchens ist ein leises Wispeln.

Die Fortpflanzungsperiode beginnt mit dem Einsetzen der ergiebigen Monsunregen. Eiablage in Baumhöhlen bis 8 m hoch, bevorzugt in alten, im Sumpf stehenden Mangobäumen. Vollgelege enthalten 7–10 Eier, deren Farbe mit grünlichgelb, perlgrau, rahmfarben, blaugrau bis schmutzigweiß oder rötlichweiß angegeben wird (DELACOUR 1959 und SCHÖNWETTER 1961). Maße: 59,7–70 × 42,9–50 mm; ∅

62,5 × 45,5 mm. Weitere brutbiologische Details sind nur von Gehegevögeln bekannt.

Nahrung: Bei Altvögeln vielgestaltig, sie besteht während der wasserreichen Monate April bis September vorwiegend aus Insekten, Weichtieren, kleinen Fischen, Fröschen und Kriechtieren, während der trockeneren Zeit aus Sumpfpflanzen und deren Samen. Die Küken bevorzugen tierische Kost einschließlich kleiner Fischchen (MACKENZIE and KEAR 1976).

Haltung und Zucht: Obgleich schon 1851 nach London gebracht, gelangte die Malaienente bis vor wenigen Jahren nur selten in Zoos und in den Tierhandel. Vor dem 2. Weltkrieg lebten einige in England (Foxwarrenpark), Frankreich (Clères) und im Zoo Frankfurt am Main. Die Erstzucht gelang 1936 dem holländischen Züchter SCHULY mit Tieren, die 1934 importiert wurden. Des weiteren brachte der japanische Ornithologe KURODA 1939 in Tokio ein Paar zur Eiablage. Das International Zoo Yearbook nennt für die 60er Jahre maximal 10 Tiere in 5 Zoos der Welt. Der britische Wildfowl Trust importierte 1955 und 1969 Malaienenten aus Thailand und Assam, die letzten als Küken von Wildvogeleiern aufgezogen. Ab 1971 gelangen damit dann ergiebige Nachzuchten; bis 1982 wuchsen 200 Junge auf. Im Jahre 1976 besaß der Trust 37 Altvögel, 22 Jungtiere wurden groß. Über die Brutbiologie der Malaienente im Wildfowl Trust berichten MACKENZIE and KEAR (1976):

Malaienenten werden mit ca. 22 Monaten geschlechtsreif. Die Eiablage erfolgte zwischen 30. März und 5. Juni, meist um Mitte April in Nistkästen. Gelege bestanden aus 6–13, meist aus 10 Eiern, die in 30–35 (∅ in 33) Tagen erbrütet wurden. Die Maße von 40 Eiern betrugen im Mittel 67,0 × 49,5 mm, sie waren weiß mit grünlichem Anflug. Die Kükenaufzucht, besonders unter Führung des Altvogels, verlief verlustarm. Als Eintagsküken wogen 15 ♀♀ im ∅ 48,7 g und 21 ♂♂ im ∅ 48,4 g. Die Paare waren flugfähig in Volieren und kupiert auf Teichanlagen untergebracht. Für das Wohlbefinden und die Brutstimulanz ist ein Deckung und Schatten bietender Bewuchs äußerst wichtig. BAKER (1908, zit. in MACKENZIE and KEAR 1976) berichtet, daß sich seine in Assam gehaltenen Malaienenten in ein Haus zurückzogen, sobald die Sonne schien (etwa 10.00 bis 14.00 Uhr), und erst danach aktiv wurden. Die Männchen unterhalten eine stärkere Bindung zum Weibchen als die der Moschus- oder Höckerglanzenten, doch wurden Zuchterfolge auch mit kleinen Gruppen von zwei bis drei Paaren erzielt. Trotz ihrer tropischen Herkunft sind Malaienenten wenig kälteempfindlich.

Als Leihgabe des Wildfowl Trust's erhielten der Tierpark Berlin und KOOY, Holland, 1978 je ein Paar in Slimbridge gezüchteter Jungtiere.

Hartlaubsente
Cairina hartlaubi
(CASSIN)

Č	Pižmovka konžská	F	Canard de Hartlaub
D	–	H	Hartlaub's Duck
E	Hartlaub's Duck	R	Утка Хартлауба

Habitus: Ziemlich große und massige Ente, aber kleiner als *C. moschata*. Abb. Seite 67, 178 und 309.

Alterskleid: ♂ Kopf und oberer Halsteil schwarz, auf der Stirn ein unterschiedlich großer weißer Fleck – bei einzelnen Erpeln können fast der ganze Oberkopf und die Partien um die Schnabelbasis weiß sein. Gesamtes übriges Kleingefieder gleichmäßig haselnußbraun, zum Schwanz hin oliv übertönt. Flügeldecken hellblau, Schwingen olivbraun und grau beziehungsweise schwarz gesäumt. Schnabel schwarz mit hellem Querband vor dem Nagel und einem gelben Fleck an der Basis. Die Basis selbst schwillt während der Brutzeit etwas an. Iris braun, Füße schwarz. ♀ ist wenig kleiner als das ♂ und ohne oder nur mit wenig Weiß an der Stirn. Die Geschlechter lassen sich an der Stimme gut unterscheiden: Das ♂ äußert ein leises Pfeifen, das ♀ ein kräftiges Quaken; beides soll an die Lautäußerungen der Brandgänse erinnern (JOHNSTONE 1969). *Maße:* ♂ Flügel: 263–282, Schwanz: 100–115, Schnabel: 46–50, Lauf: 44–46 mm; ♀ Flügel: 248–266, Schnabel: 44–48 mm (DELACOUR 1959 u. a.) *Gewicht:* ♂ 925–1140 g, ♀ 770–805 g.

Dunenkleid: Gesicht, Flügelränder und ein Fleck auf der Bürzelseite kräftig gelb, übrige Oberseite, ein Augenstreif und die Brust dunkelbraun, Bauch hell rahmbraun. Schnabel und Füße schwarz.

Jugendkleid: Im wesentlichen wie Alterskleid, doch Brust- und Bauchfedern mit strohgelben Spitzen.

Lebensweise: Die Hartlaubsente ist ein Bewohner des tropischen Regenwaldes und der angrenzenden bewaldeten Savanne. Sie besiedelt hier kleine Bäche und Waldteiche wie auch Flußläufe und Seen, sofern diese von überhängenden Urwaldbäumen gesäumt sind. Nach BATES (1930) sind Hartlaubsenten auch in der Nähe menschlicher Siedlungen anzutreffen. Ähnlich wie die Moschus- und Malaienenten verbringt auch diese Art die Ruhezeit im Geäst alter Bäume.

Hartlaubsenten wurden paarweise, seltener in kleinen Gruppen (vermutlich Familientrupps) angetroffen. Sie bewohnen ganzjährig ihr Brutgebiet und brüten offenbar auch in allen Monaten des Jahres, obgleich nur eine Jungtiergruppe mit Altvogel im November in Kamerun und eine Brut im September aus dem Sudan bekannt wurde. Ein Nestfund ist offenbar noch gar nicht beschrieben, doch ist sicher, daß die Eiablage in Baumhöhlen erfolgt, worauf u. a. die

scharfen Krallen und das geschickte Klettern der frischgeschlüpften Küken hinweisen. Brutbiologische Daten von Wildvögeln liegen nicht vor.

Zug und Wanderbewegungen sind nicht bekannt, lediglich zur Schwingenmauser werden größere Gewässer aufgesucht. Ebenfalls unbekannt ist der Status (die Häufigkeit) der Art, doch trotz seltener Beobachtungen dürfte sie nicht bestandsgefährdet sein, solange der tropische Regenwald Westafrikas erhalten bleibt.

Nahrung: Die Gesamtzusammensetzung ist nicht bekannt, doch werden relativ viele Schnecken, Wasserinsekten und andere wirbellose Tiere aus dem Seichtwasser aufgenommen.

Haltung und Zucht: In früheren Jahrzehnten gelangten nur selten Hartlaubsenten lebend nach Europa und Nordamerika. DELACOUR (1959 und 1964) führt bis 1949 drei kleine Importe an. In den 50er Jahren erhielt der Wildfowl Trust mehrere dieser Enten und brachte sie zwischen 1959 und 1968 zu einer sehr erfolgreichen Zucht, über 60 Jungtiere wuchsen auf. Während dieser Zeit nahm die Anzahl der in Westeuropa gehaltenen Hartlaubsenten stark zu, und hier und da gelang auch ihre Zucht. Der Zoo Berlin erwarb die Art wiederholt ab 1960, der Tierpark Berlin um 1975.

Über die Haltung von Hartlaubsenten ist bisher wenig berichtet worden. Entsprechend ihrer feuchten und stets etwa gleichwarmen Heimatgebiete sind sie zumindest klimatisch recht empfindlich und müssen leicht temperiert überwintert werden. Während junge und nichtbrütende Tiere in der Regel verträglich sind, sollten die aggressiven Zuchtpaare in bewachsenen, warmen Einzelgehegen Unterbringung finden.

Im Wildfowl Trust wurden 1958 in 3 Gelegen 24 Eier erzielt, 1959 wuchsen erstmals 5 Jungtiere auf.

Hartlaubsente, *Cairina hartlaubi* (CASSIN), vorn der Erpel mit weißer Schnabeleinfassung

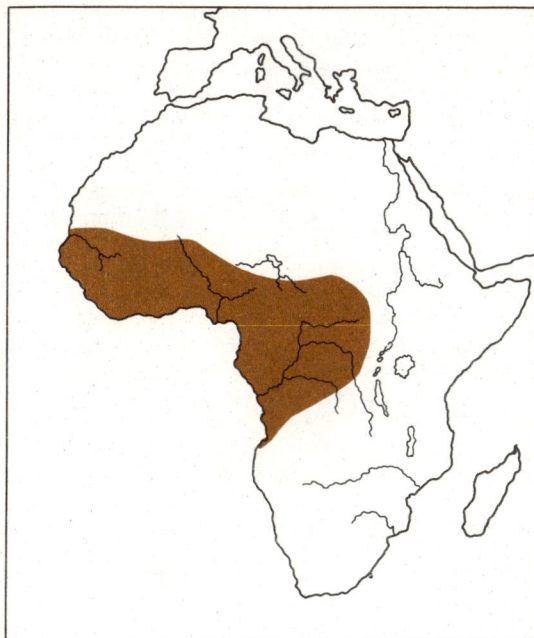

Jahresvorkommen der Hartlaubsente.

Höckerglanzente
Sarkidiornis melanotos
(PENNANT)

Č	Pižmovka hřebenatá	F	Sarcidiorne
D	Knopgås	H	Comb Duck
E	Comb Duck	R	Гребенчатая утка

Zwei Unterarten: Die Nominatform bewohnt Afrika und Teile Südasiens, die etwas kleinere und an den Flanken schwarzgrüne *Sarkidiornis m. sylvatica* IHERING & IHERING das mittlere Südamerika.

Beschreibung von *Sarkidiornis melanotos melanotos*
Habitus: Etwa zwischen *Tadorna* und *Anas* stehend; ♂ wenig kleiner als Nilgans. Abb. Seite 308.
Alterskleid: ♂ Kopf und oberer Halsteil weiß mit bronze- und stahlfarbener Fleckung, die sich auf dem Oberkopf und im Nacken stark verdichtet; Nackenfedern gekräuselt, die Halsseiten teilweise schwach gelb getönt. Oberkörper, Flügel und Schwanz schwarz mit intensivem Purpur-Bronzeglanz. Unterer Halsteil, Brust und Bauch weiß; Flanken verwaschen grau; Aftergegend und Unterschwanzdecken gelb, davor schwarz. Schnabel schwarz, zur Fortpflanzungszeit bildet sich auf dem First ein schwarzer, weiß gefleckter Höcker; Iris dunkelbraun, Füße bleigrau. ♀ wesentlich kleiner als ♂; keine Höckerbildung auf dem Schnabel, Flügel und Rückenpartien wenig glänzend, Bürzel und Oberschwanzdecken graueiß, Flanken graubraun. *Maße:* ♂ Flügel: 350–380, Schwanz: 135–150, Schnabel: 57–60, Lauf: 65–75 mm; ♀ Flügel: 280–290, Schnabel: 48 bis 52 mm. *Gewicht:* ♂ 1300–2610 g, ♀ 1230–2335 g.
Dunenkleid: Oberseite einschließlich Oberkopf und Halssaum kaffeebraun, Flügel und Schenkel etwas heller. Gesicht und Unterseite bis in Achselhöhle und oberhalb der Schenkel gelb bis ockerbraun. Schnabel und Beine grau.
Jugendkleid: Durchweg bräunlichgrau mit dunkleren Augenstreifen, an das ♀ Mähnengans erinnernd. Die immaturen (1- bis 2jähr.) Tiere sind ♀-ähnlich gefärbt, aber weniger glänzend auf der Rückenseite (JOHNSGARD 1978).
Lebensweise: (beschränkt auf *Sarkidiornis m. melanotos*): Die in Afrika weit verbreitete Höckerglanzente bewohnt ähnlich wie die Sporengans flache, vegetationsreiche und von Wald oder alten Einzelbäumen durchsetzte Sumpfniederungen, Flußauen und während oder nach der Regenzeit die überschwemmten Niederungen. Tiefe, offene Gewässer, die Stauseen und Talsperren werden nur selten aufgesucht. Außerhalb der Brutzeit sind diese Glanzenten fast immer zu Trupps vereint. Für die Ruhezeiten und zum Sichern

Die Eiablage erfolgte zwischen Anfang März und August, relativ gleichmäßig über diese Monate verteilt. Die Gelege enthielten 7–10 Eier mit den ∅-Maßen: 53 × 40 mm; Brut 32 Tage, allein durch das Weibchen. Beide Eltern führten die Küken, die mit 28 Tagen die Befiederung begannen und mit weiteren 28 Tagen abschlossen. Die Aufzucht verlief im Trust am erfolgreichsten, wenn den Eltern Brut und Kükenbetreuung selbst überlassen werden konnten. WIENANDS, briefl., der die Art seit 1974 hält, schreibt über die Zucht: »Wenn überhaupt, kommen Hartlaubsenten erst im Spätsommer oder Herbst zur Eiablage, so daß die Kükenaufzucht schwierig wird. Dennoch gelang allein 1979 die Zucht bei mindestens sechs BRD-Züchtern. In meiner Anlage legte die Ente ab Ende August in täglicher Folge 11 Eier und begann am 6. September mit der Brut in einer Nisthöhle, wie sie für Kasarkas beschrieben ist. Sie brütete sehr fest und ging, wenn ich mich dem Nest näherte, eiligst wieder hinein, so daß Kontrollen kaum möglich waren. Die Küken schlüpften am 32. und 33. Bruttag und wurden künstlich aufgezogen, was kein Problem darstellte. Die Jungenten waren mit 8 Wochen befiedert, aber keineswegs ausgewachsen.«

vor dem Einfallen auf das Wasser befliegen sie gern unbelaubte Äste alter Bäume und gesellen sich dort zu den ebenfalls aufbaumenden Sporengänsen.

Entsprechend den Regen- und Trockenzeiten sind der Brut- und Wanderzyklus in den verschiedenen Landschaften recht unterschiedlich. Die am Weißen Nil wohnenden Populationen ziehen nach beendeter Brut südlich und kehren erst zu Beginn der neuen Brutsaison zurück. In Sambia und seinen Nachbarländern brüten die Höckerglanzenten etwa von November bis März, in Transvaal teils auch im Mai und Juni.

Ein Teil der Männchen lebt polygam und begattet drei bis vier Enten, doch sind auch echte Paare bekannt. Die Nester werden in hohlen Bäumen und in Baumstümpfen, gelegentlich im Ufergebüsch oder in der Sumpfvegetation errichtet. HOESCH u. a. (1940) bezeichnen die Art als ausgesprochen ungeschickt in der Nistplatzwahl. Die Gelege bestehen aus 8–12 Eiern, sie sind glänzend gelblichweiß und haben die Maße: 56–67 × 42–45 mm; ∅ 61,6 × 43,5 mm; relativ häufig legen 2 bis 3 Weibchen in ein Nest. Die Brutdauer beträgt um 30 Tage; eine Dunenauspolsterung erfolgt nicht (ROBERTS 1957). Zur Brutzeit sind die Höckerglanzenten sehr scheu. Bei nahender Gefahr verläßt das Weibchen zeitig das Nest und baumt in einiger Entfernung auf. Die Jungen dagegen sind dem Menschen gegenüber sehr vertraut (HOESCH). Mit dem Flüggewerden der Jungenten scharen sich die Höckerglanzenten wieder zu Trupps zusammen und vergesellschaften sich so mit Sporengänsen, Pfeif- und Nilgänsen.

Nahrung: Sie wird oftmals nach Gänseart grasend aufgenommen. Sie besteht vorzugsweise aus jungen Spitzen der Gräser und vom wildwachsenden Reis. Außerdem werden vielerlei Wasserpflanzen und kleine Wasserlebewesen vertilgt. In Reisanbaugebieten kann die Art unter den Kulturpflanzen beträchtlichen Schaden anrichten.

Haltung und Zucht: Im Berliner Zoo 1874 erstmalig vertreten, schreibt HEINROTH (1910) über die Haltung der Höckerglanzenten: »Die beiden Rassen sieht man selten in Gefangenschaft, es sind anscheinend recht wärmebedürftige Tiere, die sich zu Ende des Sommers gewöhnlich von unserem kalten Herbst, Winter und Frühjahr so weit erholt haben, daß sie die nun wieder folgende kalte Jahreszeit zu überstehen vermögen. Eier und Junge erzielt man nie von ihnen.« Heute werden Glanzenten ohne besondere Schwierigkeiten in zoologischen Gärten gehalten, fehlen aber anderseits in den Sammlungen der Liebhaber und Züchter fast völlig. Ihre Überwinterung empfiehlt sich in temperierten Räumen, obgleich diese Art nach Angaben von DELACOUR (1959) nicht ausgesprochen kälteempfindlich sein soll. In ihrem Wesen zeigen sich die Höckerglanzenten ruhig und nichtbrütende Tiere verträglich anderen Wasservögeln gegenüber. Sie stellen auch in der Fütterung keine außergewöhnlichen Ansprüche.

In den 30er Jahren wurden die ersten Zuchterfolge bekannt, und zwar 1931 aus Leckford, England, und 1939 aus Clères, Frankreich (DELACOUR 1959). Im englischen Wildfowl Trust erzielte man von der amerikanischen Form 1955 und von der afrikanischen 1956 die ersten Nachzuchten. Während es in den 50er und 60er Jahren schien, als würde sich die Amerikanische Höckerglanzente erfolgreicher in Gehegen vermehren, schreiben KEAR and WILLIAMS (1978), daß sie relativ selten, die afrikanische Unterart dagegen alljährlich im Wildfowl Trust und anderorts züchtet. Die amerikanischen Wildpopulationen sind heute offenbar bestandsgefährdet und der Handel durch das Artenschutzabkommen eingeschränkt. Gegenwärtig leben nur noch wenige Paare in europäischen und nordamerikanischen Zuchtanlagen. Der Wildfowl Trust erwarb diese seltene Unterart erneut um 1975 und züchtet sie recht erfolgreich seit 1979, so daß auch diese Form wieder in Zoos und Zuchtanlagen zu erwarten sein wird. FISCHER, BRD, (briefl.) hält seit 1982 beide Unterarten in seiner Anlage.

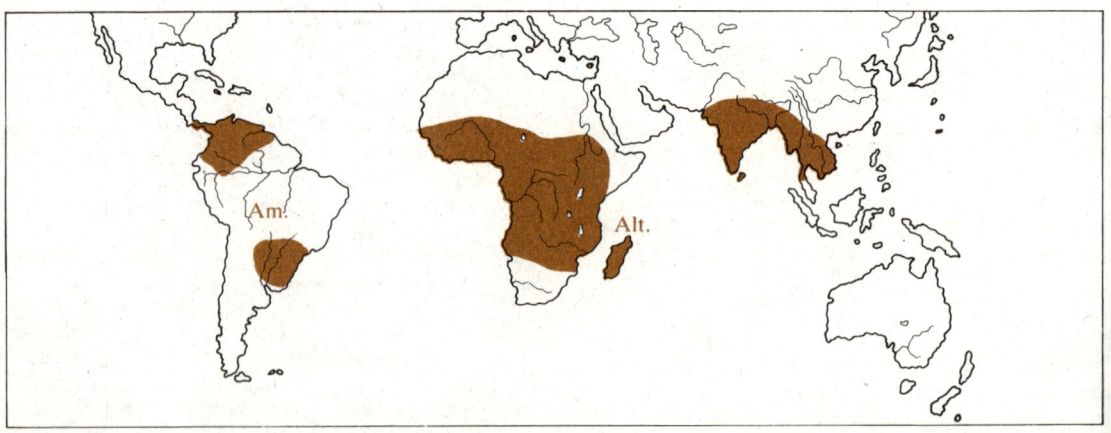

Jahresvorkommen der Südamerikanischen (SAm.) und der Altweltlichen (Alt.) Höckerglanzente; SAm. Unterart nach KEAR and WILLIAMS (1978), ältere Verbreitungsangaben beziehen ganz Brasilien und die östlichen Regionen Perus mit ein.

Grüne Zwergglanzente
Nettapus pulchellus
GOULD

Č	Kačenka vlnkovaná	F	Sarcelle pygmée d'Australie
D	–	H	Green Cotton Teal
E	Green Pygmy Goose	R	Зелёный блестящий чирок

Habitus: Zwergglanzenten sind die kleinsten Vertreter der Anatiden, sie sind kurzbeinig, ihre Körperproportionen ähneln kleinen *Anas*-Arten. Abb. Seite 310.

Alterskleid: ♂ Wangen bis in Ohrgegend und Kehle weiß, Stirn auf grünlichem Grund braun gebändert; übriger Kopf, Hals, Rücken, Schultern und Flügeldecken dunkelgrün. Brust und Flanken auf weißem Grund grau geschuppt; Bauch weiß, Schwanzteil dunkel; Flügel mit ausgedehntem weißem Feld auf den Armschwingen. Schnabel fleischfarben, zur Basis hin grau, Iris dunkelbraun, Füße graugrün. ♀ Kopf und Hals schmutziglehmgrau, Kopfplatte und Augenstreif dunkler; Brust und Flanken auf lehmfarbenem Grund dunkel geschuppt, im übrigen dem ♂ recht ähnlich. *Maße:* ♂ Flügel: 160–180, Schnabel: 23–28 mm; ♀ Flügel: 150–180, Schnabel: 21–29 mm (FRITH 1967); ♂ Schwanz: 70–85, Lauf: 25–28 mm (DELACOUR 1959). *Gewicht:* ♂ 300–430 g, ♀ 245–340 g (FRITH).

Dunenkleid: Alle dunklen Partien grau, nicht schwarz wie bei den Küken der Afrikanischen Zwergglanzente, ihr in der Zeichnung aber sehr ähnelnd. Unterseite weiß.

Jugendkleid: Farblich dem des adulten ♀ ähnlich, die jungen ♂♂ haben bereits reinweiße Wangen, ab zweitem Monat zeigen sich grüne Federn auf dem Rücken.

Lebensweise: Die Grünen Zwergglanzenten sind innerhalb ihres Lebensraumes allgemein verbreitet, treten aber nirgends zahlreich auf. In Biologie und Verhalten ähneln sie weitgehend den übrigen Zwergglanzenten. Paarweise oder in Familientrupps, während der Trockenzeit gelegentlich auch in lockeren Ansammlungen von 50–100 Exemplaren, bewohnen die australischen Populationen jene tropischen permanenten Lagunen, Seen und Teiche, deren tiefere Teile von Seerosenbeständen bewachsen sind. Während der Tageshitze ruhen die Zwergglanzenten zwischen den Seerosenblättern; in den Morgen- und Abendstunden wechseln sie zur Futtersuche in flachere Uferabschnitte über. Auf dem Lande halten sich diese Tiere fast gar nicht auf.

Da die Paare zu jeder Jahreszeit zusammenhalten, ist zu vermuten, daß die Grünen Zwergglanzenten über eine Brutsaison hinaus verpaart bleiben oder viel-

leicht Dauerehen eingehen. Mit dem Einsetzen der Niederschläge beginnt die Balz, die Elemente von der Mähnengans-Balz zeigt. Mit den ersten australischen Wasservögeln beginnen die Grünen Zwergglanzenten noch während oder unmittelbar nach dem Niederschlagsmaximum mit der Eiablage – in der Gegend der Stadt Darwin (N. T.) zum Beispiel von Januar bis März (FRITH and DAVIES 1961). Das zeitige Brüten begründet IMMELMANN (1963) wie folgt: Die Bodennester stehen relativ weit vom Wasser entfernt und sind damit wenig der Gefahr ausgesetzt, überschwemmt zu werden. Ein großer Teil der Nester befindet sich in Baumhöhlen, die offenbar vom Männchen ausgewählt werden. Nach FRITH (1967) jedoch befinden sich zumindest die in Höhlen angelegten Nester sehr nahe dem Wasser. Die Gelege bestehen aus 8–12 cremeweißen Eiern mit den Maßen 35–49 × 29–36 mm; ⌀ 44 × 32 mm (FRITH 1967). Die Brutdauer ist unbekannt. Nach beendeter Brut führen beide Eltern ihre Küken sofort in das tiefe Wasser und ziehen sie in den Seerosenbeständen auf. Auch bei dieser *Nettapus*-Art bleiben die Familienverbände noch lange nach dem Flüggewerden der Jungenten zusammen. In der Trockenzeit, wenn bei einem Teil der Brutgewässer der Wasserstand weit zurückgeht, werden große Seen, Süßwasserlagunen und Stauseen aufgesucht.

Nahrung: Bevorzugt werden die Blütenköpfe und Samen der Seerosen (*Nymphaea giganta* und *N. capensis*) aufgenommen, darüber hinaus überflutete oder im Flachwasser wachsende Gräser und Wildhirse-Arten, Armleuchteralgen und Laichkräuter. Magenuntersuchungen ergaben 99 % pflanzliche Kost, die ausschließlich im Wasser aufgenommen wird (FRITH 1967).

Haltung und Zucht: DELACOUR (1959) nennt nur einen Import, 1935 gelangten einige Tiere im schlechten Zu-

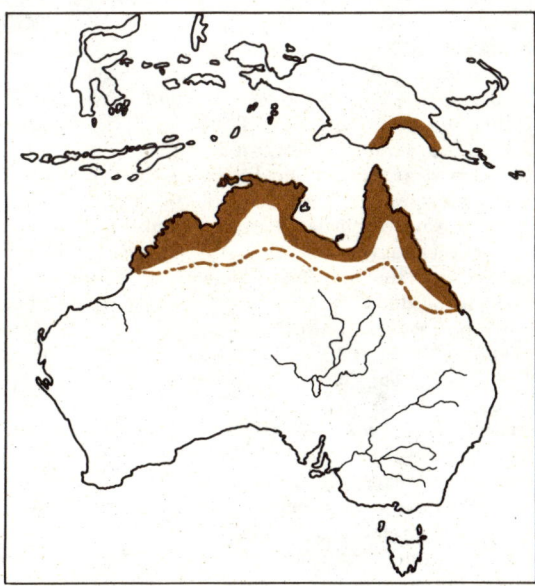

Jahresvorkommen der Grünen Zwergglanzente; —·— nomadisches Auftreten von Nichtbrütern.

stand nach England, die die Eingewöhnungszeit nicht überlebten. MULLER (1973) führt für April 1972 insgesamt 10 Grüne Zwergglanzenten in den australischen Zoos Perth, Sydney und Adelaide auf. Da es sich offenbar um eingefangene Altvögel handelte, war die Eingewöhnung ähnlich schwierig wie bei der Australischen Zwergglanzente, verlief aber insgesamt, auch hinsichtlich zu erwartender Nachzuchten, erfolgversprechender. Die Enten verließen die Wasserfläche nur selten und bewegten sich an Land bemerkenswert ungeschickt.

Indische Zwergglanzente
Nettapus coromandelianus (GMELIN)

Č	Kačenka obojková	F	Sarcelle de Coromandel
D	Indisk Drærgand		
E	Cotton Teal oder Cotton Pygmy Goose	H	Cotton Teal
		R	Хлопковый блестящий чирок

Zwei Unterarten; die etwas kleinere und hellere Indische Zwergglanzente, *Nettapus c. coromandelianus* (GMELIN), bewohnt Südostasien und Teile des malayischen Inselraums, während das Vorkommen der Australischen Zwergglanzente, *Nettapus c. albipennis* GOULD, auf den Nordosten des australischen Kontinents beschränkt ist.

Habitus: Sehr kleiner gedrungener Entenvogel. Abb. S. 310.

Brutkleid: ♂ Kopfplatte, Scapularen und Schwanzteil schwarzbraun; Rückenpartien und Flügeldecken glänzend erzgrün; ein schmales Brustband schwarzgrün; Kopfseiten, Hals, Brust und Bauch weiß, die Flanken auf weißem Grund graubraun übertönt. Handschwingen überwiegend, Armschwingen im Enddrittel weiß. Schnabel schwarz, Iris leuchtend rot, Füße schwarz. Beim ♀ sind die hellen Partien rahmbraun, Rücken und Flügel dunkel erzgrün. Das dunkle Brustband fehlt, das weiße Flügelfeld weniger scharf abgesetzt, Gesicht mit dunklem Augenstreif. Schnabel und Füße schwarz, Iris braun. *Maße* und *Gewichte* für *N. c. albipennis*: ♂ Flügel: 172–188, Schnabel: 25–26 mm; ♀ Flügel 161–186, Schnabel 23–26 mm; ♂ 311–495 g, ♀ 255–439 g (FRITH 1967). DELACOUR (1959) und ALI & RIPLEY (1968) geben für die Nominatform kleinere Werte an, ♂ Flügel: 152–167, Schnabel: 22 bis 24 mm; ♀ Flügel: 150–153, Schnabel: 20–23 mm.

Ruhekleid des ♂ (bei beiden Unterarten, bei *albipennis* von MULLER (1973) beschrieben): Weitgehend dem ad. ♀ ähnelnd, aber Rücken dunkler und an unveränderter Flügelzeichnung kenntlich.

Dunenkleid: Oberseits graubraun mit großen weißen Flecken an Schultern, Flügeln, Flanken und dem seit-

lichen Rumpf. Kopfplatte schwarz, Gesicht weiß mit schwarzem Streif vom Auge bis zum Nacken. Unterseite hell rahmfarben (ALI & RIPLEY 1968).

Jugendkleid: Beide Geschlechter ♀-ähnlich gefärbt, Rücken ohne grünen Glanz und die hellen Partien an Kopf und Flügel braun durchsetzt. Juv. ♂ ♂ mit größerer weißer Flügelbinde.

Lebensweise: Indische Zwergglanzenten sind in Südostasien regional häufige Brutvögel. Sie bewohnen kleinere, locker von Schwimm- und Wasserpflanzen (Laichkräuter, Seerosen oder Wasserhyazinthen) bewachsene Niederungsgewässer einschließlich solcher in unmittelbarer Nähe menschlicher Siedlungen. Die australische Unterart ist dagegen nur sporadisch und nirgends häufig auf den von Seerosen bewachsenen tieferen, permanenten Seen und Lagunen heimisch (in Queensland darf sie nicht als Jagdwild geschossen werden). Salz- und Brackwasser werden gemieden.

Ihre Aktivität beschränkt sich nach DELACOUR (1959) vorwiegend auf die Tagesstunden, nachts ruhen sie auf Bäumen oder auf den Dächern der Tempelbauten. Den Darstellungen von FRITH (1967) zufolge halten sich die australischen Populationen ausschließlich auf dem Wasser auf. Tagsüber ruhen sie im Blättermeer der Seerosen (der grüne Rücken stellt eine ausgezeichnete Schutzfärbung dar), morgens und abends suchen die Tiere zur Nahrungsaufnahme flache Uferstreifen auf. Wie andere Zwergglanzenten leben auch sie während des ganzen Jahres paarweise oder in Familientrupps. Lediglich während der Trockenzeit kommt es zu gelegentlichen Schwarmbildungen.

Der Beginn der Brutsaison wird überwiegend von den einsetzenden Niederschlägen bestimmt. Nach PITMAN (1965) erfolgt die Eiablage in Südostasien kurz nach dem Einsetzen des Monsunregens, der weite Teile des Niederungswaldes überflutet und die neue Vegetationsperiode auslöst. Als Hauptbrutmonate werden für Indien und Burma Juli bis August (ALI and RIPLEY 1968), für Ceylon Januar bis März, auch August (HENRY 1955), für Nord-Queensland Februar/März und für Süd-Queensland September bis Novem-

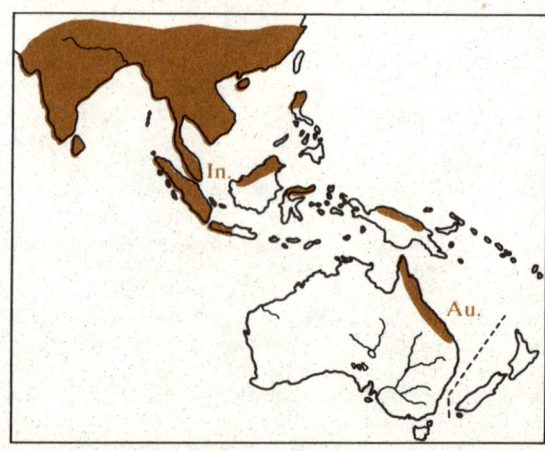

Jahresvorkommen der Indischen (In.) und Australischen (Au.) Zwergglanzente.

ber (FRITH 1967) angegeben. Die Nester befinden sich nahe dem Wasser in Baumhöhlen, vorzugsweise 2–4 m hoch, seltener in Mauernischen, unter Dächern oder in Rinnen an Häusern und Tempeln, einzelne selbst in Höhlungen der Termitenhügel. Die Vollgelege enthalten 8–12, teils bis 16 perl- oder cremeweiße Eier mit den Maßen (Nominatform) 38–47 × 29,7–35,6 mm; Ø 43,3 × 32,9 mm; (*albipennis*) 46–49 × 34–36 mm; Ø 47 × 35 mm (FRITH (1967). Die Brutdauer ist unbekannt. Das Weibchen brütet allein, es fliegt gewöhnlich, ohne am Flugloch zu stoppen, direkt in die Höhle hinein. Gleiches Verhalten ist auch von der *N. auritus* bekannt. Die Küken werden von beiden Eltern in die tieferen Wasserteile geführt und dort zwischen den Seerosenbeständen aufgezogen. Die Familien bleiben lange zusammen, selbst dann noch, wenn die Trupps zu anderen Gewässern überwechseln. Die im südlichen China beheimateten Populationen sind Zugvögel, in allen übrigen Gebieten werden nur kleinere Wanderungen unternommen.

Nahrung: Sie wird im Flachwasser, wo die Bestände der Wasserpflanzen (Nixkraut, *Vallisneria, Hydrilla* spec.) die Oberfläche erreichen, aufgenommen. Sie besteht fast ausschließlich aus den Samen und Grünteilen jener Pflanzen sowie aus Blütenknospen und Samen der Seerosen und im Wasser wachsenden Gräsern.

Haltung und Zucht: Unter den ohnehin wenig importierten *Nettapus*-Arten ist die Indische Zwergglanzente am häufigsten vertreten. Besonders zwischen 1955 und etwa 1970 erwarben westeuropäische Zoos und der Tierpark Berlin wiederholt diese Zwergglanzenten, doch keines der Tiere überlebte so recht die Eingewöhnungszeit. Andererseits nennt DELACOUR (1959) Paare, die 9 bzw. 6 Jahre in Europa lebten und wenig kälteempfindlich waren.

Die im letzten Jahrzehnt speziell für Wasservögel erbauten Tropenhäuser bieten neue Chancen für die Haltung und Zucht dieser Arten.

MULLER (1973) berichtet aus dem Toranga Zoo, Sydney: Im September 1971 erhielt man 5 Altvögel, die kurz zuvor in Queensland gefangen worden waren. Die Eingewöhnung erfolgte auf einem 2 × 1,2 m großen, 20 cm tiefen Teich, umgeben von einer schmalen Uferzone. Hirse und Kanariensaat wurden in das Wasser und auf das Ufer gestreut, Hauptnahrung bildeten Wasserlinsen. Die Tiere waren scheu und nahmen nur am frühen Morgen, am Spätnachmittag und vermutlich nachts Futter auf. Später waren sie in einer 3 × 7 m großen Voliere, der Teich mit Simsen und Seerosen bepflanzt, untergebracht. Die Tiere hielten sich verborgen zwischen den Pflanzen auf und waren nur selten an Land zu sehen. Als Nahrung reichte man ihnen zusätzlich Putenstarter-Futter.

Die bisherigen Zuchterfolge sind gering. DELACOUR (1959) berichtet von balzenden Erpeln und einem Weibchen, das 1932 zwei Eier in Clères, Frankreich, ablegte. Im Wildfowl Trust konnten um 1960 Begattungen beobachtet und fotografiert werden (14th Ann. Rep.), und 1976 wird erstmals die Aufzucht von 6 Jungtieren in Slimbridge aufgeführt, doch bereits ein Jahr später waren Alt- und Jungvögel tot.

Der New York Zoological Park erhielt 1971 sechs Indische Zwergglanzenten, die in einer dicht bepflanzten Voliere (der Teich mit Seerosen bewachsen) untergebracht wurden. Anfang 1972 mauserten sie in das Alterskleid um (4 Weibchen, 1 Erpel). Der Erpel starb 1976 und konnte im April 1977 durch zwei Tiere aus dem Wildfowl Trust ersetzt werden. Im August 1977 kam es zur ersten Eiablage 2 m hoch in einer Baumhöhle; im August 1978 schlüpften dann drei Küken, die vom Weibchen erbrütet und aufgezogen wurden (BRUNNING 1979).

Afrikanische Zwergglanzente
Nettapus auritus
(BODDAERT)

Č Kačenka hnědoboká
D Afrikansk Dværgand
E African Pygmy Goose
F Sarcelle pygmée d'Afrique
H Afrikaanse Cotton Teal
R Африканский блестящий чирок

Habitus: Sehr kleiner, kurzbeiniger und etwas gedrungen wirkender Wasservogel. Abb. Seite 184.

Alterskleid: ♂ Kopfplatte, Genick sowie Rücken, Schultern und Flügeldecken dunkel erzgrün; in der

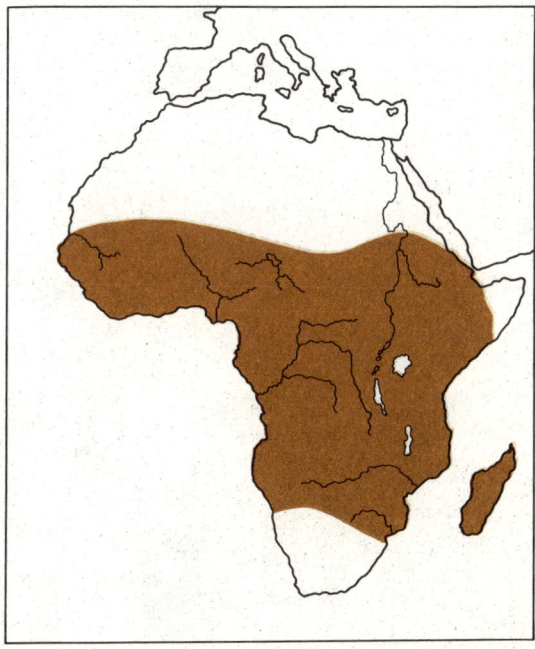

Jahresvorkommen der Afrikanischen Zwergglanzente.

Ohrgegend ein großer glänzend grüner, schwarz um-
säumter Fleck; Stirn, Gesicht und Vorderhals weiß;
Brust und Flanken rotbraun; Bauch weiß, Schwanzteil
schwärzlich. Schwingen schwarzgrün mit einer breiten
weißen Binde auf den Armschwingen. Schnabel gelblich bis orange, Iris braun, Füße schwärzlich. Dem ♀
fehlt der große grüne Ohrfleck, Kopfseiten stattdessen
lehmgrau, mit kleinem dunklem Überaugenstreif und
Ohrfleck, Brust und Flanken graubraun; Flügelfärbung etwa wie beim ♂. Schnabel beim ♀ olivgrau.
Maße: ♂ Flügel: 150–165, Schwanz: 62–70, Schnabel: 25–27, Lauf: 25–28 mm; ♀ Flügel: 142–158,
Schnabel 23–25 mm. *Gewicht:* ♂ 285 g, ♀ 260 g.

Dunenkleid: Augenstreif, je ein Fleckchen unter dem
Zügel und in der Ohrengegend sowie die gesamte
Oberseite schwarz; Gesicht, Unterseite, ein Streif am
Flügel und ein Fleck auf dem seitlichen Rücken weiß;
Schnabel und Füße grauschwarz.

Jugendkleid: Dem des ♀ sehr ähnlich, alle Farben unreiner, weniger grün auf dem Rücken.

Lebensweise: Diese Zwergglanzenten sind in vielen
Gebieten Afrikas allgemein verbreitet und treten
außerhalb der Brutzeit in einzelnen Regionen sogar
häufig auf. Sie bewohnen die schwimmpflanzenrei-
chen Verlandungszonen der Seen, Tümpel und Lagunen, Papyrussümpfe, örtlich auch die Bewässerungs-
gräben der Reisfelder. Nach WILLIAMS (1973) kommen
sie überall dort häufig vor, wo reichlich Seerosen
wachsen. Afrikanische Zwergglanzenten leben paarweise oder in kleinen Gruppen, Schwarmbildungen
wurden speziell aus den südlichen Regionen und Madagaskar bekannt. Ihr Flug ist wendig, bei Gefahr verstehen sie geschickt zu tauchen.

Der Beginn der Brutsaison ist in vielen Gegenden
vom Niederschlagszyklus abhängig und dürfte sich in
den einzelnen Territorien wohl über alle Monate des
Jahres hinziehen. Die Balz ist sehr einfach, sie beschränkt sich im wesentlichen auf das Präsentieren des
hellgrünen Kopffleckes (DELACOUR 1959). Die Nester

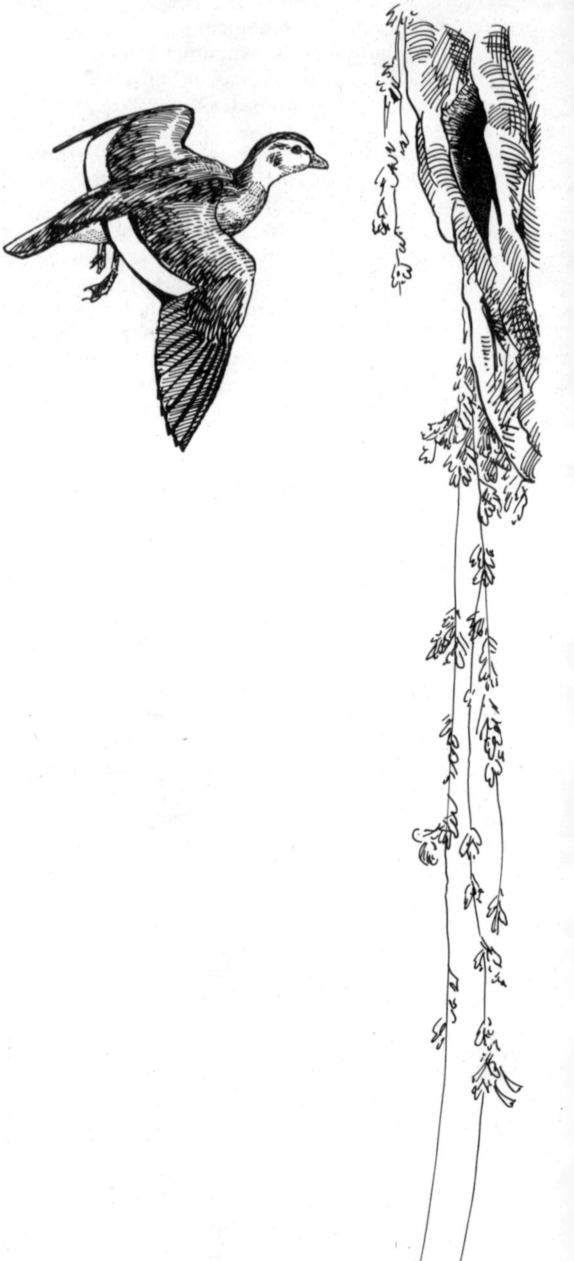

Afrikanische Zwergglanzente, *Nettapus auritus* (BODDAERT)

befinden sich überwiegend in Baumhöhlen, oft 12−18 m hoch. In einigen Gegenden fand man sie auch in felsigen Steilhängen, in nichtbesetzten Baumnestern anderer Vögel, besonders in den überdachten Bauten des Schattenvogels (Scopus umbretta), ferner am Boden, im Schutze umgebrochener Bäume, auf Grasbülten über dem Wasser oder direkt im Grase. Die Bodennester sind kompakte Bauten aus trockenen Gräsern und Blättern, die teilweise mit frischem Moos ausgelegt werden. Nicht in jedem Falle erfolgt eine Ausfütterung mit Dunen (PITMAN 1965). Die Vollgelege bestehen aus 6−9 cremeweißen Eiern mit den Maßen 41,6−44,8 × 31,7−35,2 mm; ⌀ 43,3 × 32,9 mm (ROBERTS 1957). Gelegestärken bis zu 12 Eiern, wie sie DELACOUR angibt, sind nach PITMAN nicht die Regel. Die Brutdauer beträgt $23^{1}/_{2}$−24 Tage (ZALOUMIS 1976, in JOHNSGARD 1978). Das Weibchen brütet und führt offenbar die Jungen allein.

Nahrung: Sie wird tauchend oder von der Oberfläche in der Schwimmpflanzenregion aufgenommen und besteht aus Grünteilen und Samen der Wasserpflanzen, der animalische Anteil ist unbedeutend.

Haltung und Zucht: Die ersten größeren Transporte Afrikanischer Zwergglanzenten gelangten 1935 nach Clères, Frankreich. Dort konnten mehrere Paare eingewöhnt werden, die in gutem körperlichem Zustand mehrere Jahre dort lebten. Bis zu einer Eiablage kam es jedoch nicht. Die Zwergglanzenten waren in einem Vogelhaus mit anderen Enten untergebracht. Im Gegensatz zur anfänglichen Hinfälligkeit erwiesen sich später die eingewöhnten Tiere selbst im Winter als wenig empfindlich. Solange das Wasser in der Freianlage eisfrei war, gab man ihnen Gelegenheit, es aufzusuchen (DELACOUR 1959). Seit Anfang der 60er Jahre hält der englische Wildfowl Trust diese Art annähernd regelmäßig; im 15th Ann. Rep. waren zwei Paare abgebildet. Sie brüteten bisher aber auch dort nicht. Afrikanische Zwergglanzenten wurden unter anderem auch vom Berliner und Kölner Zoo gehalten.

Nach Mitteilung von WINDECKER (briefl.) kommen die meisten Frischimporte in einem sehr geschwächten Zustand nach Europa, und nur wenige überstehen die Eingewöhnungszeit. Unter den akklimatisierten Tieren sind die Verluste dann nicht mehr so hoch, doch beschränkt sich die Lebensdauer meist nur auf wenige Jahre. Die anfangs sehr scheuen Zwergglanzenten gewöhnen sich bald an den Menschen. Neben verschiedenen pflanzlichen und tierischen Futtermitteln nehmen sie mit Vorliebe zarten grünen Salat und Wasserlinsen. Brutversuche blieben hier, wie auch im Berliner Zoo, aus. Die Erstzucht gelang 1975 in der Winston Guest's Duck Puddle Farm, New York, mit einem Paar, das 1971 in Afrika gefangen worden war. Das Weibchen legte im Juli und erbrütete drei Küken, die es auch aufzog. Die Glanzenten wurden dort in einem Warmhaus mit angrenzenden Volieren gehalten (WIENANDS, briefl.). Im Bronx Zoo, New York, lebte ein Erpel 7 Jahre. Ende 1983 erwarben der Zoo Münster, BRD, und der Tierpark Berlin Afrikanische Zwergglanzenten für ihre Tropenhallen. Die Anfangseingewöhnung überstanden alle Tiere sehr gut (GRUMMT und SOBOROWSKI, briefl.).

Rotschulterente
Callonetta leucophrys
(VIEILLOT)

Wissenschaftl. Syn.: *Anas leucophrys* VIEILLOT

Č	Čírka růžovohrdlá	F	Sarcelle à collier
D	–	H	Roodschouder Taling
E	Ringed Teal	R	Кольчатый чирок

Habitus: Sehr kleine, kurze und gedrungene Ente. Abb. Seite 311.

Alterskleid: ♂ Kopfplatte und hinterer Halssaum schwarz, Gesicht und Kehle flockig hell graubraun; Vorderrücken dunkel graubraun, hinterer Rückenteil, Bürzel und Schwanz samtschwarz; die rosaroten Brustfedern haben jeweils einen kleinen schokoladenbraunen Fleck im Zentrum und gehen an den Flanken in eine feine schwarzweiße Wellenzeichnung über; Bauch flockig graubraun. Unterschwanzdecken schwarz, seitlich mit zwei runden, etwa 1 cm² großen weißen Flecken. Die Flügel haben schwarzbraune Handschwingen und Scapularen, dunkel erzgrün glänzende Armschwingen (Spiegel) und dunkelrote Schulterfittiche; inmitten der samtschwarzen Decken befindet sich eine etwa 2,5 cm² große weiße, kreisrunde Fläche. Schnabel grau, Iris braun, Füße hell fleischfarben. ♀ Oberkopf und Nacken schwarzbraun, Gesicht hellbraun und weiß gefleckt, Kehle weißlich. Vorderrücken und Schultern dunkelbraun, unterer Rücken, Bürzel und Oberschwanzdecken samtschwarz; Brust und gesamte Unterseite grauweiß, braunflockig durchsetzt. Flügel ähnlich wie beim ♂. Schnabel graubraun, Füße fleischrot. *Maße:* ♂ Flügel: 165−170, Schwanz: 70−72, Schnabel: 36−37, Lauf: 33−39 mm; ♀ Flügel: 160−175, Schwanz: 70−78, Schnabel: 34−36, Lauf: 36 mm. *Gewicht:* ♂ 190−400 g. Normalgewicht ♂ um 380 g, ♀ um 350 g.

Dunenkleid: Kopfplatte, hinterer Hals, Augenstreif und gesamte Oberseite einschließlich Flügel und Schenkel schwarzgrau; Gesicht, Unterseite und beiderseitig zwei Fleckchen auf dem Rücken silberweiß.

Jugendkleid: Im wesentlichen wie adultes ♀ gefärbt. Die jungen ♂♂ sind auf Brust und Bauch dunkel graubraun quergebändert, Gesicht etwas heller als Oberkopf und ohne weiße Fleckung. Schnabel blaugrau. Bei den jungen ♀♀ ist die Brustbänderung etwas heller, das Gesicht ähnlich dem des alten ♀ weiß gefleckt.

Lebensweise: Für ihre südamerikanische Heimat galten Rotschulterenten stets als selten, einige Forscher schlossen um 1950 nicht aus, daß diese Art ausgestorben sein könnte. Dagegen berichtet REICHHOLF (1975): »Mit 4117 Individuen war die Rotschulterente die absolut häufigste Entenart im Untersuchungsgebiet, doch ist ihr Vorkommen auf ein verhältnismäßig klei-

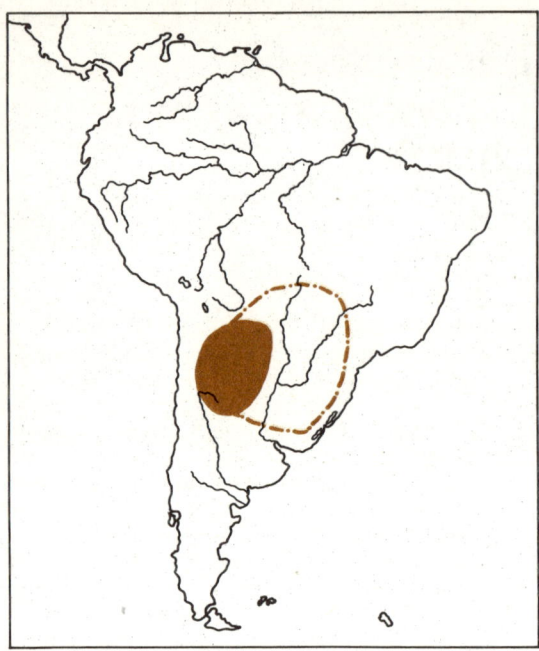

Jahresvorkommen der Rotschulterente, —·—·— niederschlagsbedingte Besiedlung durch Nichtbrüter.

nes Gebiet im Chaco begrenzt, in dessen Zentrum sich die Pilcomayo-Lagunen befinden. Ein Paar, das wir am 12.9.1970 in Zentral-Mato Grosso feststellen konnten, ist daher bemerkenswert.« Das Pilcomayo-Gebiet sind flußgespeiste Lagunen, in denen niederschlagsbedingte Wasserstandsschwankungen bis zu 2 m auftreten. Das Hochwasser überschwemmt weite Strecken angrenzender Savanne; hier und in den Flachwasserzonen der Ufer halten sich die Rotschulterenten bevorzugt auf. Ihre Fluchtdistanz gegenüber dem Menschen beträgt nur wenige Meter. Flußläufe werden nur selten bewohnt, weil sie überwiegend von Steilufern eingeschlossen sind (Wasserstandsschwankungen bis zu 10 m).

Die Brutbiologie freilebender Rotschulterenten ist nur lückenhaft bekannt. Die Ablage der 5–8 weißen Eier erfolgt in Baumhöhlen. Als Brutperiode gibt STEINBACHER (1962) für Paraguay die Monate September bis November an. Nach beendeter Brutzeit Schwarmbildung. Offenbar bestehen gewisse Biotop- und Verhaltensanalogien zur Krickente.

Nahrung: Sie wird ausschließlich seihend von der Wasseroberfläche aufgenommen; Grünteile und Samen der Wasserpflanzen dürften stark dominieren.

Haltung und Zucht: Nur wenige Rotschulterenten gelangten aus dem Ursprungsland nach Europa. Um 1908 erhielt der Zoo Berlin einige Erpel, 1919 importierte FOCKELMANN, Hamburg, drei Paare. Diese und einige weitere Einzeltiere bildeten den Stamm aller zwischen 1908 und 1940 in Europa gehaltenen Rotschulterenten. FICHTNER (1933) und MORITZ (1934) berichten darüber: Die drei Paare erhielt der Züchter SA-

MEREIER, Luderbach (Niederbayern), und erzielte 1912 erstmalig 32 Jungtiere. Durch weitere gute Zuchterfolge gelangten die Rotschulterenten binnen kurzer Zeit in viele europäische Zuchtanlagen und Zoos. Zu Beginn der 30er Jahre wurden die Tiere zunehmend hinfällig, ihre Zucht gelang nur noch selten; zweifellos eine Folge fortschreitender Inzucht. Nach 1950 gelangten erneut Importe nach Europa, speziell nach England. Die um 1955 einsetzenden Bruterfolge gingen nach 1965 erneut durch Inzucht zurück. Ein Teil der letzten Erpel hatte eine ungefleckte rosafarbene Brust; kleine Gelege (4–6 Eier), schlechte Brut- und Aufzuchterfolge, relativ hohe Anfälligkeit der Jung- und Altvögel waren typisch (KOLBE 1972). Um 1970 erfolgte eine dritte Importwelle aus Südamerika. Deren Nachkommen bringen unvergleichlich hohe Nachkommensraten. In meiner Anlage brachte ein Weibchen 1977 drei Gelege zu je 13 Eiern, bebrütete zwei Gelege voll, das dritte wurde am 10. Tage entfernt.

Rotschulterenten können in Kleingehegen, in Volieren (hier flugfähig) wie auf großen Gesellschaftsteichen (auch während der Brutzeit zu mehreren Paaren) gehalten werden. Flugfähige Tiere sind in der Regel ortstreu. Für den Winter wird ihnen ein frostfreier Raum geboten; die Füße der Rotschulterenten sind recht frostempfindlich.

Biologische Daten: Geschlechtsreife gegen Ende des 1. Lebensjahres. Eiablage in Nistkästen, flugfähige Weibchen benutzen gern hoch angebrachte Höhlen. Legebeginn ab letzter Aprildekade, meist erste Maihälfte. Mittlere Gelegestärken: Jungenten 5–7, Altenten 7–10 Eier. Eiablage täglich; *Maße* von 26 Eiern der Jahre 1963–1971: 44,5–48,6 × 32,5–34,3 mm; Ø 46,8 × 33,4 mm; von 85 Eiern 1974 bis 1977: 43,8 bis 51,1 × 31,8–36,4 mm; Ø 47,5 × 34,1 mm. Nestdunen hellgrau, Konturfedern grauweiß oder braunfleckig. Brutdauer 24–28, meist 26 Tage; 37 Eintagsküken wogen 16–22 g; Ø 18,5 g. Beide Eltern übernehmen die Kükenbetreuung, offenbar ist der Erpel der aktivere Teil, dessen Führungstrieb den der Ente überdauert. Es liegt nahe, daß der Erpel die Kükenführung übernimmt, wenn die Ente das Nachgelege beginnt. Befiederung: Am 19. Tag entfalten sich Flanken- und Schulterfedern, am 21. die Schwanzfedern; zwischen 25. und 27. Tag sind Unterseite, Flanken und Schultern befiedert, es folgt die Entwicklung der Schwingen. Im Alter von 6–7 Wochen sind die Jungenten erwachsen, ab 8. Woche beginnt die Umfärbung in das Alterskleid, die mit 14–15 Wochen im wesentlichen beendet ist. Haltungsbedingt können beachtliche Verzögerungen auftreten.

Die Kükenaufzucht erfolgt problemlos unter technischer Wärmequelle oder mit den Eltern. Neben Wasserlinsen ist ein normales Aufzuchtfutter zu bieten. Das Wärmebedürfnis ist nicht größer als das anderer kleiner Entenküken.

In der BRD wuchsen im Sommer 1977 weiße und gelbe Mutationen der Rotschulterente heran (SEEBOLD, briefl.).

Brautente
Aix sponsa (L.)

Č Kachnička karolinská   F Canard carolin
D Brüdeand   H Carolina Eend
E North American   R Каролинка
   Wood Duck

Habitus: Mittelgroße, plumpe und kurzbeinige Ente. Abb. Seite 312.

Brutkleid (Artkennzeichen): ♂ Kopf und verlängerte Nackenfedern schwarz, metallisch glänzend; Rücken bis Schwanz samtschwarz; Kehle weiß, Brust kastanienbraun mit weißen Pünktchen, Flanken gelbbraun gewellt. ♀ sehr ähnlich dem Mandarinenten-♀, von diesem durch dunklere Gesamtfärbung, grünschillernde Kopfseiten und schwarzgrün bis purpurn glänzende Schulterfedern zu unterscheiden. *Maße:* ♂ Flügel: 250–285, Schwanz: 123–127, Schnabel: 33–35, Lauf: 34–35 mm; ♀ Flügel: 208–230, Schnabel: 30–33 mm. *Gewicht:* ♂ 540–880 g, ⌀ 680 g; ♀ 480–880 g, ⌀ 540 g (JOHNSGARD 1978).

Ruhekleid des ♂: Ende Mai bis September/Oktober. Die weiße Kehlzeichnung des Brutkleides färbt sich hellgrau, bleibt aber in ihren Konturen erhalten. Ansonsten dem ♀-Kleid sehr ähnlich. Schnabel, Iris und Füße matter gefärbt als im Brutkleid, Füße aber dennoch leuchtender als beim ♀.

Dunenkleid: Kopfplatte, ein Augen- und ein kleiner Backenstreif sowie die gesamte Oberseite des Rumpfes dunkel oliv-graubraun; Gesicht, Kehle und Bauchseite fast weiß; der Übergang zur dunklen Rückenfärbung und die kleinen Flecke an Flügel und Bürzel blaß hellbraun. Die Küken sind wesentlich matter und blasser gefärbt als die Mandarin-Küken. Gewicht nach dem Schlüpfen 20–30 g.

Jugendkleid: Im wesentlichen wie das Alterskleid des ♀. Bei den jungen ♂♂ ist die spätere weiße Kehlfärbung gut sichtbar hellgrau angedeutet. Die jungen ♀♀ sind an den breit gesäumten Flankenfedern einigermaßen sicher kenntlich.

Vorkommen in Mitteleuropa: Bereits im 19. Jahrhundert wurden mehrfach Brautenten in Europa beobachtet und geschossen; es dürfte sich stets um entflogene Tiere gehandelt haben. Eine unbeabsichtigte Verwilderung erfolgte um 1880 in Dresden. Einige Exemplare entwichen aus dem Dresdener Zoo und siedelten sich auf den Teichen des Großen Gartens an. Im Jahre 1888 zählte man dort 75 freifliegende Brautenten. Einen planmäßigen Einbürgerungsversuch unternahm HEINROTH nach 1900 im Berliner Tiergarten. Den jungen Brautenten des Berliner Zoos ließ man die Flugfähigkeit, und erwartungsgemäß besiedelten sie auch die Parkgewässer des nahegelegenen Tiergartens. Solange dort einige Wasserstellen eisfrei waren, erfolgten im allgemeinen keine Abwanderungen. Während der Wintermonate wurden die Enten regelmäßig gefüttert. Im Jahre 1909 konnten 120 Exemplare gezählt werden. Die ausbleibenden Winterfütterungen ab 1914, hohe Verluste durch Ratten und eine ständig zurückgehende Vermehrungsrate ließen die Population bis 1930 restlos erlöschen. Gegenwärtig brüten alljährlich einzelne Paare außerhalb der Zuchtgehege, zur Populationsbildung kam es jedoch nirgends.

Lebensweise: Brautenten waren einst in Nordamerika weit verbreitet, wurden jedoch durch übertriebenes Jagen um die Jahrhundertwende arg dezimiert. Zwischen 1922 und 1939 wurden insgesamt 2979 in Gehegen erbrütete Tiere in New England, USA, ausgesetzt. Diese Bemühungen trugen wesentlich zur Erhaltung der Art bei (RIPLEY 1973). Um weitere ehemalige Brutgebiete erneut zu besiedeln, wurden wenige Tage vor dem Schlupf Nistkästen mit der brütenden Ente verfrachtet. Die daraus aufwachsenden Jungenten betrachteten das neue Gebiet als ihre Brutheimat und blieben weitgehend ortstreu (CAPEN u. a. 1974). Der Gesamtbestand betrug zwischen 1964 und 1971 im Mittel 1,36 Mill. Individuen (BELLROSE 1976).

Zur Brutzeit bewohnen Brautenten bewaldete Abschnitte langsamströmender Flüsse (Mittel- und Unterläufe), von alten Bäumen gesäumte Altwässer und Sumpfniederungen, seltener die oligotrophen Gewässer der borealen Nadelwaldregion. Den Winter ver-

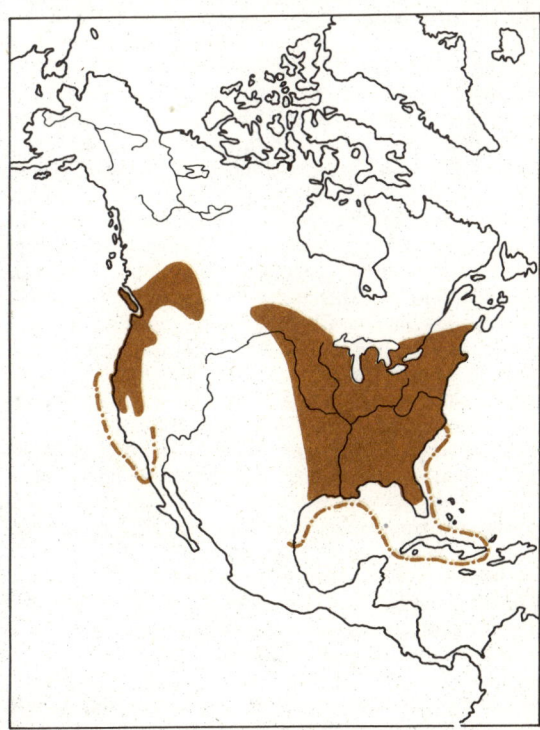

Brutvorkommen und südliche Begrenzung der Überwinterungsgebiete der Brautente.

bringen sie in den ausgedehnten Niederungssümpfen und Marschen der USA-Südstaaten, wobei ein günstiges Nahrungsangebot (wie Eicheln, Hickorynüsse oder Wasserpflanzensamen) zu größeren Schwarmbildungen führen kann.

Brautenten leben vermutlich in Saisonehen. Balz und Paarung beginnen während des Herbstzuges ab Ende Oktober; bis Ende Februar sind ca. 90% der Weibchen verpaart (BELLROSE 1976). Mit den anderen Entenarten kehren die Brautenten im März zu den Brutgewässern zurück. Nestanlage in Baumhöhlen und Nistkästen bevorzugt zwischen 6 und 15 m hoch, wobei einzelne Enten viele Jahre die gleiche Höhle bewohnen. Eiablage hauptsächlich in der ersten Aprilhälfte, auslaufend bis Juni. Vollgelege enthalten 10–15, im Ø 12,2–13,5 hell rahmfarbene Eier, größere Gelege stammen von mehreren Weibchen. Gelegt wird täglich in den frühen Morgenstunden. Maße: 48–55,5 × 36–42 mm; Ø51,2 × 38,8 mm; Brutdauer 28–32 Tage, die Nestdunen sind einheitlich grauweiß. Die Küken springen 24–36 Stunden alt aus der Höhle herab und werden vom Weibchen, seltener unter Beteiligung des Erpels, betreut. Jungenten sind mit 70 Tagen flügge. Die Familientrupps begeben sich zwischen Juli und September auf den Herbstzug und lösen sich dabei auf.

Nahrung: Die Zusammensetzung ist in den einzelnen Gebieten und zu den verschiedenen Jahreszeiten sehr unterschiedlich. Im Herbst und Winter bilden fast überall Eicheln, Bucheckern und die Samen der Sumpfzypressen den Hauptanteil und können sogar die gesamte Nahrung ausmachen; dagegen wird nur sehr wenig tierisches Futter aufgenommen. Vor und während der Legeperiode kann der Anteil der tierischen Substanzen beim Weibchen bis zu 80%, beim Erpel bis 35% betragen, die übrigen Anteile bilden die Grünteile und Samen verschiedener Pflanzen (HOLWELL 1924, McGILVREY 1966 und STEWART 1962, u. a.).

Haltung und Zucht: Die Brautente – heute einer der populärsten Zierwasservögel – wurde bereits wenige Jahre nach ihrer Entdeckung in Amerika nach Europa gebracht. Im 17. Jahrhundert pflegte man sie auf den Parkgewässern von Chantilly und Versailles, in Holland und England (DELACOUR 1959). Die Möglichkeiten der Haltung entsprechen im wesentlichen denen der Mandarinente, doch sind Brautenten in Kleingehegen verträglicher und auch ergiebiger züchtbar.

Die Eiablage beginnt bei milder Witterung ab März, bei zu warm überwinterten Tieren bereits im Februar. Die Vollgelege bestehen aus 9–13, die der Jungenten aus 6–8 Eiern, die heller und stumpfpoliger als Mandarinenten-Eier sind. Brautentenweibchen brüten ruhig und fest, sie werden gern als Brut- und Aufzuchtammen genutzt. Die Maße von 48 in Gehegen gelegten Eiern betragen 48–58 × 36,8–42,2 mm; Ø 52,5 mal 39,9 mm, sind also im Ø 1,3 × 1,1 mm größer als bei den Wildvögeln. Über die Befiederung und Mauser der Jungenten schreibt HEINROTH (1909) sinngemäß: Bei den Küken zeigen sich im Alter von 4 Wochen an Schultern und Flanken die ersten Federchen, mit 7–8 Wochen sind die Enten voll befiedert; mit 9 Wo-

chen sind sie flugfähig, die Schwingen haben jedoch die volle Länge noch nicht erreicht. Im Alter von 3 Monaten beginnt die Kleingefiedermauser, nach weiteren 1 1/2–2 Monaten trägt der Erpel sein Brutkleid. Geschlechtliche Reife nach 9–10 Monaten.

In den 50er Jahren entstand in den USA eine helle Mutation, bei der die sonst schwarzen Partien hell rahmbraun sind. Ein helles Paar bringt 50% hellfarbige und 50% normalfarbige Jungvögel (DELACOUR 1959). Es ist bisher nicht bekannt, ob sich diese Mutation erhalten und vermehrt hat.

Mandarinente
Aix galericulata (L.)

Č Kachnička mandarin-
    ská
D Mandarinand
E Mandarin Duck
F Canard mandarin
H Mandarijn Eend
R Мандаринка

Habitus: Mittelgroße Ente, schlanker und wendiger als die Brautente. Abb. Seite 312.

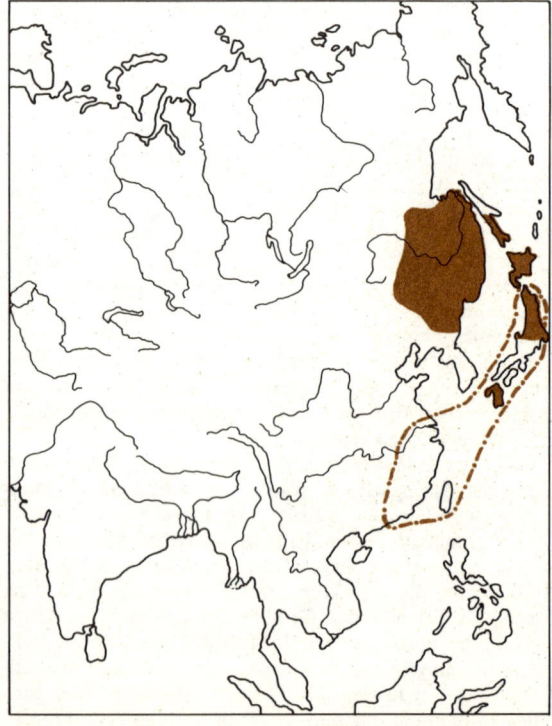

Brutvorkommen und Überwinterungsgebiete der Mandarinente.

Brutkleid: (Artkennzeichen): ♂ verlängerte Kopf- und Backenfedern in purpurbrauner, weißer, stahlgrüner und goldgelber Färbung; Brust dunkel weinrot, Flanken lehmgelb gewellt, dazwischen senkrecht verlaufend zwei schwarze und zwei weiße Bänder. Rückenpartien durch zwei aufrechtstehende zimtbraune Segelfedern gekennzeichnet. Schnabel leuchtend rot, Iris rotbraun, Füße gelborange. ♀ im Gegensatz zum ähnlich gefärbten Brautenten-♀ insgesamt mehr grau und heller. Kopf und Rücken ohne grünen Anflug. Schnabel dunkelgrau, Füße gelboliv. *Maße:* ♂ Flügel: 210–245, Schwanz: 110–115, Schnabel: 26–32, Lauf: 35–42 mm; ♀ Flügel: 217–235, Schwanz: 112–115, Schnabel: 26–30, Lauf: 42 mm (mehrere Autoren). *Gewicht:* ♂ um 600 g, ♀ um 500 g.

Ruhekleid des ♂: Ab Ende Mai bis Anfang September. Ähnlich dem ♀-Kleid; Fleckung auf Brust und Flanken, aber klarer braun und weißer Augenring unscheinbarer. Der Schnabel färbt sich matt rotbraun, die Füße bleiben gelb oder orangefarben.

Dunenkleid: Farbverteilung wie Brautenten-Küken, doch insgesamt gelber gefärbt und der Augenstreif nicht ganz so breit; im Schwanzteil etwas kürzer.

Jugendkleid: In beiden Geschlechtern dem ad. ♀ ähnlich. Bei den jungen ♂♂ sind die Füße gelblichgrün, die Schnäbel rötlich, die Brust ist rotbraun geschuppt. Schnabel und Füße der jungen ♀♀ dunkel graugrün, Brustfedern senkrecht gestrichelt, die braune Grundfarbe bekommt dadurch einen grauen Ton.

Vorkommen in Europa: Beabsichtigte und zufällige Einbürgerungen erfolgten in Südengland und Schottland (der Bestand wird 1976 mit 300 bis 400 Brutpaaren angegeben) und in jüngerer Zeit in Dänemark. Darüber hinaus wurden in allen west- und mitteleuropäischen Ländern erfolgreiche Bruten entflogener Paare bekannt, ohne daß es zur Bildung stabiler Populationen kam. Bei den Einbürgerungsversuchen durch HEINROTH in Berlin nach 1900 vermehrten sich die Mandarinenten noch um 1921, als die Brautenten bereits stark abnahmen. Um 1978 brüteten wieder 25–30 Paare an den Teichen des Westberliner Tiergartens (KUSSMANN, mündl.).

Lebensweise: Zur Brutzeit besiedeln Mandarinenten oligotrophe Seen und Teiche sowie die Unter- und Mittelläufe der Flüsse in der Laubwaldtaiga. Bevorzugte Brutbiotope bilden bewaldete Inseln und ruhige Gewässerabschnitte, wo dichtes Laubalholz bis nahe an die Ufer tritt. Die Nadelwaldtaiga der höheren Gebirgslagen (in Japan über 1500 m), Sumpfniederungen der offenen Landschaft und die Küstenregion werden gemieden.

Nach DELACOUR (1959) sind die Brutbestände in Nordchina (ehemalige Mandschurei) stark bedrängt, NIETHAMMER (1963) schreibt sogar von einer nahestehenden Ausrottung in Ostasien. Dagegen fanden sie WOROBJEW (1954) am Ussuri, SPANGENBERG (1964) am Iman und RACHILIN (1972) im Sichote-Alin noch häufig brütend; dennoch wird die Mandarinente auf der Liste der seltenen Vogelarten der UdSSR vom 1. 1. 1975 geführt. In Japan sind seit längerem Schutzmaßnahmen wirksam, hier werden sogar Verstädterungs-

tendenzen spürbar; ein Winterbestand von über 11 000 Tieren wurde 1976 gezählt. Über die Brutbiologie berichten die oben genannten sowjetischen Forscher:

Nach dem Eisfreiwerden der Gewässer kehren die Mandarinenten ab Ende März, meist im April, in die Brutgebiete zurück. Anfangs verweilen sie in Gruppen bis zu 20 Tieren, in der zweiten Aprilhälfte lösen sich daraus die Paare und beziehen die Brutgewässer. Im Sichote-Alin brüten an jedem Fluß im Durchschnitt vier Paare, insgesamt nicht weniger als 320 Paare. Die Nester befinden sich in Baumhöhlen, in alten Weiden entlang der Flüsse wie in den Altholzbeständen, seltener zwischen Felsspalten oder am Boden. Gelege wurden zwischen 27. April und 22. Juni gefunden und bestehen aus 7–12 rahmbraunen Eiern mit den Maßen 46–55 × 34–41 mm; ∅ 51,2 × 37,4 mm. Brutdauer 31 Tage. Die Küken haben in den ersten Lebenstagen scharfe Zehennägel, mit deren Hilfe sie das Flugloch erklettern und dann herabspringen. Bereits während der Brut bilden die Erpel kleine Mausertrupps und schließen sich ab Mitte August wieder den übrigen Tieren an. Die Brutvögel des Sichote-Alin und des Ussurigebietes wandern ab Anfang September nach China, Korea und Japan, die dort beheimateten Populationen sind ganzjährig ansässig.

Auf dem Zuge und im Winterquartier suchen die Trupps – abgesondert von anderen Entenarten – klare Talsperren, Berg- und Waldseen auf. Zu den Ruhezeiten erklettern sie gern am Ufer liegende Felsblöcke oder lassen sich auf Ästen oder Pfählen nieder.

Nahrung: Im Frühjahr und Sommer sind es neben verschiedenen Wasserpflanzen viele Mollusken (auch Landformen), Wasserinsekten, kleine Fische und Würmer. Im Herbst werden Eicheln, Reis und Buchweizen, aber auch Grünteile von Pflanzen (unter anderem von Schachtelhalm) und tierische Nahrung aufgenommen.

Haltung und Zucht: Die Mandarinente ist neben der Brautente die am häufigsten gehaltene Zierente. Sie ist robust, winterhart, ausdauernd und leicht züchtbar. In besonderem Maße ist sie für die Haltung in Kleingehegen geeignet. Nachteilig erweist sich hier jedoch die Unverträglichkeit der Erpel untereinander, zu anderen Gehegebewohnern und die oft unsanfte Behandlung der eigenen Ente während der Balzzeit. Deshalb sollte das Gehege nicht zu beengt sein. In Volieren werden die Tiere am besten flugfähig gehalten. Der Nistkasten kann dann 1,5–2 m hoch angebracht sein, einige dicke, waagerechte Äste als Sitzstangen sollten nicht fehlen. Die Eiablage erfolgt in Bruthöhlen und beginnt oft schon Ende März. Einjährige Weibchen legen 5–7, ältere 10–15 Eier. Nichtbrütende Tiere tätigen gewöhnlich ein, manche auch zwei Nachgelege. Die Maße von 63 in Gehegen abgelegten Eiern betragen 49,5–56,4 × 36–42,3 mm; ∅ 53,3 × 39,1 mm und sind damit im ∅ 2,1 × 1,7 mm größer als die Eier von Wildvögeln, 40 Küken wogen 22–32 g, ∅ 26,2 g.

Sofern keine Störungen zu erwarten sind (in Volieren), kann man der Ente Brut und Jungenaufzucht selbst überlassen. Aus kleinen Gehegen müssen die Erpel unter Umständen vor dem Schlüpfen der Küken entfernt werden, manche beteiligen sich aber auch an deren Führung. Etwa 24 Stunden nach dem Schlüpfen verlassen die Küken mit der Ente das Nest. Die Familien sind anfangs scheu und suchen gern Verstecke auf. Die Befiederung der Küken beginnt etwa am 14. Tag, an dem sich die Schwanzfederkiele zeigen. Es folgen Schulter-, Brust- und Flankenfedern. Nach 27 Tagen ist die Unterseite, nach weiteren 8 Tagen sind Kopf, Rücken und Flügel befiedert. Etwa im Alter von 6 Wochen ist das Federkleid geschlossen; die Jungtiere sind dann ungefähr zu ¾ ausgewachsen. Die Umfärbung in das Alterskleid erfolgt noch im gleichen Herbst, einige Wochen nach der Umfärbung der alten Erpel. Die geschlechtliche Reife tritt im Alter von 9–10 Monaten ein.

Die Sommermauser beginnt bei manchen Erpeln relativ früh, nicht selten schon vor vollendeter, teils sogar vor begonnener Eiablage durch das ♀. Diese Männchen vermögen aber trotzdem erfolgreich zu begatten.

Die Bebrütung der Eier in geeigneten Brutmaschinen ist gut möglich. Eine Aufzucht der Jungtiere ohne Amme oder ohne andere Jungenten (solche, die bereits Futter aufnehmen) ist in den ersten Tagen sehr schwierig und wird nur in zweckmäßigen Aufzuchträumen gelingen. Unaufhörlich versuchen die Küken, durch Klettern und Springen zu entfliehen. Sie tun es oft bis zur völligen Erschöpfung, nehmen dabei keine Nahrung auf und gehen nach 2–3 Tagen zugrunde. Unter anderen oder etwas älteren Küken sowie unter der Führung der Mutter oder einer Amme ist die Aufzucht völlig problemlos.

Mähnengans
Chenonetta jubata
(LATHAM)

Č	Kachnička hřivnatá	F	Bernache à crinière
D	Mankegås	H	Maan Gans
E	Maned Goose	R	Гривистая уґка

Habitus: Reichlich stockentengroß und mit der typisch aufrechten Körperhaltung einer Gans. Abb. Seite 191 und 308.

Alterskleid: ♂ Kopf und Hals dunkelbraun, Kamm der verlängerten Nackenfedern schwärzlich. Brust auf grauem Grund weiß und schwarzbraun gesprenkelt; Bauch und Flanken sehr fein hellgrau und schwarz gewellt; oberer Rücken, Schultern und Scapularen hell aschgrau. Der schmale Längsstreif über Schultern und Scapularen, Mittelrücken und Schwanzteil einschließlich Bürzel und Aftergegend schwarz bis schwarzbraun. Die Flügel haben graue Decken, intensiv grünglänzende Spiegel, die von einer breiten weißen End-

Regelmäßiges Brutvorkommen der Mähnengans; sporadisch wird der gesamte Kontinent und Tasmanien beflogen.

binde auf den Armschwingen eingefaßt sind, und schwarzbraune Handschwingen. Schnabel und Beine dunkelgrau, die Augen dunkelbraun. ♀ Kopf, Hals und Rücken graubraun, Überaugenstreif und Backenpartie weißlich, Streif über Schultern und Scapularen braunschwarz. Auf grauem Grund Brust fein, Bauch, Flanken und obere Schwanzdecken gröber hell lehmgelb gefleckt. Abdomen und Unterschwanzdecken weiß, Bürzel und Steuerfedern schwarz. Flügelzeichnung etwa wie beim ♂, jedoch nicht so farbklar und Spiegel nur schwach grünglänzend. Schnabel und Füße graugrün. *Maße:* ♂ Flügel: 254–290, Schnabel: 24–31 mm; ♀ Flügel: 252–284, Schnabel: 22–31 mm (FRITH 1967); ♂ Schwanz: 110–130, Lauf: 50–53 mm (DELACOUR 1959). *Gewicht:* ♂ 700–955 g, ♀ 662–984 g (FRITH).

Dunenkleid: Oberseits graubraun; Gesicht, Vorderhals, Brust und Bauch hellgrau bis weiß; Augen- und der parallel darunter verlaufende Backenstreif dunkelbraungrau, hinterer Flügelrand und Bürzelseiten weiß. Schnabel und Füße grau.

Jugendkleid: Weitgehende Übereinstimmung mit der Kleingefiederfärbung der ad. ♀♀. Rücken der juv. ♂♂ mit klarer Zeichnung und deutlicherem dunklen Längsstreif als gleichalte ♀♀. Dunkle Teile des Flügelspiegels der ♂♂ grünglänzend, die der ♀♀ mattschwarz. Differenzierte Stimme. Ab September juv. Ganter mit ersten graugewellten Flankenfedern.

Lebensweise: Mähnengänse bewohnen in unterschiedlicher Häufigkeit den Kontinent und außerhalb der Brutzeit auch Tasmanien. Bevorzugte Biotope sind Wasserflächen (Seen, Tümpel, Creeks, Viehtränken oder Staubecken), umgeben von kurzgrasigen Weiden; Salz- und Brackwasser, Sumpf- und Waldgewässer werden gemieden. Nichtbrütende Mähnengänse leben in kleinen Trupps, in ökologisch günstigen Gebieten in Schwärmen bis 2000 Individuen. Am Spätnachmittag erfolgt der Flug vom Rast- zum Äsungsplatz. Die Brutstimulanz wird durch die Niederschläge ausgelöst. Die Populationen vermehren sich nach Regenperioden außerordentlich stark, andererseits führen Dürrezeiten zu raschen Dezimierungen der Bestände. Vorherrschende Brutperioden sind: in Victoria nach Winterregen in den Frühlingsmonaten September und Oktober, in Neusüdwales zwischen Januar und März, im Landesinneren nach Niederschlägen. Die Balz verläuft einfach und unscheinbar, oftmals ist das Weibchen der aktive Teil. Eiablage in Baumhöhlen, teilweise weit entfernt vom Wasser. Vollgelege enthalten 9−11 hell cremefarbene Eier mit den Maßen 52−62 × 40−45 mm; ∅ 57 × 42 mm (FRITH 1967). Die Nestdunen sind weiß oder hellgrau, die Brutdauer beträgt 28−30 Tage. Die Küken springen von der Höhe herab, und beide Eltern führen sie zum Wasser. Wenn die Junggänse ihre Flugfähigkeit erlangt haben, wechselt die Familie zu größeren Seen über, hier vergesellschaften sich die Familientrupps und mausern die Altvögel.

Nahrung: Das Ergebnis von Magenuntersuchungen bei 572 in Neusüdwales geschossenen Mähnengänsen zeigt zu 99,1 % pflanzliches Futter, darunter 40,5 % Süßgräser, 17,1 % Riedgräser und 12,5 % Knöterichgewächse; dagegen nur 0,7 % Kleinlebewesen. Etwa 52 % der Gesamtnahrung bilden Landpflanzen und 48 % in oder am Wasser wachsende Formen (FRITH 1959).

Haltung und Zucht: Der Erstimport nach Europa erfolgte 1864 durch den Zoo London; 1875 erhielt der Zoo Berlin ein Tier aus dem Zoo Antwerpen. Die Erstzucht gelang 1905 dem holländischen Züchter BLAAUW.

Mähnengänse werden gern in Anlagen mit guter Grasnarbe gehalten. Mehr als die großen *Anser-, Chloephaga-* oder *Tadorna*-Arten eignen sie sich als kleine gänseartige Wasservögel für beengtere Liebhaber-

bergehege. In den Sommermonaten völlig unproblematisch und selbst während der Brutzeit verträglich gegenüber anderen Arten, ist in den Wintermonaten eine sorgfältige Futterauswahl zu treffen und möglichst eine Weidemöglichkeit zu bieten.

Die Zucht der Mähnengans gelang in früheren Jahrzehnten nur mit einem Teil der Paare, dagegen sind die Tiere seit den 70er Jahren bedeutend fortpflanzungsbereiter und produktiver. Kurze Eingewöhnungs- und Paarungszeiten sind offenbar arttypisch. Die Eiablage erfolgt in Nistkästen ab März, meist im April und Mai. Mittel der Legeintervalle von 29 Eiern (3 Gelege) beträgt 1,6 Tage (NIENDORF 1976). Die Weibchen brüten fest und ruhig, doch bringen ältere Tiere auch Nachgelege. Die Kükenbetreuung erfolgt zweckmäßig durch die Eltern nach Art der Gänseaufzuchten. In Aufzuchtboxen werden statt der Weidemöglichkeit Wasserlinsen geboten. Dreizehn Küken wogen 29−37 g, ∅ 33,4 g; fünf andere wogen am 2. Tag im ∅ 44 g, am 10. Tag 190, am 76. Tag 620 und am 110. Tag um 700 g (NIENDORF 1976). Die nach der vollen Befiederung einsetzende Alterskleidmauser (Kleingefieder) ist nach etwa 6 Monaten abgeschlossen, die geschlechtliche Reife tritt gegen Ende des ersten Lebensjahres ein.

Amazonasente
Amazonetta brasiliensis
(GMELIN)

Č	Kachnička rudonohá	F	Sarcelle du Brésil
D	Brasiliansk Krikand	H	Brasilie Taling
E	Brazilian Teal	R	Бразильский чирок

Zwei Unterarten bewohnen Südamerika. Die Kleine Amazonasente, *Amazonetta b. brasiliensis* (GMELIN) wird etwa südlich des Wendekreises durch die bedeutend größere und etwas dunklere Große Amazonasente, *Amazonetta b. ipecutiri* VIEILLOT, ersetzt.

Habitus:* Kleine, schlanke Ente, etwa in der Größe einer Knäkente. Abb. Seite: 32 und 311.

Alterskleid: ♂ Zügelgegend, Oberkopf und Hinterhals schwarzbraun, hinterer Halssaum fast schwarz; Kopf- und Halsseiten aufgehellt, im Zentrum bis hell lehmgrau, Übriges Kleingefieder einschließlich Ober- und Unterschwanzdecken stumpf braun, Brust gelblich gewellt, dadurch etwas lebhafter wirkend; Flanken mit einzelnen schokoladenbraunen Flecken versetzt. Kleine Flügeldecken und Schultern dunkelbraun, große Decken, Hand- und teilweise die Arm-

Küken der Mähnengans, *Chenonetta jubata* (LATHAM)

* Die beiden Unterarten wurden gemeinsam behandelt; Maße der Nominatform.

schwingen samtschwarz, letztere mit intensivem metallisch-grünem Glanze. Auf den Armschwingen befindet sich ein großes weißes Dreieck, dessen Katheten vom Außenrand und der innersten Armschwinge gebildet werden. Schwanz glanzlos schwarz. Schnabel rotbraun, Iris schwarzbraun, Füße leuchtend hellrot. ♀ Kopf und Hals etwa gleichmäßig graubraun und mit je einem weißlichen Fleck am Zügel und über dem Auge sowie einer grauweißen Kehle; im übrigen der Färbung des ♂ etwa gleichend. Schnabel schwarzgrau, Füße leuchtend hellrot. *Maße:* ♂ Flügel: 170 bis 192, Schwanz: 95–98, Schnabel: 34–39, Lauf: 36–38 mm; ♀ Flügel: 168–185, Schnabel: 32–36 mm. *Gewicht:* ♂ 380–480 g, ♀ 350–390 g.

Dunenkleid: Kopfplatte, hinterer Halssaum, Rückenpartien sowie Augenstreif und Ohrfleck schwarzbraun, olivgrün übertönt. Gesicht goldgelb; Unterseite, hintere Flügelränder sowie je ein Fleckchen auf seitlichem Mittelrücken und den Bürzelseiten blaß strohgelb. Schnabel hornbraun, Iris dunkelbraun, Beine orangerot.

Jugendkleid: Etwas heller und farbflacher als Alterskleid; ♀ Gesicht und Kehle heller als bei gleichalten Erpeln. Der hornbraune Kükenschnabel färbt sich mit 4 Wochen beim ♂ dunkel karminrot, beim ♀ grau.

Lebensweise: Das Vorkommen der Amazonasenten ist innerhalb ihres Verbreitungsgebietes auf die Gewässer der tropischen und subtropischen Urwald- und Savannenzonen beschränkt. Vielerorts sind sie nicht selten, treten aber nie in großen Flügen auf, sondern leben paarweise und nach örtlich beendeter Brutsaison in Familientrupps oder kleinen Gruppen. Amazonasenten halten sich bevorzugt in den etwas tieferen Uferzonen auf und schließen damit wasserseitig an den Lebensraum der Rotschulterenten an (REICHHOLF 1975). Als Brutbiotope besiedelt die Art Waldseen, von Baumbeständen gesäumte Flußmäander der Savanne, von den Sumpfgebieten besonders solche, die von lichtem Wald durchsetzt sind. Die Küste und der Mangrovengürtel werden gemieden. Die Enten brüten zu sehr unterschiedlichen Jahreszeiten. Ihre Gelege fand man im Amazonasgebiet und in Paraguay im März und April, in den Staaten Rio de Janeiro und Minas Gerais im September, Dezember, Januar und März und im argentinischen Chaco im Januar und Februar. Die Nester werden nahe dem Wasser in der Bodenvegetation, seltener in Baumhöhlen und in nichtbesetzten Baumnestern anderer Vögel errichtet. Die Vollgelege enthalten 8–12 lehmgelbe Eier mit den Maßen 46,3–50 × 32,6–35,5 mm; ⌀ 47,8 × 34,2 mm. Die Brutdauer beträgt 25–26 Tage. Die Weibchen brüten allein, die Erpel beteiligen sich, zumindest teilweise, an der Jungenführung. Außerhalb der Brutzeit unternehmen die Amazonasenten nur kleine, unbedeutende Wanderungen, lediglich die weit südlich beheimateten Populationen weichen in den kälteren und trockenen Wintermonaten nach Norden aus.

Nahrung: Sie dürfte überwiegend pflanzlich sein.

COIMBRA-FILHO (1964) untersuchte die Möglichkeit, Amazonasenten als Wirtschaftsgeflügel in Brasilien zu züchten, und stellte heraus, daß die Erpel im Alter von drei Monaten durchschnittlich 390 g, die Weibchen

350 g wogen, nach weiteren drei Monaten betrug das Durchschnittsgewicht der Männchen 428, das der Weibchen 372 g.

Haltung und Zucht: Amazonasenten dürften um 1850 nach Europa gebracht worden sein; Erstzucht 1878 im Zoo London, zwischen 1884 und 1887 Nachzuchten in Frankreich und im Berliner Zoo (DELACOUR 1959 und SCHLAWE 1969). Wohl als Folge ihres unscheinbaren Aussehens blieb die Art stets selten, erst in den letzten Jahrzehnten wird sie häufiger in den Liebhaberanlagen gezüchtet. Vorwiegend dürfte es sich dabei um die Nominatform handeln, die Große Amazonasente wurde um 1970 erneut importiert, seit 1973 im britischen Wildfowl Trust gezüchtet und u. a. seit 1976 im Tierpark Berlin gehalten.

Amazonasenten eigenen sich besonders für die Pflege in Kleingehegen und in Volieren wie überhaupt für Sammelkollektionen kleiner Entenarten. Für den Winter sollte ein frostfreier Raum geboten werden. Die Zucht der Amazonasente bereitet keine grundsätzlichen Schwierigkeiten. Eiablage in Nistkästen, bevorzugt nahe dem Wasser. Unkupierte Tiere nutzen ihre Flugfähigkeit viel seltener als Rotschulterenten und beziehen nur in Ausnahmen angebrachte Bruthöhlen. Vollgelege enthalten um 8, maximal bis 13 Eier bei 24stündigen Legeintervallen; nichtbrütende Weibchen bringen Nachgelege, bis zu 42 Eiern in einem Jahr (in 4 Intervallen) wurden bekannt. Maße von 27 Gehegeeiern: 41,5–48,4 × 32–35,7 mm; ⌀ 45,4 × 33,4 mm. Bleibt das Paar ungestört, brütet das Weibchen zuverlässig, ein Teil der Erpel bewacht ruhig das Nest, andere werden bösartig und verdrängen andere Tiere aus dem Revier. Nestdunen dunkel grau-

Jahresvorkommen der Großen (Gr.) und Kleinen (Kl.) Amazonasente.

braun mit hellen Spitzen oder hellem Schaft, Konturfedern mattbraun. Die Küken lassen sich leicht unter einer Wärmelampe aufziehen. Als Futter erhalten sie Wasserlinsen und ein normales Aufzuchtgemisch, tierische Zusätze werden gern genommen.

Kükenentwicklung: Die Befiederung wird am 18. Tag an Flanken, am 20. auf den Schultern und am 22. Tage auf der Unterseite sichtbar. Um den 28. Tag sind die Schwanzfedern im wesentlichen entwickelt (Kiele ab 12. Tag sichtbar), die Schnäbel zeigen erste Farbunterschiede (siehe oben), und es beginnt die Entfaltung der Schwingen. Im Alter von 6–7 Wochen sind die Jungenten voll befiedert, die Schwingenlänge entspricht der der Altvögel, und es erfolgt die Mauser ins Alterskleid, die mit 11–12 Wochen abgeschlossen sein kann. Die geschlechtliche Reife dürfte nach einem Jahr eintreten, doch gelingt die Zucht in der Regel erst mit zwei- oder mehrjährigen Tieren.

Sturzbachenten, *Merganettini*

Sturzbachente
Merganetta armata
GOULD

Dt. Syn.: Borstensäger, Wehr- oder Sporenente

Č	Kachna bystřinná	F	Canard de torrents
D	Skalleslügerand	H	Torrent Duck
E	Torrent Duck	R	Шпорцевая утка

Sturzbachenten bewohnen die Andenkette von Kolumbien bis Feuerland. Die systematische Stellung blieb für diesen Gebirgsbewohner lange Zeit unklar. NIETHAMMER (1952), KEAR (1975) und JOHNSGARD (1966, 1968 und 1978) wiesen Beziehungen zur Salvadori- und Saumschnabelente nach, letzterer ordnet sie einem eigenen Tribus zu. Während DELACOUR (1956) noch 6 Unterarten trennt, faßt JOHNSGARD (1978) *berlepschi*, *garleppi* und *turneri* als Farbvarianten von *leucogenis* auf.

Chile-Sturzbachente, *Merganetta a. armata* GOULD
Peru-Sturzbachente, *Merganetta a. leucogenis* SCLATER & SALVIN
Kolumbianische Sturzbachente, *Merganetta a. columbiana* DES MURS.

Beschreibung von *Merganetta armata armata*
Habitus: Wenig größer als Knäkente, Rumpf erheblich gestreckter; Schnabel sehr schmal (sägerartig); Schwanzfedern mit kräftigen Kielen und schmalen, borstenartigen Fahnen. Abb. Seite 313.
Alterskleid: ♂ Kopf- und Halsseiten weiß, von schmalen schwarzen Linien durchzogen; Kopfplatte, Kehle, Vorderhals, Brust und Bauch gänzlich schwarz, Flanken dunkelbraun mit schwarzer Längsstreifung; Rückenfedern schwarz, breit weiß gesäumt. Schwanzteil dunkelgrau, meliert oder fein gewellt. Flügel mit grünem, beiderseits weiß eingefaßtem Spiegel, hell blaugrauen Decken und dunkelbraunen Handschwingen; Flügelbug mit spitz auslaufendem Sporn. Schnabel leuchtend rot, Iris braun, Füße rotbraun. ♀ Kopf oberhalb der Augenlinie, Hinterhals und gesamter Rücken einschließlich Oberschwanzdecken dunkel graubraun, Kopf und Schwanzdecken fein gewellt. Rücken- und Schulterfedern hell gesäumt. Kehle, Vorderhals, Brust und Bauch dunkel kastanienbraun. Flügel, Schnabel, Iris und Füße im wesentlichen wie ♂, Flügelsporn schwächer ausgebildet, *Maße* (von *M. a. colombiana*): ♂ Flügel: 142–155, Schwanz: 123–130, Schnabel: 29–31, Lauf: 38–41 mm; ♀ Flügel: 132–140, Schnabel: 25–27 mm. *Gewicht:* ♂ um 440 g, ♀ 315–340 g (NIETHAMMER 1952).
Dunenkleid: Kopfplatte, Augenstreif, Ohrfleckchen, Rückenpartien und Schenkel schwarzbraun; Kopfseiten, Nacken, ein breiter Längsstreif über dem Rücken, hinterer Flügelrand und Bauchseite grauweiß.
Jugendkleid: Oberseits ähnlich wie ♀ gefärbt. Bauchseite fast weiß; Flanken, zu den Halsseiten auslaufend, schwarzgrau gebändert. Flügelsporn anfangs nur schwach ausgebildet.
Lebensweise: Die ökologisch stark spezialisierten Sturzbachenten bewohnen als einzigen Biotop und während des ganzen Jahres schnellfließende Gebirgsbäche in Höhen zwischen 1200 m und 4500 m, nur im Süden Chiles fand man sie in wesentlich tieferen Lagen. In den einzelnen Gebieten werden sehr unterschiedliche Vegetationsregionen besiedelt – im Bereich der Tropen bevorzugt die alpine Regen- und Nebelwälder, in denen neben hohen Laubbäumen Baumfarne, Orchideen, Flechten und Moose gedeihen, in Peru ferner die niederschlagsarme Puna-Zone und in Chile die subtropischen und gemäßigten Südbuchenwälder (JOHNSGARD 1966). Sturzbachenten leben stets paarweise oder in kleinen Gruppen und halten ständig Stimmfühlung miteinander. Sie sind geschickte Schwimmer und Taucher, die mühelos Stromschnellen und reißende Wasserfälle überwinden. Ebenso geschickt erklettern sie Felsufer oder im Bachbett liegende Felsbrocken, die zu den Ruhezeiten gern aufgesucht werden. In den Abendstunden streichen die Paare an den Bächen entlang oder wechseln zu anderen Bachabschnitten über. Vornehmlich die Männchen lassen dabei eine gellend klingende Pfiffreihe hören, die selbst das Getose der Wildbäche übertönt.

Die Brutsaison liegt im tropischen Kolumbien und Bolivien offensichtlich in den Wintermonaten Juli und August. Wenn in der sommerlichen Regenzeit die Gebirgsbäche mächtig anschwellen, dürfte den Jungen

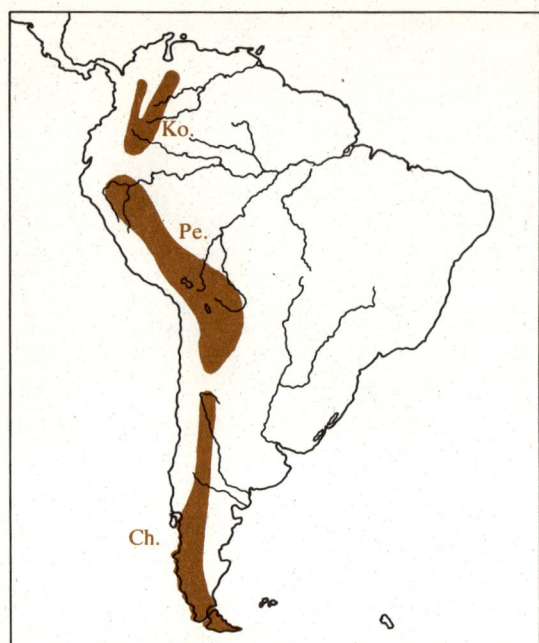

Jahresvorkommen der Kolumbianischen (Ko.), Peruanischen (Pe.) und Chilenischen (Ch.) Sturzbachente; Überwinterung in tieferen Gebirgstälern.

Trust erhielt 1969 zwei Männchen und ein Weibchen der Peru-Sturzbachente, die jedoch nicht lange am Leben erhalten werden konnten.

In Zusammenarbeit mit dem Trust sammelte der englische Züchter MAKINS, Fakenham, Norfolk, in Südamerika ca. 10 Eier der Chile-Sturzbachente; 7 Küken konnten davon in England erbrütet und 5 aufgezogen werden, von denen vorerst ein Erpel und zwei Weibchen überlebten. Als Futter wurden geboten: neben Aufzuchtfutter Mehlwürmer, Rinderherz und gekochtes Ei, die Altvögel erhielten u. a. Forellenpellets, Mehlwürmer und Garnelen. Eine eigens dazu erbaute Voliere (8 × 5 m) wurde mit Felswänden und ständig tätigem Wasserfall ausgestattet. Nach dem Tode mehrerer Altvögel sammelte MAKINS 1982 in Chile erneut Eier, aus denen ein Paar aufwuchs. Als Todesursachen wurden Luftröhrenwürmer und Aspergillose ermittelt. Die Erpel mauserten innerhalb des ersten Lebensjahres das Alterskleid durch (FISCHER, briefl.).

Schwimm- oder Gründelenten, *Anatini*

Saumschnabelente
Hymenolaimus malacorhynchos (GMELIN)

Č Kachna měkkozobá	F Canard bleu
D Blåand	H Mountain Duck
E Blue oder Mountain Duck	R Синяя утка

Habitus: Ziemlich große, gedrungene Ente. Abb. Seite 60.
Alterskleid: ♂ und ♀ Kleingefieder durchweg düster bleigrau, der Oberkopf bräunlich getönt; Brust und Schultern kastanienbraun gefleckt. Armschwingen dunkelgrau, schwarz gerandet und ohne farblich hervortretenden Flügelspiegel. Der schmale, horngelbe Schnabel ist zum Nagel hin lappenartig verbreitert, doch bedeutend geringer als bei der Spatelschnabelente. Iris stechend lehmgelb, Füße schwarzgrau. ♀ weniger braunfleckig auf der Brust als ♂. *Maße:* ♂ und ♀ Flügel: 235–249, Schwanz: 125–135, Schnabel: 45–50, Lauf: 48–51 mm (DELACOUR 1956). *Gewicht:*

der Nahrungserwerb und selbst der Aufenthalt auf diesen Bächen erheblich schwerer fallen als während des niederschlagsarmen Winters, obgleich bereits die Küken so vorzügliche Schwimmer sind, daß sie auch auf den wildesten Gebirgsbächen reale Überlebenschancen haben.

Die Chile-Sturzbachenten brüten dagegen zu Beginn des südlichen Frühlings. Die Nester werden in Nischen wassernaher Felswände und in Uferhöhlungen angelegt. Die Gelege bestehen aus 3–5 gelbbraunen Eiern mit den Durchschnittsmaßen von 61 × 41 mm (DELACOUR 1956). Nach MOFFETT (1970) werden die Eier in wöchentlichem Abstand gelegt und in 43–44 Tagen vom Weibchen erbrütet. Sofern diese lange Brutdauer die Regel ist, kann sie durch die niederen Luft- und Wassertemperaturen bedingt sein. Die Küken verlassen nach gleichem Autor zwei Tage nach dem Schlupf das Nest, veranlaßt durch den Lockruf des Weibchens. Offenbar teilen sich die Eltern die Betreuung der Küken.
Nahrung: Sie besteht vorwiegend aus den Larven der Köcher-, Stein- und Maifliegen, weniger aus Mollusken und kleinen Fischchen. Mit dem schmalen, fast gummiweichen Schnabel werden die Insektenlarven von den Steinen und besonders aus den Steinritzen abgelesen. Dabei wurden Tauchzeiten bis 20 Sekunden ermittelt.
Haltung und Zucht: Im letzten Jahrzehnt sind mehrere Versuche unternommen worden, Eier aus Südamerika, speziell aus Chile, nach England und die USA zu bringen und dort erbrüten zu lassen. Der Wildfowl

♂ 753–1077 g, ∅ 887 g; ♀ 680–850 g, ∅ 750 g (KEAR 1973).

Dunenkleid: Oberkopf, Augenstreif, Nacken, hinterer Halsstreif und Rücken einschließlich Flügel, Schenkel und Bauchseiten schwarzgrau; Gesicht, Vorderhals, Brust und Unterseite sowie Überaugenstreif und hinterer Flügelrand grauweiß. In der dunklen Rückenfärbung befinden sich keine hellen Flecken. Schnabel graublau, bereits lappenartig verbreitert, Füße olivbraun.

Jugendkleid: Gesamtfärbung stumpfer und etwas brauner als bei den Alttieren, Brustfleckung fehlt, Schnabel blaugrau.

Lebensweise: Saumschnabelenten sind Bewohner klarer, sauerstoffreicher Gebirgsgewässer und somit neben dem kleinen Verbreitungsgebiet auch ökologisch stark eingeengt. Während früher Bejagung und Rodung der endemischen Wälder zur Bestandsabnahme führten, sind es nun die eingeführten Forellen als Nahrungskonkurrenten. Gesetzlich ist die Saumschnabelente in Neuseeland voll geschützt; der Gesamtbestand umfaßt etwa 5000 Tiere.

Obgleich die Art von der oberen Baumgrenze bis zur Küste angetroffen wird, sind bevorzugte Biotope die Mittelläufe der Gebirgsflüsse innerhalb der Laubwald-Baumfarn-Region. Einzeln oder paarweise gehen sie in flachen Stromschnellen wie in ruhig dahinströmenden Staustrecken der Nahrungssuche nach. Besonders die Erpel haben eine laute, das Getose der Bergströme übertönende Stimme, die insbesondere der Revierabgrenzung dient. Die Brutsaison erstreckt sich von August bis Juni des nächsten Jahres; zwischen Oktober und Dezember wurden die Mehrzahl der Gelege gefunden, zwischen November und April die Jungen beobachtet. Die Nester befinden sich vorzugsweise in Höhlungen unter Baumstümpfen, zwischen Felsgestein, unter umgestürzten Bäumen, aber auch unter Seggen- und Grasbüscheln. Nestbau und Brut allein durch das Weibchen, Nestdunen dunkel blaugrau. Vollgelege enthalten 4–8, meist 5 hell sandfarbene Eier mit den Maßen 58,5–72,5 × 43–50 mm; ∅ 65,1 × 45,1 mm (mehrere Autoren, zit. von KEAR 1973). Brutdauer 31–32 Tage. Der Erpel hält sich in der Nestnähe auf und begleitet das Weibchen in den Brutpausen. Die Küken schlüpfen mit einem Mittelgewicht von 45,5 g (KEAR 1973) und werden von beiden Eltern betreut. Etwa mit 8 Wochen sind die Jungtiere befiedert, und mit 10–11 Wochen unternehmen sie die ersten Flugversuche. Die Familien halten lange zusammen und vertreiben möglicherweise den Nachwuchs als Artrivalen nach der Umfärbung in das Alterskleid (nach etwa 6 Monaten).

Nahrung: Sie besteht ausschließlich aus Wasserlebewesen wie Larven der Köcher- und Eintagsfliegen, die von den Steinen abgelesen, vom Bachgrund hochgetaucht oder als Vollinsekten aus der Luft erhascht werden.

Haltung und Zucht: Einzelne Saumschnabelenten gelangten hin und wieder lebend nach Europa. Unter anderem erreichten fünf Exemplare 1957 den englischen Wildfowl Trust, wovon sich ein Teil sehr gut eingewöhnte; Eier legten die Tiere jedoch nicht ab. Eine Ab-

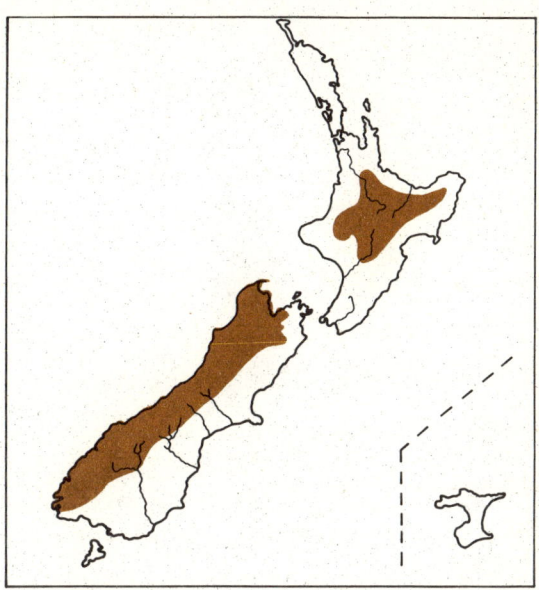

Jahresvorkommen der Saumschnabelente (nach KEAR 1973).

bildung im 15th Annual Report (1963) und in der Zeitschrift »Der Falke« (Jg. 14, S. 190) zeigt ein Paar dieser Enten an einem Teich des Wildfowl Trusts. Über die bisherigen Erfahrungen bei der Eingewöhnung und Fütterung der Saumschnabelenten berichtet DELACOUR (1964):

Die Eingewöhnung der in Neuseeland frisch gefangenen Jung- und Altvögel erwies sich als sehr schwierig. Anfangs nahmen die Enten nur geschabtes rohes Fleisch, das man ihnen auf den Teichrand strich, wo sie es abschnatterten. Später bekamen sie ebenfalls rohes Fleisch, geweichtes Brot, etwas Weizen und vor allem Würmer und andere Kleinlebewesen; vom Teichrand seihten sie die Algen ab. Die gebotenen Würmer wurden nie gierig verschlungen, sondern »gekaut«, und es dauerte eine Zeit, bis der Wurm völlig verschluckt war. Saumschnabelenten werden meist sehr zahm. Ein in Neuseeland gehaltenes Exemplar begrüßte seinen Pfleger stets mit lautem Geschrei, wenn dieser mit dem Spaten erschien, um Würmer für das Tier auszugraben.

Im November 1968 wurden aus 4 Eiern von Wildvögeln Küken erbrütet, die Tiere aufgezogen und später nach Slimbridge gesandt, wo sie jedoch nur kurze Zeit lebten. Ende der 70er Jahre existierten keine Saumschnabelenten außerhalb von Neuseeland, dort sind jedoch die ersten bescheidenen Zuchterfolge erzielt worden.

Salvadoriente
Anas waigiuensis
(ROTHSCHILD & HARTERT)

Č Kachna krahujčí	F Canard de Salvador
D –	H Salvadori's Duck
E Salvadori's Duck	R Полосатая утка

Habitus: Kleine, schlanke Ente im *Anas*-Typus. Abb. Seite 196.

Alterskleid: ♂ und ♀ Kopf- und Halsgefieder schwarzbraun, schmal hellgrau gesäumt. Rücken durchgehend von Schultern bis Schwanz und Flügeldecken auf schwarzbraunem Grund schmal weiß quergebändert und gewellt; Flanken breit schwarzweiß gebändert. Hals, Brust und Unterseite rahmbraun, zart rosa übertönt und mehr oder weniger schwarz gesprenkelt. Flügelspiegel grünglänzend, beiderseits von breiten, weißen Binden eingefaßt. Schnabel leuchtend gelb, First schwarz; Iris rotbraun, Füße gelborange mit dunklen Schwimmhäuten. Geschlechter lassen sich sicher an der Stimme unterscheiden: ♂ mit hohem Pfeifton, ♀ äußert ein dumpfes, zweisilbiges Quaken; die Art ist jedoch wenig ruffreudig (KEAR 1975).
Maße und *Gewichte:* ♂ Flügel: 185–207, Schnabel: 35–39, Lauf: 35–42,6 mm; ♀ Flügel: 179–196, Schnabel: 34–38, Lauf: 36–40,7 mm; ♂ 429–525 g, Ø 462 g; ♀ 430–520 g, Ø 469 g (KEAR 1975).

Dunenkleid: Oberseite und an den Flanken bis zu den Schenkeln schwarzbraun; Gesicht, Brust und Bauchseite sowie hinterer Flügelrand und zwei Fleckchen an den Körperseiten weiß; Hinteraugenstreif und Ohrfleck wiederum dunkelbraun. Schnabel rot und grau.

Jugendkleid: Im wesentlichen wie Alterskleid, etwas dunkler und weniger farbklar gezeichnet. Schnabel grau bis olivgrün, Füße rötlichgelb.

Lebensweise: In ihren schwer zugänglichen Lebensräumen im Bergland von Neuguinea blieben die Salvadorienten lange Zeit unbekannt und ließen bis in die jüngste Zeit viele taxonomische und biologische Fragen offen. Erst 1894 wurden sie auf Waigeu entdeckt und wissenschaftlich beschrieben. KEAR (1975) faßt das bisherige Wissen über die Art zusammen und ergänzt es durch Mitteilungen von Gewährsleuten, die derzeit auf Neuguinea lebten:

Die Lebensräume der Salvadoriente beschränken sich auf langsam strömende Flußabschnitte, alpine Seen und Waldtümpel in Höhen zwischen 500 und 4000 m; größte Siedlungsdichte bei 3700 m (Schneegrenze bei 4300 m). Sie erstreckt sich über mehrere Pflanzenregionen. In den Tälern (etwa bis 900 m) beherrschen tropische Regenwälder die Landschaft, die Gewässer liegen hier völlig im Wald eingebettet. Bis 3300 m erstreckt sich der tropische Nebelwald, hier werden die Seen und Flüsse von schmalen Ried- und

Salvadoriente, *Anas waigiuensis* (ROTHSCHILD & HARTERT)

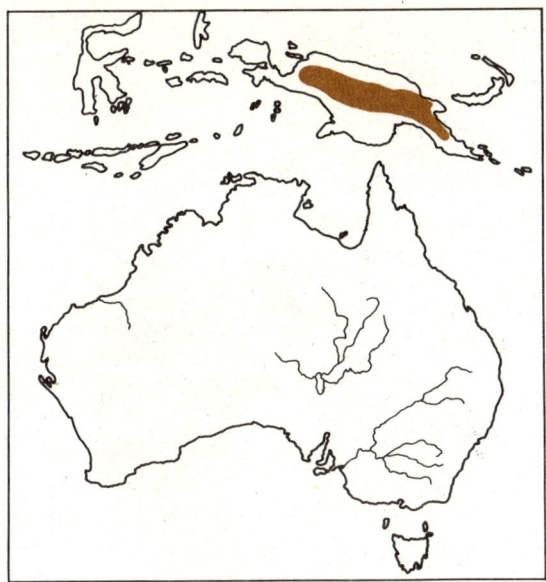

Jahresvorkommen der Salvadoriente.

Neuguinea Mitte der fünfziger Jahre Salvadorienten hielt, berichtet DELACOUR (1956):

Mehrere Enten dieser Art wurden mit Netzen gefangen und auf zwei etwa 500 m² großen Teichen ausgesetzt. Die Tiere blieben lange Zeit scheu. Sie wurden anfangs mit Fischchen und Kaulquappen ernährt, später nahmen sie zusätzlich Körner, Mischfutter, Brot und Grünzeug. Im Jahre 1956 gelang die Aufzucht von drei Küken, die die Altente selbst führte. Die Salvadorienten waren untereinander stets aggressiv, und es war schwierig, mehr als ein Paar auf einem Teich zu halten.

Im Jahre 1959 sandte E. HALSTROM 15 Salvadorienten aus Neuguinea in den Wildfowl Trust nach England; damit gelangte die Art erstmalig nach Europa. Die Haltung dieser Tiere erwies sich als sehr schwierig; ein Jahr später lebten nur noch drei davon, die ebenfalls bald starben.

Schwarzente
Anas sparsa EYTON

Č Kachna tmavá	F Canard noir d'Afrique
D Hvidplettet And	H Black Duck
E African Black Duck	R Африканская чёрная кряква

Drei Unterarten: Im Gegensatz zur hier beschriebenen Südafrikanischen Schwarzente, *Anas sp. sparsa* EYTON, sind die Abessinische Schwarzente, *Anas sp. leucostigma* RÜPPEL, und die Westafrikanische Schwarzente, *Anas sp. maclatchyi* BERLIOZ, kleiner und im Gesamtgefieder heller, außerdem haben sie eine schwächere gelbbraune Rückenfleckung. Die Schnäbel sind bei ihnen rotbraun und schwarz.

Beschreibung von *Anas sparsa sparsa*
Habitus: Große Ente; Körper durch einen kräftigen Schwanz gestreckt wirkend. Abb. Seite 315.
Alterskleid: ♂ durchweg samt-schwarzbraun und auf dem Rücken, am Bürzel und auf dem Schwanz weißlich bis ockergelb gefleckt oder breit gebändert. Der intensiv stahlblau schillernde Flügelspiegel wird auf den großen Decken und an den Endsäumen der Armschwingen je von einer schwarzen und weißen Binde eingefaßt. Scapular- und besonders Schultergefieder sehr breit quergebändert. Oberschnabel entlang der Ränder blau, Mittelteil schwarz; Iris dunkelbraun, Läufe lehmgelb, Schwimmhäute dunkelbraun. ♀ etwas kleiner, verwaschener schwarz und weniger gefleckt als das ♂. *Maße:* ♂ Flügel: 245–272, Schwanz: 103–117, Schnabel: 43–50, Lauf: 40–45 mm; ♀ Flügel: 232–248, Schnabel: 40–45 mm. *Gewicht:* ♂ unbekannt, ♀ 760–1070 g.

Grasgürteln umgeben. Über 3300 m dominieren ausgedehnte Grasfluren; die alpinen Seen und Fließgewässer dieser Region sind die Hauptwohngebiete der Salvadoriente. Die Tiere leben paarweise oder in kleinen Gruppen auf den Geröll- und Schlammufern. Sie sind wenig scheu und weichen Gefahren durch Wegschwimmen aus, weniger durch Auffliegen aus.

Die Brutaktivitäten (einschl. Jungenaufzucht) massieren sich zwischen Juni und Mitte Oktober, doch sind auch aus den übrigen Monaten Gelege oder Küken bekannt. Die Paare leben möglicherweise in Dauerehe und verteidigen streng abgegrenzte Brutreviere, auf Flußläufen etwa 160 m. Über einen Gelegefund wurde erstmals 1959 berichtet. Die Nester befinden sich nahe dem Wasser in der Bodenvegetation unter Grasbülten oder Gebüsch, eine Dunenauspolsterung wird angenommen. Die Gelege enthalten 3–4 cremefarbene oder grünliche Eier mit den ∅-Maßen 57,6 × 42,6 mm; Brutdauer um 28 Tage. Von den Küken wird berichtet, daß sie auf dem Rücken des Weibchens getragen werden, eine Verhaltensweise, die von Schwänen bekannt ist, unter den Enten aber nur noch bei der Lappenente vorkommt, die ebenfalls im Mittel nur 3 Eier legt.

Nahrung: Sie besteht aus Wasserinsekten wie Libellenlarven und Wasserkäfern, Wasserflöhen und Kaulquappen, die tauchend ergriffen werden; Tauchdauer im ∅ 12 sec.

Trotz des unzureichenden gesetzlichen Schutzes ist die Salvadoriente heute in geeigneten Biotopen noch regelmäßig anzutreffen. Der Fortbestand der Art kann gefährdet werden, wenn die Gebirgsflüsse stark mit Forellen besetzt werden, die zum Nahrungskonkurrenten der Ente werden.

Haltung und Zucht: Über die Erfahrungen von E. HALSTROM, der auf seiner Farm im Hochland von

Dunenkleid: Gesicht gelbbraun und von einem schwarzen Augen- und einem parallel darunter verlaufenden Backenstreif durchzogen; übrige Kopfpartien, Hals, Rücken und Körperseiten schwarzbraun, nur eine schmale Kiellinie über Brust und Bauch, die Achseln, der hintere Flügelrand sowie ein kleiner Fleck am Schenkelansatz und an den Bürzelseiten sind dunkel lehmgelb. Schnabel und Füße schwärzlich.

Jugendkleid: Kleingefieder stärker braun übertönt als bei den Altvögeln, einzelne Partien gelbbraun gesäumt. Die typische Fleckung und Querbänderung des Alterskleides fehlt fast oder gänzlich; Spiegel wenig glänzend.

Lebensweise: Schwarzenten leben zumeist paarweise oder in Familienverbänden entlang von Flüssen und Bächen in bewaldeten Bergregionen und Savannen. Sie lieben klares, fließendes Wasser und rasten nur gelegentlich auf vegetationsreicheren Niederungsgewässern. BALL u. a. (1978) fanden die größte Siedlungsdichte (700 bis 1400 m je Paar) an 3 bis 14 m breiten und bis 1 m tiefen von Akazien-Eichen-Galeriewäldern gesäumten Bächen und zahlreichen kleinen Bewässerungsstauen in der landwirtschaftlich genutzten Umgebung. In den Dämmerungsstunden versammelten sich bis zu 200 Alt- und eben flügge Jungvögel an gemeinsamen Übernachtungsplätzen und verteilten sich tagsüber wieder auf die Reviere entlang der Flüsse (SIEGFRIED 1977). Ihr Flug ist kraftvoll, und wesentlich besser und geschickter als andere Gründelenten vermögen sie zu tauchen.

Der Beginn der Brutsaison ist von den Niederschlägen nur wenig abhängig; denn diese Enten bewohnen zur Fortpflanzungszeit vorrangig permanente Gewässer. In Südafrika brüten sie von Juli bis Februar, hauptsächlich im August und September, also im dortigen Frühling und Sommer.

Die Nester befinden sich gut verborgen in der dichten Ufervegetation nahe dem Wasser, aber auch in Baum- und Erdhöhlen, auf kleinen Inselchen oder zwischen angeschwemmtem Holz. Die 5–7 lehm- bis hell kaffeebraunen Eier werden in 24stündigen Intervallen gelegt und messen 57,0–66,0 × 43,6–46,5 mm; ∅ 59,3 × 44,9 mm (SIEGFRIED 1968). Das Weibchen brütet allein. Die Brutdauer wird mit 26–32 Tagen angegeben und dürfte 28–30 Tage betragen. Während dieser Zeit ist das Nest sehr dicht mit Dunen und einigen Konturfedern ausgelegt. Die Jungenführung obliegt offenbar allein dem Weibchen, die Küken wachsen etwa wie die der Gelbschnabelenten heran. Außerhalb der Brutzeit werden möglicherweise Wanderungen in wärmere Gebiete unternommen, wo es dann gelegentlich auch zu kleinen Schwarmbildungen kommen kann. Aus dem Kapland liegen einige Mauserbeobachtungen aus den Monaten November und Dezember vor.

Nahrung: Sie besteht zu einem beträchtlichen Teil aus tierischen Stoffen, u. a. aus Fischchen, doch liegen keine genauen Magenanalysen vor.

Haltung und Zucht: Schwarzenten werden in der südafrikanischen Zuchtstation Jonkershoek Wildfowl Refuge bei Stellenbosch häufig gehalten und mit gutem Erfolg mühelos vermehrt. Nach Europa gelangten

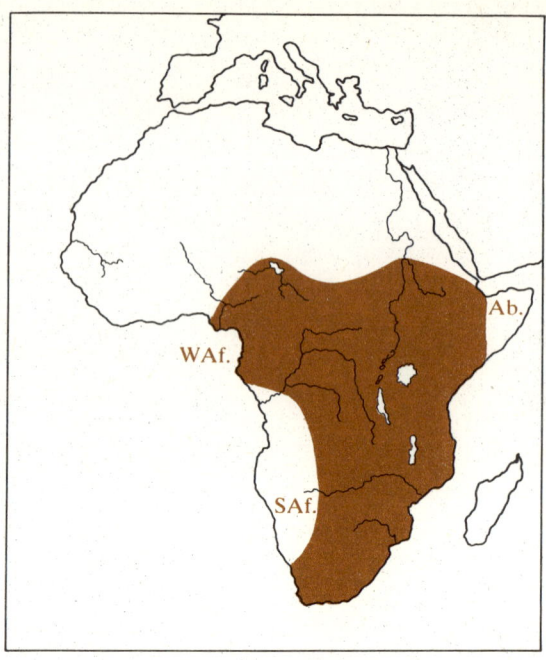

Jahresvorkommen der Westafrikanischen (WAf.), Abessinischen (Ab.) und Südafrikanischen (SAf.) Schwarzente.

diese Enten nur spärlich. DELACOUR (1956) berichtet von einem Paar, das BLAAUW, Holland, 1914 aus Natal erhielt und von welchem er zwei Jahre später Junge zog, ferner von einzelnen Tieren, die in den 20er und 30er Jahren nach Clères, Frankreich, und in den Londoner Zoo kamen. Etwa seit 1950 besitzt der englische Wildfowl Trust Schwarzenten und brachte sie mit ziemlicher Regelmäßigkeit zur Fortpflanzung. Die dortigen Paare begannen jeweils im März und April, 1955 bereits am 26. Februar mit der Eiablage. Gegenwärtig werden diese Enten in mehreren westeuropäischen Ländern gehalten und gezüchtet. In der DDR war im Tierpark Berlin seit 1967 zeitweilig im Besitz eines Paares.

SIEGFRIED (briefl.) empfiehlt, den Alt- und Jungvögeln ein stark eiweißhaltiges Futter zu geben und möglichst nur ein Paar auf einer Wasserfläche zu halten, die Männchen kämpfen sehr heftig um ihre Reviere. Über die Entwicklung von Gehegetieren in Südafrika schreiben FROST et al. (1978): Frischgeschlüpft wiegen die Küken um 40 g, im Alter von 20 Tagen 190 g, von 40 Tagen 500 g, von 60 Tagen die Erpel 730 g, die Weibchen 680 g und nach weiteren 60 Tagen die Erpel 950 g und die Weibchen um 800 g. Das Wachstum schließt ab: der Schnabel nach 60 Tagen, der Schwanz nach 70 Tagen, die Flügel mit 115 (davon die Handschwingen mit 100) Tagen. Bei 80–85 % der Flügelentfaltung erhalten die Schwarzenten mit etwa 63 Tagen die Flugfähigkeit. Im Alter von 3½ Monaten beginnt der erste Wechsel des Kleingefieders und der Schwanzfedern.

Pfeifente
Anas penelope L.

Č	Hvizdák euro-
	asijský
D	Pibeand
E	European Wigeon

F	Siffleur d'Europe
H	Smient
R	Свиязь

Habitus: Mittelgroße Gründelente mit dickem Kopf und hochgewölbter Stirn; Schnabel kurz und kräftig. Abb. Seite 71 und 314.

Brutkleid (Artkennzeichen): ♂ Stirn ausgedehnt gelblichweiß oder hellrostfarben; übrige Kopfpartien und Hals kastanienbraun; Brust isabellfarben, Flanken, Rücken und Schultern silbergrau und schwarz gewellt; Schwanzdecken schwarzgrün. Flügel mit einem großen weißen Feld auf den Decken, einer schwarzen Zwischenbinde und dunkelgrünem Spiegel. Unterflügel der Axillargegend (bei beiden Geschlechtern und bei juv.) graubraun melliert. Oberschnabel bleigrau, Nagel und Hornleisten schwarz. ♀ Kleingefieder dunkel graubraun, lediglich Bauchseite weiß; Spiegel weniger leuchtend als beim ♂, Flügeldecken braun, breit weiß gesäumt. Schnabel dunkelgrau. *Maße:* ♂ Flügel: 254–270, Schwanz: 95–108, Schnabel: 33–36, Lauf: 35–36 mm; ♀ Flügel: 236–255, Schnabel: 31–34 mm. *Gewicht:* ♂ 460–970 g, ⌀ 750 g; ♀ 410–1150 g, ⌀ 640 g.

Ruhekleid des ♂: Etwa Juni–August bis Oktober. Kleingefieder oberseits rotbraun, dunkler gesäumt, teils von schwarzbraunen Federn durchsetzt; Bauch weiß. Flügel bleiben unverändert.

Dunenkleid: Oberkopf, Rücken und hintere Körperseiten braunschwarz; Gesicht rostfarben; Unterseite und Flügelränder hellbraun, schwach gelblich. Schnabel und Beine dunkelgrau, Schnabelnagel hornbraun.

Jugendkleid: Ähnlich wie ad. ♀ gefärbt, doch Bauchseite stärker braungefleckt. Bei juv. ♂ ♂ Flügeldecken hellgrau, Spiegel grünglänzend, bei juv. ♀ ♀ Decken graubraun mit breiten weißen Säumen, Spiegel glanzlos schwarzgrau, partiell weißfleckig. Deutliche Stimmunterschiede (analog ad.) ab einem Alter von 6 Wochen.

Vorkommen in Mitteleuropa: Pfeifenten sind auf den Küstengewässern der Nord- und Ostsee häufige Durchzügler, kleinere Trupps überwintern. Ab August treffen die Zuwanderer hier ein, der Herbstzug erfolgt im Oktober und November, der Frühjahrszug zwischen März und Mitte April, einzelne verweilen bis Mai. Aus den Küstengebieten der Ostsee wird gelegentliches Brüten bekannt.

Lebensweise: Das Hauptbrutvorkommen der Pfeifente erstreckt sich über Asien und hier besonders über die Gewässer der borealen Nadelwaldzone nördlich bis in die Strauchtundra. Große, flache Seen, vegetationsreiche Altwässer, Sumpfniederungen der Taiga sowie die Bodden- und Schäreninseln der Ostsee bilden bevorzugte Brutbiotope. Auf dem Zuge und im Winterquartier verweilen diese Pfeifenten weit mehr als ihre amerikanischen Verwandten entlang der Meeresküsten.

Die Nester befinden sich gut verborgen in Seggenbeständen, unter Büschen, in trockener Heide, seltener zwischen Felsgestein und werden allein vom Weibchen errichtet. Eiablage selten vor Anfang Mai, meist im Juni. Vollgelege enthalten 7–10 rahmgelbe bis rotbraune Eier mit den Maßen: 49–59,7 mal 35–42 mm; ⌀ 54,5 × 38,7 mm. Sie werden in 24stündigen Intervallen gelegt und in 23–25 Tagen erbrütet. Die Nestdunen sind sepiabraun, an den Spitzen und im Zentrum weiß; Konturfedern weiß oder braun, breit weiß gesäumt. Die Erpel zeigen eine starke Bindung zur brütenden Ente, einzelne führen zeitweilig die Küken mit, verlassen jedoch die Familie, sobald Anfang Juni die Mauser einsetzt. Die Jungenten sind mit 6 bis 7 Wochen voll befiedert und flugfähig.

Nahrung: Sie ist fast aussschließlich pflanzlich und besteht auf dem Frühjahrszug bevorzugt aus jungen Gräsern, im Sommer aus Sumpf- und Schwimmpflanzen und im Winter zusätzlich aus Tang, Seegras und Algen.

Haltung und Zucht: Nach DELACOUR (1956) wurden Pfeifenten bereits im Alten Ägypten gehalten, Berichte über erfolgreiche Zuchten liegen aus dem 18. Jahrhundert vor. Dennoch blieb diese schöne Ente eine von den Züchtern lange Zeit unbeachtete und selten gehaltene Art, wogegen sie in Zoos regelmäßig gezeigt wurde. Von den Entenkojen Westeuropas erfolgte eine reichliche und billige Belieferung der Tiermärkte. Diese Wildfänge waren robust und langlebig (ein Höchstalter von über 24 Jahren wurde bekannt), blieben jedoch scheu und brüteten kaum. Doch wuchsen im Berliner Zoo bereits 1881 sechs Junge auf (SCHLAWE 1969). Die heutigen Gehegevögel sind gezüchtete Tiere und somit ruhiger und wiederum leicht züchtbar.

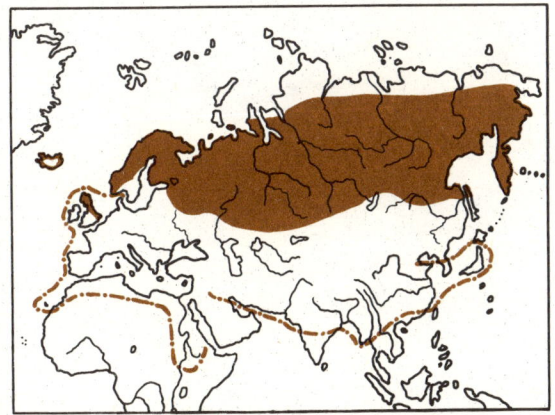

Brutvorkommen und Überwinterungsgebiete der Pfeifente.

Pfeifenten sind voll verträglich und eignen sich gut für gemischte Kollektionen kleinerer Arten. Ihre Unterbringung erfolgt bevorzugt in Gehegen mit gesunder, kurzer Grasnarbe, wobei Zuchterfolge auch in Kleingehegen nicht ausbleiben.

Die geschlechtliche Reife tritt etwa ab 10. Lebensmonat ein, doch beginnen die unscheinbare Balz und die Paarung nach dem Umfärben der Erpel im Winter. Nestanlage meist entfernt vom Teich im Grase, unter Gebüsch oder in dort aufgestellten Hütten. Eiablage im Mai, im britischen Wildfowl Trust vereinzelt ab März. Bei guten Zuchtpaaren sind Nachgelege zu erwarten. Bebrütung und Kükenaufzucht verlaufen mit den Eltern oder in Inkubatoren und Boxen problemlos. Frischgeschlüpft wogen 22 Küken aus eigener Anlage 24–32 g, Ø 28,1 g. Pfeifentenküken sind vital und nehmen auch ohne Anleitung durch Ammen oder andere Küken gebotenes Futter sofort an. Verpaarungen zwischen europäischen und nordamerikanischen Pfeifenten bieten keine Schwierigkeiten, sollten jedoch im Interesse der Reinhaltung der Arten vermieden werden.

Amerikanische Pfeifente
Anas americana
GMELIN

Č Hvízdák šedohlavý
D Amerikansk Pibeand
E American Wigeon
    oder Baldpate

F Siffleut d'Amérique
H Amerikaanse Smient
R Американская свиязь

Habitus: Etwas größer und massiger als eurasische Pfeifente. Abb. Seite 314.
Brutkleid: ♂Stirn und Kopfplatte strohgelb; hinter dem Auge beginnend, erstreckt sich bis zum Nacken hin ein ausgedehnter, schwarzschuppiger, dunkelgrün schillernder Längsfleck. Übrige Kopfpartien und oberer Halsteil auf grauweißem Grund fein schwarz gefleckt. Brust, Flanken, obere Rücken- und Schulterpartien hellbraun, fein dunkelbraun gewellt und fliederfarben übertönt; Mittelrücken und Bürzel mehr silbergrau, Bauch und Bürzelseiten weiß, Schwanzdecken schwarz. Flügeloberseite in allen Kleidern wie die der eurasischen Form, doch Axillaren weiß und nicht meliert wie bei *penelope*. Der hell bleigraue Schnabel ist schwarz gerandet und hat schwarz eingefaßte Nasenlöcher. Iris dunkelbraun; Beine dunkelgrau, Schwimmhäute schwarz. ♀ etwa wie das *A. penelope*-♀, weniger dunkel und mit hochgewölbter Stirn. Der Gesamtton des Kleingefieders neigt zu einer grauen bis fliederfarbenen Tönung, im Gegensatz zu dem etwas braueren *penelope*-♀. *Maße:* ♂ Flügel: 254–270, Schwanz: 95–108, Schnabel: 33–36, Lauf:

35–36 mm; ♀ Flügel: 236–255, Schnabel: 31–34 mm. *Gewicht:* ad. ♂ Ø 808 g, diesj. ♂ Ø 780 g; ad. ♀ Ø 752 g, diesj. ♀ Ø 717 g.
Ruhekleid des ♂: Juni–August bis Oktober/November. Flügel bleiben unverändert. Kleingefieder etwa wie das des ♀. Insgesamt etwas grauer als der *penelope*-Erpel.
Dunenkleid: Die Küken sind nicht mit Sicherheit von denen der eurasischen Art zu unterscheiden.
Jugendkleid: Kleingefieder dem des ♀ ähnlich. Flügeldecken des juv. ♂ auf weißem Grund graufleckig, des ♀ graubraun, nur schmal hell gerandet. Spiegel schwarz, wenig grünglänzend. Axillaren weiß.
Lebensweise: Ähnlich den eurasischen sind auch die Amerikanischen Pfeifenten Brutvögel der nördlicheren Breiten. Sie bewohnen hier die großen Binnenseen in den Niederungsgebieten und halten sich in den Wintermonaten mehr auf Inlandgewässern als vor der Küste auf. Der Frühjahrszug erfolgt relativ spät – Südkanada erreichen sie nach Mitte April, die Brutplätze in Alaska erst gegen Ende Mai. Auf den Brutgewässern verläuft eine unscheinbare Balz, und wenig später beziehen die einzelnen Paare ihre Nistreviere. Die Nester werden auf trockenem Land entlang der Ufer, sehr bevorzugt aber auf kleinen, bewachsenen Inseln errichtet. Hier können sie unter Umständen dicht bei dicht und vereint mit denen anderer Arten stehen. Die Nester selbst werden in hohen Präriegräsern, in dichtwüchsigen Stauden oder unter niedrigen Sträuchern in flach ausgescharrten Mulden erbaut und mit trockenen Pflanzenteilen und Dunen – diese sind hellgrau und haben weißliche Zentren und Spitzen – ausgelegt. Unbebrütete Eier fand man in den südlichen Arealen von Anfang Mai bis Ende Juni, in Alaska etwa zwischen dem 5. Juni und dem 5. Juli. Die Gelege bestehen aus 6–12, meist aus 9–10 cremeweißen, teils hellbräunlichen Eiern mit den Maßen 51–60 mal 36–40 mm; Ø 54,3 × 38,5 mm. Die Brutdauer beträgt 24–25 Tage. In der Regel hält das Männchen bis zum

Brutvorkommen der Amerikanischen Pfeifente, ferner lokal in Ontario und Quebec brütend; –·–·– Überwinterungsgebiete.

Einsetzen seiner Ruhemauser zum brütenden Weibchen. Die Küken werden von der Ente betreut; frisch geschlüpfte wiegen um 25 g (SMART 1965), sie sind ziemlich schnellwüchsig. Etwa ab September mausern die Erpel in ihr erstes Prachtkleid um und sind danach bis zum nächsten Sommer am Jugendflügel (siehe oben) von mehrjährigen Tieren zu unterscheiden. Ab Dezember ist dann das Kleingefieder im wesentlichen gewechselt; die geschlechtliche Reife tritt mit etwa 10 Monaten ein. Der Herbstzug setzt im arktischen Amerika ab Ende August ein, verläuft im Oktober und November durch die mittleren USA-Staaten und führt zu den Winterquartieren Mittelamerikas.

Nahrung: Überwiegend vegetabilisch, Samen und Grünteile der Sumpf- und Schwimmpflanzen bilden den Hauptanteil, hinzu kommen Wasserpflanzen, die den Tauchentenarten entrissen werden (Nahrungsparasitismus). Etwa 7 % der Nahrung besteht aus Mollusken und Wasserinsekten.

Haltung und Zucht: Es erscheint bemerkenswert, daß eine Anzahl in Nordamerika häufiger Wasservogelarten erst relativ spät und nur in geringer Zahl in Europas Zoos und Zuchtanlagen gelangte. Hierzu gehört auch die Nordamerikanische Pfeifente, die erst nach 1970 eine stärkere Verbreitung in den westeuropäischen Wasservogelanlagen fand. Während sie SCHLAWE (1969) für den Berliner Zoo bis 1888 nicht aufführt, berichtet HEINROTH (1910) dort von einer gelungenen Zucht und später von ständig anwesenden Altvögeln. Der Berliner Tierpark erwarb diese Art erstmalig nach 1960. Etwa seit dieser Zeit wird sie im Wildfowl Trust alljährlich und in ansprechender Zahl vermehrt. Erstzucht in der DDR 1968 durch FRANKE, Leipzig.

Im Verhalten, Gehege- und Futteransprüchen, Robustheit und Verträglichkeit gleicht die Nordamerikanische Pfeifente weitgehend unserer eurasischen Art. BIEHL, briefl., züchtete von einem Paar zwischen 1973 und 1977 93 Jungtiere. Erstgelege im Jahr 11–12, Nachgelege 9–11 Eier, Legebeginn zwischen 10. und 20. Mai sowie zwischen 5. und 15. Juni, meist unter kleinen Fichten. Die Weibchen sind extrem empfindlich gegenüber Störungen am Nest. Als arttypisch bezeichnet BIEHL die Tatsache, daß viele Paare keine Fortpflanzungsstimulanzen zeigen. Sechs Küken wogen 24–28 g, Ø 25,9 g.

Chilepfeifente
Anas sibilatrix
POEPPIG

Č Hvízdák stejnobarvý	F Siffleur du Chili
D Chilensk Pibeand	H Chilie Smient
E Chiloë Wigeon	R Чилийская свиязь

Brutvorkommen und Überwinterungsgebiete der Chilepfeifente.

Habitus: Reichlich mittelgroße Gründelente; Stirn nicht so typisch hochgewölbt wie bei anderen Pfeifenten-Arten. Abb. Seite 314.

Alterskleid: ♂ Kopf von Schnabelbasis bis Auge und Stirn weiß; hintere Kopf- und Halsseiten violett-stahlgrün schillernd; unterhalb der Ohrgegend ein runder Fleck unsauber weiß; übrige Kopf- und Halspartien schwarzbraun. Brust-, Oberrücken- und Schultergefieder auf dunkelbraunem bis schwarzem Grund rahmweiß gebändert (Brust) beziehungsweise breit gesäumt; Unterrücken schwarz, Bürzel weiß; Flanken und Unterschwanzdecken hell rostrot, im Zentrum weißlich; Bauch durchgehend weiß. Flügel im Handteil und die kleinen Decken schwarzbraun. Armschwingen glänzend samtschwarz, eine des inneren Drittels mit weißer Außenfahne, große und mittlere Decken ebenfalls weiß. Steuerfedern schwarzbraun. Schnabel leuchtend blau, Hornleiste und Nasenloch schwarz; Iris braun, Füße dunkelgrau. ♀ im wesentlichen farbgleich und nicht in jedem Falle vom ♂ zu unterscheiden. Weiß am Kopf teils weniger ausgedehnt und unsauberer, teils auf den Wangen in den hellen Ohrfleck übergehend; Kopfseiten weniger glänzend; Flankengefieder gelbbraun und flockiger als beim ♂. Flügeldecken teilweise grau durchsetzt.

Eine dunklere, offenbar nur selten auftretende Farbphase ist bekannt, ebenso diverse Übergangsformen. *Maße:* ♂ Flügel: 255–275, Schwanz: 110–120, Schnabel: 33–35, Lauf: 40–43 mm; ♀ Flügel: 237–245, Schnabel: 34–36 mm. *Gewicht:* 600–850 g.

Dunenkleid: Kopfplatte, Nacken und obere Rumpfseite schwarzbraun, unterbrochen von hellen Fleckchen an Flügel (als Saum), Schenkel und Bürzelseiten.

Gesicht rotbraun, Unterseite hell rahmfarben. Schnabel und Füße schwarzgrau, Schnabelnagel hornbraun.

Jugendkleid: Im Farbtypus wie Alterskleid, aber beträchtlich dunkler und matter; Kopf und Hals glanzlos schwarzgrau, Rückengefieder nur schmal und unsauber gesäumt, Flanken ebenfalls dunkel. Bei juv. ♂♂ große und mittlere Armdecken weiß, erstere mit schwarzer Endbinde, Armschwingen samtschwarz. Bei juv. ♀♀ genannte Armdecken fleckig grauweiß, Außenfahnen der Armschwingen fleckig aufgehellt.

Lebensweise: Als typischer Vertreter der Gründelenten bewohnt die Chilepfeifente vegetationsreiche Binnengewässer, wie flache Lagunen, Pampaseen, ruhige und versumpfte Wasserflächen der Flußniederungen. In neuerer Zeit wurden entlang der Andenvorgebirge Argentiniens die dort angelegten Stauseen und flachen Wasserrückhaltebecken besiedelt (WELLER 1969).

Die Brutzeit liegt während des südlichen Frühlings, regional auch während der Regenzeiten. Gelege enthalten 6–9 weiße oder schwach cremefarbene Eier mit den Maßen 54–63 × 40–43,4 mm; ⌀ 58,4 × 41,0 mm. Brutdauer 24–25 Tage. Zur Nestauspolsterung werden im Zentrum weiße, im übrigen sepiabraune Dunen und weiße Konturfedern verwandt. Die Erpel beteiligen sich aktiv an der Jungenführung. Außerhalb der Brutzeit vergesellschaften sich die Chilepfeifenten auch mit anderen Arten auf großen, offenen Seen einschließlich der Brack- und Salzgewässer der Küstenregionen.

Nahrung: Sie gleicht weitgehend der der anderen Pfeifentenarten.

Haltung und Zucht: Die ersten Chilepfeifenten gelangten 1870 in den Zoo London und 1871 in den Zoo Berlin, Zuchterfolge wurden bereits 1873 aus Frankreich und 1875 aus dem Zoo Berlin bekannt (DELACOUR 1956 und SCHLAWE 1969). Heute gehören sie zu den häufigsten Arten in Zoos, Privatanlagen und auf städtischen Parkteichen. Das ganzjährig farbenfrohe Gefieder beider Geschlechter, die robuste Konstitution und die leichte Züchtbarkeit dürften die Gründe sein.

Die Unterbringung der Chilepfeifenten erfolgt auf nicht zu engen Gesellschaftsteichen oder paarweise im Kleingehege. Zu befriedigenden Zuchterfolgen wird es hier wie dort kommen, doch wird auf engem Raum die Bodenvegetation stark verbissen. Die Überwinterung ist auf eisfreiem Wasser möglich, sollte jedoch bei anhaltendem Frost im geschlossenen Raum erfolgen.

Die Weibchen beginnen ab Anfang April mit dem Legen. Bei der Nistplatzwahl sind sie recht tolerant, bevorzugen jedoch dicht am Wasser aufgestellte Hütten. Der Erpel bewacht den Nistplatz und begleitet das Weibchen in den Brutpausen. Erst- und Zweitgelege enthalten bis 11, Drittgelege 6–8 Eier. Die Intervalle zwischen zwei Vollgelegen betrugen in meiner Anlage 7, 11, 12, 15, 17 und 23 Tage; 62 Gehegeeier messen 51–59,4 × 36,1–41,6 mm; ⌀ 53,0 × 39,2 mm und liegen damit unter dem Durchschnittswert der Wildvogeleier. Es wogen 13 Eintagsküken 27–34 g; ⌀ 31,0 g. Die Aufzucht der vitalen Küken bereitet keine Probleme, gebotenes Futter wird auch ohne Anleitung sofort aufgenommen. Etwa mit drei Wochen beginnt die Flanken- und Schulterbefiederung, ab 5. Woche sind die Flügeldecken entfaltet und ermöglichen eine sichere Geschlechtsbestimmung. In diesem Alter beginnen auch die Erpel ihr arttypisches Pfeifen zu üben. Die Umfärbung in das Alterskleid setzt ab September ein und wird im Herbst weitgehend abgeschlossen. Die geschlechtliche Reife tritt bei einem Teil der Tiere mit 11 bis 12 Monaten ein, die Mehrzahl wird erst ab zweitem Frühjahr fortpflanzungsaktiv.

Sichelente
Anas falcata GEORGI

Č Čirka srpoperá	F Canarad à faucilles
D Segland	H Sikkel Eend
E Falcated Duck	R Касатка

Habitus: Fast stockentengroße und sehr massige Gründelente. Abb. Seite 72.

Brutkleid: ♂ Kopfplatte und Zügelpartien glänzend dunkelbraun, am Hinterkopf und ganz besonders auf den stark verlängerten Schopffedern in intensiven purpurerzgrünen Glanz übergehend. Ein kleiner Stirnfleck und Kehle weiß, letztere von einer schwarzen Linie durchzogen. Brust grob schwarz und silberweiß geschuppt, auf Rückenpartien und Flanken Übergang zu feiner schwarzweißer Wellung. Seiten der Aftergegend weiß bis strohgelb, schwarz umsäumt; Unterschwanzdecken schwarz. Flügel mit stark verlängerten und ziemlich breiten, schwarzweiß gefärbten Tertiärschwingen, die sichelartig herabhängen. Spiegel erzgrün mit schwarzer Außenbinde, Flügeldecken hellgrau. Schnabel schwarzgrau, Iris dunkelbraun, Füße grau. ♀ im Habitus weitgehend dem Pfeifenten-♀ gleichend. Kleingefieder sehr dunkel, Fleckung fast schwarz; Flügelfärbung ähnlich der des ♂. *Maße:* ♂ Flügel: 230–242, Schwanz: 82–85, Schnabel: 40–42, Lauf: 37–40 mm; ♀ Flügel: 225–235, Schnabel: 38–40 mm (DELACOUR 1956). HARTERT (1912–1921) gibt als Flügelmaß für ♂ 246–257 mm, GLADKOW u.a. (1964) 230–255 mm an. *Gewicht:* ♂ 590–770 g, ⌀ 713 g. ♀ 422–700 g, ⌀ 585 g (JOHNSGARD 1978).

Ruhekleid des ♂: Juli bis Oktober. Gesamtes Kleingefieder dem des ♀ ähnlich, aber noch dunkler. Innere Armschwingen etwas verlängert und hell graubraun.

Dunenkleid: Stirn gelbbraun, Kopfplatte und Rückenpartien dunkel graubraun, von olivgelben Grannen überzogen. Gesicht von hellbraunem Augen- und Backenstreif übertönt. Je ein Fleckchen auf den Bürzelseiten und gesamte Bauchseite fahl gelbgrün. Schnabel

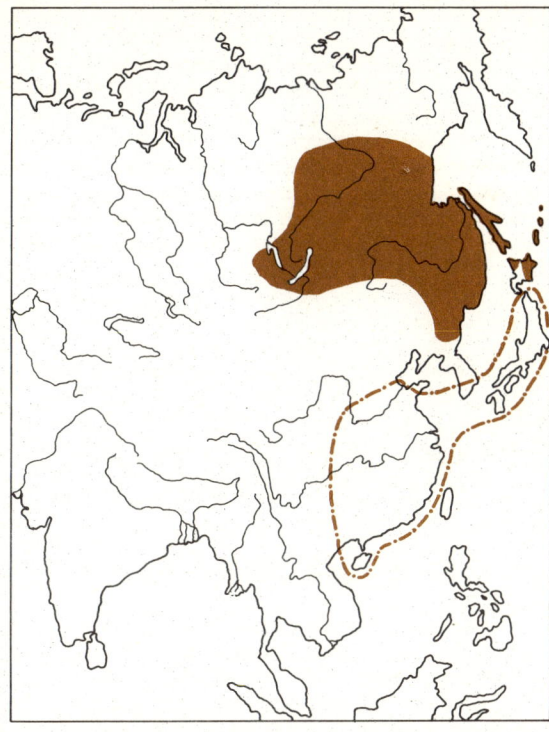

Brutvorkommen und Überwinterungsgebiete der Sichelente.

bis kräftig lehmbraune Eier mit den Maßen 52–58,5 × 38–42 mm; ⌀ 56 × 39,4 mm. Die Brutdauer beträgt 24–26 Tage. Zur Nestauspolsterung finden dunkelbraune Dunen mit blaßbraunen Zentren und mattweißen Spitzen Verwendung. Etwa bis zur Hälfte der Bebrütungszeit bleibt der Erpel in Nestnähe und begleitet das Weibchen in den Brutpausen. Dann ziehen sich die Männchen in die Bestände der Ufervegetation zurück und mausern. Die Jungenaufzucht erfolgt durch das Weibchen. Im Südteil des Brutgebietes und südlich davon übersommern alljährlich viele Sichelenten, so daß der Eintritt der Geschlechtsreife erst für das zweite Jahr vermutet wird (DEMENTJEW und GLADKOW 1952).

Bereits im September verlassen die Brutvögel ihre südsibirische Heimat. In den Winterquartieren, in Südchina und in den Acker- und Reisbaugebieten Japans erscheinen sie ab November. Während der Wintermonate halten sich die Sichelenten auf den freien Wasserflächen der Binnenseen oder auf dem küstennahen Meer auf. Nachts befliegen sie zur Nahrungsaufnahme angrenzende Äcker und Reisfelder.

Nahrung: Sie gleicht etwa der anderer Gründelenten.

Haltung und Zucht: Obgleich Sichelenten bereits 1785 nach England gelangten, werden sie erst seit 1916 gezüchtet und gehörten etwa bis 1960 zu den selten gehaltenen (offenbar auch selten importierten) *Anas*-Arten. Die danach einsetzenden ergiebigen Zuchterfolge hatten eine rasche Verbreitung in den Zoos und Privatanlagen zur Folge. Heute gilt die Sichelente als anspruchslos, winterhart und verträglich, die nicht nur durch das ansprechende Prachtkleid des Erpels begeistert, sondern auch in Kleinanlagen und unter Zoobedingungen gut zur Fortpflanzung zu bringen ist. Ihre Unterbringung erfolgt vorzugsweise auf Gesellschaftsteichen mit grasbewachsenen Auslaufgehegen.

Während nach Freilandbeobachtungen die Prachtkleidumfärbung nicht vor Ende Dezember beendet sein soll (JAHN 1942) und die vielen Nichtbrüter im Amurgebiet auf eine zweijährige Geschlechtsreife schließen lassen, entwickeln sich die Gehegevögel offenbar schneller. Die ad. Männchen sind ab Oktober, die juv. ab Ende November ausgefärbt. Die Mehrzahl der Paare ist knapp einjährig brutaktiv. Die Weibchen errichten das Nest in der Bodenvegetation, meist in einiger Entfernung vom Teich unter Gebüsch oder ähnlichen Nisthilfen oder im Gras, selten dagegen in Nistkästen. Legebeginn in europäischen Zuchtanlagen relativ einheitlich zwischen Mitte Mai und Mitte Juni, im Wildfowl Trust ausnahmsweise ab Ende April. Die Gelege der ad. Weibchen bestehen in der Regel aus 9, Nachgelege und Erstgelege juv. Weibchen aus 6–7 Eiern. BIEHL, briefl., ermittelte bei 6 Bruten eine Inkubationszeit von 23–27 Tagen bei einem Mittelwert von 25,0 Tagen. Ein, seltener zwei Nachgelege sind zu erwarten; der Erpel befruchtet, selbst wenn sie weitgehend in das Ruhekleid umgemausert haben. Wegen der Gefährdung von Ente und Gelege durch Raubsäuger und Igel erfolgen Brut und Kükenaufzucht zweckmäßig mit Ammen oder technischen Wärmequellen. Siebzehn Eintagsküken wogen 21–25 g, ⌀ 23,2 g.

und Füße überwiegend dunkelgrau, Iris dunkelbraun.

Jugendkleid: Im wesentlichen wie ♀-Kleid. Bei juv. ♂♂ Brust rötlich braun, Flügeldecken einfarbig dunkelgrau, die innersten Armschwingen deutlich verlängert und abgebogen; juv. ♀♀ Brust dunkelbraun, Flügeldecken graubraun, hell gerandet, innerste Armschwingen nicht vergrößert.

Vorkommen in Mitteleuropa: Als Irrgast (oder entflogen aus Gehegen) in Frankreich, Schweden, der Tschechoslowakei und Österreich nachgewiesen.

Lebensweise: In Biologie und allgemeinem Verhalten unterscheidet sich die Sichelente kaum von den anderen Gründelenten. Balz und Paarung beginnen bereits Anfang Dezember, oft noch vor vollendeter Brutmauser (JAHN 1942). Die Paare halten dann bis zum Frühjahr eng zusammen und kehren gemeinsam in die Brutgebiete zurück. Der Frühjahrszug setzt im Ussuri-Gebiet in der zweiten Märzhälfte ein und erfährt Mitte April seine größte Intensität. Die Brutpopulationen der Amur-Gebiete treffen Ende April ein, beginnen aber selten vor Juni mit der Eiablage. Auch in den anderen Gebieten brütet die Sichelente später als andere Entenarten. Als typische Brutbiotope bezeichnet SPANGENBERG (1964) stille Buchten von Seen und Flußläufen, deren Ufer von Schilf und Laubwald gesäumt sind. Die Art bewohnt aber auch Sumpfniederungen in der offenen Landschaft und Küstenseen. Standort und Bauweise des Nestes entsprechen denen anderer Gründelenten. Die Vollgelege enthalten 7–9 hell

Schnatterente
Anas strepera L.
Dt. Syn.: Mittelente

Č Kopřivka obecná	F Chipeau
D Knarand	H Krakeend
E Gadwall	R Серая утка

Neben der Nominatform wurde von den Fanning-Inseln im Stillen Ozean die Coues-Schnatterente, *Anas s. couesi* (STREETS), bekannt, eine typische Inselform, etwa in der Größe der Krickente, mit relativ kurzen Flügeln (199 mm) und grauer Färbung.

Von dieser Unterart ist nur ein Paar bekannt, das 1874 auf der Washington-Insel erbeutet wurde. Schnatterenten sind gelegentliche Besucher der Hawaii-Inseln und als Irrgäste auf den Fanning-Inseln nachgewiesen. Ob einzelne dort brüten, ist nicht sicher. Ein auf Tahiti ergriffenes und aufgezogenes Entenküken erwies sich später als eine Schnatterente; seine Eltern müssen folglich dort gebrütet haben. Mit großer Sicherheit wird heute vermutet, daß die Coues-Schnatterenten lediglich Nachkommen einer kleinen, verdrifteten Gruppe der Nominatform darstellen. GREENWAY (1958) hält es für möglich, daß es sich bei den Belegen nur um immature Nachkommen von 1 bis 2 Paaren Schnatterenten handelt, die angeschossen zurückblieben, sich erholten und brüteten.

Beschreibung von *Anas strepera strepera* L.
Habitus: Gedrungene Ente mittlerer Größe. Abb. Seite 316.

Brutkleid (Artkennzeichen): ♂ Kopf und Hals bräunlich, übriges Kleingefieder vorwiegend dunkel aschgrau. Brust grob, Rücken und Flanken fein grau gewellt; Bauch weiß; Unterschwanzdecken schwarz. Flügel mit kastanienbraunen, graubraunen und schwarzblauen Decken sowie einem geteilten weißen und schwarzen Spiegelfeld. Schnabel dunkel bleigrau, Füße gelb mit dunklen Schwimmhäuten. ♀ typisches ♀-Kleid mit breiten gelbbraunen Federsäumen. Kleine und mittlere Flügeldecken graubraun und weißlich oder braun gerandet; die innersten großen Decken schwarz; innere Armschwingen weiß, nach außen grau werdend. Schnabel und Beine gelbbraun. *Maße:* ♂ Flügel: 260–282, Schwanz: 75–93, Schnabel 38–45, Lauf: 35–40 mm; ♀ Flügel: 235–260, Schnabel: 36–42 mm. *Gewicht:* ♂ 460–1300 g, ⌀ 860 g; ♀ 485–1000 g, ⌀ 761 g.

Ruhekleid des ♂: Mai–Juni bis September–November, teils bis Januar. Kleingefieder etwa wie ♀, insgesamt aber rotbrauner; Schnabel gelbbraun, Flügel unverändert.

Dunenkleid: In der Zeichnung wie Stockenten-Küken, Rücken jedoch schwarzbraun, nicht olivbraun.

Jugendkleid: Etwa wie ♀ gefärbt, doch Unterseite stärker gefleckt, fast gestrichelt wirkend. Weiterhin zahlreiche feine Differenzierungen in Flügel- und Schnabelzeichnung.

Vorkommen in Mitteleuropa: Verbreiteter Brutvogel in Schleswig-Holstein, seltener, doch regelmäßig nistend an den Seen und der Küste Mecklenburgs, an den Teichen der Lausitz, Nordböhmens und Mährens, ferner an einigen Stellen Oberbayerns und der Niederlande. Im übrigen Mitteleuropa sporadisch und vereinzelt ansässig. Während der Frühjahrszug unauffällig im April verläuft, rasten zwischen September und November viele Schnatterenten auf großen Seen, einzelne überwintern.

Lebensweise: Die Schnatterente ist ein Charaktervogel ausgedehnter Seengebiete in den niederschlagsarmen, kontinentalen Grassteppen im Süden der Sowjetunion

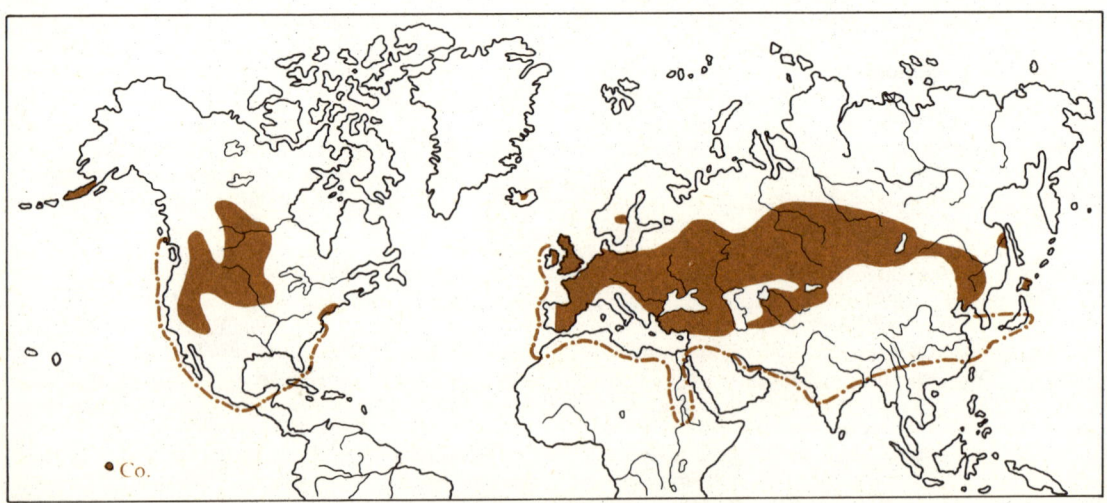

Brutvorkommen und Überwinterungsgebiete der Schnatterente; Coues-Schnatterente (Co.).

und den Prärien Nordamerikas. In Europa brütet die Art an großen Flachseen der offenen Landschaft und an brackigen Küstengewässern, fehlt jedoch an Bergseen.

Ende März und besonders im April kehren die Schnatterenten auf die hiesigen Brutgewässer zurück. Da Balz und Paarung bereits im Herbst stattfanden, gibt sich die Art im Frühjahr recht unscheinbar und wird leicht übersehen. Die Nester befinden sich auf trockenem Grund dicht bewachsener Inseln, an Dämmen oder unter Büschen. Eiablage ab Ende April, meist im Mai, in 24stündigen Intervallen. Vollgelege enthalten 8–12 rahmgelbe Eier mit den Maßen 45,1–59,8 × 34,2–41,8 mm; ⌀ 53,8 × 38,2 mm (BEZZEL in BAUER und GLUTZ von BLOTZHEIM 1968). Brutdauer 25–26 Tage. Das Weibchen brütet allein und wird vom Erpel bei frühen Gelegen um die Mitte der Brutzeit, bei späteren schon in der ersten Brutwoche verlassen (MCKINNEY 1965). Kükenführung allein durch das Weibchen. Die Jungenten sind mit etwa 7 Wochen flugfähig, verpaaren sich ab Juli/August des gleichen Jahres und werden mit 11 bis 12 Monaten geschlechtsreif.

Nahrung: Sie besteht aus Pflanzenteilen, vor allem von Laichkräutern und anderen Wasserpflanzen, den Samen der Sauergräser und Rhizomen. Der geringe Anteil tierischer Nahrung enthält kleine Mollusken, Wasserinsekten und Würmer.

Haltung und Zucht: Schnatterenten werden von Züchtern und in zoologischen Gärten relativ selten gehalten. Ursache ist ohne Zweifel die wenig attraktive Färbung der Erpel. Pflege und Unterbringung unterscheiden sich nicht von denen anderer europäischer Gründelenten. Schnatterenten sind winterhart, verträglich und ohne Schwierigkeiten über viele Jahre zu halten. Werden Zuchterfolge angestrebt, muß das nicht zu enge Gehege einen dichten Bodenbewuchs aufweisen. Die Nester werden in einiger Entfernung vom Teich stets gut verborgen in der Bodenvegetation angelegt, nicht selten sind sie erst auffindbar, wenn die Ente brütet. Die Küken lassen sich problemlos aufziehen.

Baikalente
Anas formosa GEORGI

Dt. Syn.: Gluckente

Č	Čírka dvouskvrnná	F	Sarcelle formose
D	Sibirisk Krikand	H	Baikal Taling
E	Baikal Teal	R	Чирок-клоктун

Habitus: Wie Krickente, etwas größer. Abb. Seite 65 und 315.

Brutkleid: ♂ Kopfplatte, ein senkrecht verlaufender Augenstreif und Kehle schwarz; Zügel- und Backenge-

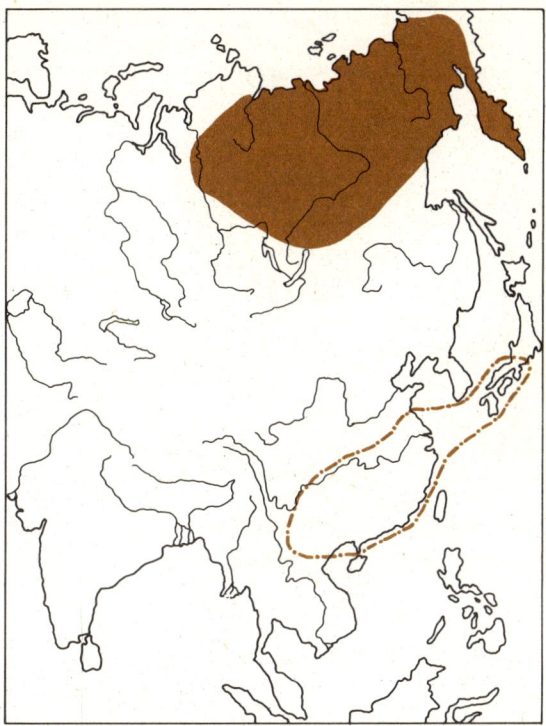

Brutvorkommen und Überwinterungsgebiete der Baikalente.

gend leuchtend gelb; hintere Kopfhälfte intensiv erzgrün glänzend, diese Partie umzogen von schmalen weißen Einfassungslinien. Brustgefieder auf isabellweinrötlichem Grund fein dunkelbraun überfleckt, zu den Flanken hin in feine graue Wellung übergehend; Bauchseite einfarbig hell graubraun. Senkrecht verlaufender Streif zwischen Brust und Flanken weiß. Unterschwanzdecken schwarz, die zu den Steuerfedern angrenzende Reihe kastanienbraun, Abschlußlinie zum Bauch weiß. Rückengefieder dunkelgrau, Schultern fein grau gewellt. Verlängerte Scapular- und Tertiärschwingen als schmale braun, schwarz und weiß gefärbte Schmuckfedern herabhängend. Flügelspiegel erzgrün mit schwarzer und weißer Außenbinde, große Armdecken braun. Schnabel dunkel bleigrau, Iris braun, Füße grau. ♀ Kleingefieder im Färbungstypus wie Krickenten-♀, aber mehr gelbbraun und stets mit einem strohgelben Fleck auf dem Zügel. Flügelfärbung ähnlich der des ♂. *Maße:* ♂ Flügel: 200–220, Schwanz: 75–80, Schnabel: 35–38, Lauf: 33–35 mm; ♀ Flügel: 180–210, Schnabel: 33–35, Lauf 30–33 mm. *Gewicht:* ♂ 360–520 g, ⌀ 437 g; ♀ 402–505 g, ⌀ 431 g.

Ruhekleid des ♂: (Gehegebeobachtungen) Ruhemauser Mitte Juni bis Mitte Juli (brutaktive Tiere etwas später), Kleingefieder ♀-farbig, doch Schulterschmuckfedern etwas verlängert und leuchtend gelb gerandet. Brutkleidmauser setzt Anfang Oktober ein, ab Mitte November mit Ausnahme der oberen Flankenfederreihe abgeschlossen, doch alle Federn des

Kopfes bräunlich gesäumt und nicht glänzend. Zur Januar-Februar-Wende werden die letzten Flankenfedern gewechselt, und etwa ab März zeigen sich die leuchtenden Kopffarben.

Dunenkleid: Oberseite olivbraun, ansonsten lebhaft gelb gefärbt. Am gelben Zügelfleck gut kenntlich.

Jugendkleid: Beide Geschlechter ähnlich dem ad. ♀ gefärbt, zwischen juv. ♂ und ♀ gut sichtbare Unterschiede in der Flügelzeichnung analog anderer *Anas*-Arten.

Vorkommen in Mitteleuropa: Bei Beobachtungen in West- und Mitteleuropa (Belgien, Schweiz, Gebiet der DDR) handelte es sich mit Sicherheit um entflogene Gehegevögel, wogegen die 8 Nachweise aus holländischen Entenkojen doch die Möglichkeit von Irrgästen offen lassen.

Lebensweise: Baikalenten sind in den Niederungsgebieten der großen sibirischen Ströme, weniger im Bergland, häufige und weitverbreitete Brutvögel. Sie bewohnen Teiche und Altwässer in den Flußauen, Waldsümpfe und bruchartige Taigatäler sowie die Tundrengewässer in den Deltas der nach Norden entwässernden Flüsse. Während des Frühjahrszuges kam es früher auf den Flüssen Transbaikaliens und im Amur-Gebiet in der zweiten Mai-Dekade zu ungeheuren Massendurchzügen. STEGMANN (1930) berichtet von einer Dampferfahrt auf dem Amur, bei der das Schiff vom frühen Morgen des 13. Mai bis in die Nacht hinein durch einen einzigen Schwarm rastender Baikalenten fuhr. Auch GORE and PYONG-OH (1971) beobachteten noch riesige Scharen durchziehender Baikalenten in den Reisanbaugebieten Südkoreas, wogegen in Jakutien im letzten Jahrzehnt ein enormer Bestandsrückgang verzeichnet wird.

Gepaart treffen die Baikalenten ab Mitte Mai in den Brutgebieten ein und beginnen dann sehr schnell mit Nestbau und Eiablage. Die Nester befinden sich im Gras entlang dem Ufer, meist unter den Zweigen kleiner Büsche. Die gescharrten Mulden werden stets dick mit trockenem Pflanzenmaterial (in einem Falle nur mit Lärchennadeln) und später mit Dunen reichlich ausgelegt. Die ersten Vollgelege fand man je nach nördlicher Breite zwischen Mitte Mai und Mitte Juni. Sie bestehen aus 6–10 graugrünen Eiern mit den Maßen 45–52,5 × 32–38 mm; $\varnothing$ 48,2 × 34,3 mm. Brutzeiten von 24 und 28 Tagen wurden bekannt (DELACOUR 1956). Bebrütung der Eier und Jungenaufzucht obliegen dem Weibchen. Die Flügelmauser setzt bei beiden Geschlechtern selten vor Juli ein, was im Einklang mit dem späten Brutbeginn steht. Ein Teil der Erpel unternimmt einen Mauserzug zu den Buchten des nördlichen Eismeeres, die meisten mausern jedoch im Brutgebiet. Der bald darauf einsetzende Herbstzug verläuft in allen Gebieten der südlichen Sowjetunion unauffällig. Auf dem Amur, Ussuri und Iman rasten nur kleine Trupps; in manchen Jahren scheint die Art völlig auszubleiben (SPANGENBERG 1964, WOROBJEW 1954 und 1963). Der Zug erfolgt im Herbst entweder sehr schnell oder über andere Zugwege als im Frühjahr.

Die Hauptüberwinterungsplätze sind die Binnenseen und die Staubecken in den Reisanbaugebieten Japans und Chinas. Hier treffen Baikal- und Sichelenten

wesentlich später ein als die übrigen dort überwinternden Entenarten.

Nahrung: Wie die anderer *Anas*-Arten. Nach Gehegebeobachtungen steigt der Bedarf tierischer Anteile während der Legeperiode stark an.

Haltung und Zucht: Baikalenten werden seit ihrem Erstimport 1840 regelmäßig in Europa gehalten. Besonders viele Tiere gelangten um 1910 nach England, Holland und Deutschland; MORITZ (1934) berichtet, daß sie zeitweise neben der Braut- und Mandarinente die am häufigsten gehaltenen Zierenten gewesen seien. Nach 1955 wurden erneut Baikalenten in großer Anzahl und zu niedrigen Preisen vom westeuropäischen Tierhandel angeboten. Die in den Winterquartieren eingefangenen Altvögel blieben in den Gehegen zwar scheu, ließen sich jedoch leicht eingewöhnen und erlangten ein hohes Alter. In der DDR lebten die letzten Tiere aus Vorkriegsimporten bis 1974. Gezüchtete Baikalenten sind dagegen ruhig und können wie Krickenten untergebracht und ernährt werden. Obgleich die Wildfangerpel balzten (STEINBACHER 1960), blieben die Weibchen völlig brutinaktiv, so daß die Art noch nach 1970 als »unzüchtbar« galt. Jeweils 2 Jungtiere wuchsen jedoch im Wildfowl Trust 1954 und 1959 auf.

HARING, Leipzig, versuchte die Zucht über die Einkreuzung von Krickenten. Im Jahre 1976 wuchsen erstmalig zwei Hybriderpel auf, die gewisse Ähnlichkeiten mit der Amerikanischen Krickente hatten. GRAY (1958) nennt 5 verschiedene *Anas*-Kreuzungen. Die eigentliche Zucht der Baikalente gelang ab 1973 den Züchtern WESSJOHANN und HELMERS, ab 1974 und 1975 ERDMANN und BIEHL, obgleich bereits 1964 und in einigen Folgejahren Jungtiere in der BRD aufwuchsen (FISCHER, briefl.).

Während die Mehrzahl der Paare auf sehr großen Anlagen brutaktiv wurde, ist die Zucht der Baikalente heute auch in Kleinanlagen mit gutem Bodenbewuchs und Gebüschgruppen möglich. Die Paarung (sog. Verlobung) und das Rufen der Erpel (auch der juv.) beginnen im Dezember und Januar. Die Balz wird jedoch nur in Gegenwart mehrerer Erpel ausgetragen. Als Nistplatz wählt das Weibchen bevorzugt den Deckungsbereich von Sträuchern in einiger Entfernung vom Teich aus. Die Nestdunen sind sepiabraun mit hellem Zentrum. Legebeginn in 12 Fällen zwischen 28. 5. und 24. 6., Nachgelege ab Mitte Juni. Vollgelege enthalten 9–10 Eier, die in 24stündigen Intervallen abgelegt und in 21–23 Tagen erbrütet werden. Die Kükenaufzucht verläuft problemlos wie die der Krickenten. Die geschlechtliche Reife tritt nach knapp einem Jahr ein.

In der DDR legte in meiner Anlage 1977 ein ad. Weibchen 2 Spareier ab und mauserte danach in ein männliches Teilprachtkleid um. Bei FRANKE, Leipzig, wuchsen 1978 2 und in meinen Zuchtgehegen 1979 1 Erpel auf, deren Eltern von WESSJOHANN gezüchtet wurden; 1980 wuchsen insgesamt 13 Jungtiere heran. Sieben Küken wogen 17,5–20,5 g, $\varnothing$ 18,8 g. Am 14. 7. geschlüpfte Baikalenten waren um den 28. 8. befiedert und am Monatsende im wesentlichen ausgewachsen.

Krickente
Anas crecca L.

Č Čirka obecná   F Sarcelle d'hiver
D Krikand   H Winter Taling
E Green-winged Teal R Чирок-свистунок

Von den drei sich in Farbe und Größe nur wenig unterscheidenden Subspezies bewohnt die Krickente, *Anas c. crecca* L., Eurasien, die Aleuten-Krickente, *Anas c. nimia* GMELIN, die Aleuten-Gruppe und die Nordamerikanische Krickente, *Anas c. carolinensis* GMELIN, Teile dieses Kontinents. Abb. Seite 69.

Beschreibung von *Anas crecca crecca*
Habitus: Kleinste eurasische Ente mit kurzem, gedrungenem Körper. Abb. Seite 71 und 317.
Brutkleid (Artkennzeichen): ♂ Kopf rotbraun mit grünem Seitenschild; Rückenpartien und Flanken grau gewellt; Brust lehmgelb, schwarzbraun übertupft. Flügelspiegel samtschwarz, grün glänzend; Schäfte der Handschwingen dunkel (bei Knäkente weiß). Unterschwanzdecken leuchtend gelb. ♀ typisches ♀-Kleid; insgesamt, besonders am Kopf dunkler als Knäkenten-♀. Flügelfärbung ähnlich dem ♂. *Maße:* ♂ Flügel: 175–192, Schwanz: 62–72, Schnabel: 34–38, Lauf: 27–30 mm; ♀ Flügel: 170–180, Schnabel: 34–36 mm. *Gewicht:* ♂ 257–440 g, ∅ 357 g; ♀ 250–374 g.
Ruhekleid des ♂: Juli–August bis September–November. Kleingefieder etwa wie ♀, Schuppung an Brust und Flanken feiner, nicht so breit rotbraun gesäumt. Vom ♀ an der klareren Flügelzeichnung gut unterscheidbar.
Dunenkleid: Insgesamt sehr dunkel, da Kopf-, Rücken- und Seitenpartien fast durchweg oliv schwarzbraun und lediglich die Augengegend, ein schmaler Streif in der Ohrgegend, Kehle, Brust, Unterseite und die Flügelränder gelblichbraun gefärbt sind. Schnabel schwarzgrau, sehr kräftig und mit gerader Firstlinie. Beine olivgrün, Schwimmhäute gelb eingefaßt.
Jugendkleid: Dem adulten ♀ ähnlich; Flügelspiegel, besonders beim juvenilen ♀, fast glanzlos.
Vorkommen in Mitteleuropa: Verbreiteter, obgleich vielerorts nur spärlicher bis seltener Brutvogel mit abnehmender Bestandsdichte von Nord nach Süd. Auf dem Durchzug im März und April sowie zwischen Juli und Anfang Dezember insbesondere in Mecklenburg, Brandenburg und NW-Deutschland häufig; kleine Gruppen überwintern.
Lebensweise: Die Hauptbrutgebiete der Krickente befinden sich in und nördlich der gemäßigten und borealen Zonen. Sie sind ferner typische Brutvögel einiger

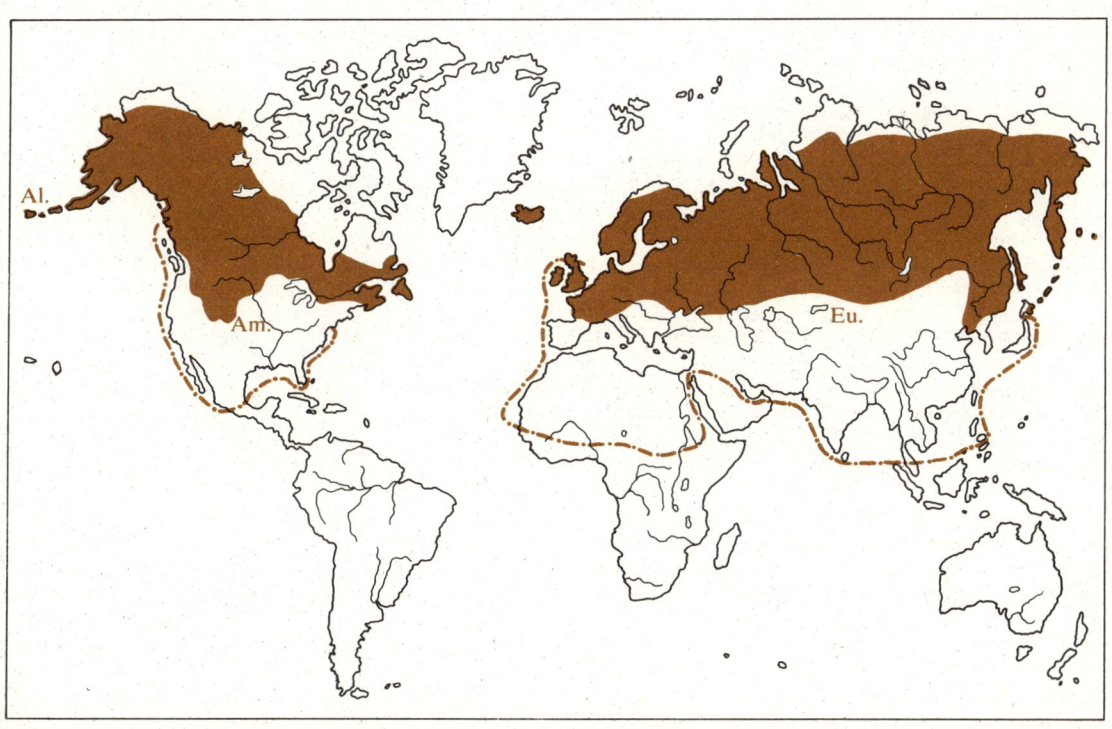

Brutvorkommen und Überwinterungsgebiete der Aleuten- (Al.), Amerikanischen (Am.) und Eurasischen (Eu.) Krickente.

Tundragebiete, aber nur sporadisch verbreitet in den Südteilen ihres Vorkommens (Voous 1962). Als Brutbiotope wählt die Art flache, nahrungs- und vegetationsreiche Seen, Teiche, Altwässer, Sumpfniederungen, gelegentlich auch Moore und Bergseen.

Nach der Ankunft in den Brutrevieren, im März oder April, sieht man Paare oder kleine Gruppen auf der freien Wasserfläche oder in Verfolgungsflügen über die Brutgewässer jagen. Mit Beginn der Fortpflanzungszeit Anfang Mai werden die Krickenten sehr heimlich und leben fortan im Schutze der Teichvegetation. Ihr Nest befindet sich stets gut verborgen auf trockenem Grund, mitunter weit entfernt vom Wasser zwischen Gesträuch, im Grase und sogar im Wald, dagegen selten am bodenfeuchten Ried oder auf Inselchen. Es wird aus Pflanzenmaterial in einer vom Weibchen gescharrten Mulde erbaut und später mit Dunen ausgelegt, sie sind dunkelgrau oder schwärzlich und haben fahlbraune Wurzelzentren und ebensolche Spitzen. Die 6–12, meist 8–10 cremebraunen, grün übertönten Eier werden in etwa 24stündigen Intervallen gelegt und messen 42–49,5 × 31–35,5 mm; ∅ 44,8 × 32,9 mm. Die Brutdauer beträgt 21–23 Tage. Gegen Ende dieser Zeit beginnt für die Erpel die Vollmauser. Das Weibchen führt die Küken zum Wasser und zieht sie dort innerhalb der Ufervegetation auf. Erst nach dem Flüggewerden der Jungenten im August zeigen sich die Familien wieder auf dem freien Wasser. Im September und Oktober erfolgt gewöhnlich ein Zuzug nördlich beheimateter Krickenten auf unseren Gewässern, zwischen Ende Oktober und Ende November sind die meisten in die Wintergebiete abgezogen.

Nahrung: Sie ist in ihrer Zusammensetzung sehr ähnlich der der Stockente, doch insgesamt feiner. Der Anteil an tierischem Futter betrug bei einer amerikanischen Krickenten-Population 34,4 %, davon 33,6 % Schnecken (Yocom and Keller 1961).

Haltung und Zucht: Als eine der kleinsten Entenarten erfreut sich die Krickente bei Züchtern, besonders bei denen, die nur kleine Gehege zur Verfügung haben, starker Beliebtheit. Von den Entenkojen NW-Deutschlands erfolgte in früheren Jahrzehnten eine regelmäßige Belieferung der Tiermärkte, so daß Krickenten stets zu haben waren und sich eine Zucht nicht »lohnte«. Doch blieben diese Wildfänge meist scheu und zeigten wenig Brutaktivität. Die heute gepflegten Tiere stammten ursprünglich aus Eiern von Wildvögeln und werden ergiebig zur Vermehrung gebracht. Während anfangs Zuchterfolge vornehmlich in größeren Gehegen mit dichtem Bodenbewuchs erzielt wurden, sind diese heute auch in Volieren und Kleinabteilen möglich. Nestanlage bevorzugt unter Gebüsch und Stauden, weniger direkt im Grase, heute mehr und mehr auch in Nistkästen. Erstgelege selten vor Anfang Mai, Nachgelege sind trotz begonnener Umfärbung der Erpel meist befruchtet. Brut und Kükenaufzucht erfolgt zweckmäßig ohne Eltern.

Nach 1975 fand die Amerikanische Krickente unter den Züchtern Westeuropas eine gewisse Verbreitung. Von dieser Unterart ist der Erpel im Brutkleid hauptsächlich an einem senkrecht verlaufenden weißen Streifen auf den Brustseiten kenntlich, während die Weibchen, Jungtiere und die Erpel im Ruhekleid nicht von der eurasischen Nominatform zu unterscheiden sind. Die Erstzucht dieser Unterart erfolgte für die DDR 1979 durch Hennicke, Dessau, der 3 Jungtiere aufzog.

Chile-Krickente
Anas flavirostris
Vieillot

Č	Čirka žlutozobá	F	Sarcelle du Chili
D	–	H	Chilie Taling
E	Chilean Teal	R	Желтоклювый чирок

Vier Unterarten mit relativ geringen Farbnuancen im Gefieder bewohnen zwei getrennte Verbreitungsgebiete in Südamerika. Von den beiden gelbschnäbligen Formen besiedelt die Chile-Krickente, *Anas f. flavirostris* Vieillot, den Kontinent etwa südlich 30° s. Br. Im Bereich der Anden schließt nach Norden die Spitzschwingenente, *Anas f. oxyptera* Meyer, eine größere und auf Flanken und Unterseite kaum gefleckte Form an. Die grauschnäblige Anden-Krickente, *Anas f. andinum* (Sclater & Salvin) und die Merida-Krickente, *Anas f. altipetens* (Conover), sind über die Andenbereiche Ekuadors, Kolumbiens und Venezuelas verbreitet.

Beschreibung von *Anas flavirostris flavirostris*
Habitus: Kleine, gedrungene Ente mit hochgewölbter Stirn und dickem, rundlichem Kopf, nur wenig größer als europäische Krickente. Abb. Seite 317.
Alterskleid: ♂ Kopf und Hollfedern graubraun, fein schwärzlich gewellt; Rücken und Bürzel schwarzbraun, die einzelnen Federn hell gesäumt; Schultern und innerste Armschwingen schwarz, teils stahlblau, violett glänzend und mit kastanienbraunen Säumen. Vorderhals und Brust hell graubraun, fein schwarz gefleckt. Schwanzdecken einfarbig graubraun. Flügelspiegel hell grünschillernd, Endsäume der Armschwingen und großen Decken bilden je eine hellbraune Binde. Handschwingen und Steuerfedern dunkel graubraun. Oberschnabel leuchtend gelb mit schwarzer Firstlinie, Iris braun, Füße dunkel bleigrau. ♀ im wesentlichen wie ♂ gefärbt, doch etwas kleiner, dunkler und Kopf mehr schwarz gefleckt als gewellt, Hollfedern kürzer, Spiegel und Oberschnabel weniger prächtig gefärbt. Ferner an unterschiedlicher Stimme kenntlich. *Maße:* ♂ Flügel: 190–202, Schwanz: 116–117, Schnabel: 33–36, Lauf: 36–38 mm; ♀ Flügel: 185–197, Schnabel: 30–35 mm. *Gewicht:* ♂ im ∅ 430 g, ♀ im ∅ 394 g; *Anas f. oxyptera* 410–435 g (Koepcke 1965).

Dunenkleid: Insgesamt recht dunkel; Oberkopf, Nakken, Rücken, Augen- und Backenstreif sowie Flügel und Schenkel schwarzbraun mit zarter Olivtönung. Gesicht und Brust satt gelbbraun, übrige Unterseite, hinterer Flügelrand und ein schmales, verwaschenes Band entlang des seitlichen Rückens oliv-gelbbraun. Schnabel, Augen und Füße dunkelgrau.

Jugendkleid: Etwas dunkler als Alterskleid, Brust weniger klar gefleckt, Spiegel samtschwarz, ohne grünen Glanz, Schnabelseiten lehmgelb.

Lebensweise: Die Chile-Krickente ist in den Niederungen Argentiniens und Zentralchiles südwärts bis zu den subarktischen Falklandinseln weit verbreitet und regional der häufigste Entenvogel. Sie bewohnt ähnlich unserer Krickente flache, vegetationsreiche Lagunen und Tümpel entlang der Flußsysteme, Küstenlagunen und Strandseen, brütet jedoch bevorzugt an waldnahen Teichen; auf den Falklandinseln an Süßwassertümpeln und Bächen der Marschen. Die in den Hochtälern der Anden lebenden Unterarten brüten bis 4000 m Höhe an den Ufern der von Binsen und Gräsern bewachsenen Seen der Punazone, wie dem Titicacasee. Die Gebirgspopulationen sind ganzjährig seßhaft und brüten am genannten See im November und Dezember. Die Chile-Krickente ist im Südteil ihres Verbreitungsgebietes Zugvogel; die Nistplätze werden dort ab September bezogen, Brut und Kükenaufzucht Oktober bis Januar, danach erfolgen Abwanderungen nach Norden, die nordwärts über das Brutverbreitungsgebiet hinausgehen. Für Zentral-Chile vermutet JOHNSON (1965) zwei Jahresbruten zwischen August und Februar. Auf den Falklandinseln brütet die Chile-Krickente im Deckungsbereich der Gräser, in Chile bevorzugt in Höhlungen von Steilufern und Böschungen und in Argentinien in den Reisignestern der Mönchssittiche in Eukalyptusbäumen; Bodennester sind wohl in der Minderzahl. Die Gelege enthalten 5–8 cremefarbene oder blaß rötlichbraune Eier mit den Maßen 48,5–57 × 34–41 mm; Ø 52 × 36,6 mm. Brutdauer 26 Tage. Die Küken springen nach dem Abtrocknen aus den Baumnestern herab und werden von den Eltern, die während dieser Zeit mausern, in der Riedzone aufgezogen. Die Jungenten sind mit 6–7 Wochen flugfähig (WELLER 1972).

Nahrung: Sie besteht nach gleichem Autor während der Sommermonate vorherrschend aus Animalien, wie Kleinkrebsen, Wasserinsekten und deren Larven, außerhalb der Brutzeit aus Wasser- und Sumpfpflanzen sowie deren Samen.

Haltung und Zucht: Chile-Krickenten gehören trotz ihrer schlichtgrauen Färbung seit vielen Jahrzehnten zu den häufiger gehaltenen südlichen Entenarten. Von der Spitzenschwingenente erwarb DELACOUR im Jahre 1938 mehrere Tiere für den Zoopark in Clères, Frankreich, 1940 gelang in England die Erstzucht. Der Wildfowl Trust züchtete sie 1954 und seit 1962; etwa seit 1970 findet die Spitzenschwingenente in ihrer klaren und helleren Zeichnung zunehmend Verbreitung in den Zuchtanlagen und ist auf dem Wege, die Chile-Krickente zu verdrängen. Die Anden- und Merida-Krickente sind offenbar nicht in Europa eingeführt.

Chile-Krick- und Spitzenschwingenenten sind anspruchslose Pfleglinge und eignen sich besonders für Kleinanlagen und Kollektionen kleiner Entenarten. Kurze Frostperioden werden ohne Schaden überstanden, doch möchte für den Winter ein Schutzhaus geboten werden. Die Zucht gelingt mit fast allen Paaren, auch wenn die Partner als Altvögel zusammengestellt wurden. Beginn der Eiablage bei der Chile-Krickente im Wildfowl Trust meist 2. und 3. Märzdekade, nach Erfahrungen der hiesigen Züchter selten vor Mai, Spitzenschwingenente im Trust zwischen 17. 3. und 30. 6., bei BIEHL, briefl., erste Aprilhälfte. Während erstere stets in Nisthöhlen, gern in etwas erhöht angebrachten, legt, errichten Spitzenschwingenenten die Nester auch im Ried des Teichufers. Die Weibchen brüten und führen sicher, bringen aber bis zu drei Nachgelege. Die Küken wachsen problemlos heran und sind knapp einjährig geschlechtsreif.

Brutvorkommen und nördliche Begrenzung der Überwinterungsgebiete der Chile-Krickente, Jahresvorkommen der Merida- (Me.), Andenkrick- (An.) und der Spitzenschwingenente.

Kapente
Anas capensis GMELIN

Č Čírka popelavá   F Sarcelle du Cap
D –   H Kaapse Taling
E Cape Teal   R Капский чирок

Habitus: Mittelgroße, kurze Schwimmente mit breitem, konkav gebogenem Oberschnabel.

Alterskleid: ♂ Kopf und Hals auf grauweißem Grund braun getüpfelt, Kehle und Vorderhals sehr fein dunkel gefleckt. Kleingefieder am gesamten Rumpf ziemlich einheitlich gefärbt, und zwar die Einzelfedern jeweils mit graubraunem Zentrum – auf der Brust querbindenartig – und breitem, silbergrauem Saum. Die Rücken- und Schulterfedern sind schwarzbraun und schmal blaßbraun gesäumt. Flügeldecken graubraun, die großen Armdecken mit breiter weißer Endbinde. Äußere Armschwingen und ein breiter Endsaum auf den übrigen Armschwingen weiß, darin eingeschlossen der schwarz eingefaßte, hell erzgrün schillernde Spiegel. Iris und Schnabel blaß rosarot, Schnabelwurzel schwarz; Füße schmutziggraugelb. ♀ ist ein wenig kleiner als ♂. In der Färbung nicht mit Sicherheit zu unterscheiden, wohl aber am unterschiedlichen Ruf – der Erpel äußert ein hohes Pfeifen, die Ente ein nasales Quaken. *Maße:* ♂ und ♀ Flügel: 168–206, Schwanz: 53–75, Schnabel: 36–55, Lauf: 30–41 mm. *Gewicht:* ♂ 342–590 g, ⌀ 419 g; ♀ 316–451 g, ⌀ 380 g.

Dunenkleid: Oberkopf, ein Längsfleck unter dem Auge, Nacken, Hals, Rücken sowie Flügel, Schenkel und Schwanzteil fahl graubraun; Gesicht, Unterseite, hinterer Flügelrand und eine breite Linie von den Flügelansatzstellen über die dunklen Schenkelfelder bis zu den Bürzelseiten weißlich, zum Teil mit rahmbrauner Tönung. Dunenkleid insgesamt hell und fahl wirkend, doch etwas dunkler als das der Marmelente.

Jugendkleid: Fast dem Alterskleid gleich, jedoch etwas mehr braun und Spiegel nur schwach glänzend.

Lebensweise: Die Kapente ist in vielen Gebieten Afrikas weit verbreitet, aber nur an wenigen Stellen ist sie wirklich häufig anzutreffen. In einzelnen Distrikten Südafrikas, wo die Art ohnehin am zahlreichsten vertreten ist, wird in jüngerer Zeit noch eine gewisse Zunahme verzeichnet. Die Kapenten bewohnen flache, offene Binnenseen und Vleys in den Savannen- und Niederungsgebieten, aber auch Salzpfannen, Flußmündungen und brackige Küstengewässer. Außerhalb der Brutzeit bilden sie kleine Trupps, vergesellschaften sich gern mit Rotschnabel- und anderen Schwimmenten und streichen im Brutgebiet mit ihnen umher, ziehen aber auch – wenn es die Gewässerbedingungen erfordern – über größere Entfernungen.

Die Brutzeiten sind in den einzelnen Gebieten sehr unterschiedlich und erstrecken sich allein in Südafrika über alle Monate des Jahres. Verstärkt fand man die Bruten im Kapgebiet von August bis Oktober, in Kenia im April und Mai. Die Nester befinden sich stets in der Bodenvegetation, so unter kleinen Sträuchern, im Grase oder zwischen Sumpfpflanzen, bevorzugt auf Inseln. Wenig verdeckte und liederlich erbaute Nester sind ebenso bekannt wie solche im dichten, hohen Gras, ausgelegt mit trockenen Halmen, vielen braungrauen Dunen und einzelnen Konturfedern. Die Gelege enthalten 6–11, im ⌀ 8,4 hell cremefarbene, gelblichweiße oder gelblichbraune Eier mit den Maßen 46,9–56,8 × 31–41,3 mm; ⌀ 49,8 × 35,2 mm (ROBERTS 1957). Die Brutdauer beträgt 25–27 Tage. Das Weib-

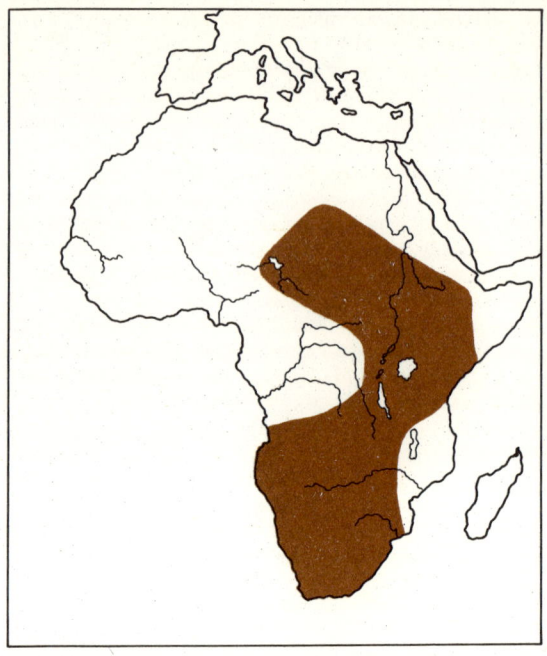

Jahresvorkommen der Kapente.

chen brütet allein, der Erpel bewacht das Nest und führt später die Jungen mit. Wohl deshalb ist es möglich, daß im Mittel 5–6 Junge pro Gelege groß werden, ein überdurchschnittlicher Wert bei Anatiden. Befiederung der Jungenten (nach WINTERBOTTOM 1974): in der 2. Woche entfalten sich die Schwanzfedern, in der 3. die Schwingen; in der 4. sind die meisten Dunen durch Konturfedern ersetzt, volle Befiederung mit 6 Wochen, Flugfähigkeit ab 7. Woche. Geschlechtliche Reife nicht wie bisher angenommen ab 2., sondern schon gegen Ende des 1. Lebensjahres.

Nahrung: Sie besteht zu weniger als 20 % aus Grünteilen und Samen von Wasserpflanzen. Das Gros bilden kleine Wasserinsekten, Kleinkrebse (wie Wasserflöhe) und Kaulquappen. Speziell die Kleinlebewesen werden mit dem konkav gebogenen Schnabel aus seichten Salzwasserseen und Lagunen gefiltert.

Haltung und Zucht: Erstimporte und Erstzucht erfolgten durch McLEAN (England), im März 1938 erhielt er 6 Tiere aus Südafrika und zog damit im gleichen Jahr 4 Junge auf (DELACOUR 1956). Heute gehören die Kapenten zu den häufig in Zoos und Privatanlagen gehaltenen Arten. Sie sind jedoch nicht winterhart (einige Züchter bezeichnen sie direkt als kälteempfindlich) und können während der Brutzeit kleine und mittelgroße Entenarten arg bedrängen.

Mit entsprechenden Paaren gelingt die Zucht in Kleingehegen ebenso wie in Zooanlagen, der Teich möchte jedoch 70 cm oder tiefer sein (Kapenten tauchen gern) und das Gehege für die Nestanlage eine Bodenvegetation aufweisen. Brut und Kükenaufzucht weisen keine Besonderheiten auf; bis zu 2 Nachgelege sind möglich. Wie bei den Freilandpopulationen ist auch bei den Gehegetieren der Legebeginn recht uneinheitlich. Die hiesigen Weibchen legen etwa ab Mitte April, im Wildfowl Trust reicht die Spanne von Februar bis Juni, und MCLEAN fand nach dem kalten Winter 1939 bereits am 25. Februar ein Gelege von den ein Jahr zuvor importierten Tieren. Die Nester werden in Nisthöhlen oder im Grase angelegt.

Brutaktivitäten setzen auch bei Gehegetieren gegen Ende des ersten Lebensjahres ein, viele Paare beginnen erst ab zweitem oder drittem Jahr mit der Fortpflanzung. Während die immat. Tiere normal im Sommer mausern, wechselt zumindest ein Teil der Altvögel im März oder April die Schwingen und wird dann brutaktiv. Dagegen führen in Südafrika gehaltene Kapenten nur nach der Brutzeit eine Mauser durch, während der sie 23–23 Tage flugunfähig sind; dabei wird kein Ruhekleid angelegt. Die Jungtiere wechseln im Alter von 3 Monaten das Kleingefieder.

Bernier-Ente
Anas bernieri
(HARTLAUB)

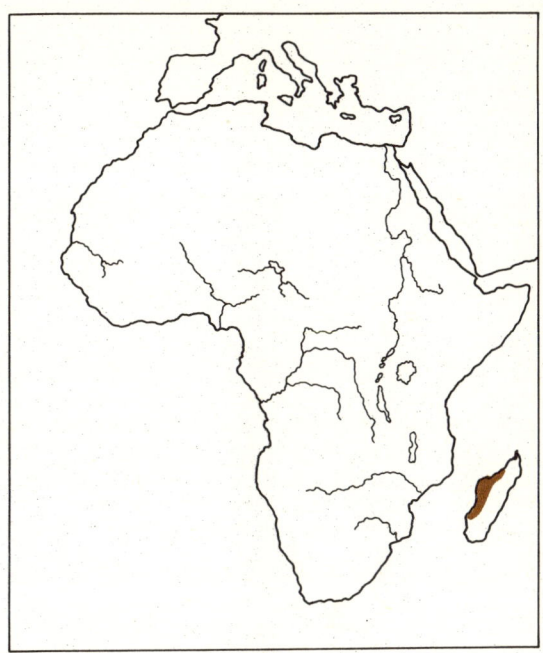

Jahresvorkommen der Bernierente.

Č	Kachna černoskvrnná	F	Sarcelle de Madagas-
D	–		car
E	Madagascan Teal	H	Madagaskar Taling
		R	Мадагаскарский чи-
			рок

Die von KLÖS (in SCOTT 1961) treffend als rötliche Form der Weißkehlente bezeichnete Bernier-Ente wurde teilweise als Unterart der *Anas gibberifrons* angesehen. In neuerer Zeit wird sie als selbständige Art anerkannt.

Habitus: Wie Weißkehlente.
Alterskleid: ♂ und ♀ im Farbtypus der Weißkehlente, jedoch in hell rotbrauner Grundtönung, die besonders durch die breiten Säume auf Flanken und Brust hervortritt. Flügel mit samtschwarzem, nur wenig grün schillerndem Spiegel, der auf den großen Decken von einer breiten und an den Endsäumen der Armschwingen von einer schmalen weißen Binde eingefaßt wird. Schnabel und Füße rötlich, Iris braun. *Maße:* ♂ Flügel: 203–213, Schwanz: 83–91, Schnabel: 38–39, Lauf: 30–38 mm; ♀ Flügel: 192–198, Schnabel: 37–38 mm.
Dunen- und Jugendkleid: nicht bekannt.
Lebensweise: Die Bernier-Ente wurde erst 1860 von HARTLAUB beschrieben. Um 1880 fanden sie Forscher in kleinen Gruppen entlang der Flußläufe und in Sumpfniederungen des Flachlandes. In der ersten Hälfte unseres Jahrhunderts wurden nur wenige Einzeltiere beobachtet (DELACOUR 1956, KOLBE 1972). Erstmals berichtet SALVAN (1970) von einer ziemlich großen Anzahl Bernier-Enten, die er auf zwei Seen nahe der Westküste Madagaskars sah. Diese Gebiete besuchten im August 1973 SCOTT und LUBBOCK (1974). Der Bemamba-See bei Antsalova liegt in einem Reisanbaugebiet und ist ein etwa 8 km langer, flacher Salzsee mit Schilfbänken und stark schwankendem Wasserstand (Trockenzeit September/Oktober, Regenzeit meist November/Dezember). Am Westufer sahen sie bis zu 61 Altvögel und schätzten den Gesamtbestand dieses Sees auf über 120, der jedoch über weite Gebiete vermutlich das einzige Vorkommen darstellt.

Anfang August waren die meisten Bernier-Enten gepaart und balzten, mehrere Begattungen wurden beobachtet. Vermutlich brüten diese Enten ab Mitte September; es ist möglich, daß sie zweimal nisten, vor und nach der Regenzeit.

Nach SCOTT and LUBBOCK (1974) dürfte die Bernier-Ente derzeit nicht akut vom Aussterben bedroht gewesen sein, doch ist ihr Fortbestand künftig als gefährdet anzusehen.
Haltung und Zucht: Ein einzelnes Weibchen gelangte 1927 nach Frankreich und wurde ein Jahr später vom Zoo-Park Clères erworben. Hier lebte das Tier 7 Jahre lang mit einem Kastanienerpel verpaart, zur Eiablage kam es jedoch nicht (DELACOUR 1956).

Weißkehlente
Anas gibberifrons
MÜLLER

Č	Kachna bělohrdlá	F	Sarcelle grise
D	–	H	Grij Taling
E	Gray Teal	R	Серый чирок

Vier Unterarten, von denen sich drei nur durch kleine Farb- und Größennuancen unterscheiden, sind im indo-australischen Raum verbreitet. Die Weißkehlente, *Anas g. gibberifrons* MÜLLER, bewohnt die indonesischen Inseln, von der Renell-Weißkehlente, *Anas g. remissa* RIPLEY, lebt nur eine kleine Population auf der gleichnamigen Inselgruppe oder ist vielleicht schon ausgestorben (letzte Beobachtung 1959), und die Australische Weißkehlente, *Anas g. gracilis* BULLER, besiedelt in großer Zahl Neuguinea, Australien und Neuseeland.

Lediglich die Andamanen-Weißkehlente, *Anas g. albogularis* (HUME), unterscheidet sich durch eine rotbraune Gesamtfärbung und ein weißes Gesichtsfeld von den drei anderen Formen. Sie ist auf der Andamanen-Gruppe heimisch.

Beschreibung von *Anas gibberifrons gracilis*
Habitus: Ähnlich der Kastanienente, etwas größer. Abb. Seite 317.
Alterskleid: ♂ und ♀ im Kleingefieder durchweg dunkel graubraun, die einzelnen Federn jeweils heller gesäumt, Flanken verwaschen braun; Kehl und vorderer Hals grauweiß oder gelbbraun. Spiegel leuchtend grün und beiderseits von einem breiten samtschwarzen

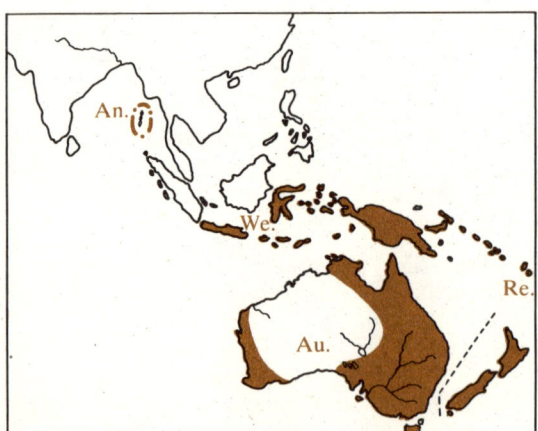

Jahresvorkommen der Indonesischen (In.), Australischen (Au.), Renell- (Re.) und Andamanen- (An.) Weißkehlente; die Australische Weißkehlente besiedelt sporadisch auch das Landesinnere.

Band und schmalen weißen Säumen auf den Armschwingen und Decken begrenzt. Schnabel und Füße schwarzgrau, Iris weinrot. Das ♀ ist zwar insgesamt etwas heller, kann mit Sicherheit aber nur an der unterschiedlichen Stimme vom ♂ unterschieden werden (♀ äußert ein lautes, durchdringendes Quaken, ♂ ein dumpfes »Pip« [FRITH 1967]). *Maße:* ♂ Flügel: 175–220, Schnabel: 32–43 mm; ♀ Flügel: 164–243, Schnabel: 32–39 mm (FRITH 1967); ♂ Schwanz: 77–90, Lauf: 34–37 mm (DELACOUR 1956). *Gewicht:* ♂ 395–670, ♀ 350–602 g (FRITH).
Dunenkleid: Kopfplatte, je ein kräftiger Augen- und Backenstreif sowie Rückenpartien dunkel graubraun; Unterseite und spärliche Fleckchen an Flügeln und Bürzelseiten hellgrau. Ähnelt in der Zeichnung den Küken der Kastanienente, ist insgesamt aber heller.
Jugendkleid: Sehr ähnlich dem Alterskleid, aber wesentlich fahler als das des alten ♀; an Kehle und Hals bräunlichgrau.
Lebensweise: In ihrem großen Verbreitungsgebiet gibt die Weißkehlente ein gutes Beispiel für die Anpassungsfähigkeit einer Art an landschaftliche und klimatische Bedingungen. In Australien bewohnen diese Enten alle Gewässertypen, von der künstlich angelegten Viehtränke bis zu den Küstengewässern. Seßhafte Brutpopulationen sind selbst in Gebieten mit ganzjährigen Niederschlägen und in Küstennähe ziemlich klein. Der weitaus größere Teil führt regellose Wanderungen durch, die sich über den gesamten australischen Kontinent erstrecken und vermutlich bis Neuguinea und Neuseeland ausgedehnt werden. Zum Brüten werden zwar bevorzugt überschwemmte Niederungen und flache Teiche aufgesucht, doch finden sich diese Enten überall dort in großen Scharen ein, wo es durch starke Regenfälle zur vorübergehenden Bildung von Wasserflächen gekommen ist und damit ein reiches Nahrungsangebot geschaffen wurde. Mit dem Abtrocknen der einzelnen Gebiete verschwinden auch die Weißkehlenten wieder. Diese nomadisch lebenden Schwärme wandern auch durch das Innere des Kontinents und sind anscheinend zu jeder Jahreszeit zur Brut bereit (IMMELMANN 1960).

Nach LAVERY (1972) brütet die Art während der Regenzeit im Landesinneren und wandert anschließend allmählich an die Küste, wo die Trockenzeit verbracht wird. Entsprechend den Aufenthaltsorten ändert sich die Nahrung von Süßwassertieren und -pflanzen über Brackwasserpflanzen bis hin zu marinen Mollusken. Die Nahrungsaufnahme aus dem Meer wird durch eine salzausscheidende Nasendrüse ermöglicht, die während des Aufenthaltes an der Küste stark vergrößert ist. Die auf Neuseeland und Neuguinea lebenden Populationen folgen dagegen mehr dem jahreszeitlichen Ablauf.

Auch in der Brutplatzwahl wird ein ausgezeichnetes Anpassungsvermögen gezeigt. An Gewässern mit wenig schwankendem Wasserspiegel – zum Beispiel auf Neuseeland – befinden sich die Nester in der Ufervegetation wie die anderer Schwimmenten. An den periodischen Wasserflächen Australiens, besonders in überfluteten Niederungen, werden die meisten Nester in Baumhöhlen oder weit entfernt vom Wasser im

Grase, zwischen Steinen oder in Kaninchenröhren errichtet. Die Gelege bestehen aus 6–10, teilweise bis 14 blaß cremefarbenen Eiern mit den Maßen 46,8–58 × 34–42 mm; ∅ 49,7 × 35,9 mm (SCHÖNWETTER 1960 und FRITH 1967). Die Brutdauer beträgt 24–26 Tage. Die Jungenaufzucht unterscheidet sich nicht von der anderer Gründelenten. In den Überschwemmungsgebieten sind die Jungenverluste relativ hoch.

Nahrung: Sie besteht bei den Altvögeln zu etwa 40 % aus Sumpfpflanzen (Knöterichgewächsen, Riedgräsern), zu 25 % aus Landpflanzen (meist Gräsern) und zu über 30 % aus Animalien, davon wiederum knapp 30 % Insekten. Der Anteil des animalischen Futters beträgt bei den Jungenten in der ersten Woche 100 %, in der zweiten 90 %, in der dritten 51 %, in der vierten 30 % und bis in die sechste Woche 32 % (FRITH 1959).

Haltung und Zucht: Wohl ihrer unscheinbaren Färbung wegen wurden Weißkehlenten früher nicht so häufig importiert wie andere Arten. DELACOUR (1956) nennt sie für den Londoner Zoo erstmalig 1879. In den letzten Jahrzehnten verhinderte das Ausfuhrverbot für australische Tiere weitere Importe, so daß die Art auch heute nur in wenigen großen Zoos gehalten wird; im Tierpark Berlin seit 1977. Über Pflege und Haltung ist kaum berichtet worden, sie dürften sich jedoch nicht von denen der Kastanienente unterscheiden. Wo Weißkehlenten gehalten werden, kommt es auch zu Nachzuchten. Im Wildfowl Trust beispielsweise wuchsen zwischen 1964 und 1974 etwa 100 Jungtiere heran, der Legebeginn liegt dort gleichmäßig verteilt zwischen 1. April und 1. Juli sowie am 26. Februar. Über die Andamanen-Weißkehlente schreibt DELACOUR (1956): Sie gelangte 1903 in den Zoo London und züchtete ab 1905. Die Zucht erwies sich anfangs als leicht und erfolgreich, in den Folgejahren wuchsen weniger Jungtiere auf als adulte starben, das letzte Tier lebte bis 1923. Die weißen Flecke an Kopf und Hals waren in den letzten Jahren besonders groß. Der Wildfowl Trust erwarb 1973 drei Paare, die sich gut einlebten, 1982 wuchsen erstmalig zwei Jungtiere auf.

Kastanienente
Anas castanea
(EYTON)

Č Kachna kaštanová	F Sarcelle d'Australie
D Kastaniebrystet And	H Kastanja Eend
E Chestnut Teal	R Каштановый чирок

Habitus: Mittelgroße, ziemlich lang wirkende Ente. Abb. Seite 316.
Brutkleid: ♂ Kopf und Hals schwarz, intensiv grünschillernd; Rücken-, Scapular- und Schwanzfedern

Brutvorkommen der Kastanienente; —·— nomadisches Auftreten mit gelegentlichem Brüten.

schwarz, schmal hell gesäumt; Brust, Bauch und Flanken kastanienbraun und besonders die letzteren schwarz gefleckt. Ein weißes Band trennt den schwarzen Schwanzteil von der braunen Bauchfärbung. Der schwarzgrüne Flügelspiegel ist beiderseits von einer samtschwarzen und einer weißen Binde eingeschlossen. Schnabel und Füße grau, Iris weinrot. ♀ gesamtes Deckgefieder dunkel graubraun, etwas heller gesäumt. Spiegel ähnlich wie beim ♂; Iris ebenfalls weinrot.
Maße: ♂ Flügel: 204–231, Schwanz: 87–107, Schnabel: 40–43, Lauf: 36–40 mm; ♀ Flügel: 197–210, Schnabel: 37–42 mm. *Gewicht:* ♂ 340–708 g, ∅ 595 g; ♀ 368–737 g, ∅ 539 g (JOHNSGARD 1978).
Ruhekleid des ♂: Kopf schwarzbraun, kaum oder gar nicht schillernd; Brust, Flanken und Bauch mehr graubraun und dicht schwarzbraun gefleckt. Das sonst weiße Band vor den Unterschwanzdecken ist dunkelgrau; Flügel, Schnabel und Augen bleiben unverändert. Europäische Gehegevögel tragen kein Ruhekleid.
Dunenkleid: Oberkopf, Hinterhals und obere Rumpfseite schwarzbraun; Unterseite verwaschen gelbbraun; das relativ dunkle Gesicht wird von zwei schwarzbraunen Streifen (Augen- und Backenstreif) durchzogen; die Fleckchen an den Bürzelseiten und die hinteren Flügelsäume sind blaß strohgelb. Schnabel und Füße schwärzlich.
Jugendkleid: In beiden Geschlechtern ähnlich dem adulten ♀, Flügelspiegel fast glanzlos.
Lebensweise: Kastanienenten sind in den meisten Brutarealen häufig, doch treten sie nie in so großer Zahl auf wie die Weißkehlenten. Ihre bevorzugten Brutbiotope sind die brackigen und salzigen Küstenlagunen und die flach auslaufenden Flußmündungen. Nur auf Tasmanien werden neben der gesamten Küste

auch die Binnenseen und Sumpfniederungen besiedelt. Auch außerhalb der Brutzeit bleibt das Gros der australischen Populationen in den Küstengebieten.

Der Beginn der Brutzeit schwankt zwar in den einzelnen Gegenden, liegt im allgemeinen jedoch in den Frühlingsmonaten. In Canberra zum Beispiel balzen die Kastanienenten während des ganzen Winters, im August und September lösen sich die einzelnen Paare von den Wintertrupps und suchen entlang der Ufer nach geeigneten Nistplätzen. Die Nester befinden sich vorwiegend am Boden, im hohen Grase, im Ried oder zwischen Steinen; auf Tasmanien erfolgt die Brut oft auf Fels- oder Grasinseln, in vielen Gebieten auch in Baumhöhlen, ja sogar in Nistkästen. Die Gelege enthalten 7–10, auch bis 13 cremefarbene, glänzende Eier mit den Maßen 35–57 × 35–41 mm; Ø 52 × 37 mm (FRITH 1967). Die Brutdauer beträgt 28 Tage. Die Nestdunen sind bräunlichgrau mit hellen Spitzen und hellen Zentren. Die Männchen bleiben noch lange nach Legebeginn beim Weibchen; FRITH sah mehr als die Hälfte aller von ihm beobachteten Jungenschofe in Begleitung beider Eltern. In einer australischen Zuchtstation aufgezogene Jungenten entwickelten sich wie folgt: Im Alter von 20–29 Tagen zeigten sich die ersten Körperfedern, zwischen 43 und 57 Tagen die Schwingen, die nach 60–70 Tagen ausgewachsen waren. Die Jungenten erlangten mit 56 Tagen ihre Flugfähigkeit und begannen nach etwa 4 Monaten mit der Mauser.

Nahrung: Sie unterscheidet sich nicht wesentlich von der anderer *Anas*-Arten, doch ist der Anteil an Kleinlebewesen aus Brack- und Küstengewässern relativ hoch.

Haltung und Zucht: Kastanienenten gelangten 1870 erstmals in den Londoner Zoo und werden, nachdem sie 1909 gezüchtet wurden, von vielen Zoos und in den letzten Jahrzehnten zunehmend in Privatanlagen gehalten. Unproblematisch in der Pflege, wenig hinfällig und leicht züchtbar, ist diese mittelgroße Ente für Kleingehege, gemischte Kollektionen und Zooteiche gleichermaßen geeignet. Ihre Verträglichkeit wird unterschiedlich dargestellt, nach meinen Erfahrungen sind Kastanienenten friedfertig gegenüber anderen Arten, doch begatten nicht oder schlecht verpaarte Erpel häufig artfremde Weibchen. Obgleich kurze Frostperioden ohne Schaden überstanden werden, sollte den Tieren ein Überwinterungsraum geboten werden.

Kastanienenten dürften knapp einjährig geschlechtsreif sein, obgleich ergiebige Zuchten erst mit 2- oder 3jährigen Paaren zu erwarten sind. Die Eiablage erfolgt in Nistkästen ab Ende März, meist ab zweiter Aprilhälfte. Ein bis zwei Nachgelege sind möglich, wenn die Eier entfernt werden. Die Küken lassen sich leicht mit anderen Jungenten großziehen.

In der DDR wurde bis 1960 mit Tieren von Vorkriegsimporten und deren Nachkommen gezüchtet, dann erlag diese Population der Inzucht. Mit mehreren 1966 und 1967 aus England und Holland eingeführten Paaren wurde der gegenwärtig ergiebig züchtende Stamm aufgebaut.

Aucklandente
Anas aucklandica
(G. R. GRAY)
Grünohrente für *A. a. chlorotis*

Č	Kachna hnědá	F	Sarcelle de la Nouvelle Zélande
D	–		
E	Brown Teal	H	Auckland Island Teal
		R	Ауклендский чирок

Die drei Unterarten der Aucklandente ähneln im Aussehen stark der australischen Kastanienente und wurden wohl aus diesem Grunde von einigen Autoren als Formen der *Anas castanea* angesehen. Die drei Subspezies, im Deutschen jeweils nach den Hauptinseln ihrer Verbreitung benannt, sind: *Anas a. aucklandica* (G. R. GRAY) von den Auckland-Inseln, *Anas a. nesiotis* (FLEMING) von den Campbell-Inseln und *Anas a. chloritis* G. R. GRAY von Neuseeland. Die Nominatform ist flugunfähig, vermag aber sehr geschickt auf felsigem Gestein zu klettern.

Beschreibung von *Anas aucklandica chloritis*
Habitus: Wie Kastanienente, etwas größer. Abb. Seite 316.
Brutkleid: ♂ Kopf und Hals schwarzbraun, Ohrgegend dunkelgrün, ein schmaler Augenring hell rahmfarben; Brust einfarbig rotbraun, Bauch und Flanken matt rostbraun mit schwärzlicher Querwellung. Aftergegend mit breitem weißem Querband, Ober- und Un-

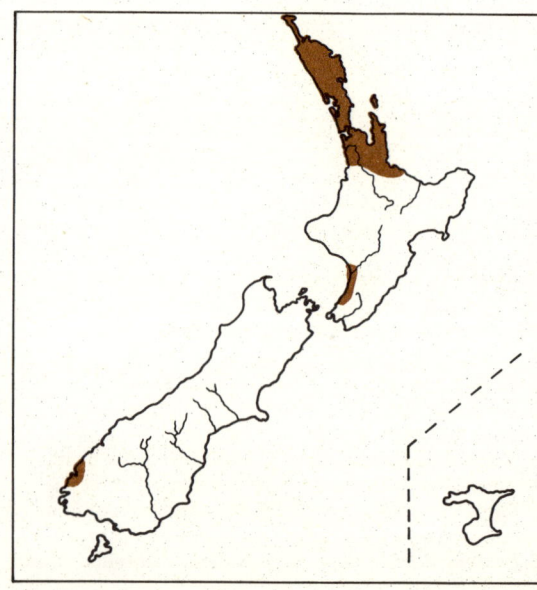

Jahresvorkommen der Neuseeland-Aucklandente (nach HAYES and WILLIAMS 1982).

terschwanzdecken schwarz; Rücken- und Schulterfedern dunkelbraun mit helleren Säumen. Der grünschillernde Flügelspiegel wird auf den großen Decken von einer breiten rostgelben und an den Endsäumen der Armschwingen von einer schmalen weißen Binde eingefaßt; Handschwingen stark verkürzt. Augenring weiß, Iris braun, Schnabel dunkel bleigrau, an der Wurzel gelblich, Füße grau. ♀ gesamtes Kleingefieder dunkel graubraun bis schwarzbraun, von ähnlich gefärbten Kastanienenten-♀ durch schmalen weißen Augenring und dunkelbraune Iris zu unterscheiden. *Maße:* ♂ Flügel: 195—203, Schnabel: 43—45 mm. *Gewicht:* ♂ 615—730 g, Ø 665 g; ♀ 530—700 g, Ø 600 g (REID & RODERICK 1973).

Die *Anas a. aucklandica* hat schwarzbraunes Kopfgefieder, einen breiten weißen Augenring, aber kein Weiß vor dem Unterschwanz. *Maße:* ♂ und ♀ Flügel: 125—144 mm, Schnabel: 30—41 mm.

Ruhekleid des ♂: Im wesentlichen wie ♀ gefärbt. Ein Teil der Erpel bleibt farblich zwischen beiden Kleidern. SCOTT (1961) bezeichnet die Typen als ›prächtiges‹ und ›stumpfes‹ Gefieder. DELACOUR (1956) vergleicht den Ruhekleid-Typus mit dem der Tafelenten-Gruppe.

Dunenkleid: Fast durchweg schwarzbraun, lediglich der Bauch und einige Fleckchen auf dem Rücken sind aufgehellt; Augenring weißlich.

Jugendkleid: Dem adulten ♀ recht ähnlich; die jungen ♂ ♂ haben eine etwas gröber gefleckte Brust und sind an den Seiten der Aftergegend grauweiß.

Lebensweise: Die drei Unterarten der Aucklandente bewohnen engbegrenzte Gebiete innerhalb der ohnehin kleinen neuseeländischen Faunen-Region und sind mehr oder weniger vom Aussterben bedroht. Die Nominatform wurde auf der Hauptinsel der Auckland-Gruppe durch eingeführte Haustiere (Schweine, Schafe, Ziegen, Katzen) und Ratten um die Jahrhundertwende fast völlig vernichtet. Die Gesamtpopulation geben KEAR and WILLIAMS (1978) mit 1 200—1 500 Exemplaren an. Von der Campbell-Aucklandente wurden in früheren Jahrzehnten nur etwa 12 Tiere beobachtet, drei davon geschossen, die letzten zwei 1944. Im November 1975 wurde diese Unterart auf einer kleinen Nebeninsel (Dent-Island) wieder entdeckt und 4 Tiere eingefangen; die Gesamtpopulation wird auf höchstens 20 Paare geschätzt (TODD 1979). Die Neuseeländische Aucklandente besaß um 1975 eine Gesamtpopulation von ca. 1 000 Individuen. Durch Waldrodungen und Gewässerverschmutzungen nimmt ihr Bestand weiterhin ab. Sie ist zwar nicht direkt vom Aussterben bedroht, ihr Überleben setzt jedoch einen wirksamen Habitat- und Artenschutz voraus.

Über die Biologie der Campbell-Aucklandente ist noch nichts bekannt. Die Aucklandente bewohnt heute felsige, mit Tang bewachsene, ruhige Meeresküsten und mit Gebüsch und Seggen umstandene Strandseen, weniger Binnengewässer innerhalb der Grasfluren. Ein Nest mit 4 Eiern und reichlich grauen Dunen wurde unter einem Rippenfarn gefunden. Die Neuseeländische Aucklandente bewohnte ursprünglich die einstmals ausgedehnten, heute nahezu völlig gerodeten

Kahikatea*-Sümpfe. Nach WELLER (1974) und MCKENZIE (1971) werden heute fast ausschließlich die im Tidebereich liegenden Flußmündungen, Brackwasserlagunen und ruhige Küstenabschnitte besiedelt. Viele Populationen sind dämmerungs- und nachtaktiv, denn ihr natürlicher Hauptfeind ist die Skua, eine große Raubmöwe, andere gehen während der Ebbezeiten der Nahrungssuche nach und ruhen während der Flut. Die Brutperiode liegt zwischen Juli und Dezember, Nester wurden in der Bodenvegetation gefunden und enthielten 5—7 (die der *aucklandica* 3—4) dunkel cremefarbene Eier. Brutdauer 27—30 Tage. *Maße:* 58,5—62 × 41,2—43,2 mm, Ø 60 × 42,6 mm. Die Erpel halten während der Brut engen Kontakt zur Ente und führen später mit ihr die Küken. Außerhalb der Brutzeit leben zumindest die neuseeländischen Populationen in kleinen Gruppen.

Nahrung: Sie besteht aus tierischer und pflanzlicher Kost, die seihend, gründelnd und tauchend im seichten Brack- und Süßwasser aufgenommen wird. WELLER (1974) sah *chlorotis*-Gruppen ferner auf Wiesen und zwischen Krautbüscheln bei der Nahrungssuche.

Haltung und Zucht: Von der Nominatform erwarb der Zoo London 1895 ein Tier und der Wildfowl Trust 1955 drei, die jedoch während der Eingewöhnung starben. Die Neuseeländische Aucklandente gelangte 1934 nach England; der Trust erhielt 1957 zwei Paare und baute damit ab 1960 eine sehr erfolgreiche Zucht auf, so daß mehrere Paare an Zoos und Privatanlagen abgegeben werden konnten. Bis 1968 wuchsen über 80 Jungtiere auf, Legebeginn mit einer Ausnahme im Februar. Dann gingen die Nachzuchtraten zurück (bis 1976 nur noch 29 Junge), Legebeginn jetzt stets im April. Erneut erhielt der Trust 1979 zwei Weibchen aus Neuseeland. 1980 bis 1982 wuchsen insgesamt 61 Jungtiere heran, so daß mit einer erneuten Verbreitung dieser Art zu rechnen ist.

REID & RODERICK (1973) berichten über *chlorotis*-Zuchten in Neuseeland: 22 Tiere wurden in Gewahrsam genommen, 12 überlebten, und mit ihnen wurde erfolgreich gezüchtet. Während der Mauser von Januar bis März sind die Altvögel friedfertig, doch sobald die Erpel in Brutstimmung kommen, werden sie äußerst aggressiv und bedrängen alle Teichmitbewohner — selbst ein alter Silberfasanenhahn wurde getötet. Die Weibchen errichteten die Nester stets im hohen Grase oder unter Büschen, kleideten sie nicht mit aus, sondern deckten die Eier mit frischen Gräsern ab. Die Gelege enthalten selten mehr als 7 Eier, doch sind zahlreiche Nachgelege die Regel. Ein Weibchen brachte es in 131 Tagen zu 40 Eiern in 6 Gelegen (10, 8, 6, 7, 5 und 4), die meisten davon befruchtet. Die Jungen werden vorzugsweise mit den Eltern aufgezogen, sind mit 55 Tagen flugfähig und zumindest die Weibchen nach knapp einem Jahr geschlechtsreif. Von weiteren erfolgreichen Zuchten in Neuseeland berich-

---

* Kahikatea — Stielfrucht-Eibe *(Podocarpus dacrydioides)*, waldbildender Baum, bis 60 m hoch mit herabhängenden Zweigen.

ten Hayes and Williams (1982), allein 1977 wuchsen 510 Jungtiere heran, 390 davon wurden ausgewildert.

Bereits im Juni 1968 konnten 10 Tiere, 6–9 Monate alt, in Nord-Auckland ausgesetzt und erfolgreich angesiedelt werden; nahe dem Freilassungsgebiet wuchsen 1969 bis 1970 von zwei Paaren 20 und 1971–1972 über 45 juv. auf.

Beide genannten Unterarten unterliegen den internationalen Handelseinschränkungen der Washingtoner Artenschutzabkommens vom 2. März 1973.

Stockente
Anas platyrhynchos L.

Č Kachna březňačka
D Gråand
E Mallard
F Canard Col-vert
H Wilde Eend
R Кряква

Art- und Unterartstatus der Stockenten-Gruppe sind taxonomisch nicht endgültig geklärt. Die weitverbreitete Stockente, *Anas p. platyrhynchos* L., wird auf Grönland von der etwas größeren Grönland-Stockente, *Anas p. conboschas* C. L. Brehm, sowie im Pazifikraum von den typischen kleinen Inselformen Hawaii-Stockente, *A. p. wyvilliana* Sclater, und Laysan-Stockente, *Anas p. laysanensis* Rothschild, vertreten. Die weibchenfarbige, aber größere Mexiko-Stockente, *Anas p. diazi* Ridgway, und die kleinere Florida-Stockente, *Anas p. fulvigula* Ridgway, dürften ebenfalls Rassen unserer Stockente sein, während ihnen Johnsgard (1975) und Bellrose (1976) Artstatus geben und *Anas p. maculosa* Sennett, von der Golfküste, als Unterart der Florida-Stockente ansehen. Nach Bauer und Glutz von Blotzheim (1968) u. a. gilt *maculosa* als nicht unterscheidbare Rasse von *fulvigula*.

Die Dunkelente, *Anas rubripes* Brewster, wird in der Regel als selbständige Art geführt, lediglich Bauer und Glutz von Blotzheim (1968) werten sie als Subspezies der Stockente und Wolters (1977) als eine solche der Florida-Stockente.

Die Marianenente, *Anas oustaleti* Salvadori, wird heute einheitlich als eine kleine Bastardpopulation aus der Stockente und der Palau-Augenbrauenente angesehen, die auf den Binnenseen mehrerer Marianen-Inseln (Mikronesien) lebt.

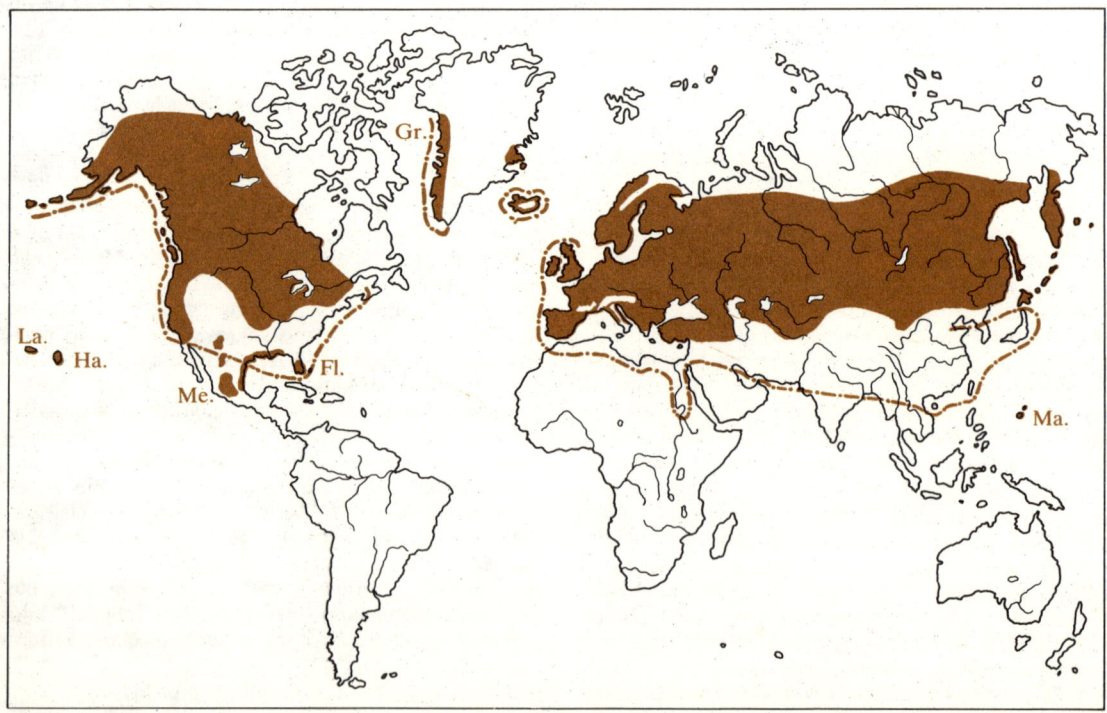

Brutvorkommen und Überwinterungsgebiete der Stockente; Jahresvorkommen der Laysan- (La.), Hawaii- (Ha.), Mexiko- (Me.), Florida- (Fl.) und Grönland- (Gr.) Stockente; Jahresvorkommen der Marianenente (Ma.).

Stockente
Anas platyrhynchos platyrhynchos L.

Habitus: Große, gedrungene Gründelente. Abb. Seite 218.

Brutkleid (Artkennzeichen): ♂ Kopf und Hals flaschengrün, Brust braun, dazwischen ein weißer Halsring; Rückenpartien, Bauch und Flanken fein grau gewellt; Schwanzdecken schwarz, einige nach oben eingerollt (Erpelfedern). Spiegel (beider Geschlechter) blau, weiß und schwarz begrenzt. Schnabel gelbgrün, Füße orangerot. ♀ Kleingefieder dunkelbraun, heller gesäumt; Schnabel rotbraun, Füße orangerot. *Maße:* ♂ Flügel: 260–270, Schwanz: 82–95, Schnabel: 50–56, Lauf: 40–44 mm; ♀ Flügel: 240–270, Schnabel: 43–52 mm. *Gewicht:* ♂ um 1000–1400 g, ♀ um 800–1200 g.

Ruhekleid des ♂: Juni bis September-November. Dem ♀-Kleid ähnlich, aber Oberkopf und Rückenpartien fast einfarbig schwarzbraun, schwach grünglänzend, Federn nur schmal braun gesäumt; Brust und Bauch wie beim ♀.

Dunenkleid: Dunkle Partien an Kopf, Rücken und Körperseiten olivbraun; Kopfseiten, Brust, Bauch, Flügelränder und einige weitere Fleckchen satt gelb; Schnabel und Beine hornfarben.

Jugendkleid: Dunkler und farbflacher als das Ruhekleid der Altvögel.

Vorkommen in Mitteleuropa: Verbreiteter Brutvogel von der Küste bis ins Hochgebirge. Im Herbst und Winter umherstreichend; bei Frostwetter kommt es zu großen Zusammenballungen auf eisfreiem Wasser an der Küste, auf Flüssen, Kanälen und Seen, in letzter Zeit verstärkt innerhalb der Städte. In NW-Europa einschließlich Großbritannien überwintern ca. 1 850 000 Stockenten (OGILVIE 1975).

Lebensweise: In den meisten Teilen ihres großen Verbreitungsgebietes ist die Stockente ein häufiger Brutvogel. Große Anpassungsfähigkeit zeigt sie an Lebensraum und Brutplatz. Vorgezogen werden zwar flache, eutrophe Binnengewässer, doch fehlen die Stockenten nicht in den Boddenbereichen, auf Bergseen (bis 2000 m), an Wald- und Wiesengräben und brüten schließlich als Kulturfolger an städtischen Parkgewässern.

Bereits im Herbst beginnt die Balz der Männchen, die bis zum Frühjahr andauert. Bei jungen Paaren kommt es dabei noch nicht zu Kopulationen; denn die Geschlechtsreife tritt gegen Ende des ersten Lebensjahres ein. Alte Paare begatten sich etwa ab September. Im Frühjahr zeigen die Erpel starke polygame Neigungen. Sie treten (oftmals gewaltsam) fremde (in Gehegen auch artfremde) Weibchen. Bald nachdem das Brutgewässer eisfrei ist und die meisten überwinternden Enten abgezogen sind, wird das Nistrevier besetzt. Die Nester stehen im Pflanzendickicht der Uferzone, an Grabenrändern, auf Inselchen und Kaupen, aber auch unter Sträuchern, auf Kopfweiden, seltener in alten Krähennestern oder in Baumhöhlen. Das Nest selbst wird vom Weibchen aus Pflanzenteilen der Nestumgebung errichtet und bei Brutbeginn mit sepiabraunen, im Zentrum hellen Dunen und lehmgraubraun gefleckten Konturfedern ausgekleidet. Normalgelege enthalten 7–13 hellgrüne, graugrüne oder lehmgelbe Eier, die in etwa 24stündigen Intervallen ab Ende März gelegt werden. *Maße:* 50,1–64,3 × 36,4 bis 45,5 mm; ∅ 57,8 × 40,7 mm (BEZZEL in BAUER und GLUTZ von BLOTZHEIM 1968). Brutdauer 24–28 Tage. Das Männchen wacht anfangs in Nestnähe, später gesellen sich die Erpel zu kleinen Mausergruppen zusammen. Das Weibchen führt die Küken nach dem Abtrocknen zum Wasser und zieht sie dort im Schutze der Pflanzenbestände auf. Bald nach dem Flüggewerden der Jungenten löst sich der Familienverband auf oder geht in größere Schofe über. Ab September scharen sich dann die Stockenten auf großen, offenen Gewässern zusammen und verweilen hier, bis Frost und Eis sie zum Abwandern zwingen.

Nahrung: Sie besteht nach YOCOM and KELLER (1961) zu 96,4 % aus pflanzlichen Stoffen, deren Hauptanteile Getreidearten (49,6 %), Laichkräuter (13,9 %), Sumpfried (5,8 %) und Simsen (3,9 %) bilden. Im Spätherbst werden ferner Eichenwälder beflogen, wo die Stockenten die herabgefallenen Eicheln auflesen.

Haltung und Zucht: Die frühzeitige Domestikation der Stockente beweist ihre ausgesprochene Anpassungsfähigkeit an das Gefangenschaftsleben sowie ihre leichte Züchtbarkeit. Abgesehen von den Warzenenten bildet sie die Stammform aller anderen Hausentenrassen.

Zahme und halbzahme Stockenten gehören heute zum Stadtbild vieler Parkgewässer und bevölkern in großer Zahl die Teichanlagen der Zoos. Von den Züchtern wird die Art kaum gehalten, doch werden die großen Zuchtteiche nachts von Stockenten beflogen. Sie nehmen das Futter der Zierenten auf und begatten oftmals im Frühjahr die Zuchtweibchen, was dann zu unerwünschten Bastardierungen führen kann.

Mit Ausnahme der Laysan- und Hawaii-Stockenten, die verbreitet in Zoos und Zuchtanlagen anzutreffen sind und deshalb gesondert behandelt werden, stellen die übrigen Stockenten-Unterarten Seltenheiten unter den Gehegetieren dar.

Die Grönland-Stockente wurde 1959 für den Wildfowl Trust in Slimbridge erworben und ab 1960 einige Male gezüchtet. Einzelne Florida-Stockenten lebten in den 30er Jahren in Clères, Frankreich, und zogen dort mehrfach Junge auf. Der Wildfowl Trust züchtete sie 1967 und 1975, der Zoo Philadelphia, USA, wiederholt nach 1960 und der Tierpark Berlin 1969. Von der bestandsbedrohten Mexiko-Stockente lebten 1967 in vier Zoos der USA und im Wildfowl Trust 19 Alt- und einige Jungtiere. Im Wildfowl Trust konnte diese Form wiederholt zur Fortpflanzung gebracht werden. Eiablage zwischen 12. 3. und 3. 4.; 1975 wuchsen von 10

So wie die Küken der Stockente, *Anas platyrhynchos* L., sind die meisten Gründelenten-Küken gefärbt.

ad. insgesamt 36 juv. heran. In New Mexico, USA, wurden zwischen 1963 und 1970 295 Mexiko-Stockenten gezüchtet und für die Stärkung der Freilandpopulation ausgesetzt, die nach 1960 ca. 5000 und 1970 wieder 15000 Individuen umfaßte (KEAR and WILLIAMS 1978).

Die hohe Bastardierungsneigung der Stockentengruppe erschwert die Reinhaltung dieser Unterarten. Ihre Zucht sollte nur in Kleingehegen erfolgen, die nicht für Stockenten erreichbar sind.

Laysan-Stockente
Anas platyrhynchos laysanensis ROTHSCHILD

Č Kachna březňačka laysanská
D Laysan-And
E Laysan-Duck
F Canard de Laysan
H Laysan Taling
R Лайсанская кряква

Habitus: Wie Nominatform, doch wesentlich kleiner.
Alterskleid: Beide Geschlechter sind ähnlich wie das Stockenten-♀ gefärbt, Kleingefieder jedoch dunkler und leuchtender braun. Kopf schwarzbraun und um das Auge bis zur Ohrgegend hin, teilweise auch an der Kehle weißfleckig. Spiegel grünschillernd und von einer schwarzen und weißen Binde begrenzt. Ein Teil der Erpel (weniger als 50%) mausert ein schwarzgrünes Kopfgefieder und zurückgekrümmte Mittel-Steuerfedern durch. Die ♂♂ haben in der Regel weniger Weiß in der Augengegend als die ♀♀, ihr Spiegel ist farbkräftiger, die Beine leuchtender orangerot. Schnabel beim ♂ blaugrün mit schwarzem Firststreif; beim ♀ bräunlichgelb mit schwarzen Flecken an den Schnabelseiten (WARNER 1963).*

Neben den genannten anthropogenen Einflüssen unterliegt diese Ente großen natürlichen Fluktuationen. Ihr Bestand wird limitiert durch die geringe Arealgröße (285 ha Land), den Salzgehalt der Laysan-Lagune, der den Pflanzenwuchs beeinflußt, und durch tropische Wirbelstürme.
Lebensweise: Den Lebensraum der Laysan-Stockenten bilden die mit Gras und anderen flachwüchsigen Pflanzen bestandenen Uferregionen des großen Laysan-Binnensees und deren Nachbargebiete. Die Gesamtpopulation umfaßte um 1890 etwa 500–600 Exemplare. In den folgenden 10 Jahren wurden sie – hauptsächlich durch Guanogräber – bis auf etwa 100 Individuen dezimiert. Als im Jahre 1903 auf Laysan Wildkaninchen angesiedelt wurden, kam es unter ihnen schon wenige Jahre später zu einer derartigen Massenvermehrung, daß binnen kurzer Zeit die gesamte Bodenvegetation der Insel zerstört war. Damit verloren die Enten ihre wesentlichsten Futtergründe und vor allem die Deckungsmöglichkeiten für die Nestanlage. Die Gelege und die vorwiegend auf dem Lande lebenden Altvögel wurden nun Opfer der eingeschleppten Ratten, wildernden Katzen und der unbe-

* An Gehegevögeln ließ sich diese These nicht bestätigen.

schränkt jagenden Inselbesucher. Der Bestand der Laysan-Stockenten nahm erneut ab, 1923 zählte man nur noch etwa 20 Exemplare. Als kurz danach die Kaninchen auf der Insel völlig verschwanden, erholte sich die Vegetation und mit ihr auch der Entenbestand wieder. Nachdem 1936 nur noch 9–11 Exemplare beobachtet wurden, waren es 1950 wieder 26 adulte Tiere und 7 Küken. Umfangreiche Schutzmaßnahmen und ein absolutes Schießverbot für diese Art ließen die Population bis 1978 wieder auf etwa 350–400 Individuen ansteigen (GREENWAY 1958, MUNRO 1960, WARNER 1963, TODD, 1979).

Die Laysan-Stockenten sind vorwiegend nachts aktiv, sie überwinden die meisten Strecken laufend, schwimmen nur ungern, und ihr Flugvermögen ist leicht reduziert; dennoch sind sie in der Lage, auch größere Strecken fliegend zurückzulegen.

Die Paarung beginnt zumeist im Frühling, erstreckt sich jedoch bis in den Mittsommer. Die Nester befinden sich zwischen Grasbüscheln oder in niedrigen Krautbeständen auf den dünenartigen Ufern der großen Laysan-Lagune. Nach DELACOUR (1964) bilden 6 grünlichweiße Eier mit den Maßen 55 × 38 mm die normale Gelegestärke; die Brutdauer beträgt 28 Tage. Das Weibchen übernimmt die Führung der Küken im allgemeinen allein, manchmal beteiligt sich auch der Erpel daran.

Nahrung: Sie besteht neben Vegetabilien zu einem beträchtlichen Teil aus den Raupen der Eulen (*Noctuidae*).

Haltung und Zucht: Nachdem im Zoo Honolulu Laysan-Stockenten bereits mit guten Erfolgen gehalten wurden, erwarb 1958 auch der englische Wildfowl Trust ein Paar. Diese Enten zogen im folgenden Jahr ein Küken, 1960 drei Erpel auf. In jener Zeit züchteten auch der Zoo San Diego und S. D. RIPLEY, New Haven, USA, Laysan-Stockenten. Danach fanden diese kleinen Enten eine rasche Verbreitung in den Privatanlagen und Zoos von Nordamerika und Westeuropa; im Herbst 1966 erhielten der Tierpark Berlin und einige Züchter der DDR Laysan-Stockenten und züchteten sie erstmals 1967. Allein im Wildfowl-Trust wuchsen – ausgehend von dem 1958 importierten Paar – über 400 Jungtiere heran.

Laysan-Stockenten eignen sich in ihrem ruhigen und vertrauten Wesen besonders für die Haltung in Kleinanlagen. Sie sind trotz tropischer Herkunft wenig hinfällig und kälteempfindlich, sollten jedoch im Schutzraum überwintert werden. Während der nächtlichen Suche nach Würmern und Insekten entfernen sich diese Enten weit vom Wasser und werden somit häufiger als andere Arten die Beute von Mardern und Katzen.

Die Weibchen beginnen ab zweiter Aprilhälfte mit der Ablage ihrer 5–7 (in Nachgelegen 4–5) relativ großen, grünlichen Eier mit den Maßen (n = 10) 54,1–60 × 36,1–41,1 mm; ⌀ 56,2 × 38,1 mm. Nestanlage in Höhlen, Brutdauer nach JOHNSTONE (1970) 26 Tage. Gut verpaarte Tiere sind oft bissig und sollten in engen Gehegen allein oder mit großen Arten gehalten werden. Kükenaufzucht verläuft problemlos; geschlechtliche Reife gegen Ende des ersten Lebensjah-

res. Die anfangs sehr gute Züchtbarkeit, bei der in Westeuropa mehrere Farbmutanten auftraten (weiß, rahmfarben, dunkel), ging gegen Ende der 70er Jahre vielerorts rapide zurück. Bei den Züchtern der DDR lebten 1978 noch 20,17 Laysanstockenten; 8 Weibchen legten 45 Eier (5,6 je Gelege), von denen 27 befruchtet waren, 18 Küken schlüpften, 17 wuchsen auf. Dagegen waren es 1982 nur noch 14,9 Altvögel; 5 Weibchen legten 31 Eier, 12 davon befruchtet, 10 Jungtiere, vorwiegend Erpel, wuchsen heran (KÜHNE, briefl.).

Hawaii-Stockente
Anas platyrhynchos wyvilliana SCLATER

Č Kachna březňačka havajská
D Hawaii-And
E Hawaii Duck
F Canard d'Hawaii
H Hawaiian Eend
R Гавайская кряква

Alterskleid: Beide Geschlechter ähnlich unserem Stockenten-♀ gefärbt, aber bedeutend kleiner. Beim ♂ Kopf und Hals schwärzlich grün, Brust rostbraun, dunkler gefleckt. Übriges Kleingefieder gleicht dem Stockenten-♀. Flügelspiegel dunkel violett, weiß begrenzt. Bei einzelnen ♂♂ sind die mittleren Steuerfedern nach oben eingerollt. Schnabel dunkel olivgrün, Füße orangerot, Schwimmhäute schwärzlich. ♀ farblich etwa dem weiblichen Stockente gleichend.

Lebensweise: Die Hawaii-Stockenten sind aus einer *A. p. platyrhynchos* nahestehenden Individuengruppe hervorgegangen, die auf Hawaii eine typische Inselform gebildet hat. Früher waren die Hawaii-Stockenten auf allen genannten Inseln recht häufig und lebten dort in den Küstenlagunen, Marschen und selbst an Gebirgsflüssen bis in 2400 m Höhe. Durch zu starke Bejagung, Verluste einiger Wohngebiete infolge Entwässerung und besonders durch Raubwild (Mungos, wildernde Hunde und Katzen) verminderte sich die Gesamtpopulation bis 1957 auf etwa 500 Individuen (SCOTT 1961). Eingeleitete Schutzmaßnahmen und das Freilassen in Gehegen aufgezogener Jungenten ließen den Bestand bis 1967 auf etwa 3000 ansteigen. Die Fortpflanzungszeit der Hawaii-Stockenten beginnt im März. Die Nester stehen in der hohen Bodenvegetation, nahe dem Wasser. Sie werden reichlich mit Dunen ausgelegt und während der Brutpausen dick mit Gräsern und anderem Nistmaterial abgedeckt. Die Gelege bestehen aus 8 bis 10 Eiern; diese sind weiß und haben eine Durchschnittsgröße von 53,8 mal 32,8 mm (MUNRO 1960). Das brütende Weibchen scheint sehr fest auf den Eiern zu sitzen und manchmal sogar die Scheu vor einem nahenden Menschen zu unterdrücken. Die Jungen werden nach dem Schlüpfen in größere Sumpfgebiete und in die Lagunen geführt und dort, sicher vor Raubwild, aufgezogen. Die Hawaii-Stockenten sind geschickte Flieger und in ihrem Wesen sehr lebhaft. Die Stimme ähnelt der der Stockente; in der Bedrängnis läßt die Ente einen quakenden und der Erpel einen zischenden Laut hören.

Nahrung: Sie besteht zu einem großen Teil aus Wasserlebewesen, weniger aus Vegetabilien.

Haltung und Zucht: Um 1950 wurden aus Wildvogeleiern Hawaii-Stockenten im Zoo von Honolulu aufgezogen und wenig später auch erfolgreich gezüchtet. Sie konnten nun an mehrere große Zoos in Nordamerika und Europa weitergegeben werden. Gegenwärtig ist ein recht guter Bestand der Art in den verschiedensten Zuchtanlagen und Zoos vorhanden. Zuchterfolge bleiben bei den meisten Paaren nicht aus, doch liegt die Vermehrungsrate der Hawaii-Stockenten im allgemeinen niedriger als bei der Laysan-Stockente. Eiablage im Wildfowl Trust ab 2. Märzdekade, im Mittel zwei Wochen vor der Laysan-Stockente.

Der Tierpark Berlin hält und züchtet seit 1968 Hawaii-Stockenten. Im Januar 1980 wurden von den Züchtern der DDR über 40 Laysan-, aber nur 16 Hawaii-Stockenten gehalten (KÜHNE, briefl.).

Dunkelente
Anas rubripes
BREWSTER

Č Kachna tmavá	F Canard obscur
D --	H Noordamerikaanse
E American Black Duck	Black Duck
	R Американская чёр-
	ная кряква

Habitus: Wie Stockente

Brutkleid: ♂ Kopf und Hals wie Stockenten-♀ auf hellgraubraunem Grund fein dunkelbraun gestrichelt. Übriges Kleingefieder schwarzbraun, schmal hellbraun gesäumt. Der stahlblaue Flügelspiegel wird von einer schwarzen Binde auf den großen Decken und den Armschwingen eingefaßt, Spitzensaum der Armschwingen weiß. Schnabel gelbgrün, Iris dunkelbraun, Füße orangerot mit braunen Schwimmhäuten. ♀ insgesamt heller als ♂, Schnabel dagegen dunkler. Unterscheidung an Brustgefiederzeichnung (siehe Abb. Seite 221) und Kloakentest möglich. *Maße:* ♂ Flügel: 265–292, Schwanz: 86–105, Schnabel: 52–58, Lauf: 44–48 mm; ♀ Flügel: 245–275, Schnabel 45–53 mm (DELACOUR 1956). *Gewicht:* ♂ 1115–1550 g, ∅ um 1250 g; ♀ 1040–1500 g, ∅ um ‚1100 g (BELLROSE 1976).

Ruhekleid des ♂: Juni bis Oktober; wenig heller als Brutkleid, besonders Brustfedern breiter gesäumt.

Dunenkleid: Etwas dunkler als das des Stockentenkükens.

Jugendkleid: Kleingefieder farbflacher und breiter gesäumt als im Alterskleid, Schnabel und Füße dunkler, Spiegel weniger glänzend.

Lebensweise: Die Dunkelente ist eine nahe Verwandte der Stockente (vgl. Seite 216), mit der sie nicht nur im Farbtypus, sondern auch in vielen Verhaltensweisen Übereinstimmendes hat. Dennoch ergab eine Untersuchung von 58000 geschossenen Tieren beider Arten nur 318 ± intermediäre Bastarde (regional zwischen 0,2 % und 1,7 %, JOHNSGARD 1961). Bevorzugte Brutbiotope sind Waldsümpfe und kleine Waldteiche, die von den Stockenten in Nordamerika gemieden werden, so daß eine gewisse ökologische Trennung dieser nahverwandten Arten wirksam wird.

Die Überwinterungsgebiete werden im Februar von den Dunkelenten verlassen, zwischen Anfang April und Anfang Mai treffen sie in den Brutgebieten ein, wenig später beginnt die Eiablage. Die Nester befinden sich vorzugsweise in der Bodenvegetation bewaldeter Ufer, doch werden in der Vielgestaltigkeit der Nistplätze Analogien zur Stockente deutlich. Vollgelege enthalten 4–15 (im Mittel um 9–10) lehmgelbe oder grünliche Eier mit den Maßen: 55–64 mal 41–46,5 mm; ∅ 59,6 × 43,3 mm. Brutdauer 26–28 Tage. Die Erpel verlassen ihre Weibchen nach den ersten Bruttagen, kehren aber zum Teil für eine gewisse Zeit der Jungenführung zurück. Ab Ende September, verstärkt um Mitte Oktober, erfolgt der Herbstzug.

Brutvorkommen und Überwinterungsgebiete der Dunkelente.

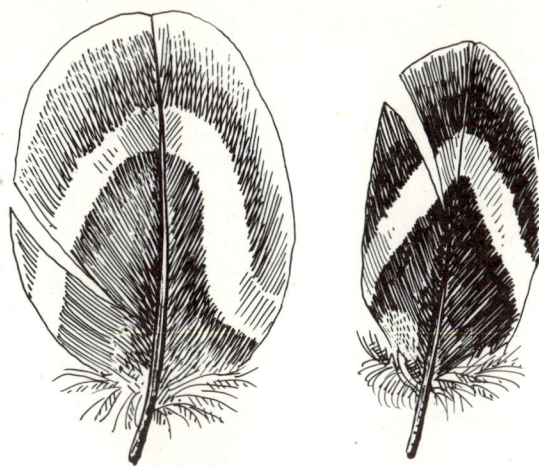

Brustfedern der Dunkelente, *Anas rubripes* BREWSTER; links des Erpels, rechts der Ente.

Nahrung: Sie besteht nach HOLWELL (1924) und neueren Publikationen etwa zu 75 % aus Vegetabilien (Wasserpflanzen, Grünteile und Samen der Gräser); die tierischen Anteile liegen höher als bei der Stockente und bestehen aus Mollusken (besonders Schnecken), Wasserinsekten und Würmern.

Haltung und Zucht: Die Dunkelente wird für den Zoo Berlin von 1874 bis 1888 (SCHLAWE 1969), für den Zoo London und den holländischen Züchter BLAAUW 1911 und für den Zoopark Cléres, Frankreich, nach 1930 erwähnt (DELACOUR 1956). Nach 1950 wurde sie u. a. im Wildfowl Trust gehalten. Dennoch hat diese Art in Zoos und besonders in den Anlagen der Züchter kaum Fuß fassen können. Die stockentenähnliche Gesamterscheinung und die in Gehegen sicher recht schnelle Vermischung mit Stockenten dürften als Ursachen zu werten sein. Die Zucht gelingt mit der Mehrzahl der Paare, doch offenbar weniger ergiebig als mit ähnlichen Arten. Eiablage im Wildfowl Trust zwischen Ende März und den ersten beiden Aprildekaden.

Madagaskarente
Anas melleri SCLATER

Č Kachna madagaskarská
D –
E Meller's Duck

F Canard de Meller
H Meller's Duck
R Мадагаскарская кряква

Habitus: Groß und plump wie Stockente, Schnabel lang und kräftig.

Alterskleid: ♂ und ♀ Kleingefieder im wesentlichen wie beim Stockenten-♀ gefärbt, Kopf und Hals auf okkerfarbigem Grund fein schwarzbraun gestrichelt; Flügelspiegel auf samtschwarzem Grund erzgrün glänzend und von weißen Binden auf großen Decken und Endsäumen der Armschwingen begrenzt. Der große, lange Schnabel ist an Nagel und Basis schwarz, sonst olivgrün; Iris dunkelbraun, Füße orangerot. Die Geschlechter sind durch unterschiedlichen Ruf kenntlich. *Maße:* ♂ Flügel: 245–260, Schwanz: 100–102, Schnabel: 58–62, Lauf: 42–45 mm; ♀ Flügel: 241–253, Schnabel: 52–58 mm. Nach einem Foto (Gef. Welt 1938) sind die Wangen einfarbig hell, die Kropf- und Brustfedern breit dunkel gesäumt, so daß das Gefieder aussieht wie von einem feinen Netz überzogen. Übriges Deckgefieder sehr dunkel.

Dunenkleid: Farblich wie Stockenten-Küken.

Jugendkleid: Abgesehen von typischen Jugendgefieder-Nuancen etwa wie Alterskleid.

Lebensweise: Über diese für Madagaskar endemische Art, die heute ohne Zweifel sehr selten ist und als jagdbares Wild bisher keinen Schutz genießt, wissen wir sehr wenig. Es werden die Angaben DELACOURS (1956) wiedergegeben: »Madagaskarenten leben auf der östlichen Hälfte der Insel von der Küste bis in 1800 m Höhe. Die Art verhält sich etwa wie die Stockenten. Die Männchen unterscheiden sich geringfügig in der Stimme; ihr Ruf ist dreisilbig, im Gegensatz zum zweisilbigen Stockentenruf. Das Quaken der Weibchen ist etwas schriller als das der Stockenten-Weibchen. Auch in der Balz ähneln sich beide Arten

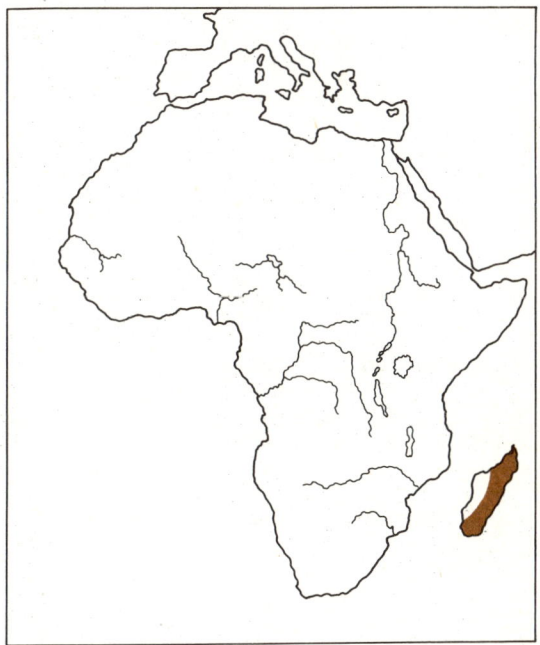

Jahresvorkommen der Madagaskarente; auf Mauritius seit 1800 eingeführt.

sehr stark. Die Madagaskar-Erpel sind ziemlich streitsüchtig.

Madagaskarenten werden auf offenen Seen und Teichen, in Buchten und auf langsam fließenden Strö-
men, oft auch in Waldlagen, angetroffen. Häufig befliegen sie auch bespannte Reisfelder. Die Enten leben
paarweise oder in kleinen Gruppen. Die Brutzeit erstreckt sich zwischen Juli und September.«

Die Eier sind blaß lehmgelb und messen
50–58,8 × 37,2–41,0 mm; ⌀ 52,7 × 38,9 mm.

Haltung und Zucht: Die wenig attraktiven Madagaskarenten sind nach DELACOUR (1956) nur zweimal
nach Europa importiert worden. Ein Männchen gelangte 1894 in den Zoo London und erbrachte hier
viele Hybriden mit Stockenten. DELACOUR selbst
brachte 1929 mehrere Paare aus Madagaskar mit, von
denen in den folgenden Jahren viele Junge gezüchtet
werden konnten. Davon stammte offensichtlich ein im
Berliner Zoo gehaltenes Weibchen, das sich 1930 mit
einem Fleckschnabel-Erpel paarte und 6 Junge aufzog.
Zwischen 1935 und 1939 wuchsen dann auch zahlreiche artenreine Madagaskarenten im Berliner Zoo auf.
Als Brutbeginn wurden 1936 der 13. April und der
8. Juni registriert, die Brutdauer ergab jeweils 29 Tage;
nach DELACOUR beträgt sie 28 Tage.

Der Jersey-Zoo, USA, erhielt 1977 aus einer Zuchtstation auf Mauritius Madagaskarenten und konnnte
sie bereits 1978 reichlich vermehren. Ei- und Gelege-
größen, Kükengewichte und die Entwicklung der
Jungenten entsprachen weitgehend denen der Stockente. Im Dezember 1978 besaß der Wildfowl Trust
9 Altvögel und ein in Slimbridge aufgewachsenes
Jungtier.

Gelbschnabelente
Anas undulata
DuBois

Č Kachna žlutozobá   F Canard à bec jaune
D Gulnæbbet And   H Geelbek Eend
E Yellow-billed Duck   R Желтоносая кряква

Zwei Unterarten: Die Helle Gelbschnabelente, *Anas u.
undulata* DU BOIS, ist in Afrika vornehmlich südlich
des Äquators verbreitet und wird nördlich von der
Dunklen Gelbschnabelente, *Anas u. rüppelli* BLYTH,
vertreten, deren Verbreitungszentrum Abessinien ist.

Beschreibung von *Anas undulata undulata*
Habitus: Etwas kleiner und schlanker als Stockente.
Abb. Seite 320.
Alterskleid: ♂ und ♀ an Kopf und Hals schwarz-
braun, fein hellbraun gestrichelt; übriges Kleingefie-
der ebenfalls schwarzbraun, aber breit hellgrau ge-

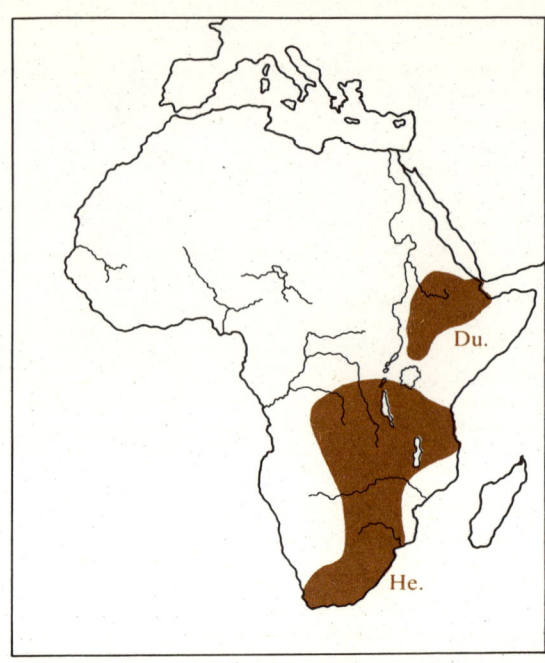

Jahresvorkommen der Dunklen (Du.) und Hellen (He.) Gelbschnabelente.

säumt. Der dunkelgrüne Flügelspiegel ist beiderseits
samtschwarz und weiß eingefaßt. Oberschnabel gelb,
Firstlinie und Nagel schwarz; Iris braun, Füße gelbbraun und schwarz. *Maße:* ♂ Flügel: 245–265,
Schwanz: 100–103, Schnabel: 49–52, Lauf:
45–46 mm; ♀ Flügel: 225–243, Schnabel: 43–44 mm.
Gewicht: ♂ 533–1310 g, ⌀ 965 g; ♀ 600–1 123 g, ⌀
823 g; juv. ♂ ⌀ 844, juv. ♀ ⌀ 694 g (DEAN and SKEAD
1979). (Maße von etwa 250 Exemplaren nach ROWAN
1963): ♂ und ♀: Flügel: 192–284, ⌀ 253 mm;
Schwanz: 75–113, ⌀ 95,5 mm; Schnabel: 41–55, ⌀
49 mm; Lauf: 36–49,5, ⌀ 44 mm).
Dunenkleid: Im Farbtypus dem des Stockenten-Kü-
kens gleichend, aber Augenstreif kürzer, Gesicht kräftiger gelb und Schnabelseiten von der Wurzel her gelblich.
Jugendkleid: Kleingefieder dunkel graubraun mit kon-
turlos schmal gesäumten Federrändern. Flügelspiegel
wenig glänzend.
Lebensweise: Die Gelbschnabelente ist besonders in
Südafrika eine der häufigsten Schwimmenten-Arten.
Eine umfassende Monographie über diese Ente veröffentlichte ROWAN (1963), deren Inhalt hier zusammen-
fassend dargestellt wird:

Da der überwiegende Teil der südafrikanischen
Flüsse und Vleys nur periodisch Wasser führt (während und nach Regenzeiten), sind bevorzugte Biotope
die Lagunen und die ausgedehnten Mündungsgebiete
der Flüsse in den Küstenzonen sowie ganzjährig wasserführende Flußabschnitte, Seen (oft Stauseen) und
solche Vleys. Während und nach den Regenzeiten werden auch die überfluteten Flußniederungen, weniger

die reißenden Flüsse selbst beflogen. Die Anzahl der Eier ablegenden Weibchen steht in Abhängigkeit – teils kontinuierlich, teils etwas nachziehend – von den Niederschlägen. Im Südwestteil der Südafrikanischen Union, wo der Regen in den Wintermonaten fällt, brüten 85 % der Gelbschnabelenten von Juli bis Oktober. In Transvaal hingegen regnet es vorwiegend in den Sommermonaten. Hier brüten rund 65 % aller Paare von Dezember bis März, und in den südlichen Teilen der Kapprovinz, wo sich die Niederschläge über alle Monate verteilen, brüten auch die Gelbschnabelenten während jeder Jahreszeit.

Die Nester werden fast immer dicht am Wasser in den Riedgrasbeständen, auf Bülten, zwischen frei gespülten Baumwurzeln oder im Schutze von Büschen und niedrigen Ästen errichtet. Die Gelege bestehen aus 7–8 (auch bis 12) elfenbein-, cremefarbenen oder gelbbraunen Eiern mit den Maßen 51–59,3 × 37–46 mm; Ø 53,7 × 41,5 mm (ROWAN 1963). Gelegt wird etwa in 24stündigen Intervallen, während der Legeperiode erfolgt meist auch die Dunenauspolsterung. Die Brutdauer beträgt etwa 27–29 Tage. Die durchschnittliche Anzahl der Küken, die bei den führenden Weibchen angetroffen wurde, beträgt 5,2; häufig waren es 1–8, meist 5–7, selten mehr als 10 Junge. Die Bindung zur Mutter soll sich bereits nach 3 Wochen lösen. Die Befiederung der Küken beginnt nach knapp einem Monat; nach 5 Wochen sind die Schultern, die Brustseiten und die gesamte Unterseite bewachsen. Zur gleichen Zeit zeigen sich die Kiele des Kopf- und Großgefieders. Mit 8–9 Wochen entfaltet sich der Flügelspiegel, und mit 10 Wochen werden die ersten Flugversuche unternommen (nach Gefangenschaftsbeobachtungen in Südafrika). Die Flügelmauser der Altvögel, damit also die Vollmauser, erfolgt offensichtlich erst 3–4 Monate nach der Brutzeit.

Nahrung: Ihre Zusammensetzung variiert jahreszeitlich, doch dominieren stets pflanzliche Anteile über Kleinlebewesen.

Haltung und Zucht: Die ersten Gelbschnabelenten wurden vor über 100 Jahren nach Westeuropa gebracht; nach SCHLAWE (1969) besaß sie der Berliner Zoo von 1873 bis 1888 und zog 1881 fünf und 1882 mehrere Junge auf, wogegen sie HEINROTH (1910) in seiner ethologischen Arbeit nicht mehr erwähnt. Bis heute blieb die Gelbschnabelente wenig beachtet, sie wird zwar vom Tierhandel angeboten, ist jedoch nur in Sammlungen großer Zoos und Vogelparks, kaum bei Züchtern anzutreffen. Die Dunkle Gelbschnabelente gelangte 1923 nach Clères, Frankreich, und wurde dort 1925, später auch anderswo, gut vermehrt (DELACOUR 1956). Nach 1950 bezog der englische Wildfowl Trust die helle und wenige Jahre danach die dunkle Form. Beide Unterarten pflanzen sich dort mit bestem Erfolg fort. Die Eiablage erfolgt ab der zweiten Märzhälfte.

Fleckschnabelente
Anas poecilorhyncha
FORSTER

Č	Kachna skvrnozobá	F	Canard à bec tacheté
D	Brogetnæbbet And	H	Vlekbek Eend
E	Spot-billed Duck	R	Пестроносая кряква

Die Fleckschnabelente ist in drei Subspezies über das südliche und östliche Asien verbreitet. Entsprechend den deutschen Namen bewohnt die Indische Fleckschnabelente, *Anas p. poecilorhyncha* FORSTER, Indien, die Burmesische Fleckschnabelente, *Anas p. haringtoni* (OATES), Burma und einige Nachbarländer und die Östliche Fleckschnabelente, *Anas p. zonorhyncha* SWINHOE, Japan, China und die südöstliche Sowjetunion.

JOHNSGARD (1978) faßt die Fleckschnabel-Augenbrauen-Gruppe zur Art *Anas poecilorhyncha* zusammen.

Beschreibung von *Anas poecilorhyncha poecilorhyncha*
Habitus: Fast stockentengroß, ziemlich plump. Abb. Seite 320.
Alterskleid: ♂ und ♀ im wesentlichen gleich gefärbt. Oberkopf und Augenstreif schwärzlichbraun; Kopfseiten, Hals und Brust hell silbergrau; Federn an Bauch und Flanken mit dunkelbraunen Zentren und sehr breiten hellgrauen Säumen; Schulterfedern ebenfalls dunkelbraun, aber nur schmal weißlich gesäumt. Bürzel, Ober- und Unterschwanzdecken samtschwarz. Der intensiv grünschillernde Spiegel wird auf den Armschwingen und den großen Decken von je einer weißen und schwarzen Binde gesäumt. Übrige Flügelpartien dunkelbraun, Axillaren weiß, innerste Armschwingen mit breiten weißen Außenfahnen. Der Oberschnabel ist im Mittelteil schwarz, an der Wurzel rot und zum Nagel hin gelb. Iris dunkelbraun; Füße orangerot. ♀ etwas kleiner, dunkler und oftmals mit weniger Rot am Schnabel als ♂. Von diesem jedoch am sichersten an der quakenden Stimme zu unterscheiden. *Maße:* ♂ Flügel: 260–280, Schwanz: 120–140, Schnabel: 60–65, Lauf: 46–48 mm; ♀ Flügel: 250–268, Schnabel: 50–55 mm. *Gewicht:* ♂ 1230–1500 g, ♀ 790–1350 g.
Dunenkleid: Kaum von dem der Stockenten-Küken zu unterscheiden.
Jugendkleid: Kleingefieder dunkler als bei Alttieren, Schwanzdecken fleckig wie Bauchgefieder. Spiegel fast glanzlos, Schnabel anfangs ohne Rot.

Beschreibung von *Anas poecilorhyncha zonorhyncha*
Gesamtton des Kleingefieders bei beiden Geschlechtern hell lehm- bis dunkelbraun (statt silbergrau wie

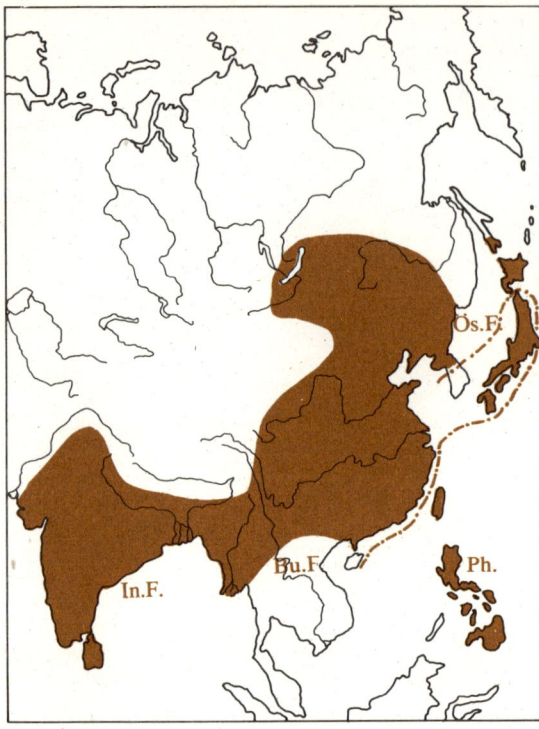

Jahresvorkommen der Philippinenente (Ph.) sowie der Indischen (In. F.) und Burmesischen Fleckschnabelente (Bu.F.), Brutvorkommen und Überwinterungsgebiete der Östlichen Fleckschnabelente (Öst.F.).

bei der Nominatform). Das Gesicht wird außer von einem schwarzbraunen Augenstreif noch von einem kurzen, dunklen Backenstreif durchzogen. Insgesamt dem Farbtypus der Augenbrauenente ähnlich. Der veilchenblaue Spiegel wird von schmalen weißen und schwarzen Binden eingefaßt; innerste Armschwingen überwiegend weiß. Schnabel schwarz, zum Nagel hin gelblich. *Maße:* ♂ Flügel: 254–276, Schnabel: 56–63 mm; ♀ Flügel: 243–260 mm. *Gewicht:* 750 bis 1500 g (DEMENTJEW und GLADKOW 1952).

Lebensweise: Die großen klimatischen Unterschiede innerhalb des Gesamtverbreitungsgebietes wirken sich besonders auf die östliche und die beiden südlichen Formen im Jahreszyklus aus. So sind die Indische und die Burmesische Fleckschnabelente Standvögel, die lediglich durch das Ausbleiben von Niederschlägen zu örtlichen und zeitweiligen Wanderungen veranlaßt werden. Ihre Brutzeit zieht sich von Mai bis Dezember hin. Anders bei der Östlichen Fleckschnabelente, deren Brutgebiete vorrangig im Bereich der gemäßigten Zone liegen. Mit dem Eisfreiwerden der Binnengewässer rücken diese Enten von den südlich gelegenen Winterquartieren nordwärts nach. Am Baikalsee – dem nördlichsten Brutareal – treffen sie um die April-Mai-Wende, etwa 10–14 Tage nach den Stock- und Spießenten ein (SKRJABIN 1965). Die Balz erfolgt im wesentlichen im Winterquartier und auf dem Frühjahrszug.

In der Wahl der Brutgewässer und der Nistplätze ist die Fleckschnabelente ähnlich anspruchslos und anpassungsbereit wie unsere Stockente. Für das Vorkommen in Japan schreibt JAHN (1942): »Im Süden von der subtropischen Reisbauzone bis nach Nordhondo bewohnt sie alle Teile der Ebene, in denen Schilf wächst und beherrscht dort allein das Feld.« Die Populationen entlang des Baikalsees brüten vor allem an den flachen, von Schilf und Birkenmooren umgebenen Altwässern der in den Baikalsee mündenden Flüsse. Die Nester werden gut verborgen im Röhricht oder unter Gebüsch angelegt. An geeigneten Stellen brüten sie in Japan gern zu lockeren Kolonien vereint. Auf den Parkgewässern von Tokio zeigen sich Tendenzen der Verstädterung. Auch SKRJABIN (1965) betont, daß sich die Nester der Fleckschnabelenten unter Umständen nur wenige Schritte entfernt von anderen Enten- oder von Möwennestern befinden. Die Eiablage beginnt in China und Japan im April, am Baikalsee aber erst ein bis zwei Wochen nach der der Stock- und Spießenten, im letzten Maidrittel. Die Vollgelege bestehen aus 8–14 Eiern, deren Farbe weißlich, blaßgrau, blaßbraun oder blaßgrünlich sein kann. Maße der Eier von der Nominatform betragen: 50–60 × 37–46 mm; ⌀ 56,0 × 42,3 mm; von *zonorhyncha*; ⌀ 55,5 × 41,6 mm, nach SKRJABIN (18 Eier, gesammelt am Baikalsee) ⌀ 57,8 × 42,5 mm. Die Brutdauer beträgt 26 bis 28 Tage. Den Beobachtungen SKRJABINS zufolge bleiben die Jungenten fast bis zum Einsetzen des Herbstzuges bei der führenden Mutter, doch gesellt sich noch im Brutgebiet der Erpel wieder zu seinem Weibchen, und das Paar zieht gemeinsam in die Überwinterungsgebiete ab. Während der Wintermonate halten sich die Fleckschnabelenten gern auf den Gewässern in den Reisanbaugebieten, hauptsächlich in China auf.

Nahrung: Sie dürfte eine sehr ähnliche Zusammensetzung haben wie die der Stockente.

Haltung und Zucht: Indische Fleckschnabelenten gelangten um 1870 in den Londoner und 1875 in den Berliner Zoo, 1874 bzw. 1881 wurden sie dort erstmalig gezüchtet. Die burmesische und östliche Form konnte in den 20er und 30er Jahren u. a. in Clères, Frankreich, mit gutem Erfolg gezüchtet werden. Der Wildfowl Trust erhielt erneut um 1960 Östliche Fleckschnabelenten und vermehrte diese auch. Die starke Bastardierungsneigung führte zu einer Vermischung des Gros europäischer Gehege-Fleckschnabelenten mit Stock- und Augenbrauenenten. Obgleich geeignet, sollten Fleckschnabelenten deshalb nicht für die Besiedlung von Parkgewässern einbezogen werden, wenn gleichzeitig eine Stockentenpopulation ansässig ist.

Fleckschnabelenten sind leicht züchtbar. Ihre geschlechtliche Reife setzt innerhalb des ersten Lebensjahres ein. Die Paarbildung erfolgt im Herbst, doch sind auch kurzfristig zusammengesetzte Tiere meist brutaktiv. Eiablage selten vor Mitte April; gelegt wird täglich. Die Nestdunen haben ausgedehnt helle Zentren, sind sepiabraun im Mittelteil und weiß an den Spitzen, insgesamt heller als Stockentendunen; Konturfedern dagegen stockentenähnlich. Vier Eintagsküken wogen 30,5–32 g. Jungenten waren mit 70 Tagen im wesentlichen befiedert. Schnabel bis zur Befiede-

1 Koskorobaschwan, *Coscoroba coscoroba* (MOLINA). 2 Der altweltliche Singschwan, *Cygnus c. cygnus* (L.), wird in Nordamerika durch 3 den Trompeterschwan, *Cygnus c. buccinator* RICHARDSON, vertreten. phot. 1 und 2 H. Kolbe, 3 K. Kussmann

1 Trauerschwan, *Cygnus atratus* (LATHAM), und 2 Höckerschwan, *Cygnus olor* (GMELIN), sind als Parkschwäne weltweit verbreitet.
phot. H. Kolbe

1 und 2 Schwarzhalsschwan, *Cygnus melanocoryphus* (MOLINA), mit heranwachsenden Jungtieren.   phot. H. Kolbe

1 Familie der Schwanengans, *Anser cygnoides* (L.), links der Ganter. 2 Graugans-Familie mit drei Wochen alten Küken. 3 Graugans, *Anser anser* (L.), vor dem Gelege.

phot. 1 und 2 H. Kolbe, 3 von Treuenfels

1 Ganter der Kurzschnabelgans, *Anser brachyrhynchus* BALLION. 2 Familie der Streifengans *Anser indicus* (LATHAM). 3 Saatgans, *Anser f. fabalis* (LATHAM).
phot. H. Kolbe

1 Zwerggans, *Anser erythropus* (L.), mit Küken. 2 Streifengans, *Anser indicus* (Latham), sie brütet im gebirgigen Zentralasien und überwintert auf dem indischen Subkontinent.

phot. H. Kolbe

Kaisergans, *Anser canagicus* Sewastianow; 1 drei Monate alter Jungvogel beginnt an der Schnabelwurzel und auf dem Rücken mit der Umfärbung in das Alterskleid, 2 brütender Altvogel.

phot. H. Kolbe

Schneegans, *Anser caerulescens* (L.); 1 Altvogel der weißen und 2 der blauen Farbvariante; 3 fünf Monate alte Schneegans, die das graubraune Jugendkleid durch die weißen Federn des Alterskleides ersetzt.   phot. H. Kolbe

Rothalsgans, *Branta ruficollis* (PALLAS); der Ganter wacht nahe dem brütenden Weibchen. 2 Familie der Pazifischen Ringelgans, *Branta bernicla nigricans* (LAWRENCE), Küken etwa zwei Wochen alt.   phot. H. Kolbe

Weißwangengans, *Branta leucopsis* (BECHSTEIN) mit wenigen Tagen altem Küken.   phot. K. Kussmann

1 Brütendes Weibchen der Atlantischen Kanadagans, *Branta c. canadensis* (L.). 2 Die Hawaiigans, *Branta sandvicensis* (VIGORS), wurde allein durch Gehegezuchten vor dem Aussterben gerettet.

phot. H. Kolbe

1 Andengans, *Chloephaga melanoptera* (EYTON), links Ganter in Imponierhaltung. 2 Paar der in ihrer Heimat selten gewordenen Rotkopfgänse, *Chloephaga rubidiceps* SCLATER; 3 etwa zwei Wochen alte Küken der Rotkopfgans.

phot. 1 K. Kussmann, 2 und 3 H. Kolbe

Magellangans, *Chloephaga picta* (GMELIN); 1 Paar, rechts der Ganter, 2 Männchen im Jugendkleid.　　phot. H. Kolbe

Die überaus empfindlichen Orinokogänse, *Neochen jubatus* (Spix), sind nur selten in Gehegen anzutreffen; die Nachzuchtrate dürfte bei dieser Art noch immer kleiner sein als die Sterberate, so daß Importe von Wildfangtieren unumgänglich sind.

phot. H. Kolbe

Weit verbreitet in ihrer afrikanischen Heimat wie in Zoos und auf Parkteichen ist die Nilgans, *Alopochen aegyptiacus* (L.).
phot. H. Kolbe

1 Die Hühnergans, *Cereopsis novaehollandiae* LATHAM, wurde durch Gehegezuchten und Schutz der Freilandpopulationen vor dem Aussterben bewahrt. 2 Junger Ganter der auch in Australien sehr seltenen Pünktchengans, *Stictonetta naevosa* (GOULD).

phot. 1 H. Kolbe, 2 E. Slater

rung einfarbig hornbraun, danach werden der Mittelteil dunkelgrau, Spitzen und Wurzel gelblich und ab September die Wurzel rot.

Im Jahre 1975 wuchsen im Zoo Cottbus aus einer Gruppe wildfarbiger Tiere 2,1 weiße Jungtiere auf. Eine natürliche Verpaarung der weißen Fleckschnabelenten bzw. der Erpel mit wildfarbigen Weibchen gelang nicht. Nach künstlicher Besamung eines wildfarbigen Weibchens entwickelten sich zwei wildfarbige Nachkommen.

Augenbrauenente
Anas superciliosa
GMELIN

Č Kachna vychodní F Canard à sourcils
D –   H Grey Eend
E Grey Duck   R Серая кряква

Drei Unterarten; die Neuseeländische Augenbrauenente, *Anas s. superciliosa* GMELIN, lebt auf Neuseeland und dessen Nachbarinseln, die Australische Augenbrauenente, *Anas s. rogersi* MATHEWS, in Australien und auf Tasmanien und die Palau-Augenbrauenente, *Anas s. pelewensis* HARTLAUB und FINSCH, auf den Inseln im mittleren Ozeanien. Die einzelnen Formen unterscheiden sich etwas in der Größe, weniger in der Färbung.

Beschreibung von *Anas superciliosa superciliosa*
Habitus: Etwa stockentengroß, sehr gedrungen.
Alterskleid: ♂ und ♀ Gesicht auf gelbbraunem Grund von einem breiten schwarzbraunen Augen- und einem angedeuteten Backenstreif durchzogen. Kopfplatte fast schwarz. Das durchgehend dunkelbraune Kleingefieder auf den Schultern schmal, an Flanken und Körperunterseite breit lehmgelb gesäumt. Flügelspiegel grünglänzend, beiderseits von einer breiten schwarzen und schmalen weißen Binde gesäumt. Schnabel grau, Füße olivgrün, Schwimmhäute schwarzgrau, ♀ neben geringfügigen Farbnuancen sicher durch Ausstülpen der Kloake und an der quakenden Stimme kenntlich. *Maße:* ♂ Flügel: 230–284, Schnabel: 45–58 mm; ♀ Flügel: 226–271, Schnabel: 46–54 mm; *Gewicht:* ♂ 765–1 275 g, ♀ 623–1 275 g.
Dunenkleid: Im wesentlichen wie Stockenten-Küken gefärbt, der dunkle Ohrfleck teilweise fehlend.
Jugendkleid: Unreiner und stumpfer in der Gesamtfärbung als das Alterskleid, Federn dürften auch breiter gesäumt sein.
Lebensweise: Die Australischen Augenbrauenenten bewohnen in großer Zahl alle Gewässertypen, sofern sie ihnen günstige Lebensbedingungen bieten. Obgleich tiefere und permanente Sümpfe sowie größere Flußläufe am liebsten aufgesucht werden, brüten diese Enten auch an den brackigen Küstenlagunen und in den Überschwemmungsgebieten der Creeks. Die neuseeländische Unterart bewohnt Küstengewässer, Binnenseen und Flußläufe. Wie bei vielen auf Neuseeland beheimateten Tierarten geht auch ihr Gesamtbestand zurück, doch ist sie auf beiden Inseln noch weit verbreitet und in ihrer weiteren Existenz nicht gefährdet (WILLIAMS 1964). Gesicherte Bestände gibt es offenbar auch von der Palau-Augenbrauenente.

Außerhalb der Brutzeit bilden besonders die australischen Populationen zusammen mit den Weißkehlenten umfangreiche Scharen. Mit dem Einsetzen der Trockenzeit verlassen die Augenbrauenenten die versiegenden Wasserstellen viel eher als die Weißkehlenten und streifen nun auf der Suche nach neuen Lebensgründen weit umher, meiden dabei aber die extrem trockenen Inlandgebiete, die von den Weißkehlenten noch durchflogen werden.

Der Beginn der Brutzeit ist territorial sehr unterschiedlich und steht meist in Abhängigkeit von den Niederschlägen. So erfolgt die Eiablage in Neusüdwales etwa zwischen Mai und November, im tropischen Nordterritorium dagegen von Februar bis September, hauptsächlich von April bis Juni. Die Nester stehen vielfach in der Bodenvegetation, aber auch in Baumhöhlen, in hohlen Baumstümpfen oder in verlassenen Nestern anderer Vögel. Die Gelege enthalten 8–10, zuweilen bis 13 grünlichweiße Eier mit den Maßen 51–63 × 37–45 mm; ∅ 58 × 41 mm (FRITH 1967). Die Brutdauer beträgt 26–28 Tage. In Neuseeland wurden Weibchen mit 14–17 Küken beobachtet (übergroße Gelege oder pulli von zwei Weibchen?). Sie wiegen frischgeschlüpft etwa 33–35 g, bekommen zwischen dem 14. und 21. Lebenstag die ersten Schwanz- und um den 25. Tag die ersten Körperfedern. Die Schwingen sind mit 55–70 Tagen etwa ausgewachsen, wenig vorher beginnen die Jungenten zu fliegen (FRITH nach australischen Gefangenschaftsbeobachtungen).
Nahrung: Sie besteht nach umfangreichen Magenanalysen zu 30 % aus Kleinlebewesen, zu 54 % aus Sumpf-

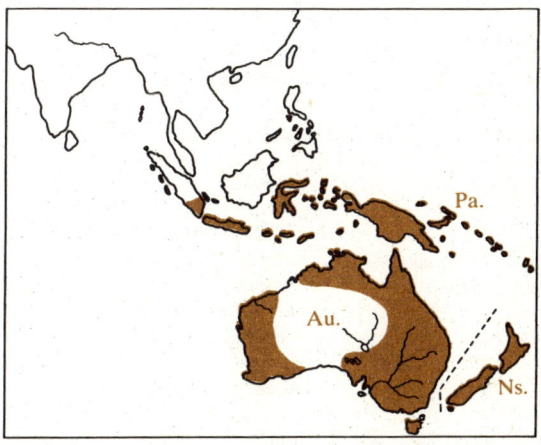

Jahresvorkommen der Australischen (Au.), Neuseeländischen (Ns.) und der Palau- (Pa.) Augenbrauenente.

und Wasserpflanzen und zu 15 % aus Landpflanzen. Die animalische Nahrung enthält viele Wasserinsekten und Mollusken, die pflanzliche besteht aus Samen und Grünteilen, besonders von den im Wasser wachsenden Gräsern (FRITH 1959).

Haltung und Zucht: Augenbrauenenten werden seit über 100 Jahren in europäischen Zoos gezeigt (in Berlin seit 1874) und fast ebensolange gezüchtet. Anfangs war vorwiegend die australische, nach 1950 mehr die neuseeländische Unterart importiert. Die wesentlich kleinere Palau-Augenbrauenente erreichte Europa (u. a. Tierpark Berlin und Wildfowl Trust) um 1967. Die Mehrzahl der Gehegevögel sind Mischlinge der beiden großen Formen, so daß für diese Tiere der Unterartstatus ungerechtfertigt ist.

Im Wesen wie in der Gesamtkonstitution gleichen Augenbrauenenten weitgehend unseren Stockenten und wären demzufolge für die Besiedlung großer Parkgewässer und Zooteiche geeignet. Wegen der starken Bastardierungsneigungen und des gewaltsamen Begattens artfremder Weibchen kommt es zu zahlreichen unerwünschten Bastarden. Die Palau-Augenbrauenente wird seit 1968 u. a. im Wildfowl Trust sehr erfolgreich vermehrt und kann auch für Zuchtanlagen empfohlen werden, doch werden auch hier Bastardierungen kaum ausbleiben.

Philippinenente
Anas luzonica
FRAZER

Č Kachna žlutohlavá
D Philippinsk And
E Philippine Duck

F Canard des Philippines
H Philippijn Eend
R Филиппинская кряква

Habitus: Wenig kleiner, aber merklich schlanker als Stockente. Abb. Seite 315.

Alterskleid: ♂ Kopfplatte, Nacken und Augenstreif schwarzbraun; Gesicht, Kinn und Kehle – zum Hals hin auslaufend – zart zimtbraun. Übriges Kleingefieder einfarbig graubraun, Brust etwas heller, Schulter- und Scapularfedern mit schmalen, hellgrauen Säumen, Flanken ein wenig breiter, aber unreiner gesäumt als Rückenpartien. Der grünschillernde Flügelspiegel wird von den großen Decken her und an den Enden der Armschwingen je von einer schwarzen und weißen Binde eingefaßt; Flügeldecken, Handschwingen und Steuerfedern dunkel graubraun, teils heller gerandet. Schnabel bleigrau, Nagel schwarz, Iris rotbraun, Beine olivbraun. ♀ farblich dem ♂ sehr ähnlich, aber Schulter- und Scapulargefieder breiter gesäumt und mittleres Drittel der Schnabel-Firstlinie schwarz. Ein

weiteres sicheres Geschlechtsmerkmal ist der unterschiedliche Angstruf. *Maße:* ♂ Flügel: 240–250, Schwanz: 65–75, Schnabel: 48–52, Lauf: 44 bis 46 mm; ♀ Flügel: 234–240, Schnabel: 46–50 mm. *Gewicht:* ♂ um 900 g, ♀ um 780 g.

Dunenkleid: In der Gesamtfärbung den anderen Küken der Stockentengruppe recht ähnlich, also mit leuchtend gelbem Gesicht und schwarzbraunem Augenstreif – aber ohne dunkle Ohrzeichnung. Fleckung an Körperseiten und den hinteren Flügelrändern kleiner und verwaschener als bei Fleckschnabel- und Augenbrauenenten-Küken.

Jugendkleid: Nur wenig matter und unreiner gefärbt als das Alterskleid.

Verbreitungskarte Seite 224.

Lebensweise: Die Philippinenente kann als Inselform der Stockentengruppe angesehen werden; die etwas geringere Körpergröße und das recht einfarbige Gefieder sind typische Inselmerkmale. Über die Biologie berichtet erstmals TEMME (1976):

Die Art ist nicht bestandsgefährdet (bis 2000 auf einem Rastplatz), doch ihr Vorkommen ist sporadisch und die Gesamtpopulation durch Jagddruck, Zersiedlung der Landschaft und Fehlen wirksamer Schutzmaßnahmen rückläufig. Bevorzugte Brutbiotope bilden zeitweilig nicht bearbeitete und verunkrautete Reisfelder; ferner Seen der offenen Landschaft, Waldteiche, Flüsse, seltener Mangrovengewässer. Bedeutendsten Rastplatz bildet ein 555 ha großes Vorverdunstungsbecken einer Salzgewinnungsanlage mit einer mittleren Wassertiefe von 50 bis 60 cm auf Mindoro, wo im September 1970 2000 Philippinenenten und in anderen Jahren (bis 1974) über 1000 beobachtet wurden. Nahrungsaufnahme häufig in Reisfeldern. Die Brutzeit liegt verstärkt zwischen Juli und August, verteilt sich jedoch von April bis November. Nester stehen wie die der Stockente in der Bodenvegetation. Vollgelege enthalten 8–10, häufig bis 15 glanzlos weiße Eier; Maße (n = 10) 47,4–52,4 × 37,2 bis 39,2 mm; ⌀ 50,7 × 38,5 mm.

Über Brutdauer, Jungenbetreuung und -entwicklung liegen noch keine Freilandbeobachtungen vor.

Haltung und Zucht: DE LAVEAGA (Kalifornien) erhielt 1935 den Erstimport, zog jedoch nur einige Bastarde mit Augenbrauenenten auf. Erneut gelangten zwischen 1948 und 1950 einige Tiere in den Besitz von D. RIPLEY (USA) und wenig später in den Wildfowl Trust. Die Erstzucht beschrieb JONES, Leckford, im Avic. Mag. (Vol. 59, pp. 11–12). Ein vom Wildfowl Trust entliehenes Paar legte im Mai 1952 Eier ab, 15 Jungtiere wuchsen auf. Vom gleichen Paar und seiner Nachzucht erzielte man im Folgejahr fast 100 Jungenten. Die guten Zuchtergebnisse hielten an, und bereits 1956 waren DDR-Züchter im Besitz einiger Paare. Gegenwärtig ist die Philippinenente in Zoos und Vogelparks, wohl wegen ihrer schlichten Färbung weniger in Privatanlagen anzutreffen.

In den 70er Jahren ließen die Zuchtergebnisse merklich nach, so daß Inzuchterscheinungen nicht voll auszuschließen sind. Die Eiablage erfolgt in flachen Kisten oder Hütten, meist um Mitte Mai, gelegentlich ab Mitte April. Erst- und Nachgelege enthalten 6–8, seltener bis 10 Eier mit den Maßen (n = 14) 53,7–58 × 38,4–42 mm; ⌀ 55,3 × 40,2 mm, sie sind grünlich oder glanzlos weiß. Brutdauer beträgt 26–27 Tage. Die Kükenaufzucht verläuft problemlos, doch liegen keine Entwicklungsdaten vor.

Die Geschlechter sind in jedem Alter durch das Ausstülpen der Kloake kenntlich. Die geschlechtliche Reife tritt mit Sicherheit gegen Ende des ersten Lebensjahres ein, doch beginnt nur ein Teil einjähriger Weibchen mit dem Legen.

Kupferspiegelente
Anas specularis KING

Brutvorkommen und nördliche Begrenzung der Überwinterungsgebiete der Kupferspiegelente.

Č	Kachna bronzovo-krídlá	F	Canard aux ailes bronzies
D	–	H	Bronsvleugel Taling
E	Bronze-winged Duck	R	Бронзовокрылая утка
		Sp	Pato perro

Habitus: Wenig kleiner als Stockente. Abb. Seite 68 und 243.

Alterskleid: ♂ und ♀ Kopf und Hals dunkel schokoladenbraun, Wangen und von der Kehle bis zur Ohrgegend hin jeweils halbmondförmig weiß. Brust und Bauchseiten auf lehmgelbem Grund fein, Flanken grob schokoladenbraun geschuppt. Rückengefieder schwarzbraun, zum Hals hin gelblich gesäumt. Flügeldecken samtschwarz; Armschwingen kupferrot, intensiv bronzefarben glänzend, mit schwarzer Zwischen- und weißer Endbinde; Handschwingen und Schwanzfedern schwarzbraun. Schnabel relativ lang und kräftig blaugrau gefärbt, Iris dunkelbraun, Füße orangegelb mit braunen Schwimmhäuten. Zwischen den Geschlechtern bestehen nur geringfügige Zeichnungsnuancen. *Maße:* ♂ Flügel: 260–280, Schwanz: 105–116, Schnabel: 49–52, Lauf: 44–45 mm; ♀ Flügel: 252–277, Schnabel: 43–44 mm; *Gewicht:* ♂ 1130 g, ♀ um 960 g.

Dunenkleid: Kopfplatte bis in Augenhöhe dunkel graubraun, in der Augengegend von rotbraunen Dunen durchsetzt. Untere Kopfhälfte sowie kleine Fleckchen an Flügel und Schenkel weiß, übrige Oberseite dunkelbraun; Bauchseite cremefarben. Der große Schnabel und die Füße sind schiefergrau. Gesamtfärbung der des Chilepfeifenten-Kükens sehr ähnlich.

Jugendkleid: Im wesentlichen wie Altvögel gefärbt, jedoch an typischen Jugendgefieder-Merkmalen kenntlich.

Lebensweise: Bevorzugte Biotope der Kupferspiegelente bilden große, relativ schnell strömende Flußläufe innerhalb der Waldgebiete in den unteren und mittleren Höhenzügen der Anden. Ferner werden träge fließende Altwässer, Seen und Sumpfniederungen, auch solche am Rande der Forstregion besiedelt. Wie viele Bewohner schnellfließender Gewässer leben auch diese Enten meist paarweise oder in Familientrupps, grenzen die Brutreviere streng gegeneinander ab und sind weitgehend ganzjährig seßhaft, wobei Wintervorkommen bis in die Provinz Buenos Aires und am unteren Parana bekannt sind. Als bemerkenswert wird die Stimme bezeichnet. Die Weibchen lassen kurze Rufreihen hören, die an das Gebell eines Kleinhundes erinnern. Der spanische Name »perro« bedeutet Hund. Die Erpel lassen einen leisen, wispernden, sich 5 bis 7mal wiederholenden Kehllaut hören.

Kupferspiegelente, *Anas specularis* KING

Die Brutzeit beginnt im November während des kurzen südlichen Sommers. JOHNSEN (1965) fand alle Nester auf kleinen Inseln inmitten der Flußläufe, sie standen im hohen Gras, waren halb überdeckt und reichlich mit Dunen ausgelegt. Hier – so folgert der Forscher – seien die Nester am besten vor den Raubsäugern (Füchse) geschützt. Die Gelege enthalten nur 4–6 dunkel cremefarbene Eier mit den Maßen 54–62 × 39,2–41,7 mm; ∅ 58,5 × 40 mm (SCHÖNWETTER 1960), nach JOHNSGARD (1978) im ∅ 64 × 44 mm. Brutdauer 30–31 Tage. Das Weibchen brütet allein, es wird für möglich gehalten, daß sich der Erpel etwas beteiligt.

Nahrung: Sie besteht aus pflanzlicher und tierischer Kost. Aus Zuchtanlagen ist bekannt, daß Kupferspiegelenten die Gehege häufig nach Regenwürmern und anderen Kleinlebewesen absuchen.

Haltung und Zucht: DELACOUR (1956) gibt zwischen 1881 und 1954 nur drei Importdaten für die Kupferspiegelente an; die Welterstzucht gelang dem Wildfowl Trust 1964.

Im Jahre 1955 erwarb der Trust zwei völlig zahme weibliche Kupferspiegelenten, die derzeit einzigen in Europa. Ein ebenso zahmes männliches Tier konnte im Dezember 1963 aus dem Kölner Zoo in den Wildfowl Trust gegeben werden. Bereits ab 12. Februar 1964 legte eines der Weibchen 5 Eier, aus denen nach 31tägiger Brut Junge schlüpften. Mitte März begann die Ente ein Nachgelege, das ebenfalls aus 5 Eiern bestand. Bereits 1964 und 1965 erhielten die Zoos Köln und Berlin (West) erste gezüchtete Kupferspiegelenten. Danach fand die Art eine allgemeine, obgleich bis heute spärliche Verbreitung in großen Zoos und Privatanlagen. Kupferspiegelenten sind wenig hinfällig, winterhart und nichtbrutaktive Tiere auch voll verträglich. Dagegen zeigen sich fortpflanzungsaktive Paare sehr aggressiv und sollten möglichst in Einzelgehegen Unterbringung finden. Die Zucht gelingt heute regelmäßig. Die Eiablage begann im Trust in 8 Jahren zwischen 12. Februar und 24. April, auch bei WIENANDS, briefl., meist ab zweiter Februarhälfte. Nachgelege sind die Regel, geschlüpfte Jungtiere wachsen annähernd verlustlos auf.

Nach WIENANDS zeigten drei am 20. Mai geschlüpfte Küken folgenden Befiederungsbeginn: am 26. Tag die Schulterfedern, am 27. Tag die Flankenfedern, am 34. Tag war die Unterseite und am 45. Tag das gesamte Kleingefieder entfaltet. Die Umfärbung in das farbintensivere Alterskleid erfolgt im gleichen Herbst; die geschlechtliche Reife tritt nicht vor Ende des 2. Lebensjahres ein. Die Erstzucht der DDR gelang HARING, Leipzig, 1978; aus drei Eiern, die in einer Nisthöhle abgelegt wurden, konnte ein Jungtier aufgezogen werden.

Schopfente
Anas specularioides
KING*

Č	Husice vlasatá	F	Canard huppé
D	–	H	Crested Duck
E	Crested Duck	R	Хохлатая утка

Die Patagonische Schopfente, *Lophonetta s. specularioides* (KING), wird auf den Andengewässern von der etwas größeren, helleren und langschwänzigeren Anden-Schopfente, *Lophonetta s. alticola* MENEGAUX, vertreten.

Beschreibung von *Lophonetta specularioides specularioides*

Habitus: Eine große, kurzbeinige und gestreckt wirkende Ente. Abb. Seite 69, 245 und 353.

Alterskleid: ♂ Kopf- und stark verlängerte Schopffedern fahlbraun, fein schwarzbraun gestrichelt, Auge-Ohr-Partien dunkelbraun, Kehle und Vorderhals rahmweiß. Gesamtes Rumpfgefieder einschließlich Schwanzdecken wolkig lehmbraun, Schultern und große Rückenfedern etwas dunkler. Flügel mit kupferrotem, purpurgrün-glänzendem Spiegel, der von einer schmalen schwarzen und einer breiten weißen Außensaumbinde eingefaßt wird. Handschwingen und Decken erdbraun, Schwanzfedern schwarz. Iris orangegelb, Schnabel und Füße dunkelgrau. ♀ ist ähnlich gefärbt, aber noch farbflacher und mit kürzerem oder fehlendem Schopf. *Maße:* ♂ Flügel: 268–310, Schwanz: 160–175, Schnabel: 43–46, Lauf: 46–50 mm; ♀ Flügel: 250–290, Schnabel: 40–44 mm. *Gewicht:* (von *alticola*) ♂ 1074–1180, ♀ um 900 g.

Dunenkleid: Oberseite hell erdbraun, Kopfplatte, Augenstreif und Flügel etwas dunkler; hinterer Flügelsaum, ein großer Fleck an den Bürzelseiten sowie Brust und Bauch schmutzigweiß. Der lange, schmale Schnabel und die Füße grau, Iris braun.

Jugendkleid: Ohne Schopf, farbflacher Spiegel.

Lebensweise: Die Patagonischen Schopfenten bewohnen Bergseen und Flußniederungen des Binnenlandes, bevorzugen jedoch salzige und brackige Gewässer entlang der Küstenlinien, auf Feuerland auch im Landesinneren. Die Andenschopfenten brüten an den Hochplateau-Seen und -Lagunen zwischen 3000 und 5000 m Höhe; KOEPCKE (1965) fand diese Enten in Peru einzeln oder in Familientrupps auf vegetationsarmen Seen. Die Populationen der Falkland-Inseln werden fast ausschließlich in salinen Bereichen angetrof-

---

* Im Gegensatz zu JOHNSGARD (1978) benutzt die Mehrzahl der Systematiker den Gattungsnamen *Lophonetta*, der auch gerechtfertigter erscheint und verwendet werden sollte.

fen, weil hier das Angebot an Kleinlebewesen am größten ist.

Die Fortpflanzungsperiode der südlichen Form liegt zwischen Mitte Oktober und Mitte Januar, die Anden-Schopfenten wurden im Januar, Februar und Juni brütend gefunden. Die einzelnen Paare beanspruchen relativ große Brutreviere und vertreiben daraus auch andere Wasservogel-Arten. Die Nester befinden sich im Grase, seltener in den Bruträhren der Pinguine. Die Gelege enthalten 5–8 rahmweiße Eier mit den Maßen (Nominatform) 59–71 × 34,9–48,4 mm; ∅ 64,6 mal 44 mm. Brutdauer 30 Tage. Das Weibchen brütet allein, in Ausnahmefällen vom Männchen unterstützt. Die Jungenten sind mit 10–11 Wochen flugfähig (WELLER 1972). Die Familien gehen in flachen Buchten der Nahrungssuche nach und wandern während der Wintermonate entlang der Küsten nordwärts, in Chile etwa bis Santiago und bis Bahia Blanca in Argentinien.

Nahrung: Sie besteht nach WELLER (1972) fast ausschließlich aus Wasserasseln, Kleinkrebsen, Wasserinsekten und deren Larven und nur zu einem geringen Teil aus Pflanzenteilen wie Algen.

Haltung und Zucht: Nur sporadisch gelangten in früheren Jahrzehnten einzelne Schopfenten in die europäischen Zoos. Der Zoo London war von 1887 bis 1896 (ein Tier der Nominatform) und der Zoo Berlin um 1932 (ssp?) im Besitz dieser Art. Ein Import von Anden-Schopfenten erfolgte 1938 nach Clères, Frankreich, Leckford, England, und dem Zoo Berlin. In

Leckford gelangen 1948 und 1949 die ersten erfolgreichen Nachzuchten.* Nach 1960 erreichten mehrere Sendungen beider Unterarten Westeuropa und Nordamerika; sie werden seitdem zwar vereinzelt, doch regelmäßig in großen zoologischen Gärten, dagegen kaum in Privatanlagen gepflegt.

Gut eingewöhnte Schopfenten bereiten in der Haltung offenbar keine Schwierigkeiten, hervorgehoben wird jedoch ihre Aggressivität während der Fortpflanzungszeit, die selbst die der Kasarkas übertreffen soll. Als Nahrung erhalten Schopfenten ein gehaltvolles Mischfutter, das mit tierischen Bestandteilen (Garnelen, Fischstücken) angereichert wird.

Neben den bereits angeführten Zuchterfolgen mit der Anden-Schopfente in Leckford erzielten der Wildfowl Trust seit 1952, der Zoo Philadelphia, USA, seit 1960 und der Zoo Cleveland, USA, seit 1961 regelmäßig Nachzuchten. Diese Reihe läßt sich heute wesentlich erweitern. Die Nester der in Leckford brütenden Paare waren durchweg zwischen Kräutern oder im Gras errichtet, es waren solide Bauten, die später mit Dunen ausgelegt wurden. Die Eiablage erfolgte im Wildfowl Trust zwischen dem 9. Februar und dem 24. April. Die Mehrzahl der Küken wuchs unter der Obhut von Hennen heran.

Im Frühjahr 1964 gelang im Trust die Erstzucht der Patagonischen Schopfente. Von den seit vielen Jahren gehaltenen Paaren legte ein Weibchen im Oktober 1963 erstmals einige Eier. Im darauffolgenden Vorfrühling pflanzten sich dann zwei Paare fort, jedes der

Schopfente, *Lophonetta specularioides* (KING); links der Erpel, rechts die Ente

* Ausführlicher Zuchtbericht in Avic. Mag. 1948, wiedergegeben in DELACOUR (1954).

Brut- und Wintervorkommen der Patagonischen (Pa.) und Jahresvorkommen der Anden- (An.) Schopfente.

Weibchen brachte ein Neuner-Gelege; insgesamt wuchsen neun Jungenten auf. Die Eiablage begann von 1964 bis 1973 zwischen 16. Januar und 20. April. Die Küken beider Rassen lassen sich annähernd verlustlos aufziehen. Die Küken der Anden-Schopfente sind oberseits braun, die der Nominatform fahl grau bis cremefarben.

Spießente
Anas acuta L.

Č Ostralka štíhlá	F Pilet ordinaire
D Spidsand	H Pijlstaart
E Northern Pintail	R Шилохвость

Die Spießente, *Anas a. acuta* L., wird im südlichen Indischen Ozean durch zwei verzwergte Inselformen vertreten. Auf den Kerguelen-Inseln lebt die Kerguelenente, *Anas a. eatoni* (SHARPE) und auf den Crozet-Inseln die Crozetente, *Anas a. drygalskii* REICHENOW. Die ♂♂ beider Unterarten tragen typische ♀♀-Kleider.

Beschreibung von *Anas acuta acuta* (L.)

Habitus: Knapp stockentengroß mit langem, dünnem Hals, der besonders vom Erpel gestreckt und aufrecht getragen wird. Abb. Seite 70 und 319.

Brutkleid (Artkennzeichen): ♂ Kopf und Kehle schokoladenbraun, Nacken schwarz; Bauch, Brust und ein Streifen an den Halsseiten weiß; Flanken und Rücken hellgrau gewellt, Schulter- und Mittelschwanzfedern verlängert, Schwanzteil schwarz. Spiegel erzgrün, bronzefarben und rotbraun schillernd. ♀ Kleingefieder vorherrschend grau, hell gesäumt; an gestreckter Körperform und verlängerten Steuerfedern kenntlich. Schnabel (bei beiden Geschlechtern) hell blaugrau mit schwarzem Firststreif. *Maße:* ♂ Flügel: 254–287, Schwanz: 172–209 mm, Schnabel: 48–59 mm, Lauf: 39–44 mm; ♀ Flügel: 242–266 mm, Schnabel: 45–50 mm. *Gewicht:* ♂ 710–1250 g, ♀ 600–1027 g.

Ruhekleid des ♂: Juni–Juli bis September–Oktober. Großgefieder unverändert, im übrigen dem ♀ sehr ähnlich.

Dunenkleid: Oberkopf und Rücken olivbraun, unterbrochen von einem hellen Längsstreif beiderseits des Mittelrückens von den Flügeln bis zu den Schwanzseiten; Gesicht zart braun und von einem dunklen Augen- und Backenstreif durchzogen. Unterseite blaßbraun bis rahmweiß. Schnabel und Füße hellgrau.

Jugendkleid: In beiden Geschlechtern dem adulten ♀ ähnlich, unterseits aber stärker gefleckt, Federn des Rückens rahmweiß gesäumt. Spiegelfärbung der jungen ♂♂ annähernd die der alten Erpel, doch fast glanzlos; braune Flügeldecken blaß rötlich gesäumt (im ersten Brutkleid jene noch unverändert); Mittelschwanzfedern erreichen nicht die volle Länge.

Vorkommen in Mitteleuropa: Als Brutvogel in geringer Zahl in Mecklenburg, Schleswig-Holstein und Holland sowie in Südböhmen und Mähren; sporadische Einzelbruten ferner nördlich der Mittelgebirge. Dagegen durchwandern alljährlich Tausende Spießenten den mitteleuropäischen Raum zwischen Ende August und November, zahlreicher noch im Frühjahr von Anfang März bis Ende April.

Lebensweise: Während der Brutzeit lebt die Spießente auf großen, schilfreichen Binnenseen, in ausgedehnten, wasserreichen Brüchen und an den Altwässern weiter Flußniederungen. Die deutschen Brutpaare nisten ferner in ruhigen Mooren, alten Torfstichen und auf einigen Ostseeinseln. In Westsibirien bewohnt sie vorwiegend die Bereiche der Waldtundra und der Waldsteppe und dringt nördlich bis an die Grenze der arktischen Flechtentundra vor. In den südlichen Steppenzonen ist sie nur ein spärlicher Brutvogel. Häufig wiederum nistet sie in den waldarmen Gebieten Nordeuropas, besonders auf Island.

Die Ankunft in den Brutgebieten erfolgt in Mitteleuropa im März, in Sibirien Mitte Mai, teils erst im Juni. An der Nistplatzwahl sind beide Partner beteiligt. Das Nest befindet sich gut gedeckt in Wassernähe, aber auch weit davon entfernt auf Wiesen und Äckern oder am Riedgras; in der Tundra mitunter kilometerweit vom Wasser entfernt. Der Nestbau obliegt dem Weibchen. Die vor Brutbeginn hinzugefügten Dunen sind rauchbraun mit weißer Wurzel und heller

Spitze. Die Eiablage erfolgt in Mitteleuropa ab April, gelegt wird täglich, die Vollgelege enthalten 8–9, in den Extremen 5–12 längliche, hellgrüne, seltener gelbliche Eier mit den Maßen 50–61 × 34–41 mm; ⌀ 54,5 × 38,2 mm. Die Brutzeit beträgt 22–23 Tage. Der Erpel hält eng zur brütenden Ente und beteiligt sich auch an der Jungenführung. Bald nach deren Flüggewerden haben die Altvögel ihre Brutmauser beendet, und es setzt der Zug ein. Während dieser Zeit rasten die Spießenten in Gesellschaft anderer Entenarten auf den Wasserflächen großer, offener Seen.

Nahrung: Weitgehend pflanzlich, doch jahreszeitlich und entsprechend dem Angebot variierend. Bei den ♀♀ beträgt der tierische Anteil der Nahrung (meist Insektenlarven) vor dem Legen 56 %, während der Legeperiode 77 % und danach nur noch 29 % (KRAPU 1974).

Haltung und Zucht: Die in Farbe und Körperfigur ansprechenden Spießenten sind ausgezeichnet für die Pflege in Gehegen, auf Zoo- und Parkteichen geeignet; sie sind verträglich, robust und winterhart, und sie stellen keine besonderen Nahrungsansprüche. Allein zur Schau gehaltene Tiere können auf dicht besetzten Betonbecken oder in Kleingehegen Unterbringung finden. Werden Zuchtergebnisse angestrebt, muß ihnen ein etwas größerer Teich mit angrenzenden Auslaufflächen geboten werden.

Mit der Umfärbung in das Brutkleid beginnt die hübsche Balz der Spießerpel und damit auch die Paarbildung. Das Nest wird in der Bodenvegetation, in Nistkästen oder Hütten errichtet. Legebeginn selten vor Mitte April. Spießentenweibchen brüten sehr fest und werden deshalb leicht die Beute von Mardern. Werden die Eier künstlich erbrütet, sind ein bis zwei Nachgelege zu erwarten. Eintagsküken wiegen 20 bis 37,5 g, ⌀ um 26 g. Mit 18–20 Tagen zeigen sich Schulter- und Flankenfedern, mit 40 Tagen ist das Kleingefieder im wesentlichen entfaltet, und an feinen Farbnuancen des Rückengefieders sind die Geschlechter unterscheidbar. Mit 7 Wochen erhalten die Jungenten ihre Flugfähigkeit (HEINROTH 1928). Die geschlechtliche Reife tritt gegen Ende des ersten Lebensjahres ein, doch wird ein Teil der Spießenten-Paare erst im zweiten Jahr brutaktiv.

Kerguelenente
Anas acuta eatoni
(SHARPE)

Č	Ostralka štíhlá kerguelenská	F	Pilet de Kerguelen
D	–	H	Kerguelen Pijestaart
E	Kerguelen Pintail	R	Кергеленская шилохвость

Habitus: Ähnlich dem des Bahamaenten-♀. Abb. Seite 319.

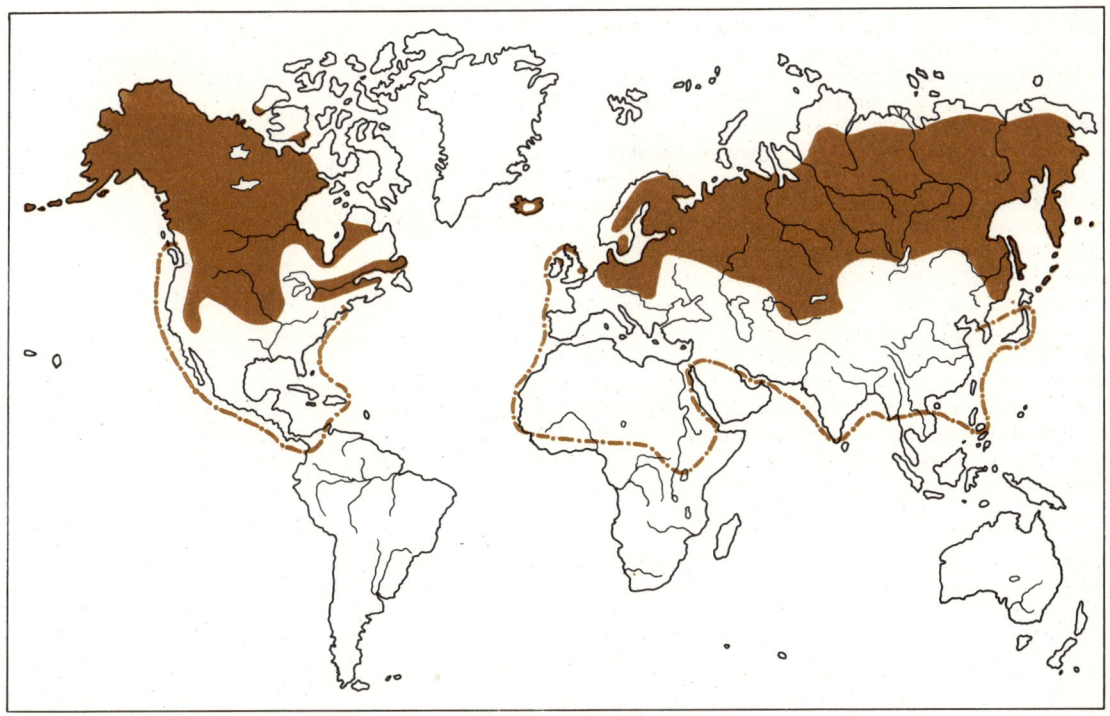

Brutvorkommen und Überwinterungsgebiete der Spießente; Jahresvorkommen der Crozet- (Cr.) und Kerguelenente (Ke.).

Alterskleid: ♂ Kleingefieder rotbrauner als beim ♀ der Spießente, sonst diesem sehr ähnlich. Spiegel bronzegrün, Endsaum der Armschwingen weiß; mittlere Steuerfedern wenig verlängert; Schnabel hell bleigrau, Firstlinie und Nagel schwarz; Iris rot, Füße grau. Einzelne Erpel mausern bis zu einem gewissen Grade in ein Brutkleid um; Kopf und Hals färben schwarzgrau durch, angedeutet sind die hellen Halsstreifen des Spießerpels. WERTH (1925) erwähnt diese umfärbenden Erpel nicht. ♀ in der Färbung nicht sicher vom ♂ zu unterscheiden, obwohl es am Kopf etwas auffälliger gesprenkelt ist. Die Geschlechter sind an der unterschiedlichen Stimme kenntlich. In der Bedrängnis gibt das ♀ einen quackenden, das ♂ einen heiseren Kehllaut von sich. *Maße:* ♂ Flügel: 205−230, Schnabel: 31−33 mm; ♀ Flügel: 190−210, Schnabel: 30 bis 31 mm.

Dunenkleid: Die dunklen Partien entsprechen denen der *acuta*-Küken, die hellen sind rotbrauner, besonders die Flecken auf dem Rücken, die bei Spießenten-Küken fast weiß sind.

Jugendkleid: Im wesentlichen gleich dem Alterskleid. Schnäbel schon nach wenigen Wochen leuchtend blau.

Lebensweise: Die Kerguelenenten bewohnen moorige Binnenseen, Flußläufe und Bäche sowie deren Niederungen. Zeitweilig suchen sie auch ruhige Meeresbuchten auf, doch wohl nur um zu rasten, denn man sah sie dort niemals Futter aufnehmen. Die offene See wird gemieden. Die Vegetation in den Niederungen bilden Moose, subarktische Gräser, niederes Gestrüpp und heidebildende Stauden (*Acaena* spec.); in den Tümpeln wachsen unter anderem *Ranunculus*-Arten. Die schlichtbraune Färbung der Kerguelenenten erweist sich als ausgezeichneter Schutz in der niederen, deckungsarmen Gesamtvegetation. Die Gesamtpopulation bestand 1967 aus mehreren 1 000 Individuen, die der Crozetente aus 1 000−1 200.

Etwa im Oktober beginnt die Paarungszeit, die Eiablage müßte im Dezember folgen. Nach DELACOUR (1956) besteht das Gelege aus 3−6 glänzend olivgrünen Eiern mit den Maßen 48−54,8 × 33−36,7 mm; ⌀ 51,6 × 35,6 mm. WERTH (1925) beobachtete Anfang Januar einen Altvogel mit 4 oder 5 noch nicht flugfähigen Jungen und Mitte Februar einen weiteren mit 2 Jungen. Ab März schart sich ein Teil der Enten zu kleineren Flügen von 10−15 Exemplaren zusammen und streicht dann weiter umher. Viele leben das ganze Jahr hindurch paarweise. Kerguelenenten zeigen wenig Scheu, selbst die Junge führenden Weibchen haben nur eine geringe Fluchtdistanz.

Nahrung: Diese wird während der warmen Jahreszeit im Seichtwasser aufgenommen, im Winter besteht sie unter anderem aus den Knospen der *Acaena*-Stauden. Bei geschossenen Exemplaren fand man auf trockenen Strandabschnitten lebende Asseln und Flohkrebse.

Haltung und Zucht: Die ersten Kerguelenenten gelangten 1951 nach Europa, offenbar bestanden diese Sendungen ausschließlich aus Erpeln. Der Wildfowl Trust besaß mehrere Jahre kein weibliches Tier und kreuzte deshalb im Jahre 1957 Kerguelen-Erpel mit Spießenten-Weibchen und nahm in den folgenden Jahren

Rückkreuzungen mit Kerguelen-Erpeln vor. Nach drei Generationen unterschieden sich die gezüchteten Mischlinge nicht mehr von den Wildfängen (DELACOUR 1964).

Aus Clères, Frankreich, wurde die erfolgreiche Paarung eines Kerguelen-Erpels mit einer Chile-Spitzschwanzente bekannt. Im Wildfowl Trust werden nun alljährlich Kerguelenenten gezüchtet. Die Differenz zwischen abgelegten Eiern und flügge gewordenen Jungenten ist nur sehr gering. Als Legebeginn werden der 23. April und der 12. Mai angegeben.

Im Frühjahr 1965 erwarb STURM (briefl.) 4 männliche und 7 weibliche Kerguelenenten, die ersten Vertreter dieser Unterart in der DDR. Von zwei zurückbehaltenen Paaren brachte ein Weibchen noch im gleichen Sommer ein 9er Gelege; die Eier waren etwas kleiner als die der Bahamaente und wie diese hell lehmgelb gefärbt, 8 Junge wuchsen ohne jede Schwierigkeit mit anderen Entenküken auf. In den folgenden Jahren bestanden die Vollgelege aus 7−9 Eiern, eine Brutdauer von 24 Tagen wurde ermittelt. Nach diesen anfänglich hohen Vermehrungsraten ließen die Zuchterfolge um 1975 merklich nach; die Gelege wurden kleiner, ein Teil der Weibchen legte gar nicht mehr. Bestandsermittlungen für die DDR ergaben im Dezember 1974 ca. 25 (MEYER, Limbach/Sa., briefl.) im Januar 1978 ca. 10 Tiere und im Januar 1980 7 Alt- und 9 Jungvögel. Im Sommer 1980 wuchsen letztmalig zwei Jungtiere heran, 1982 existierte nur noch ein brutinaktives Paar (KÜHNE, briefl.). Ein ähnlicher Rückgang ist im Wildfowl Trust zu verzeichnen, zwischen 1970 und 1978 wuchsen nur noch 7 Kerguelenenten heran, danach blieben die Zuchtergebnisse aus, 1981 lebten nur noch drei Altvögel.

Von allen Tieren, die in der DDR gehalten wurden, färbte kein Erpel in ein Teilprachtkleid um.

Spitzschwanzente
Anas georgica GMELIN

Č	Ostralka žlutozobá	F	Pilet à bec jaune
D	–	H	South Georgian Teal
E	Brown Pintail	R	Желтоклювая шилохвость

Drei Unterarten: Auf Südgeorgien lebt die Südgeorgien-Spitzschwanzente, *Anas g. georgica* GMELIN; es ist die kleinste und dunkelste des Rassekreises − also eine typische Inselform. Den südamerikanischen Kontinent bewohnen die Chile-Spitzschwanzente, *Anas g. spinicauda* VIEILLOT, und − etwa auf Kolumbien beschränkt − die sehr langschnäbelige und heute sehr seltene oder bereits ausgestorbene Nördliche Spitzschwanzente, *Anas g. niceforoi* WETMORE & BORRERO.

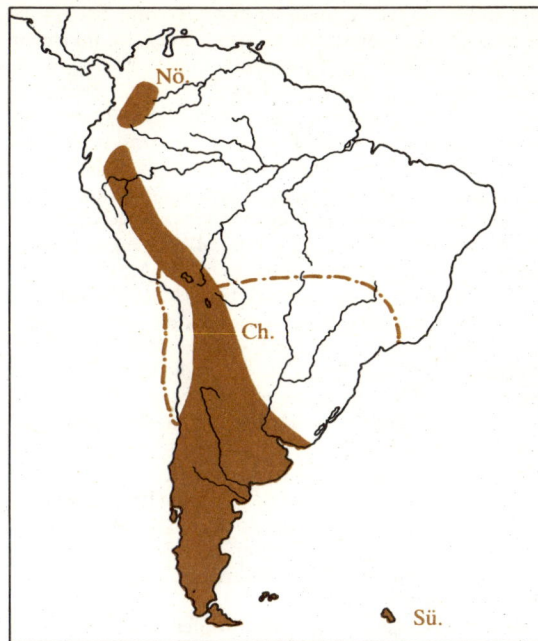

Brut- und Wintervorkommen der Chile-Spitzschwanzente (Ch.).
Jahresvorkommen der Nördlichen (Nö.) und Südgeorgien- (Sü.)
Spitzschwanzente.

Beschreibung von *Anas georgica spinicauda*
Habitus: In Größe und Figur einschließlich der verlängerten Schwanzfedern der Bahamaente ähnelnd. Abb. Seite 68 und 318.
Alterskleid: ♂ Kopf und Hals hell rotbraun, fein schwarzbraun überstrichelt; Kinn, Kehle und ein Teil des Vorderhalses sowie Bauch hell gelbbraun; übriges Deckgefieder schwarzbraun mit sehr breiten hellbraunen Säumen. Flügelspiegel auf samtschwarzem Grund lebhaft grün schillernd und von zimtbraunen Endbinden der Armschwingen und großen Decken eingefaßt; übrige Flügeldecken dunkelbraun. Schwanzfedern spießartig verlängert. Schnabel überwiegend gelb, ein breiter Firststreif dunkelgrau, der Nagelteil hellblau; Iris braun, Füße grau. ♀ gegenüber dem ♂ etwas kleiner, an Kopf und Hals mehr graubraun (statt rotbraun) und mit kürzerem Schwanz. Schnabelseiten gelblichgrün. *Maße:* ♂ Flügel: 230–260, Schwanz: 140–148, Schnabel: 41–43, Lauf: 40–42 mm; ♀ Flügel: 212–240, Schnabel: 40–41 mm. *Gewicht:* ♂ 740–827 g, ⌀ 776 g; ♀ 663–796 g, ⌀ 705 g.

Anas g. georgica ist kleiner, dunkler und kürzer als *Anas g. spinicauda*. Die drei mittleren Steuerfedern des ♂ sind etwa 1 cm länger als die übrigen. *Maße:* ♂ Flügel: 211–222 mm, Schnabel: 32–36 mm. *Gewicht:* ♂ 610–660 g, ♀ 460–610 g (WELLER 1973). Die Angaben DELACOURS (1956) »der Schwanz hat 16 Steuerfedern, dagegen 14 bei *spinicauda*« ließen sich an Bälgen des Naturkundemuseums Berlin nicht bestätigen. Zwar hatten 7 *georgica* jeweils 16, *spinicauda* jedoch einmal 14, fünfmal 15, zweimal 16, einmal 17 und einmal 18 Steuerfedern.

Dunenkleid: Oberkopf und Nacken schwarzbraun, schmaler Überaugen- und Backenstreif rahmweiß, breiter Augen- und ein noch breiterer, zum Hals hin auslaufender Backen- und Bartstreif schwarzgrau; Rücken, Flügel und Schenkel oliv-schwarzbraun; vordere Halshälfte, Brust, Unterseite, hinterer Flügelrand und je zwei schmale Längsstreifen auf dem seitlichen Rücken blaßgelb bis grauweiß. Schnabel und Beine schwarzgrau.
Jugendkleid: Dem Alterskleid sehr ähnlich, Schnabelseiten jedoch hell graugrün statt leuchtend gelb.
Lebensweise: Die Chile-Spitzschwanzente ist in vielen Gegenden Südamerikas von der Küste bis zu den hochgelegenen Andenseen ein verbreiteter und keineswegs seltener Wasservogel – DELACOUR (1956) bezeichnet sie als die absolut häufigste Ente des Kontinents.

Ihre Lebensräume sind flache, von schütterer Sumpf- und Ufervegetation durchsetzte Flachseen der offenen Landschaft, überschwemmtes Wiesengelände, Küstenlagunen und etwas seltener die Andenseen (KOEPCKE 1965). Außerhalb der Brutzeit leben die Spitzschwanzenten zu Trupps, teils auch zu riesigen Schwärmen vereint und mit anderen Arten vergesellschaftet. Während der Brutzeit werden die freien Wasserflächen großer Seen allgemein gemieden.

Die Fortpflanzung erfolgt während des südlichen Frühlings, in Chile und Argentinien beispielsweise zwischen Oktober und Februar, während die Andenpopulationen in Peru von August bis März brütend angetroffen werden. Die Nester befinden sich auf feuchten Wiesen, im Gras, auf Bülten oder zwischen Uferpflanzen. Die Vollgelege bestehen aus 7–12 rahmfarbenen Eiern, deren Maße betragen 49–56 mal 35–40 mm; ⌀ 52,4 × 37,5 mm. Brutdauer 25–26 Tage. Das Weibchen polstert das Nest gegen Ende der Legeperiode reichlich mit graubraunen Dunen aus, es brütet allein. Vermutlich beteiligt sich der Erpel an der Führung der Küken. Von der Nominatform fand WELLER (1973) eine kleine, aber stabile Population von mehreren tausend Tieren auf den Fjord- und Küstenseen sowie entlang der kleinen Flußläufe auf der Südgeorgien-Insel. Tussock-Gräser (*Poa flabellata*), im Wuchs unserer Seggenkaupen, bilden die Vegetation der Riedzonen. Die Brutzeit liegt zwischen Oktober und Dezember, Gelege enthalten nicht mehr als 5 Eier.
Nahrung: Eine gemischte Kost aus Sumpf- und Wasserpflanzen sowie Kleinlebewesen wird durch Gründeln (langer Hals wie bei der Spießente) aufgenommen.
Haltung und Zucht: Von den drei Unterarten wird die Chilenische Spitzschwanzente seit Mitte des vorigen Jahrhunderts (im Berliner Zoo seit 1874) regelmäßig in Zoos und Vogelparks – seltener in Privatanlagen – gehalten. Ihre Erstzucht gelang 1881 im Zoo Berlin (SCHLAWE 1969). Sehr vereinzelt wurde die Südgeorgien-Spitzschwanzente, dagegen gar nicht die Nördliche Spitzschwanzente lebend nach Europa gebracht. Haltung und Zucht verlaufen problemlos wie bei der Bahamaente. Die Erpel von *Anas g. spinicauda* zeigen eine starke Neigung zur Bastardierung.

Im Jahre 1960 erhielt STURM, Sebnitz, DDR, ein Paar Südgeorgien-Spitzschwanzenten von der Tierhandlung MÜLLER, Krechting, BRD. Das Weibchen legte 1963 erstmalig 6 Eier, daraus wuchsen 6 Erpel auf. Im Sommer 1965 wurden aus 3 Gelegen (insgesamt über 30 Eier) 26 Junge aufgezogen. Eiablage in Nistkästen oder im Grase. Geschlechtliche Reife nach knapp einem Jahr. Als Nachkommen dieses einen Paares lebten bei den Züchtern der DDR im Januar 1975 ca. 50 Tiere und im Dezember 1978 6 Erpel und 10 Enten. Drei Paare davon erbrachten 1978 in 6 Gelegen 57 Eier (⌀ 9,5 pro Gelege), davon 79 % befruchtet, 55 % schlüpften, und 80 % der Küken wuchsen auf (KÜHNE briefl.). Obgleich die Altvögel phänotypisch reine *georgica* sein könnten, schließt die hohe Gelegestärke eine Einkreuzung der *spinicauda* nicht aus. Der Wildfowl-Trust erhielt 1958 ein Paar der Nominatform, züchtete 1961–1966 Hybriden mit der Chile-Spitzschwanzente und ist etwa seit 1970 nicht mehr im Besitz dieser Unterart. Der Zoo Berlin erhielt 1967 und der Wildfowl Trust im März 1983 je ein Paar Südgeorgier (KLÖS, briefl., Wildfowl World **87**, 1983).

Bahamaente
Anas bahamensis L.

Č Ostralka bělolící
D Bahama-And
E Bahama Pintail
F Canard de Bahama
H Bahama Pijlstaart
R Белощёкая шилохвость

Die Bahamaente bewohnt in drei Unterarten das tropische und subtropische Mittel- und Südamerika. Die Nördliche Bahamaente, *Anas b. bahamensis* L., beheimatet auf den Karibischen Inseln und im nordöstlichen Südamerika, unterscheidet sich nur unwesentlich von der südlich des Amazonas-Stromes lebenden Südlichen Bahamaente, *Anas b. rubrirostris* VIEILLOT. Die Galapagosente, *Anas b. galapagensis* RIDGWAY, ist kleiner, die weiße Kehl- und Backenzeichnung geht kontrastlos in das braune Gefieder des Oberkopfes über. Ihr Bestand umfaßt noch mehrere tausend Individuen.

Beschreibung von *Anas bahamensis rubrirostris*
Habitus: Ähnlich unserer Spießente, kleiner und schlanker. Abb. Seite 354.
Alterskleid: ♂ untere Kopfhälfte, Kinn und Kehle weiß und vom übrigen leuchtend braunen und fein schwarz gefleckten Kleingefieder scharf abgesetzt; Federn am Oberkopf bei Erregung eine kleine Holle bildend. Unterer Rücken schwarz; Schwanzfedern hell sandfarben, die mittleren deutlich verlängert. Schultergefieder schwarzbraun mit breiten, hellbraunen

Säumen. Flügel: Große Armdecken mit etwa 1 cm breitem, sandfarbenem Endsaum; Spiegel dunkelgrün mit bronzefarbenem Glanz und durch eine schmale, samtschwarze Binde von dem 3–4 cm breiten, hellbraunen Außensaum getrennt; übriger Oberflügel braunschwarz. Schnabel an der Wurzel beiderseits karminrot, der Rest leuchtend blau; Iris braun, Füße graubraun. ♀ farblich dem ♂ sehr ähnlich, doch kleiner, blasser im Kleingefieder, ohne verlängerte Hollfedern und kaum verlängerte Mittelschwanzfedern. Schwingen und kleine Decken mehr braungrau als schwarz; Spiegel nur schwach glänzend, die schmale Zwischenbinde mattschwarz. *Maße:* ♂ Flügel: 225–235, Schwanz: 94–120, Schnabel: 42–45, Lauf: 47 mm; ♀ Flügel: 195–221, Schnabel 40–49, Schwanz: 80–85 mm (mehrere Autoren). *Gewicht:* ♂ um 710 g, ♀ um 670 g, nördliche Unterart etwas kleiner, ♂ um 500 g.
Dunenkleid: Oberkopf, ein in der Ohrgegend breiter werdender Augenstreif, Genick und Oberkörper einschließlich Flügel und Schwanz olivbraun; Gesicht, Unterseite und ein langer Streif von den Schultern bis zur Schwanzwurzel gelb. Schnabel durchweg graublau, Nagel hornbraun.
Jugendkleid: Stark weibchenähnlich, doch Gefieder und Schnabel blasser, letzterer färbt erst im nächsten

Brutvorkommen der Nördlichen (Nö.) und Südlichen (Sü.) Bahamaente, —·—·— Vorkommen von Nichtbrütern; Jahresvorkommen der Galapagosente (Ga.).

Frühjahr um. Die Geschlechter lassen sich in der Größe und im Farbtypus unterscheiden, sind aber auch an der Stimme kenntlich: In der Bedrängnis pfeift der juv. Erpel, die Ente dagegen quakt.

Lebensweise: Bahamaenten zeigen eine Vorliebe für brackige und salzige Flachgewässer sowie für die Mangrovenzone, relativ selten sind sie dagegen auf eutrophen Süßwasserseen, dem eigentlichen Gründelenten-Biotop, anzutreffen. In kleinen Gruppen und Schwärmen fand man sie unter Spitzschwanzenten auf der freien Wasserfläche vegetationsarmer Lagunen. Die Brutzeit beginnt lokal sehr unterschiedlich: im karibischen Raum hauptsächlich während des nördlichen Sommers, auf Trinidad und Tobago von August bis November und in Surinam von Mai bis Oktober. Die südliche Bahamaente brütet zwischen Oktober und Dezember während des südlichen Frühlings und die Galapagosente von Oktober bis Juli (JOHNSGARD 1978 u. a.). Wie MARCHANT (1960) für Südwest-Ekuador nachwies, erfolgt dort der Nestbau im April, jeweils ein bis zwei Monate nach Beginn der Regenzeit. In Jahren mit sehr geringen Niederschlägen, als die Vegetation selbst nahe der Gewässer nicht voll zur Entfaltung kam, schienen die Bahamaenten gar nicht gebrütet zu haben. Die Nester werden zwischen Binsen, im Ried oder Röhricht, gern in der Nähe kleiner Büsche und nicht allzufern vom Wasser errichtet. Die Vollgelege enthalten 8–12 lehmbraune, spitzpolige Eier, ihre Maße betragen 51–59 × 34–39 mm; ∅ 54,6 × 35,8 mm, nach MARCHANT (1960) 48,9 bis 52,8 × 36,3–38 mm; ∅ 51,6 × 37,1 mm. Die Brutdauer beträgt 25–26 Tage. Derselbe Autor sah unter 15 verschiedenen Familien wiederholt solche mit 10–12 wenige Tage alten Küken und mehrfach solche in Begleitung von zwei Altvögeln. Einzelne Gruppen bestanden sogar aus 15–20 halberwachsenen Jungenten. Er vermutet in diesen Verbänden Zusammenschlüsse oder Überreste mehrerer Familien, die dann zum Teil von zwei weiblichen Enten betreut werden. Bei einem allein auf einem großen Teich gehaltenen Paar eines Züchters versuchte der Erpel wiederholt, sich an der Jungenführung zu beteiligen, wurde aber vom Weibchen, mehr eigentlich noch von den 6 Tage alten Küken zu 2–3 m Distanz veranlaßt.

Nahrung: Vorwiegend aus Vegetabilien, detaillierte Freilanduntersuchungen fehlen.

Haltung und Zucht: Die ersten Bahamaenten gelangten vor 1850 nach England und wurden dort 1853 gezüchtet. Der Berliner Zoo hält die Art seit 1873 und brachte sie ab 1881 zur Fortpflanzung (DELACOUR 1956, SCHLAWE 1969). Welche Unterart ursprünglich importiert worden war, ist unbekannt, heute dürften alle Gehegevögel der südlichen Form zuzurechnen sein. Nach 1930 und erneut nach 1950 entstand in Clères, Frankreich, und im Wildfowl Trust durch Mutation die Silberbahamaente, bei ihr haben Schnabel, Iris und Füße die kräftigen Farben der Wildform, die gesamten Federn sind hell silbergrau mit weißen Säumen. Von der Galapagosente erhielt der Wildfowl Trust 1965 einige Exemplare. BIEHL (briefl.) besaß diese Unterart von 1971 bis 1973 und züchtete sie zweimal, nach 1975 war der Zoo Wuppertal, BRD, im Besitz eines Paares. Die heutigen Gehegevögel der Südlichen Bahamaente sind anspruchslose, verträgliche und leicht züchtbare Zierenten, die trotz tropischer Herkunft wenig kälteanfällig sind; auf eisfreiem Wasser ist eine Überwinterung im Freien möglich, jedoch nur bedingt zu empfehlen.

Die geschlechtliche Reife setzt gegen Ende des ersten Lebensjahres ein, doch die Mehrzahl der Paare wird ab zweitem Jahr brutaktiv. Eiablage vorwiegend in Nistkästen, bei BIEHL stets in der Bodenvegetation, ab April, meist im Mai. Die Weibchen brüten und führen zuverlässig, bringen aber auch Nachgelege, wenn das Erstgelege entfernt wird. Die Kükenentwicklung notierte ich wie folgt: Im Alter von 16 Tagen zeigten sich die ersten Schwanzfederkiele, mit 20 Tagen entfalteten sich die Flanken-, Schulter- und Schwanzfedern. Vier Wochen alte Jungenten sind mit Ausnahme des Mittelrückens im wesentlichen befiedert, mit 6–7 Wochen waren sie flugfähig. Ab Oktober beginnt die Umfärbung in das Alterskleid.

FRANKE, Leipzig, erhielt 1963 ein Paar Silberbahamaenten aus England. Ohne Nachzucht starb ein Partner 1969, danach wurden der verbliebene mit einer normalfarbenen Bahamaente verpaart und ab zweiter Generation Silberbahamaenten aufgezogen, die mit ihren Nachkommen bis in die 80er Jahre hinein eine stabile Gehegepopulation entstehen ließen.

Rotschnabelente
Anas erythrorhyncha
GMELIN

Č	Čirka rudozobá	F	Canard à bec rouge
D	Rødnæbbet And	H	Roodbek Pijlstaart
E	Red-billed Pintail	R	Красноклювая шилохвость

Habitus: Etwa wie die Bahamaenten, im Farbtypus an diese erinnernd. Abb. Seite 354.

Alterskleid: ♂ obere Kopfhälfte und Nacken dunkel schwarzbraun; Wangen und Kinn hell rahmgelb. Brust-, Bauch- und Flankenfedern graubraun, breit hellgrau gesäumt; Schulter- und Scapulargefieder dunkel schokoladenbraun — letzteres grauviolett glänzend — und schmal rahmbraun gerandet; Rücken und Bürzel schwarzbraun. Flügelspiegel überwiegend zart lachsrot, nur unterhalb der großen Decken ein schmaler Streif auf samtschwarzem Grund grün glänzend. Decken graubraun, die großen mit bräunlich-weißem Endsaum. Die Steuerfedern sind zugespitzt, aber kaum verlängert. Schnabel matt rotbraun und mit schwarzbraunem Firststreif; Iris ebenfalls rotbraun, Beine dunkelgrau. ♀ annähernd dem ♂ gleich, mit geringen Unterschieden in Größe, Kopfform, Flügelzeichnung und Schwanzlänge. Nach DOUTHWAITE (1976) sind die ♂ langflügeliger und schwerer als die ♀, doch überlappen sich die Werte. Geschlechtsunterscheidung an Stimme und durch Kloakentest möglich. *Maße:* Flügel: ♂ 214–238, ⌀ 226 mm, ♀ 211–228, ⌀ 219 mm (DOUTHWAITE 1976); Schnabel: ♂ 42–46 mm, ♀ 41–47 mm, Schwanz: ♂ und ♀ 70–90 mm, Lauf: ♂ und ♀ 33–40 mm. *Gewicht:* ♂ 445–795 g, ⌀ 590 g, ♀ 400–735 g, ⌀ 535 g (DOUTHWAITE 1976); juv. ♂ ⌀ 532 g, juv. ♀ ⌀ 431 g.

Dunenkleid: Oberkopf, ein scharf begrenzter Augenstreif, ein kleiner Ohrfleck, Nacken und übrige Oberseite dunkel graubraun; Gesicht, Brust, Bauch, hinterer Flügelrand und je ein Fleckchen an den Ansatzstellen der Flügel und Schenkel schmutzig gelbbraun. Von den Küken der Bahamaente an den fahleren und weniger gelben Partien der Unterseite gut zu unterscheiden.

Jugendkleid: Stumpfer und matter als Alterskleid, Schulter- und Scapularfedern ohne violetten Glanz, die Wangen lehmgelb. Der Schnabel ist dunkel hornrot.

Lebensweise: Rotschnabelenten sind innerhalb ihrer Arealgrenzen weit verbreitet, mit größter Häufigkeit in Sambia und Südafrika, sie bilden offenbar die größte Gesamtpopulation unter den afrikanischen Entenarten. Sie bewohnen die verschiedenartigsten eutrophen Flachgewässer des Binnenlandes einschließlich der in den letzten Jahrzehnten entstandenen Stauseen. Viele Populationen gelten als innerafrikanische Zugvögel, andere werden durch Wassermangel während der Trockenzeit zu lokalen Wanderungen veranlaßt. Den Beginn der Brutzeit lösen die Niederschlagsperioden, weniger bestimmte Jahreszeiten aus; so erstreckt sich die Brutsaison in den verschiedenen Regionen der Verbreitung über alle Monate des Jahres. In Brutstimmung kommende Rotschnabelenten sondern sich von den Trupps ab und beziehen paarweise die einzelnen Nistreviere. Die Nester stehen auf dem trockenen Land nahe der Uferzone gut versteckt im dichten Gras oder Ried. Nistplatzwahl und Nestbau obliegen allein dem Weibchen, es wird dabei vom Männchen begleitet. Die Dunenauspolsterung beginnt mit dem vorletzten Ei und erfolgt vollends nach Beendigung der Eiablage. Das Vollgelege besteht aus 5–12, meist 10 blaß kaffeebraunen Eiern mit den Maßen 44,2–54,6 × 32–41,7 mm; ⌀ 49,8 × 37,5 mm (ROBERTS 1957 und SIEGFRIED 1962). Sie werden in 24stündigen Intervallen meist am frühen Morgen abgelegt. Die Brutdauer beträgt 25–27 Tage. Während der Brutzeit hält der Erpel eng zum Weibchen und begleitet es in den Brutpausen, die durchschnittlich 90 Minuten betragen. Gegenüber Störungen am Nest scheint die Rotschnabelente relativ unempfindlich zu sein. Vom Nest flüchtende Tiere stellen sich flügellahm. Die Führung der Jungen übernimmt das Weibchen allein. Während dieser Zeit mausern die Altvögel die Schwingen und sind 24–28 Tage flugunfähig. Nach SIEGFRIED zeigen sich bei den Küken die ersten Kiele an Flanken, Scapularen und Schwanz zwischen dem 11. und 17. Lebenstag. Im Alter von 3 Wochen befiedern sich die Kopffluren und zwischen 3. und 4. Woche der Flügel.

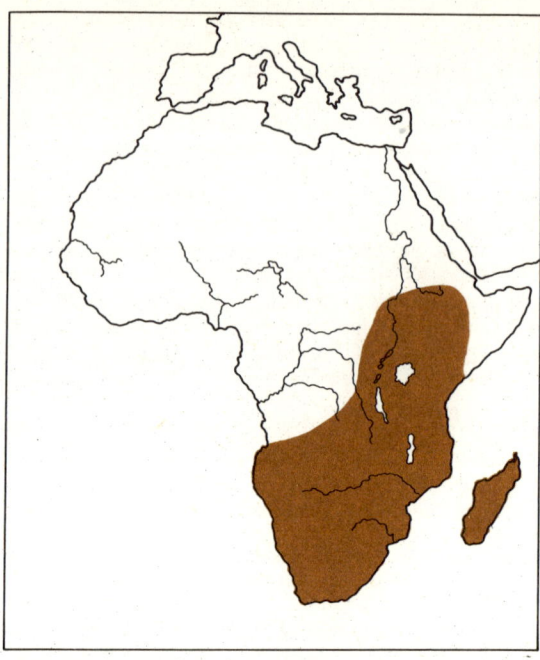

Jahresvorkommen der Rotschnabelente.

Mit 3 Monaten sind die Jungenten völlig ausgewachsen. Bis zum Einsetzen der Schwingenmauser nach etwa einem Jahr steht das Kleingefieder in ständiger Mauser. Alle Partien werden bis dahin einmal gewechselt.

Nahrung: Sie besteht fast ausschließlich aus Vegetabilien. In einigen Gebieten werden nachts Reisfelder beflogen, auf denen diese Enten dann Schäden anrichten können.

Haltung und Zucht: An Popularität stehen die in ihrem Wesen ruhigen und schlicht gefärbten Rotschnabelenten den temperamentvolleren und farblich schöneren Bahamaenten weit nach. Die Erstimporte erfolgten für den Zoo London um 1850, für den Zoo Berlin 1882 (DELACOUR 1956, SCHLAWE 1959). Danach fehlte die Art kaum in größeren Schausammlungen der zoologischen Gärten, in Privatanlagen ist sie seltener als die Bahamaente anzutreffen, obgleich sie sich in Haltung, Pflege und Zucht kaum unterscheidet. Erfolgreiche Nachzuchten sind in der Regel erst von zwei- bis dreijährigen Tieren zu erwarten, dennoch dürfte die Art gegen Ende des ersten Lebensjahres geschlechtsreif werden. Die Eiablage erfolgt im Mai, seltener im letzten Aprildrittel, im Wildfowl Trust vorwiegend im Juni und Juli, gewöhnlich in Nistkästen. Brut und Kükenaufzucht entspricht der anderer *Anas*-Arten. Bei erwachsenen Jungtieren ist die Geschlechtsbestimmung recht gut möglich; in der Bedrängnis quakt das Weibchen, der Erpel dagegen läßt einen leisen, heiseren Kehllaut hören.

Die DDR-Züchter importierten 1959 ein Paar und nach 1960 2 bis 3 weitere Paare. Die Nachkommen erlagen um 1978 weitgehend der Inzucht oder wurden durch Einkreuzungen von Bahamaenten vermischt. Erneut wurden in jenem Jahr vier Paare aus der BRD importiert, von denen seit 1980 bei PFLUG, Zeulenroda, zahlreiche Jungtiere aufwachsen.

Versicolorente
Anas versicolor
VIEILLOT

Č Čirka kropenatá   F Sarcelle versicolore
D Versicolor And   H Versicolor Taling
E Silber Teal   R Разноцветный чирок

Drei Unterarten bewohnen den südamerikanischen Kontinent, von denen die Nördliche Versicolorente, *Anas v. versicolor* VIEILLOT, und die Südliche Versicolorente, *Anas v. fretensis* KING, kaum unterscheidbar sind, die Punaente, *Anas v. puna* TSCHUDI, dagegen beträchtlich in Größe sowie in Schnabelform und -farbe abweicht.

Beschreibung von *Anas versicolor versicolor* und *Anas versicolor fretensis**
Habitus: Eine kleine, gedrungene Gründelente. Abb. Seite 355.
Alterskleid: ♂ Oberkopf bis in Augenhöhe und Genick stumpf schwarzbraun, untere Kopfhälfte hell gelbbraun. Am Oberhals beginnt auf hell lehmbräunlichem Grund eine feine dunkelbraune Tüpfelung, die sich, zu grober Fleckung werdend, über Vorderrücken und Brust erstreckt. Unterer Rücken und Bauch sowie der Schwanzteil – einschließlich Bürzel und Bürzelseiten – sind auf silbergrauem Grund ganz fein schwarzbraun quergewellt; lediglich das Schwanzgefieder hat eine gröbere Wellung. Die auffällige Flankenzeichnung, bei der die jeweils dunklen Bänder in etwa gleicher Breite über die gesamte Feder reichen (vgl. ♀), ist schwarzweiß. Die schmal gelbgesäumten, dunkelbraunen Schulterfedern weisen einen schwachen violetten Glanz auf. Der Flügelspiegel ist blaugrün, intensiv violett schillernd, auf den großen Decken und den Endsäumen der Armschwingen je von einer weißen und schwarzen Binde eingefaßt. Übrige Decken hellgrau, Handschwingen graubraun, Axillaren weiß. Schnabel mit schwarzer Firstlinie, leuchtend hellblauen Seiten zum Nagel hin und strohgelb im Wurzeldrittel. Iris schwarzbraun, Füße grau. ♀ ähnlich dem ♂, aber etwas kleiner, Kopfzeichnung weniger kontrastreich, Schulterfedern ohne violetten Glanz,

* Wegen der geringen Unterscheidungsmerkmale werden unter Versicolorente die nördliche und die südliche Unterart abgehandelt. Lediglich die Maße beschränken sich auf die Nominatform.

Brutvorkommen und nördliche Begrenzung der Überwinterungsgebiete der Nördlichen (Nö.) und Südlichen (Sü.) Versicolorente, Jahresvorkommen der Punaente (Pu.).

auch etwas kürzer, Flügeldecken graubraun, Flanken nicht so klar gebändert (dunkle Fleckung beschränkt sich vorwiegend auf die Federmitten), Bürzelseiten gröber gewellt als ♂. Manchmal fehlt auch der gelbe Schnabelbasisfleck. *Maße:* ♂ Flügel: 180–197, Schwanz: 75–78, Schnabel: 38–45, Lauf: 30–32 mm; ♀ Flügel: 175–188, Schnabel: 36–41 mm. *Gewicht:* 10 ♂♂ ⌀ 442 g, 3 ♀♀ ⌀ 373 g (WELLER 1967 in JOHNSGARD 1978).
Dunenkleid: Kopfplatte, hinterer Halssaum, Rückenpartien und Körperseiten sowie ein kurzer Augenstreif und ein länglicher Ohrfleck sind schwarzbraun. Gesicht, Brust und Bauchseiten, ferner die hinteren Flügelränder und ein Fleckchen an den Bürzelseiten weiß bis silber-grauweiß. Schnabel und Füße dunkel.
Jugendkleid: Kleingefieder insgesamt matter als bei den Altvögeln; obere Kopfhälfte verwaschen braun, Flügelspiegel wenig glänzend. Die Geschlechter lassen sich mit einiger Mühe an der unterschiedlich groben Wellung auf dem Schwanzteil unterscheiden.
Lebensweise: Versicolorenten sind ähnlich wie Spitzschwanz- und Chilepfeifenten Bewohner flacher, nahrungsreicher Seen und Teiche sowie der Niederungen in der offenen Gras- und Ackerbaulandschaft Argentiniens, speziell der Pampas-Region. Sie sind allgemein verbreitet, werden jedoch selten in großen Schwärmen oder starker Brutdichte angetroffen.

Die Lege- und Brutperiode beschränkt sich im Süden des Kontinents und auf den Falklandinseln auf den kurzen, kühlen Sommer zwischen Mitte Oktober und Ende November, im nördlichen Argentinien von

September bis Dezember und in Paraguay bis März. Die Nester befinden sich auf trockenem Grund im hohen Gras, die Gelege enthalten 7–10 lehmgelbe Eier mit den Maßen: 47–51,8 × 32,6–36,8 mm; ∅ 49,0 × 34,4 mm. Brutdauer 24–26 Tage. Die Küken werden vom Weibchen in der Ufervegetation aufgezogen. Eine gewisse Beteiligung des Erpels sowie Paarbindungen auch außerhalb der Brutzeit werden vermutet. Die südlichen Populationen wandern nach beendeter Schwingenmauser nordwärts, viele überwintern in der Provinz Buenos Aires, andere ziehen bis Brasilien.

Nahrung: Sie besteht aus Samen und Grünteilen von Wasser- und Sumpfpflanzen, ferner werden alle erreichbaren Kleinlebewesen aus dem Wasser aufgenommen.

Haltung und Zucht: Versicolorenten gelangten offenbar nur in großen Abständen und in geringer Anzahl aus Südamerika in die europäischen Zoos und Privatanlagen. Erstimport für den Zoo Berlin 1845, für London 1902 (SCHLAWE 1969, DELACOUR 1956). Zuchterfolge blieben nicht aus, doch galt die Art stets als hinfällig und temperaturempfindlich. Die nach 1950 in Westeuropa eingeführten Versicolorenten erlagen etwa ab 1970 starken Inzuchtdepressionen wie geringe Fortpflanzungsaktivitäten, kleine Gelege, hoher Anteil unbefruchteter Eier und verlustreiche Kükenaufzucht. Die Maße von 71 Eiern dieser Gehegevögel betragen 34,4–51,8 × 30,2–37,7 mm; ∅ 46,8 × 32,63 mm und liegen damit unter den Werten von SCHÖNWETTER (1960) und DELACOUR (1956). Die Altvögel waren kleiner und dunkler als jene Tiere (einschließlich der Nachkommen), die um 1975 aus Argentinien nach Westeuropa gebracht worden sind. Die gegenwärtig gehaltenen Versicolorenten sind äußerst robust (BIEHL hielt mehrere Paare auch in dem langen, strengen Winter 1978/79 ohne Schutzhaus an einer eisfreien Wasserfläche) und werden ergiebiger gezüchtet.

Versicolorenten sind angenehme und farblich schöne Tiere, die vorzugsweise auf sonnigen Warmteichen und in Gesellschaft anderer Arten zu halten sind. Die Bastardierungsneigung ist sehr gering. Gehegepaare leben während des ganzen Jahres eng zusammen. Für den Winter sollte (trotz obigen Beispiels) ein Schutzhaus geboten werden.

Die geschlechtliche Reife tritt ohne Zweifel gegen Ende des ersten Lebensjahres ein, doch werden viele Paare erst im zweiten Jahr fortpflanzungsaktiv. Eiablage in Nistkästen oder im Grase ab Mitte April, ein bis zwei Nachgelege sind zu erwarten, wenn dem Weibchen die Eier genommen werden. Die Kükenaufzucht erfolgt zweckmäßig in Boxen mit technischer Wärmequelle. Zehn in meiner Anlage geschlüpfte Küken wogen 15–17 g und begannen zwischen 18. und 21. Tag mit der Befiederung an Schultern und Flanken. Zu dieser Zeit wird der Schnabel bläulich und einen Monat später gelblich. Bald nach der Befiederung setzt die Umfärbung in das wenig veränderte Alterskleid ein.

WESSJOHANN (briefl.) züchtet seit 1975 eine flavistische Farbmutante, bei der alle dunkelbraunen Partien rahmfarbig aufgehellt sind.

Punaente
Anas versicolor puna
TSCHUDI

Č	Čírka kropenatá punská	F	Sarcelle puna
D	–	H	Puna Taling
E	Puna Teal	R	Пунский чирок

Habitus: Wie Nominatform, aber größer und mit längerem Schnabel. Abb. Seite 355.

Alterskleid: ♂ und ♀ Kopf oberhalb der Augenlinie tiefschwarz, untere Hälfte und Hals auf hellbraunem Grund zart rosa übertönt. Im übrigen ähnlich wie Versicolorente. Der auffällig lange Schnabel ist an den Seiten durchweg blau, Firstlinie schwarz. *Maße:* ♂ Flügel: 214–231, Schnabel: 46–54 mm; ♀ Flügel: 205–214 mm. *Gewicht:* ♂ 546–560 g (KOEPCKE 1965).

Verbreitung: Punazone der Anden von Peru, Bolivien und Nordchile, Karte Seite 253.

Lebensweise: Das Vorkommen der Punaente ist im wesentlichen auf die Flachgewässer der niederschlagsarmen Hochsteppen innerhalb der Zentral-Anden (Punazone) beschränkt, wo sie fast bis in 5 000 m Höhe zu finden ist. Nur selten ziehen kleinere Gruppen bis zu den Küstenlagunen herab, um dort für kurze Zeit zu verweilen. Das Klima dieser hochalpinen Zone hat im Jahresrhythmus nur geringe Unterschiede, die Tag-Nacht-Schwankungen sind dagegen beträchtlich. Die Ufervegetation der großen, oftmals flach auslaufenden Seen, darunter des Titicaca- und Juninsees, sowie der Sumpfniederungen und der kleinen Tümpel besteht vorwiegend aus Binsen und Sauergräsern. Auf jenen Gewässern halten sich die Punaenten während des ganzen Jahres auf. Nichtbrütende Vögel bilden kleine Trupps und ruhen gern auf der freien Wasserfläche, wohin sie sich auch bei Gefahr zurückziehen (KOEPCKE 1965). Es ist die häufigste Entenart der Punazone.

Die Brutsaison erstreckt sich fast über das ganze Jahr, örtlich mit kleinen Konzentrationen zu bestimmten Monaten. Die Nester werden auf trockenem Grund im hohen Gras überschwemmter Wiesen oder am Teichufer erbaut und nach beendeter Eiablage mit Dunen ausgelegt. Die Vollgelege enthalten nur 5–6 Eier, diese sind gelblich-isabell und haben die Maße 52–63 × 37–42 mm; ∅ 56,8 × 39 mm.

Nahrung: Sie besteht aus Wasser- und Sumpfpflanzen, deren Samen und aus Kleinlebewesen.

Haltung und Zucht: Die Punaente gelangte erstmals Ende der 30er Jahre in einige westeuropäische Sammlungen und wurde kurze Zeit später in Leckford, England, erfolgreich gezüchtet. Ein ausführlicher Bericht darüber befindet sich im Avic. Mag. 1946; gekürzt ist er von DELACOUR (1956) wiedergegeben. Nach dem

Kriege erfolgten mehrere Neuimporte, und so wird die Punaente gegenwärtig verschiedenerorts in Westeuropa gehalten.

Unterbringung und Pflege entsprechen im wesentlichen denen der Versicolorente, doch dürfte die Punaente etwas härter sein. Die Zucht erscheint recht schwierig. Selbst im Wildfowl Trust wuchsen seit Jahren keine Punaenten auf, wohl aber in der Nebenstation Peakirk. Obgleich hier regelmäßig einige Jungtiere gezogen werden, ist die Differenz zwischen gelegten Eiern und flügge gewordenen Jungenten bemerkenswert groß. Nach Gefangenschaftsbeobachtungen beträgt die Brutdauer 24 Tage. Die Eiablage erfolgt in unserem Frühling.

In der DDR wird die Punaente etwa seit 1974 im Tierpark Berlin und von HARING, Leipzig, gehalten, beiden gelang die Nachzucht, letzterem 1977.

Hottentottenente
Anas punctata
BURCHELL

Č Čírka tečkovaná   F Sarcelle Hottentote
D –   H Hottentot Taling
E Hottentot Teal   R Готтентотский чирок

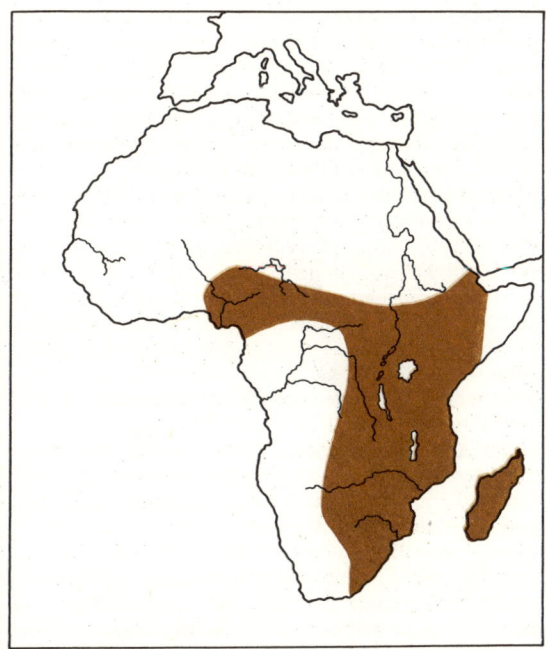

Jahresvorkommen der Hottentottenente.

Habitus: Kleinste *Anas*-Art, relativ schlank. Abb. Seite 355.
Alterskleid: In der Gesamtfärbung an *A. versicolor* erinnernd, doch kräftiger lehmbraun als diese. ♂ Oberkopf und Ohrgegend schwarzbraun, Gesicht und Kehle gelbbraun. Hals-, Brust- und vordere Flankenfedern auf lehmbraunem Grund grob schokoladenbraun gefleckt, Bauch in gleichen Grundtönen fein quergewellt. Schulterfedern blauschwarz, hell gesäumt. Flügelspiegel erzgrün, von einer schmalen schwarzen und breiteren weißen Endbinde eingefaßt; alle übrigen Flügelfedern schwarzgrün, die mittleren und großen Unterflügeldecken weiß. Die Scapularfedern mit breitem, hellem Längsstreif auf der Außenfahne (vgl. ♀). Schnabel bleigrau mit schwarzer Firstlinie, Iris braun, Füße graugelb. ♀ gegenüber dem ♂ wenig kleiner, Brust- und Halsfleckung verwaschener, Bauchgefieder wolkig lehm- und graubraun, Flügelspiegel weniger glänzend und Scapularen ohne hellen Längsstreif; die Schulterfedern schmal hell gesäumt. *Maße:* ♂ Flügel: 145–150, Schwanz: 55–63, Schnabel: 33–40, Lauf: 25–30 mm; ♀ (2 Gehegetiere) Flügel: 145–147, Schnabel: 34 mm; *Gewicht:* ♂ und ♀ 224–253 g.
Dunenkleid: Küken gleichen weitgehend denen der Versicolorente, sind insgesamt jedoch dunkler und kleiner.
Jugendkleid: Nur geringfügige Unterschiede zum Alterskleid, Rückenzeichnung analog den ad.
Lebensweise: Die Hottentottenente ist im tropischen Ostafrika und auf Madagaskar relativ häufig, in allen übrigen Arealen zwar allgemein verbreitet, aber nur lokal und spärlich anzutreffen. In einzelnen Paaren oder kleinen Gruppen bewohnt diese Ente flache vegetationsreiche Sumpfniederungen (bevorzugt Papyrussümpfe) in der Savanne, die Altwässer der Flußniederungen und überschwemmtes Grasland. Große Seen und die Küstenlagunen werden entlang der Schwimmpflanzen- und Riedzone – dem Hauptaufenthalt der Hottentottenente – bewohnt. Die Brutperiode erstreckt sich innerhalb des Gesamtverbreitungsgebietes über alle Monate des Jahres und wird durch den Beginn der Regenperiode ausgelöst. Paarung, Balz und Nistrevierverteidigung verlaufen recht unscheinbar. Die Nester werden bevorzugt auf den Bülten der Binsen und Riedgräser im Bereich der Seichtwasserzone errichtet. CLARK (1969) fand die Mehrzahl zwischen Röhricht (*Thyha*) etwa 50 cm über dem Wasserspiegel. Die Gelege enthalten 6–8, meist 7 cremefarbene Eier mit den Maßen (n = 48) 41 bis 48 × 31 bis 34 mm; Ø 44,1 × 32,5 mm (mehrere Autoren). Brutdauer 24–25 Tage. CLARK (1969) ermittelte 25–27 Tage. Der Erpel hält zum Weibchen, beteiligt sich jedoch nicht an der Jungenführung, die innerhalb der Sumpfvegetation erfolgt. Dort, wo die Brutgewässer während der niederschlagslosen Zeit austrocknen, werden Wanderungen zu größeren Seen unternommen, wo es dann zu lockeren Schwarmbildungen kommen kann.
Nahrung: Sie wird durch Gründeln und Seihen im Bereich der Flachwasserzone aufgenommen und besteht überwiegend aus pflanzlichen Stoffen, weniger aus Wasserinsekten und anderen Wirbellosen. Nahrungs-

aufnahme besonders während der Dämmerung und nachts.

Haltung und Zucht: Nach DELACOUR (1956) gelangten die ersten Hottentottenenten 1929 und 1935 jeweils nach England und Frankreich. Zu ersten Zuchterfolgen kam es 1938 und 1939 in der Walcot Collection, England. In den 50er und 60er Jahren wurden ständig Wildfangtiere zu niederen Preisen vom westeuropäischen Tierhandel angeboten. Eingewöhnt waren diese Hottentottenenten wenig hinfällig; HARING, Leipzig, hielt ein solches Paar 18 Jahre in seinem Gehege, im 15. Jahr kam es zu einem Brutversuch.

Hottentottenenten sollten nur in sonnigen, witterungsgeschützten Anlagen mit einem relativ warmen Flachteich gehalten werden. Die Überwinterung erfolgt im Schutzraum, doch hielt BIEHL, Tostedt, BRD, mehrere Tiere während des kalten, schneereichen Winters 1978/79 zwischen Schwänen und Gänsen auf einer eisfreien Wasserfläche. Ihre Unterbringung in Tropenhallen ist nicht erforderlich.

Die Wildfangtiere waren auch unter günstigen Haltebedingungen wenig fortpflanzungsaktiv. Erst nachdem KOOY, t'Zand (Holland), und JOHNES, Leckford (Großbritannien), nach 1960 die Hottentottenente erneut zur Fortpflanzung brachten, verbesserten sich allmählich die Zuchtaussichten. In der BRD wird die Art seit 1974 regelmäßig und ergiebig vermehrt. Erstzucht in der DDR durch FRANKE, Leipzig, 1977.

Hottentottenenten sind nach knapp einem Jahr geschlechtsreif. Die Eiablage erfolgt in Nistkästen, gern auch in Binsen- oder Seggenbülten, wo die Nester kugelartig angelegt und überdacht sind. Legebeginn meist ab Mai, gute Zuchtpaare ab Anfang April. Gelegt wird täglich, die Nestdunen sind dunkel sepiabraun mit kleinem, hellerem Zentrum. Die Küken benötigen viel Wärme, lassen sich jedoch in Boxen problemlos aufziehen. Elf Eintagsküken wogen 15–17,5 g, ∅ 15,92 g, waren als Jungenten mit 45 Tagen befiedert und mit 8 Wochen etwa ausgewachsen.

Knäkente
Anas querquedula L.

Č Čírka modrá	F Sarcelle d'été
D Atlingand	H Zomer Taling
E Garganey	R Чирок-трескунок

Habitus: Wenig größer und etwas schlanker als Krickente. Abb. Seite 68 und 356.
Brutkleid: (Artkennzeichen): ♂ Kopf, Hals und Brust rot- bis messingbraun, Kopf mit weißem Längsstreif oberhalb der Augenlinie; verlängerte Schulter-Schmuckfedern und die fein quergewellten Flanken

Brutvorkommen und Überwinterungsgebiete der Knäkente.

silbergrau und schwarz; Bauch weiß. Flügel mit hellblauen Decken und grünem, beiderseits breit weiß gesäumtem Spiegel. Federschäfte der Handschwingen weiß. Schnabel und Füße schwarzbraun, Iris mittelbraun. ♀ typisches ♀-Gefieder in grauer Gesamttönung, Bauch grauweiß. Kenntlich an einem hellen Überaugenstreif und der dem ♂ ähnlichsehenden Flügelfärbung. Schäfte der Handschwingen ebenfalls weiß. *Maße:* ♂ Flügel: 187–198, Schwanz: 62–70, Schnabel: 35–40, Lauf: 26–30 mm; ♀ Flügel: 175–194, Schnabel: 34–39 mm. *Gewicht:* ♂ 230 bis 453 g, ♀ 250–485 g.

Ruhekleid des ♂: Juni–Juli bis Oktober–Februar. Kleingefieder etwa wie ♀, Flügel bleiben unverändert, durch heller graublaue Decken vom ♀ zu unterscheiden.

Dunenkleid: Oberkopf, Augen- und Backenstreif sowie Oberseite dunkel olivgrün; Kopfseiten satt gelbbraun; Kehle, Brust und Unterseite der Flügel – teils auch der hintere Flügelrand – strohgelb; Ansatzfleckchen der Flügel und Beine kräftig goldgelb. Schnabel dunkel hornbraun mit hellem Nagel, Füße schwarz mit gelb eingefaßten Schwimmhäuten.

Jugendkleid: Kleingefieder etwa wie ♀-Kleid, aber Unterseite dunkler und braun überstrichelt. Oberflügeldecken der ♂♂ verwaschen grau, die der ♀♀ braun mit hellen Säumen. Spiegel beim ♂ glanzlos grün, beim ♀ matt schwarz oder schwarzgrün. Geringe Nuancen sind auch in der Flankenzeichnung vorhanden. Iris bei beiden Geschlechtern graubraun.

Vorkommen in Mitteleuropa: Verbreiteter und im Gesamtraum nach der Stockente zweithäufigster Brutvogel der *Anas*-Arten, jedoch in weit geringerer Anzahl. Brutplätze im wesentlichen unter 400 m ü. d. M., demzufolge die meisten Mittelgebirge meidend. Durchzug August–Oktober und März–April.
Lebensweise: Brutbiotope der Knäkente bilden eutrophe Flachteiche, Altwässer, Gräben und Tümpel in den Flußniederungen, feuchte Boddenwiesen sowie seichte Buchten größerer Seen. In Zentralasien bevorzugt an Steppenseen. Während des Frühjahrszuges rasten die Knäkenten gern auf überschwemmten Wiesen,

die Überwinterung erfolgt in den Deltabereichen großer Ströme wie des Senegal und des Niger. Gepaart kehren sie in kleinen Gruppen zurück, in denen eine intensive Balz stattfindet. Die Brutreviere werden im April bezogen. Das Nest befindet sich auf trockenem Grund entlang der Ufer, auf Wiesen oder Kleeäckern – stets gut getarnt, teilweise weit entfernt vom Wasser, aber kaum unter Büschen (im Gegensatz zur Krickente). Die Nestdunen sind deutlich heller als die der Krickente. Eiablage in Mitteleuropa vereinzelt ab Anfang, gehäuft zwischen Mitte Mai und Mitte Juni. Die Vollgelege enthalten 7–11 rahmgelbe, spitzpolige Eier mit den Maßen 39,3–50 × 29,7–36 mm; ∅ 45,8 × 33 mm. Brutdauer 21–23 Tage. In den ersten Wochen ruht der Erpel auf der freien Wasserfläche des Brutrevieres und begleitet das Weibchen in den Brutpausen. Mit dem Einsetzen der Ruhemauser und dem Schlüpfen der Küken verschwinden die Knäkenten völlig von der freien Wasserfläche. Die Kükenführung erfolgt allein durch das Weibchen im Deckungsbereich der Uferzone. Nach Beendigung der Mauser und dem Flüggewerden der Jungen – etwa ab Mitte August – zeigen sie sich wieder auf dem offenen Wasser. Die Mehrzahl der europäischen Knäkenten wandert über Frankreich und Spanien nach Westafrika.

Nahrung: Sie wird nahe der Wasseroberfläche (meist seihend, selten gründelnd) aufgenommen; der Nahrungserwerb ähnelt somit dem der Löffelente. Der Anteil tierischer Kost liegt relativ hoch, häufig um 50 %, zeitweilig bis 90 %.

Haltung und Zucht: Obgleich die Knäkerpel nur für wenige Monate das schöne Brutkleid tragen und ihre melodische Stimme hören lassen, wird die Art häufig in Gehegen, speziell in Kleinanlagen gehalten.

Knäkenten sind ausgesprochen wärmeliebend. Sie leiden bei starkem Frost wie in unzweckmäßigen Überwinterungsräumen mehr als andere europäische Arten. Auch das Sommergehege möchte zwar bewachsen, jedoch sonnig sein, warme Flachteiche werden kalten Betonbecken vorgezogen. Die Zuchtaussichten sind relativ hoch. Eiablage ab Mitte April, meist im Mai; ein, seltener zwei Nachgelege sind möglich. Die Nester stehen gut verborgen im Grase, Nisthöhlen werden kaum bezogen. Gelegt wird täglich in den Vormittagsstunden. Brut und Kükenaufzucht verlaufen problemlos. Gegen Ende der Kleingefiederentwicklung mit 5–6 Wochen – Flügel- und Schwanzfedern sind dann etwa zur Hälfte ausgebildet – ist eine sichere Geschlechtsbestimmung möglich. Die geschlechtliche Reife tritt nach 10 Monaten ein, doch nur ein Teil der Paare ist im ersten Jahr fortpflanzungsbereit.

Als Nahrung bietet man den Knäkenten neben Mischfutter und Getreide häufig Wasserlinsen und in Kleingehegen möglichst einige Mehlwürmer oder Garnelen.

In den Jahren nach 1975 entstanden in Westeuropa (vermutlich in Holland) isabellfarbige Mutationen der Knäkente, die bereits vermehrt werden konnten. Alle Farbtöne der Altvögel sind heller, die Küken haben fleischfarbige Beine und Schnäbel (WESSJOHANN, Cloppenburg, briefl.).

Blauflügelente
Anas discors L.

Č	Čirka modrokřidlá	F	Sarcelle soucrourou
D	Blåvinget And	H	Blauwvleugel Taling
E	Blue-winged Teal	R	Синекрылый чирок

Zwei sich nur geringfügig unterscheidende Subspezies, von denen *Anas d. discors* L. das kontinentale Nordamerika und die etwas größere und dunklere *Anas d. orphna* (STEWART & ALDRICH 1956) die Salz- und Brackwasserregionen entlang der Atlantikküste bewohnen. JOHNSGARD (1978) erkennt diese Trennung nicht an.

Beschreibung von *Anas discors discors*
Habitus: Kürzer und voller als Knäkente. Abb. Seite 356.
Brutkleid: ♂ gekennzeichnet durch einen großen, schwarz eingefaßten, halbmondförmigen weißen Fleck zwischen Schnabel und Auge. Kopfplatte und Kinn schwarz, Kopfseiten schiefergrau mit grünviolettem Glanz; Brust-, Bauch- und Flankenfedern sowie die des oberen Rückens hellbraun, schwarzbraun gepunktet; unterer Rücken und Bürzel einfarbig schwarzbraun; Schwanzdecken schwarz, davor weiß. Kleine und mittlere Flügeldecken himmelblau, die großen überwiegend weiß; Spiegel blaugrün, Scapularen blau, Handschwingen graubraun. Die schmalen, wenig verlängerten Schulterfedern sind schwarzbraun, Außenfahnen teils blau und mit hellbraunen Außensäumen.

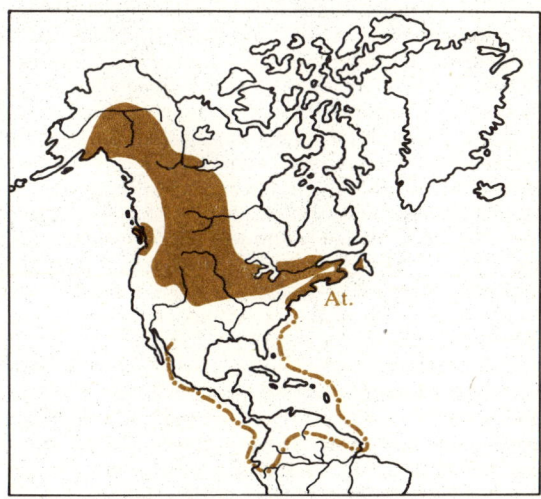

Brutvorkommen und Überwinterungsgebiete der Blauflügelente; At. kennzeichnet Vorkommen der atlantischen Unterart.

Schnabel schwarz, Iris braun, Füße gelbgrün mit schwarzen Schwimmhäuten. ♀ sehr ähnlich dem Knäkenten-♀, aber etwas dunkler und mit lichtblauen kleinen und mittleren Flügeldecken, die großen sind auf weißem Grund mehr oder weniger grau gefleckt.
Maße: ♂ Flügel: 180–196, Schwanz: 61–72, Schnabel: 38–44, Lauf: 28–31 mm; ♀ Flügel: 175–192, Schnabel: 38–40 mm. *Gewicht:* ♂ 273–410 g, ∅ 360 g; ♀ 266–375 g, ∅ 332 g.

Ruhekleid des ♂: Etwa ab Juli bis Oktober/November. Kleingefieder im wesentlichen wie ♀; Großgefieder bleibt unverändert. Der weiße Gesichtsfleck zeichnet sich in seinen Konturen noch nach einer gewissen Zeit der Umfärbung ab.

Dunenkleid: Oberkopf und Nacken sowie ein Augenstreif und ein kurzer Ohrstreif olivbraun; Rücken, Flügel, Schenkel und Schwanz etwas heller olivbraun. Gesicht leuchtend gelb; Unterseite, hinterer Flügelrand und Bürzelseiten gelbbraun. Schnabel und Füße schwärzlich. Etwas heller als Knäkenten-Küken, nur schwer von Zimtenten-Küken zu unterscheiden.

Jugendkleid: Kleingefieder etwa wie ad. ♀, nur dunkler und mehr braun statt grau. Kleine und mittlere Flügeldecken graublau, große Armdecken der juv. ♂♂ fast weiß, die der ♀♀ mit mehr Braun.

Lebensweise: Die Blauflügelente ist ein häufiger Brutvogel der mittleren Breiten des kontinentalen Nordamerikas und zieht über Winter in die USA-Südstaaten, seltener über Mittelamerika hinaus bis ins nördliche Südamerika. Zur Brutzeit werden eutrophe Flachgewässer in der offenen Niederungs- und Graslandschaft (wie Prärieseen) bewohnt, auf dem Zuge und im Winterquartier ferner Reisfelder und Lagunengebiete. Die Brutvögel treffen in den USA-Nordstaaten im April, an den kanadischen Brutplätzen oft erst im Mai ein. Eiablage zwischen Ende April (Iowa, Süddakota) und erster Maihälfte in Kanada. Die Nester befinden sich auf trockenem Grund im Gras, gelegentlich auf feuchten Wiesen, Burgen der Bisamratte oder auf Inseln größerer Flachseen; sie werden wenige Tage bis eine Woche vor dem Legen vom Weibchen errichtet. Vollgelege enthalten 6–15 (meist 9–10, Nachgelege 4–5) hell rahmfarbene Eier mit den Maßen 43,2–49,5 × 31,3–36,2 mm; ∅ 46,6 × 33,4 mm. Die im allgemeinen mit 21–23 Tagen angegebene Brutdauer beträgt nach DANE (1966) normal 23–24, teilweise bis 27 Tage. Etwa um die Mitte, selten erst gegen Ende der Brut verläßt der Erpel das Weibchen und beginnt mit der Schwingenmauser (MCKINNEY 1965). Kükenaufzucht durch das Weibchen innerhalb der Ufervegetation. Nach SMART (1965) wogen 73 Küken innerhalb des ersten Tages 10,5–20,4 g; ∅ 15,7 g und sind mit etwa 40 Tagen flugfähig. Im August beginnt die Abwanderung nach Süden.

Nahrung: Sie wird seihend und gründelnd im Flachwasserbereich aufgenommen. Nach SWANSON et al. (1974) schwanken die Art der Nahrung und die Relation tierischer und pflanzlicher Bestandteile beträchtlich. Der tierische Anteil betrug bei den Weibchen im April 45 %, zu Beginn der Legezeit bis 95 % und bei legenden Weibchen fast 100 %; es dominierten Wasserinsekten und Schnecken.

Haltung und Zucht: Blauflügelenten gelangten um die Jahrhundertwende in die Anlagen einiger Zoos und Züchter, wurden jedoch erst nach 1920 erfolgreicher gezüchtet.

Blauflügelenten eignen sich ausgezeichnet für die Haltung in kleinen Gehegen und für die Gemeinschaft mit kleinen Entenarten. Für den Winter sollten ein schwach temperierter Schutzraum und von Zeit zu Zeit Badewasser geboten werden. Die Art ist verträglich und leicht züchtbar. Die Weibchen errichten stets gut versteckte Nester in der für sie an Höhe überschaubaren Bodenvegetation, bevorzugt im Grase und in einiger Entfernung vom Teich. Eiablage selten vor Anfang Mai, Legeintervalle 24stündig. Jungenten legen um 7 Eier, Altenten meist 8–10, in Nachgelegen selten mehr als 5–7. Brutdauer nach BIEHL, briefl., 24, 25 und 26 Tage. Wegen der Gefährdung der Brutenten durch Raubsäuger, Igel oder Rabenvögel empfiehlt sich eine anderweitige Bebrütung der Eier und eine Kükenaufzucht unter technischer Wärmequelle. Im Sommer erbrütete Blauflügelenten paaren sich über Winter (parallel zur Umfärbung) und sind mit 10 Monaten geschlechtsreif.

Zimtente
Anas cyanoptera
VIEILLOT

Č	Čirka skořicová	F	Sarcelle à ailes bleues
D	Kaneland	H	Kaneel Taling
E	Cinnamon Teal	R	Коричневый чирок

Von der Zimtente waren lange Zeit nur zwei Unterarten beschrieben. SNIDER und LUMSDEN veröffentlichten 1951 eine Studie, in der sie die Art in folgende fünf Subspezies trennten:

Argentinische Zimtente, *Anas c. cyanoptera* VIEILLOT

Anden-Zimtente, *Anas c. orinomus* (OBERHOLSER)

Kolumbianische Zimtente, *Anas c. borreroi* SNIDER & LUMSDEN

Gefleckte Zimtente, *Anas c. tropica* SNIDER & LUMSDEN

Nördliche Zimtente, *Anas c. septentrionalium* SNIDER & LUMSDEN

Die Farb- und Größenunterschiede sind bei allen Formen relativ gering. Alle ♂♂, auch die der tropischen Gebiete, mausern nach der Brutzeit in ein Ruhekleid um.

Beschreibung von *Anas cyanoptera septentrionalium*

Habitus: Kleine, zierliche Ente in der Größe der Knäkente. Abb. Seite 356.

Brutkleid: ♂ Kopf, Hals, Bauch und Flanken einfarbig dunkel rotbraun; obere Rückenpartien und verlän-

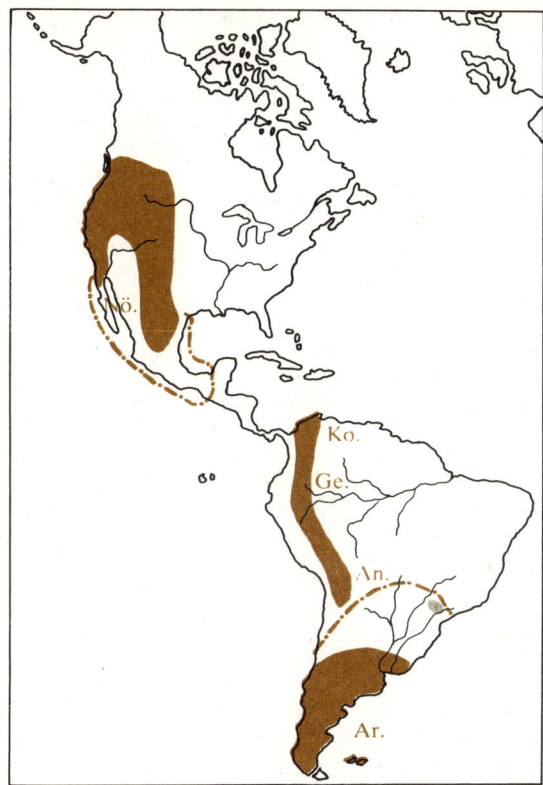

Brut- und Wintervorkommen der Nördlichen (Nö.) und Argentinischen (Ar.) Zimtente; Jahresvorkommen der Kolumbianischen (Ko.), Gefleckten (Ge.) und Anden- (An.) Zimtente.

gertes, gelbbraun gesäumtes Schultergefieder schwarzbraun, die Rückenfedern hellbraun gesäumt; Schwanzdecken schwarz. Kleine und mittlere Flügeldecken himmelblau, die großen taubenblau und weiß; Spiegel grün. Handschwingen und Schwanzfedern schwarzbraun, letztere breit hell gesäumt. Schnabel schmal, schlank, dunkelgrau, Iris rot, Füße orangegelb mit braunen Schwimmhäuten. ♀ ein wenig rotbrauner als das der Blauflügelente, von diesem durch langen Schnabel zu unterscheiden. Flügelzeichnung ähnlich der des Zimterpels, weniger farbklar. Iris dunkelbraun, Füße olivgelb. *Maße:* ♂ Flügel: 176–194, Schwanz: 64–77, Schnabel: 39–47, Lauf: 38 bis 46 mm; ♀ Flügel: 167–185, Schnabel: 39–45 mm. *Gewicht:* ♂ und ♀ nach BELLROSE (1976) 280–500 g; ⌀ 340 g, nach JOHNSGARD (1975) ♂ um ⌀ 408 g, ♀ um 362 g.

Ruhekleid des ♂: Juni bis Oktober/November. Im wesentlichen wie ♀, Kopffärbung mehr rotbraun, Flanken gröber und klarer gezeichnet. Flügel, Iris und Füße farblich unverändert. Insgesamt rötlicher als Blauflügelenten im Ruhekleid.

Dunenkleid: im wesentlichen wie das der Blauflügel- oder Knäkente, jedoch sichtbar gelber.

Jugendkleid: Etwa wie ad. ♀, Flügeldecken graublau, Spiegel fast glanzlos. Bei juv. ♂♂ färbt sich die Iris

etwa im Alter von 8 Wochen rötlich, beim ♀ bleibt sie braun.

Lebensweise: Die Nördliche Zimtente zeigt in Biologie und Verhalten viele Gemeinsamkeiten mit der Blauflügelente. Beide leben in gleichen Biotopen, zur Brutzeit auf kleinen flachen, vegetationsreichen Teichen, an Seeufern und in Grassümpfen, auf dem Zuge und im Winterquartier in Reisfeldern oder auf flachen Lagunen. Die südlichen Unterarten bewohnen im wesentlichen gleiche Gewässertypen.

Die in den gemäßigten Breiten der USA brütenden Populationen kehren ab März aus ihren Überwinterungsgebieten zurück und entfalten nun eine rege Aktivität in der Balz, bei den Paarungsflügen und in der Revierverteidigung. Eiablage zwischen Mitte April und Ende Juni, verstärkt im letzten Maidrittel. Die Nester werden auf trockenem Grunde im Gras oder zwischen Kräuterstauden, weniger auf Sumpfwiesen oder direkt im Röhricht erbaut. Als Nistmaterial dienen trockene Halme; Dunen graubraun mit großem weißem Mittelfleck, Nestfedern dunkel rotbraun mit gelbbraunen Säumen oder weißem Mittelfleck. Vollgelege enthalten 9–10 fahl rötliche, gelbbraune langgestreckte Eier mit den Maßen 44–53 × 30–37 mm; ⌀ 47,5 × 34,5 mm (BENT 1923). Brutdauer 24 bis 25 Tage. Das Paar hält bis gegen Ende dieser Zeit zusammen. Die Küken wachsen innerhalb der Uferzone, vom Weibchen geführt, heran. Bald nach dem Flüggewerden wandern sie in die Wintergebiete ab, wo Umfärbung in das Brutkleid, Balz und Paarung beginnen. Junge Zimtenten sind mit 10–11 Monaten geschlechtsreif. Die nördlichen Populationen ziehen südwärts bis Panama und Kolumbien, die argentinischen nordwärts in die Gebiete von Buenos Aires, die drei Tropenformen sind mehr oder weniger seßhaft.

Nahrung: Es bestehen weitgehende Übereinstimmungen in den Nahrungsgewohnheiten und der Zusammensetzung mit jenen der Blauflügelente.

Haltung und Zucht: Die Zimtente, ursprünglich die nördliche, wenig später die argentinische Unterart, wird seit etwa 100 Jahren in Europa gepflegt und gezüchtet. Insbesondere nach 1950 kam es durch die gehäuften Zuchten in Privatanlagen zu einer völligen Vermischung beider Formen. Im letzten Jahrzehnt wurden erneut Tiere aus den Ursprungsländern importiert und beispielsweise im Wildfowl Trust oder im Tierpark Berlin unvermischt gehalten. Von den drei tropischen Subspezies gelangen sporadisch einzelne Tiere in den Handel, die etwas größere und besonders dunkle Anden-Zimtente dürfte dabei als erstes zu erwarten sein.

Zimtenten sind ruhige, verträgliche und meist vertraute Tiere; die Laute des Erpels sind ein wohlklingendes Pfeifen. An die Zuchtgehege werden keine besonderen Ansprüche gestellt, sie sollten jedoch nicht zu groß und unübersichtlich sein. Die Überwinterung erfolgt in einem frostfreien Schutzraum. Im Freiflug gehaltene Zimtenten wanderten relativ stark ab.

Die Zucht gelingt mit den meisten Paaren und kann sehr ergiebig sein. Eiablage ab Ende April, meist in der zweiten Maihälfte in der Bodenvegetation oder in Nistkästen. Nichtbrütende Weibchen bringen ein oder zwei, teilweise auch drei Nachgelege, die Erpel befruchten, auch wenn sie bereits in der Umfärbung sind. Die Küken sind leicht in Aufzuchtboxen großzuziehen. Die jungen Männchen beginnen ab Oktober mit der Umfärbung in das Brutkleid, die alten Erpel gehören zu jenen Arten, die im Frühsommer als die ersten in das Ruhekleid zurückmausern. Obgleich Zimtenten gegen Ende des ersten Lebensjahres geschlechtsreif werden, sind nur etwa zwei Drittel im ersten Jahr fortpflanzungsaktiv.

Südamerikanische Löffelente
Anas platalea
VIEILLOT

Č Lžičák tečkovaný	F Souchet roux
D –	H Rode Slobeend
E Red Shoveler	R Южноамериканская широконоска

Habitus: Kleiner und schlanker als nördliche Löffelente. Abb. Seite 73 und 357.

Alterskleid: ♂ Kopf und oberer Hals hell graubraun, fein schwarzbraun gesprenkelt, Oberkopf und Nacken etwas dunkler. Kleingefieder des Rumpfes (außer Schwanzteil) auf zimtbraunem, an den Flanken rötlich-kastanienbraunem Grund gleichmäßig schokoladenbraun gefleckt. Unterer Rücken, Bürzel und Schwanzdecken schwarz, Bürzelseiten weiß. Flügel mit schwarzbraunen Handschwingen, samtschwarzen, grünglänzenden Armschwingen, blauen Ellenbogenfedern (innerste Armschwingen) und schwarzgrünen, im Mittelstreif hellbraunen Schulterfittichen; Flügeldecken himmelblau, letzte Reihe mit breiter weißer Endbinde. Steuerfedern hell graubraun, die mittleren schwach verlängert. Der große, löffelartig verbreiterte Schnabel ist dunkelgrau; Iris weißlich, Füße gelb mit braunen Schwimmhäuten. ♀ ähnlich dem der *Anas clypeata*, doch insgesamt dunkler grau und mit breiteren hellgrauen Federsäumen auf Brust, Rücken und Flanken; Flügeldecken graublau. Iris braun, Füße graugrün. *Maße:* ♂ Flügel: 213–222, Schwanz: 115–120, Schnabel: 63–67, Lauf: 34–38 mm; ♀ Flügel: 202–210, Schnabel: 56–60 mm. *Gewicht:* ♂ um 600 g, ♀ um 520 g.

Dunenkleid: Sehr ähnlich dem des Zimtenten-Kükens, doch unterseits etwas klarer gelb und größer als dieses.

Jugendkleid: Entspricht bis auf kleine Abweichungen, besonders in der Flügelfärbung, dem ♀-Kleid.

Lebensweise: Südamerikanische Löffelenten zeigen gewisse Gemeinsamkeiten mit den Zimtenten, wie Farbtypus der Altvögel und Küken und Stimme der Erpel. Sie stellen nach DELACOUR (1956) ein Bindeglied zwi-

schen der Löffelenten-Gruppe und den Zimtenten dar. Die Erpel mausern nicht in ein weibchenfarbenes Ruhekleid.

Die Südamerikanischen Löffelenten unterscheiden sich in Biologie und Verhalten nur unwesentlich von unserer nordischen Art. Ganzjährig werden flache, eutrophe Süß- und Brackwasserlagunen, Sumpfniederungen und ähnliche Flachgewässer bewohnt. Die Nester befinden sich auf trockenem Grund in der niedrigen Ufervegetation. Die 6–8 cremefarbenen bis grünlichen Eier werden in Patagonien und Südchile ab November, im nördlichen Argentinien zwischen September und November gelegt. Ihre Maße betragen 49–58,3 × 33,3–44,3 mm; ⌀ 54 × 39 mm, Brutdauer 25 Tage. Die Beteiligung des Erpels an der Jungenführung wird vermutet, doch ist von Wildvögeln diesbezüglich nichts bekannt.

Nach beendeter Brutzeit bilden die Löffelenten kleine Gruppen und Schwärme, vergesellschaften sich mit Chilekrick- und Spitzschwanzenten und streichen unregelmäßig umher; die südlichen Populationen weichen während des Winters nach Norden aus. In vielen Gebieten Chiles und Argentiniens brüten diese Löffelenten in mittlerer Häufigkeit, werden jedoch relativ stark gejagt.

Nahrung: Sie besteht aus sehr kleinen Wasserlebewesen (Kleinkrebsen, Wasserinsekten) und aus grobem Plankton, weniger aus Teilen der Wasserpflanzen.

Haltung und Zucht: Südamerikanische Löffelenten, die neben unserer nördlichen Art die farblich attraktivsten sind, wurden 1932 erstmalig nach Europa gebracht, doch nur wenige überlebten die Eingewöhnungszeit. Von einem in Clères, Frankreich, gehalte-

Brutvorkommen und nördliche Begrenzung der Überwinterungsgebiete der Südamerikanischen Löffelente.

nen Paar wuchsen 1934 etwa 30 Jungtiere auf (DELACOUR 1956). Der englische Wildfowl Trust importierte die Art erneut und brachte sie erstmalig 1951 zur Fortpflanzung. Nach 1965 fanden diese Löffelenten – nicht zuletzt durch die erfolgreichen Zuchten in Slimbridge und Holland – eine stärkere Verbreitung in Zoos und Privatanlagen, dennoch nennt The International Zoo Yearbook (Vol. I–IX) zwischen 1959 und 1967 nur die Zuchten des Wildfowl Trusts. Heute wird die Südamerikanische Löffelente neben der nördlichen am häufigsten gehalten und vermehrt. Erstzuchten für die DDR gelangen im Tierpark Berlin 1973 und durch FRANKE, Leipzig, 1977.

In Haltung, Zuchtablauf, Empfindlichkeit und Ernährung sind die Südamerikanischen und nördlichen Löffelenten gleichzusetzen.

Über die Bastardierungsneigungen der Löffelenten-Arten untereinander läßt sich wenig aussagen, da die Züchter im Interesse der Reinhaltung der Arten jeweils nur eine Form auf dem Teich halten.

Südafrikanische Löffelente
Anas smithi
HARTERT

häufig auch *Spatula capensis* (EYTON)

Südafrikanische Löffelente, *Anas smithi* HARTERT, links das Weibchen, rechts der sehr ähnlich gefärbte Erpel

Č Lžičák kapský	F Souchet du Cap
D –	H Kaapse Slobeend
E Cape Shoveler	R Капская широконоска

Habitus: Wie andere Löffelenten, relativ groß. Abb. Seite 73, 261 und 262.

Alterskleid: ♂ Kopfseiten und oberer Halsteil grauweiß, fein dunkelbraun gestrichelt, Oberkopf und Nacken insgesamt etwas dunkler; Brust und vorderer Rücken auf schwarzbraunem Grund unregelmäßig hell quergebändert, gewellt und gesäumt; Flanken

ebenfalls schwarzbraun, aber mit breiten rotbraunen Federsäumen. Die Bauchseite ist düster graubraun, unregelmäßig dunkelbraun gefleckt. Bürzel, Oberschwanzdecken und Steuerfedern schwärzlich, schwach grünschillernd. Flügeldecken blaugrau, die letzte Reihe weiß, der Spiegel glänzt erzgrün, Scapuleren und größte Schulterfedern dunkel blaugrün. Schnabel schwarz, Iris gelb (während der Paarungs- und Brutzeit leuchtender), Füße gelb, zur Paarungs- und Brutzeit orangegelb. ♀ farblich dem ♂ ähnlich, aber blasser, weniger kontrastiert und mit dunklerem Kopf. Schultern und Spiegel ebenfalls dunkler und weniger glänzend. Schnabel schwarzgrau, an der Basis dunkler gefleckt, Iris dunkel sepia, Füße gelblichgrau. *Maße:* ♂ Flügel: 222–253, Schwanz: 63–98, Schnabel: 56–65, Lauf: 37–43 mm; ♀ Flügel: 208–238, Schwanz: 61–81, Schnabel: 52–60, Lauf: 34–41 mm. *Gewicht:* ♂ 550–830 g, ♀ 480–690 g (SIEGFRIED 1965).

Dunenkleid: Etwas heller als das der *clypeata*-Küken, aber wohl kaum von diesem zu unterscheiden.

Jugendkleid: Ähnlich dem adulten ♀, doch insgesamt heller und einfarbiger. Die jungen ♂♂ sind etwas dunkler als die gleichaltrigen ♀♀. Die schwärzliche Schulterfärbung und der Spiegel sind vorhanden, glänzen aber nicht.

Lebensweise: Diese Löffelente ist auf den meisten südafrikanischen Flachgewässern in angemessen großer Zahl heimisch, etwas häufiger jedoch in den westlichen und zentralen Gebieten als im Osten des Kontinents; zur nördlichen Verbreitungsgrenze allmählich seltener werdend. Als Aufenthaltsorte wählte sie flache, nahrungsreiche Seen, Vleys, Überschwemmungsgebiete, Lagunen und Sümpfe. Dabei erscheint es als

Südafrikanische Löffelente, *Anas smithi* HARTERT; links der Erpel mit leuchtend gelber Iris, rechts Weibchen mit sepiabrauner Iris

Regel, daß weniger das Vorhandensein einer großen schutzbietenden Vegetationszone entlang der Ufer als vielmehr das Angebot an Kleinlebewesen (z. B. *Daphnia*) für die Besiedlung eines Gewässers durch diese Ente von Bedeutung ist. Außerhalb der Brutzeit leben die Südafrikanischen Löffelenten meist zu kleinen Trupps vereint. Wie andere Löffelenten-Arten schwimmen auch sie mit tief eingetauchtem Vorderkörper und bilden zur Nahrungssuche enge Kreise oder Linien. Ihr Flug ist ausdauernd und wird von SIEGFRIED als der schnellste aller südafrikanischen Enten bezeichnet.

Die Brutzeit beschränkt sich in vielen Gebieten auf die dortigen Frühlingsmonate Juli bis September. Im zentral gelegenen SW-Transvaal mit vorherrschenden Sommerniederschlägen beginnt die Brut gegen Ende der Regenzeit. Die Nester werden auf dem Lande, selten weiter als 10 m vom Wasser entfernt und in relativ dünner und niedriger Vegetation errichtet; 63% befanden sich in Vegetationshöhen bis zu 30 cm. Die Brutdichte an den einzelnen Gewässern bestimmt in erster Linie das Nahrungsangebot. Zusammengedrängte Nestvorkommen an besonders geeigneten Plätzen sind nicht selten; hier werden die Nestreviere auch nur wenig oder gar nicht verteidigt. Das Nest selbst errichtet das Weibchen allein. Eine ausgescharrte Erdmulde bildet die Unterlage, der Nestbau erfolgt während der Legeperiode, die Dunenauspolsterung beginnt etwa mit dem vorletzten Ei. Die Gelege bestehen aus 5–12, meist aus 9–10 cremefarbenen, teils grünlichen Eiern mit den Maßen 45,5–59,5 × 34–43,4 mm; ⌀ 53,4 mal 38,7 mm (SIEGFRIED 1965). Die Brutdauer beträgt 27, auch 28 Tage. Das Männchen hält während dieser Zeit eng zum Weibchen und begleitet es in den Brutpausen. Auch die Jungen werden zumindest in den ersten zwei Wochen von beiden Eltern betreut. Die errechneten Durchschnittszahlen an Küken betragen in der ersten Woche 7,6 pro Paar, nach 7 Wochen 6,6 pro Paar, also ein relativ geringer Jungenverlust. Über die Befiederung der Jungenten schreibt SIEGFRIED (1965) sinngemäß: Im Alter von vier Wochen sind die Küken noch überwiegend flaumig, erst zwischen fünfter und sechster Woche befiedern sich die meisten Partien, und nach etwa sieben Wochen bedeckt das Kleingefieder den gesamten Körper. Die Flugfähigkeit erlangen die

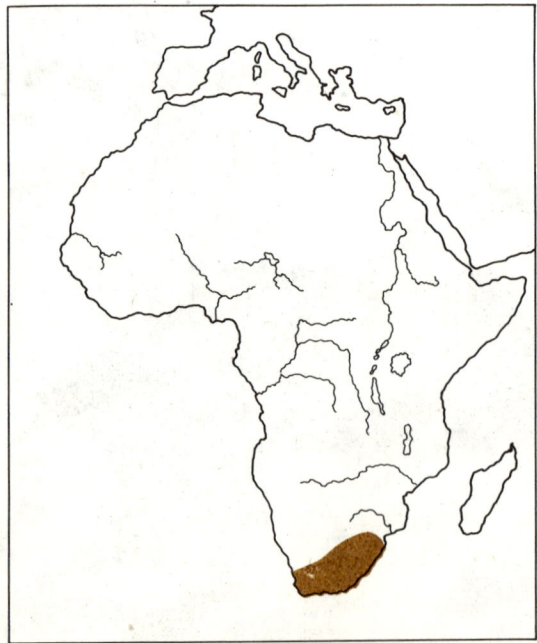

Jahresvorkommen der Südafrikanischen Löffelente.

Jungenten etwa in der achten Lebenswoche. Die Länge der Schwungfedern und das Körpergewicht sind beim Männchen stets höher als beim gleichaltrigen Weibchen. Die Schwingenmauser der Altvögel erfolgt nach der Brutzeit im Oktober und November, zieht sich jedoch von Juli bis Dezember hin. Die Mauserenten halten sich gern auf futterreichen, nicht allzu kleinen permanenten Gewässern auf.

Nahrung: Sie besteht zu 30 % aus Samen und Grünteilen von Wasserpflanzen, vorwiegend von Laichkräutern und zu 70 % aus Wasserinsekten, kleinen Schnekken und Crustaceen. Die Anteile variieren lokal und jahreszeitlich sehr stark.

Haltung und Zucht: Wegen des unscheinbaren Gefieders ist die Afrikanische Löffelente für die Gehegehaltung wenig beachtet worden. DELACOUR (1956) führt Tiere an, die in den 30er Jahren in England gehalten, aber nicht gezüchtet wurden. Der Wildfowl Trust importierte die Art nach 1950 und erzielte die Erstzucht. In den letzten zwei Jahrzehnten wuchsen alljährlich Jungtiere heran, die Eiablage begann zwischen erster März- und erster Junidekade, meist im April. In Haltung, Pflege und Fütterung unterscheidet sie sich nicht von unserer Löffelente.

In neuerer Zeit werden stets Afrikanische Löffelenten vom Tierhandel angeboten, ihre Haltung beschränkt sich jedoch auf große zoologische Gärten und Vogelparks, der Berliner Tierpark hält sie seit 1982.

Australische Löffelente
Anas rhynchotis
LATHAM

Č	Lžičák bělolící	F	Souchet d'Australie
D	–	H	Australische Slobeend
E	Australian Shoveler	R	Австралийская широконоска

Zwei Unterarten; die Australische Löffelente, *Anas r. rhynchotis* LATHAM, wird auf Neuseeland durch die etwas farbigere Neuseeland-Löffelente, *Anas r. variegata* (GOULD), vertreten.

Beschreibung von *Anas rhynchotis rhynchotis*
Habitus: Wie nördliche Löffelente. Abb. Seite 357.
Brutkleid: ♂ Kopfseiten schwarzgrau, schwach grünglänzend; zwischen Schnabelbasis und Auge zieht sich ein sichelförmiger weißer Längsstreif, der jedoch nicht so klar gezeichnet ist wie bei der Blauflügelente, sondern auf den Wangen in die dunkle Kopffärbung übergeht. Federn an Hals und Brust dunkelbraun mit etwas helleren Säumen; Bauch und Flanken kasta-

nienbraun mit dichter schwärzlicher Schuppung. Kleingefieder der Rückenpartien schwarz, grünglänzend und schmal hellbraun gesäumt. Flügel und Schwanzteil wie bei *Anas clypeata*. Schnabel und Schnabelbasis schwarz, Iris gelb, Füße orangerot. ♀ ähnlich dem *clypeata*-♀, ist jedoch auf dunklerem braunem Grund heller gezeichnet. Schnabel schwarz, Iris braun, Füße graugrün. *Maße:* ♂ Flügel: 210–261, Schnabel: 56–67 mm; ♀ Flügel: 210–297, Schnabel: 57–62 mm (FRITH 1967). ♂ Schwanz: 90–100, Lauf: 34–42 mm (DELACOUR 1956). *Gewicht:* ♂ 570–852 g, ♀ 545–745 g (FRITH 1967).

Ruhekleid des ♂: Kopf insgesamt graubraun, Brust- und Flankenfedern etwas mehr rötlichbraun als beim ♀. Flügel, Schnabel, Iris und Füße farblich kaum verändert.

Dunenkleid: Sehr ähnlich dem des *clypeata*-Kükens.

Jugendkleid: In beiden Geschlechtern dem adulten ♀-Kleid ähnlich, insgesamt aber heller; Iris anfangs braun, Füße graugrün. Bei den jungen ♂♂ färben sich etwa im Alter von 4 Monaten die Füße orangerot.

Beschreibung von *Anas rhynchotis variegata*
Brutkleid des ♂: Weiße Gesichtszeichnung ausgedehnter und klarer in den Konturen als bei *rhynchotis*. Vorderer Rückenteil und Brust auf grauweißem Grund nur wenig dunkel gefleckt; Unterseite, insbesondere Flanken, haben in der leuchtend kastanienbraunen Färbung nur eine spärliche Schuppenmaserung. Gesamtfärbung variierend (DELACOUR 1956).

Lebensweise: In Lebensweise, Biotopansprüchen und allgemeinem Verhalten ähnelt auch diese Form den anderen drei Löffelenten-Arten. In kleinen Gruppen, oft nur paarweise, halten sie sich in den Verbänden der Spatelschnabel-, Weißkehl- und Augenbrauenenten auf. Nur gegen Ende der Trockenzeit finden sich etwas größere Schwärme zusammen. Die Australi-

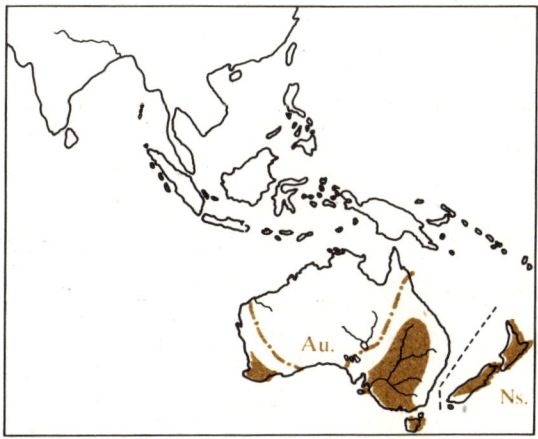

Jahresvorkommen der Australischen (Au.) und Neuseeländischen (Ns.) Löffelente; –·–·– nomadisches Umherstreifen der Australischen Löffelente, selten brütend.

schen Löffelenten bewohnen hauptsächlich, während der Brutsaison ausschließlich, permanente, dichtbewachsene Flachsümpfe im Binnenland und von Bäumen durchsetzte Sumpfniederungen im Küstenbereich. Darüber hinaus werden die Überschwemmungsgebiete gern aufgesucht. Die Neuseeland-Löffelenten leben auf den Seen und in den Sumpfniederungen der Ackerbaugebiete und entlang der Küstenebenen.

Die Brutzeit der australischen Unterart wird gewöhnlich für die Monate August bis Dezember angegeben. Das trifft nach Frith (1967) jedoch nur für die Küstengebiete mit ganzjährig verteilten Niederschlägen zu. Balz und Paarungsverhalten unterscheiden sich nicht wesentlich von denen der anderen Löffelenten-Arten. Beide Partner wählen den Nistplatz aus, der sich in den meisten Fällen nahe dem Ufer auf trockenem Grund befindet. Die Nester selbst stehen gut verborgen unter Gebüsch, im Grase oder in hohlen Baumstümpfen. Die Nestauspolsterung erfolgt mit bräunlichgrauen, an Spitzen und im Zentrum helleren Nestdunen (Serventy and Whittell 1951). Die Vollgelege enthalten etwa 9–11 cremeweiße, schwach grünliche Eier mit den Maßen 49,5–58,5 × 36 bis 40,6 mm; ∅ 54,8 × 37,3 mm (Schönwetter 1961 und Frith 1967). Die Brutdauer beträgt 24 Tage. Obgleich einige Autoren glauben, die Männchen auffällig oft am Nest gesehen zu haben, schreibt Frith, daß die Erpel schon zu Brutbeginn die Weibchen verlassen und irgendwo mausern. Die Ente führt die Küken allein bis zu deren Flüggewerden.

Nahrung: Sie wird seihend dem flachen Wasser entnommen. Die Australier zeigen hierin gleiche Gewohnheiten wie die übrigen Löffelenten-Arten. Ihr Futter besteht zu 75 % aus Kleinlebewesen, vorwiegend aus Wasserinsekten und kleinen Mollusken. Daneben werden kleine Blüten, Samen und Blätter von verschiedenen Wasserpflanzen aufgenommen.

Haltung und Zucht: Während die Australische Löffelente vor 1950 offenbar nicht in Europa importiert war, gelangten 1934 drei Neuseeland-Löffelenten in den Zoopark Clères, Frankreich, mit denen im Folgejahr aus 18 Eiern 18 Junge gezüchtet werden konnten. Die Erpel trugen zwischen Juli und Oktober ein Ruhekleid (Delacour 1956).

Der Wildfowl Trust erwarb nach 1960 die neuseeländische Unterart und konnte sie mit guten Erfolgen vermehren, Wienands, briefl., züchtete sie erstmalig 1965. Die Eiablage erfolgte im Trust zwischen Ende April und Ende Mai. Dorthin gelangten 1967 auch erstmalig zwei Erpel und vier Weibchen der australischen Löffelente aus dem Zoo Perth. Während es ab 10. 4. 1971 und 24. 2. 1972 zur Ablage unbefruchteter Eier kam, gelang die Zucht seit 1975.

Nach Wienands werden beide Unterarten vom Tierhandel angeboten und sind auch in den Sammlungen großer Zoos und Vogelparks vorhanden, in Privatanlagen werden jedoch die relativ schlichten – stark an unausgefärbte nördliche Löffelenten erinnernden – Australier und Neuseeländer zugunsten der Südamerikanischen Löffelente nur selten gehalten.

Unterbringung, Fütterung und Zucht entsprechen denen der anderen Löffelenten-Arten.

Löffelente
Anas clypeata L.

Č Lžičák pestrý   F Souchet ordinaire
D Skeand   H Slob Eend
E Shoveler   R Широконоска

Habitus: Gedrungene, mittelgroße Gründelente mit auffällig langem und stark verbreitertem Schnabel. Abb. Seite 357.

Brutkleid (Artkennzeichen): ♂ Kopf und Hals flaschengrün, Brust weiß, Bauch und Flanken lebhaft rotbraun, Rücken überwiegend dunkelgrau. Kleine und mittlere Flügeldecken hellblau, große weiß; Spiegel leuchtend hellgrün, zu den Tertiären hin hellblau. Schnabel schwarz, Iris zitronengelb, Füße orange. ♀ typisches ♀-Kleid in gelbbrauner Gesamtfärbung; Bauchseite nicht aufgehellt. Kleine und mittlere Oberflügeldecken dunkel graublau mit grauweißen Säumen, große Decken weiß; Spiegel dunkelgrün, kaum glänzend. Schnabel dunkelbraun, Seiten rotbraun; Iris mittelbraun, Füße orange. *Maße:* ♂ Flügel: 230–252, Schwanz: 72–85, Schnabel: 62–70, Lauf: 32–37 mm; ♀ Flügel: 215–235, Schnabel: 59–69 mm. *Gewicht:* ♂ 410–1100 g, ∅ um 650 g; ♀ 420–763 g, ∅ um 570 g.

Ruhekleid des ♂: Juni–Juli bis Oktober–Dezember. Kleingefieder und Schnabelfärbung ähnlich wie ♀, Großgefieder unverändert.

Dunenkleid: Oberkopf und Rumpf graubraun, Brust und Bauch etwas aufgehellt. Gesicht und Kehle zart gelbbraun; ein kräftiger Augenstreif sowie je ein Zügel- und Ohrfleck wiederum dunkel graubraun. Gesamtfärbung dunkler als beim Stockenten-Küken und ohne helle Zeichnung am inneren Armrand. Der hornfarbene Schnabel nur wenig verbreitet.

Jugendkleid: Etwas mehr grau und stärker gefleckt als Alterskleid des ♀. Schnabel grau, an der Wurzel gelblich. Junge ♂♂ mit blaugrauen Flügeldecken und mattgrünem Spiegel, gleichaltrige ♀♀ braune Flügeldecken und schwarzgrünen Spiegel. Iris ♂ gelbbraun, ♀ bräunlich.

Vorkommen in Mitteleuropa: Im gesamten Raum Brutvogel, obgleich in den meisten Gebieten nur lokal und in wenigen Paaren brütend. Größte Häufigkeit in der norddeutschen Tiefebene, speziell entlang der Ostseeküste, relativ zahlreich in Mecklenburg, weniger an den Havel- und Mittelelbegewässern, südlich davon nur sehr vereinzelt brütend; im Bereich der BRD eine parallele Abnahme von Nord nach Süd. Der Frühjahrszug verläuft zwischen Mitte März und Anfang Mai, Mauserzug im Juni und Juli, der Herbstzug ab August, hauptsächlich im Oktober; einzelne überwintern auch im Brutgebiet.

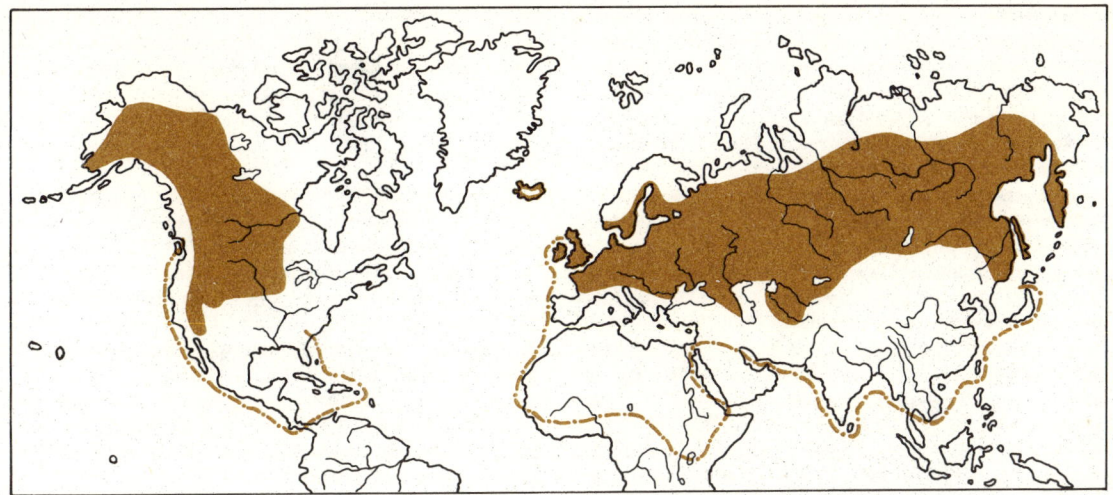

Brutvorkommen und Überwinterungsgebiete der Löffelente.

Lebensweise: Zur Brutzeit bewohnt die Löffelente stark eutrophe Flachgewässer mit schlammigem Grund und breiter Uferzone, ferner Brüche, Flußniederungen mit verlandenden Altwässern und versumpfte Wiesen mit eingesprengten Tümpeln. In kleinen Gruppen treffen die Paare im März, oft erst im April auf den Brutgewässern ein. Legeperiode hauptsächlich zwischen Mitte Mai und Anfang Juni. Das Nest wird vom Weibchen errichtet und befindet sich auf Wiesen, Klee- oder Luzerneäckern, an Grabenrändern; seltener auf Bülten im Flachwasserbereich oder auf Kopfweiden, regional auch im Heidekraut. Erstgelege enthalten 8–12, Nachgelege meist nur 5–7 rahmfarbene oder graugrüne Eier mit den Maßen 48–57 × 34,5–40 mm; ∅ 52,3 × 37 mm. Die zur Auspolsterung benutzten Dunen sind hell graubraun mit großem, hellem Mittelfleck und feinen weißen Spitzen. Gelegt wird täglich, Brutdauer 22–25 Tage. Während der ersten Zeit wacht der Erpel im Nestrevier und begleitet das Weibchen in den Brutpausen. Sobald die Küken geschlüpft sind, halten sich die Löffelenten ausschließlich in der Ufervegetation auf; die Erpel mausern (ein Teil wandert dazu ab), das Weibchen betreut den Nachwuchs. Ab August zeigen sich die frisch vermauserten Altvögel und die flüggen Jungen wieder auf dem freien Wasser. Die mitteleuropäischen Löffelenten überwintern in den Mittelmeerländern und Westafrika.

Nahrung: Sie wird seihend von der Oberfläche aufgenommen und besteht aus relativ feinen Partikeln (Großplankton). Der tierische Anteil ist dabei recht hoch, schwankt jedoch entsprechend dem Angebot und der Jahreszeit.

Haltung und Zucht: Die ansprechend gefärbten Löffelenten sind beliebte Gehegevögel, die sich ohne besondere Schwierigkeiten – trotz hoher Nahrungsspezialisierung – in den Zuchtanlagen wie auf Zooteichen gut pflegen lassen. Obgleich wenig kälteempfindlich, sollte man ihnen bei Frostgraden ein Schutzhaus bie-

ten; die breiten Schnabellamellen vereisen und behindern die Nahrungsaufnahme.

Die Zucht der Löffelente bereitet heute keine Probleme. Ihre Unterbringung erfolgt in sonnigen, graswachsenen Gehegen, die Wasserqualität scheint von untergeordneter Bedeutung. Löffelenten paaren sich im Alter von 6–8 Monaten, werden mit 10–11 Monaten geschlechtsreif, doch nur ein Teil von ihnen wird im ersten Jahr brutaktiv. Die Nester werden vom Weibchen im Grase errichtet. McKinney (1967) hielt im USA-Staat Minnesota über fünf Jahre bis zu acht flugfähige Paare in zwei Großvolieren und erzielte folgende Ergebnisse: Legebeginn 24mal in der zweiten Maihälfte, 4mal erste Junihälfte (ohne Nachgelege). Gelegegröße: 20mal 8–10 Eier, 5mal 4–7 Eier, 2mal 11 Eier. Brutdauer 20–25 Tage, meist 22–23 Tage.

Die Küken erhalten anfangs ein relativ feines Aufzuchtfutter und Wasserlinsen, sehr gern nehmen sie lebende Wasserflöhe. Parallel zur Befiederung entwickelt sich der breite Löffelschnabel, mit 6–7 Wochen sind die Jungenten flugfähig. Ab September mausern die Alt-, ab Oktober oder November die Jungerpel in das Brutkleid.

Spatelschnabelente
Malacorhynchus membranaceus (LATHAM)

Č	Kachna šírozobá	F	Canard à oreillons roses
D	Zebraand		
E	Pink-eared Duck	H	Pink-eared Duck
		R	Розовоухая утка

Habitus: Kleine, kurzbeinige Ente mit einem extrem großen, vorn verbreiterten Schnabel. Abb. Seite 313.

Alterskleid: ♂ und ♀ Gefieder um Schnabelwurzel weißlich; etwa von der Wangengegend an beginnt eine feine graubraun-rahmgelbe Wellung, die gröber werdend, sich über die gesamte Unterseite und Flanken sowie in feiner, mehr dunkelgrauer Querbänderung auch über den Rücken erstreckt. Die schwarzbraune Färbung der Augengegend setzt sich als hinterer Halssaum fort. In der Ohrgegend befindet sich ein kleiner hellkarminroter Längsfleck. Flügel dunkel graubraun, ohne farblich differenzierten Spiegel; Armschwingen mit schmaler weißer Endbinde. Steuerfedern dunkelgrau, eine schmale Endbinde sowie die Oberschwanzdecken wiederum weiß. Der lange blaugraue Schnabel ist zum Nagel hin spatelartig verbreitert und giebelartig abgebogen. Die Iris ist braun, das Auge wird von einem schmalen weißen Ring umschlossen; Füße graublau. *Maße:* ♂ Flügel: 172–213, Schnabel: 44–74 mm; ♀ Flügel: 152–200, Schnabel: 53–67 mm (FRITH 1967); ♂ Schwanz: 60–65 mm (DELACOUR 1956). *Gewicht:* ♂ 290–480 g, ♀ 272–423 g (FRITH).

Dunenkleid: Oberseits hellbraun. Gesicht – abgesehen von einem dunkelbraunen Augenstreif –, gesamte Unterseite, hintere Flügelränder sowie kleine Fleckchen an Schenkel und Bürzelseiten hellgrau bis weiß; der hell blaugraue Schnabel ist bereits spatelartig verbreitert.

Jugendkleid: Ähnlich dem Alterskleid, aber weniger rein gebändert und im Gesamtton fahler und mehr bräunlich: der rötliche Fleck undeutlich oder fehlend.

Lebensweise: Spatelschnabelenten rasten auf ihren Wanderungen und während der Trockenzeit auf den verschiedensten Gewässertypen, bevorzugte Aufenthalts- und Brutbiotope sind jedoch flache, offene Sumpfniederungen, langsam fließende Creeks, überschwemmtes Gras- und Buschland und seichte Uferterrains größerer Gewässer, sofern diese reich an Kleinlebewesen, Algen und anderen kleinen Wasserpflanzen sind. Ideale Lebensbedingungen finden diese Enten jeweils nach starken Niederschlägen, die weite Teile des Gras- und Buschlandes zeitweilig überschwemmen und infolge hoher Temperaturen in kurzer Zeit ein riesiges Nahrungsangebot entstehen lassen. In solchen Gebieten stellen sich die Spatelschnabelenten binnen kurzer Zeit in ungeheueren Mengen ein und beginnen sofort mit dem Brutgeschäft. HOBBS (1957) berichtet darüber: Die Enten besetzten jede vorhandene Baumhöhle und bauten viele freistehende Nester. Auf einem Beobachtungsgang von etwa 400 m Länge wurden 31 Gelege gefunden, die durchschnittliche Brutdichte betrug etwa 60 m pro Paar. Der Gesamtbestand wurde für dieses Überschwemmungsgebiet auf 90 000 Paare geschätzt. Mehrere Höhlen waren mit zwei und drei Brutpaaren besetzt und wiesen nicht selten 40–60 Eier – die unteren meist faul – auf. Obwohl die Gelegestärke 5–8 Eier beträgt, führten viele Weibchen 10, 15 und 20 Junge. Eine reguläre zweite Brut wurde vermutet. Mit dem völligen Rückgang des Wassers zogen auch die Enten ab.

Der Beginn der Brutsaison richtet sich in den meisten Gegenden nach der örtlichen Regenzeit. Die Nester werden gern in niedrigen Baumhöhlen angelegt, in baumlosen Sumpfniederungen benutzen die Enten die alten Nesthügel des Pfuhlhuhns *(Tribonyx)*. Die freistehenden Nester werden mit einer dünnen Schicht aus trockenem Pflanzenmaterial überbaut und nach der Eiablage reichlich mit Nestdunen ausgelegt. In Baumhöhlen erfolgt nur eine Auspolsterung mit Dunen. Diese sind stark klebrig, vermutlich ist das eine besondere Schutzform gegen Nesträuber (HOBBS 1957). Eine von Spatelschnabelenten besetzte Höhle ist stets an den außen anklebenden Dunen kenntlich. Die Normalgelege enthalten 5–8 cremeweiße Eier mit den Maßen 46–53 × 34–38 mm; ∅ 49 × 36 mm (FRITH 1967). Die Brutdauer beträgt 26 Tage. Die Männchen beteiligen sich an der Jungenführung. Die Küken tauchen häufig und sehr geschickt, die Altvögel dagegen gar nicht. Spatelschnabelenten haben dem Menschen gegenüber eine auffällig kleine Fluchtdistanz. Ihr spatelartig verbreiterter Schnabel stellt eine nahrungsbiologische Spezialisierung dar.

Nahrung: Sie besteht zu über 90 % aus Kleinlebewesen, den Rest bilden sehr kleine Wasserpflanzen; sie wird ausschließlich seihend aus dem flachen Wasser entnommen. Oftmals schwimmen die Enten dabei in kleinen Ketten oder im Halbkreis, wobei die hinteren jeweils die von den vorderen aufgewühlten Nahrungsteilchen aufschnattern.

Haltung und Zucht: Während die Spatelschnabelente im letzten Jahrzehnt erfolgreich in australischen Zoo- und Zuchtanlagen gehalten und vermutlich auch vermehrt werden konnte, fehlte sie bislang in Europa und Nordamerika völlig. Im Jahre 1967 erhielt der Wildfowl Trust einen Erpel dieser hochspezialisierten Entenart aus dem australischen Zoo Perth und in den folgenden Jahren einige weitere Tiere, brachte sie jedoch bis 1978 nicht zur Nachzucht. Im Auftrage des Wild-

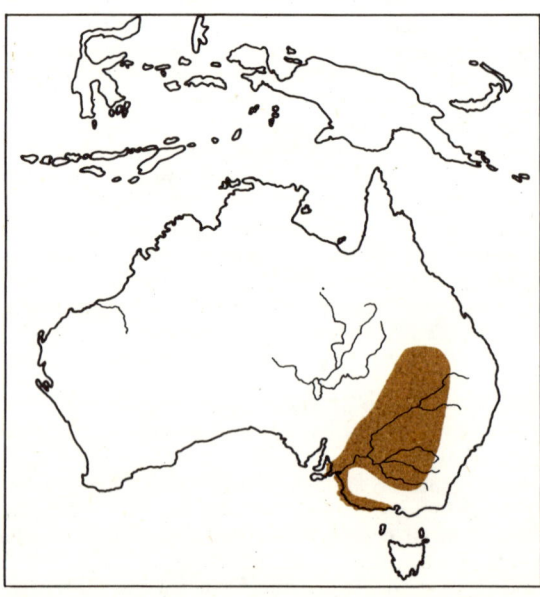

Bevorzugte und fast alljährlich besetzte Brutgebiete der Spatelschnabelente; nomadisch wird der gesamte Kontinent und Tasmanien beflogen.

fowl Trustes sammelte M. LUBBOCK im Herbst 1979 in der Gegend von Perth 40 Eier der Spatelschnabelente. Alle 40 Küken konnten in England zum Schlupf gebracht werden. Etwa 10 Tiere davon wurden in Slimbridge im geräumigen, dicht bepflanzten Tropenhaus gehalten. Mit ihnen gelang 1980 die Erstzucht außerhalb Australiens; eines der Weibchen erbrachte ab 8. August nacheinander 5 Gelege, 4 oder 5 Jungenten konnten aufgezogen werden.

Marmelente
Anas angustirostris
MÉNÉTRIES

Č	Čirka úzkozobá	F	Sarcelle marbrée
D	Marmorand	H	Marmer Taling
E	Marbled Teal	R	Мраморный чирок

Habitus: Wenig größer als Knäkente, Rumpf besonders schlank. Abb. Seite 69.

Alterskleid: ♂ und ♀ Augengegend dunkel graubraun, übriges Kleingefieder fahl lehmbraun mit hellen Endtropfen, auf der Bauchseite mit braunen und rahmweißen Endsäumen; Schulter- und Scapularfedern dunkel graubraun mit cremefarbenem Endtropfen. Kein Flügelspiegel, Armschwingen lediglich hell sandbraun. Der lange, schmale Schnabel dunkel bleigrau, Iris braun, Füße olivbräunlich. Viele Erpel zeichnen sich durch verlängerte Holl- und Schopffedern oder durch einen kräftiger und kantiger wirkenden Kopf gegenüber dem meist etwas kleineren Weibchen mit rundlichem Kopf aus. Einem Teil der Alttiere fehlt jeglicher Geschlechtsdimorphismus. *Maße:* ♂ Flügel: 205–215, Schwanz: 85–105, Schnabel: 40–49 mm; ♀ Flügel: 198–205 mm. *Gewicht:* ♂ 240 bis 600 g, ∅ 415 g; ♀ 250–550 g, ∅ 363 g.

Dunenkleid: Hell-Dunkel-Zeichnung wie die anderer *Anas*-Küken, Dunen jedoch hell sandfarben, oberseits bräunlich grau. Schnabel graugrün, relativ lang und schmal, Füße hellgrau, Iris dunkelbraun.

Jugendkleid: Insgesamt dem Alterskleid sehr ähnlich, die hellen Endtropfen gehen verwaschen in den dunkleren Federteil über.

Vorkommen in Mitteleuropa: Seltener Irrgast um die Jahrhundertwende; bei einer Invasion im Sommer 1892 wurden u. a. Marmelenten auf dem Gebiet der ČSSR (Böhmen) und der BRD (Bayern) erlegt. Bei Beobachtungen aus neuerer Zeit dürfte es sich vorrangig um Gehegeflüchtlinge handeln.

Lebensweise: Die Brutgebiete der Marmelente liegen überwiegend in der mediterranen Subregion, also im klimatisch wärmsten und trockensten Teil der Paläarktis; die Überwinterung erfolgt südwärts der Türkei bis NW-Indien. Während die südspanischen Populationen um die Jahrhundertwende noch mehrere 1 000 Paare umfaßten, gilt ihr Bestand heute mit weniger als 200 Paaren als gefährdet. Im »Roten Buch der UdSSR« vom Januar 1975 wird sie als selten geführt. In Pakistan wurden 1969 25 im Wildfowl Trust gezüchtete Marmelenten ausgesetzt, nachdem sie dort durch zu hohen Jagddruck annähernd ausgerottet waren, doch offenbar ohne Erfolg. Gesicherte Bestände sind aus der Türkei, aus Irak und Iran bekannt. Die Weltpopulation gibt OGILVIE (1975) für 1973 mit mehr als 21000 Individuen an.

Marmelenten bewohnen ganzjährig seichte Süßwasserseen oder zeitweilig trockenfallende süße, brackige, soda- und natronhaltige Flachgewässer, die neben kleinen offenen Wasserstellen ausgedehnte Riedflächen aus Binsen, Bültengräsern oder flachwüchsigen Salzpflanzengesellschaften (wie Queller), durchsetzt von Tamariskensträuchern, aufweisen. Teiche mit reinen Schilf- und Rohrzonen werden gemieden. Relativ einheitlich treffen die Marmelenten ab Ende März an den Brutgewässern ein und beginnen gegen Ende Mai mit der Eiablage. Die Nester befinden sich auf trockenem Grund zwischen Horstgräsern und Trockengestrüpp, oft weit entfernt vom Wasser und stets in guter Deckung, nicht selten nur durch Lauftunnel zu erreichen. Die Gelege bestehen aus 7–11 cremefarbenen bis rötlichbraunen Eiern, doch sind relativ viele Nester mit mehr als 15 Eiern gefunden worden, die vermutlich von zwei Weibchen stammten. *Maße:* 42,4 bis 50,6 × 31,5–36 mm; ∅ 46,3 × 34,4 mm, Brutdauer 25–27 Tage. Die Nestdunen sind mittelgrau mit fast weißen Zentren und Spitzen, die Konturfedern sind rahmweiß, ein Teil von ihnen leicht braunfleckig. Über das Verhalten während der Brut und der Jungenaufzucht ist von Wildvögeln fast nichts bekannt. Zu Schwarmbildungen und Sommerabwanderungen kommt es in Gebieten, wo die Wasserstände der Brutgewässer stark zurückgehen (u. a. in Südspanien), der eigentliche Herbstzug erfolgt ab September.

Nahrung: Sie besteht zu einem beträchtlichen Teil aus Kleinlebewesen speziell aus Wasserinsekten, weniger aus Vegetabilien und soll auch tauchend vom Bodengrund aufgenommen werden.

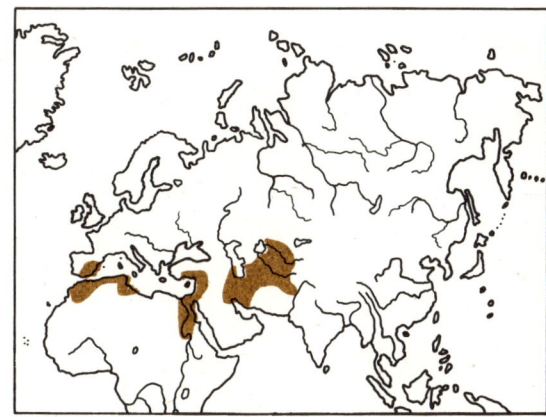

Jahresvorkommen der Marmelente.

Haltung und Zucht: Im Gegensatz zu früheren Jahrzehnten, in denen nur wenige Marmelenten in Gehegen lebten, werden sie gegenwärtig in zahlreichen Privatanlagen, Vogelparks und Zoos gehalten und auch gezüchtet. Der Wildfowl Trust importierte 1948 mehrere Exemplare aus dem südlichen Irak und konnte mit ihnen – ebenso wie JONES, Leckford, – bereits um 1950 ausgezeichnete Zuchterfolge erzielen. In der DDR wird die Art seit 1960 gehalten und 1963 gezüchtet.

Die gegenwärtigen Gehege-Marmelenten sind robust, langlebig und unproblematisch in der Haltung. Sie eignen sich für gemischte Kollektionen wie für Kleinanlagen und Einzelgehege, fühlen sich jedoch am wohlsten, wenn ihnen ein warmer, sonniger Flachteich mit bewachsenen Ufern geboten wird. Überwinterung in zugfreien, gegebenenfalls temperierten Räumen mit zeitweiligem Aufenthalt im Freien. Zusätzlich zum Grundfutter werden gern Garnelen, Regen- oder Mehlwürmer aufgenommen.

Die Zuchtergebnisse können sehr ergiebig sein, wie zum Beispiel im Wildfowl Trust, wo allein 1963 77 Marmelenten heranwuchsen. Andererseits gelingt die Zucht mit manchen Paaren erst nach vielen Jahren. Hinzu kommt die schwierige Geschlechtsbestimmung auf der Basis äußerer Merkmale, viele »Paare« bestehen in Wirklichkeit aus gleichgeschlechtlichen Tieren. HENNICKE, Dessau, züchtete die Art sehr erfolgreich in einem mit weiteren *Anas*-Arten besetzten, dicht bewachsenen Kleingehege. Die Eiablage erfolgt in Nistkästen wie in einiger Entfernung vom Teich innerhalb der Bodenvegetation und beginnt zwischen Mitte und Ende Mai, im Wildfowl Trust auch ab Mitte April. Bis zu drei Nachgelege sind bekannt. Einhundert frischgeschlüpfte Küken wogen 14–22 g, ⌀ 17,5 g (KEAR in Wildfowl 21, S. 87). Wie die Küken der Mandarinente versuchen auch die der Marmelente in den ersten Lebenstagen unaufhörlich durch Springen und Klettern die Aufzuchtbox zu verlassen. Sobald sich diese Unruhe gelegt hat, bereitet die Aufzucht keine Schwierigkeiten mehr. Die Jungenten werden gegen Ende des zweiten Lebensjahres geschlechtsreif.

Tauchenten, *Aythyini*

Rosenkopfente
Rhodonessa caryophyllacea
(LATHAM)
Dt. Syn.: Nelkenente

Č	Kachna růžohlavá	F	Canard à tête rose
D	Rosenhævedet And	H	Pink-headed Duck
E	Pink-headed Duck	R	Розовоголовая утка

Die von HUMPHREY und RIPLEY (1962) durchgeführten vergleichenden anatomischen Untersuchungen zur Klärung der systematischen Stellung der Rosenkopfente haben zu dem Ergebnis geführt, daß die Trachea, die Gefiederfärbung und gewisse Besonderheiten der Beine über die Beziehungen zu den Tauchenten keinen Zweifel lassen. JOHNSGARD (1968) ordnet sie direkt dem Tribus *Aythyini* zu.

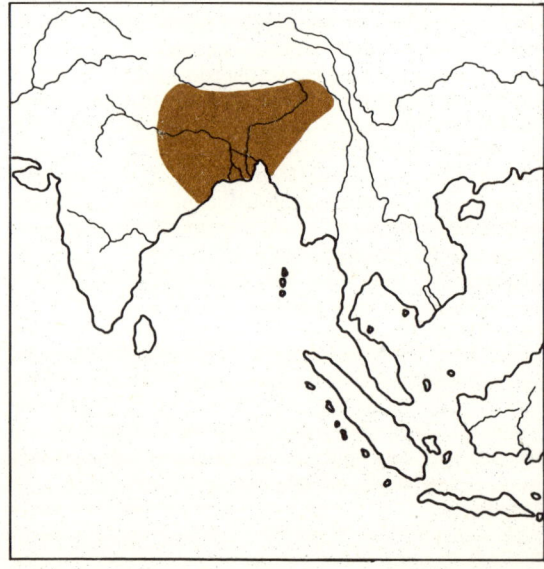

Jahresvorkommen der Rosenkopfente (nach ALI and RIPLEY 1968).

Rosenkopfente, *Rhodonessa caryophyllacea* (LATHAM); links
Weibchen, rechts Männchen

Habitus: Etwas größer und schlanker als Kolbenente
und mit dünnem, langem Hals und schmalem Schnabel. Abb. Seite 269 und 362.

Alterskleid: ♂ Kopf und Hals hyazinthrot, übriges
Kleingefieder, Handschwingen und Schwanz schwarzbraun, zart rosa übertönt; Nackenfedern beulenartig
hervortretend. Armteil der Flügel hellbraun, Spiegel
lachsrosa mit weißer Endbinde; Unterflügel ebenfalls
blaßrosa. Schnabel rosarot. Iris orangerot, Füße
schwärzlich. ♀ Farbverteilung etwa wie ♂, Kopf und
Hals aber blasser, das übrige Deckgefieder heller;
Nackenfedern kaum verlängert. Ferner Kopfplatte
und Genick dunkelbraun, Kehle rosa, Schnabel nur an
der Basis rosarot, sonst bräunlich, Iris rotbraun.
Maße: ♂ Flügel: 250–282, Schwanz: 106–131,
Schnabel: 50–56, Lauf: 38–40 mm; ♀ Flügel:
250–260 mm. *Gewicht:* ♂ 747–840 g (ALI 1960), ♀
860 g (SCHÖNWETTER 1960), ♂ und ♀ ca. 1360 g (ALI
and RIPLEY 1968).

Dunenkleid: unbekannt.

Jugendkleid: Kopf und Hals verwaschen rötlichweiß,
übriges Kleingefieder bräunlicher und heller als im Alterskleid.

Lebensweise: Die Rosenkopfente wurde 1780 von LATHAM beschrieben; sie war zu dieser Zeit keine Seltenheit. JERDON (1863) fand sie sehr häufig in Bengalen,
und BLANFORD (1898) bezeichnete sie als ziemlich häufig und ansässig in Oberbengalen und seinen Nachbarbezirken. Allen weiteren Autoren zufolge war die
Rosenkopfente nirgends und zu keiner Zeit ein ausgesprochen häufiger Vogel. Um die Jahrhundertwende
trat eine merkliche Abnahme ein, und etwa ab 1925
galt sie in der Freiheit als ausgestorben. Die letzte sichere Freilandbeobachtung stammt vom Juli 1935 aus
Bihar (ALI 1960). Eine größere Anzahl dieser Enten
wurde von den Gebrüdern EZRA in Kalkutta und London, von DELACOUR in Clères, Frankreich, gehalten,
von denen 1929 noch 11 Tiere lebten und die letzten
während des 2. Weltkrieges verschwanden. SINGH
(1966) will am 27. 1. 1947 eine Rosenkopfente aus
einem Trupp von sechs Exemplaren im Distrikt Monghyr geschossen und 1948 oder 1949 dort 5–8 beobachtet haben. Eine weitere Beobachtung vom Januar 1960
sei unsicher. KEAR and WILLIAMS (1978) geben Beobachtungen burmesischer Ornithologen wieder, wonach
im Winter 1965/66 ein Trupp von etwa 5 Rosenkopfenten auf einem schnellfließenden Arm des Mali-Kha
(bei HAACK Hka) River im Grenzgebiet von Burma
und Tibet beobachtet wurde. Aus diesem, für die Art
untypischen Habitat, liegen mehrere derartige Winterbeobachtungen vor. Ein Brutvorkommen wird im
Jove-Gebiet in Tibet vermutet. Derartige Meldungen
lassen die Hoffnung auf das Vorhandensein einer kleinen Restpopulation in schwer zugänglichen Gebieten
immer noch offen; doch sind Verwechslungen mit der
Kolbenente nicht ausgeschlossen. In den Museen der
Welt werden heute 71 Bälge der Rosenkopfente aufbewahrt. Die Ursachen des Aussterbens sind wenig erklärlich. Es wird angenommen, daß die Urbarmachung weiter Grasdschungel-Gebiete und die Jagdausübung nicht die alleinigen Gründe sind, das letzte
Stadium des Aussterbens aber wesentlich beschleunigt
haben. LUTHER (1967) weist ferner auf die beträchtliche Zuwachsrate der menschlichen Bevölkerung in
diesen Gegenden hin.

Nach Freilandbeobachtungen von HUME und MARSHALL (1881) lebte die Rosenkopfente zu einzelnen Paaren verstreut auf abgelegenen, sumpfigen Teichen,
Flachseen und Flußarmen, deren Uferregionen von
ausgedehnten Grasdschungel-Flächen (*Andropogon*-Arten) – durchsetzt von einzelnen Sträuchern – gebildet wurden. Die Paarung begann im April. Nach Ge-

hegebeobachtungen waren die Balzspiele denen der Stockente ähnlich, zeigten jedoch einfachere Elemente. Die Nester wurden gut versteckt in Büschen hoher Gräser oder auf Grasbülten errichtet. Es waren feste Bauten aus trockenen Gräsern mit dickwandigen, hohen Rändern; Dunen oder Konturfedern wurden nicht verwandt. Die Brutperiode lag zwischen Mai und Juni; als Vollgelege werden 5–10 glanzlose weiße und auffällig runde Eier genannt. Die Maße von 6 Eiern betragen 44,2–47 × 40,6–43,3 mm; ⌀ 45,9 × 42 mm, zwei weitere messen 43 × 42 mm. Brutdauer unbekannt. Die Jungen waren etwa ab September flugfähig und erschienen dann mit den Altvögeln in den Sumpflagunen großer Flüsse, doch nie weit vom Brutort entfernt. Zum Teil verließen sie die Brutgewässer gar nicht.

In den Wintermonaten hielten sich die Rosenkopfenten in kleinen Gruppen von 6–10, teilweise auch bis zu 40 Exemplaren auf. Mit anderen Entenvögeln sah man sie nie vergesellschaftet. Ihr Wesen schien recht träge zu sein. Tagsüber lagen die Trupps untätig auf den freien Wasserflächen, so daß auf eine stärkere Nachtaktivität geschlossen wurde. Geschicktes Tauchen, etwa in der Fertigkeit einer Tafelente, ist beobachtet worden. Ihr Flug war ruhig und leicht. Man sah sie nie auf Bäumen ruhen, obgleich dies einige Autoren vermuten.

Nahrung: Über Zusammensetzung und Nahrungsgewohnheiten ist nichts bekannt.

Haltung und Zucht: Die Rosenkopfente ist mehrfach, besonders aber von DAVID und ALFRED EZRA in Kalkutta und im Foxwarren Park bei London und von DELACOUR in Clères gepflegt worden. Diese Enten hielten sich ausgezeichnet über viele Jahre und balzten häufig, legten aber nie Eier ab, obwohl sie an allen drei Orten unter vorzüglichen Bedingungen lebten. Ein im Berliner Zoo gehaltenes Männchen starb im August 1908 und wird heute im Zoologischen Museum Berlin aufbewahrt.

Fotos von Gehegevögeln aus den 30er Jahren sind veröffentlicht: im 11st Annual Report des Wildfowl Trusts (1958–59), in TODD (1979) und TARSNANE (1982).

Kolbenente
Netta rufina (PALLAS)

Č	Polák zrzohlávka	F	Brante roussâtre
D	Rødkovedet And	H	Kroon Eend
E	Red-crested Pochard	R	Красноносый нырок

Habitus: Mittelgroße Ente mit Übergangsmerkmalen zwischen *Anas*- und *Aythya*-Arten; ♂ mit dickem, buschigem Kopf. Abb. Seite 271.

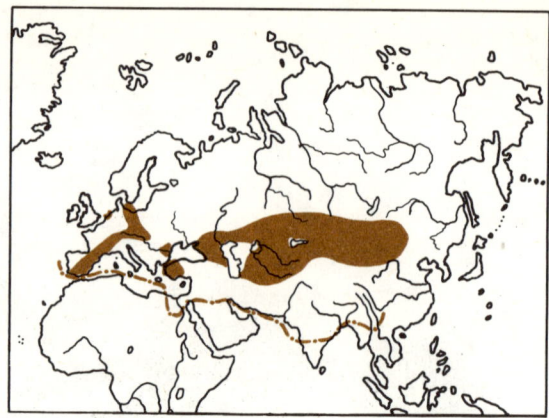

Brutvorkommen und südliche Begrenzung der Überwinterungsgebiete der Kolbenente.

Brutkleid (Artmerkmale): ♂ Kopf und Hals leuchtend fuchsrot; Brust, Bauch und Schwanzteil schwarz; Flanken weiß, Rücken hell olivbraun. Flügel mit ausgedehntem rötlich-weißem Feld auf den Schwingen. Schnabel karminrot, Iris scharlachrot, Füße gelblichbraun. ♀ hell graubraun, Backen grauweiß, Unterschwanzpartien weiß. Schnabel grau, an den Rändern zum Nagel hin rotbraun. *Maße:* ♂ Flügel: 256–278, Schwanz: 58–74, Schnabel: 48–52, Lauf: 40–43 mm; ♀ Flügel: 249–258, Schnabel: 44–50 mm. *Gewicht:* (mittlere Normalwerte) ♂ um 1000–1200 g, ♀ um 900–1050 g.

Ruhekleid des ♂: Ab Ende Mai bis Oktober-Dezember. Ähnlich dem ♀-Kleid, jedoch mit dickerem Kopf, rotbraunem Schnabel und scharlachroter Iris.

Dunenkleid: Oberkopf, Nacken, Rücken, Flanken und Flügel olivbraun, von gelben Dunen durchsetzt. Gesicht, Brust und Unterseite sowie die hinteren Flügelränder und einige Rückenfleckchen lebhaft gelb. Schnabel hornbraun mit hellem Nagel; Beine dunkelgrau mit gelbbraunen Randungen.

Jugendkleid: Dem ♀-Kleid ähnlich; Flanken und Brustseiten zu Anfang rotbraun, später dem übrigen Gefieder farblich angeglichen. Junge ♂♂ haben bereits im Alter von wenigen Wochen rote Schnäbel, etwa nach einem Vierteljahr färbt sich die bis dahin gelbbraune Iris rot. Der anfangs schwärzliche Schnabel der ♀♀ erhält zunächst einen rötlichen Anflug, und erst zum Winter hin färben sich die Ränder und die Nagelgegend hell rotbraun.

Vorkommen in Mitteleuropa: Lokale Brutvorkommen mit 20–50 Paaren befinden sich im südwestlichen Ostseeraum (u. a. Fehmarn), in den Niederlanden, im Alpenvorland (Ismaninger Teiche bei München und Bodensee) und in Südmähren (ČSSR), Einzelpaare brüten im NW der DDR. Entsprechend spärlich ist der Durchzug März–April und August–November. Zu größeren Konzentrationen kommt es ab Juli auf den Mauser- und herbstlichen Rastplätzen in den Niederlanden, im Ismaninger Teichgebiet und am Bodensee (hier zeitweilig bis 4000 Individuen).

Lebensweise: Bevorzugte Brutbiotope sind große, flache Binnenseen mit breiten Rohrkanten, Großseggengesellschaften, eingesprengten Schilfinseln und üppiger Unterwasserflora. Im westlichen Zentralasien – dem Kern des Brutvorkommens – bewohnen die Kolbenenten die brackigen und salzigen Steppengewässer.

Die Enten treffen verpaart in den Brutgebieten ein und halten sich, bis die Nestreviere besetzt werden, in kleinen Trupps auf der freien Wasserfläche auf. Ähnlich wie Stockerpel versuchen auch die Kolbenerpel, fremde Weibchen gewaltsam zu begatten.

Einzelne Männchen tauchen Pflanzenteile hoch und bieten sie dem Weibchen als Nahrung an (Abb. Seite 271), dieses »Balzfüttern« ist nur von Kolbenenten bekannt. Das Nest wird wenige Tage vor dem Legen nahe dem Wasser im Röhricht oder auf Seggenbülten errichtet. Es ist ein relativ hoher Turmbau aus Pflanzenmaterial der Nestumgebung, die zur Auskleidung verwendeten Dunen sind sepiabraun mit hellem Zentrum, die Konturfedern hell graubraun. Eiablage selten vor Mitte Mai; Normalgelege enthalten 8–12 rahmfarbene, hellgrüne oder graugrüne Eier, größere Gelege stammen meist von zwei Weibchen. *Maße:* 53–62,3 × 39–45,1 mm; $\varnothing$ 57,8 × 41,5 mm.   Gelegt wird täglich, Brutdauer 26–28 Tage. Das Männchen wacht in Nestnähe bis gegen Ende der Brut. Dann wandern die meisten Erpel zu Mauserplätzen ab. Die Jungenaufzucht erfolgt in der Schwimmpflanzenregion durch das Weibchen.

Kolbenenten sind Zugvögel, die mitteleuropäischen Brutvögel überwintern in der Camargue und in Spanien, die asiatischen vorwiegend in Vorderasien und Indien. Szijj (1963) glaubt, daß sie in großen, dichten Trupps weite Strecken überfliegen, um sich dann auf Massenrastplätzen – beispielsweise dem Bodensee – für einige Zeit aufzuhalten. Er schreibt: »So haben wir am 4. 9. 1961 die Ankunft von 1200 Kolbenenten aus östlicher Richtung und aus großer Höhe im Ermatinger Becken (Bodensee) beobachtet; der Bestand wuchs damals in 5 Tagen von 500 auf 3000. Nur so ist zu verstehen, daß man einen praktisch kolbenentenfreien Raum weit voneinanderliegender Massenrastplätze kennt. Die herbstlichen Bewegungen der Kolbenente spielen sich also nicht in allmählichem, breitem Vorwärtsrollen ab, sondern in einigen gewaltigen ›Massensprüngen‹.«

Nahrung: Fast ausschließlich Algen (bevorzugt Armleuchteralgen) sowie Grünteile und Samen von Wasserpflanzen und Gräsern; Kleinlebewesen werden offenbar nur zufällig mit der Pflanzennahrung aufgenommen.

Haltung und Zucht: Kolbenenten werden seit Jahrzehnten in zoologischen Gärten gepflegt und gezüchtet. Freifliegende Tiere zeichneten sich im Berliner Zoo der 20er Jahre durch Ortstreue und hohe Fortpflanzungsraten aus. Einzelne Weibchen brüteten in Körben, die an dicken Ästen großer Bäume 8–15 m hoch angebracht waren (HEINROTH 1926). Heute werden Kolbenenten in gleicher Häufigkeit in Zuchtanlagen und auf Parkgewässern gehalten. Sie sind anspruchslos, robust und relativ kälteunempfindlich. Anderen Arten gegenüber zeigen sich die Erpel im Frühjahr sehr grob und streitsüchtig; die starke Neigung, artfremde Weibchen zu begatten, führt zu unerwünschten Bastardierungen, speziell mit der Brautente und einigen *Aythya*-Arten, weniger häufig mit der Peposakaente.

Unter den verschiedenartigsten Bedingungen liegen die Zuchterwartungen mit der Kolbenente relativ hoch. Im Spätsommer oder Herbst zusammengesetzte Partner gehen eine Paarung für viele Jahre ein. Finden sich die Partner erst im Frühjahr, bleiben auch bei ungepaarten Tieren Nachzuchten selten aus. Die geschlechtliche Reife tritt innerhalb des ersten Lebensjahres ein. Die Eiablage erfolgt im März in Nisthöhlen und Hütten, seltener in der Teichvegetation. Viele Weibchen legen zwei- bis dreimal, die Erpel können selbst dann noch befruchten, wenn die Ruhemauser weit fortgeschritten ist. Wegen des ruhigen Wesens werden Kolbenenten gern als Brut- oder Aufzuchtammen anderer Arten genutzt.

Kolbenente, *Netta rufina* (PALLAS); Erpel taucht Nahrung hoch und hält sie dem Weibchen vor. Nach einem Photo von H. Kolbe

Die äußerst vitalen Kolbenentenküken nehmen auch ohne Anleitung durch Eltern, Ammen oder andere Küken sofort das gebotene Futter an; scheu und schreckhaft, wie BAUER & GLUTZ von BLOTZHEIM (1969) schreiben, sind sie nicht, dagegen grob und unverträglich gegenüber anderen Entenküken. Nach beendeter Befiederung setzt bei den Erpeln bald die Umfärbung in das Brutkleid ein. Ende Mai geschlüpfte Tiere waren Mitte November des gleichen Jahres gemeinsam mit dem ad. Erpel fertig vermausert, doch beendet ein Teil erst im Frühjahr die Umfärbung.

Im Jahre 1965 wuchsen im Berliner Zoo zwei als ›Flavino‹ bezeichnete, blaßgelbe Kolbenenten auf, die der britische Wildfowl Trust erwarb (KLÖS 1966); WESSJOHANN hält und züchtet seit 1978 gelblich-cremefarbene Mutationen (briefl.). Kolbenenten können mit Mischfutter und Getreide ohne tierische Zusätze ernährt werden, doch sollten Wasserlinsen oder anderes Grün nicht fehlen. In Kleingehegen wird jeglicher Bodenbewuchs verbissen, auf Rasenflächen äsen sie gern mit Gänsen.

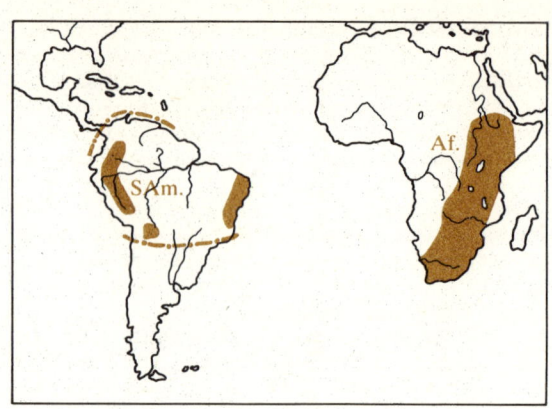

Jahresvorkommen der Südamerikanischen (SAm.) und Afrikanischen (Af.) Rotaugenente.

Rotaugenente
Netta erythrophthalma
(WIED)

Č	Polák rudooký	F	Canard plongeur austral
D	–		
E	Southern Pochard	H	–
		R	Красноглазый нырок

Zwei Unterarten: *Netta e. erythrophthalma* (WIED) bewohnt das tropische Südamerika und *Netta e. brunnea* (EYTON) das östliche und südliche Afrika. Die ♂♂ beider Formen sind mit einiger Sicherheit an den Maßen und bei ausreichendem Vergleichsmaterial auch an der Färbung zu unterscheiden. Die Erpel der Nominatform sind kleiner und dunkler als die der Afrikaner. Schwieriger ist die Unterscheidung der ♀♀. Die südamerikanische Unterart ist – ohne daß Ursachen bekannt wurden – in ihrem Bestand stark gefährdet.

Beschreibung von *Netta erythrophthalma brunnea* (EYTON)

Habitus: Etwas größer und schlanker als Moorente. Abb. Seite 273 und 358.
Alterskleid: ♂ Kleingefieder fast durchweg dunkel kastanienbraun; Kopf, Hals und Brust schwarzbraun mit schwachem Purpurglanz; Rückenpartien zart goldbraun übertönt. Flanken und besonders der Bauch ein wenig heller als die Oberseite. Großgefieder an Flügel und Schwanz ebenfalls dunkelbraun, Basis der Handschwingen und etwa ⅔ der Armschwingen

(von der Basis her) weiß. Der relativ lange Schnabel ist perlgrau, der Nagel schwarz; Iris zinnoberrot, Füße dunkelgrau, Schwimmhäute schwarz. Das ♀ ist insgesamt heller als das ♂. Kopfseiten und Gefieder um die Schnabelbasis mehr oder weniger weißfleckig (Ausdehnung und Farbreinheit des Weiß variierend); Bauchpartien einschließlich Unterschwanzdecken aufgehellt, teilweise etwas gelbbraun quergebändert. Schnabel dunkel schiefergrau, Iris braun, Füße wie ♂. *Maße:* ♂ Flügel: 202–228, ∅ 217 mm; Schwanz: 52–66, ∅ 59 mm; Schnabel 40–48, ∅ 44 mm; Lauf: 35–44, ∅ 39,6 mm; ♀ Flügel: 201–221, ∅ 209 mm; Schwanz: 52–68, ∅ 56,5 mm; Schnabel: 38–49, ∅ 43 mm; Lauf 36–44, ∅ 39,6 mm (MIDDLEMISS 1958). *Gewicht:* ♂ 592 bis 1010 g, ∅ 800 g; ♀ 484–1018 g, ∅ 763 g; juv. ♂ ∅ 715 g, juv. ♀ ∅ 656 g.

Dunenkleid: Oberkopf und Hinterhals sowie die Oberseite des Rumpfes olivbraun. Gesicht, vorderer Halsteil, Brust und Bauch rein gelb. Hinterer Flügelrand und zwei Flecke in der Schenkelgegend gelblich. Küken ähneln denen der Peposakaente, sind aber etwas kleiner. Ausführliche Beschreibung von *N. e. erythrophthalma* in DELACOUR (1959) und von *N. e. brunnea* in MIDDLEMISS (1958).
Jugendkleid: Ähnlich dem adulten ♀, aber insgesamt fahler in der Färbung. Der weißliche Hinteraugenstreif ist stets nur schwach angedeutet – daran gut vom alten ♀ zu unterscheiden. Die immaturen ♂♂ sind in der Brustgegend etwas dunkler als die gleichaltrigen ♀♀ (MIDDLEMISS 1958).
Lebensweise (beschränkt auf *N. e. brunnea*): Die Rotaugenenten sind in vielen Gebieten Afrikas, besonders aber in den ost- und südafrikanischen Seengebieten ziemlich häufig anzutreffen. Für ihren Aufenthalt bevorzugen sie nicht gar zu kleine, klare, permanente wie auch periodische Gewässer mit dichter Vegetation entlang der Ufer. Weniger sind sie dem trüben Wasser vieler Vleys, kleiner, flacher Tümpel und überfluteter Niederungsgelände zugetan. Außerhalb der Brutzeit leben die Rotaugenenten gern gesellig; nach neueren Erkenntnissen scheinen sie in einzelnen Gebieten regu-

läre innerafrikanische Zugvögel zu sein, wie Beringungen erwiesen. Etwas abgesondert von den Schwimmenten bevölkern sie, teils zu beachtlichen Schwärmen vereint, die freien Wasserflächen der Seen. Im Gegensatz dazu schreiben HOESCH und NIETHAMMER (1940) für Südwestafrika: »Bewohnt nur die mit Schilfgras und Buschwerk bewachsenen Vleys, nicht offene Gewässer.«

Die Brutsaison erstreckt sich im Gesamtverbreitungsgebiet über alle Monate des Jahres mit Höhepunkten von März bis Juni sowie November und Dezember. Während dieser Zeit führen die einzelnen Paare eine zurückgezogene und ruhige Lebensweise. Rotaugenenten brüten bereits als einjährige Vögel und balzen bemerkenswert selten. Ihre Nester befinden sich gut verborgen im Gras oder Ried nahe der Ufer, aber auch in der einjährigen Vegetation im Bereich der Seichtwasserzone. Es sind kompakte Bauten aus Pflanzenmaterial der Nestumgebung. Oft führt ein kleiner Tunnel oder ein Pfad durch die Vegetation zum Nest. Die Gelege bestehen meist aus 9, in den Extremen aus 6–15 hell gelblichbraunen Eiern mit den Maßen: 53,3–62,4 × 41,0–45,3 mm; ⌀ 56,9 × 43,7 mm (MIDDLEMISS 1958). Dieser Autor glaubt auch, daß die Winternester stärker mit Dunen ausgepolstert werden als die Sommernester. Wie die meisten Entenvögel deckt auch die Rotaugenente in den Brutpausen das Gelege mit Dunen und Gras ab (im Gegensatz zu HOESCHs Angaben, wonach die Eier unbedeckt bleiben). Die Brutdauer beträgt um 26 Tage. Die Küken sind sofort nach dem Abtrocknen sehr aktiv und geschickt im Schwimmen und Tauchen. In der Regel werden sie allein vom Weibchen geführt, man sah aber auch Erpel bei den Familien. Mit dem Flüggewerden der Jungenten beginnt die Vollmauser der Altvögel, die dann etwa 30 Tage flugunfähig sind. Bei den Jungtieren erfolgt innerhalb des ersten Lebensjahres nach und nach ein kompletter Kleingefiederwechsel, ehe die Vollmauser einsetzt.

Nahrung: Die der Altvögel besteht zu einem beträchtlichen Teil aus kleinen Wasserlebewesen, den Hauptanteil stellen aber die pflanzlichen Stoffe. Untersuchte Küken hatten 20 % beziehungsweise 50 % tierisches Futter aufgenommen. Dem Nahrungserwerb gehen diese Enten meist tauchend, aber auch gründelnd und seihend nach.

Haltung und Zucht: Nach DELACOUR (1959) sind außer einigen Weibchen der südamerikanischen Form beide Unterarten erst 1920 respektive 1937 nach Europa importiert worden. Diese in England und Frankreich gehaltenen Paare brüteten nicht und verschwanden während des 2. Weltkrieges. Um 1950 sind beide Formen unter anderem durch den englischen Wildfowl Trust neu eingeführt worden, 1951 wurde dann das erste erfolgreiche Brüten der Afrikanischen Rotaugenente aus Leckford, England, bekannt. Hier errichtete das Weibchen zwei große Nester auf trockenem Grund zwischen Gräsern und Binsen. Die Jungen wuchsen mit Peposaka-Küken auf; das Dunenkleid beider Arten war nicht zu unterscheiden. In den 50er und 60er Jahren sind beide Unterarten mehrfach gezüchtet und teilweise auch untereinander gekreuzt worden.

Trotz ihrer tropischen Herkunft erweisen sich die Rotaugenenten als recht hart und nicht besonders schwierig in der Haltung. Sie sind verträglich und lebhaft und können einschließlich der Fütterungsweise im wesentlichen wie die Peposakaente gehalten werden. In Privatanlagen ist die Art selten, in Zoos gelegentlich anzutreffen. Der Tierpark Berlin war zeitweilig im Besitz beider Unterarten. Der britische Wildfowl Trust züchtete einige Südamerikanische Rotaugenenten zwischen 1954 und 1961, der dortige Gehegebestand umfaßte 1957 fünf und 1967 drei Altvögel, um 1975 war er dort wie überhaupt in Europa und etwa ab 1980 in Nordamerika erloschen (GRUMMT, mündl.). Von der afrikanischen Rasse wachsen alljährlich Jungvögel auf, doch stehen die Zuchtergebnisse denen der Peposakaente weit nach.

Peposakaente
Netta peposaca
(VIEILLOT)

Č Polák peposaka	F Canard Péposaca
D Peposakaand	H Peposaca Eend
E Rosybilled Pochard	R Пампасский нырок

Habitus: Wenig größer und etwas schlanker als Kolbenente. Besonders das ♀ trägt den Hals oft gestreckt aufrecht. Abb. Seite 73, 274 und 358.
Alterskleid: ♂ Kopf, Hals, Brust und Rücken schwarz, Kopfpartien intensiv purpurn glänzend; Schultergefieder auf dunkelgrauem Grund schwarz gewellt – somit fast schwarz wirkend; Flanken und Bauch (zur Brust scharf abgesetzt) hell schiefergrau mit feiner schwarzer Wellung; Abdomen schwarz, Unterschwanzpartien weiß. Flügel mit breitem Längsstreif über Hand- und Armschwingen, Unterflügel überwiegend weiß. Iris, Schnabel und Stirnhöcker

Rotaugenente, *Netta erythrophthalma* (WIED); Kopfzeichnung, links Weibchen, rechts Erpel

Paarungsverhalten der Peposakaente, *Netta peposaca* (VIEILLOT), vor der Begattung. Nach einem Photo von H. KOLBE

leuchtend rot, Nagel schwarz; Füße orangegelb, Schwimmhäute schwarzgrau. ♀ überwiegend dunkelbraun; Gesicht, Kinn und Kehle aufgehellt, Schnabelbasis manchmal weiß; Rücken und Oberschwanz besonders dunkel, Flanken heller braun, Bauch weißfleckig, Unterschwanz reinweiß. Flügel ähnlich wie beim ♂. Schnabel (ohne Höcker) dunkel graublau mit schwarzem Nagel, Iris dunkelbraun, Füße oliv-graubraun. *Maße:* ♂ Flügel: 228–245, Schnabel: 61–66, Lauf: 41–45 mm; ♀ Flügel: 220–240, Schnabel: 54–60 mm. *Gewicht:* 6 ♂♂ im ∅ 1181 g, 5 ♀♀ im ∅ 1004 g (WELLER 1968).

Dunenkleid: Oberseite hell olivbraun, Gesicht (ohne dunklen Augenstreif), Brust und Bauchseite strohgelb; Flügelrand olivbraun, sonst gelb; an den Bürzelseiten je ein gelber Fleck. Küken insgesamt sehr hell. Schnabel bläulichgrau.

Jugendkleid: Gesamtgefieder ähnlich dem des adulten ♀, doch stumpf braun, teils heller gesäumt. ♂♂ sind insgesamt dunkler und haben rosa getönte Schnäbel.

Lebensweise: Innerhalb des dargestellten Verbreitungsgürtels, der sich offenbar auf die Gebiete östlich der Andenkette beschränkt, ist die Peposakaente allgemein verbreitet und die häufigste Tauchente in der relativ niederschlagsreichen Flachlandprovinz Buenos Aires. Als massige und fleischige Ente wird sie jedoch vielerorts stark gejagt. Bevorzugte Brutbiotope bilden kleinere, nahrungs- und vegetationsreiche Flachseen und Lagunen der Pampasregion und in den Küsten-

niederungen, wogegen sie große Seen oder stark welliges Wasser seltener aufsuchen. WELLER (1967) beobachtete die Art häufig auf Land, dagegen niemals tauchend, andererseits berichtet REICHHOLF (1975) von einem 80 Exemplare starken Winterschwarm, der inmitten einer 0,5 bis 1 m tiefen Lagunenfläche nach Nahrung tauchte.

Zu Beginn der Fortpflanzungszeit lösen sich die Schwärme und Gruppen auf, die einzelnen Paare beziehen tümpelartige Wasserstellen in der Riedzone. Die Nester befinden sich im Flachwasserbereich in den Büscheln großer Binsen und enthalten 10–12 graugrüne Eier; relativ häufig wurden ›dump‹-Nester gefunden, die bis zu 30 Eier von zwei oder mehreren Weibchen enthielten. Lange Zeit glaubte man, die Art sei ein Brutparasit. Die bei anderen Vögeln verlegten und der Peposakaente zugeschriebenen Eier erwiesen sich jedoch als die der Schwarzkopfente. Eiablage in der Provinz Buenos Aires Oktober bis Dezember mit der Spitze Anfang November, in Paraguay Februar und März. Ihre Maße betragen: 52–64 × 39–44,5 mm; ∅ 58,0 × 42,8 mm, Brutdauer 27–29 Tage. Der Erpel ist an Brut und Aufzucht nicht beteiligt. Nach dem Flüggewerden der Jungen und der Mauser der Altvögel bilden die Peposakaenten erneut Schwärme, die südlichen Brutpopulationen weichen in den Wintermonaten nordwärts bis in den Mato Grosso (Südbrasilien) aus.

Nahrung: Sie besteht vorwiegend aus Wasserpflanzen (wie *Myriophyllum* spec. und *Lemna* spec.) und den damit aufgenommenen Wasserinsekten.

Haltung und Zucht: Kaum seltener als die nahe verwandten Kolbenenten werden die Peposakaenten, deren Erpel ganzjährig das schöne Prachtkleid tragen, in vielen Zuchtanlagen, Zoos und Tiergärten gehalten. Als Tauchente sollte die Art auf größeren, über 70 cm tiefen Teichen gepflegt werden, doch bleiben Zuchterfolge auch in Kleingehegen mit flachem Wasserbecken selten völlig aus. Alle *Netta*-Arten sind wenig wählerisch im Verzehr grüner Pflanzenteile. Sie äsen gern auf Rasenflächen, verbeißen aber auch jeglichen Pflanzenwuchs in Kleingehegen. Die Überwinterung kann im Freien erfolgen, ein zugfreier Schutzraum ist jedoch zu empfehlen. Die Zucht der Peposakaente gelingt seit über 100 Jahren, im Zoo Berlin seit 1882 (SCHLAWE 1969). Obgleich die jungen Erpel innerhalb des ersten Lebensjahres das Alterskleid anlegen und die Weibchen umwerben, erfolgen die Eiablagen erst gegen Ende des zweiten Lebensjahres. Die Nester werden vom Weibchen fast ausschließlich in geräumigen Nistkästen oder Hütten angelegt; Legebeginn ab Mitte Mai, Nachgelege bis Juli. Peposakaenten brüten ruhig und fest (sie werden gern als Brutammen genutzt) und betreuen auch die Küken ausgezeichnet. Andererseits ist ihre Aufzucht auch in Boxen problemlos möglich.

Peposakaenten neigen relativ stark zur Bastardierung mit anderen *Netta*- und den *Aythya*-Arten und sollten mit diesen nur bedingt auf einem Teich gehalten werden.

Brutvorkommen und nördliche Begrenzung der Überwinterungsgebiete der Peposakaente.

Riesentafelente
Aythya valisineria
(WILSON)

Č Polák dlouhozobý
D –
E Canvasback
F Milouin aux yeux rouges
H Canvasback
R Длинноносый красноголовый нырок

Habitus: Wesentlich größer als Tafelente, mit langem Hals und auffällig langem Schnabel. Abb. Seite 276 und 359.

Brutkleid: ♂ Kopf und Hals rotbraun, teils schwärzlich übertönt; Brust, untere Rückenpartie, Bürzel sowie Ober- und Unterschwanzdecken schwarz; oberer Rückenteil, Schultern, Scapularen und Flanken hellgrau, überzogen von zarten dunkleren Kritzellinien, Mantelgefieder ad. ♂♂ fast weiß. Flügel mit dunkelgrau melierten Decken und schwarzgrauen Schwingen. Schnabel schwarz, Iris leuchtend rot, Füße graublau. ♀ von denen anderer Tauchenten anhand der Größe, des langen Halses und des langen, schwarzen Schnabels sicher zu unterscheiden. Flügeldecken bräunlich mit angedeuteter weißer Zeichnung. Iris braun. *Maße:* ♂ Flügel: 225–242, Schnabel: 55–63, Lauf: 43–45 mm; ♀ Flügel: 220–230, Schnabel: 54–60 mm. *Gewicht:* ♂ 850–1600 g, ∅ 1250 g; ♀ 900 bis 1500 g, ∅ 1150 g (RYAN 1972).

Ruhekleid des ♂: Juni/Juli bis Ende Oktober; dunkler als Brutkleid, auch das jetzt graue Mantelgefieder von braunen Federn durchsetzt. ♀ nur unwesentlich verändert.

Dunenkleid: Oberseits sepiabraun; Gesicht, Brust und Bauch kräftig gelbbraun. Größer als Tafelenten-Küken mit längerem Schnabel.

Jugendkleid: ♀-ähnlich; Geschlechtsunterscheidungen analog der Tafelente: juv. ♂♂ mit stärker grau melierten Flügeldecken und Schulterfedern sowie dunklerem Kopf als gleichalte ♀♀. Iris färbt sich beim Erpel zwischen 10. und 12. Woche über olivgelb zu rot um (HOCHBAUM 1944), bei der Ente bleibt sie braun.

Lebensweise: Mit den anderen Tauchenten verlassen die Riesentafelenten ab Anfang Februar die Winterquartiere und wandern, der zurückgehenden Eisgrenze folgend, nordwärts. In den Brutgebieten Süd-Kanadas treffen sie ab zweiter Aprilhälfte, in Alaska um den 10. Mai ein. Die Paarbildung setzt im Dezember ein (Saisonehe), erfährt jedoch während und nach dem Frühjahrszug die höchste Intensität. Die Riesentafelenten beziehen zunächst große, tiefere Seen der offenen Prärien und Marschen, bevorzugen aber als Brutreviere kleine, flache Tümpel mit breiten Röhrichtsäumen. Hier erfolgt die Nestanlage analog unserer Tafelente. Legebeginn in Süd-Kanada ab Anfang Mai, Vollgelege enthalten 7–12 (im Ø 7,9) dunkelolivgrüne Eier; sehr häufig legt jedoch die Rotkopfente einzelne Eier hinzu, das eigentliche Gelege enthält im Mittel 6,6 bis 7,7 Eier (BELLROSE 1976). Maße: 56,5–66,8 mal 38,8–46,5 mm;   Ø 62,4 × 43,8 mm   (SCHÖNWETTER 1960/61), nach HOCHBAUM (1944) im Ø 63,7 mal 44,6 mm, dagegen die Eier der Rotkopfente im Ø 58,8 × 43,2 mm. Brutdauer 25–26 Tage. Brut und Aufzucht obliegen dem Weibchen. Wenige Tage nach Brutbeginn löst sich die Ehebindung. Die Erpel wandern zu größeren Seen ab und bilden hier bereits im Juli umfangreiche Schwärme, zu denen sich im August die Jungvögel und Weibchen gesellen. Die Alterpel tragen ab Ende Oktober das fertige Brutkleid, zwischen Mitte Oktober und Ende Dezember mausern es die Jungerpel durch. Den Spätherbst verbringen die Riesentafelenten auf Rastplätzen des Binnenlandes (Eriesee, Mississippiniederung) und wechseln dann zu den Brackwasserbereichen entlang der Küsten (Flußmündungen, Bays, Deltas) über.

Nahrung: Überwiegend pflanzlich. Die bevorzugte Nahrung bildet die Sumpfschraube, *Vallisneria spiralis,* die, in großen Mengen aufgenommen, dem Fleisch einen pikanten Geschmack verleiht und die Riesentafelente zum populärsten jagdbaren Entenvogel Amerikas abstempelt. Wasserpflanzen werden tauchend bis 10 m tief im Wasser erfaßt, an die Oberfläche gebracht und dort verzehrt.

Haltung und Zucht: Wie alle nordamerikanischen Tauchenten gelangte auch die Riesentafelente – früher auch Vallisneriaente genannt – relativ spät in die europäischen Zoos (nach DELACOUR [1959] im Jahre 1922) und erst nach 1960 in die Anlagen einiger Züchter. Obgleich die Rotkopfente stärker angeboten und gezüchtet wird, bevorzugen die Züchter die Riesentafelente als die attraktivere Art.

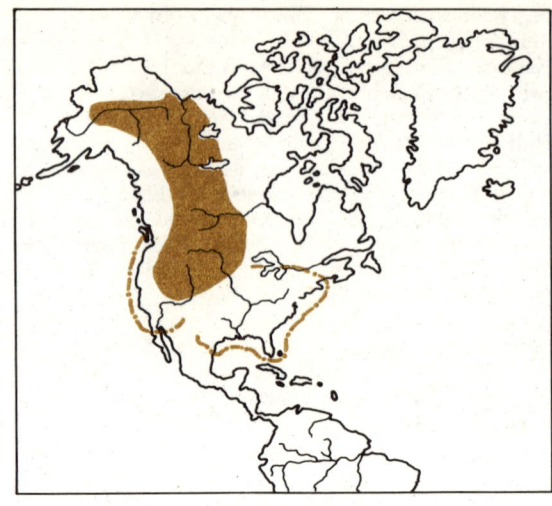

Brutvorkommen und Überwinterungsgebiete der Riesentafelente; das Brutareal setzt sich aus mehreren isolierten Vorkommen zusammen.

Die Unterbringung, insbesondere wenn Zuchterfolge angestrebt werden, sollte auf größeren, über einen Meter tiefen Teichen erfolgen. Auf eisfreiem Wasser kann die Art im Freien überwintert werden. Über erfolgreiche Zuchten der Riesentafelente wird nach wie vor selten berichtet. Obgleich der britische Wildfowl Trust die Art seit 1955 wiederholt züchtete, wuchs beispielsweise 1976 von 24 Altvögeln kein Jungtier auf. Ähnlich liegen die Verhältnisse in Nordamerika, für die dortigen Zoos weist das International Zoo Yearbook annähernd zehnmal mehr Rotkopf- als Riesentafelenten-Bruten auf. Der Zuchtablauf gleicht weitgehend jenem der übrigen Tauchenten, doch erfolgte die Eiablage im Wildfowl Trust ab Ende März, meist um die April-Mai-Wende, also relativ früh.

Über die Küken- und Jungentenentwicklung berichtet DZUBIN (1959): Zehn Küken wogen am 1. Tage 43 bis 48 g, acht andere zu Beginn der Flugfähigkeit 919

Erpel der Riesentafelente, *Aythya valisineria* (WILSON), der Tafelente, *Aythya ferina* (L.), und der Rotkopfente, *Aythya americana* (EYTON)

bis 1039 g. Die Befiederung beginnt etwa am 18. Tag mit dem Sichtbarwerden der Schwanzfedern; am 19. Tag entfalten sich die ersten Scapular- und Schulterfedern, um den 30. Tag ist die Bauchseite befiedert, und die unterschiedlich gefärbten Scapularen ermöglichen erste Geschlechtsunterscheidungen. Mit 50 Tagen sind die Jungenten im wesentlichen befiedert, und zwischen 56. und 68. Tag erlangen sie ihre Flugfähigkeit. Da die volle Umfärbung in das Alterskleid noch im Geburtsjahr erfolgt, dürfte die geschlechtliche Reife gegen Ende des ersten Lebensjahres eintreten.

Tafelente
Aythya ferina (L.)

Č Polák velký
D Taffeland
E European Pochard

F Milouin d'Europe
H Tafeleend
R Красноголовый нырок

Habitus: Reichlich mittelgroße Tauchente; Rumpf kurz und gedrungen. Abb. Seite 78, 276, 277 und 360.
Brutkleid (Artkennzeichen): ♂ Kopf und Hals dunkel rotbraun, Brust und Schwanzteil schwarz, Rücken und Flanken hell silbergrau, fein schwarzgrau gewellt, Bauch weiß. Flügel mit hellen Decken und ebensolchem Flügelstreif. Schnabel dunkelgrau mit hell bleigrauem Querband, Iris gelb, Füße grau. ♀ überwie-

Küken der Tafelente, *Aythya ferina* (L.); typisch für die Tauchenten-Küken sind die gelben Gesichter ohne Augenstreif

gend dunkel graubraun, Bauch grauweiß; Kopfseiten an Schnabelwurzel, Kehle und in der Ohrgegend aufgehellt, Schulter- und Mittelrückengefieder fein grau und rahmweiß gewellt. Schnabel dunkelgrau, Iris braun, Füße grau. *Maße:* ♂ Flügel: 207–224, Schwanz: 50–55, Schnabel: 43–51, Lauf: 36–42 mm; ♀ Flügel: 201–220, Schnabel: 42–50 mm. *Gewicht:* ♂ 750–1254 g, ♀ 700–1026 g.
Ruhekleid des ♂: Juli–August bis September–November. Ähnlich wie adultes ♀ gefärbt, jedoch Kopf und Hals rötlicher, Rücken heller; Großgefieder und Iris unverändert.
Dunenkleid: Kopfseiten goldgelb, von braunen Dunen durchsetzt; Kopfplatte, Halssaum und Rücken olivbraun; Vorderhals und Brust gelb, Bauch oliv-gelb-

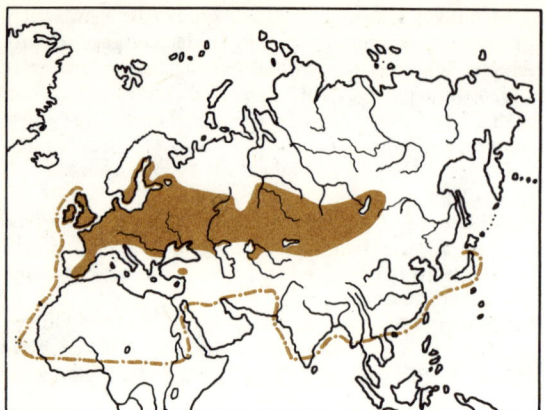

Brutvorkommen und südliche Begrenzung der Überwinterungsgebiete der Tafelente.

grün; Bürzelseiten, ein großer Fleck hinter den Flügeln
sowie Flügelränder selbst blaß gelbgrün. Schnabel
horngrau, Iris dunkelgrau, Füße graugrün und
schwarzgrau.

Jugendkleid: Etwa wie adultes ♀ gefärbt; Schultern
und Flügeldecken beim ♂ deutlich, beim ♀ kaum
oder gar nicht hellgrau meliert und gewellt. Ferner Iris
beim ♂ auf gelbgrünem Grund von orangeroten Tüpfeln bedeckt, Iris wirkt orangegelb, beim ♀ auf gleichem Grund hellbraun durchsetzt, Iris wirkt hell olivbraun.

Vorkommen in Mitteleuropa: In den Niederungsgebieten, besonders östlich der Elbe, neben der Stockente
häufigster Entenbrutvogel, in den letzten 100 Jahren
mit Ausbreitungstendenzen nach Westeuropa. Brutbestände: DDR mind. 3 000, nicht über 5 000, ČSSR
etwa 2 500 bis 3 000, BRD (Schleswig-Holstein und
Bayern) um 1 500 Paare (BEZZEL 1969, RUTSCHKE u. a.
1973). Auf dem Zuge im März und April, zur Mauserzeit ab Juni und während des Herbstzuges Oktober/
November häufig auf Fischteichen und Flachgewässern. Zunehmend mehr überwintern auf eisfreien
Gewässern, u. a. auf der Elbe.

Lebensweise: Brutbiotope der Tafelente stellen von
Schilf und Ried umgebene eutrophe Binnenseen (bevorzugt Karpfenzuchtteiche), flache Stauseen, verlandende Altwässer der Flußniederungen sowie salzige
Steppenseen dar. Die hiesigen Brutvögel treffen nur
locker oder gar nicht gepaart auf den Brutgewässern
ein. Auf der freien Seefläche erfolgen innerhalb der
Trupps Balz und Paarung. Das Nest wird allein vom
Weibchen im Röhricht, auf Bülten oder Inseln meist
im Bereich der Flachwasserzone errichtet. Es ist ein
kompakter Bau mit tiefer Nestmulde, der später nur
spärlich mit bräunlichen Dunen ausgepolstert wird.
Eiablage in Mitteleuropa meist zwischen Anfang Mai
und Ende Juni; Gelege enthalten 5–14, in der Regel
7–9 große, kräftig graugrüne Eier mit den Maßen:
54,8 bis 67,9 × 39,6 bis 48,9 mm; ∅ 60,96 × 44,18 mm
(BEZZEL & GLUTZ VON BLOTZHEIM 1969). Brutdauer
24–26, teilweise bis 28 Tage. Anfänglich ruht der Er-

pel auf der freien Wasserfläche nahe dem Nestrevier
und begleitet das Weibchen in den Brutpausen. Jungenaufzucht allein durch Weibchen auf dem freien
Wasser, bevorzugt zwischen Schwimm- und Unterwas-
serpflanzenbänken. Küken zeigen nur wenig Bindung
zur Mutter, obgleich diese sehr um ihren Nachwuchs
besorgt ist. In vielen Gebieten unternehmen die Erpel
während der Jungenaufzucht Mauserzüge. Im Ismaninger Teichgebiet bei München mauserten 1966 über
16 000 Tafelerpel. Bei den Jungtieren tritt die geschlechtliche Reife gegen Ende des ersten Lebensjahres ein.

Nahrung: Sie besteht aus einer Vielzahl von Wasserpflanzen und deren Samen, weit weniger aus Kleinlebewesen.

Haltung und Zucht: Tafelenten werden häufig in zoologischen Gärten, weniger in Privatanlagen gehalten.
Sie stellen nur geringe Ansprüche und sind deshalb
für wenig erfahrene Züchter zu empfehlen. Tafelenten
haben ein großes Tauchbedürfnis, deshalb sollte der
Teich nicht flacher als 70 cm sein. Zur Nahrungsaufnahme wird der Teichschlamm aufgewühlt und nach
schwebenden Nahrungsteilchen abgesucht. Zu kleine
oder zu flache Teiche führen dadurch stets unansehn-
liches Schmutzwasser. Auf offenem Wasser ist eine
Überwinterung ohne Schutzraum möglich.

Balz und Paarung erfolgen auch in Gehegen erst im
Frühjahr, obgleich sich im Februar oder März zusammengestellte Tiere meist erst im nächsten Frühjahr
paaren. Eiablage bevorzugt in der Uferbepflanzung,
aber auch in flachen Bruthöhlen und Hütten. Ungestört brüten die Weibchen fest und zuverlässig, auch
bemühen sie sich sehr um die Betreuung ihres Nachwuchses, sind jedoch kaum in der Lage, die vagabun-
dierenden Küken zusammenzuhalten. Eine verlustlose
Aufzucht ist leichter in Aufzuchtboxen möglich. Tafelenten-Küken zeigen folgende Entwicklung: Frisch geschlüpft wiegen sie im Mittel 36–38 g; nach 17 Tagen
entfalten sich erste Federn an Flanken und Schwanz,
mit 38 Tagen ist der Körper (außer Mittelrücken) befiedert, Handschwingenkiele beginnen aufzubrechen,
die Armschwingen sind bis 2,5 cm entfaltet. Im Alter
von 10 Wochen erreichen die Tiere die untere Ge-
wichts- und Flügelmaßgrenze der Altvögel. Am
20. Juni geschlüpfte Jungerpel begannen Mitte September mit der Umfärbung ins Alterskleid, die mittleren Steuerfedern waren abgeworfen, die Iris bereits
leuchtend rot. Am 20. Oktober waren die Steuerfedern
nachgewachsen und die äußeren abgeworfen, der
Schnabel zeigte ein schmales, helles Querband. Um
den 20. 12. im wesentlichen durchgemausert und
Schnabel mit breiter Querbinde. Tafelenten können
rein pflanzlich ernährt werden, Getreidekörner werden
gern vom Teichgrund aufgenommen. Als Grünfutter
sind Wasserlinsen und andere Wasserpflanzen zu bieten.

Rotkopfente
Aythya americana
(EYTON)

Č Polák americký
D –
E Redhead

F Milouin américain
H Amerikaanse Tafel-
   eend
R Американский крас-
   ноголовый нырок

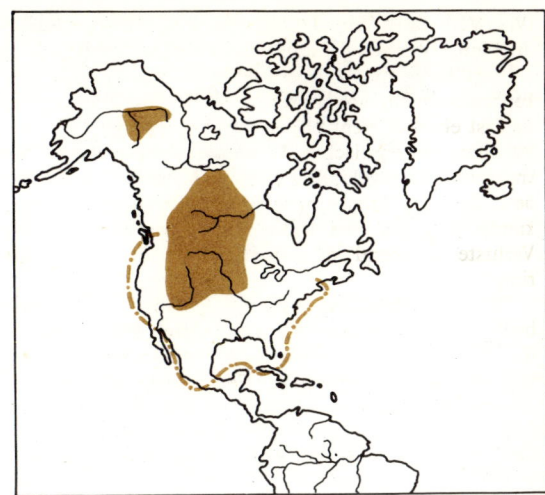

Brutvorkommen und Überwinterungsgebiete der Rotkopfente.

Habitus: Steht in der Größe zwischen Tafel- und Riesentafelente; Schnabel relativ kurz, Stirn und Oberkopf hoch gewölbt. Abb. Seite 276 und 359.

Brutkleid: ♂ Kopf und oberer Halsteil, leuchtend kastanienbraun mit deutlichem Bronze-Purpur-Glanz; unterer Halsteil, Brust, Bürzel und Schwanzdecken sowie die Aftergegend schwarz; die Rückenpartien mit Schulter- und Scapulargefieder sowie die Flanken sind auf grauem Grund fein schwarz und hellgrau wellig bekritzelt, somit wesentlich dunkler wirkend als bei der Tafelente. Bauch schmutzigweiß, Flügel mit dunkelgrau melierten Decken und perlgrauen Armschwingen. Schnabel hell bleigrau, Nagelviertel schwarz, Iris leuchtend gelb (bei *A. ferina* rot), Füße graugrün. ♀ dem der Tafelente sehr ähnlich, doch ein wenig dunkler und einfarbiger braun und mit hochgewölbter Stirn. Schnabel blaugrau, Spitze schwarz. Vom *A. collaris*-♀ durch längere Schwingen und schwächer ausgebildeten Augenring und Augenstreif zu unterscheiden. Bei ♂ und ♀ kann vor der schwarzen Schnabelspitze ein schmales, weißes Querband ausgebildet sein. *Maße:* ♂ Flügel: 220–242, Schnabel: 45–49, Lauf: 40–43 mm; ♀ Flügel: 210–230, Schnabel: 44–47 mm. *Gewicht:* ♂ 950–1450 g, ♀ 680 bis 1360 g (BELLROSE 1976).

Ruhekleid des ♂: Juli/August bis Oktober. Gesamtes Kleingefieder dunkelbraun übertönt, Kopf und Hals düster kaffeebraun, Iris gelb.

Dunenkleid: Insgesamt sehr hell; Oberkopf Nacken und Rücken hell olivbraun; Gesicht, Unterseite und Fleckung an Flügel und Körperseiten strohgelb. Schnabel und Füße dunkelgrau.

Jugendkleid: Im wesentlichen wie ad. ♀ gefärbt. Iris wird während der Befiederung beim ♂ hell. Geringfügige Unterschiede der großen Flügeldecken zwischen ad. und juv., ♂ und ♀.

Lebensweise: Rotkopfenten bewohnen zur Brutzeit die weiten Niederungen der Prärien und die nach Norden und Westen angrenzenden Marschen in den Abflußtälern der großen Gebirgszüge. Bevorzugte Biotope bilden flache Seenkomplexe mit breiten Schilf- und Seggengürteln sowie eingesprengten freien Wasserflächen. Trotz ihrer frühen Ankunft unmittelbar nach der Eisschmelze liegt die Brutsaison im Sommer. Nistplatz

und Nestbau gleichen weitgehend denen unserer Tafelente. Eiablage nach Mitte Mai bis Juli. Normalgelege enthalten 8–13, im Ø 10,8 grünlichbraune Eier mit den Maßen: 54 bis 66,8 × 41,2 bis 45,5 mm; Ø 60,6 × 43,4 mm. Bis zu 77 % der Nester wiesen erhöhte Eizahlen auf, die von mehreren Weibchen stammten. Ferner neigen Rotkopfenten dazu, ihre Eier in andere Tauchentennester abzulegen, so daß von einem gewissen Legeparasitismus gesprochen werden kann (WELLER 1959). Brutdauer 24–28 Tage. Eintagsküken wiegen 33–40 g (SMART 1965). Gleicher Autor stellte fest, daß bei Küken, die Mitte Juni schlüpften, die Handschwingen nach 36–38 Tagen zu wachsen beginnen und relativ lang werden, währenddessen bei einen Monat später erbrüteten Jungenten sich die Handschwingen 7–10 Tage früher entwickeln und insgesamt kürzer bleiben. Die spätgeschlüpften Tiere erreichen fast alle nach 53–55 Tagen die Flugfähigkeit, die frühgeschlüpften erst nach 59, hauptsächlich am 63. Tag. Etwa im gleichen Alter sind die Jungenten auch fertig befiedert. Im Laufe des Winters erfolgt dann der Kleingefiederwechsel, und BENT (1923) glaubt, daß bereits die einjährigen Tiere brüten. Mit dem Flüggewerden der Jungenten wechseln die Familientrupps zu größeren freien Wasserflächen über und scharen sich hier mehr und mehr zusammen, um im September oder Oktober mit den anderen Arten in die Wintergebiete abzuziehen.

Nahrung: Sie besteht aus tierischen und pflanzlichen Komponenten in jahreszeitlichen und lokal stark variierenden Anteilen. Sie wird tauchend im tieferen Wasser erfaßt und an der Oberfläche verzehrt.

Haltung und Zucht: Rotkopfenten werden wie die anderen nordamerikanischen *Aythya*-Arten relativ selten in Europa gehalten. Bei den westeuropäischen Züchtern sind sie wenig, bei denen der DDR gar nicht anzutreffen. Der Tierpark Berlin ist seit Anfang der 60er Jahre im Besitz einiger Paare und zog 1965 erstmals 20 Jungenten auf. The International Zoo Yearbook

(Vol. VII) führt für das gleiche Jahr sieben weitere Zoos an, in denen diese Enten gezüchtet wurden.

In Haltung und Pflege unterscheiden sich die Rotkopfenten nicht von unseren Tafelenten, auch sollen sie fast ebenso leicht brüten wie ihre eurasischen Verwandten. Im englischen Wildfowl Trust wird die Art erst seit 1961 regelmäßig gezüchtet. Nach den Jahresberichten des Trusts zu urteilen, schlüpfen dort aus knapp 50 % der Eier keine Küken, dagegen sind die Verluste während der Aufzuchtperiode relativ gering.

Die weiblichen und juvenilen Rotkopf-, Tafel- und bedingt die Halsringenten ähneln sich sehr stark, so daß für den Züchter eine sichere Artbestimmung nicht in jedem Falle möglich ist. Ferner neigt die *Aythya*-Gruppe sehr stark zu Bastardierungen, die Hybriden erschweren ein sicheres Ansprechen um ein Vielfaches. Überall dort, wo mehrere Tauchenten-Arten gezüchtet werden, ist deshalb bereits die Möglichkeit der Bildung von Mischpaaren zu unterbinden.

Brutvorkommen und Überwinterungsgebiete der Halsringente.

Halsringente
Aythya collaris
(DONOVAN)

Č	Polák proužkovaný	F	Morillon à collier
D	–	H	Amerikaanse Kuif-
E	Ring-necked Duck		eend
		R	Кольчатая чернеть

Habitus: In Größe, Färbung und Figur der Reiherente recht ähnlich, ♂ hat jedoch keinen Reiherschopf, sondern nur eine kurze Holle. Abb. Seite 74 und 360.
Brutkleid: ♂ Kopf und Hals schwarz mit purpurnem Glanz; unterer Halsteil ringförmig kastanienbraun; Brust, Rücken- und Schwanzpartien einschließlich der Aftergegend schwarz. Bauch und Flanken auf weißem Grund größtenteils grau überwellt. Schwingen mit perlgrauem Flügelstreif, übriges Großgefieder schwarzbraun, die Flügeldecken und innerste Armschwingen mit grünem Glanz. Gefieder um Schnabelbasis weiß, der Schnabel selbst grau mit einem weißen Band quer vor dem schwarzen Nagel; Iris orangegelb, Füße graublau. ♀ Kleingefieder der gesamten Oberseite graubraun, Oberkopf etwas dunkler, dagegen Kopfseiten, Schnabelbasis sowie Kinn und Kehle aufgehellt, nie scharf begrenzt wie z. B. beim Bergenten-♀; Augengegend und ein Augenstreif schmutzigweiß. Flanken und Bauch hell lehmbraun, Brust schwarzfleckig. Großgefieder, Schnabel und Füße etwa wie ♂; Iris gelbbraun. *Maße:* ♂ Flügel: 195–206, Schnabel: 45–50, Lauf: 45–47 mm; ♀ Flügel: 185–195, Schnabel: 43–46 mm. *Gewicht:* ♂ 618–937 g, Ø um 740 g; ♀ 426–880 g, Ø um 650 g.

Ruhekleid des ♂: Juli/August bis Oktober/November. Sehr ähnlich dem des ♀, aber dunkler und mit weniger Weiß im Gesicht.
Dunenkleid: Oberkopf, Nackenstreif, Rückenpartien und die Körperseiten dunkel olivbraun; Stirn, Kopfseiten, Brust und Bauch kräftig gelb; hinterer Flügelrand sowie die kleinen Fleckchen auf Schenkel und Bürzelseiten fahl gelb.
Jugendkleid: Ein wenig dunkler und farbflacher als das ad. ♀; juv. ♂♂ mit gelblicher, ♀♀ mit bräunlicher, stets dunklerer Iris.
Vorkommen in Mitteleuropa: Während aus früheren Jahrzehnten nur ein europäischer Nachweis (England 1801) vorliegt, führt BRUNN (1971) für den Zeitraum 1955 bis 1968 über 20 Nachweise der Halsringente für Westeuropa an; weitere, die Mehrzahl jedoch unsichere, Beobachtungen sind aus neuer Zeit bekannt.

Bemerkenswert decken sich Beobachtungsgebiete und -zeiträume mit der allmählich zunehmenden Gehegehaltung in Westeuropa, so daß Gehegeflüchtlinge vermutet werden können. Andererseits gehört die Halsringente bis heute zu den seltenen und damit pfleglich behandelten *Aythya*-Arten, die in dieser relativ hohen Anzahl (vergleicht man z. B. die Anzahl gehaltener, gezüchteter und dann im Freiland beobachteter Peposakaenten) nicht aus Gehegen stammen können, sondern echte Irrgäste darstellen.
Lebensweise: Die Hauptbrutgebiete der Halsringente befinden sich an den stark strukturierten, weiträumigen Flachseen der offenen Prärielandschaften. Bevorzugt werden moorige Sumpfniederungen mit Seggenfluren, die von Zwergsträuchern und Gebüsch durchsetzt sind. Ab Ende März, meist im April werden diese Brutgebiete erreicht, die Tiere sind gepaart und besetzen wenig später die Nestreviere. Die Gelege befinden sich auf Bülten und im Gesträuch der Seggen-Zwergstrauch-Vegetation, gern auf Inseln und im Flachwasserbereich. Das eigentliche Nest wird während der Eiablage vom Weibchen errichtet und etwa

ab 6. Ei spärlich mit Dunen ausgekleidet. Vollgelege enthalten 6–14, im ⌀ 9, Nachgelege 5–9, im ⌀ 7 dunkel olivgelbliche Eier mit den Maßen 53,5–60,5 × 38–42,2 mm; ⌀ 57,5 × 39,8 mm. Brutdauer 26–27 Tage. Nach Brutbeginn wird die Bindung zum Erpel lockerer und löst sich bald auf. Die Küken schlüpfen mit knapp 40 g, beginnen nach dem 16. Tag mit der Befiederung von Flanken und Rücken und sind mit 49–56 Tagen flugfähig. Die Umfärbung in das Alterskleid beginnt im gleichen Herbst, die geschlechtliche Reife tritt etwa ab 10. Monat ein (MENDALL 1958).

Der Herbstzug setzt verstärkt im September ein, MENDALL bezeichnet die Halsringente als ›midseason migrants‹, Anfang Oktober werden die Küsten- und ab Ende Oktober die Wintergebiete erreicht. Das Gros der Halsringenten wandert jedoch die Flußsysteme des Mississippi und anderer großer Ströme südwärts und überwintert in den Mündungsgebieten in Brackwasserbuchten und auf Binnenseen.

Nahrung: Sie ist überwiegend vegetabilisch und besteht aus den Knollen und Rhizomen der Seggen, aus Grünteilen und Samen vieler Wasserpflanzen und nur zu einem kleinen Teil aus Schnecken und Muscheln.

Haltung und Zucht: Die Haltung und Zucht der Halsringente setzte trotz der Attraktivität der Art bemerkenswert spät ein und steht auch gegenwärtig noch weitgehend in den Anfängen. Die ersten Tiere gelangten 1935 nach Clères (Frankreich) und Großbritannien, konnten jedoch nicht zur Fortpflanzung gebracht werden. Nach 1950 bemühten sich amerikanische Züchter um diese Art. Wildvogeleier wurden erbrütet und von diesen aufgewachsenen Tieren 1956 eine erste Nachzucht erzielt. Etwa seit dieser Zeit werden in Westeuropa, u. a. im Wildfowl Trust, einzelne Paare gehalten und vom Tierhandel angeboten.

Halsringenten sind wie Reiher- oder Bergenten anspruchslose und ausdauernde Pfleglinge, sie sind kälteunempfindlich und wie ähnliche Arten zu ernähren. Doch nur wenige Paare zeigen sich fortpflanzungsaktiv, die Ursache ist nicht bekannt.

In Peakirk, einer Außenstelle des britischen Wildfowl Trusts, gelang 1971 die Erstzucht innerhalb des Trusts mit einem Paar, das seit 1966 auf den Slimbridger Teichen lebte. Auch danach blieb die Nachzuchtrate gering; 1974 und 1977 wurden 21 bis 28 Altvögel gehalten und insgesamt nur 14 Jungtiere aufgezogen. BIEHL, briefl., hält seit 1972 bis zu drei Paare auf großen, naturnahen Teichen und brachte seit 1976 alljährlich Jungtiere groß. Bemerkenswert sind die Zuchterfolge, über die WENDT (1982) berichtet: 1979 wurde ein Paar erworben und auf einem ca. 45 m² großen, teilweise bepflanzten Betonbecken untergebracht. Anfang Mai 1981 errichtete das Weibchen in einer Taglilien-Staude in Ufernähe ein kompaktes Nest, das eine Höhe von über 15 cm erreichte. Aus 9 Eiern und einem Nachgelege aus 5 Eiern wuchsen 7 Küken heran (Erstzucht für die DDR). In meiner Anlage begann am 24. Mai 1983 ein ebenfalls zweijähriges Paar mit der Eiablage. Das Nest war auf einer Wiese errichtet und bestand aus einer großen Menge ausgerissenen Grases. Die Weibchen der Halsringente brüten sehr fest und sind gegenüber Störungen relativ unempfindlich. Die Kükenaufzucht bietet keine Probleme. Über Bastardierungsneigungen der Halsringente ist wenig bekannt. In meiner Anlage blieb die Nachbarschaft von ebenfalls fortpflanzungsaktiven Bergenten beziehungslos.

Australische Moorente
Aythya australis
(EYTON)

Č Polák hnědavý
D –
E Australasian White-eye

F Milouin d'Australie
H Australische Witoogeend
R Австралийский нырок

Die hier behandelte Nominatform wird auf den Banks-Inseln (Neue Hebriden) durch die etwas kleinere Banks-Moorente, *Aythya a. extima* MAYR, vertreten.

Beschreibung von *Aythya australis australis*
Habitus: Kurz und gedrungen; größer und farbunreiner als unsere Moorente. Abb. Seite 361.
Alterskleid: ♂ gesamte Oberseite, Brust und Flanken dunkel braungrau, fast stumpf wirkend; Bauchseite schmutzigweiß und besonders an den Rändern und in der Aftergegend von bräunlichen Federn durchsetzt; Unterschwanzdecken reinweiß. Schwingen schwarzbraun mit breitem, weißem Flügelstreif, Flügeldecken rotbraun. Schnabel im Nageldrittel bleigrau, sonst schwarz; Iris weiß, Füße schwarzgrau. ♀ Kleingefieder verwaschen, graubraun, mittlerer Bauchteil aufgehellt; Großgefieder etwa wie beim ♂ gefärbt. Schnabel schwärzlich, zum Nagel hin dunkelgrau; Iris dunkelbraun. *Maße:* ♂ Flügel: 183–243, Schnabel: 35–50 mm; ♀ Flügel: 186–234, Schnabel: 34–49 mm (FRITH 1967). ♂ Schwanz: 60–65, Lauf: 38–40 mm (DELACOUR 1959). *Gewicht:* ♂ 525 bis 1100 g, ♀ 530–1060 g (FRITH).
Dunenkleid: Im Zeichnungstyp dem der *A. nyroca* etwa gleichend. Oberseite wie bei diesem braun, aber Gesicht, Unterseite und die kleinen Fleckchen auf Flügel und Rücken mehr weißlich bis strohgelb, statt intensiv gelb wie bei *nyroca*.
Jugendkleid: Ähnlich dem Alterskleid des ♀; helles Bauchgefieder von vielen braunen Federn durchsetzt; Iris haselbraun.
Lebensweise: Abgesehen von den sporadischen Vorkommen in den Trockengebieten Inner- und Westaustraliens sind diese Moorenten auf dem übrigen Festland, weniger auf Tasmanien, weit verbreitet und häufig. Regelmäßig und in großer Zahl bewohnen sie

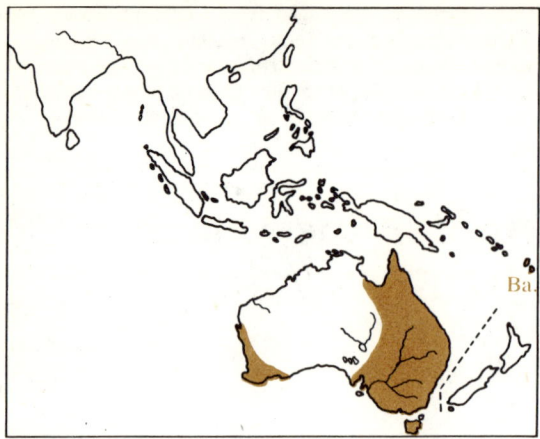

Jahresvorkommen der Australischen- und der (Ba.) Banks-Moorente.

jedoch nur ausgedehnte Seen sowie tiefere, permanent wasserführende Sumpfniederungen und langsam fließende Creeks. Während der Mauserperiode werden auch Flüsse und Küstensümpfe aufgesucht. Als Brutbiotope wählt die Australische Moorente ruhige Buchten vegetationsreicher Seen; in Neusüdwales fast ausschließlich die sogenannten Lignum-*, Cumbungi-** und etwas seltener die Graugras-Sümpfe***. Die Nester stehen über dem Wasserspiegel in den Knöterich-Beständen, im Ried oder Röhricht, gern in unmittelbarer Nähe buschiger Sträucher. Das Nest selbst ist ein sorgfältiger Bau mit tiefem Napf und meist mit einer laubenartigen Überdachung. Die verwendeten Nestdunen sind graubraun. Der Beginn der Brutsaison hängt im allgemeinen von den Niederschlägen ab, er kann von Jahr zu Jahr und lokal sehr unterschiedlich sein. Die Gelege bestehen aus 9–12, teils bis 18 cremeweißen Eiern mit den Maßen 49–65 × 37–45 mm; ⌀ 57 × 42 mm (FRITH 1967); die Brutdauer beträgt etwa 25 Tage. Beobachtungen über die Entwicklung der Jungenten fehlen bisher. Außerhalb der Brutzeit bevorzugen diese recht scheuen Enten für den Tagesaufenthalt große, freie Wasserflächen. Hier wurden Tauchtiefen bis zu drei Metern (tiefer sind die Seen meist nicht) und eine durchschnittliche Tauchdauer von 30 sec. ermittelt (FRITH 1959).

Nahrung: Sie wird hauptsächlich durch Tauchen, aber auch durch Gründeln und Seihen aufgenommen. Sie besteht zu 74,3 % aus pflanzlicher und zu 25,7 % aus tierischer Kost. An Vegetabilien nehmen die Moorenten vorwiegend die Blätter und Blütenstände der Ried-

---

* Lignum-Sümpfe sind Niederungen, die überwiegend ganzjährig Wasser führen und in denen der strauchwüchsige Knöterich *Muehlenbeckia cunninghamii* vorherrscht, dazwischen stehen einzelne Bäume und Büsche.
** Cumbungi-Sümpfe haben ziemlich tiefes, permanentes Wasser mit Ried- und Schilfbeständen.
*** Graugras-Sümpfe (engl. cane grass swamps) sind flache Senken mit stark schwankendem Wasserspiegel. Die Vegetation wird hauptsächlich von Schwadengras (*Glyceria* spec.), Kleefarn (*Marsilea* spec.) und Algenfarn (*Azolla* spec.) gebildet.

gräser *(Cyperaceae)* (26,5 %) und auf dem Wasser schwimmende Gräser *(Paspalum* spec., *Agrostis* spec. und *Oryza* spec.)* auf, außerdem Samen der Seggen und Raygräser *(Lolium* spec.).* Die animalische Nahrung bilden zu 15,1 % die Wasserinsekten, vorrangig Wasserkäfer *(Berosus* spec.),* weniger die Mollusken und einige Crustaceen (FRITH 1959).

Haltung und Zucht: Die Australischen Moorenten gelangten erst spät in die Anlagen der Züchter. Drei Paare, die der englische Wildfowl Trust 1958 erhielt, waren die ersten in Europa (DELACOUR 1959). Diese Tiere brüteten 1960, ohne besondere Schwierigkeiten wuchsen 6, im folgenden Jahr 24 Junge auf. Legebeginn 1963 bis 1973 im Wildfowl Trust zwischen 20. März und 25. Mai, verstärkt ab 2. Aprilhälfte. Gegenwärtig werden diese Moorenten vielerorts in Westeuropa gehalten und gezüchtet. Der Berliner Tierpark zeigte diese Art wiederholt seit 1965.

In Haltung und Zucht haben die Australischen Moorenten mit unseren Moorenten vieles gemeinsam.

Schwarzkopfmoorente
Aythya baeri (RADDE)

Dt. Syn.: Baers Moorente

Č	Polák černohlavý	F	Milouin de Baer
D	–	H	Baer's Pochard
E	Baer's Pochard	R	Нырок Бэра

Habitus: Ähnlich dem der Moorente, größer und massiger als diese. Abb. Seite 361.

Brutkleid: ♂ Kopf und Hals schwarzgrün, Seiten matt grünglänzend; Rücken-, Brust- und Schulterpartien kastanien- bis schwarzbraun, Flanken im Zentrum aufgehellt, Bauch und Unterschwanzdecken weiß. Schwingen mit breitem weißem Flügelstreif etwa wie bei der Moorente. Schnabel blaugrau, an Basis und Nagel scharf; Iris weiß, manchmal strohgelb, Füße grau. ♀ im wesentlichen wie ♂ gefärbt, Kopf jedoch mehr schwarzbraun und ohne grünen Glanz. Übrige braune Kleingefiederpartien einschließlich Schultern weniger farbklar als beim ♂. Schnabel und Füße wie ♂, Iris braun. *Maße:* ♂ Flügel: 203–240, Schwanz: 67–72, Schnabel: 48–50, Lauf: 36–38 mm; ♀ Flügel: 186–215, Schnabel: 47–48 mm (DELACOUR 1959, GLADKOW u. a. 1964). *Gewicht:* ♂ um 880 g, ♀ um 680 g (PALMER 1976).

Ruhekleid des ♂: Juni/August bis Wintermonate. Insgesamt weibchenähnlich, doch stets am weißen Auge kenntlich.

Dunenkleid: JOHNSTONE (zitiert von JOHNSGARD 1978) bezeichnet es als farblich zwischen Moor- und Australischer Moorente stehend.

Jugendkleid: Im wesentlichen wie ad. ♀, Geschlechtsunterscheidung an der schwach differenzierten Irisfärbung und durch Kloakentest möglich.

Lebensweise: Innerhalb ihres bemerkenswert kleinen Verbreitungsgebietes ist die Schwarzkopfmoorente vielerorts ein ausgesprochen häufiger Brutvogel. Dies bestätigen zum Beispiel SPANGENBERG (1964) für das Iman-Becken und WOROBJEW (1954) für weite Teile des Ussuri-Gebietes.

Die Rückkehr an die Brutplätze setzt Ende März ein und erfährt Ende April ihren Höhepunkt. Auf dem Zuge folgen die Enten gern den Flußläufen und sind dann selbst auf schnellfließenden Abschnitten anzutreffen, wogegen sie zur Brutzeit von Ried und Schilfwäldern umgebene Seen und Altwässer der offenen Landschaft, weniger die der Waldlagen, bewohnen. Über die Brutbiologie ist fast nichts bekannt. WOROBJEW (1954) und SPANGENBERG (1964) kennen nur einen Nestfund vom 9. Juni 1938 aus dem Iman-Gebiet. Das Nest befand sich im dichten Riedgras 7 m vom Ufer entfernt und enthielt 10 gelblichgraue, stark bebrütete Eier. Die Nestmulde war dick mit Dunen ausgelegt. Die Maße von 22 Eiern betragen 50,8–55 mal 36,5–39,8 mm; ⌀ 51,9 × 38,2 mm (mehrere Autoren). Die Brutdauer beträgt 26–28 Tage. Die Hauptbrutzeit dürfte im gesamten Verbreitungsgebiet um Mitte Juni liegen. In dieser Zeit wurden bereits mausernde Erpel angetroffen. Im Oktober erfolgt der Abzug in die Wintergebiete, die in den mittleren chinesischen Küstenregionen sowie zwischen Pakistan und Burma liegen.

Nahrung: Es ist fast nichts bekannt; RACHILIN (1964) schoß 2 Exemplare Anfang Oktober, ihre Mägen waren mit Resten von Wasserpflanzen angefüllt.

Haltung und Zucht: In sehr unregelmäßigen Abständen gelangten die Schwarzkopfmoorenten bisher in einige europäische und nordamerikanische Zoos und Privatsammlungen. Um 1900 lebten einzelne Exemplare im Londoner Zoo; sie balzten dort häufig, brüteten jedoch nicht. DELACOUR (1959) beschreibt die Balz ausführlich. In den Jahren um 1960 wurden die Schwarzkopfmoorenten unter anderem in Nordamerika, im englischen Wildfowl Trust, von KOOY und seit 1965 auch im Berliner Tierpark gehalten. Heute ist die Art etwas zahlreicher in Gehegen anzutreffen. In den Anlagen der DDR-Züchter werden seit 1975 einzelne Paare gehalten und seit 1976 (Erstzucht durch HARING, Dölzig bei Leipzig) hier und da gezüchtet. Im Wildfowl Trust werden die Schwarzkopfmoorenten seit 1964 zur Fortpflanzung gebracht, allein in Slimbridge wuchsen etwa 100 Jungtiere dieser Moorente heran, Eiablage dort ohne Ausnahme zwischen 30. 5. und 21. 6.

Moorente
Aythya nyroca
(GÜLDENSTÄDT)

Č Polák malý   F Milouin nyroca
D Hvidøjet And   H Witoog Eend
E Ferruginous White-eye   R Белоглазый нырок

Habitus: Kleinste europäische Tauchente. Abb. Seite 361.

Brutkleid (Artkennzeichen): ♂ Kopf, Hals, Brust und Flanken mahagonibraun; Schultern und Rückenpartien dunkelbraun; Unterschwanzdecken reinweiß, Bauch schmutzigweiß. Flügel oberseits dunkelbraun, Schwingen mit breitem, weißem Streif. Schnabel bleigrau, Iris weiß, Füße dunkelgrau. ♀ im wesentlichen wie ♂ gefärbt, doch insgesamt matter braun. Iris dunkelbraun, nur bei sehr alten ♀♀ weißlich. *Maße:* ♂ Flügel: 174–193, Schwanz: 48–54, Schnabel: 40–43, Lauf: 29–31 mm; ♀ Flügel: 176–185, Schnabel: 36–40 mm, *Gewicht:* ♂ 440–600 g, ⌀ um 550 g; ♀ um 520 g.

Ruhekleid des ♂: Wenig verändert, einzelne Partien des Kleingefieders hell gesäumt.

Dunenkleid: Oberseits dunkelbraun; Flecke an Flügeln, Rücken- und Bürzelseiten bräunlichgelb; Unterseite blaßgelb. Kopfseiten kräftiger gelb als bei anderen Tauchenten-Küken.

Jugendkleid: Etwa wie adultes ♀, doch mit gefleckter Unterseite. Mittlere Flügeldecken braun (bei ad. schwärzlich); die Iris färbt sich im Alter von 6 Wo-

Brutvorkommen und Überwinterungsgebiete der Schwarzkopfmoorente.

chen bei den jungen ♂♂ hellgrau, bei den ♀♀ dunkelbraun.

Vorkommen in Mitteleuropa: Die Moorente ist östlich der Elbe, besonders in der Lausitz, ein regelmäßiger, wenn auch seltener Brutvogel (westliche Verbreitungsgrenze). In den übrigen Teilen brütet sie sporadisch. Bis um die Jahrhundertwende war die Art auch westelbisch vielerorts heimisch. Während des Zuges Ende März, Anfang April und zwischen September und November halten sich kleine Gruppen – meist abseits von den größeren Entenschwärmen – auf Flachteichen der Niederungsgebiete auf. Einzelne überwintern.

Lebensweise: Moorenten führen während des ganzen Jahres ein recht unauffälliges Dasein. Sie leben zumeist paarweise, einzeln oder in kleinen Gruppen. Zur Brutzeit werden nahrungsreiche Flachteiche mit üppiger, zur offenen Wasserfläche hin schütterer Sumpf- und Wasserflora, seichte Buchten oder verlandende Teile größerer Binnenseen und Altwässer bewohnt. Große Fischzuchtteiche und in Zentralasien flache Steppenseen sind bevorzugte Brutbiotope. In Mooren, wie es der Name vermuten läßt, brüten sie jedoch nicht.

Ende März kehren die Moorenten auf die hiesigen Brutgewässer zurück. Die einzelnen Paare halten sich am äußeren Rand der Schilf- oder Seggenbestände auf. Abgesehen von den Verfolgungsflügen verläuft die Balz relativ ruhig und unscheinbar. Das Nest wird im Sumpf- oder Verlandungsgürtel dicht über dem seichten Wasser auf Kaupen oder umgebrochenem Altschilf, auf Dämmen oder kleinen Inselchen – teilweise bei geringer Deckung – erbaut. Nur selten steht es weiter vom Wasser entfernt. Der Nestbau ist wenig umfangreich und besteht aus Material der Nestumgebung; die spärlich verwendeten Dunen sind schwarzbraun mit schwach aufgehellter Mitte und hellen Spitzen. Die Ablage der 6–10 rahmgelblichen Eier erfolgt ab Mitte Mai bis Mitte Juni, bei späteren Bruten dürfte es sich um Nachgelege handeln. Gelege größeren Umfangs stammen meist von zwei Weibchen. Maße der Eier: 48–60 × 35–43 mm; ⌀ 52,5 × 38,2 mm. Die Brutdauer beträgt nach DELA-

COUR 25–27, nach anderen Autoren bis 29 Tage. Die Erpel halten bis gegen Ende der Bruttage fest zum Weibchen und ruhen während dieser Zeit nahe dem Nest auf dem offenen Wasser. Mit dem Einsetzen der Mauser, die etwa mit dem Schlupf der Küken zusammenfällt, trennen sich die Erpel von den Familien, und die etwas später mausernden Weibchen übernehmen die Führung der Küken. Die Aufzucht erfolgt anfangs im Seichtwasser der Uferzone, später auf der freien Wasserfläche.

Nahrung: Sie wird vorwiegend durch Tauchen im Flachwasser aufgenommen und besteht – ähnlich wie bei der Tafelente – zum größeren Teil aus Vegetabilien, weniger aus Kleinlebewesen.

Haltung und Zucht: Moorenten sind verträglich, anspruchslos und robust. Durch ihre hohe Bewegungsaktivität beleben sie die Wasserflächen der Gehegeteiche und werden dementsprechend gern in Zoos, Tierparks und Privatanlagen gehalten. Ihre Unterbringung erfolgt vorzugsweise auf größeren, um 80 cm tiefen Teichen mit natürlichem Uferbewuchs, doch ist die Zucht auch auf Betonbecken möglich. Bei eisfreien Wasserflächen können Moorenten im Freien überwintern. Besondere Nahrungsansprüche werden nicht gestellt; Moorenten tauchen gern Getreidekörner vom Teichgrund auf und verwerten somit jenes Futter, das von den Gründelenten in das Wasser getragen wurde, für sie aber nicht mehr erreichbar ist.

Moorenten sind leicht züchtbar. Bald nachdem die Mauser in das Alterskleid beendet ist (Spätherbst des Geburtsjahres), beginnt das Werben der Erpel um die Ente. Ein leises Surren und betonte Kopf-Hals-Bewegungen wie das »Nickschwimmen« oder das »Kopfzurückwerfen« des Erpels und das »Hetzen« des Weibchens sind typische Ausdrucksformen. Die von mir gehaltenen Moorenten balzten von November bis Mai (auch im Winter zwischen den Eisschollen) und begannen ab Mitte April, meist Anfang Mai mit dem Legen. Nestanlage in Seggenkaupen, Körben, Hütten und Nistkästen. Gelegt wird täglich, meist zwischen 7.00 Uhr und 9.00 Uhr. Erst- und Zweitgelege um 8, Drittgelege 5–6 Eier. Intervalle zwischen letztem Ei des vorangehenden und dem ersten Ei des nachfolgenden Geleges betrugen nur 11, 12 und 19 Tage. Die Brutdauer wird in der Literatur mit 22 bis 29 Tagen, meist mit 26 angegeben. In meiner Anlage schlüpften Moorentenküken nach 27, 28 und 29 Tagen, wobei der Brutbeginn des Altvogels schwer erfaßbar ist, so daß 26 bis 28 Bruttage als normal anzusehen sind. Die robusten Küken sind leicht aufzuziehen, Anleitung zur Futteraufnahme benötigen sie nicht, wenige Tage alt nehmen sie begierig Wasserlinsen und Mischfutter auf. Acht Eintagsküken wogen 18,5–24,5 g; ⌀ 21,2 g (KEAR in GLUTZ von BLOTZHEIM 1969). Reichlich drei Wochen nach dem Schlüpfen beginnt die Befiederung der Flanken, nach weiteren zwei Wochen entfalten sich die Schwingen, und mit 6–7 Wochen sind die Tiere im wesentlichen befiedert, die Schwungfedern aber noch nicht ausgewachsen. In dieser Zeit verfärbt sich die Iris (siehe oben). Im gleichen Herbst mausern die Moorenten in das Alterskleid, die geschlechtliche Reife tritt gegen Ende des ersten Lebensjahres ein.

Brutvorkommen und südliche Begrenzung der Überwinterungsgebiete der Moorente.

Madagaskar-Moorente
Aythya innotata
(SALVADORI)

Č Polák madagaskarský
D –
E Madagascan White-
eye

F Milouin de Madagas-
car
H Madagascar Witooge-
end
R Мадагаскарский ны-
рок

Habitus: Ähnlich dem anderer Moorenten, aber Stirn wie bei der Rotkopfente hoch gewölbt; größer und dunkler als *A. nyroca*.

Alterskleid: ♂ Kopf und Hals dunkel kastanien-braun, mit schwachem Purpurglanz überzogen; Rük-kenpartien einschließlich Scapularen matt schwarz-braun, Brust dunkel kastanienbraun; Bauch und Unterschwanzdecken weiß, zu den Flanken hin in Braun übergehend. Flügel wiederum schwarzbraun und mit weißem Streif über den Schwingen. Nach der Ruhemauser erscheint das Gesamtgefieder noch etwas dunkler. Schnabel dunkelgrau, Iris weiß, Füße grau-braun. ♀ Kleingefieder vor allem am Kopf und auf der Brust matt braun, grau durchtönt. Bauchgefieder schmutziggraubraun. Schnabel und Füße wie ♂, Iris

rötlichbraun. *Maße:* ♂ Flügel: 190–201, Schwanz: 54–58, Schnabel: 46–49, Lauf: 28–33 mm; ♀ Flügel: 188–195, Schnabel: 44–46 mm.

Dunenkleid: Oberseits sehr dunkel, Gesicht und Bauch gelblich.

Jugendkleid: Ähnlich dem ♀-Kleid; junge ♂♂ be-kommen im Herbst eine graue, im Frühjahr eine weiße Iris.

Lebensweise: Über die Madagaskar-Moorente ist bis-her wenig publiziert worden. Auch JOHNSGARD (1978) zitiert allein DELACOUR (1959), der im Jahre 1929 Ma-dagaskar bereiste. Der gegenwärtige Status der Art ist nur ungenau bekannt (KEAR & WILLIAMS 1978), im Red Data Book wird sie auf Grund des kleinen Ver-breitungsgebietes als bestandsgefährdet bezeichnet.

Das Vorkommen der Madagaskar-Moorente ist auf den östlichen Teil der Insel beschränkt, und selbst hier scheint sie nur sporadisch auf Plateaus bis in 1 200 m Höhe vorzukommen. Lediglich im Gebiet des Alaotra-Sees, des größten Binnengewässers Madagaskars, wurde sie etwas häufiger angetroffen. Madagaskar-Moorenten zeigen in ihrer Lebensweise keine nennens-werten Unterschiede zu den anderen Moorenten-Ar-ten, nur Stimme und Balz scheinen etwas differenziert zu sein. Sie sind geschickte und ausdauernde Flieger, erheben sich jedoch nur selten von der Wasseroberflä-che. Die Brutzeit liegt wahrscheinlich zwischen Okto-ber und Januar; 6–8 graugelbe Eier mit den Maßen 55 × 40 mm bilden das Vollgelege. Die Brutdauer be-trägt 26–28 Tage.

Haltung und Zucht: DELACOUR (1959) brachte von sei-ner Madagaskar-Reise im Jahre 1929 5 Moorenten mit nach Clères, Frankreich, und erzielte mit ihnen in den folgenden Jahren eine reiche Nachzucht. Im Oktober 1935 gelangte eine zweite Importsendung nach Clères. Auch von diesen Tieren wuchs eine große Anzahl Jungenten auf, und so fanden die Madagaskar-Moor-enten in den Liebhaberanlagen und Zoos Frank-reichs, Hollands und Englands eine rasche Verbrei-tung. Die Kriegs- und Nachkriegsjahre hat aber keiner dieser Vögel überlebt, und Neuimporte kamen bis zur Gegenwart noch nicht wieder nach Europa.

Hybriden mit der eurasischen Moorente erwiesen sich als fruchtbar.

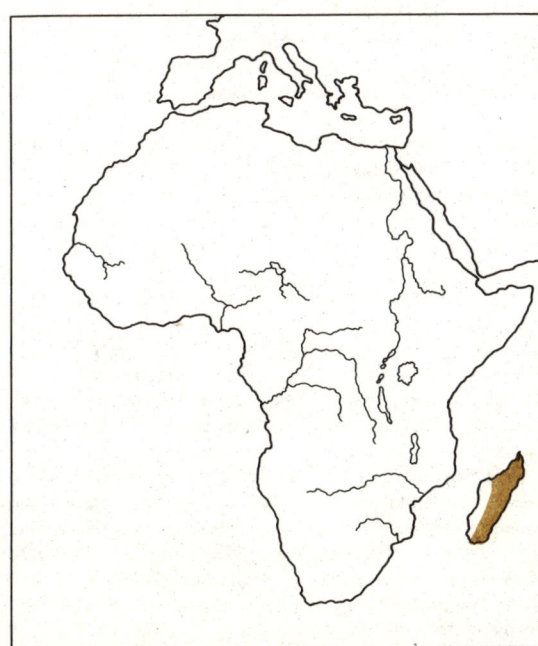

Jahresvorkommen der Madagaskar-Moorente.

Reiherente
Aythya fuligula (L.)

Č Polák chocholačka
D Troldand
E Tufted Duck

F Morillon
H Kuifeend
R Хохлатая чернеть

Habitus: Mittelgroße Tauchente; sehr kurz und ge-drungen. Abb. Seite 360.

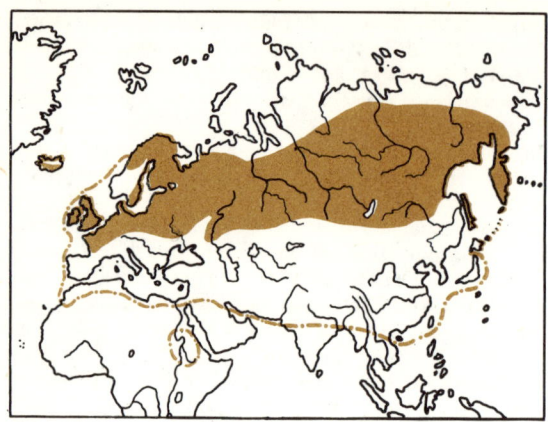

Brutvorkommen und Überwinterungsgebiete der Reiherente.

Brutkleid (Artkennzeichen): ♂ Bauch und Flanken weiß, übriges Kleingefieder schwarz, am Kopf purpurgrün schillernd, Nackenfedern zu einem herabhängenden Schopf verlängert. Oberflügel schwarz mit breitem weißem Streif über Hand- und Armschwingen. Schnabel und Füße hell bleigrau; Iris leuchtend gelb. ♀ fast einfarbig schwarzbraun, Schopf nur angedeutet. Schwingen mit weißem Flügelstreif. Schnabel dunkelgrau, Iris blaßgelb. *Maße:* ♂ Flügel: 190–217, Schwanz: 49–51, Schnabel: 38–42, Lauf: 33–39 mm; ♀ Flügel: 189–212, Schnabel: 38–41 mm. *Gewicht:* ♂ 450–955 g; Ø ♂ um 700 g, ♀ um 660 g.

Ruhekleid des ♂: Juli–August bis August–Dezember. Gesamtes Kleingefieder braunschwarz, dem ♀ recht ähnelnd; Schopf kürzer als im Brutkleid, Brustfedern mit hellen Endsäumen, Flanken zum Bauch hin graueweiß; Flügel unverändert.

Dunenkleid: Oberseite schwarzbraun ohne helle Fleckung, Schnabelbasis und Wangen beige aufgehellt, Brust und Flanken bräunlich grau, Bauchseite hellbeige bis strohgelb. Schnabel dunkel olivgrau mit hellem Nagel.

Jugendkleid: Mit Ausnahme der aufgehellten Bauchseite schwarzbraun, wobei die ♂♂ dunkler als gleichalte ♀♀ sind. Während und nach der Befiederung färbt sich der Schnabel des ♂ über bläulichgrau zum Schiefergrau, beim ♀ bleibt er dunkelgrau. Die Iris der juv. ♂♂ heller und leuchtender als bei den Enten.

Vorkommen in Mitteleuropa: Als Brutvogel in der DDR spärlich, in Schleswig-Holstein und der ČSSR zahlreicher und in Bayern regional (z. B. Ismaninger Teiche um 300 Paare) ansässig. Insgesamt seltener als die Tafelente, doch stark in Zunahme begriffen. Auf dem Zuge von März bis Anfang Mai und besonders September bis November sowie als Wintergast sehr häufig. Zählungen ergaben für Mecklenburg (Küste und Binnenseen): Oktober 1973 40000 Ex., Januarbestand alljährlich um 50000 Ex.

Lebensweise: Reiherenten bewohnen zur Brutzeit Binnenseen mittlerer Tiefe und mit ausgedehnten Ufervegetationsgürteln, ferner Altwässer und ruhige Buchten der Flußläufe, Stauseen und teilweise auch Boddengewässer. In Zentralasien besiedeln sie in stattlicher Anzahl die Steppenseen. Reiherenten beanspruchen im allgemeinen größere freie Wasserflächen als Tafel- und Moorenten.

Trotz früher Ankunft in den Brutgebieten beginnt die Eiablage selten vor Anfang Mai; auf den Ismaninger Teichen in Bayern legt die Reiherente als letzte dort ansässige Art zwischen Mitte Mai und Mitte Juni (BEZZEL 1962). Die Nester befinden sich in der Flachwasserzone oder in unmittelbarer Ufernähe im Röhricht, auf Bülten, häufig auf Inselchen oder in rings vom Wasser eingeschlossenen Schilfbeständen. Verschiedentlich neigen Reiherenten zum lockeren Koloniebrüten. Das Nest ist ein kleiner, flacher Bau aus Material der Nestumgebung und schwärzlichen Dunen. Die Normalgelege bestehen aus 6–12 grünlichgrauen, gestreckten Eiern mit den Maßen 53–66 × 38–46 mm; Ø 59–51 mm. Nicht selten legen zwei oder drei Weibchen in das gleiche Nest, das dann 20 und mehr Eier enthalten kann. Wiederholt wurden polygame Ehen bekannt, von denen ein Teil der Doppelgelege stammen könnte. Brutdauer 23–25 Tage. Ein Teil der Erpel verläßt das Weibchen bereits wenige Tage nach Brutbeginn. Die Reiherente betreut die Küken anfangs im äußeren Vegetationssaum, später auf der freien Wasserfläche. Die Bindung der Küken zur Mutter ist wie bei vielen *Aythya*-Arten recht locker. Wenige Tage alte Küken schwimmen allein umher oder schließen sich anderen Familien an, die Mehrzahl wird gegen Ende der Befiederung nicht mehr vom Altvogel betreut.

Nahrung: Sie besteht aus Wasserpflanzen; wenn vorhanden, jedoch ausschließlich aus Mollusken (Mies-, Herz- und Wandermuscheln).

Haltung und Zucht: Reiherenten sind durch ihre attraktive Färbung und ihre ständige Aktivität eine schöne Zierde gemischter Entenkollektionen. Auf den Parkteichen von Versailles und im Hydepark in London wurden sie schon im 17. Jh. gepflegt und im Londoner Zoo vor mehr als 100 Jahren gezüchtet. Der Berliner Zoo brachte sie um 1910 so ergiebig zur Fortpflanzung, daß sie freifliegend gehalten werden konnten. Heute fehlen die Reiherenten kaum in einem zoologischen Garten und beleben zahlreiche Parkgewässer.

Die Unterbringung der Reiherenten sollte auf größeren Teichen mit einer Mindesttiefe von 70–80 cm erfolgen. Zweifellos eignen sich solche mit klarem, kühlem Wasser und bewachsenen Ufern am besten. Die Nestanlage erfolgt in der wassernahen Bodenvegetation, bevorzugt auf Seggen und bewachsenen Inselchen. Freistehende Nisthöhlen werden nur ungern bezogen. Die Kükenaufzucht erfolgt zweckmäßig in Boxen ohne Altvogel. Die oben erwähnten Bindungen der Küken zu ihrer Mutter sind so lose, daß dem Weibchen eine Betreuung kaum möglich ist. Nach meinen Beobachtungen verlassen nicht die Weibchen die Küken, sondern die Küken ihre fortwährend lockende und führungsbereite Mutter.

Die Befiederung der Jungenten beginnt mit 20 Tagen an Flanken und Schultern und ist mit der Ausbildung der Schwingen und Mittelrückenfedern um den 60. Tag beendet. Im Alter von 8–9 Wochen sind die Jungenten flugfähig. Im gleichen Herbst erfolgt die Umfärbung in das Alterskleid. Ein Teil der Reiherenten wird gegen Ende des ersten Lebensjahres geschlechtsreif, in Gehegen sind Zuchterfolge erst ab zweitem Jahr zu erwarten.

Neuseeland-Tauchente
Aythya novae-seelandiae
(GMELIN)

Jahresvorkommen der Neuseeland-Tauchente.

Č Polák černý
D –
E New Zealand Scaup
F Morillon noir
H New Zealand Scaup
R Новозеландская чернеть

Habitus: Wie Reiherente. Abb. Seite 75.

Alterskleid: ♂ Kopf und Hals schwarzgrün, übriges Kleingefieder schwarz, braun übertönt, Rücken fein meliert, Flanken dunkelbraun, Bauch aufgehellt. Flügeldecken schwarz, Arm- und Handschwingen mit rahmbraunem Längsstreif. Schnabel hell bleigrau (außerhalb der Brutzeit dunkler), Nagelbereich schwarz. Iris gelb, Füße grau mit schwarzen Schwimmhäuten. ♀ gesamtes Kleingefieder schwarzbraun, Flanken mehr braun als schwarz, Bauch aufgehellt. Flügel wie ♂. Schnabel dunkelgrau, Iris braun, Beine wenig dunkler als beim ♂. *Maße:* ♂ Flügel: 175–191, Schnabel: 38–41, Lauf: 33–38 mm; ♀ Flügel 170–189, Schnabel: 35–38,5 mm (DELACOUR 1959 u. a.). *Gewichte:* ♂ 630–760 g, ∅ 695 g; ♀ 545–690 g, ∅ 610 g (REID and RODERICK 1973).

Dunenkleid: Oberseits dunkel sepiabraun mit kleinen, hellen Fleckchen an Axillargegend und den Bürzelseiten. Gesicht und Hals etwas aufgehellt bräunlich-grau. Unterseite von der weißen Bauchmitte zu den Flanken hin graubraun in die dunkle Rückenfärbung übergehend. Schnabel und Iris dunkelgrau, Füße bleigrau mit schwarzen Schwimmhäuten.

Jugendkleid: Insgesamt dunkelbraun; ♂ etwas schwärzer als ♀ und am Kopf schwach grünlich. Iris hellt sich gegen Ende der Befiederung beim Erpel auf, die der ♀♀ wird dunkelbraun. Zumindest ein Teil der ♀♀ hat einen hellen Schnabelring (wie Berg- und Reiherenten-♀♀), der sich durch die Altersmauser verliert.

Lebensweise: Die Neuseeland-Tauchente war etwa bis zur Jahrhundertwende allgemein verbreitet und in geeigneten Biotopen recht häufig. Infolge starker Bejagung nahm der Bestand rapid ab, 1934 wurde sie von der Liste jagdbarer Vögel gestrichen. Nach WILLIAMS (1964) ist diese Ente im Süd- und Südwestteil der

Nord-Insel und im Südosten der Süd-Insel selten, im übrigen Gebiet ihrer Verbreitung noch recht zahlreich. Auf den in neuerer Zeit entstandenen Stauseen entlang der Flüsse erhielt die Art zusätzliche Lebensräume, die auch zu Bestandserhöhungen führten. Dennoch halten Biotopverluste und andere Einwirkungen des Menschen den Gesamtbestand bedrohlich gering. Zur Wiederbesiedlung des Südwestteils der Nordinsel wurden im Gebiet von New Plymouth 10 Neuseeland-Tauchenten ausgesetzt, die 1971 bereits eine Population von 150 Individuen bildeten (REID and RODERICK 1973).

Neuseeland-Tauchenten bewohnen klare, offene und relativ tiefe Seen und Lagunen einschließlich der Bergregionen bis über 1000 m. Während der Wintermonate Juni bis August scharen sich die Enten auf den freien Wasserflächen großer Seen zusammen, wo bis zu 2000 Exemplare in einem Verband gesehen wurden (KEAR and WILLIAMS 1978). Die Brutpaare wechseln dann zu kleineren Gewässern über und errichten die Nester nach Tauchenten-Art im Litoral, bevorzugt in Grasbeständen. Die Legeperiode beginnt Ende September, Ende Januar brüten die meisten Weibchen. Vollgelege enthalten 5–8 (∅ 6,5) dunkel olivgrüne, langgestreckte Eier mit den Maßen 57–65 × 38–45,5 mm; ∅ 62 × 42,5 mm (SCHÖNWETTER 1960/61). Brutdauer 29–31 Tage. Die Küken werden vom Weibchen geführt und sind nach REID and RODERICK (1973) erst mit über 75 Tagen voll befiedert.

Nahrung: Vermutlich wie die der anderen Tauchenten.

Haltung und Zucht: Die ersten Neuseeland-Tauchenten gelangten 1956 und 1957, importiert durch den englischen Wildfowl Trust, lebend nach Europa, seit 1958 werden sie im Trust gezüchtet. Allein von 1960

bis 1965 wuchsen dort über 100 Jungtiere auf; der Legebeginn lag zwischen 23. April und 5. Juli. In den Zoos und Privatanlagen Westeuropas fand die Art wegen ihrer schlichten Färbung nur eine dünne Verbreitung. Der Tierpark Berlin erhielt 1965 die ersten Paare aus dem Wildfowl Trust und züchtete sie danach fast alljährlich. In die Anlagen der DDR-Züchter gelangten offenbar nur die Nachkommen der Tierpark-Tiere. FRANKE, Leipzig, züchtete die Neuseeland-Tauchente erstmals 1967, brachte jedoch wie einige weitere Züchter nur wenige Jungtiere groß. KÜHNE, Waldheim, (briefl.) erfaßte das Zuchtergebnis 1978: 4 Paare Altvögel, 2 Paare davon brutaktiv, in 3 Gelegen 16 Eier (∅ 5,3), 11 befruchtet, 4 Küken schlüpften und wuchsen auf.

In Haltung und Zucht unterscheiden sich Neuseeland-Tauchenten nicht von den Reiherenten; sie sind verträglich, anspruchslos und relativ winterhart. Gelegt wird in Nistkästen oder in der Ufervegetation. In meiner Anlage kam es zu mehreren Nachgelegen, weil sich die Weibchen als sehr störanfällig am Nest erwiesen; 18 Eier hatten die Maße: 61,0–71,3 × 39,0–44,2 mm; ∅ 66,0 mal 41,9 mm, zwei Küken wogen 41 und 42 g. Jungtiere werden mit knapp einem Jahr geschlechtsreif.

Bergente
Aythya marila (L.)

Č Polák kaholka
D Bjergand
E Greater Scaup

F Milouinan
H Topper Eend
R Морская чернеть

Zwei Unterarten: *Aythya m. marila* (L.) bewohnt den Norden der Alten Welt bis zum westlichen Bering-Meer und wird im Norden Amerikas von der sehr ähnlich gefärbten *Aythya m. nearctica* (STEJNEGER) vertreten. Die den nördlichen Pazifikraum bewohnenden Bergenten werden heute nicht mehr als eigene Subsp. (*Aythya m. mariloides*) anerkannt und der Nominatform zugerechnet (u. a. BAUER & GLUTZ VON BLOTZHEIM 1969).

Beschreibung von *Aythya marila marila*
Habitus: Kurz und gedrungen wie Reiherente, doch merklich größer. Abb. Seite 78.
Brutkleid (Artkennzeichen): ♂ Kopf, Hals, vorderer Rücken und Brust schwarz, Kopf purpurgrün schillernd; Rücken und Schultern auf weißem Grund von fein schwarzgrau gezackten Bändern überzeichnet; Bürzel und Schwanzteil wiederum schwarz. Flügel oberseits schwarz mit breitem weißem Flügelstreif. Schnabel und Füße graublau, Iris zitronengelb. ♀ dem Reiherenten-♀ sehr ähnlich, von diesem durch einen breiten weißen Ring um den Schnabel zu unterscheiden. Iris blaßgelb, Schnabel und Füße wie ♂. *Maße:* ♂ Flügel: 220–230, Schwanz: 50–63, Schnabel: 43–47, Lauf: 35–38 mm; ♀ Flügel: 210–220, Schnabel: 41–46 mm. *Gewicht:* ♂ 744–1372 g, ♀ 735–1370 g.
Ruhekleid des ♂: Juli–September bis Oktober–Dezember, teils bis Februar. Vom ♀ durch eine aufgehellte, spärlich weiß gekritzelte Rückenzeichnung und durch einen schmaleren weißen Schnabelring zu unterscheiden. (♀ mausert im Sommer einen hellen, fast weißen Fleck in der Ohrgegend durch.)
Dunenkleid: Oberseits rötlich olivbraun, manchmal an den Rückenseiten ein undeutlicher gelbbrauner Fleck; Kopfseiten bräunlichgelb, Zügel dunkler. Unterseite blaß bräunlichgelb, Bauch und Körperseiten brauner.
Jugendkleid: Ähnlich dem des ad. ♀, doch heller Federring um Schnabelbasis schmal und oft an Kinn

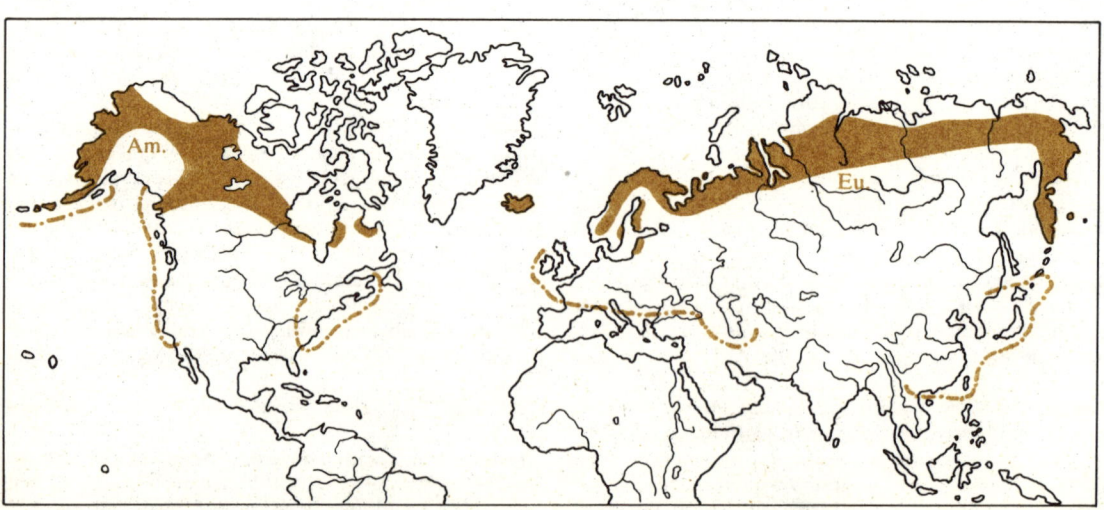

Brutvorkommen und Überwinterungsgebiete der Amerikanischen (Am.) und Eurasischen (Eu.) Bergente.

und Stirn unterbrochen. Rücken beim juv. ♂ stark, beim juv. ♀ spärlich oder gar nicht weiß gekritzelt.

Vorkommen in Mitteleuropa: Große Scharen westpaläarktischer Bergenten überwintern in den Buchten und Bodden der westlichen Ostsee bei bevorzugten Wassertiefen von 1,5 bis 2 m. An der mecklenburgischen Küste treffen die Durchzügler ab September, verstärkt im Oktober und November ein, die Zahl der Überwinterer geht auf 3000 bis 10000 Exemplare zurück; Rückwanderung Februar bis Mai mit Höhepunkt im März, einzelne übersommern, gesicherte Brutnachweise liegen nicht vor. Auf Binnenseen wird die Art nach Süden hin zunehmend seltener (OWEN 1977, KLAFS & STÜBS 1977).

Lebensweise: Bergenten bewohnen während der Brutzeit großflächige und nicht zu flache Binnenseen der lichten Waldtundren, Hochmoore und alpinen Birkenzone, ferner die Schärenbereiche Finnlands und Schwedens. Im April treffen die Paare in den Brutgebieten ein; die Eiablage beginnt ab Mitte Mai, vielerorts Anfang Juni. Die Nester befinden sich im Ried, unter Büschen oder zwischen Felsgestein, bevorzugt auf Inseln, wo es zu kolonieartigem Brüten kommt und in Möwen- oder Seeschwalbenkolonien. Das Nest wird dick mit Pflanzenmaterial und dunkelgrauen Dunen ausgekleidet. Gelege enthalten 6–12, meist 7–9 graugrüne, seltener bräunliche Eier mit den Maßen: 54,5–68,1 × 40,7–48 mm; ∅ 62,3 × 43,4 mm. Brutdauer: 24–25, auch bis 28 Tage. Die Erpel halten lange zum brütenden Weibchen, einzelne sind selbst bei den Familien beobachtet worden. Die Küken schlüpfen etwa mit 42–45 g und wachsen auf der ufernahen, freien Wasserfläche heran. Mit etwa 50 Tagen dürften sie flugfähig sein, mausern während des ersten Lebensjahres in ein nicht vollständiges Prachtkleid um und werden vermutlich gegen Ende des zweiten Lebensjahres geschlechtsreif.

Die Wintermonate verbringen die meisten Bergenten-Populationen entlang der Meeresküsten innerhalb der gemäßigten Breiten.

Nahrung: Überwiegend tierisch: Larven von Süßwasserinsekten, Süßwassermuscheln, Schnecken und Krebschen; auch Pflanzenteile. Bis in Tiefen zwischen 2 und 5 m tauchend, nimmt die Bergente ihre Nahrung vom Grunde auf. Im Winter auf dem Meere besteht diese grundsätzlich aus Mollusken (Mies- und Herzmuscheln, Strand- und Schlammschnecken), Crustaceen und Ringelwürmern.

Haltung und Zucht: Regelmäßig gelangen einzelne überwinternde Bergenten in die Hand des Menschen und somit in die zoologischen Gärten, doch bemerkenswert selten in die Anlagen der Züchter und Liebhaber. Viele, besonders die auf großen, sauberen Naturteichen untergebrachten Tiere gewöhnen sich gut ein und leben dann in ausgezeichneter Konstitution über viele Jahre in den Gehegen. Bergenten sind absolut winterhart und verträglich. Sie werden ähnlich wie die Reiherenten ernährt, der Anteil an tierischem Futter (Garnelen, eingeweichtem Hundekuchen usw.) soll möglichst hoch gehalten werden.

Von den als Altvögel in Gewahrsam genommenen Bergenten pflanzen sich relativ wenige fort, deshalb galt die Art lange Zeit für schwer züchtbar. In den Anlagen der DDR-Züchter wurde die Bergente 1982 erstmalig zur Fortpflanzung gebracht, wird jedoch nur in sehr wenigen Paaren gehalten. Andererseits wachsen in Westeuropa alljährlich Jungtiere in Privatanlagen und Zoos heran. Die Unterbringung der Bergente, auch der gezüchteten Tiere, sollte auf nicht zu kleinen und um 1 m tiefen Teichen erfolgen. Bei mittlerer bis guter Wasserqualität sind diese Tauchenten ähnlich wie die Reiherenten zu halten und zu züchten. Die Eiablage erfolgt auch in Gehegen erst um die Mai-Juni-Wende. Die geschlechtliche Reife tritt nach knapp einem Jahr ein.

Veilchenente
Aythya affinis
(EYTON)

Č	Polák vlnkovaný	F	Petit Milouinan
D	–	H	Kleine Topper Eend
E	Lesser Scaup	R	Малая морская чернеть

Habitus: Kleines Abbild der Bergente. Abb. Seite 75.

Brutkleid: ♂ Kopf, Hals und Brust schwarz, der Kopf intensiv veilchenblau (bei der Bergente grün) schillernd; Rückenpartien auf silbergrauem Grund kräftig schwarz gekritzelt, Flanken und Bauch weiß, Bürzel und Schwanzteil schwarzbraun. Flügel dunkelbraun mit weißem Streif über den Arm- und hell sepia-

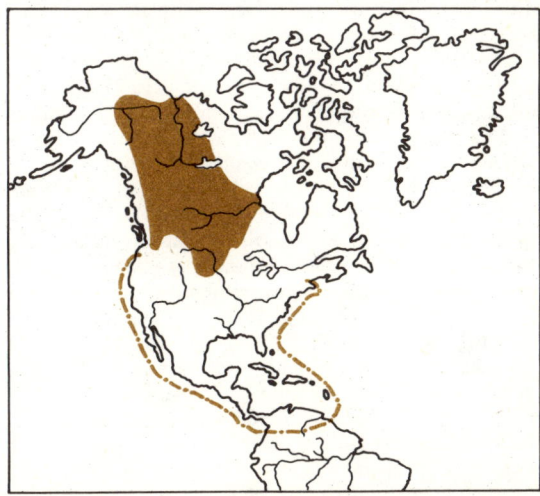

Brutvorkommen und Überwinterungsgebiete der Veilchenente.

grauem Streif auf den Handschwingen. Schnabel hellblau mit schwarzem Nagel, Iris gelb bis orange, Füße graugrün. ♀ dem Bergenten-♀ sehr ähnlich, doch merklich kleiner, Weiß der Schnabelwurzel weniger ausgedehnt und Innenfahnen der Handschwingen fahl grau (bei Bergenten überwiegend weiß). Schnabel dunkelgrau zum Nagel hin aufgehellt, Iris je nach Alter von hell olivbraun bis gelb. *Maße:* ♂ Flügel 190–210, Schnabel: 38–42, Lauf 36–38 mm; ♀ Flügel: 185–198, Schnabel: 36–40 mm. *Gewicht:* ♂ im ∅ 860 g, ♀ im ∅ 770 g (JOHNSGARD 1975).

Ruhekleid des ♂: Juli/August bis Oktober/November. Kopf bis Brust schwarzbraun, Rückengefieder und Flanken dunkler als im Brutkleid, insgesamt stark braunfleckig.

Dunenkleid: Kopf, Hals und Oberseite dunkelbräunlich; Gesicht, kleine Fleckchen an Flügeln und Bürzel sowie Bauchseiten hellbraun, Brust und Bauch gelblich. Insgesamt wohl dunkler als Bergenten-Küken.

Jugendkleid: Insgesamt dunkelbraun, wobei die ♂♂ dunkler als die ♀♀ sind; ♂♂ ferner mit angedeuteter heller Kritzelung auf Flügeldecken und Schultern, die den juv. ♀♀ fehlt; Iris ♂ gelblichbraun, beim gleichalten ♀ olivbraun.

Lebensweise: Die Brutplätze der Veilchenente befinden sich an großen Binnenseen und in den wasserreichen Niederungen der borealen Nadelwaldzone im kontinentalen Nordamerika (Präriegebiete). Auf dem Zuge und im Winterquartier werden dagegen die Flußsysteme mit ihren Mündungsgebieten, küstennahe Binnengewässer und ruhige Meeresbuchten aufgesucht, wo sie gemeinsam mit Bergenten riesige Winterschwärme bilden.

Die Paarung beginnt wie bei vielen Entenarten ab Dezember und damit im Winterquartier; in einer einfachen Balz umwerben die Erpel die Weibchen. Mit dem Rückgang der Eisdecke fliegen die Tiere nordwärts und erreichen die südlichsten Brutplätze um Mitte April, die Hauptbrutgebiete im NW-Territorium Kanadas ab zweiter Maihälfte. Entsprechend gestaffelt beginnen Nestbau und Eiablage, letztere zwischen Mitte Mai und Mitte Juni. Den Nistplatz wählt das Weibchen zwischen Riedgräsern und Büschen nahe der Flutlinie, doch bevorzugt auf Inseln und auf trockenem Grund. Vollgelege enthalten 7–12 (im Mittel 9) olivbraune Eier mit den Maßen 50–63,3 × 35,5–42,5 mm; ∅ 57,1 × 39,7 mm. Brutdauer wird mit 22 bis 27 Tagen bei einem Mittelwert von 24,8 Tagen angegeben. Die Küken werden vom Weibchen geführt und sind mit 45 bis 50 Tagen flugfähig. Ältere Angaben mit 56 bis 73 Tagen (HOCHBAUM 1944, BEZZEL 1965) werden für zu lang angesehen. Die volle Umfärbung der Erpel erfolgt erst im zweiten Herbst, geschlechtliche Reife tritt wohl gegen Ende des zweiten Lebensjahres ein.

Nahrung: Sie wird tauchend, bevorzugt in 1,5 bis 3 m tiefem Wasser aufgenommen. Die Anteile tierischer und pflanzlicher Kost variieren sehr stark, wobei die tierischen im wesentlichen dominieren.

Haltung und Zucht: Wie alle nordamerikanischen Tauchenten gelangte die Veilchenente relativ spät und nur selten nach Europa. Nach DELACOUR (1959)

wurde sie 1923 erstmalig in England gehalten und in den Folgejahren reichlich gezüchtet. Seit Anfang der 50er Jahre befindet sich die Art in den Beständen des Wildfowl Trusts und wird seitdem mit gutem Erfolg gehalten und vermehrt. Für die DDR erhielt der Tierpark Berlin um 1965 die ersten Veilchenenten. Ende der 70er Jahre wird diese ansprechende Tauchente in den Privatanlagen und Zoos Westeuropas zwar spärlich, aber doch regelmäßig gehalten und gezüchtet. Erstimport für die DDR-Zuchtanlagen 1979, Erstzucht hier 1983, zuvor im Tierpark Berlin.

Da es sich bei all den hiesigen Veilchenenten um in Gehegen aufgewachsene Tiere handelt (im Gegensatz zu den Bergenten, unter denen sich stets Wildfänge befinden), sind die Zuchtchancen etwa denen der Reiherente gleichzusetzen. Auch stellen Veilchenenten sehr ähnliche Ansprüche an Unterbringung und Fütterung. Eiablage wohl stets in der Ufervegetation, Legebeginn im Wildfowl Trust ausnahmsweise im Mai, meist im Juni. Nachgelege sind trotz der späten Jahreszeit noch zu erwarten. Die Kükenaufzucht bietet keine Probleme und erfolgt wie die der Reiher- oder anderer Tauchenten.

Problematisch erscheinen die Bastardierungen der Tauchenten untereinander. Zumindest ein Teil ist fruchtbar, so auch Hybriden zwischen Berg- und Veilchenenten (DELACOUR 1959); bei anderen bereitet sogar die Artbestimmung Schwierigkeiten, so sind F_1-Bastarde Reiher- × Tafelenten nur schwer von den Erpeln der Veilchenente zu unterscheiden.

Meeresenten und Säger, *Mergini*

Eiderente
Somateria mollissima (L.)

Č Kajka mořská	F Eider ordinaire
D Ederfugl	H Eider Eend
E Common Eider	R Обыкновенная гага

Eiderenten bewohnen in den folgenden sechs Unterarten die Küstenbereiche im Norden der Neuen und Al-

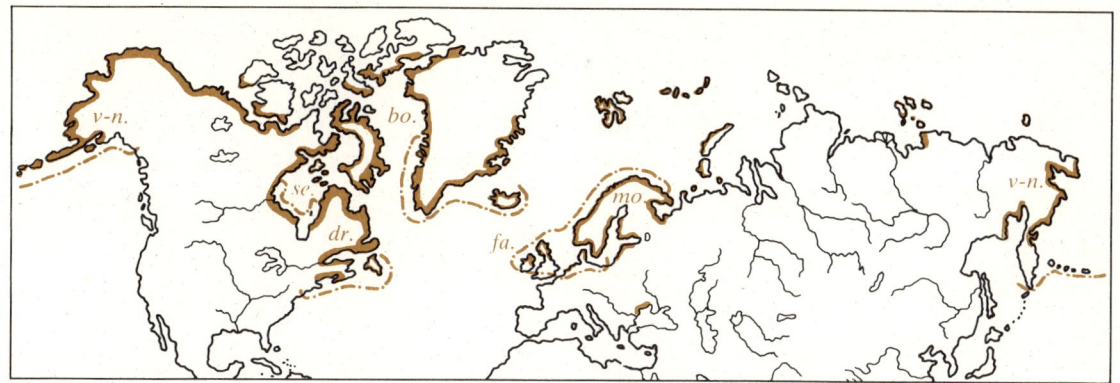

Brutvorkommen und Überwinterungsgebiete (Küstenregionen) der Eiderenten: *S. m. mollissima (mo.)*, *S. m. faeroeensis (fa.)*, *S. m. dresseri (dr.)*, *S. m. sedentaria (se.)*, *S. m. borealis (bo.)* und *S. m. v-nigra (v-n.)*.

ten Welt. *Somateria m. mollissima* (L.), *Somateria m. dresseri* SHARPE, *Somateria m. sedentaria* SNYDER und *Somateria m. faeroeensis* C. L. BREHM haben grüne Schnäbel – ihr Vorkommen erstreckt sich von den Küsten der Hudson-Bay und Labradors über die Nordeuropas bis Nowaja Semlja; *Somateria m. borealis* (C. L. BREHM) und *Somateria m. v-nigra* GRAY sind orange- beziehungsweise gelbschnäbig und in Nordostasien, Alaska, Nordkanada und Westgrönland heimisch. Die Subspezies unterscheiden sich ferner in der Größe, durch die verschiedenartig ausgebildeten Oberschnäbel und in der Hell-Dunkel-Färbung der ♀-Kleider.

Beschreibung von *Somateria m. mollissima* (L.)
Habitus: Sehr große, plumpe und schwerfällige Ente. First des Oberschnabels bildet mit der Stirn eine gerade Linie. Abb. Seite 76, 292, 295 und 363.
Brutkleid (Artkennzeichen): ♂ Oberkopf schwarzblau, Genick und Halsseiten hell moosgrün; Brust rahmgelb; Rückenpartien, Bürzelseiten, Oberflügeldecken und innere Armschwingen weiß – letztere sind sichelartig verlängert und hängen über die anderen Schwingen herab. Bauch, Flanken, Schwanzteil sowie Hand-, Armschwingen und große Decken schwarz. Schnabel und Füße dunkelgrün, Iris dunkelbraun. ♀ an Schnabel-Schädel-Form gut kenntlich. Kleingefieder durchweg schwarzbraun mit helleren Säumen, Flügel überwiegend schwarz. *Maße:* ♂ Flügel: 280–298, Schwanz: 85–95, Schnabel: 49–56, Lauf: 45–52 mm; ♀ Flügel: 266–295, Schnabel: 44–55 mm. *Gewicht:* Mittelwerte der ♂ im 1. Jahr 2080 g, 2. Jahr 2250 g, 3. Jahr 2260 g, ad. 2355 g; ♀ 1. Jahr 1770 g, 2. Jahr 1908 g, 3. Jahr 2200 g (BAUER & GLUTZ von BLOTZHEIM 1969).
Ruhekleid des ♂: Ab Juni bis Oktober–Dezember. Einfarbig schwarzbraun; ein Teil der Schulterfedern, verlängerte Armschwingen und der seitliche Bürzelfleck bleiben weiß, übrige Partien mehr oder weniger weiß durchsetzt.
Dunenkleid: Oberseits rußschwarz mit grünlichem Schimmer. Vorderrücken etwas fahler und rötlicher. Nahe dem Oberschnabel blaßbräunlich, Augenstreif

schwarzbraun. Unterseite, besonders die Brust, leicht aufgehellt. Schnabel-Stirn-Partie bereits geradlinig.
Jugendkleid: Beide Geschlechter etwa wie adultes ♀ gefärbt. Bei den jungen ♂♂ innere Armschwingen schwach sichelförmig verlängert, die übrigen und die großen Decken teilweise weiß oder rahmbraun gesäumt. Nach der ersten Jugendmauser Brust und Rücken von einzelnen weißen und grauen Federpartien durchsetzt, die sich in der Folgezeit mehr und mehr vergrößern. Im dritten Lebensjahr färben die Erpel voll aus.
Vorkommen in Mitteleuropa: Während auf den dänischen und holländischen Inseln mehrere tausend Eiderenten-Paare nisten, beläuft sich der Brutbestand auf den Ost- und Nordfriesischen Inseln 1979 auf 118 Paare. (GOETHE, Wilhelmshaven, briefl.). Sylt wurde um 1800 von Dänemark her besiedelt, bei einer weiteren Ausbreitung, besonders nach 1950, folgten Amrum, Föhr, Norderoog und Borkum. Mit der Zunahme des europäischen Eiderentenbestandes durch Naturschutzmaßnahmen der einzelnen Länder wuchs die Anzahl der Mausevögel im Wattenmeer der Nordsee auf ca. 40000 Altvögel (DRENCKHAHN u. a. 1971) und die Anzahl der Beobachtungen entlang der Ostseeküste, wo sich zu jeder Jahreszeit Nichtbrüter und ab November etwa 5000 bis 6000 Überwinterer aufhalten (KLAFS & STÜBS 1977). Eiderenten rasten bevorzugt vor der offenen Küste bei Wassertiefen bis 15 m, seltener auf Bodden und nur ausnahmsweise, jedoch alljährlich, auf Binnenseen.
Lebensweise: Eiderenten leben während des ganzen Jahres, insbesondere aber zur Brutzeit, an flachen – gern an etwas felsigen – Meeresküsten mit vorgelagerten Inseln oder Sandbänken. Die Brutplätze auf den deutschen Inseln befinden sich zumeist in den Strandhaferbeständen der Dünen sowie in der Geest- und Heidevegetation. Auf Island, wo Eiderenten echte Charaktervögel darstellen und der Dunen wegen seit langem gepflegt und geschützt werden, brüten sie in Kolonien (teils zu über 1000 Paaren) auf kurzgrasigen, küstennahen Inseln, Halbinseln und auf entlegenen Festlandstreifen (GUDMUNDSSON 1932). Im Frühjahr rasten große Scharen dieser Enten vor der Küste des

künftigen Brutplatzes. Die Erpel balzen ausgiebig und führen heftige Kämpfe um die Weibchen. Gegen Ende April beginnen die Paare, sich verstärkt um die Brutplätze zu kümmern, »zu Fuß« begeben sie sich auf Nistplatzsuche. In einer kleinen Mulde errichtet das Weibchen aus vorjährigen Pflanzenteilen das Nest und kleidet es nach der Eiablage reichlich mit den bekannten graubraunen Eiderdaunen aus. Viele Nester stehen in nur schwacher Deckung. Die Eiablage beginnt ab Mitte Mai und erfolgt zumeist täglich. Erstgelege bestehen aus 4–7, seltener bis zu 12 Eiern, Nachgelege enthalten nur 1–3 Eier. Die Eier sind dunkel graugrün, ihre Maße betragen 68–88 × 47–56,5 mm; $\varnothing$ 77 × 51,5 mm; die Brutdauer wird in den Extremen mit 25–30 Tagen angegeben, liegt jedoch zwischen 25 und 26 Tagen. Sie beginnt – wenn anfangs auch wenig intensiv – vom zweiten oder dritten Ei ab. Die Weibchen brüten im allgemeinen sehr fest und nehmen während dieser Zeit wenig Nahrung auf, gebadet und getrunken wird täglich. In den isländischen Kolonien sind eigens dazu Wassertröge mit Süßwasser aufgestellt. Die Erpel, die anfangs ihre Weibchen zum Nest begleiten und dann in deren Nähe ruhen, ziehen sich gegen Ende der Brutzeit auf das Meer zurück, um dort zu mausern. Sobald die Küken geschlüpft sind, werden sie von der Mutter ebenfalls auf das Meer (an der Nordsee vorzugsweise ins Wattenmeer) geführt. In den kolonienahen Gewässern kommt es nun zu beliebigen Vergesellschaftungen mehrerer Familien und zu häufig wechselnden Küken-Adoptionen. GUDMUNDSSON (1932) glaubt, daß die Küken ihre Mütter und die Mütter ihre Küken nicht kennen. Bis zum September hin werden die Jungenten von den Weibchen betreut, dann erfolgen größere Zusammenballungen von Brutvögeln und nordischen Zuzüglern.

Nahrung: Marine Mollusken, besonders Miesmuscheln (*Mytilus edulis* L.), die unzerkleinert verschluckt werden, Krabben, Krebse, seltener kleine Fische und Pflanzenteile. Nach COLLINGE (in NIETHAMMER 1938) werden zu 95,5 % tierische Nahrungsteile aufgenommen.

Haltung und Zucht: Ausgefärbte Eidererpel stellen mit ihrer cremegelben Brust und den grünen Kopfpartien eine attraktive Erscheinung unter den übrigen Entenvögeln dar, verständlich, daß sich zoologische Gärten seit langem um diese Art bemühen. Aus dem Zoo London ist ein Zuchterfolg aus dem Jahre 1841 bekannt, der Berliner Zoo besaß um 1888 die ersten Eiderenten (DELACOUR 1959, SCHLAWE 1969); in der DDR werden sie im Tierpark Berlin und in den Zoos Rostock und Cottbus über viele Jahre erfolgreich gehalten. Wegen ihrer Größe und dem überdurchschnittlichen Stoffumsatz fehlt die Art in privaten Zuchtanlagen beinahe völlig. Von den Unterarten werden in Europa fast ausschließlich die Nominatform, in Nordamerika die Amerikanische Eiderente, spärlicher die anderen drei Formen gehalten. Der Wildfowl Trust besitzt alle diese Formen und züchtete außer *mollissima* wiederholt *dresseri* und *borealis*.

Eiderenten sollten nur auf sehr großen, etwa 1 m tiefen und nicht zu stark verschmutzten Teichen gehalten werden, einzelne Paare lassen sich auch in geräumigen

Küken der Eiderente, *Somateria mollissima* (L.)

Pinguinanlagen unterbringen. WACKERNAGEL (1975) sieht als wichtigste Voraussetzung für eine erfolgreiche Haltung und Zucht die vollwertige Ernährung. Er wies für den Zoo Basel nach, daß vor einer Ernährungsrevision die Eiderenten 1–2 Jahre, danach 10–12 Jahre auf den Gehegeteichen lebten, gibt die Futterrezeptur jedoch nicht an. Als Grundnahrung erhalten Eiderenten ein eiweißreiches pelletiertes Futtergemisch, zusätzlich Getreide, Garnelen, Fisch- oder Fleischstücke und, wenn möglich, frische Muscheln oder Schnecken.

Eiderenten, die als Küken in Gehegen aufwuchsen, werden bei entsprechender Haltung und Fütterung ab zweitem, meist ab drittem Lebensjahr fortpflanzungsaktiv. Viel seltener gelingt die Zucht mit Tieren, die in den Wintermonaten in Fischnetzen und Reusen gefangen wurden. Als Nisthilfen bietet man den Eiderenten mit Steinen umgebene und mit Torfmull gefüllte Mulden oder im Winkel zueinandergelegte Baumstücke nahe dem Wasser oder auf Inselchen, wie diese auch gern von Gänsen angenommen werden (ROBEL 1979). Eiablage hauptsächlich im Mai, seltener ab Mitte April. Die Weibchen brüten ruhig und sehr fest, dennoch sind die Eier in großen Anlagen stets durch Krähen und Raubsäuger gefährdet, so daß Brut und Aufzucht zweckmäßig unter technischen Wärmequellen erfolgen. Eiderenten-Küken sind etwa wie die der Schellente zu behandeln; zu einem gehaltvollen Futter, möglichst Kleinlebewesen (Mehlwürmer, Wasserflöhe, Bachflohkrebse) zufüttern, und ausreichend sauberes Wasser bieten. Folgende Gewichtsentwicklung wurde ermittelt: 5 Eintagsküken wogen 60–71 g, tägliche Gewichtszunahme vom 1.–10. Tag je 6 g, vom 11.–20. Tag je 13 g, vom 21.–30. Tag je 24 g, vom 31.–60. Tag je 25 g und vom 61.–80. Tag je 30 g (BAUER und GLUTZ VON BLOTZHEIM 1969). Die Erstzucht für die DDR gelang 1978 den Zoos Rostock und Cottbus mit Tieren, die um 1974 von Rügener Fischern gefangen wurden; in Rostock wuchsen 3, in Cottbus 2 Jungtiere auf (NEHLS briefl., ROBEL 1979). Im Zoo Münster (BRD) wuchsen Küken von ehemals ölverschmutzten Altvögeln auf, auch Nachgelege wurden erzielt (SABAROWSKI, briefl.).

Prachteiderente
Somateria spectabilis (L.)

Č	Kajka královská
D	Kongeederfugl
E	King Eider

F	Eider royal
H	Konings Eidereend
R	Гага гребенушка

Habitus: Wie Eiderente, etwas kleiner. Abb. Seite 293, 295 und 363.

Brutkleid: ♂ Oberkopf und zu einer Holle verlängerte Nackenfedern hellblau. Der orangerote, hochgewölbte Stirnhöcker wird von einem schwarzen Federsaum eingefaßt. Wangen grün, Kehle auf weißem Grund mit schwarzer V-Zeichnung. Hals, Brust, Vorderrücken, ein schmaler Schulterstreif, die Flügeldecken und Bürzelseiten weiß, übriges Gefieder schwarz. Kropfgegend rahmfarben übertönt, innerste Armschwingen sichelförmig abgebogen, Rücken mit zwei aufrechtstehenden Federspitzen. Schnabel fleischrot, Iris dunkelbraun, Füße dunkelorange. ♀ anhand feiner Struktur- und Färbungsnuancen des Groß- und Kleingefieders vom ähnlichen *mollissima*-♀ zu unterscheiden (vgl. USPENSKI 1972, BAUER & GLUTZ VON BLOTZHEIM 1969), *spectabilis*-♀ mit kürzerem Schnabel und höherer Stirn, so

daß die Schnabel-Stirn-Partie nicht geradlinig verläuft wie bei *mollissima*. *Maße:* ♂ Flügel: 263–293, Schnabel: 28–34, Lauf: 42–50 mm; ♀ Flügel: 250–286, Schnabel: 30–35, Lauf: 45–48 mm (USPENSKI 1972 u. a.). *Gewicht:* Mit größtem Fettansatz im Frühjahr: ♂ 1500–2150 g, ⌀ 1719 g; ♀ 1500–2100 g, ⌀ 1773 g; im Sommer ♂ um 1650 g, ♀ um 1400 g (USPENSKI 1972).

Ruhekleid des ♂: Juli/August bis September/Januar. Das weiße Gefieder wird durch schwarzbraune Federn ersetzt, doch bleiben die weißen Flügel- und teilweise die weißen Brustfedern erhalten; Brut- und Ruhemausern sind nicht scharf zu trennen.

Dunenkleid: Ähnlich wie Eiderenten-Küken gefärbt, Kopfseiten und Bauchpartien aber bedeutend heller und kräftiger gelb übertönt.

Jugendkleid: Im wesentlichen weibchenähnlich, gegenüber den juv. Eiderenten an Kehle, Brust und auf der Unterseite etwas heller. Die ♀♀ unterscheiden sich von den gleichalten Erpeln durch hellere Flügelspiegel und breitere braune Federsäume auf Rücken und Bürzel.

Vorkommen in Mitteleuropa: Trotz regelmäßiger Überwinterungen entlang der norwegischen Küste liegen aus dem Raum der südl. Nordsee und der südwestl. Ostsee nur 13 Nachweise vor.

Lebensweise: An der sibirischen Küste und ihren vorgelagerten Inseln ist die Prachteiderente ein sehr häufi-

Prachteiderente, *Somateria spectabilis* (L.)

ger Brutvogel. Sie bewohnt hier die Seen und Wasserläufe der meeresnahen arktischen Flechtentundren und dringt in den Flußniederungen südwärts bis zur Strauchtundra vor (JOHANSEN 1959). Entsprechende Biotope wählt die Art auch auf den Inseln Sibiriens, Nordamerikas und auf Grönland, und sie brütet somit weiter nördlich als andere Eiderentenarten. In Kanada und Grönland überschreitet sie sogar 80° n. Br. Die meisten ihrer Brutgebiete liegen innerhalb der Juli-Isothermen von 2–10°C. Mit dem Eisfreiwerden der Gewässer im Juni kehren die Prachteiderenten an ihre Brutplätze zurück; die Männchen treffen vor den Weibchen ein. Auf der Southampton-Insel und im Baffin-Land brüten sie vorwiegend in kleinen, lockeren Kolonien, oft sehr weit vom Meer entfernt. Die Nester stehen in der offenen Moostundra an den Ufern von Süßwasserseen, auf deren Inseln, entlang der Flußniederungen und in den Deltalagunen (HESSE 1915). Nach VOOUS (1962) brütet die Art zwar hier und da unter Eiderenten, bildet aber nie eigene Brutkolonien. Mit der Eiablage wird auch in den südlichsten Teilen des Brutvorkommens kaum vor Anfang Juni, meist Mitte Juni bis Mitte Juli begonnen. Das Vollgelege besteht aus 3–7 blaß olivgrauen, teils bräunlichen Eiern mit den Maßen 61–78 mal 41–49 mm; ∅ 67 × 44,5 mm. Brutdauer 22–24 Tage. Wenige Tage nach Brutbeginn verlassen die Erpel bereits ihre Weibchen und kehren auf das Meer zurück, wo sie sofort mit der Mauser beginnen. Vor den Küsten einiger sibirischer Inseln scharen sich die Mauservögel zu riesigen Verbänden zusammen. Die frischgeschlüpften Küken werden vom Weibchen auf ein Binnengewässer geführt und dort sehr bald von den meisten Weibchen verlassen. Die Jungen scharen sich zu Trupps zusammen, bei denen nur wenige weibliche Tiere zurückbleiben. Nach dem Flüggewerden wechseln auch die Jungtiere mit den zurückgebliebenen Weibchen zum Meer über. Hier verweilen die Prachteiderenten, bis sie vom Eise verdrängt werden. Hier beginnt auch die allmähliche Umfärbung in das Alterskleid, die bei den Erpeln im 3. Lebensjahr abgeschlossen wird.

Nahrung: Sie unterscheidet sich kaum von der der eigentlichen Eiderente. Auf dem Meere werden hartschalige Mollusken, Crustaceen und Stachelhäuter (besonders Seeigel) aufgenommen. An den Binnengewässern (während der Brutzeit) ernähren sich die Weibchen und Jungvögel von kleinen Crustaceen, Mückenlarven und Pflanzenteilen. Die Männchen fressen in dieser Zeit sehr wenig, aus der kanadischen Arktis liegen sogar Berichte über verhungernde bzw. an Entkräftung eingehende Männchen vor.

Haltung und Zucht: Während bislang nur zufällig ergriffene Altvögel der Prachteiderente in einigen wenigen Zoos gezeigt wurden, bemühten sich im letzten Jahrzehnt amerikanische und britische Züchter um Eier von Wildvögeln und zogen daraus Jungtiere auf. Diese Enten werden heute vereinzelt in Privatanlagen gehalten und wohl auch gezüchtet. Gut eingewöhnte Tiere stellen nach RAETHEL (1979) etwa gleiche Ansprüche wie unsere Eiderente: ein relativ sauberes Wasser und ein eiweißreiches Futter (u. a. Forellen-Pellets). Zugaben von Frischfisch oder Muscheln sind nicht erforderlich, jedoch werden Garnelen und Trockenfisch gern genommen. Im Zoo Berlin lebte ein Erpel über 12 Jahre. Über die Erstzucht der Prachteiderente im Wildfowl Trust berichtet JOHNSTONE (1961):

Seit 1955 lebt hier ein einzelner Erpel, der bei Island auf einem Fischtrawler ergriffen worden war. Später erhielt man aus dem Zoo Kopenhagen das einzige seinerzeit in Gefangenschaft bekannte Weibchen. In den folgenden Jahren balzte der Erpel ausgiebig, und es wurden auch Begattungen beobachtet. Anfang Juni 1961 scharrte sich das Weibchen eine kleine Nestmulde zwischen kurzem Rasen und legte darin vier Eier ab. Sie erschienen kleiner, mehr blaßoliv und spitzpoliger als die von *S. mollissima*. Die Nestdunen waren rehbraun, verglichen mit der gewöhnlichen Eiderente wurden relativ wenige verwendet. Die Bebrütung der Eier erfolgte unter einer Zwerghenne. Nach 22 Tagen piepten die Küken, am 23. Tag schlüpften sie. Im Aussehen unterschieden sie sich beträchtlich von denen der Eiderente. Das Dunenkleid war oberseits zart braun, unterseits gelblichbraun; das blaßfarbige Gesicht wurde von einem dunklen Unteraugenstreif durchzogen. Bei den Neugeborenen war der Schnabel auf rosafarbenem Grund schiefergrau getupft, die rosa Tönung verlor sich nach einer Woche mehr und mehr. Kopf und Schnabel machten nicht den Eindruck, als seien sie keilförmig wie bei *mollis-*

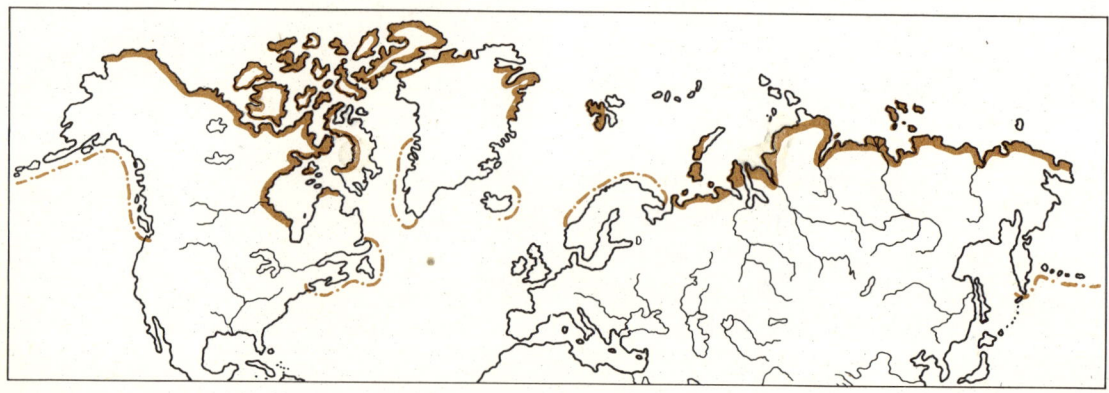

Brutvorkommen und Überwinterungsgebiete (Küstenregionen) der Prachteiderente.

Eiderente, *Somateria mollissima mollissima* (L.)

Amerikanische Eiderente,
Somateria mollissima dresseri SHARPE

Prachteiderente,
Somateria spectabilis (L.)

Plüschkopfente, *Somateria fischeri* (BRANDT)

Scheckente, *Polysticta stelleri* PALLAS

sima. Als Futter bot man ihnen Mückenlarven, Bachflohkrebse, Fliegenmaden, zerhackte Leber, Ameisenpuppen, gehacktes Ei, in schmale Stücke geschnittenen Aal, Brotkrumen, geteilte Regenwürmer, getrocknete Garnelen, Fischmehl und Weizenkeimmehl. Trotz guter Betreuung durch eine Bantam-Henne nahmen die Küken erst am vierten Tag Nahrung zu sich. Im Alter von 14 Tagen begann die Befiederung, die etwa mit einem Monat abgeschlossen war. Geschlechtsunterschiede konnten in der Gefiederfärbung nicht festgestellt werden, doch färbte sich der Schnabel des Männchens nach etwa drei Monaten rosarot.

Wie aus den Berichten des Wildfowl Trusts weiter hervorgeht, konnte die Prachteiderente zwischen 1963 und 1971 alljährlich zur Eiablage gebracht werden; Legebeginn zwischen 17. April und 14. Juni. Aus 52 Eiern wuchsen 19 Jungtiere heran, von denen 1974 keines mehr lebte. Erst 1976 und 1977 wurden insgesamt 15 Tiere neu erworben, mit denen zwischen 1979 und 1982 insgesamt 9 Junge aufgezogen werden konnten.

Plüschkopfente
Somateria fischeri
(BRANDT)

Č Kajka brýlatá   F Eider de Fischer
D –   H Spectacle Eidereend
E Spectacled Eider   R Очковая гага

Habitus: Wie andere Eiderenten, etwas kleiner als *S. mollissima.* Abb. Seite 295 und 296.
Brutkleid: ♂ Kopffedern von der Schnabelmitte bis zum Nacken hin plüschartig und moosgrün; das Auge wird von einem breiten weißen, außen schwarz eingefaßten Federring umgeben. Hals, Rücken, Schultern und Bürzelseiten weiß, übriges Kleingefieder dunkel bleigrau. Schwungfedern und Schwanz schwarzgrau, innerste Armschwingen weiß, sichelförmig verlängert. Schnabel dunkel orange; Iris weiß, nach außen zu hellblau; Füße olivbraun. ♀ in der Gesamtfärbung im wesentlichen wie andere Eiderenten-♀♀, aber stets am ringförmig angeordneten Federkranz der Augenpartien kenntlich. Dieser ist etwas heller als das übrige Kleingefieder. Schnabel olivgrün, Iris braun. *Maße:* ♂ Flügel: 255–280, Schwanz: 85–90, Schnabel: 21–28, Lauf: 45–50 mm; ♀ Flügel: 233–280, Schnabel: 23–28 mm. *Gewicht:* ♂ 1020–1850 g, ♀ 1400–1860 g (USPENSKI 1972 u. a.).
Ruhekleid des ♂: Juli bis November. Gesamtes Gefieder dunkel graubraun, durchsetzt von schwarzen und einigen weißen Flecken. Federn des Augenringes etwas dunkler als übriges Kleingefieder.

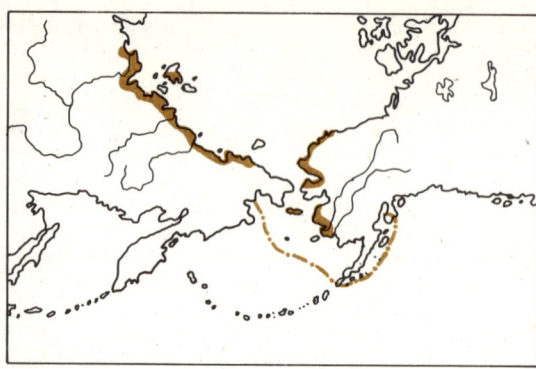

Brutvorkommen und Überwinterungsgebiete der Plüschkopfente (nach DAU and KITCHINSKI [1977]).

Dunenkleid: Oberseits sepiabraun wie bei anderen Eiderenten-Küken; Bauchseite fast weiß. Augenkranz durch besondere Gefiederstruktur angedeutet, farblich offenbar nicht bei allen pulli. differenziert, wie es von DELACOUR (1959) dargestellt wurde. Befiederung des Oberschnabels analog den ad.

Jugendkleid: Im wesentlichen wie das des alten ♀, aber farbflacher und Federn breiter gesäumt. Die »Brille« ist durch kürzere und hellere Befiederung angedeutet.

Lebensweise: Die Biologie der Plüschkopfente ist wie die der meisten Eiderenten auf das rauhe Klima und den kurzen Sommer ihrer arktischen Heimat abgestimmt. Balz und Paarung erfolgen hauptsächlich im Winterquartier und während des Frühjahrszuges. In kleinen Gruppen kehren die Plüschkopfenten Ende Mai zu den Brutplätzen in der Tundra zurück. Hier besiedeln sie seichte Küstenabschnitte und die anschließenden versumpften Strandwiesen sowie Moore und Flußniederungen, die von zahllosen kleinen Wasserflächen und Inseln durchsetzt sind. Die Nester werden in der flachwüchsigen Seggen- und Moosvegetation, bevorzugt auf Torfhügeln errichtet. Die Plüschkopfente ist kein echter Koloniebrüter, doch können an besonders günstigen Stellen, so auf Inseln oder in Kolonien der Möwen und Seeschwalben, mehrere Nester nahe beieinander stehen (KITCHINSKI and FLINT 1974). Die Gelege enthalten 4–9 Eier, als Mittelwerte wurden für Sibirien 5,56 (gl. Autoren) und für Alaska um 4,5 Eier je Gelege ermittelt. Farbe und Form entsprechen denen anderer Eiderenten-Eier, die Maße werden mit 59,5–73 × 40,5–48 mm; ∅ 67,2 × 44,3 mm angegeben (mehrere Autoren). Die Brutdauer beträgt 24 Tage (JOHNSGARD 1978). Die Kükenbetreuung erfolgt durch die Weibchen, anfangs auf den Brutteichen, später vor der Küste, wo dann die Mauser erfolgt. Die Erpel kehren unmittelbar nach der Legeperiode Ende Juni zum Meer zurück, um dort zu mausern. Mit dem Vereisen der Küstengewässer in der ersten Septemberhälfte beginnt die Abwanderung in

Plüschkopfente, *Somateria fischeri* (BRANDT)

die Wintergebiete. Das Einsetzen der geschlechtlichen Reife bei den Jungvögeln ist nicht sicher bekannt, doch dürfte sie mit der endgültigen Umfärbung in das Alterskleid im dritten Lebensjahr erfolgen.

Nahrung: Sie schwankt jahreszeitlich und regional recht stark. Insgesamt überwiegen während des Aufenthaltes auf dem Meere Mollusken und auf den Süßwasserseen Insektenlarven und Pflanzenteile.

Haltung und Zucht: Nach 1960 wurden von mehreren amerikanischen und kanadischen Ornithologen Eier der Plüschkopfente in Alaska gesammelt und die erbrüteten Küken in Gehegen aufgezogen. Nach Johnsgard (1964) wogen vier Eintagsküken 44–49 g (Smart 1965 ermittelte gleiche Werte), bei den heranwachsenden Jungtieren zeigten sich mit 17 Tagen die ersten Schulter- und mit 21 die ersten Schwungfedern, im Alter von 50 bis 53 Tagen ist die Befiederung abgeschlossen. Im Verhalten und in der Art und Weise der Aufzucht und Fütterung gleichen sie weitgehend den Eiderenten-Küken.

Der britische Wildfowl Trust erhielt 1965 mehrere Paare, am 15. Mai 1971 wurde ein erstes unbefruchtetes Ei gelegt, und ab 1976 gelang die Aufzucht mehrerer Jungtiere. Die Art wird heute vereinzelt in amerikanischen und westeuropäischen Privatanlagen gehalten, insgesamt schätzt Todd (1979) weniger als 50 Tiere.

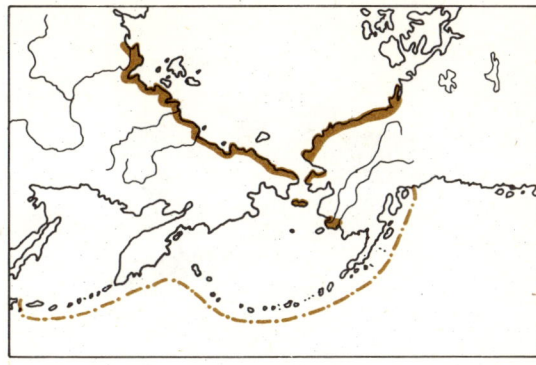

Brutvorkommen und Überwinterungsgebiete der Scheckente; unregelmäßig besetzte Brutplätze befinden sich entlang der gesamten asiatischen Arktisküste; vor Nordnorwegen überwintert eine kleine Population.

Scheckente
Polysticta stelleri
Pallas

Č Kajka bělohlavá	F Eider de Steller
D Stellersand	H Steller's Eidereend
E Steller's Eider	R Сибирская гага

Habitus: Wesentlich kleiner als die übrigen Eiderenten-Arten und mit »normalem« Tauchenten-Schnabel. Abb. Seite 295, 298 und 363.

Brutkleid: ♂ Kopf überwiegend weiß, ein kleiner Büschelfleck im Nacken hell olivgrün, Zügelgegend zart grün getönt; Augenring, Kehle, Hals und Mittelrücken bis zum Schwanz durchgehend schwarz, besonders auf dem Rücken stahlblau glänzend. Unterseits von rahmweiß an Hals und Schultern über hell lehmgelb und braun auf Brust und Flanken bis dunkelbraun auf Bauch und Hinterleib; Unterschwanzdecken und kleiner Fleck an Brustseiten ebenfalls schwarz, Flügeldecken weiß, Armschwingen schwarzblau mit schmalen weißen Endsäumen; innerste Armschwingen breit sichelartig abgebogen und blau-weiß gefärbt; herabhängende, verlängerte Schulterfedern blauschwarz, weiß gesäumt. Schnabel und Füße schwarzgrau, Iris dunkelbraun. ♀ Kleingefieder durchweg dunkelrostbraun, gelblich gefleckt; Kopfseiten etwas rotbräunlich. Arm-

schwingen glänzend schwarzblau, eingeschlossen von weißen Endbinden auf Armschwingen und großen Decken. Schnabel, Füße und Augen wie ♂. *Maße:* ♂ Flügel: 207–238, Schnabel: 36–53, Lauf: 34–37 mm; ♀ Flügel: 203–235, Schnabel: 35–48 mm. *Gewicht:* ♂ im Sommer 623–900 g, ⌀ 755 g; ♀ 651–1000 g, ⌀ 845 g; im Winterquartier erfolgt eine weitere Gewichtszunahme (Uspenski 1972).

Ruhekleid des ♂: Juli–August bis November. Sehr ähnlich dem ad. ♀, Schulterfedern etwas verlängert.

Dunenkleid: Im wesentlichen wie andere Eiderenten-Küken gefärbt, doch kleiner und mit zierlicherem Schnabel.

Jugendkleid: Insgesamt weibchenfarbig. Bei den Erpeln ist auf den Armschwingen ein blauer Spiegel schwach erkennbar (♀ dort graubraun), die Armdecken sind braun und haben weiße Spitzen, die eine schmale, helle Binde bilden. Ausführliche Beschreibung aller Kleider in Uspenski (1972).

Vorkommen in Mitteleuropa: Scheckenten sind unregelmäßige und sehr seltene Wintergäste der südwestlichen Ostsee. Aus den letzten 20 Jahren liegen etwa 10 Winterbeobachtungen, meist von Einzeltieren in Schlichtkleidern vor, die Mehrzahl davon aus dem Raum Hiddensee und Rügen (Klafs und Stübs 1977 u. a.).

Lebensweise: Scheckenten entfernen sich zwar während der Fortpflanzungszeit stärker als andere Eiderenten-Arten vom Meer, verweilen jedoch die längste Zeit des Jahres entlang flacher, steiniger und felsiger Küsten und in Meeresbuchten. Zu großen Konzentrationen kommt es dabei entlang der Halbinsel Alaska nebst umliegenden Inseln (bis 200000 Individuen), der Gesamtbestand wird auf 500000 geschätzt (Jones 1965 u. a.).

Die Brutplätze befinden sich an Seen, Moortümpeln und in Flußniederungen der arktischen Tundra, speziell der Bülten- und Torfhügeltundra (Uspenski 1972). Unmittelbar mit dem Aufschmelzen der Eisdecke kehren die Scheckenten fest verpaart zwischen Ende Mai und Ende Juni zu den Brutplätzen zurück.

Scheckente, *Polysticta stelleri* PALLAS

Die Nester werden einzelnstehend auf Torfhügeln oder zwischen Seggen, doch stets in guter Deckung errichtet und wohl schon während der Eiablage dick mit Pflanzenmaterial und dunkelbraunen Dunen ausgekleidet. Die Eiablage erfolgt kaum vor Ende Juni, Vollgelege enthalten 6–10, meist 7–8 gelbolive, graugrüne oder bräunliche, gestreckte Eier mit den Maßen 55,5–70,5 mal 37–47,1 mm; ⌀ 61,4–42 mm. Die Brutdauer ist noch nicht genau bekannt, vermutlich beträgt sie 22–24 Tage. Die Küken wachsen auf den Moortümpeln heran und verlassen diese mit den Weibchen bis Mitte September, wenn die Gewässer zufrieren. Ein Teil der Erpel unternimmt im Juli weite Mauserzüge zu bestimmten Meeresbuchten. Im Oktober treffen die großen Scharen der Überwinterer im südlichen Beringmeer ein.

Nahrung: Sie besteht außerhalb der Brutzeit aus wirbellosen Meerestieren, jedoch nur zu einem kleinen Teil aus hartschaligen Mollusken (worauf der atypische Eiderenten-Schnabel hinweist). An den Brutplätzen werden unterschiedlichste Pflanzenteile (Blattspitzen, Samen, Fruchtstände u. ä.) sowie Wasserinsekten und deren Larven, Kleinkrebse und Ringelwürmer aufgenommen.

Haltung und Zucht: Während in den amerikanischen und kanadischen Zuchtstationen Scheckenten hier und da anzutreffen sind, dürften jene drei Paare, die der Wildfowl Trust 1960 erhielt, die ersten und für lange Zeit die einzigen Vertreter dieser Art in Europa gewesen sein. Seit Ende der 70er Jahre werden Scheckenten, vermutlich aus Eiern von Alaska-Brutvögeln erbrütet, aufgezogen, und einige auch in englischen Privatanlagen gehalten. Über erfolgreiche Zuchten wurde bis 1980 nichts bekannt. Erst TARSNANE (1982) schreibt, daß es in jüngster Zeit zur Eiablage gekommen sei und wertet dies als ein erstes Zeichen, daß sich auch diese Art, die ähnliche Ansprüche wie die Kragen- und Eisente stellt, in Gehegen etablieren könnte. In einer Zuchtstation in Salt Lake City (USA) wurde 1981 eine Gruppe von 30 ausgefärbten Scheckenten gehalten und mit ihnen die erste Nachzucht erzielt (Gazette 1981, 20–25).

Labradorente
Camptorhynchus labradorius
(GMELIN)

Č	Kačka labradorská	F	Canard du Labrador
D	–	H	Labrador Eend
E	Labrador Duck	R	Лабрадорская гага

Habitus: Etwas kleiner und gedrungener als die Trauerente. Abb. Seite 362.

Brutkleid: ♂ Kopf und Hals weiß, die Kopfplatte und ein schmaler Halsring samtschwarz, Gesicht von der Schnabelwurzel her gelblich getönt. Übriges Kleingefieder, Schwanz und Schwingen schwarz, die Flügeldecken wiederum reinweiß. Der Schnabel ist vorn lappenartig verbreitert und dort von einer zarten, dünnen Haut überzogen; er ist an den Seiten schwarzbraun gefärbt, First und Basis sind orangerot bis blaßgelb. Füße aschgrau, Schwimmhäute schwarz; Iris rötlichnußbraun bis orange. ♀ bräunlichgrau mit hellem Augenstreif und weißlicher Kehle; Flügel mit weißem Spiegel. Schnabel überwiegend dunkelbraun. *Maße:* ♂ Flügel: 210–220, Schwanz: 75–80, Schnabel: 43–45, Lauf: 46 mm; ♀ Flügel: 206–209, Schnabel: 40–42 mm. *Gewicht:* ♂ 864 g, ♀ 842 g (JOHNSGARD 1978).

Ruhekleid des ♂: Kleingefieder wahrscheinlich ♀-ähnlich gefärbt.

Dunenkleid: nicht bekannt.

Jugendkleid: Sicher dem des ♀ sehr ähnlich.

Verbreitung: Die Brutgebiete sind unbekannt. Man vermutet, daß die Art auf Labrador gebrütet hat, woher auch die sechs in Dresden aufbewahrten Eier stammen sollen und wo AUDUBON (1838) auch glaubte, Nester der Labradorente gesehen zu haben. Während der Wintermonate zog diese Ente an der atlantischen Küste südlich, sie wurde teils auf Neuengland, häufiger aber auf Long Island und New Jersey und vereinzelt bis zur Chesapeake-Bai ziehend beobachtet.

Lebensweise: Die Labradorente gilt seit dem Ende des 19. Jahrhunderts als ausgestorben. Im Herbst 1875 gelangte das letzte geschossene Exemplar in eine wissenschaftliche Sammlung. Über die Brutbiologie und die Sommerbiotope ist nichts bekannt. Die sieben Eier aus dem englischen Tring-Museum und dem Museum für Tier- und Völkerkunde Dresden haben die Maße 60–62 × 42–43,5 mm; ∅ 60,7 × 42,5 mm. Sie sind blaß oliv-gelbbräunlich, mäßig gestreckt und mit nur geringer Verjüngung an einem Ende. Im Winter hielt sich die Art an sandigen Buchten der Küste und an Flußmündungen auf. Sie erschien stets nur in geringer Zahl und galt als vorsichtig und schwer zu erlegen. Bereits 1850 setzte eine deutliche Abnahme ein, geschossene Labradorenten kamen seitdem nur noch selten auf die Wildmärkte der ostamerikanischen Städte. Ab 1870 galt sie als ausgesprochen selten (GREENWAY 1958). Über die Ursachen des Aussterbens ist nichts bekannt. Als einzig bekannter Feind galt der Mensch, der sie zu Speisezwecken schoß. Es werden aber auch ökologische Gründe bezüglich der besonderen Schnabelform, die zweifellos in einer Nahrungsspezialisierung begründet ist, erwogen. Als sicher kann angesehen werden, daß die Labradorente von jeher nur eine individuenschwache Gesamtpopulation gebildet hatte.

Haltung und Zucht: Über die Haltung dieser Art ist nichts bekannt.

Kragenente
Histrionicus histrionicus (L.)

Č	Kačka strakatá	F	Canard harlequin
D	Strømand	H	Harlekijn Eend
E	Harlequin Duck	R	Каменушка

Habitus: Weitgehende Übereinstimmungen mit dem der Eisente. Abb. Seite 77 und 299.

Brutkleid: ♂ das bläulich-schiefergraue Kleingefieder wird am Kopf von einem großen, weißen Fleck an der Schnabelwurzel, der sich als brauner Streif entlang dem Oberkopf fortsetzt, von einem runden Fleck in der Ohrgegend, einem schmalen, weißen Streif an den Genickseiten, einem weißen, schwarz eingefaßten Halsring, einem langen weißen Streif vor dem Flügelbug und einem kleinen weißen Fleck an den seitlichen Unterschwanzdecken gemustert. Die Flanken sind kastanienbraun, die Bauchseite graubraun. Flügel mit schwarzgrauem Hand- und stahlblauem Armteil, innerste Armschwingen, ein Teil der Armdecken und Schulterfedern weiß. Schnabel blaugrau mit weißem

Kragenente, *Histrionicus histrionicus* (L.); vorn zwei Erpel, hinten die Ente

Nagel, Iris rötlichbraun, Füße grau, schwarz abgesetzt. ♀ gesamte Oberseite und Flanken dunkel graubraun, Wangen, Zügel- und Ohrgegend weißlich; Unterseite schmutziggrauweiß gefleckt, Flügel durchweg dunkel graubraun. Schnabel, Iris und Füße vorwiegend schwarzgrau. *Maße:* ♂ Flügel: 190–210, Schwanz: 77–101, Schnabel: 25–29, Lauf: 36–41 mm; ♀ Flügel: 180–200, Schnabel: 23–27, Lauf: 35–39 mm. *Gewicht:* ♂ 580–750 g, ♀ 500–562 g (mehrere Autoren zit. von BAUER und GLUTZ von BLOTZHEIM 1969).

Ruhekleid des ♂: Juni/Juli bis September/Oktober. Vorherrschend dunkel schiefergrau bis rußschwarz; die weiße Zeichnung des Brutkleides wird durch aufgehellte oder einzelne (nicht vermauserte) weiße Federn angedeutet.

Dunenkleid: Kopfplatte, Nacken und Rückenpartien schwarzbraun, je ein kleines Fleckchen auf Stirn und Zügel sowie Gesicht, Kehle und Bauch weiß, Brust und zwei kleine Fleckchen auf dem seitlichen Rücken bräunlich. Schnabel dunkelgrau mit hellem Nagel.

Jugendkleid: Gegenüber dem ad. ♀ insgesamt etwas heller und die Bauchseite gröber gefleckt. Die juv. Erpel färben während des ersten Winters einzelne weiße Federn des späteren Brutkleides durch, die endgültige Umfärbung erfolgt ab September des zweiten Lebensjahres.

Vorkommen in Mitteleuropa: Seltener Irrgast an der Nord- und Ostseeküste mit etwa 10 Nachweisen sowie einigen Binnenlandvorkommen südwärts bis Schweiz und Österreich.

Lebensweise: Die während der Wintermonate über die Küstenabschnitte verteilten Scharen der Kragenente konzentrieren sich im zeitigen Frühjahr in der Nähe der Flußmündungen. Hier erreichen Balz und Paarung ihre stärkste Intensität. Die fest verpaarten Vögel ziehen auf Island ab Ende April überwiegend schwimmend die Gebirgsflüsse aufwärts. Ihre Brutplätze befinden sich hier an den felsigen Ufern der Binnenseen, besonders des Mývatn, häufiger jedoch auf kleinen bewachsenen Lavainseln inmitten reißender Gebirgsströme. Auf Grönland wurden diese Enten auch an der Küste und in Nordamerika und Nordostasien in hohlen Bäumen nistend gefunden. Nicht selten kommt es zu lockeren Koloniebildungen.

Die Nistplatzwahl obliegt dem Weibchen, der Erpel bleibt passiver Begleiter. Nach BENGTSON (1966 und 1972) befinden sich die meisten isländischen Kragenenten-Nester dicht am Wasser unter Zweigen und Büschen, häufig auch in Lava- und Felsspalten; sie werden aus trockenen Pflanzenteilen errichtet und später mit weißen, an der Spitze rötlichen Dunen ausgelegt. Ältere Weibchen erweisen sich als sehr ortstreu. Die Eiablage erfolgt auf Island hauptsächlich um die Mai-Juni-Wende. Die Vollgelege enthalten nach BENGTSON (1972) 5–7 (im ∅ 5,7) gelblichbraune Eier mit den Maßen 52–62 × 38–44 mm; ∅ 57,5 × 41,2 mm. Die Legeintervalle betragen normal 2 bis 4 Tage. Brutdauer 28–29 Tage. Ende Juni, Anfang Juli wandern die Erpel bereits in kleinen Gruppen die Flüsse abwärts zum Meer. Die Weibchen führen die Küken zu ruhigen Stellen der Gebirgsflüsse und erscheinen mit ihnen erst im September an der Küste. Jungenten sind mit 30 Tagen befiedert, etwa 55 % der geschlüpften Küken werden flügge. Der Anteil nichtbrütender Weibchen schwankt auf Island zwischen 15 und 90 % und korreliert offenbar mit dem Hauptnahrungsangebot während der Brutzeit, den Larven der Kriebelmücke (BENGTSON and ULFSTRAND 1971, BENGTSON 1972).

Außerhalb der Brutzeit halten sich die Kragenenten in lockeren Schwärmen direkt in der Brandungszone felsiger Küstenabschnitte auf. Wassertiefen von 3–5 m in einer Entfernung von 100–300 m von der Küste werden bevorzugt, tiefe Buchten und Fjorde allgemein gemieden. Zu Abwanderungen kommt es nur dort, wo das Meer im Winter eine geschlossene Eisdecke trägt.

Nahrung: Im Sommer bilden die Larven der Kriebel- und Zuckmücken (*Simulium* und *Chironomida* spec.), Eintags- und Köcherfliegen (*Ephemera* spec., *Phrygamea* spec.), die zu Massen in dem sauerstoffreichen Wasser der Seen und Flüsse leben, die Hauptnahrung, weniger werden Krebstierchen und Fischbrut aufgenommen. Die Winternahrung besteht fast ausschließlich aus marinen Mollusken und Crustaceen, die vom Meeresgrund hochgetaucht oder von den Felsen abgelesen werden.

Haltung und Zucht: Ähnlich wie die Schellenten sind auch die Kragenenten äußerst attraktiv gefärbte und

Brutvorkommen und Überwinterungsgebiete der Kragenente.

bewegungsaktive Wasservögel. Verständlich erscheinen uns deshalb die vielen Bemühungen, diese Art in Gehegen zu pflegen und zu züchten. MOODY (1932) und DELACOUR (1959) berichten über diesbezügliche Versuche der Engländer QUENTIN und WORMALD unter anderem:

Zwischen 1911 und 1932 wurden mehrfach Kragenenten-Eier isländischer Wildvögel nach England geschafft und dort erbrütet. Die Aufzucht mehrerer Jungtiere gelang erst nach einigen Fehlschlägen. Als Nahrung bot man den Küken lebende Wasserinsekten, Garnelen, kleine Muscheln, Leberstückchen, Hering und Kükenaufzuchtfutter, später dann ein Körnergemisch. Ein Teil dieser Tiere lebte bis 1938 im Zoopark Clères, Frankreich.

Erneut wurden in den 60er Jahren Kragenenten aus Wildvogeleiern aufgezogen; der Wildfowl Trust besaß 1963 mehrere und 1967 12 Altvögel. In den USA hält PILLING, Seattle, seit 1972 als Halbflügge eingefangene Kragenenten und züchtet mit ihnen seit 1977. Seit Mitte der 70er Jahre werden in England erste Kragenenten angeboten und seit 1978 gezüchtet, nach WIENANDS (briefl.) waren auch 1979 weltweit nur drei Züchter mit dieser Art erfolgreich. FISCHER und BIEHL (briefl.) erwarben 1978 in England aufgezogene Jungtiere und halten sie auf relativ großen, naturnahen Teichen, WIENANDS dagegen auf einem geräumigen Betonbecken. Bei ihm kam es 1982 zur ersten Eiablage, die 5 Eier waren befruchtet, Junge wuchsen nicht auf. Als Futter erhalten die Kragenenten Weizen, Forellen-Pellet und reichlich Garnelen. Insgesamt zeichnet sich bei der Art eine gewisse Parasitenanfälligkeit ab.

Eisente
Clangula hyemalis (L.)

Č Hoholka ledni   F Canard nuquelon
D Havlitand   H Ijseend
E Long-tailed Duck   R Морянка

Habitus: Mittelgroße Meeresente mit stark verlängerten, schmalen Steuerfedern. Abb. Seite 77.
Brutkleid (Artkennzeichen): April—Mai bis Juli—August. ♂ Zügel- und Augengegend hellbräunlich bis weiß, übriger Kopf, Hals und Brust dunkelbraun; Vorderrücken- und Schulterfedern breit rostrot gesäumt; Flanken rotbraun getönt, Bauchseite weiß. Großgefieder und Bürzel blauschwarz bis schwarzbraun. Der kurze, kräftige Schnabel ist zwischen Nagel und Nasenloch rosarot, ansonsten schwarz gefärbt. Iris rötlichgelb, Füße graublau. ♀ Kopf, Hals und Brust braun, Augenpartien in unterschiedlicher Ausdehnung weiß; Rücken- und Schulterfedern verwa-

schen rotbraun gesäumt; Bauchseite hell, Flügel ohne Weiß; mittlere Steuerfedern wenig verlängert. Schnabel schwarz, Iris gelbbraun. *Maße:* ♂ Flügel: 219—236, Schwanz: 200—245, Schnabel: 26—29, Lauf: 32—35 mm; ♀ Flügel: 202—210, Schnabel: 23—28 mm. *Gewicht:* ♂ 502—982 g, ♀ 580—879 g.
Ruhekleid des ♂: August—September bis November. Oberseits vorwiegend durch Gefiederabnutzung farbflacher und dunkler als im Brutkleid. Flanken bräunlich.
Winterkleid: November bis April—Mai. ♂ Kopf, Hals und Vorderrücken grauweiß, auf Wangen und Halsseiten jeweils ein großer schwarzbrauner, unten rostbrauner Fleck; Brust, Mittelrücken, Bürzel und mittlere Steuerfedern schwarzbraun; Schultern und Flanken hellgrau, Bauch weiß. ♀ Kopf, Brust, Bauch und Flanken überwiegend weiß; Rücken-, Schulter- und Großgefieder etwa wie im Brutkleid.
Dunenkleid: Wangen, Halsseiten, Kehle und Bauch grauweiß; Oberkopf, Zügel, hinterer Halssaum, ein breites Brustband und der Oberkörper dunkelbraun, Rücken und Flügel ohne helle Flecke.
Jugendkleid: Dem Brutkleid des ♀ recht ähnlich, doch Rücken einfarbiger. Die jungen ♂♂ haben mehr Weiß an den Kopfseiten als die gleichalten ♀♀, das Rot am Oberschnabel ist meist angedeutet.
Vorkommen in Mitteleuropa: Entlang der mecklenburgischen Ostseeküste werden alljährlich ab Oktober bis zu 10000 durchziehende und ab Ende Dezember fast ebenso viele überwinternde Eisenten registriert (im Januar häufigste Meeresente), zwischen März und Mai erfolgt der Heimzug (KLAFS und STÜBS 1977). Etwas weniger zahlreich überwintert die Art an der Küste Schleswig-Holsteins (nur fünfthäufigste Entenart) und nur in kleinen Gruppen im Nordseebereich (SCHMIDT 1966). Eisenten halten sich bevorzugt in der bewegten See entlang der Steilküsten bei Wassertiefen von 1 bis 10 m und darunter auf. Bodden- und Binnengewässer werden nur von kleinen Gruppen oder Einzeltieren beflogen, doch liegen Beobachtungen bis hin zu den Alpenseen vor. Zwischen Mai 1966 und Frühjahr 1972 hielt sich auf dem stark verschmutzten Elsterflutbecken in Leipzig ein Eiserpel auf und ließ sich während der Wintermonate wie die Stockenten und Lachmöwen mit zugeworfenem Brot füttern (ERDMANN 1973).
Lebensweise: Eisenten sind die häufigsten Entenvögel des hohen Nordens. BELLROSE (1976) schätzt allein für Nordamerika 3—4 Millionen Altvögel, OGILVIE (1975) gibt für die Westhälfte Sibiriens 740 000 Brutpaare an, und JOHNSGARD (1978) rechnet mit einer Gesamtpopulation von annähernd 10 Millionen Individuen. Die enorm hohen Verluste durch Ölpestkatastrophen und den Fang in Fischnetzen (auf den Großen Seen Nordamerikas »tonnenweise«) werden offenbar noch ausgeglichen. Die Eisente ist auch der am weitesten nach Norden vordringende Wasservogel und brütet bis 83° n. Br. bei Juli-Mitteltemperaturen von 1—2°C.

Bevorzugte Brutbiotope bilden planktonreiche Tümpel und kleine Teiche in der arktischen Tundra und die Seeschwalbenkolonien entlang unwirtlicher Küsten (besonders auf Grönland), deren Schutzwirkung gegen Raubmöwen genutzt wird. Im Winterquartier

Brutvorkommen und Überwinterungsgebiete der Eisenente.

und auf dem Frühjahrszug erreichen die Paarungsaktivitäten ihren Höhepunkt. Unaufhörlich balzen die Erpel in kleinen Gruppen, und ihre klangvollen Paarungsrufe sind dann weithin an unserer Ostseeküste zu hören. Die gepaarten Eisenten treffen zwischen Ende April (Island) und Ende Juni (N-Grönland) an den Brutplätzen ein. Entlang den Ufern, bevorzugt auf kleinen Inselchen, werden die Nester gut verborgen zwischen Gräsern, Zwergsträuchern oder Steinen vom Weibchen errichtet. Die tiefe Nestmulde wird mit Flechten, Moos und später mit einem dicken Wall rußbrauner, im Zentrum deutlich hellerer Dunen ausgekleidet. Eiablage entsprechend dem Brutgebiet zwischen Mitte Mai und Juli. Vollgelege enthalten 5–9 (bis 11) gelblichweiße oder graugrüne Eier mit den Maßen 47–58 × 35–41 mm; Ø 53,7 × 37,4 mm. Brutdauer 24–26 Tage. Die Erpel bilden während dieser Zeit Mauserschwärme auf Süßwasserseen und an bestimmten Küstenabschnitten. Die Kükenbetreuung obliegt dem Weibchen, das heftige Abwehrkämpfe gegen Raub- und Eismöwen zu führen hat. Die Jungenten erreichen bereits mit 35 Tagen ihre Flugfähigkeit und haben damit wohl die kürzeste Befiederungszeit aller arktischen Enten (ALISON 1975, zit. von JOHNSGARD 1978). Gegen Ende des zweiten Lebensjahres werden die Eisenten geschlechtsreif.

Nahrung: Sie besteht fast ausschließlich aus Kleinlebewesen. Auf den Binnengewässern werden Wasserinsekten (besonders Mückenlarven), Plankton, Crustaceen und gelegentlich auch kleine Fischchen aufgenommen. Auf dem Meere bilden kleine und mittelgroße Mollusken, wie Mies-, Herz-, Sandklaffmuscheln und Strandschnecken, ferner Garnelen und andere Wirbellose die Hauptnahrung. LEIPE (1982) fand in den Mägen in Fischnetzen ertrunkener Eisenten im Gebiet des Greifswalder Boddens 51 % Mollusken (Sandklaff- und Herzmuscheln), 43 % Steine und 6 % Sonstiges (Pflanzenreste, Crustaceen, Fischchen). Tauchtiefen bis zu 66 m sind im Michigan-See nachgewiesen worden.

Haltung und Zucht: Vielfältig sind die Bemühungen, Eisenten auf Zucht- und Zooteichen zu halten und die der Ornithologen um die Rettung verölter Tiere zur Rückführung in die Natur. In die Hand des Menschen gelangen: infolge starker Eisbildung an der Küste ermattet aufgefundene, durch Treiböl auf offener See verschmutzte oder noch nicht ertrunkene Eisenten aus Fischnetzen. Mit all diesen Tieren sind bisher keine befriedigenden Haltungsergebnisse erzielt worden. Während gesunde, in Fischnetzen gefangene Eisenten meist die Futteraufnahme verweigern, gestopft werden müssen, wobei die wasserabweisenden Gefiederschichten zerstört werden, verlief die Behandlung verölter Tiere nach KOLBE (1977 und 1979) wie folgt:

Von über 60 am Strand eingefangenen Enten starben bis zu 40 % innerhalb der ersten 5 Tage, weitere innerhalb des 2. Monats, und nur 11 lebten 5–7 Monate, lediglich GROEGER, Ahaus, (briefl.) hielt drei solcher Tiere über drei Jahre.

Die stets etwas mageren Eisenten waren überraschend schnell futterzahm und bemerkenswert lernfähig. Fischstücke wurden sofort in großen Mengen aus dem Futternapf aufgenommen. Die Futterpalette umfaßte See- und Flußfischstücke, lebende Fischchen, frische und getrocknete Garnelen, Fleisch, Fliegenmaden, lebende Teichkrebse, Muschelschalen, Regenwürmer sowie Pellet- und Mischfutter. Prophylaktisch wurden Vitamine und Mineralstoffe, Antibiotika (Vorbeugung gegen Lungenentzündung), Kochsalz und Jod geboten. Zur Gefiedersäuberung mußten die verölten Tiere mehrfach mit fettlösenden Waschmitteln behandelt, in angewärmtem Wasser gewaschen und unter Rotstrahlern getrocknet werden. (Durch das Norsk Petroleumsinstitut Oslo wird ein 1 %iges Abwaschmittel bei 40–45°C Wassertemperatur verwendet.) Spätestens danach durchnäßte das Gefieder restlos. Auf einer Rasenfläche gehalten, wurde den Tieren mehrmals täglich für wenige Minuten ein Bad in einem kleinen Teich gewährt, danach rannten die durchnäßten Enten unter einen Rotstrahler, um sich zu putzen und zu fetten. Mit zunehmend wasserabweisendem Gefieder wurden die Badezeiten verlängert und die Enten auf einen größeren Teich umgesetzt. Zwischen April und Juni zeigten die verbliebenen Tiere eine gute Kondition, riefen häufig und begannen mit dem Abwerfen der hellgrauen Schulterfedern die Kleingefiedermauser, wogegen die Großgefiedermauser bei fast allen ausblieb. Im Juli und August traten sichtbare Konditionsrückgänge ein, wie reduzierte Nahrungsaufnahme, allmähliche Durchnässung aufgrund nachlassender Gefiederfettung. Lungenentzündungen, Leberschäden und Darmentzündungen setzten dann das Ende. Die eigentlichen Ursachen waren jedoch Stoffwechselstörungen, die die Mauser, Gefiederfettung und Abmagerung beeinflußten.

In England (seit den 30er Jahren) und den USA wurden wiederholt Küken aus Wildvogeleiern erbrütet und aufgezogen und seit Ende der 70er Jahre im westeuropäischen Tierhandel angeboten. Über die Erstzucht berichtet LAMPSON (1973): Aus Eiern von Wildvögeln wurden 1966 Küken erbrütet und aufgezogen. Ein Paar davon bewohnte einen 0,8 ha großen Parkteich. Das Weibchen legte 1970 in einem Faß 7 unbefruchtete und zwischen 24. Juni und 1. Juli 1971 unter einem Gebüsch 5 Eier, aus denen zwei Küken heranwuchsen. Als Futter erhielten sie Putenstarterfutter, gekochtes Gelbei, Mehlwürmer und etwas Wasserlinsen. Weitere Zuchterfolge wurden jedoch nicht erzielt (LAMPSON, briefl.). Im Zoopark Clères, Frankreich, schlüpften aus einer Mischehe mit einer Kastanienente zwei Küken, die jedoch nicht aufwuchsen, der Eiserpel lebte dort von 1932–1940. BIEHL, briefl., erhielt 1979 in England gezüchtete Jungtiere, die äußerst lebhaft und zahm sind, ihre bevorzugte Nahrung bilden Garnelen. Im Juni 1983 legte eines der Weibchen erstmals 7 Eier ab, von denen 5 befruchtet waren, zwei Küken wuchsen heran (Erstzucht außerhalb Englands).

Trauerente
Melanitta nigra (L.)

Č   Turpan černý   F   Macereuse noire
D   Sortand   H   Zwarte Zee Eend
E   Black Scoter   R   Синьга

Die Trauerente bewohnt in zwei sich in Schnabelform und -farbe unterscheidenden Subspezies Nord-Eurasien und Alaska. Die von Island etwa bis zur Lena vorkommende Trauerente, *Melanitta n. nigra* (L.), wird östlich davon durch die Amerikanische Trauerente, *Melanitta n. americana* (SWAINSON) ersetzt.

Beschreibung von *Melanitta nigra nigra*
Habitus: Rumpf kurz und gedrungen; etwa in der Größe der Tafelente.
Brutkleid: ♂ Gefieder durchweg schwarz, stellenweise schwarzbraun oder schwarzblau. Schnabel schwarz mit aufgeworfenem Höcker an der Wurzel und einem rotgelben Fleck in der Mitte des Oberschnabels. Iris dunkelbraun, Füße schwarzbraun. ♀ dunkel graubraun, Oberkopf fast schwarz, Wangen, Kehle und Halsseiten hell rahmbraun; Schnabel meist mattschwarz, manchmal orangegelb gefleckt, ab zweitem Lebensjahr (gelegentlich schon bei 1½jährigen Tieren) Schnabelwurzel schwach aufgewölbt. *Maße:* ♂ Flügel: 228–248, Schwanz: 80–100, Schnabel: 45–49, Lauf: 40–43 mm; ♀ Flügel: 220–229, Schnabel: 42–46 mm. *Gewicht:* ♂ 780–1450 g, ♀ 622–1177 g.
Ruhekleid des ♂: Juli–September bis März–Mai. Kopfseiten, Hals und Kehle mattschwarz, Brust- und Bauchpartien von einzelnen fahlbraunen Federn durchsetzt.
Dunenkleid: Oberseite und Kropfband schwarzbraun, Wangen und Kehle ausgedehnt rahmweiß, Bauch hell graubraun. Schnabel, Iris und Füße dunkel.
Jugendkleid: Im wesentlichen wie adultes ♀ gefärbt, doch heller und Federn einzelner Partien fahlbraun gesäumt. Bei den ♂♂ ist die zweite Handschwinge noch nicht verschmälert; die Höckerbildung am Oberschnabel beginnt mit 4–5 Monaten; Flügel im ersten Jahreskleid noch nicht so tiefschwarz wie bei adulten ♂♂.
Vorkommen in Mitteleuropa: Auf den Mauserplätzen im nordfriesischen und jütischen Wattenmeer treffen im Juli und August mehrere 10000 Trauererpel ein (Spätsommer 1968 allein 150000 um Insel Rømø), im September und Oktober folgen die Weibchen (DRENCKHAHN u. a. 1971). Entlang der mecklenburgischen Ostseeküste beginnt ab September ein unscheinbarer Herbstzug, denn viele Tiere halten sich außer

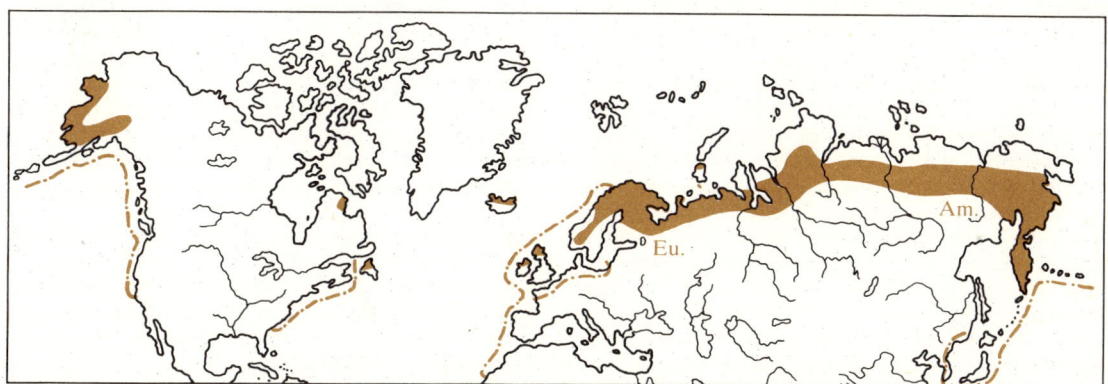

Brutvorkommen und Überwinterungsgebiete der Eurasischen (Eu.) und Amerikanischen (Am.) Trauerente.

Sichtweite vom Strand im Schelfmeer auf. Verstärkt ab Ende Dezember und im Januar erscheinen durchschnittlich 2 000 bis 5 000 Wintergäste vor unserer Küste. Der Frühjahrszug, begleitet von Balzspielen und Paarungsrufen der Erpel, hält bis April/Mai an (KLAFS und STÜBS 1977). Bodden- und die verschiedenartigsten Binnengewässer werden zwar regelmäßig, doch nur von kleinen Gruppen oder Einzeltieren aufgesucht.

Lebensweise: Die Brutvorkommen der Trauerente liegen ähnlich wie die der Samtente überwiegend an Binnengewässern, doch nistet erstere nordwärts über die Nadelwaldtaiga hinaus in der Strauchtundra, teilweise bis in die Übergangszone zur arktischen Moostundra hinein, an bewaldeten Fjordhängen und in ruhigen Meeresbuchten. Das Gros der Brutplätze befindet sich jedoch an tiefen, offenen Wald- und Tundraseen, an ruhig dahinströmenden Flüssen, in Mooren und Brüchen, die von einem üppigen Zwergstrauchgebüsch gesäumt sind.

Ab Mitte Mai treffen die einzelnen Paare auf den Brutgewässern ein. Die Paarbildung erfolgte bereits im Winterquartier und auf dem Frühjahrszug; mit der nun beginnenden Nistplatzwahl klingt die Balz rasch ab. Die Nester werden nahe dem Wasser unter Büschen, im Heidekraut oder zwischen Steinen errichtet und bestehen neben einem kompakten Unterbau aus Pflanzenmaterial aus einem dicken Polster dunkelbrauner, in der Mitte etwas hellerer Dunen. Im europäischen Teil der Sowjetunion kommt es ab Mitte Juni zur Ablage der 6–8, teils bis 12 cremeweißen oder rötlichbraunen Eier mit den Maßen 59–72 × 42–47 mm; Ø 67,5 × 44,8 mm. Die Brutdauer beträgt 27 bis 28 Tage.

Unmittelbar nach Brutbeginn verlassen die Erpel ihre Weibchen und kehren zu Scharen vereint auf das Meer zurück, wo sie dann mausern. Das Weibchen führt die Küken anfangs auf einen Süßwassersee und wandert mit ihnen im September ebenfalls zur Küste ab. Die Jungenten sind mit 6–7 Wochen flugfähig (BELLROSE 1976) und erlangen gegen Ende des zweiten Lebensjahres die geschlechtliche Reife. Außerhalb der Fortpflanzungszeit verweilen die Trauerenten ausschließlich auf dem Meere bei Wassertiefen bis zu 15 m.

Nahrung: Sie besteht während des Aufenthaltes auf dem Meere fast ausschließlich aus groben, teils sehr hartschaligen Mollusken, die vom Meeresgrund in 2–5 m Tiefe erfaßt werden. Auf den Binnengewässern bilden außer Mollusken Wasserinsekten, Fischchen sowie ein kleinerer Teil Wasserpflanzen die Nahrungsgrundlage.

Haltung und Zucht: Alljährlich gelangen überwinternde Trauerenten in die Hand des Menschen und somit in die zoologischen Gärten und in die Sammlungen der Züchter. Voraussetzung für eine erfolgreiche Haltung ist ein wenig besetzter, großer, um 2 m tiefer Naturteich mit reichlich tierischer Nahrung und möglichst kühlem, klarem Wasser. So untergebrachte Trauerenten halten sich gut über viele Jahre und mausern ohne Schwierigkeiten. In Clères, Frankreich, lebten mehrere Trauerenten zwischen 1928 und 1940; der

Berliner Zoo hielt eine kleine Gruppe in guter Kondition bis zum 1. Weltkrieg, sie starben, als keine Fische mehr verfüttert werden konnten. Im Zoo Basel lebte ein Tier über 12 Jahre. Diese zufällig eingefangenen Trauerenten gewöhnten sich zwar gut ein, einzelne Erpel balzten und ließen im Frühjahr ihre klaren Flötenrufe hören, Brutaktivitäten wurden jedoch nicht bekannt. Nur teilweise gelingt die Eingewöhnung verölter Tiere. Seit den 70er Jahren bemühen sich besonders englische Züchter um diese Art. Aus Wildvogeleiern zogen sie Junge auf und brachten diese Tiere dann zur Fortpflanzung; WIENANDS, briefl., erhielt im Herbst 1979 gezüchtete Jungtiere, die an den Zoo Wuppertal übergeben, bis 1983 brutinaktiv blieben.

Die Ernährung der Gehegetiere bietet bei den heutigen pelletierten Mischfutterangeboten keine Probleme mehr, dennoch empfiehlt sich eine Zufütterung von Garnelen, Fischstücken, Muscheln oder Schnecken.

Brillenente
Melanitta
perspicillata (L.)

Č	Turpan brylový	F	Macreuse à lunettes
D	Brilleand	H	Bril Zee Eend
E	Surf Scoter	R	Пестроносый турпан

Habitus: Wie Samt- und Trauerente, in der Größe zwischen beiden stehend.

Brutkleid: ♂ auf der Stirn ein weißer Fleck, der in seiner Ausdehnung zur Kopfplatte hin variiert, und auf dem Nacken ein zum Hals auslaufendes Dreieck. Übrige Gefiederpartien schwarzbraun bis samtschwarz mit violettem, grünlichem oder blauem Glanz; Schwingen und große Decken etwas aufgehellt. Der sehr klobige Schnabel ist auffällig bunt (rot, gelb, weiß) und hat auf der Seite (Zügelgegend) einen befiederten schwarzen Fleck. Iris weiß, Füße karminrot, Schwimmhäute dunkel. ♀ im wesentlichen wie die Trauerente gefärbt, doch mit aufgehellten bis weißen Schnabelbasis-, Ohr- und Nackenpartien; Kopfplatte selbst dunkel. Schnabel annähernd so groß und klobig wie beim ♂, doch schwarzgrün. Iris braun, Füße dunkel orangegelb. *Maße:* ♂ Flügel: 240–256, Schnabel: 35–42, Lauf: 43–47 mm; ♀ Flügel: 223–235, Schnabel: 33–37 mm. *Gewicht:* ♂ 651–1 133 g, Ø 993 g; ♀ 680–993 g, Ø 907 g.

Ruhekleid des ♂: Juli bis März/April; frisch vermausert kein merklicher Unterschied zum Brutkleid, später durch Federabnutzung und Ausblassen insgesamt mehr bräunlich und glanzlos.

Dunenkleid: Oberseits dunkel graubraun, Wangen, Kinn und Kehle fast weiß, Brust graubraun, Bauch

Paarungsablauf bei Radjahgänsen, *Tadorna radjah* (LESSON); 1 Kopulation, 2 ›Abkippen‹ des Ganters zur Beendigung der Kopulation, 3 ausgiebiges Baden bildet den Abschluß des Rituals.

phot. K. Kussmann

1 Paradieskasarka, *Tadorna variegata* (Gmelin), links der Ganter. 2 Brandgans, *Tadorna tadorna* (L.); bei dem Ganter (Bildmitte) ist der Stirnhöcker voll zurückgebildet, die Gössel sind 21 Tage alt.   phot. H. Kolbe

Graukopfkasarka, *Tadorna cana* (GMELIN); 1 Familie, rechts oben der Ganter, die Gössel sind 10 Tage alt; 2 adultes Weibchen (rechts) mit erwachsenen Junggänsen im Alter von 55 Tagen.   phot. H. Kolbe

1 Männliche Mähnengans, *Chenonetta jubata* (LATHAM). 2 Sporengans, *Plectropterus gambensis* (L.), als größter Vertreter der Glanzenten. 3 Höckerglanzente, *Sarkidiornis melanotos* (PENNANT), der Schnabelhöcker ist bei brutinaktiven Tieren nur angedeutet.

phot. 1 K. Kussmann, 2 und 3 H. Kolbe

Hartlaubsenten, *Cairina hartlaubi* (Cassin), variieren im Weißanteil der Kopffärbung, ohne echte Unterarten zu bilden; frühere Autoren trennten sie in 1 Westliche und 2 Östliche Hartlaubsente.

phot. K. Kussmann

1 Australische Zwergglanzente, *Nettapus coromandelianus albipennis* GOULD, vorn zwei Enten, gefolgt von drei Erpeln; 2 Männchen der Grünen Zwergglanzente, *Nettapus pulchellus* GOULD, im Zoo Adelaide. phot. 1 E. Slater, 2 K. Kussmann

1 Amazonasente, *Amazonetta brasiliensis* (GMELIN), links der Erpel. 2 Paar der in Zuchtgehegen weit verbreiteten Rotschulterente, *Callonetta leucophrys* (VIEILLOT).
phot. H. Kolbe

1 Brautente, *Aix sponsa* (L.). 2 Mandarinente, *Aix galericulata* (L.) phot. H. Kolbe

1 Erpel der Peru-Sturzbachente, *Merganetta armata leucogenis* SCLATER & SALVIN. 2 Erpel der Chile-Sturzbachente, *Merganetta a. armata* GOULD; beide Fotos entstanden an Gebirgsbächen der Hochanden. 3 Spatelschnabelente, *Malacorhynchus membranaceus* (LATHAM), vorn der Erpel.

phot. 1 und 2 P. A. Johnsgard, 3 E. Slater

1 Pfeifente, *Anas penelope* L.. 2 Amerikanische Pfeifente, *Anas americana* GMELIN. 3 Chilepfeifente, *Anas sibilatrix* POEPPIG.

phot. H. Kolbe

1 Baikalente, *Anas formosa* GEORGI; das Weibchen ist am hellen Zügelfleck kenntlich. 2 Schwarzente, *Anas sparsa* EYTON; diese große und wenig verträgliche Art wird nur selten gehalten und gezüchtet. 3 Philippinenente, *Anas luzonica* FRAZER.

phot. 1 und 3 H. Kolbe, 2 W. R. Siegfried

1 Neuseeländische Aucklandente, *Anas aucklandica chlorotis* GRAY; ihre Zucht gelang erstmalig 1960 im Wildfowl Trust Slimbridge. 2 Die sehr ähnliche Kastanienente, *Anas castanea* (EYTON), ist in Australien beheimatet. 3 Mittelente, *Anas strepera* L..

phot. 1 Wildfowl Trust, 2 und 3 H. Kolbe

1 Erpel der Chile-Krickente, *Anas f. flavirostris* VIEILLOT. 2 Erpel der Krickente, *Anas c. crecca* L. 3 Bei den Weißkehlenten, *Anas gibberifrons* MÜLLER, tragen beide Geschlechter ein weibchenfarbenes Schlichtkleid.　　phot. 1 und 2 H. Kolbe, 3 K. Kussmann

1 Die Südgeorgien-Spitzschwanzente, *Anas g. georgica* GMELIN, ist kleiner und dunkler als die 2 Chile-Spitzschwanzente, *Anas georgica spinicauda* VIEILLOT.

phot. H. Kolbe

1 Spießente, *Anas a. acuta* L.. 2 Die Kerguelenente, *Anas acuta eatoni* (SHARPE), trägt als typische Inselform ganzjährig ein weibchenfarbenes Schlichtkleid; vorn Weibchen, hinten Erpel.   phot. H. Kolbe

1 Die Helle Gelbschnabelente, *Anas u. undulata* Du Bois, aus dem südlichen Afrika. 2 Indische Fleckschnabelente, *Anas poecilorhyncha* Forster.
phot. 1 K. Kussmann, 2 H. Kolbe

silberweiß. Vom sehr ähnlichen Trauerenten-Küken vor allem durch die schneppenartig gegen den Schnabel vorspringende, nicht wie dort gerade abgeschnittene Befiederung der Schnabelbasis zu unterscheiden.

Jugendkleid: Ähnlich dem ♀-Kleid, doch ohne helle Nackenzeichnung und mit stärker aufgehellter Bauchseite. (Beschreibungen, Maße und Gewichte nach BAUER und GLUTZ von BLOTZHEIM, 1969)

Vorkommen in Europa: Nach BRUUN (1971) wurden etwa 100 Brillenenten in Europa, überwiegend in England und Irland beobachtet, Einzelexemplare wurden auch aus Holland, von Helgoland und aus Skandinavien bekannt.

Lebensweise: Die Brillenente, obgleich von ihr 765 000 auf den Überwinterungsplätzen erfaßt wurden, gehört zu den wenig erforschten Wasservogelarten Nordamerikas; über ihre Brutbiologie liegen nur wenige Angaben vor (BELLROSE 1976).

Ab Anfang Mai, oft erst im Juni, treffen die fest verpaarten Altvögel an den Brutplätzen ein. Diese befinden sich an kleinen Süßwasserseen, in Flußniederungen und wasserreichen Mooren im Bereich der lichten Wald- und Strauchtundra. Die Nester werden bevorzugt auf Inseln und Halbinseln (als Schutz vor dem Eisfuchs) unter Zwergsträuchern, kleinen Nadelbäumen, zwischen Steinen und unter Grasbüscheln gut verborgen angelegt. Die Ablage der 6–7 (bis 9) gelblichweißen oder blaßbräunlichen Eier erfolgt zwischen Mitte Juni und Mitte Juli, ihre Maße betragen 56,4–66,5 × 39,5–45 mm; ⌀ 61,5 × 42,8 mm. Die Nester werden mit wenigen Halmen, Federn und sehr dunklen, im Zentrum etwas helleren Dunen ausgelegt. Brutdauer nicht mehr als 27–28 Tage (JOHNSGARD 1978). Die Erpel verlassen ab Ende Juni die Brutgebiete und finden sich zu großen Mauserscharen u. a. an der Ostküste Labradors und im Mackenzie-Delta ein. Die Weibchen betreuen die Küken auf den Tundrateichen und wandern nach deren Flüggewerden ebenfalls zur Küste ab, wo sie dann mit den Erpeln große Schwärme bilden. Die Jungvögel werden gegen Ende des zweiten Lebensjahres geschlechtsreif.

Nahrung und Nahrungserwerb: Weitgehend mit denen der Trauer- und Samtente identisch. Auf dem Meere bilden Muscheln und Schnecken den Hauptanteil, auf den Brutgewässern steigt der Anteil pflanzlicher Nahrung auf 10–15 %, die Mollusken werden durch Wasserinsekten und deren Larven ersetzt.

Haltung und Zucht: Brillenenten werden in Europa offenbar noch nicht, in Nordamerika nur sehr wenig gehalten. Im Zoo San Diego lebten 1979 sechs Tiere, ein Erpel davon seit 10 Jahren. Gezüchtet wurde die Art bisher nicht.

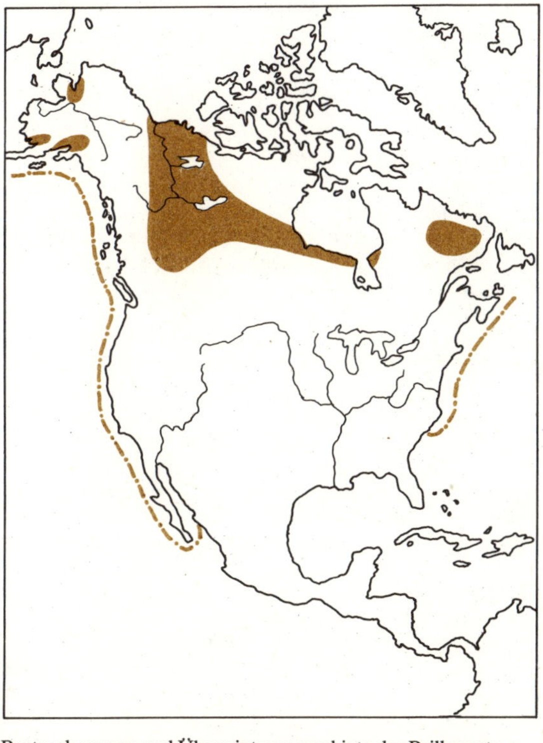

Samtente
Melanitta fusca (L.)

Brutvorkommen und Überwinterungsgebiete der Brillenente.

Č	Turpan hnědý	F	Macreuse à ailes blanches
D	Fløjlsand		
E	White-winged oder Velvet Scoter	H	Grote Zee Eend
		R	Чёрный турпан

Die Samtente bewohnt in den folgenden drei Unterarten den Norden der Neuen und Alten Welt: Samtente, *Melanitta f. fusca* (L.), Amerikanische Samtente, *Melanitta f. deglandi* (BONAPARTE) und Asiatische Samtente, *Melanitta f. stejnegeri* (RIDGWAY). Im Gegensatz zur unten beschriebenen Nominatform haben die asiatisch-amerikanischen Unterarten hohe Schnabelhöcker und rote Oberschnabelpartien.

Beschreibung von *Melanitta fusca fusca*
Habitus: Wie Trauerente, jedoch größer. Abb. Seite 365.
Brutkleid: ♂ Gefieder tiefschwarz, Kopf und Rücken mit purpurgrünem Glanz, Bauchseite braun getönt. Unter dem Auge, nach hinten ziehend, befindet sich ein weißer, halbmondförmiger Fleck; mittlere Armschwingen und dazugehörige große Decken ebenfalls weiß. Oberschnabel mit schwach angedeutetem Höcker nahe der Wurzel, Seiten gelb, Mittelteil schwarz, Nagel grauweiß. Iris perlweiß, Füße rot mit schwarzen Schwimmhäuten. ♀ dunkel graubraun, Rücken- und Brustfedern heller gesäumt. Zügel- und Ohrgegend mit unterschiedlich großem, mehr oder minder hellem

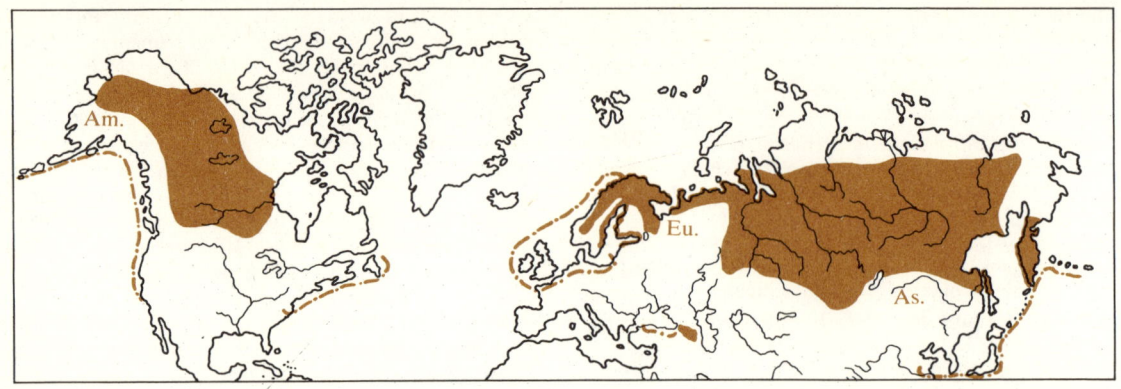

Brutvorkommen und Überwinterungsgebiete der Amerikanischen (Am.), Eurasischen (Eu.) und Asiatischen (As.) Samtente.

Fleck; Flügelspiegel weiß. Schnabel schwarzgrau, Iris dunkelbraun, Füße rotbraun. *Maße:* ♂ Flügel: 265–286, Schwanz: 76–87, Schnabel: 43–50, Lauf: 42–47 mm; ♀ Flügel: 250–275, Schnabel: 38–46 mm. *Gewicht:* ♂ 1097–2024 g, ♀ 852–2000 g.

Ruhekleid des ♂: Juli–August bis September–März. Nur geringfügige Unterschiede zum Brutkleid, insgesamt brauner und weniger glänzend.

Dunenkleid: Oberseite dunkelbraun, Kopfplatte fast schwarz; Gesicht unterhalb der Augenlinie, Kehle und Halsseiten sowie kleine Fleckchen auf Flügel und Rumpfseiten grauweiß; Kropfband braun, Bauch hell bräunlichgrau. Schnabel und Füße dunkel.

Jugendkleid: Vom adulten ♀ durch gefleckte Kopfseiten und stark aufgehellten Bauch zu unterscheiden. ♂♂ im ersten Jahreskleid noch ohne weißen Augenfleck.

Vorkommen in Mitteleuropa: Ähnlich wie die Trauerente, jedoch in weit geringerer Anzahl, überwintert die Samtente entlang der Ostseeküste und im Wattenmeer der Nordsee. KLAFS und STÜBS (1977) geben als Mittelwert 500 bis 1000 Überwinterer für die mecklenburgische Ostseeküste an. Der Zuzug setzt im September ein, die Wintergäste erscheinen im Dezember, Frühjahrszug Februar/März, auslaufend bis Mai; einzelne übersommern. Kleinere Verbände mausern zwischen Juli und September im nordfriesischen Wattenmeer. Binnenlandeinflüge bis hin zum Bodensee stellen keine Seltenheit dar und sind oftmals individuenstärker als die der Trauerente.

Lebensweise: Die Brutbiotope tragen in den einzelnen Landschaften sehr unterschiedlichen Charakter. An der finnischen Küste brüten die Samtenten häufig auf kleinen, felsigen, oft nur spärlich mit Wacholderbüschen bewachsenen Schären. In Sibirien besiedeln sie einsame, kleinere Teiche und Seen der Nadelwaldtaiga, nisten aber auch an offenen Gewässern der Strauchtundra und auf denen der südlichen Waldsteppen. Die Asiatische Samtente wurde vorwiegend in höheren Regionen des Altaimassivs angetroffen.

Die Paarbildung erfolgt offenbar im Winterquartier und auf dem Frühjahrszug. Als eine der letzten Arten kehren die Samtenten in Finnland Ende April, Anfang Mai, in Sibirien und im Altai oft erst im Juni an ihre Brutplätze zurück. Die Nester werden im Moos, im Gras, unter Büschen oder zwischen Felsbrocken und in Nischen errichtet. Auf den finnischen Schären wurden bis zu 11 Nester auf 200 m² registriert (STOLL 1931). Die Eiablage erfolgt ab Mitte Mai (in Finnland) und Mitte Juli (im Altai). Die anfangs wenig ausgekleidete Nestmulde wird erst während der Eiablage mit Pflanzenmaterial ausgelegt und nach dem vierten Ei mit einem dicken Dunenwall umgeben. Die 8–10 cremeweißen bis rötlich-lehmbraunen Eier werden in 40stündigen Intervallen abgelegt und in 26 bis 29 Tagen erbrütet (KOSKIMIES und ROUTAMO 1953). Ihre Maße betragen 64,3–77,4 × 42,6–51,5 mm; ⌀ 72,0 × 48,4 mm. Die Erpel scharen sich nach KOSKIMIES und ROUTAMO (1953) bald nach Brutbeginn zu Trupps zusammen und verlassen das Brutgewässer, um zu mausern. Bei den Jungenten verläuft die Rumpfbefiederung relativ schnell, doch sollen die Schwingen bemerkenswert langsam wachsen, so daß die Enten oft erst im Alter von 2 Monaten, zu Beginn des Herbstzuges, flugfähig werden (JOHANSEN 1959). 22 Eintagsküken der Amerikanischen Samtente wogen zwischen 49 und 59 g (⌀ 54,5 g).

Außerhalb der Brutzeit lebt das Gros der Samtenten an den Meeresküsten des Atlantik, des Kaspisees und des Pazifik.

Nahrung: Sie besteht auf den Binnengewässern sowohl aus Wasserpflanzen als auch aus Wasserinsekten, Fröschen, Fischchen und Mollusken. Während des Aufenthaltes auf dem Meere wird überwiegend tierische Nahrung, wie Mies- und Herzmuscheln, Austern und verschiedene Crustaceen, aufgenommen.

Haltung und Zucht: Samtenten stellen mit ihrem schwarzen Gefieder und den hohen Anforderungen an Unterbringung und Fütterung keine sonderlich begehrte Art für den Wasservogelzüchter dar. Dennoch wurden mühevolle Versuche unternommen, Samtenten für die Gehegehaltung einzugewöhnen. Bisher gelangten ausschließlich überwinternde Altvögel, von Fischern in Netzen gefangen, verölt oder entkräftet aufgegriffen, in menschliche Obhut. Bemerkenswert schnell und mit großer Findigkeit gewöhnen sich solche Tiere an ihre neue Umwelt, an das im Napf gereichte Futter und an die Nähe des Menschen. Problematischer erweist sich die Erhaltung des wasserabweisenden Gefieders und der Stoffwechselvorgänge (einschließlich Mauser und Bildung von Abwehrstoffen), doch gelingt dieses bei Trauer- und Samtenten besser als bei Eisenten. Eingewöhnte und vermauserte Samtenten können wie Schellenten und Säger bei entsprechender Unterbringung (gute Wasserqualität bei 1 m Mindesttiefe) problemlos gehalten werden. Im Zoopark Clères, Frankreich, lebte ein Tier 6 Jahre (DELACOUR 1959), im Zoo Basel etwa 13 Jahre (BAUER und GLUTZ VON BLOTZHEIM 1969), in meiner Anlage lebt ein verölt ergriffenes Weibchen bisher 11 Jahre und bietet sich in jedem Frühjahr dem Spatelerpel zur Begattung an. Um 1975 wurden vom Wildfowl Slimbridge und sicher auch anderswo in England Samtenten aus Eiern von Wildvögeln aufgezogen.

Ob die Samtente bis Ende der 70er Jahre wirklich in Gehegen gezüchtet worden ist, kann nicht mit Sicherheit bestätigt werden; denn auch die Angaben für die Zoos Washington 1960 und Helsinki 1972 (International Zoo Yearbook) schließen nicht aus, daß lediglich Küken aus Wildvogeleiern aufwuchsen.

Einzugewöhnende Wildfänge werden anfangs mit Fischstücken, die mit Muschelschalen, Kies, Mineralen und Vitaminen paniert sind, gefüttert, später werden in zunehmender Menge ein gehaltvolles, pelletiertes Fertigfutter und Getreide gereicht. Süßwasserfische der Weißfisch-Gruppe sind weit besser geeignet als Heringe oder andere Seefische.

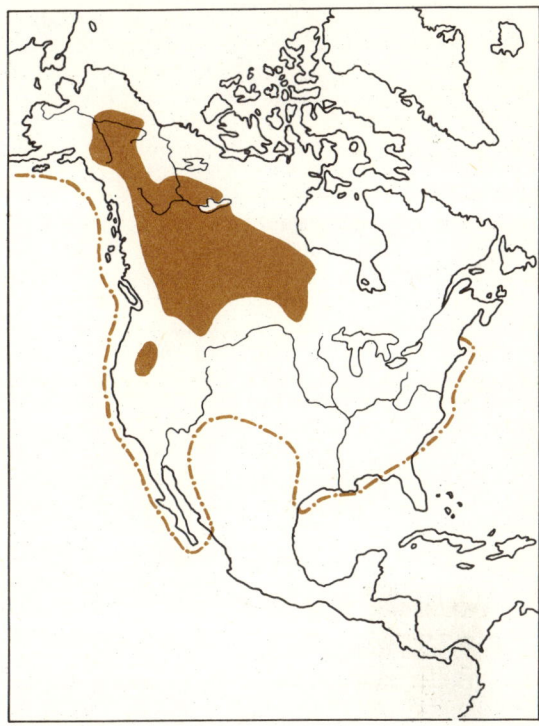

Brutvorkommen und Überwinterungsgebiete der Büffelkopfente.

Büffelkopfente
Bucephala albeola (L.)

Č Hohol bělavý	F Garrot albéole
D Bøffeland	H Bufflehead
E Bufflehead	R Гоголь-головастик

Habitus: Wie andere *Bucephala*-Arten, nur reichlich krickentengroß. Abb. Seite 364.

Brutkleid: ♂ gesamtes Kopf- und oberes Halsgefieder leicht verlängert (büffelkopfartig) und tiefschwarz, an Stirn, Zügel und Hinterhals grünschillernd, dagegen Scheitel, Kehle und Kopfseiten mit intensivem Purpurglanz. Hinter dem Auge beginnend, zieht sich ein breites weißes Band um den Hinterkopf. Rücken und innere Teile der Schultern schwarz, Oberschwanzdecken hellgrau; übriges Kleingefieder weiß, Bauch mit schwach grauem Anflug. Die Armschwingen und deren Decken bilden einen ausgedehnten weißen Spiegel, der in den äußeren Schulterfedern seine Fortsetzung findet; Handschwingen schwarzbraun; Steuerfedern überwiegend graubraun. Schnabel dunkel bleigrau, Iris braun, Füße rot. ♀ ist dem der Schellente farblich

sehr ähnlich, hat jedoch einen großen weißen Längsfleck an den Kopfseiten und nur einen kleinen weißen Spiegel auf den Armschwingen. Schnabel und Füße grau. *Maße:* ♂ Flügel: 163–180, Schwanz: 70–76, Schnabel: 25–29, Lauf: 30–33 mm; ♀ Flügel: 150–163, Schnabel: 23–26 mm. *Gewicht:* ♂ 369–568 g, ⌀ 453 g; ♀ 227–596 g, ⌀ 340 g (KORTRIGHT 1942).

Ruhekleid des ♂: Juli bis Oktober; Kleingefieder ♀-farbig, doch weißer Backenfleck ausgedehnter und alle mittleren Flügeldecken weiß; die Ellenbogenfedern schwach verlängert und leicht abwärts gebogen.

Dunenkleid: In der Färbung wie Schellenten-Küken, doch kleiner.

Jugendkleid: Etwa wie ad. ♀, aber mittlere Flügeldekken alle schwarzbraun; die Ellenbogenfedern nicht verlängert und gerade verlaufend. Flügel immat. ♂ 160 mm und länger, ♀ 159 mm und kürzer. Wintergewichte immat. ♂ 394–493, ⌀ 450 g, ♀ 273–354, ⌀ 315 g (HENNY et al. 1981).

Lebensweise: Trotz des relativ kleinen Brutgebietes schätzen ERSKINE (1972) die Brutpopulation der Büffelkopfente auf 500 000 und BELLROSE (1976) die Frühjahrspopulation auf 750 000 Individuen. Biologie und Verhalten gleichen weitgehend denen der Schell- und Spatelente. Auch sie bevorzugt für den Sommeraufenthalt tiefe, klare und von Hochwald umgebene Binnenseen, während die Wintermonate auf Flüssen, eisfreien Seen und an ruhigen Küstenabschnitten des Atlantik und Pazifik verbracht werden. Im Winterquartier vereinen sich die Büffelkopfenten zu lockeren, kleinen

Gesellschaften oder mischen sich unter andere Entenvögel. Innerhalb dieser Trupps beginnt die Balz der Erpel. Gegen Ende März verlassen die Enten die Küstenbereiche und treffen ab April auf den Brutgewässern ein. Nach ERSKINE (1961) ziehen die Männchen vor den Weibchen, letztgenannte erreichen erst ein bis zwei Wochen vor der Eiablage das Brutgebiet. Auf den Brutgewässern entfaltet sich die Balz der Erpel am intensivsten, und nach Meinung des gleichen Autors erfolgt nun erst die eigentliche Paarung, die mit heftigen Auseinandersetzungen unter den Männchen verbunden ist. Die Eiablage beginnt Mitte bis Ende Mai zumindest in 4–8 m hohen Baumhöhlen – oftmals in denen des Goldspechtes (Colaptes auratus) –, viel seltener unter Uferböschungen oder in Höhlungen umgestürzter Bäume. Wie ERSKINE durch Beringung nachwies, sind die Büffelkopfenten ihren Brutplätzen und den Überwinterungsgebieten außerordentlich ortstreu. Die Weibchen beziehen alljährlich die gleiche Nisthöhle und nehmen nur kleinere Ortswechsel vor, wenn Höhle oder Gelege zerstört wurden. Die Ortstreue der Erpel ist nur für das Wassergebiet bekannt. Die Gelege bestehen aus 7–10 cremefarbenen bis bräunlichen, teils auch oliv getönten Eiern mit den Maßen 49,5–55 × 34–38 mm; ⌀ 50,5 × 36,1 mm. Brutdauer 29–31 Tage; die zur Auspolsterung verwendeten Dunen sind hellgrau. Die Jungenaufzucht erfolgt ähnlich wie bei den Schellenten allein durch das Weibchen und mehr oder weniger auf der freien Wasserfläche. Die Küken und insbesondere die Altvögel werden als hervorragende Taucher und letztere als sehr elegante und schnelle Flieger bezeichnet. Die Herbstmauser der alten Weibchen erfolgt auf dem Brutteich oder in dessen unmittelbarer Nähe, von den Erpeln wird Gleiches vermutet. Der Abzug in die Winterquartiere beginnt erst mit dem Einsetzen stärkerer Frosteinbrüche.

Nahrung: Sie besteht auf den Binnengewässern zu etwa 40 % aus kleinen Wasserinsekten sowie zu je 15–20 % aus Kleinkrebsen und Schnecken; der Anteil pflanzlicher Kost liegt bei 20 %; bevorzugte Tauchtiefen 1,3–5 m.

Haltung und Zucht: Bis nach 1970 gehörten die Büffelkopfenten in Europa zu den sehr seltenen und schwierig zu haltenden Arten. Nach DELACOUR (1959) lebten zwischen 1936 und 1940 mehrere Tiere in Clères, Frankreich, und etwa seit 1963 im Wildfowl Trust Slimbridge. Heute wird diese kleinste Meeresente in Privatanlagen und einigen Zoos gehalten (Tierpark Berlin seit 1976), aber nur wenig gezüchtet.

Unterbringung, Pflege und Fütterung entsprechen denen der Schellente; ein Teich mit qualitativ gutem Wasser und eine Überwinterung auf einer eisfreien Wasserfläche sind Bedingung. Auch die Zucht läuft im wesentlichen wie die der Schellente ab, doch weit weniger ergiebig. Einer der ersten Zuchterfolge gelang Ch. PILLING, Seattle, USA, im Jahre 1964. Im Wildfowl Trust wuchsen 1973 (und seitdem alljährlich) Jungtiere heran; WIENANDS, Viersen, BRD, züchtete sie erstmalig 1978. Büffelkopfenten färben ab zweitem Herbst in das Alterskleid um und werden danach geschlechtsreif, doch sind Zuchterfolge erst ab 3. Jahr zu erwarten. Für die Eiablage sind relativ enge Höhlen anzubieten. WILLIAMS (1971) gibt für Baumhöhlen einen Flugloch-⌀ von 7,6 cm und einen Innen-⌀ von 17–23 cm an; ERSKINE (1972) ermittelte bei Wildvögeln folgende Bruthöhlenmaße: Flugloch 6,3–7,6 cm (vereinzelt ab 5,7 cm) Durchmesser, Innen-⌀ 10–23 cm, meist über 15 cm, Tiefe 15–50 cm, meist 25–35 cm. Die Jungenentwicklung verläuft wie folgt: Frisch geschlüpfte Küken wiegen weniger als 25 g. Ab 20. Tage entfalten sich Schulter-, Flanken- und die sehr schnellwüchsigen Schwanzfedern, ab 28. Tag schieben die ebenfalls schnellwüchsigen Schwingen und bis zum 32. bis 35. Tag das Kleingefieder. Mit 40 Tagen sind die juv. Büffelkopfenten im wesentlichen befiedert und mit 50 bis 55 Tagen flugfähig (ERSKINE 1972). Die Eiablage begann im Wildfowl Trust am 5. bzw. 11. Mai.

Spatelente
Bucephala islandica
(GMELIN)

Č Hohol islandský	F Garrot d'Islande
D Islandsk Hvinand	H Ijslandse Brilduiker
E Barrow's Goldeneye	R Исландский гоголь

Habitus: Wie Schellente, insgesamt kräftiger und robuster wirkend. Abb. Seite 76 und 365.

Brutkleid: ♂ farblich der Schellente ähnlich. Dicker, fast dreieckig wirkender Kopf schwarz mit intensivem Purpurglanz; ein weißer Zügelfleck zieht sich halbmondförmig vom Unterschnabel bis über Augenhöhe. Hals, Brust und Bauch weiß, Unterschwanzdecken grau, hintere Flankenränder schwarz. Das Schwarz des Rückens erstreckt sich seitwärts bis vor den Flügelbug und schließt die nur im Zentrum weißen Schulterfedern ein; Bürzel und Schwanz ebenfalls schwarz. Flügel mit zwei weißen Feldern: Armschwingen und Endsaum der großen Armdecken sowie mittlere Decken; übrige Flügelpartien schwarz. Schnabel dunkel bleigrau, Iris gelb, Füße orange mit schwärzlichen Schwimmhäuten. ♀ gegenüber dem Schellenten-♀ massiger, leicht verlängerte Kopffedern wie beim ♂ dreieckig wirkend (beim Schell-♀ rundlich), insgesamt brauner. Gelbliche Schnabelquerbinde variiert individuell, regional (westamerikanische Populationen mit fast gelben Schnäbeln) und jahreszeitlich. *Maße:* ♂ Flügel: 229–243, Schnabel: 32–37, Lauf: 38–47 mm; ♀ Flügel: 213–224, Schnabel: 28–31, Lauf: 36–42 mm. *Gewicht:* ♂ 914–1300 g, ♀ 737–907 g.

Ruhekleid des ♂: Juni bis September–November: Dem des Schellerpels sehr ähnlich, doch mit buschigerem Kopf.

Dunenkleid: Wie das der Schellenten-Küken, doch mit mehr weißen Flecken auf dem Rücken.

Jugendkleid: Gesamtes Kleingefieder, besonders aber die bereits verlängerten Kopffedern mehr braun und im Habitus kräftiger und robuster als juv. Schellenten. Die juv. Spatelerpel merklich größer als juv. ♀♀ und mit kräftigerem Kopf und Schnabel. Schnabelbinde der ♀♀ gelblich braun. Ab September mausern die jungen Erpel erste weiße Federn an Brust, Flanken und Schultern durch.

Vorkommen in Mitteleuropa: Die Spatelente wurde als Irrgast nur einmal sicher nachgewiesen (Hiddensee 1853). Feldornithologisch lassen sich umfärbende Spatelerpel und Schellerpel kaum unterscheiden, so daß einige weitere Spatelenten-Beobachtungen als nicht gesichert betrachtet werden.

Lebensweise: Die Brutbiotope der Spatelente charakterisiert VOOUS (1962) wie folgt: »Bergseen, umgeben von dichtem Nadelwald, lokal an Felsküsten mit vielen kleinen, vorgelagerten, dicht bewaldeten Inseln. Im atlantischen Gebiet auch in ödem, offenem Gelände (vielleicht notgedrungen); im Gebirge in die subalpine Zone des Nadelwaldes aufsteigend bis in 1800 m Höhe.« [Nach BAUER und GLUTZ VON BLOTZHEIM (1969) bis in 3000 m]. Mit dem Eisfreiwerden der Flüsse kehren die verpaarten Spatelenten in ihre Brutgebiete und wenig später zu den eigentlichen Brutplätzen zurück. In ähnlicher Weise wie bei den Schellenten verlaufen Balz, Paarung und Nistplatzwahl. Auch die Eiablage erfolgt vorrangig in Baumhöhlen; in Ermangelung dieser – wie auf Island und Grönland – werden die Nester in Spalten und Nischen felsiger Uferwände, seltener in Erdhöhlen, zwischen Mauerwerk oder im Inneren verlassener Häuser angelegt. Die zur Nestausklеidung verwendeten Dunen sind fast weiß. Ende Mai, teils erst im Juni beginnt die Eiablage. Die Normalgelege enthalten 10–14 kräftig blaugrüne Eier mit den Maßen 58–68 × 42–47 mm; ⌀ 62 mal 45,1 mm. Die Brutdauer beträgt 30 Tage. Durch Eierräubereien zeitigen auf Island viele Weibchen ein, selten sogar zwei Nachgelege. Während der Brutzeit zeigen Erpel und Ente wenig Scheu, das Weibchen brütet sehr fest. Gegen Ende der Brutzeit schließen sich die Erpel zu kleinen Gruppen zusammen und beginnen zu mausern. Ende Juli schlüpfen die robusten und geschickt tauchenden Küken, die in ähnlicher Weise wie die Schellentenküken allein vom Weibchen geführt werden.

Während der Wintermonate halten sich die Trupps der Spatelenten in ruhigen Meeresbuchten und Brackwassergebieten auf Island entlang der schnellfließenden und dadurch eisfreien Flüsse auf.

Nahrung: Sie besteht etwa zu 70–80 % aus Krebstieren, Wasserinsekten, Mollusken und zu einem geringen Teil aus Fischen und Fischlaich. Die pflanzliche Kost bilden Wasserpflanzen und deren Samen sowie Meeresalgen.

Haltung und Zucht: Spatelenten gehörten bis in die jüngste Vergangenheit zu den sehr selten gehaltenen und in Eingewöhnung und Zucht äußerst schwierigen Meeresenten. Als Ursachen dürften das geringe Ausgangsmaterial an Wildfängen und die Schwierigkeit, Küken ohne die modernen Futtermittel aufzuziehen, gesehen werden. Englische Züchter ließen in den 20er und 30er Jahren mehrfach Spatelenten aus isländischen Wildvogeleiern erbrüten, erzielten nur geringe Aufzuchtraten und keine Nachzuchten. Im Zoopark Clères, Frankreich, lebten mehrere Erpel 16 Jahre bei ausgezeichneter Kondition. In den letzten drei Jahrzehnten entstand in Westeuropa erneut eine kleine Gehegepopulation isländischer Brutvögel, deren Haltung und Ernährung heute nicht schwieriger ist als jene der Schellenten, auf Grund der Seltenheit der Spatelente jedoch große Sorgfalt verlangen. In der DDR wird sie seit 1965 vom Tierpark Berlin und 1979 in meiner Anlage gehalten.

Die Zuchtergebnisse stehen jenen der Schellente weit nach. Im Wildfowl Trust werden seit Anfang der 50er Jahre Spatelenten gehalten, aber bis 1978 kaum mehr als 10 Tiere gezüchtet (mit Ausnahme 1976, als 17 aufwuchsen). BIEHL, briefl., hält seit 1973 3–5 Paare; die Weibchen begannen mit 3 bzw. 5 Jahren mit dem Legen, dann fiel eine sehr hohe Rate unbefruchteter Eier an. Als die unverpaarten Erpel entfernt wurden und die verbliebenen Erpel mit 2–3 Weibchen schwammen, stiegen die Anteile befruchteter Eier und Nachzuchtraten.

Die für meine Anlage 1979 als juv. erworbenen Spatelenten begannen sich ab Januar 1980 zu paaren, bis einschließlich 1981 folgten Begattungsversuche, Höhlen wurden inspiziert, jedoch ohne einmal hineinzuschlüpfen. Am 14. Mai 1982 begann das Weibchen eine Gelege von 6 Eiern, 2 waren befruchtet, die Küken

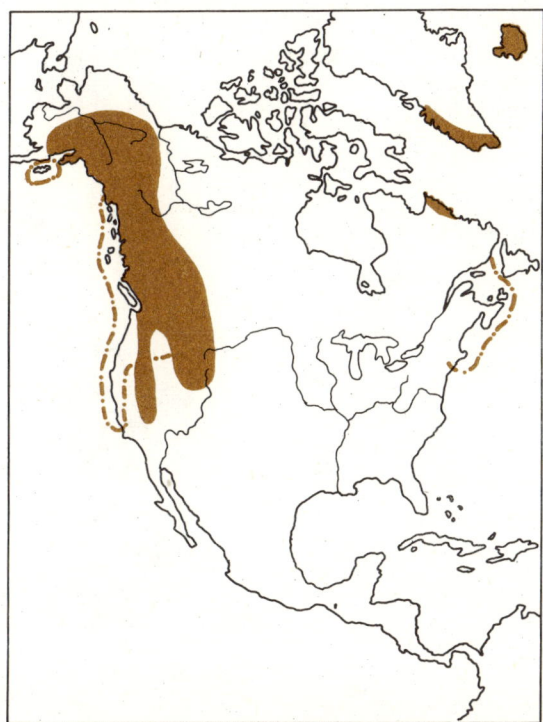

Brutvorkommen und Überwinterungsgebiete der Spatelente.

wuchsen mühelos auf (Erstzucht für die DDR); Legebeginn 1983 am 6. Mai, 7 Jungtiere wuchsen heran. Schlupfgewicht (n = 9) 42–43 g. Die Befiederung begann am 18. Tag mit der Entfaltung der Steuer- und am 24. Tag der Schulterfedern, ab 33. Tag entfalteten sich die Armschwingen.

Schellente
Bucephala clangula (L.)

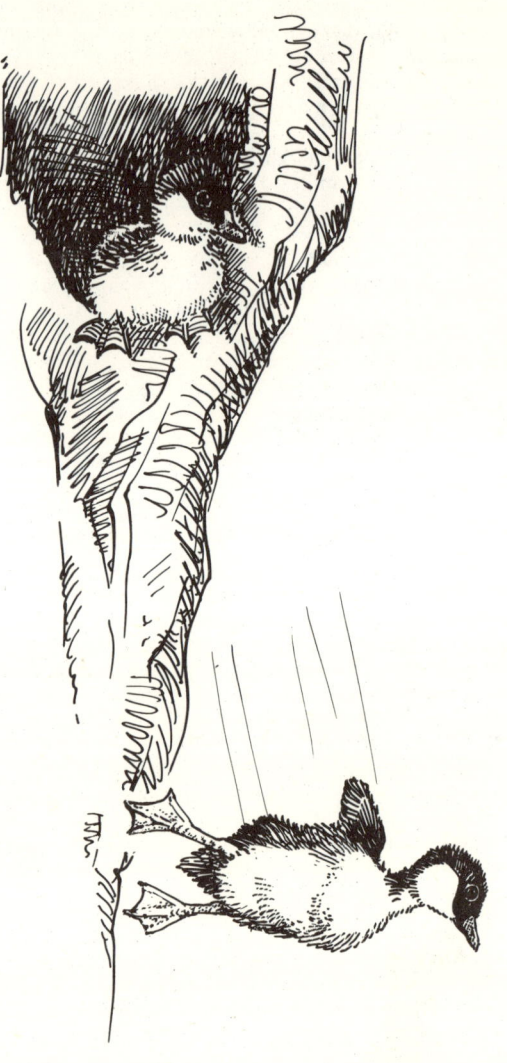

Č Hohol severní	F Garrot ordinaire
D Hviand	H Brilduiker
E Golden-eye	R Гоголь

Die paläarktisch verbreitete Schellente, *Bucephala c. clangula* (L.), wird in Nordamerika durch die etwas größere Amerikanische Schellente, *Bucephala c. americana* (BONAPARTE), ersetzt.

Beschreibung von *Bucephala clangula clangula*
Habitus: Sehr kurze, gedrungene Ente, etwa in der Größe der Tafelente; Beine weit hinten ansitzend, Schnabel relativ kurz. Abb. Seite 76, 327 und 364.
Brutkleid (Artkennzeichen): ♂ dicker, rundlich wirkender, schwarzgrün schillernder Kopf mit rundem weißem Zügelfleck; Schultern überwiegend, Brust, Bauch und Flanken durchweg weiß; Rücken, Bürzel und Schwanz schwarz. Flügel mit zwei großen weißen Feldern auf Armschwingen und -decken, sonst schwarz. Schnabel schwarzgrau, Iris zitronengelb, Füße orangegelb mit dunklen Schwimmhäuten. ♀ auffällig kleiner als ♂. Kopf und Oberhals schokoladenbraun, Brust und gesamte Oberseite dunkelgrau, Federn teilweise hell gesäumt. Mittlerer Vorderhals weiß; Unterseite stark aufgehellt. Armschwingen und große Decken weiß, mittlere teils grau, teils weiß, Felder jeweils durch schwarze Zwischenbinden getrennt. Schnabel schwarz, im Nagelteil orangegelb, Iris blaßgelb. Füße dunkler als beim ♂. *Maße:* ♂ Flügel: 207–227, Schwanz: 77–90, Schnabel: 31–36, Lauf: 34–38 mm; ♀ Flügel: 190–210, Schnabel: 28–31 mm. *Gewicht:* ♂ 707–1245 g, ♀ 495–980 g.
Ruhekleid des ♂: Juni–Juli bis Oktober–November. Dem ♀-Kleid sehr ähnlich, doch Flügel unverändert und braunes Kopfgefieder von schwarzen Federn durchsetzt.
Dunenkleid: Kopf bis in Augenhöhe und gesamte Oberseite, mit Ausnahme der weißen Fleckchen vor den Flügeln, auf Flügelrand und Bürzelseiten schwarzbraun; Backen und Unterseite leuchtend weiß mit braunem Übergang zur schwarzen Oberseite. Küken wirken kurzschnäblig und dickköpfig. Schnabel schwarz, Iris braun.

Schellente, *Bucephala clangula* (L.);
Küken verlassen die Bruthöhle

Jugendkleid: Im wesentlichen wie ♀-Kleid; mittlere Flügeldecken mehr grau als weiß. Die jungen Erpel sind größer und haben meist ausgedehntere weiße Felder im Flügel als die gleichaltrigen ♀♀. Sichere Geschlechtsbestimmung nur durch Kloakentest möglich. Während des 1. Jahres mausern die ♂♂ in ein Teilprachtkleid um.
Vorkommen in Mitteleuropa: Vor etwa 100 Jahren begann die Schellente, ihr Brutareal nach Westen zu erweitern und gelangte mit der Besiedlung der Moritzburger Teiche bei Dresden bis zur Elbe (1944 über 100 Paare). Die heutigen Brutvorkommen konzentrieren sich auf die Oberlausitzer Fischteiche und das

Spreetal (unter 100 Brutpaare), die Mecklenburger Seenplatte zwischen Templin und Krakower See (mindestens 200 Paare) und auf die Seenplatte Ost-Holsteins. Der mittlere Winterbestand entlang der Mecklenburger Ostseeküste liegt bei 5000–8000 Tieren (KLAFS und STÜBS 1977), der der westlichen Ostsee bei 50–80000 Exemplaren. Während auf den eisfreien Binnengewässern nur kleine Trupps überwintern, rasten auf den Alpenseen große Verbände (Jan. 1967 um 10000).

Lebensweise: Als ausgeprochener Baumhöhlenbrüter beschränkt sich das Vorkommen der Schellente in den Sommermonaten fast ausschließlich auf die boreale Nadelwaldregion. Hier brüten sie an kalten, klaren, meist oligotrophen Waldseen und Flußabschnitten oder an solchen in unmittelbarer Nähe von Hochwald oder Altbaumgruppen.

Sobald die Brutgewässer eisfrei werden, kehren die Schellenten dorthin zurück. Die sehr auffällige Balz und Paarbildung erreicht im März ihren Höhepunkt und erfolgt anfangs in Trupps auf der freien Wasserfläche, erst später verteilen sich die einzelnen Paare auf die Brutreviere und unternehmen Rundflüge zur Suche geeigneter Brutplätze in Baumhöhlen, großen

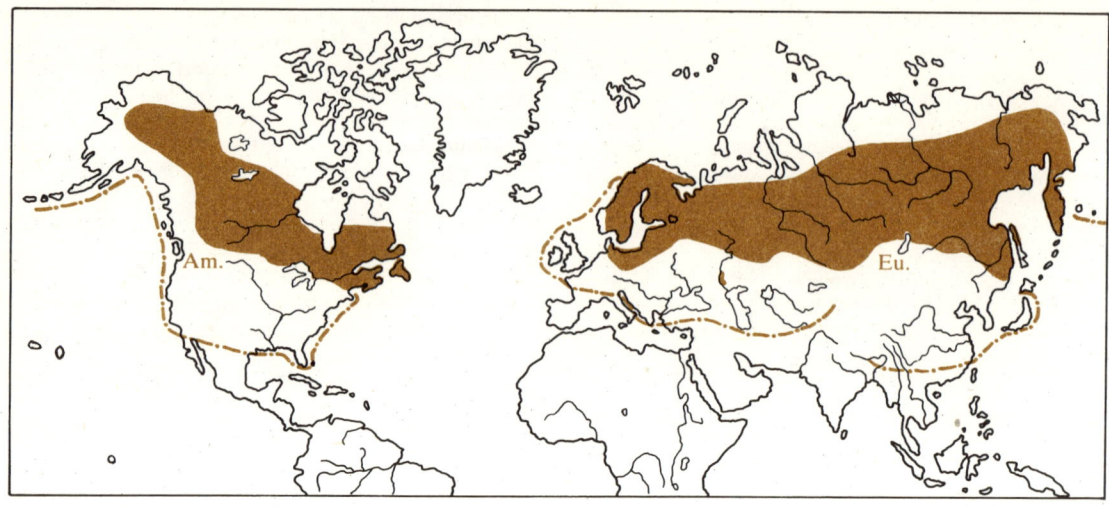

Brutvorkommen der Amerikanischen (Am.) und Eurasischen (Eu.) Schellente.

Astlöchern, Schwarzspechthöhlen oder in Nistkästen. Die Nähe des Ufers wird bevorzugt, doch werden auch Höhlen 1–2 km vom Wasser entfernt bezogen. Die bevorzugte Nisthöhe beträgt 6–8 m, seltener über 15 m oder nur 2–3 m. Einfluglöcher von 10–25 cm ⌀ wurden bekannt, die Tiefe der Höhlen kann bis 4 m betragen. Die Wahl des Nistplatzes obliegt dem Weibchen. Mit den scharfen Krallen – gestützt vom Schwanz – kann es sich selbst an glatten Brettern künstlicher Nisthöhlen halten. Der Erpel begleitet es bis zu einem nahen Ast, kriecht jedoch nicht selbst hinein. Die Ablage der Eier beginnt in der Lausitz Ende April, in der Sowjetunion teils erst Ende Mai. Die Eier werden in den frühen Morgenstunden, offenbar in knapp 48stündigen Intervallen abgelegt. Nistmaterial wird nicht eingetragen; vor Brutbeginn erfolgt eine Auspolsterung mit grauweißen Nestdunen. Die Gelege enthalten 8–10, in den Extremen 5–15 intensiv blaugrüne Eier mit den Maßen 52–67 × 39–45 mm; ⌀ 59,2 × 42,6 mm. Brutdauer 30 Tage. Einen Tag alte Küken* wiegen 33,2–47,8 g, ⌀ 38,9 g (SMART 1965). Sie erklettern mit Hilfe ihrer spitzen Zehennägel die Nisthöhle und springen – angeregt vom Locken der Altente – herab. Steht die Bruthöhle weit vom Wasser entfernt, ist ein langer Fußmarsch zum Brutteich notwendig. Um diese Zeit löst der Erpel die Familienbindung und beginnt zu mausern. Die Jungenaufzucht erfolgt ausschließlich auf dem Wasser, wo sich die Küken sofort als geschickte Schwimmer und Taucher erweisen, es aber auch verstehen, über das Wasser laufend dahinzueilen oder nach darüber hinwegfliegenden Insekten aufzuspringen. Nach BERNHARDT (1940) hält die mütterliche Fürsorge nur 2–3 Wochen an, dann beginnen sich die Weibchen zusammenzuscharen. Die Jungenten sind zu dieser Zeit

bereits selbständig, obgleich sie erst im Alter von 8 Wochen ihre volle Flugfähigkeit erhalten.

Außerhalb der Brutzeit leben die Schellenten in lokkeren Verbänden auf großen Binnenseen, weit häufiger jedoch an den verschiedensten Meeresküsten.

Nahrung: Vorwiegend Kleinlebewesen, wie Wasserwanzen, Wasserinsekten, Mollusken und Crustaceen, seltener Fischchen, Laich und Süßwasserschwämme, die in Wassertiefen bis zu 4 m ergriffen werden. Der vegetabilische Anteil ist gering und erhöht sich im Spätherbst (TIUSSA 1965).

Haltung und Zucht: Schellenten wurden früher relativ selten gehalten. HEINROTH (1928) schreibt dazu: »Im Tierhandel ist die Art nur selten vertreten. Die Mühe, die Jungen aus dem Ei aufzuziehen, macht sich so schnell niemand, weil es, ›eben nur eine einheimische‹ Art ist.« Wesentlich stärkeres Interesse brachten die Züchter der Schellente um und nach 1960 entgegen, als mehrfach Jungvögel aus Gelegen von Wildvögeln aufgezogen wurden. Gegenwärtig ist die Schellente in zoologischen Gärten und in zahlreichen Privatanlagen anzutreffen. Die Haltung der Schellente setzt das Vorhandensein eines größeren Teiches bei nicht zu schlechter Wasserqualität voraus, auf dem die Tiere auch überwintern können. Kann ihnen während der Frostperiode kein oder nur zeitweilig Wasser geboten werden, bleiben Verluste kaum aus.

Als Grundnahrung erhalten Schellenten Weizen und ein gehaltvolles Pellet- oder Mischfutter, zusätzlich Garnelen, Fisch- und Fleischstücke, Mehlwürmer und Wasserlinsen. Während der Eingewöhnungszeit und bei vereisten Ufern ist ein Teil des Futters unter Wasser anzubieten.

Die Zucht gelingt regelmäßig (obgleich nicht in jedem Falle), so daß es nicht gerechtfertigt ist, darüber hinaus Eier von Wildvögeln einzusammeln. Die Fortpflanzungsbereitschaft korreliert am stärksten mit der Teichgröße, verbunden mit dem Angebot natürlicher Ergänzungsnahrung (JACOB 1976, KÜHNE 1979, LINKE

* der amerikanischen Unterart

1979). Mit der Umfärbung in das Alterskleid beginnen die anfangs unvollständigen und ungeschickt anmutenden Balz- und Begattungsrituale, so daß bei knapp zweijährigen Tieren viele Eier unbefruchtet bleiben; erst mit dreijährigen Paaren bestehen reale Zuchtchancen. Für die Eiablage werden enge, dicht am oder über dem Wasser angebrachte Höhlen den geräumigeren vorgezogen. Legebeginn in meiner Anlage zwischen 10. 3. und 14. 4., im Tierpark Cottbus zwischen 8. und 16. 4. und im Wildfowl Trust zwischen 20. 4. und 20. 5. Jüngere Weibchen verlegen die Eier häufig, während ältere ruhig und fest brüten bzw. ein oder zwei Nachgelege zeitigen. 111 im Tierpark Cottbus gemessene Eier: 56–66 × 40,4–44,6 mm; ⌀ 59,9 × 42,8 mm; 30 Eier eines Paares meiner Anlage (über 6 Jahre): 58,2 bis 68,2 × 39,4 bis 43,5 mm; ⌀ 61,9 × 41,7 mm. Schlupfgewicht von 46 Küken des gleichen Paares: 32–44 g; ⌀ 37,8 g. Die Aufzucht von Schellenten-Küken ist nach wie vor recht problematisch; nur in Ausnahmen gelingt es, mehr als 80 % von ihnen aufzuziehen. Nach JACOB (1976) verenden in der Regel mehr als 50 %, davon knapp 60 % während der ersten 6 Lebenstage, der Rest innerhalb der nächsten 14 Tage. Wichtige Aufzuchtbedingungen sind ein sorgfältig ausgewähltes, an tierischen Eiweißen reiches Futter, das durch Mehlwürmer, Wasserflöhe, Rinderherz, Quark, Bachflohkrebse und Wasserlinsen ergänzt wird und eine Bademöglichkeit, möglichst vom 2. bis 4. Tage an. Dennoch verläuft die Gewichtszunahme stark differenziert; 7 Küken wogen nach 7 Tagen um 45 g und nach weiteren 5 Tagen zwischen 55 und 110 g. Die Befiederung der stärksten Tiere begann ab 22. Tag an den Schultern, ab 24. an den Flanken und ab 28. an der Unterseite. Mit 7 Wochen sind die Jungenten im wesentlichen befiedert (aber noch nicht flugfähig). Am 11. 5. geschlüpfte Erpel zeigten ab August durch Aufhellung der Brust den Mauserbeginn in das erste Teilprachtkleid an.

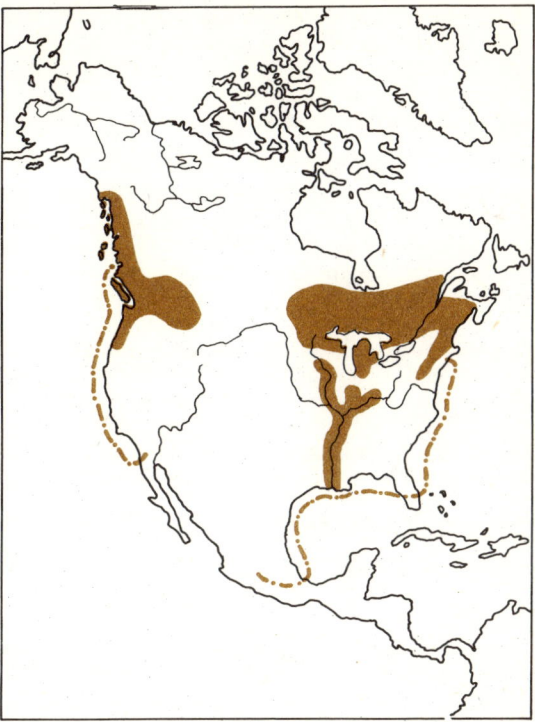

Brutvorkommen und Überwinterungsgebiete des Kappensägers.

Kappensäger
Mergus cucullatus L.

Č Morčák chocholatý	F Harle couronné
D –	H Hooded Merganser
E Hooded Merganser	R Хохлатый крохаль

Habitus: Kaum größer als Zwergsäger, beide Geschlechter mit sehr großer Holle. Abb. Seite 80, 330 und 367.
Brutkleid: ♂ Kopf, Hals und äußerer Saum der sonst weißen Holl-Federn metallisch schwarzgrün glänzend; Rückenpartien tiefschwarz, zu Bürzel und Schwanz hin schwarzbraun. Brust und Bauch weiß; Flanken

sehr fein hellbraun und schwarzbraun gewellt, vor den Flanken auf der Brust zwei breite schwarze Streifen. Flügel mit schwarzbraunen Handschwingen, die schwarzen Armschwingen mit weiß gesäumter Außenfahne; kleine und mittlere Armdecken hell graubraun, die großen schwarz, im Enddrittel weiß; die schmalen, verlängerten Ellenbogenfedern sind schwarzweiß und hängen über den geschlossenen Flügel herab. Schnabel schwarzgrau, Iris gelb, Füße gelblichbraun. ♀ Kopf und Hals dunkelbraun, die Holl-Federn zimtbraun und etwas kürzer als beim ♂. Brust und Rückenpartien dunkel graubraun, die Flanken braunschuppig; Bauch schmutzigweiß; Flügel ähnlich gefärbt wie beim ♂, enthalten aber weniger Weiß. Schnabel schwarzbraun, Iris braun, Füße dunkel. *Maße:* ♂ Flügel: 195–201, Schwanz: 80–83, Schnabel: 38–41, Lauf: 29–31 mm; ♀ Flügel: 184–198, Schnabel: 35–39 mm. *Gewicht:* ♂ 595–879 g, ⌀ 666,4 g; ♀ 457–638 g, ⌀ 552 g.
Ruhekleid des ♂: Juni bis September/Oktober. Ähnlich dem Weibchenkleid, doch mit stark verkürzten Hollfedern; Flügel und Iris bleiben unverändert. Auch die ♀♀ haben verkürzte Hollfedern und somit einen typisch runden Entenkopf.
Dunenkleid: Oberseits sepiabraun mit hellen Fleckchen auf Flügel und Rumpfseiten; Gesicht rahmgelb, Unterseite bräunlich bis weiß, Füße schwarzgrau.
Jugendkleid: ♀-farbig, mittelgroße Holle, Flügel nur einige Armschwingen mit weißem Außensaum. Hollfedern der ♂♂ obere Hälfte hell graubraun, untere

329

dunkelbraun, beim ♀ gleichfarbig braun; Iris ♂ lehmgelb, ♀ dunkelbraun.

Lebensweise: Kappensäger bewohnen in den südlichen Teilen der nordamerikanischen Borealzone von Hochwald gesäumte oder durchsetzte Sumpf- und Auengewässer, Waldseen und ruhige Fließstrecken der Flußläufe. Als höhlenbrütender Entenvogel konkurriert die Art vielerorts mit der Braut-, Schell-, Büffelkopf- und Spatelente, aber auch mit dem Gänsesäger; eine geringe Siedlungsdichte ist die Folge. BELLROSE (1976) schätzt den Gesamtbrutbestand auf nur 76 000 Altvögel.

Während des Winteraufenthaltes auf Flüssen, in Flußmündungsgebieten und ruhigen Brackwasserbuchten entlang der atlantischen und pazifischen Küste beginnen Balz und Paarung. Der Frühjahrszug setzt ab Mitte Februar in den Südstaaten ein, stärkster Durchzug in Virginia zwischen 10. März und 20. April (STEWART 1962). In kleinen Gruppen treffen die gepaarten Kappensäger mit dem Eisfreiwerden der Brutgewässer um die April-Mai-Wende im Norden ein. Brutplatzwahl und Kampf um die Nisthöhle intensivieren die Balz, die dann mit Legebeginn schnell ausklingt. Eiablage, regional gestaffelt zwischen letzter Aprildekade und Mitte Juni, erfolgt in Baumhöhlen, mehrere Meter hoch und unter Umständen weit entfernt vom Wasser. Vollgelege enthalten 6—12 rundliche, glänzend weiße Eier mit den Maßen 50—58 × 40,5—45,5 mm; ⌀ 53,6 × 44,3 mm. Brutdauer 30—32 Tage, doch bezeichnet JOHNSGARD (1978) die lange Periode von 32—33 Tagen für arttypisch. Die Kükenbetreuung erfolgt durch das Weibchen im Flachwasser des äußeren Vegetationssaumes. Die Jungsäger sind mit etwa 70 Tagen flugfähig, werden jedoch vor-

Kappensäger, *Mergus cucullatus* L.

her vom Weibchen verlassen, das zu mausern beginnt. Ab September erfolgen die Abwanderungen in küstennahe Regionen und die Mauser in die Alters- und Prachtkleider. Kappensäger sind mit knapp zwei Jahren geschlechtsreif.

Nahrung: Sie besteht in den Wintermonaten vorwiegend aus Fischchen, im Sommer aus Wasserinsekten und deren Larven, Kleinkrebsen und zu einem gewissen Anteil aus Pflanzenteilen, die nicht nur zufällig aufgenommen werden.

Haltung und Zucht: Das Interesse am Kappensäger wurde durch die Bemühungen Ch. PILLINGS, Seattle, USA, eingeleitet, der mit viel Mühe verletzte Altvögel eingewöhnte und 1956 erstmals damit 5 Junge aufzog (DELACOUR 1959, KOLBE 1972); 1959 gelangten die ersten Paare in den Wildfowl Trust und in englische Privatsammlungen, wo 1962 die Zucht gelang (COPLEY 1962 und 1964). WIENANDS, Viersen, BRD, erwarb die Art im Herbst 1969 und zog mit ihnen 1974 erstmals 6 Junge auf (WIENANDS 1974). Etwa seit dieser Zeit fand der Kappensäger in Westeuropa eine rasche Verbreitung in Privatanlagen und großen Zoos (Tierpark und Zoo Berlin seit 1970). Für meine Anlage erwarb ich im Herbst 1978 drei Jungtiere. Die Haltung des Kappensägers ist im Schwierigkeitsgrad etwa dem der Schellente gleichzustellen. Als Grundnahrung erhalten sie Pelletfutter und Weizen, als Leckerbissen und in besonderen Situationen (Legeperiode, Mauser, starker Frost, Eingewöhnung) zusätzlich Garnelen oder Mehlwürmer. Frischfisch ist nicht erforderlich.

Die Zucht gelingt heute mit der Mehrzahl der Paare, jedoch regelmäßiger mit 3- und 4jährigen, seltener mit knapp 2jährigen Tieren. Für die Eiablage eignen sich relativ enge Nisthöhlen (Schlupfloch ab 8,5 cm ⌀, Bodenfläche um 20 cm ⌀). Beginn für 16 Gelege zwischen 1. und 28. April (Wildfowl Trust; eigene Anlage, WIENANDS und BIEHL, schr.) bei 48stündigen Intervallen, in Ausnahmen kürzer (je 10 Eier in 14 bzw. 17 Tagen). Nachgelege sind Ausnahmen. Den frischgeschlüpften Küken ist eine sorgfältige Futterauswahl anzubieten, unter Umständen sind sie in den ersten Tagen zu stopfen, bis sie auch sich nicht bewegende Nahrung finden. Danach kann auf eine normale Pelletfütterung umgestellt werden. In meiner Anlage wuchsen zwischen 1981 (Erstzucht für die DDR) und 1983 15 Kappensäger heran. Ihr Schlupfgewicht betrug 27–38 g, ⌀ 34,5 g; die Befiederung verlief wie folgt: 13.–15. Tag Entfaltung der Steuerfedern, 23.–25. Tag der Schulter- und Flankenfedern, ab 30. Tag der Schwingen. Die volle Befiederung erlangten sie zwischen dem 48. und 51. Tag, 4 Jungtiere wogen dann zwischen 457 und 879 g (KOLBE 1981 und 1983). Ab 8. Woche zeigt sich eine sehr langsam verlaufende Aufhellung der Iris beim Erpel. Die juv. Männchen, die sich im Spätherbst deutlich in Iris- und Hollfärbung von den gleichalten Weibchen unterscheiden, beginnen ab Dezember mit den Balzposen und -rufen, die jedoch von den Weibchen erst im 2. Winter durch Hetzen und Hetzrufe beantwortet werden.

GROEGER, Ahaus, zog 1978 aus einer Mischehe Kappensäger-♀ mal Zwergsäger-♂ drei Junge auf.

Zwergsäger
Mergus albellus L.

Č	Morčák bílý	F	Harle piette
D	Lille Skallesluger	H	Nonnetje
E	Smew	R	Луток

Habitus: Körper etwas fülliger als der anderer Säger, Schnabel relativ kurz. Abb. Seite 78 und 332.

Brutkleid: (Artkennzeichen): ♂ Kleingefieder überwiegend weiß, mit eingesprengter schwarzer Zeichnung an Zügel und Kopfseiten sowie auf Rücken, Schultern und Brust. Flanken und Schwanzteil grau, fein schwarz überkritzelt. Oberflügel im Armteil weiß, durchzogen von zwei schwarzen Binden, Handschwingen und dazugehörige Decken schwarz. Der bleigraue Schnabel ist relativ kurz und kräftig gezahnt; Iris aschgrau, bei alten Tieren sehr hell, Füße dunkelgrau. ♀ Oberkopf und Hinterhals hellbraun, Gesicht und Vorderhals weiß. Übriges Kleingefieder oberseits dunkel schiefergrau, zum Teil hell gesäumt, Bauch weiß. Flügel ähnlich denen der ♂♂, jedoch weniger weiß. Iris dunkelbraun. *Maße:* ♂ Flügel: 192–205, Schwanz: 71–76, Schnabel: 28–30 mm, Lauf: 30–32 mm; ♀ Flügel: 178–186, Schnabel: 25–28 mm. *Gewicht:* ♂ 450–750 g; ♀ 550–670 g.

Ruhekleid des ♂: Juni bis November/Dezember; Kleingefieder etwa wie beim ♀, Rücken schwarz, Flügel bleiben unverändert.

Dunenkleid: Schwarzweiß; stark dem der Schellenten-Küken ähnelnd, von diesen durch gezahnten Schnabel und eine schmale weiße Linie hinter dem Auge zu unterscheiden.

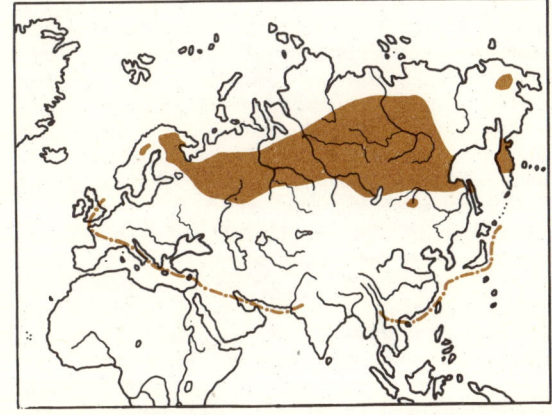

Brutvorkommen und südliche Begrenzung der Überwinterungsgebiete des Zwergsägers.

Zwergsäger, *Mergus, albellus* L.

Jugendkleid: Oberkopf einschließlich Zügelgegend zimtbraun; Rumpfgefieder mehr bräunlich und breiter gesäumt als beim ad. ♀; mittlere Flügeldecken mit graubraunen Federspitzen. Färbungsunterschiede zwischen ♂ und ♀ sehr minimal (kleine Nuancen an Ellenbogenfedern und innerster Armschwinge).

Vorkommen in Mitteleuropa: Regelmäßiger Wintergast an der Küste und im Binnenland. In kleinen Gruppen, oft unter anderen rastenden Entenvögeln, verweilen die Zwergsäger auf Bodden- und Haffgewässern, mittelgroßen Flachseen und Flußläufen. Das Gros trifft im November ein und wandert bis April ab, einzelne übersommern. In sehr geringer Zahl führt der Mauserzug der Erpel bis in unser Gebiet, südwärts bis zum Bodensee (DITTBERNER u. a. 1979).

Lebensweise: Die Brutvorkommen des Zwergsägers beschränken sich weitgehend auf den borealen Nadelwaldgürtel Nord-Eurasiens, von dem die ausgedehnten Kiefern- und Lärchenbestände der sibirischen Taiga das Kernstück bilden. Hier bewohnen die Zwergsäger – oftmals zusammen mit Schellenten – von Hochwald eingeschlossene Seen, ruhig dahinströmende Flußläufe und deren Altwässer. Sehr beliebte Brutplätze bilden bewaldete Inseln, wie sie für die finnischen Seen typisch sind.

Mit dem Einsetzen der Schneeschmelze beginnt der Rückzug in die Brutgebiete. Während dieser Zeit erreicht die Balz ihre größte Intensität, Hauptpaarungszeit sind Februar und März. Die Eiablage erfolgt wie bei der Schellente bevorzugt in Baumhöhlen, mehrere Meter hoch und oft in einiger Entfernung vom Wasser, gern auch in künstlichen Nisthöhlen. Eiablage selten vor Mitte Mai, 6–9 cremefarbene Eier mit den Maßen 47,7–58 × 34–40 mm; ∅ 52,7 × 37,5 mm bilden das Vollgelege. Brutdauer 28 bis 30 Tage. Die zur Nestauskleidung benutzten Dunen sind fahl silbergrau und sollen denen der Brautente ähneln (WINTLE in DELACOUR 1959). Die Balz der Männchen klingt mit Beginn der Legeperiode rasch ab, damit löst sich auch die Bindung zum Weibchen, und die Erpel wandern zu den Mauserplätzen ab. Die Küken springen 24 bis 36 Stunden nach dem Schlüpfen aus der Nisthöhle und werden allein vom Weibchen betreut. Mit etwa 10 Wochen sind die Jungsäger erwachsen und wandern mit Frosteinbruch in die Wintergebiete ab. Im September setzt die erste Jugendmauser ein, in deren Verlauf die Erpel ein unterschiedlich stark angedeutetes Prachtkleid anlegen. Die eigentliche Umfärbung erfolgt im 2. Herbst und endet mit der geschlechtlichen Reife im 2. Lebensjahr.

Nahrung: Sie besteht in den Wintermonaten fast ausschließlich aus 8–12 cm langen Fischen, während der Sommermonate aus Wasserinsekten und deren Larven. Ein Teil der Nahrung wird im schlammigen Bodengrund gesucht.

Haltung und Zucht: Die Eingewöhnung eingefangener überwinternder Zwergsäger gelingt offenbar recht gut. Der Zoo Berlin hielt seit 1873 wiederholt und über längere Zeitabschnitte Zwergsäger (SCHLAWE 1969 u. a.). HEINROTH (1931) fotografierte um 1930 ein ausgefärbtes Paar des gleichen Zoos und schreibt dazu: »Man sieht diese Art selten in Zoos, denn sie sind schwer im Tierhandel zu bekommen. Einmal eingewöhnt, halten sie sich gut.« Die Erstzucht gelang 1935 dem englischen Züchter WINTLE ebenfalls mit einem Wildfangpaar. Auch ist es nicht ausgeschlossen, daß die heutige, gut züchtende Gehegepopulation auf Wildfänge zurückgeht.

Zwerg- und Kappensäger eignen sich mehr als die großen Arten für die Gehegehaltung und Zucht, dennoch sollten sie nur auf größeren, möglichst naturnahen Teichen mit guter bis mittlerer Wasserqualität und von erfahrenen Züchtern gehalten werden. Für die Überwinterung möchte eine eisfreie Wasserfläche geboten werden. In der Fütterung unterscheiden sie sich nicht von Schell- oder anderen anspruchsvollen Entenarten. Geboten werden ein gutes Pellet- (u. a. Forellen-) Futter, Weizen, Garnelen, Mehlwürmer und Wasserlinsen. Frischfisch ist nicht erforderlich.

Die Zucht gelingt in den letzten zwei Jahrzehnten speziell in England regelmäßig. Der Wildfowl Trust Slimbridge hält seit 1957 Zwergsäger und brachte sie 1960 erstmals zur Fortpflanzung. Bis 1973 wuchsen aus 220 Eiern 60 Jungsäger auf; Legebeginn zwischen 30. 4. und 1. 6., vorwiegend in der 2. Maihälfte. Über die Erstzucht durch M. WINTLE schreibt DELACOUR (1959): Das Sägerpaar lebte auf einem großen Parkteich. Vor und während der Eiablage war das Weibchen unentwegt mit der Nahrungssuche beschäftigt. Das Nest befand sich in einer modernden Eiche und enthielt 6 Eier, auf denen das Weibchen 2 Wochen brütete. Fünf Küken wuchsen auf und waren mit 10 Wochen flügge. Eines dieser Tiere lebte dann 10 Jahre im Zoopark Clères, Frankreich.

In der BRD hält u. a. WIENANDS, briefl., seit 1975 ein Zwergsäger-Paar, das 1977 trotz Begattungen 6 unfruchtbare Eier legte und 1978 Junge aufzog. BIEHL erzielte mit 75er Jungtieren 1978 unbefruchtete und 1979 befruchtete Eier, in den Folgejahren wuchsen hier wie im Zoo Wuppertal einzelne Jungvögel heran.

In der DDR werden Zwergsäger seit 1978 vom Tierpark Berlin gehalten.

Dunkelsäger
Mergus octosetaceus
VIEILLOT

Č Morčák paranský	F Harle du Brésil
D –	H Brasilie Zaagbek-
E Brazilian Mer-	eend
ganser	R Бразильский
	крохаль

Habitus: Kleiner und etwas schlanker als Mittelsäger.

Alterskleid: ♂ und ♀ Kopf und Hals schwarz mit metallisch grünem Glanz; Federn des Hinterkopfes sind zu einem schmal herabhängenden Schopf verlängert. Kleingefieder des übrigen Körpers auf grauem Grund dunkelgrau, braun und rahmweiß gewellt, Rücken fast einfarbig schwarz und schwach grün glänzend. Die weißen Flügeldecken und Armschwingen werden von einer schwarzen Endbinde der großen Decken durchzogen und bilden so zwei getrennte Felder. Handschwingen, Schwanz sowie Schnabel, Augen und Beine schwarzgrau. ♀ etwas kleiner als ♂. *Maße:* Flügel: 183–188, Schwanz: 90–100, Schnabel: 49–51, Lauf: 40–42 mm; ♀ Flügel: 180–184, Schnabel: 38–40 mm.

Jahresvorkommen des Dunkelsägers.

Dunenkleid: Oberkopf, Nacken, Rücken und hintere Körperseiten überwiegend schwarz; ein kleiner Zügelstreif, je ein größeres Fleckchen auf Flügel, Schenkel und Bürzelseiten sowie Wangen, Kinn, Brust und Unterseite rahmweiß. Die für Sägerküken typischen rotbräunlichen Farbübergänge fehlen. Schnabel, Iris und Füße grau.

Jugendkleid: Weitgehend dem Alterskleid gleichend, die Flügeldecken dürften zumindest teilweise grau sein.

Lebensweise: Die Gesamtpopulation des Dunkelsägers war offenbar nie besonders groß, lange Zeit glaubte man, die Art sei ausgestorben. Im Jahre 1947 zufällig wiederentdeckt, unternahmen GIAI und PARTRIDGE vom Buenos Aires Museum zwischen 1948 und 1954 systematische Nachforschungen. Es zeigte sich, daß der Dunkelsäger innerhalb seines kleinen Verbreitungsgebietes nur die Mittel- und Oberläufe der östlichen Paraná-Zuflüsse bewohnt, hier zwar allgemein verbreitet ist, aber nirgends häufig vorkommt. REICHHOLF (1975) begründet das mit dem relativ hohen Feinddruck durch große Raubfische. »Dieser schränkt zwar das Vorkommen des Sägers ein, kann aber die Existenz nicht verhindern, da der Dunkelsäger mit seinen besonders gefährdeten Jungen auf die für die Großfische unzugänglichen Flußregionen oberhalb der Wasserfälle ausweicht.« Der Bestand dürfte so lange ungefährdet sein, wie umfangreiche Zivilisationsmaßnahmen diesem Gebiet fernbleiben. Über die Biologie berichtet PARTRIDGE (1956):

Dunkelsäger leben einzeln oder paarweise, seltener in kleinen Gruppen auf den von tropischen Primärwäldern umgebenen kleinen Flußläufen in den kontinentalen Hochlandgebieten. Aufenthaltsorte sind Kolke, kürzere Staustrecken vor Wasserfällen oder die oberen Teile von Stromschnellen. Dunkelsäger sind reine Standvögel, von denen obige Autoren glauben, daß einzelne Individuen während ihres ganzen Lebens den Flußabschnitt, an dem sie brüten, nie verlassen. Die größte Aktivität zeigen die Säger morgens und abends. Tagsüber ruhen sie auf im Wasser liegenden Steinen oder gehen der Nahrungssuche nach. Auf dem Lande sieht man sie selten, obgleich sie schnell und geschickt laufen können. Ihr Flug ist gewandt, aber wenig ausdauernd und führt grundsätzlich in geringer Höhe entlang der Flüsse.

Die Balz beginnt offenbar im Juni, die Eiablage Anfang Juli, frischgeschlüpfte Sägerküken wurden im August beobachtet. Ein Nest befand sich in einer Baumhöhle etwa 25 m hoch und direkt über dem Wasser. Während das Weibchen brütete, ruhte das Männchen in Nestnähe auf einem im Wasser liegenden Stein oder auf einer Wurzel. Morgens nach 8 Uhr verließ das Weibchen das Gelege, und beide flogen zur Nahrungsaufnahme zu den Stromschnellen. In unmittelbarer Nestnähe erfolgten nur das Baden und die Gefiederpflege. Über Gelegestärke und Brutdauer ist nichts bekannt. Ein Ei hat die Maße 66 × 45 mm (Z. f. Oologie 1901). In der oben genannten Höhle befanden sich nach dem Schlüpfen der Küken nur die hellcremefarbenen Eierschalen, aber keine Dunen. Die Jungen werden anscheinend von beiden Eltern betreut.

Nahrung: Sie besteht fast ausschließlich aus Fischen bis zu 20 cm Länge, weniger aus anderen Wasserlebewesen. Pflanzliche Stoffe wurden in den 11 untersuchten Mägen nicht gefunden.

Haltung und Zucht: Dunkelsäger wurden noch nicht in Gefangenschaft gehalten. BERTONI (1901)* berichtet, daß lebend gefangene Exemplare hartnäckig um ihre Freiheit kämpfen und äußerst scheu und wild sind. Ein in seinem Verhalten intelligentes Tier verweigerte die Futterannahme und starb nach 10 Tagen.

Mittelsäger
Mergus serrator L.

Č Morčák prostřední
D Toppet Skallesluger
E Red-breasted Merganser
F Harle huppé
H Middelste Zaagbekeend
R Длинноносый крохаль

Neben dem Mittelsäger, *Mergus s. serrator* L., wird der etwas langflügeligere Grönland-Mittelsäger, *Mergus s. schioeleri* KLEINSCHMIDT, als zweite Unterart geführt, die u. a. von BAUER und GLUTZ von BLOTZHEIM (1969) nicht anerkannt wird.

Beschreibung von *Mergus serrator serrator*
Habitus: Kleiner und schlanker als Gänsesäger. Abb. Seite 79, 80, 334 und 366.

Brutkleid (Artkennzeichen): ♂ Kopf, Doppelschopf und oberer Halsansatz schwarz, metallisch grün glänzend; breiter mittlerer Halsring weiß, Brust schuppig braun, Rücken schwarz, Flanken auf hellem Grund fein grau gewellt und gekritzelt, Bauch rahmweiß. Armschwingen und dazugehörige Decken überwiegend weiß, Flügelrand schwarzgrau. Schnabel, Iris und Füße rotbraun. ♀ die rahmweiße Kehl- und Vorderhalszeichnung geht allmählich in die braunen Kopfpartien über; ansonsten etwa wie Gänsesäger-♀ gefärbt. *Maße:* ♂ Flügel: 224—260, Schwanz: 80—88, Schnabel: 53—62, Lauf: 40—45 mm; ♀ Flügel: 217—230, Schnabel: 48—55 mm. *Gewicht:* ♂ 947 bis 1350 g, ♀ 700—1250 g.

Ruhekleid des ♂: Mai—Juli bis September— Oktober; weibchenähnlich gefärbt, einschließlich kürzerer Holle, doch Rücken schwarz und Flügel unverändert.

Dunenkleid: Im wesentlichen wie Gänsesägerküken gefärbt, aber das Weiß unter dem Auge ist zu einem scharf begrenzten Fleck konzentriert.

Jugendkleid: Sehr ähnlich dem ♀-Kleid, aber Schopf kürzer, Füße und Iris bräunlichgelb; juv. ♂♂ haben längere und kräftigere Schnäbel als juv. ♀♀ und mausern ab Oktober erste Schulterschmuckfedern durch, diese können graubraun mit rahmgelbem Zentrum oder weiß mit schwarzem Rand sein.

Vorkommen in Mitteleuropa: Die Brutvorkommen beschränken sich weitgehend auf die den Küsten Mecklenburgs und Schleswig-Holsteins vorgelagerten Inseln sowie einige Bodden und Buchten. BECKER und HILL (1977) berichten von 4—8 Brutpaaren im Gebiet Hildesheim, BRD. Der Brutbestand umfaßte für Mecklenburg (1975) etwa 240, für Schleswig-Holstein (1965) mindest 66 Paare (KLAFS und STÜBS 1977, BAUER und GLUTZ von BLOTZHEIM 1969), wogegen ca. 1 000 Paare an den dänischen Küsten brüten. Während im Binnenland nur vereinzelt überwinternde Mittelsäger beobachtet werden, verweilen entlang der Ostseeküste vom Spätsommer bis April-Mai vielerorts Paare und kleine Gruppen, in Jahren mit mittlerer Vereisung um 1 000 Exemplare im mecklenburgischen Bereich.

Lebensweise: Im Gegensatz zu den anderen Sägerarten ist der Mittelsäger ein ausgesprochener Bodenbrüter und demzufolge in seinem Brutvorkommen nicht auf waldgesäumte Gewässer beschränkt Er bewohnt neben offenen Tundra-, Steppen- und Prärieniederungen vorzugsweise kiesgründige, fischreiche Binnenseen, Flußläufe und kleine, küstennahe Inseln der borealen Zone. Auf der etwa 36 ha großen Fährinsel bei Hiddensee brüten durchschnittlich 80 Paare in einer flachwelligen Wacholder-Heidekraut-Landschaft mit eingesprengten, teils anmoorigen Salztümpeln und einzelnen Rosen, Weißdornsträuchern, flachwüchsigen Weiden, Stechpalmen *(Ilex aquifolium)* und Birken. Die Bodenflora bilden Heidekraut, Glockenheide und Gräser. Ein 15—20 m breiter Sandstrand bildet den Übergang zum Bodden. In anderen Gebieten nisten die Mittelsäger unter Büschen, zwischen Wurzeln, Gesteinen und Felsbrocken. Auf der dänischen Insel Vejlerne nördlich des Limfjordes brüten etwa 80 % der 75—100 Mittelsäger-Paare im Bereich des Winterflutsaumes, der im Sommer dicht mit Brennessel-Schilfrohr-Beständen bewachsen ist (KORTEGAARD 1968).

Anfang April treffen die hiesigen Populationen an ihren Brutplätzen ein; bis Ende Mai ziehen nördlicher beheimatete Mittelsäger durch. Die über Wochen anhaltende Balz wird in der Nähe der Brutplätze vor der Küste ausgetragen. Die allein vom Weibchen errichte-

Küken des Mittelsägers, *Mergus serrator* L.

---

* zitiert in DELACOUR (1959)

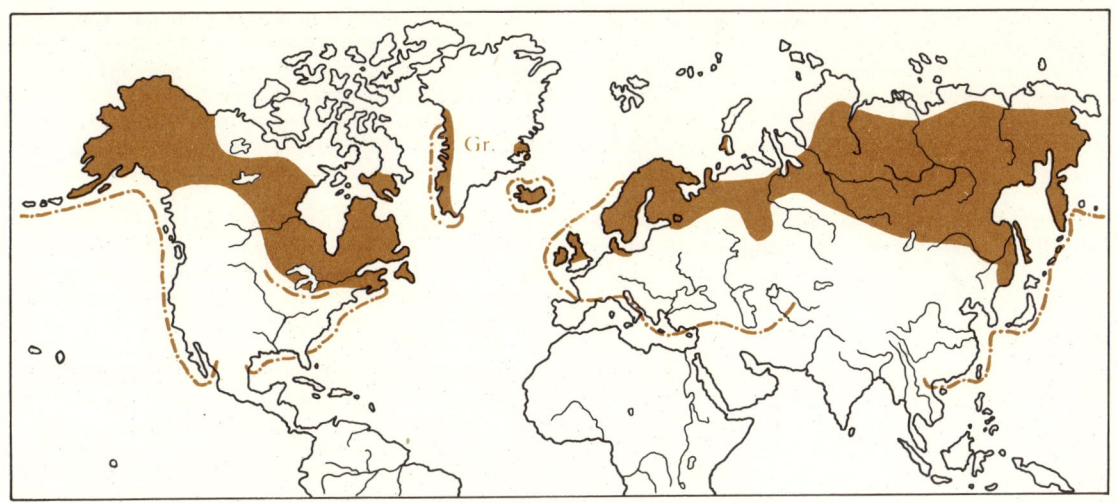

Brutvorkommen und Überwinterungsgebiete des Mittelsägers; Grönland-Mittelsäger (Gr.).

ten Nester befinden sich stets in guter Deckung zwischen Gebüsch, unter Wacholdersträuchern oder im Heidekraut. Auf der Fährinsel beträgt der Nestabstand teilweise weniger als einen Meter; dies zeigt, daß der Mittelsäger durchaus zum Koloniebrüten geneigt sein kann. Die Eiablage beginnt an der Ostsee in der zweiten Maihälfte. Die Vollgelege bestehen aus 8–12, teils bis 14 olivbraunen oder grünlichen Eiern mit den Maßen 57–70 × 40,5–47,5 mm; ∅ 64,9 ×45,1 mm. Reichlich 1½ Tage betragen die Legeintervalle (CURTH 1954). Die Brutdauer wird mit 26–32 Tagen angegeben, genannter Autor ermittelte einen Durchschnittswert (bei 21 Gelegen) von 31,8 Tagen. Die Sorge der Weibchen um die 12–24 Stunden nach dem Schlüpfen das Nest verlassenden Küken scheint unterschiedlich zu sein. Einigen Autoren zufolge bleiben sich die Jungen völlig selbst überlassen, andere berichten von einer intensiven Jungenführung durch den Altvogel. Nach CURTH (1954) führen die meisten Weibchen ihre Küken, doch sah er mehrfach solche mit 20 bis 32 Küken, also mit Adoptivkindern sowie einige Gruppen ohne Alttiere.

Um den 10. Juli beginnen die Mittelsäger der Ostseeinseln in Trupps an der Küste umherzustreichen; nordöstlicher Zuzug setzt meist erst im Oktober ein. Während des Winters halten sich die Mittelsäger vorwiegend an den Küsten und im Bereich küstennaher Binnengewässer auf.

Nahrung: Diese bilden unter 10 cm lange Fischchen (Tagesbedarf etwa 300 g), in den Sommermonaten ferner Krebstiere, Wasserinsekten, vereinzelt Mollusken und Würmer.

Haltung und Zucht: Gelegentlich eingefangene Altsäger oder aus Eiern von Wildvögeln aufgezogene Junge wurden wiederholt in Zoos, seltener in Zuchtanlagen gehalten. So besaß der Zoo Berlin von 1874 bis 1888 (und vermutlich auch danach) Mittelsäger (SCHLAWE 1969). HEINROTH (1931) zog 6 Männchen bei geringstem Wasserangebot auf, die sich prächtig entwickel-

ten. In meiner Anlage leben seit 1972 Mittelsäger, mit einem 1973 aufgezogenen Weibchen und einem 1975 aufgezogenen Erpel gelang 1977 die Erstzucht für die DDR (KOLBE 1977).

Gut eingewöhnte Mittelsäger eignen sich wie die anderen *Mergus*-Arten ausgezeichnet für die Pflege auf Zuchtteichen. Wegen ihrer hohen Bewegungsaktivitäten soll die Teichanlage nicht zu klein und 80–100 cm tief sein (Ansprüche wie Schellente). Die Überwinterung erfolgt auf einer eisfreien Wasserstelle. Handaufgezogene Mittelsäger sind meist zahm und hören wie kaum ein anderer Entenvogel auf Rufnamen oder kurze Sätze. Bösartigkeiten anderen Arten gegenüber wurden nicht beobachtet. Obgleich Mittelsäger allein mit Pelletfutter und Getreide ernährt werden können, erhalten meine Tiere zusätzlich ein- oder zweimal täglich etwa 10–15 g schwere Flußfischstücke oder unzerteilte Flußbarsche etwa bis 20 g.

Erfolgreiche Zuchten lassen sich schwer einordnen; in Westeuropa werden zwar alljährlich Mittelsäger angeboten, die fast alle aus Wildvogeleiern stammen. Mit Sicherheit gelingt die Zucht seit Jahren im Wildfowl Trust, steht jedoch quantitativ der der Zwerg-, Kappen- und Gänsesäger nach. In meiner Anlage begann die Eiablage zwischen Ende Mai und Mitte Juli, der Erpel trug derzeit bereits das Ruhekleid, befruchtete jedoch normal; Legeintervalle knapp 48 Stunden. Nestanlage unter Chinesischem Wacholder, dreimal am gleichen Nistplatz. Schlupfgewicht von 38 Küken 38,6–58 g, ∅ um 45 g (HEINROTH 1931, SMART 1965, eigene Wägungen). Frischgeschlüpfte prägen sich sehr stark, so daß der Kontakt Züchter – Küken in den ersten zwei Tagen auf ein Minimum zu reduzieren ist. Das Aufnehmen des ersten Futters ist oft problematisch, weil Säger nur auf sich bewegende Nahrung reagieren; durch lebende Mehlwürmer oder Stopfungen läßt sich dieses überwinden. Als Aufzuchtfutter eignen sich kleine Pellets (Entenstarter- oder Forellenaufzuchtfutter), zerschnittene Mehlwürmer und als Zu-

sätze Schabefleisch oder Rinderherz. Speziell Küken
sind während der Aufzucht sehr aspergilloseanfällig
und sind peinlich sauber, notfalls auf Drahtrosten, zu
halten. Befiederung: ab 16. Tag schieben die Schwanzfedern, ab 20.–23. Tag die Schulter- und Flankenfedern. Die Schwingen entfalten sich etwa ab 30. Tag,
beginnend am Ellenbogen; 7 Wochen alte Jungtiere
sind voll befiedert, 7½ Wochen alte haben Flügellän-
gen zwischen 187 und 195 mm und dürften flugfähig
sein. Die anfangs hellblaue Iris der Küken färbt sich
während der Befiederung gelblich-hornbraun. Im
Frühjahr des ersten Lebensjahres wird ein Teilprachtkleid und ab Herbst das Alterskleid durchgemausert.
Der weiße Halsring wurde von mehreren Erpeln nur
im Winter getragen und im März durch Ruhekleidfe-
dern ersetzt.

Schuppensäger
Mergus squamatus
GOULD

Č Morčák kapratý
D –
E Chinese Merganser

F Harle écaillé
H Chinese Zaagbekeend
R Чешуйчатый
   крохаль

Habitus: Wie Gänse- und Mittelsäger, in der Größe
zwischen beiden Arten stehend. Abb. S. 336.
Brutkleid: ♂ Kopf schwarz, metallisch grün glänzend,
Nackenfedern zu einem kurzen, kräftigen Doppelschopf verlängert. Obere und hintere Halspartie sowie
Rücken und Schultern schwarzgrau, Vorderhals, Brust
und Bauch weiß, zart lachsfarben übertönt. Flanken
auf weißem Grund kräftig, Schwanzdecken feiner
schwarz geschuppt. Flügelzeichnung entspricht der
des Mittelsägers. Der schlanke Schnabel ist dunkelrot,
das Nasenloch befindet sich etwa in der Mitte zwischen Basis und Nagel (bei Mittel- und Gänsesäger
nahe der Basis) (PIECHOCKI 1960). Augen braun, Füße
rot. ♀ ähnlich dem des Gänsesägers, also mit scharf
begrenzter Kinn- und Kehlzeichnung, doch ferner mit
gut erkennbarer Schuppenzeichnung auf Flanken und
Schwanzdecken. *Maße:* ♂ Flügel: 250–265, Schnabel:
46–56, Lauf: 52–57 mm; ♀ Flügel: 240–250, Schnabel: 43–46, Lauf: 43–48 mm (DEMENTJEW und GLAD-
KOW 1952 und DELACOUR 1959).
Ruhekleid: In beiden Geschlechtern dem adulten ♀
ähnlich, es fehlen jedoch die scharf abgesetzte Kehlzeichnung und die Flankenschuppung. Rücken der
♂♂ bleibt schwarzgrau, der der ♀♀ mehr graubraun.
Ausführliche Beschreibung gibt PIECHOCKI 1960.
Dunenkleid: Dem Mittelsäger-Küken ähnlich, doch etwas größer und auf dem Rücken heller.
Jugendkleid: Entspricht weitgehend dem Alterskleid
des ♀, die Nackenfedern sind bereits verlängert und
bilden eine etwa 25 mm lange Holle.

Schuppensäger, *Mergus squamatus* GOULD

Lebensweise: Während WOROBJEW (1954) den Schuppensäger als allgemein verbreitet im Sichote-Alin vorfand, deuten neuere Beobachtungen auf eine rückläufige Bestandsentwicklung durch Habitatverluste, Jagd und Predatoren (u. a. der aus Nordamerika eingeführte Nerz, *Mustela vison*) hin (PZICLONSKII 1976, SHIRNOW u. a. 1975). Das ›Rote Buch der UdSSR‹ vom 1. Januar 1975 führt den Schuppensäger als eine vom Aussterben bedrohte Art. Brutnachweise liegen lediglich aus dem fernöstlichen Küstengebirge Sichote-Alin vor, ein spärliches Brüten für NO-China und im Amur-Becken vermutet. Ein Teil der Säger überwintert in tieferen und meeresnäheren Arealen dieses Gebirges, andere wandern in China südwärts bis Yunnan und Tibet. PIECHOCKI (1960) erbeutete im August 1956 zwei mausernde Altvögel auf dem Imingho-Fluß am Westhang des Großen Chingan. Er vermutet dort ein Mausergebiet dieser Art. Als Grund dieses Zwischen- oder Mauserzuges, der etwa 1 500 km nach Westen führt, könnte die regenreiche Spätsommerperiode im Brutgebiet angesehen werden, der die Säger somit ausweichen.

Brutvorkommen wurden von den Mittel- und einigen Oberläufen der Flußsysteme im Sichote-Alin-Gebirge bekannt, wo die Primärtaiga, ein Mischwald mit relativ hohem Laubholzanteil, bis unmittelbar an die Flußnähe herantritt. Die Nähe des Meeres und solche Gewässerabschnitte, die nicht von Hochwald gesäumt sind, werden gemieden. Etwa ab Mitte März und im April werden die Nestreviere bezogen, Eiablage im Mai. Gelege sind bisher nicht beschrieben, wohl aber zwei Bruthöhlen, die sich in 1,5 m und 3 bis 3,3 m Höhe direkt am Wasser befanden. Die Vollgelege dürften 8–12 Eier enthalten, denn im Juli traf man Familien mit 6, 8, 10 und 12 Jungen. Ende August sind die Jungsäger befiedert und erlangen ihre Flugfähigkeit. Die Kükenaufzucht erfolgt durch das Weibchen auf ruhiger dahinfließenden Staustrecken und Kolken der Gebirgsflüsse. Während der Brutperiode fliegen Schuppensäger äußerst selten, selbst weitere Strecken werden schwimmend zurückgelegt.

Nahrung: Sie besteht überwiegend aus Fischen, wie Elritzen *(Phoxinus phoxinus)* und Saiblingen *(Salvelinus malvan).*

Haltung und Zucht: Der Schuppensäger ist bisher nur in der VR China (u. a. um 1978 im Zoo in Shanghai) gehalten worden.

Gänsesäger
Mergus merganser L.

Č	Morčák velký	F	Harle bièvre
D	Stor Skallesluger	H	Grote Zaagbekeend
E	Goosander	R	Большой крохаль

Von den drei, in Färbung und Größe nur unwesentlich differenzierten Unterarten bewohnen der Gänsesäger, *Mergus m. merganser* L., die boreale Paläarktis, der Asiatische Gänsesäger, *Mergus m. comatus* SALVADORI, das gebirgige Zentralasien und der Amerikanische Gänsesäger, *Mergus m. americanus* CASSIN, das mittlere Nordamerika.

Beschreibung von *Mergus merganser merganser*
Habitus: Großer, massiger Säger mit langem, schlankem, gezähntem Schnabel. Abb. Seite 80 und 367.
Brutkleid (Artkennzeichen): ♂ buschig verlängerte Kopf- und obere Halsfedern schwarz, stark metallischgrün glänzend. Rücken schwarz; untere Halshälfte, Schultern, Flanken und gesamte Unterseite weiß, meist lachsrot oder rahmgelb getönt. Armteil der Flügel überwiegend weiß, Handschwingen und Schwanz dunkelgrau. Schnabel, Iris und Füße rotbraun. ♀ Kopf und Oberhals hell rotbraun, Nackenfedern zu einem Doppelschopf verlängert. Weiße Kehle zum braunen Halsgefieder scharf abgesetzt; Rumpf oberseits aschgrau, unterseits weißlich. Armschwingen und große Decken weiß, übriger Flügel dunkelgrau. Schnabel, Iris und Füße dunkel rotbraun. *Maße:* ♂ Flügel: 283–295, Schwanz: 104–115, Schnabel: 55–61, Lauf: 46–59 mm; ♀ Flügel: 250–270, Schnabel: 45–50 mm. *Gewicht:* ♂ 1306–1920 g, ♀ 980–1368 g.

Brutvorkommen und Überwinterungsgebiete des Schuppensägers.

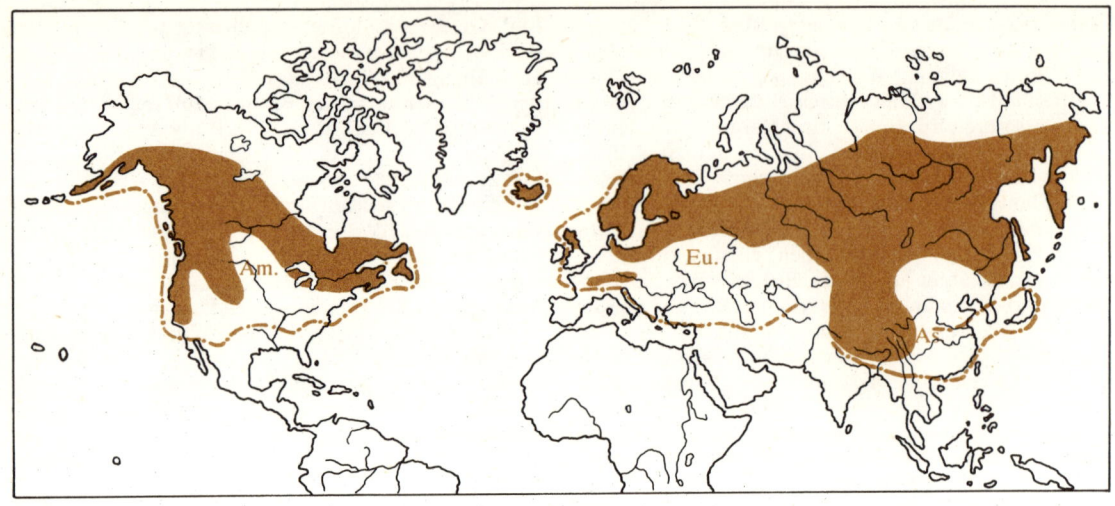

Brutvorkommen und Überwinterungsgebiete des Amerikanischen (Am.), Eurasischen (Eu.) und Asiatischen (As.) Gänsesägers.

Ruhekleid des ♂: Mai–Juni bis September–November. Gegenüber dem ♀ Rücken etwas dunkler und Nackenfedern kürzer; Flügel unverändert.

Dunenkleid: Kopf und Hals rotbraun, übrige Oberseite dunkelbraun; kennzeichnend sind ein langer, schmaler, gezähnter Schnabel und ein ausgedehnter weißer Strich unter dem Auge bis zur Schnabelwurzel. Kehle und gesamte Unterseite sowie hinterer Flügelrand und Bürzelseiten ebenfalls weiß.

Jugendkleid: Ähnlich wie adultes ♀ gefärbt, doch Schopf weniger entwickelt, Oberkörper bräunlichgrau. Weiß der Kehle meist über den Vorderhals ausgedehnt. Am Zügel ein heller, später verschwindender Streifen. Schnabel bräunlich, Iris graubraun, Füße gelblich. ♂ größer, meist mit weißem Fleck am Flügelbug; innere Armschwingen länger als beim ♀.

Vorkommen in Mitteleuropa: Sporadischer Brutvogel mit folgenden inselartigen Arealen (Anzahl der Brutpaare): Dänemark 15–20, östliches Schleswig-Holstein 40–60, Mecklenburg und Schorfheide je 10, mittlere Oder 4–5, Bayern 50–80, Schweiz um 150 Paare. Durchzügler und Wintergäste sammeln sich verstärkt ab November auf den großen Binnenseen und weichen während der Frostperiode auf eisfreie Flüsse oder zur Küste aus. Der Frühjahrszug ist im April im wesentlichen abgeschlossen.

Lebensweise: Zur Brutzeit bewohnen die Gänsesäger von Hochwald oder Altbaumgruppen gesäumte klare, fischreiche Binnen- und Strandseen, flach- und kiesgründige Flußläufe. Der Asiatische Gänsesäger lebt ausschließlich an Gebirgsgewässern, zum Teil in beträchtlicher Höhe, und ist dort ganzjährig seßhaft.

Mit dem Eisfreiwerden der Seen kehren die Gänsesäger gepaart zu ihren Brutplätzen zurück. Die Hauptbalz erfolgte im Winterquartier, nun werden vornehmlich Revierkämpfe ausgetragen. Eiablage im April, im Alpenbereich und im Norden ab Mai, in 5 bis 18 m hohen Baumhöhlen, in Felsspalten, an Steilhängen zwischen Wurzeln und Gestein – vorzugsweise in Nistkästen (Flugloch 12 × 12 cm). Vollgelege enthalten 7–10 (bis 14) glattschalige, dunkel rahmfarbene Eier mit den Maßen 62–74 × 42–49 mm; ⌀ 67,5 × 46,5 mm. Brutdauer 32–35 Tage. Die Nestdunen sind grauweiß. Brut und Aufzucht obliegen dem Weibchen. Die Erpel verlassen das Brutgebiet ab Ende Mai vor Beginn der Ruhemauser. Die Küken marschieren, geführt von der Mutter, zum Aufzuchtgewässer. In den ersten Tagen erfolgt die Nahrungssuche gründelnd im flachen Ufer- oder Küstensaum, aufgenommen werden Kleinkrebse, Wasserinsekten und Ringelwürmer. Nach 8–10 Tagen haben die Küken das Wasserlugen und Tauchen erlernt und fangen im tieferen Wasser erste Fischchen, die mit zunehmendem Alter ihre Hauptnahrung werden (v. WESTERNHAGEN 1970). Die Familientrupps lösen sich zum Mauserbeginn der Weibchen oder halten u. U. auch nach Erlangung der Flugfähigkeit der Jungsäger zusammen. Besonders die Flußpopulationen wandern während der Aufzuchtperiode über viele Kilometer, wobei die Küken gern auf dem Rücken der Mutter reiten. An den belebten Bade- und Bootsstränden der Howachter Bucht, BRD, sind die Säger so an die Menschen gewöhnt, daß ihre Fluchtdistanz nur 5–6 m beträgt und sie zwischen den Bootskörpern und unter Stegen nach Fischchen jagen (v. WESTERNHAGEN 1970).

Nahrung: Überwiegend Fische um 10 cm Länge, ferner Krebstiere und andere Wirbellose, gelegentlich Frösche, Kleinsäuger und Pflanzenteile.

Haltung und Zucht: Gänsesäger werden in großen zoologischen Gärten, weniger in privaten Zuchtanlagen gehalten. Der Zoo Berlin besaß die Art 1869 und von 1874 bis 1888 (SCHLAWE, 1969). Im Wildfowl Trust wird die Nominatform seit 1956, die amerikanische Unterart seit 1975 gezüchtet. BENKE (1974 und briefl.) zog 1973 Gänsesäger aus Wildvogeleiern auf und brachte drei Weibchen ab 1976 zur Eiablage; 1983 kam es im Zoo Wuppertal zu ersten Zuchterfolgen. In meiner Anlage wuchsen 1982 10 Jungtiere aus Wildvogeleiern heran. Aufzucht und Haltung der Gänsesäger zeigten sich problemloser als jene des Mittelsägers. Die Kükenaufzucht, die verlustlos verlief, erfolgte in Boxen, zeitweilig zusammen mit Kappensäger-Küken. Als Nahrung erhielten sie Mehlwürmer, Rinderherz, gekochtes Ei, Gammariden, Garnelen, Entenstarter- und später Zuchtenten- oder Hundepellets sowie Weizen. Dagegen schreibt BENKE (1974): Als erste Nahrung erhielten die Küken 3–5 cm lange lebende Barsche, Plötzen und Moderlieschen, die sie im Flachwasser erjagten, ab 8. Tag nahmen sie ein Weichfuttergemisch aus Fasanenaufzuchtfutter und geschnittenem Fisch (zwei Brandgans-Küken animierten zur Nahrungsaufnahme). Später wurden gröbere Fischstücke, Forellenpellets und Garnelen geboten. Die Altvögel erhielten täglich 400 bis 500 g Fisch.

Die Entwicklung der 10 Sägerküken in meiner Anlage verlief wie folgt: Schlupfgewicht 38–45 g, ⌀ 43 g; nach vollendeter Befiederung wogen sie 925–935 g. Befiederung: Entfaltung der Steuerfedern am 13. Tag, der Schulterfedern zwischen 22. und 25. Tag, der Flanken zwischen 25. und 27. Tag, der Unterseite am 28. bis 30. Tag, der Schwingen (Armteil) 37. bis 39. Tag; volle Befiederung mit 55 bis 60 Tagen (KOLBE 1983). Ab September schloß sich eine Teilmauser an, während der die Weibchen von einem bräunlichgrauen in einen aschgrauen Gefiederton wechselten, die Erpel wurden, ausgehend vom Brustgefieder, heller. Drei der Erpel mauserten bis zum Winter ein Teilprachtkleid durch (schwarze Schultern, weißer Rumpf; Kopfgefieder blieb braun). Im folgenden Frühjahr balzten die Erpel, inspizierten die Weibchen die Nisthöhlen (ohne einzuschlüpfen), zahlreiche Begattungen wurden beobachtet. Zu Bedrängnissen der Teichmitbewohner (Spatel-, Eider- und Kupferspiegelenten) kam es nicht.

Aucklandsäger
Mergus australis
HOMBRON & JACQUINOT

Č	Morčak aucklandský	F	Harle austral
D	–	H	Auckland Ijslandse Zaagbekeend
E	Auckland Island Merganser	R	Ауклендский крохаль

Habitus: Relativ kleine, kurzflügelige Sägerart.
Alterskleid: ♂ und ♀ etwa gleich gefärbt, insgesamt sehr dunkel. Kopf mit kurzem Nackenschopf und Hals düster rotbraun, Kehle aufgehellt. Rückenpartien bläulich-schwarz, Brust- und besonders Flankenfedern grau, hell gesäumt, Bauchseite grauweiß, von dunkleren Federn durchsetzt. Handschwingen schwarz, Armschwingen und Decken dunkelgrau mit je einem großen, weißen Feld. Schnabel gelborange, zum Nagel hin schwarz, Iris braun, Füße gelb mit dunkleren Schwimmhäuten. ♀ etwas kleiner, nur mit angedeutetem Nackenschopf. *Maße:* ♂ Flügel: 186–220, Schnabel: 60–61 mm; ♀ Flügel 176–180, Schnabel: 53–55 mm.
Dunenkleid: Die schwärzliche Oberseite wird nur von kleinen grauweißen Fleckchen an Flügel und Bürzelseiten aufgehellt; Kehle, Vorderhals und Brust rostrot, Bauch hellgrau.
Jugendkleid: Sehr ähnlich dem Alterskleid, der Nackenschopf sehr kurz oder fehlend.
Verbreitung: Südinsel von Neuseeland (Prov. Marlborough), Stewart-, Auckland- und vermutlich Campbell-Inseln (KEAR and SCARLETT 1970).
Lebensweise: Intensive Nachsuchen auf den Aucklandinseln von November 1972 bis Februar 1973 brachten als einziges Ergebnis, daß der Aucklandsäger zu den ausgestorbenen Vögeln zu zählen ist (WILLIAMS and WELLER 1974). KEAR and SCARLETT (1970) stellten alles Wissen über diese Art zusammen. Danach werden in den Museen der Welt 26 Präparate, darunter vier Küken, und einige Skelett- und Spirituspräparate aufbewahrt; der letzte gesicherte Nachweis stammt von 1902. Die Ursachen des Aussterbens sind nur ungenau bekannt. Auf der Südinsel von Neuseeland starb die Art bereits vor der Besiedlung durch die Europäer aus. Auf der Hauptinsel der Auckland-Gruppe war die Population bereits sehr klein, als diese Anfang des 19. Jahrhunderts durch Robben- und Walfänger besiedelt wurde. Der Mensch selbst und mit ihm die eingeführten Schweine und Raubsäuger sowie die von den Schiffen herabgelaufenen Ratten werden das Aussterben lediglich beschleunigt haben; denn auch auf der von Menschen und Raubsäugern unbesiedelten Adams-Insel verschwand der Aucklandsäger um 1900 (GREENWAY 1958, LUTHER 1967, WILLIAMS 1964). Über Biologie und Ökologie berichten KEAR and SCARLETT (1970): Aucklandsäger bewohnten die unteren Bereiche der ohnehin kurzen Flußläufe mit ihren Mündungen, ferner geschützte fjordartige Meeresbuchten und Häfen. Die Nahrungsaufnahme erfolgte wohl hauptsächlich in der fischreichen Brack- und Salzwasserzone. Die Säger wurden vorwiegend paarweise angetroffen und so auch die Mehrzahl der gepaarten Altvögel erlegt. Die Eiablage erfolgte Ende November bis Anfang Dezember (durch Rückrechnung von den erbeuteten Küken ermittelt). Gelege und Nistplätze sind von den damaligen Forschern nicht beschrieben worden, lediglich eine Familie mit vier Küken wurde genannt. Das Männchen beteiligte sich offenbar an der Jungenführung.

Ruderenten, *Oxyurini*

Kuckucksente
Heteronetta atricapilla
(Merrem)

Dt. Syn.: Schwarzkopfente*

Jahresvorkommen der Kuckucksente.

Č	Kachnice černohlavá	F	Canard à tête noire
D	–	H	Black-headed Duck
E	Black-headed Duck	R	Черноголовая утка

Habitus: Wenig größer als Knäkente, schlank; mehr *Anas*- als *Oxyura*-Typus, doch in Farb- und Gefiederstruktur (spez. der ♀♀) starke *Oxyura*-Analogien. Abb. Seite 368.

Brutkleid: ♂ Kopf und Hals schwarz, Kinn in variierender Stärke weißfleckig. Rumpfpartien und Flügeldecken auf schwarzbraunem Grund gelb- bis rotbraun gewellt bzw. fein meliert. Bauch ein wenig aufgehellt; Armschwingen mit weißem Endsaum, übriges Großgefieder schwarzbraun. Schnabel blaugrau, Basisviertel fleischrot; Iris braun, Füße dunkelgrau. ♀ durchweg auf graubraunem Grund hellgrau oder bräunlich quergewellt und fein meliert, dabei Kopf und Rücken etwas dunkler, Überaugenstreif, Kehle und Flanken aufgehellt. Flügel ähnlich ♂. Schnabel schwarzgrau, Basisteil zur Brutzeit gelblich-orange. *Maße:* ♂ Flügel: 157–178, Schwanz: 44–57, Schnabel: 40–47, Lauf: 30–34 mm; ♀ Flügel: 154–182, Schwanz: 44–49, Schnabel: 41–48, Lauf 28–35 mm. *Gewicht:* ♂ 434–580 g, ⌀ 512 g; ♀ 470–630 g, ⌀ 565 g (Weller 1967).

Ruhekleid des ♂: Januar/Februar bis Juli/August. Geringfügige, mauserbedingte Farbveränderungen, Schnabel ohne rote Basis.

Dunenkleid: Oberkopf, Unteraugenstreif und Rücken sepia- bis schwarzbraun, Brust hellbraun; seitliche Stirn, Kopfseiten, Bauch und Fleckung an Flügelrändern und auf dem Rücken hell lehmbraun bis gelblich. Schnabel und Füße dunkel graubraun. (Ausführliche

Beschreibungen in Delacour 1959 und Weller 1967).

Jugendkleid: Sehr ähnlich dem Alterskleid des ♀, Kleingefiederpartien der Oberseite und besonders Schulterfedern, Scapularen sowie mittlere und kleine Flügeldecken breiter und heller quergewellt als beim adulten ♀. Spitzen der Steuerfedern mit verbreiterten Kielen, doch ohne Äste (Weller 1967).

Lebensweise: Kuckucksenten sind unscheinbare, meist paarweise oder in kleinen Gruppen lebende und recht scheue Vögel. Obgleich in vielen Gebieten gar nicht selten vorkommend, wurden ihre Lebensweise und Brutbiologie erst durch Weller (1968) studiert und bekannt.

Bevorzugte Aufenthaltsorte bilden pflanzenreiche Tümpel, Lachen und Lagunen mit sehr flachem Wasser. Hier leben die Kuckucksenten vergesellschaftet mit anderen Entenarten und mit den südamerikanischen Vertretern unserer Bleßralle. Entsprechend den Regen- und Trockenzeiten werden Wanderungen unternommen.

Kuckucksenten sind die einzigen Brutparasiten unter den Anatiden. Ihre Hauptfortpflanzungszeit liegt während des südlichen Frühlings, wenn die meisten dort lebenden Vögel brüten; in der Provinz Buenos Aires zwischen Mitte September und Anfang November. Die Tatsache des Brutschmarotzens wurde erst um 1920 von Daguerre entdeckt und beschrieben. Im Verbreitungsgebiet der Kuckucksente wurden mehrfach verlegte Enteneier gefunden, von denen man glaubte, sie seien der Peposakaente zuzuordnen und sie müsse ein Brutschmarotzer sein. Daguerre (1920) wies jedoch nach, daß die Peposakaenten selbst brüten und ihre Jungen selbst führen, die Schwarzkopfente

---

* Der Name Kuckucksente sollte gegenüber Schwarzkopfente bevorzugt werden, um Verwechslungen mit den Schwarzkopfruderenten vorzubeugen.

aber nie brütend oder führend angetroffen wurde. Seine anfängliche Vermutung bestätigte sich bald als richtig. Spätere Forscher fanden die Eier der Kuckucksente einzeln, zu zweien oder dreien vorwiegend in den Nestern der Peposakaente, der Bleßralle und in denen des am Boden brütenden Greifvogels *Milvago chimango*. Als Wirte wurden ferner bekannt: Koskorobaschwan, Gelbe Pfeifgans, Schopfwehrvogel *(Chauna cristata)*, Rallenkranich *(Aramus scolopaceus)*, Sichler *(Plegadis falcinellus)*, verschiedene Rallen *(Fuligula rufifrons. F. armillata, Pardirallus rythirhinchus)*, Patagonien-Lachmöwe *(Larus maculipennis)* und die dort brütenden Entenarten. Die Eier sind weiß oder hellgrünlich und messen 55,2–63,5 × 41,9–45,8 mm; ⌀ 59,5 × 43,9 mm, sind im Verhältnis zum Vogel also sehr groß. Im bebrüteten Zustand haben sie die Eigenschaft, ihre Eigenwärme lange zu halten. Die Anzahl der Eier einer Legeperiode ist nicht bekannt, die Brutdauer beträgt 24 bis 25, nach JOHNSGARD (1978) vermutlich um 21 Tage. Der Hauptwirt dürfte die Peposakaente sein. Küken, die von Wirtsvögeln außerhalb der Unterfamilie *Anatinae* erbrütet werden, verlassen 24–36 Stunden nach dem Schlüpfen das Nest, eilen dem Wasser zu und schließen sich dort irgendeiner führenden Entenmutter, in erster Linie wieder der Peposakaente, an.

Nahrung: Über die Zusammensetzung ist wenig bekannt. Das Futter wird sowohl sehend von der Oberfläche als auch tauchend aufgenommen.

Haltung und Zucht: Die ersten Kuckucksenten gelangten Ende der 50er Jahre nach Europa und nach Nordamerika. HAGENBECK führte 1957 mehrere Exemplare ein (vielleicht Erstimport), vier Tiere kamen 1958 nach England und Anfang der 60er Jahre in den Zoo Philadelphia, USA. KOOY, t'Zand, Holland, erhielt im Oktober 1966 einen Erpel und 3 Weibchen aus Argentinien, deren Verbleib unbeachtet blieb. Durch den Kurator des Wildfowl Trust's, M. LUBBOCK, wurden 1973 in Südamerika Eier der Kuckucksente gesammelt, die Küken in England erbrütet und aufgezogen. Mit diesen Tieren gelang 1977 die Welterstzucht; bis 1981 wuchsen über 100 Jungvögel auf.

Die Haltung und Ernährung der aufgezogenen und gezüchteten Kuckucksenten bereiten offenbar keine Probleme, sie verhalten sich fast gründelentenartig, tauchen jedoch einen Teil ihrer Nahrung vom Grunde auf. Wegen der parasitären Legeweise ist die Zucht nur auf großen Gesellschaftsteichen möglich. POWELL (1979) berichtet über die Zucht in Slimbridge: Eine Teichanlage wurde mit 6 Paaren Kuckucks-, je 3 Paaren Peposaka- und Argentinischen Ruder-, je einem Paar Zimtenten und Schwarzhalsschwänen besetzt, außerdem brüteten dort Teichrallen. Ab Mitte April balzten die Kuckucksenten, auch Begattungen wurden beobachtet. Als am 6. Mai eine Peposakaente in der Ufervegetation zu legen begann, fand man am Morgen des 8. Mai ein erstes Ei der Kuckucksente darunter. Bis zum 18. Mai wurden je zwei Eier in ein Nest der Peposaka- und Zimtente sowie in ein Teichrallen-Nest abgelegt, und zwar in den frühen Morgen- und Vormittagsstunden. Das Legeverhalten wurde wie folgt beobachtet: Der Erpel schwimmt mit großem Unge-

stüm auf die Wirtsente zu, so daß diese panikartig das Nest verläßt. Innerhalb weniger Minuten legt dann das Weibchen der Kuckucksente ihr Ei hinzu und verläßt das Nest, bevor die Wirtsente zurückkehrt.

Dieser Verhaltensablauf zeigt deutlich, daß die Eiablage nur erfolgt, wenn andere Wasservögel am Teich nisten. Auch wurden selten mehr als zwei Eier der Kuckucksente in einem Wirtsnest gefunden. Die Aufzucht der Küken verläuft unproblematisch zwischen anderen Entenküken in Aufzuchtboxen.

Der Tierpark Berlin besitzt seit 1978 Kuckucksenten.

Maskenruderente
Oxyura dominica (L.)

Č	Kachnice škrabošková	F	Canard masqué
D	Maskeand	H	Masked Ruddy Duck
E	Masked Duck	R	Масковая савка

Jahresvorkommen der Maskenruderente.

Habitus: Kleinste Ruderenten-Art. Abb. Seite 342.

Brutkleid: ♂ vordere Kopfhälfte und Ohrgegend schwarz; Kehle weiß; Nacken, Hals, Brust, Flanken und Rücken rötlich kastanienbraun, Flanken und Rücken mit schwarzen Flecken überzeichnet. Bauch und Aftergegend silberweiß, zimtbraun getönt. Armschwingen und dazugehörige große Decken weiß, erstere mit schwarzem Außensaum, übriger Flügel schwarzbraun. Der lange, schmale Schwanz ist schwarz. Schnabel lichtblau, relativ klein und schmal; Iris braun, Auge von einem schmalen blauen Ring umgeben; Füße graugrün. ♀ Kopfplatte, Augenstreif und der parallel darunter verlaufende Backenstreif bräunlichschwarz, Gesicht ansonsten hellbraun, Kehle weißlich. Gesamte Oberseite einschließlich Brust und Flanken auf graubraunem Grund schwarzbraun geschuppt. Bauch und Unterschwanzdecken schmutzighellbraun und silberweiß. Flügel mit kleinerem weißem Feld als beim ♂. Schnabel schwarz oder dunkelbraun, Iris braun, Füße olivbraun. *Maße:* ♂ Flügel: 135—142, Schwanz: 85—90, Schnabel: 33—35, Lauf: 25—26 mm; ♀ Flügel: 133—140, Schnabel: 32—34 mm. *Gewicht:* ♂ 369—450 g, ⌀ 406 g; ♀ 298 bis 393 g, ⌀ 336 g (JOHNSGARD 1978).

Ruhekleid des ♂: Im wesentlichen ♀-farbig, Flügel unverändert.

Dunenkleid: Oberkopf schwarzbraun, Über- und Unteraugenstreif rahmweiß, der schmale Augenstreif selbst dunkelbraun. Rücken und Körperseiten braun mit zwei großen weißen Flecken auf dem seitlichen Rücken; Flügel einfarbig dunkel. Schnabel überwiegend schwarzgrau, zum Nagel hin heller, Firstlinie rötlich.

Jugendkleid: Im wesentlichen dem adulten ♀ gleichend, Unterseite jedoch unreiner gefärbt. Schwanzfederkiele oft abgerieben und nur zur Schwanzwurzel hin mit haarähnlichen Dunen besetzt (DELACOUR 1959). Nach REISER (1926) sind die Jungvögel an den gelblichen Tupfen auf den Flügeldecken und den dunkel olivgrünen Schnäbeln kenntlich.

Lebensweise: Die Maskenruderente bewohnt von üppiger tropischer und subtropischer Vegetation durchsetzte ausgedehnte Flachgewässer unterschiedlichster Art einschließlich der Mangrovenzone (doch hier nicht brütend), Reisfelder und Küstensümpfe. Nach JOHNSGARD (1978) ist sie an der Golfküste ein spärlicher, auf Kuba und in Argentinien ein relativ häufiger, in allen anderen Gebieten jedoch ein seltener Brutvogel. Paarweise oder in kleinen Gruppen leben diese rein tropischen Ruderenten weit ab vom Ufer, so daß nur wenige biologische Daten bekannt wurden. Älteren Autoren zufolge ist die Art dämmerungs- und nachtaktiv (worauf auch die großen Augen hinweisen), ist relativ flugfreudig und hier und da überraschend vertraut.

In Argentinien und auf Kuba brütet die Maskenruderente bevorzugt in frisch bespannten Reisfeldern, die Nester werden auf dichtstehenden Reisbüscheln im Flachwasserbereich errichtet. In den Sümpfen Panamas fand man sie auf Binsenkaupen, stets so, daß das brütende Weibchen direkt in das Wasser gleiten und Gefahren ausweichen kann. Die Auslösung der Fortpflanzungszeit steht wie bei vielen tropischen Arten in

Maskenruderente, *Oxyura dominica* (L.)

direkter Beziehung zu den Niederschlagsperioden. Normalgelege enthalten 4–6 cremeweiße Eier; Gelege bis 18 Eier, wie sie von Kuba bekannt wurden, stammen von mehreren Weibchen. Gelegt wird in 24stündigen Intervallen; *Maße:* (nach SCHÖNWETTER 1961) 59 bis 63 × 44–47,4 mm; ⌀ 60,6 × 45,8 mm, nach BOND (1956) 53,7–55,6 × 40–41 mm. In einem Falle wurde eine Brutdauer von über 28 Tagen ermittelt (CRIDER, zit. JOHNSGARD 1978).

Die Erpel beteiligen sich offenbar nicht an der Kükenführung, zumindest wurden stets weibchenfarbige Altvögel bei den Küken beobachtet, doch tragen die Erpel zu dieser Zeit auch ihr Schlichtkleid.

Nahrung: Sie wird tauchend aus dem flachen Wasser, seihend von der Oberfläche und z. B. Samen der Wildhirse auch auf trockenem Land aufgenommen.

Haltung und Zucht: Bis 1979 ist die Maskenruderente nicht in europäischen und nordamerikanischen Anlagen gehalten worden (GRUMMT, mündl.).

Schwarzkopfruderente
Oxyura jamaicensis
GMELIN

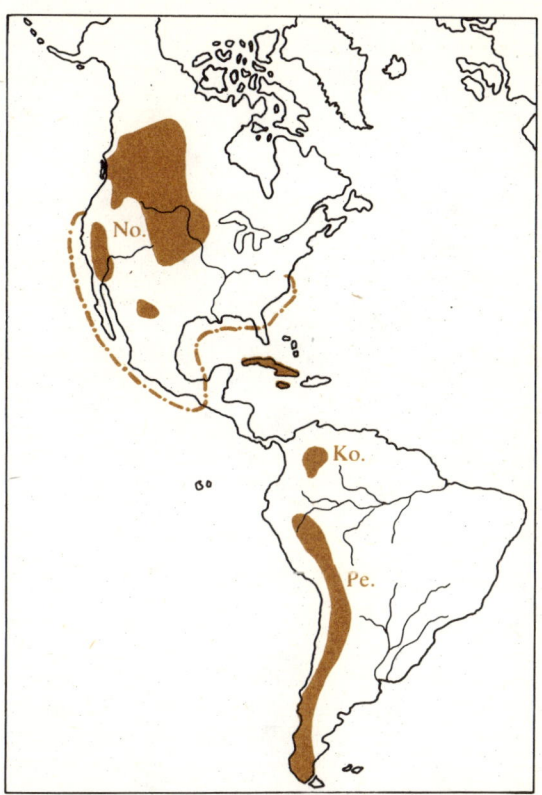

Brut- und Wintervorkommen der Nordamerikanischen Schwarzkopfruderente (No.); Jahresvorkommen der Kolumbianischen (Ko.) und Peruanischen (Pe.) Schwarzkopfruderente.

Č	Kachnice kaštanová	F	Erismature à joues blanches
D	Hvidkindet And	H	Noord Amerikaanse Ruddy Duck
E	North American Ruddy Duck	R	Американская савка

Drei Unterarten: Die Nordamerikanische Schwarzkopfruderente, *Oxyura j. jamaicensis* GMELIN, mit den reinweißen Kopfseiten bewohnt Nord- und Mittelamerika, sie wird in Mittel- und Ostkolumbien von der Kolumbianischen Schwarzkopfruderente, *Oxyura j. andina* LEHMANN, vertreten, deren Kopfseiten auf weißem Grund schwarz gefleckt sind. Südwärts davon ist die völlig schwarzköpfige Peruanische Schwarzkopfruderente, *Oxyura j. ferruginea* (EYTON), beheimatet.

Beschreibung von *Oxyura jamaicensis jamaicensis*
Habitus: Klein und gedrungen; der borstenartige Schwanz wird flach auf dem Wasser, schräg oder steil aufrecht getragen. Beine weit hinten ansitzend. Abb. Seite 67 und 344.

Brutkleid: ♂ Kopfseiten unterhalb der Augen weiß, übrige Kopfpartien und Hals stumpf schwarz; Teile des Kopfgefieders können zu kleinen »Federohren« aufgerichtet werden. Brust, Rücken und Flanken einfarbig kastanienbraun; Bauch schmutzigbraun, von grauweißen Federn durchsetzt; Aftergegend und Unterschwanzdecken weiß. Flügel durchweg dunkel graubraun. Schnabel hellblau, Füße schwarzgrau. ♀ wie

alle Ruderenten-♀♀ mit graubraunem Kleingefieder, das hell- und dunkelbraun überkritzelt ist; Bauch schmutzigweiß. Kopfseiten nahezu hellbraun, durchzogen von je einem dunklen Augen- und Backenstreif. Schnabel und Füße graubraun. *Maße:* ♂ Flügel: 142–154, Schwanz: 74–78, Schnabel: 39–44, Lauf: 31–36 mm; ♀ Flügel: 135–145, Schnabel: 37–42 mm. *Mittelgewichte:* ♂ 481–589 g, ♀ 498–540 g; *Maximalgewichte:* ♂ 815 g, ♀ 794 g (JOHNSGARD 1975).

Ruhekleid des ♂: September/Oktober bis Februar/März. Kopfseiten grauweiß, Oberkopf und Hals schwarzgrau; Rumpfgefieder graubraun, sehr fein hellbraun überkritzelt, Brust insgesamt etwas bräunlicher und heller als Oberseite. Schnabel dunkelgrau.

Dunenkleid: Wie das anderer Ruderenten-Küken mit dem typischen großen, dunklen Backenstreif auf der sonst hellen unteren Kopfhälfte.

Jugendkleid: Im wesentlichen dem ♀-Kleid gleichend; kein eindeutiger Farbdimorphismus zwischen den Geschlechtern.

Lebensweise: Alle drei Unterarten bevorzugen für ihren Aufenthalt ausgedehnte eutrophe Flachgewässer mit reicher Uferflora, eingesprengten Inseln und offenen Wasserflächen. Die Nominatform bewohnt vor allem Seen und Sumpfniederungen in den Präriegebie-

ten, *andina* die Seen und Lagunen auf den kolumbianischen Savannen und Hochebenen und *ferruginea* die hochgelegenen Andenseen, wie den Titicaca- und den Junin-See. Die beiden südlichen Subspezies sind ausgesprochene Standvögel, die jahreszeitlich ungebunden brüten und mausern. NIETHAMMER (1953) fand die Peruanische Schwarzkopfruderente sehr häufig auf dem Titicaca-See und glaubt, daß sie gegenwärtig auf dem Wege zur völligen Seßhaftigkeit ist und möglicherweise schon von ihrem Flugvermögen eingebüßt hat. Bei einem Gewicht von 848 g und 817 g (2 ♂♂) und einem Flügelmaß von 146–163 mm – die Nominatform wiegt um 550 g, ihr Flügelmaß beträgt 142–154 mm – dürfte diese Subspezies kaum noch voll flugfähig sein, zumal die relativ dünne Luft in den hochgelegenen Wohngebieten (bis 4000 m) eine stärkere Flügelarbeit erfordert als im Flachland bei normaler Luftdichte. Dagegen ist die Nominatform ein reiner Zugvogel, der als einer der letzten Wasservogelarten ab Mitte April zu den Brutplätzen in die Präriegebiete zurückkehrt. Während des Frühjahrszuges erfolgen Umfärbung in das Brutkleid, Balz und Paarung, letztere erfahren auf den Brutgewässern ihren Höhepunkt. Die Nester werden im Ried nahe kleiner Wasserflächen, die Mehrzahl über 25–30 cm tiefem Wasser errichtet; es sind kompakte, laubenartig überdachte Bauten ohne Dunenauspolsterung. Legeperiode erstreckt sich vielerorts zwischen Mitte Mai und Ende Juni, in Kalifornien möglicherweise in zwei Bruten (Mai und Juli).

Normalgelege enthalten 6–15, im ⌀ 8 sehr große, dickschalige und grobporige, weißliche Eier mit den Maßen 60–67,6 × 42,5–48,4 mm; ⌀ 62,3 × 45,7 mm. Gelegt wird täglich. Übergroße Gelege von mehreren Weibchen oder Verlegen einzelner Eier in Nester anderer Wasservögel sind nicht selten. Brutdauer unter natürlichen Bedingungen 23–26, im Inkubator nur 21 Tage. Entsprechend der Eigröße sind die geschlüpften Küken sehr kräftig, schwimmen und tauchen ausgezeichnet. Sie werden anfangs von beiden Eltern,

Schwarzkopfruderente, *Oxyura jamaicensis* GMELIN

etwa ab Befiederungsbeginn allein vom Weibchen geführt. Weit vor Erlangung der Flugfähigkeit zwischen 52. und 66. Tag ist der Familienverband aufgelöst.

Mitte September verlassen die Ruderenten ihre Brutgebiete und wandern, oftmals den Flußsystemen und Küstenlinien folgend, zu den Winterquartieren südwärts bis Mexiko. Zu sehr großen Scharen vereint, überwintern sie in seichten Buchten und in den Gezeitenzonen flach auslaufender Flußmündungen, andere auf großen Binnen- und Küstenseen.

Nahrung: Sie besteht aus feinen Pflanzenteilen und Kleinlebewesen (hauptsächlich Mückenlarven), deren Anteile regional und jahreszeitlich sehr stark variieren. Sie wird tauchend (bis 3 m Tiefe), häufiger von der Oberfläche aufgenommen. Nach BELLROSE (1976) bevorzugen Altvögel stets Vegetabilien, während bei heranwachsenden Tieren der animalische Anteil 50 % übersteigt.

Haltung und Zucht: Nach DELACOUR (1959) wurden ab 1935 Nordamerikanische Schwarzkopfruderenten in Clères, Frankreich, und vereinzelt in den USA gehalten und 1936 erstmalig in Walcot Hall gezüchtet. Eine wirkliche Verbreitung in Zuchtgehegen und Zoos fand diese Unterart – die auch heute noch am häufigsten anzutreffen ist – durch britische Züchter und den Wildfowl Trust Anfang der 50er Jahre. Zwischen 1938 und 1940 gelangten auch einzelne Peruanische Schwarzkopfruderenten nach Frankreich, Belgien und den USA; die Erstzucht gelang 1962 in Salt Lake City, Utah, USA. Der Wildfowl Trust hält (nach 1960 und etwa ab 1976) diese Unterart, ohne sie bis 1982 gezüchtet zu haben.

Bei geeigneter Unterbringung bietet die Haltung der Schwarzkopfruderenten heute kaum noch Probleme. Der gebotene Teich sollte nicht zu klein sein und möglichst natürlich bewachsene Ufer aufweisen. Die Über-

winterung erfolgt auf eisfreiem Wasser (in meiner Anlage gemeinsam mit Schell-, Spatel- und Tauchenten
sowie Sägern); gut eingewöhnte Tiere sind kälteunempfindlich. Da Ruderenten nur ungern auf Land gehen, muß das Futter direkt vom Wasser aus erreichbar
sein; geboten werden: Weizen, Hirse, gebrochene Gerste in einem Futtertrog unter Wasser, ein feines Mischfutter (Pellets anweichen), gebrochene Garnelen und
Wasserlinsen.

Auch die Zucht gelingt heute mit vielen Paaren, am
ergiebigsten jedoch, wenn die Küken von den Eltern
geführt werden können. Von solchen Paaren, deren
Küken nicht eingefangen und kupiert werden konnten,
entflogen bereits Anfang der 50er Jahre etliche Jungenten, die mit ihrem Nachwuchs echte Freilandpopulationen von etwa 1 500 (1980/81) Tieren in Südengland
bilden. Größter Winterschwarm 648 Exemplare (SAL-
MON 1982). In jüngster Zeit trat die Art nun auch in
anderen westeuropäischen Ländern und 1979 erstmals
auf dem Gebiet der DDR (Helmestausee, Bez. Erfurt)
auf.

Jungerpel mausern zwischen März und April in das
Brutkleid und sind wie die Weibchen mit 10–12 Monaten geschlechtsreif. Gegen Ende der Mauser, Altvögel ab März, beginnen die Erpel zu balzen und verteidigen später das auserwählte Brutrevier. Das vom
Weibchen errichtete Nest befindet sich im Uferbewuchs (im Tierpark Berlin auch in flachen Nistkästen), meist so, daß der Brutvogel direkt vom Gelege in
das Wasser gleiten kann. Entgegen früheren Annah-
men brüten die Weibchen wie andere Entenvögel,
doch überstehen die Embryonen längere Unterküh-
lungszeiten relativ schadlos. Die Legeperiode beginnt
selten vor Mitte Mai, Nachgelege sind noch im Juli
und August möglich. Eintagsküken wiegen 38 bis
45,5 g; nach SMART (1965) ⌀ 42,6 g, 17 aus eigener Anlage ⌀ 41,58 g. Erfolgt die Aufzucht in Boxen, muß
eine sorgfältige Futterauswahl (in den ersten Tagen
u. a. lebende Wasserflöhe) getroffen werden.

In der DDR werden seit 1974 Schwarzkopfruderenten im Tierpark Berlin gehalten und gezüchtet, Erstzucht in einer Privatanlage durch HIECKEL, Buchwäld-
chen, 1979.

Weißkopfruderente
Oxyura leucocephala
(SCOPOLI)

Č	Kachnice bělohlavá	F	Erismature
D	Skarveand	H	Witkopend
E	White-headed Duck	R	САВКА

Habitus: Körper kurz und gedrungen, etwa in der
Größe der Reiherente. Abb. Seite 346.

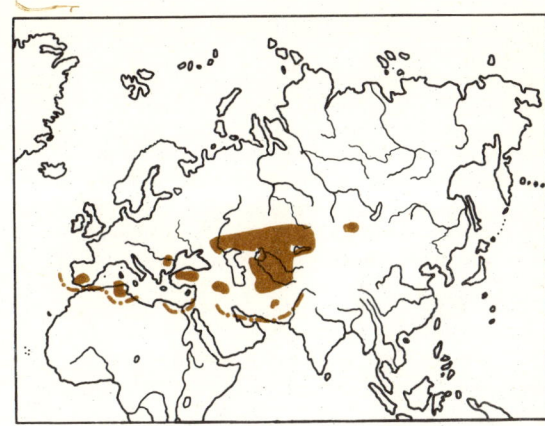

Brutvorkommen und südliche Begrenzung der Überwinterungsgebiete der Weißkopfruderente.

Brutkleid: ♂ Kopfseiten, Stirn und Kehle weiß, Scheitel, Hinterkopf und oberer Hals schwarz; Oberkörper
rotbraun, Brust und Bürzel rostrot, alle Partien
schwarz gekritzelt oder fein gebändert; Unterseite aufgehellt. Schwingen dunkel graubraun; die langen,
schmalen Schwanzfedern sind schwarzgrau und werden häufig senkrecht stehend und gefächert getragen
(Steifschwanzente). Der dick aufgetriebene Oberschnabel leuchtend kobaltblau, Iris goldgelb, Füße
grau. Die Gesamtfärbung variiert in der Hell-Dunkel-
Tönung. ♀ dunkler als ♂ und überwiegend graubraun mit schwärzlicher Kritzelung; Kopfseiten rahmweiß und von einem breiten, dunklen Backenlängs-
streif durchzogen. Schnabel dunkel blaugrau, Iris
gelb. *Maße:* ♂ Flügel: 155–168, Schwanz: 110–120,
Schnabel: 46–48, Lauf: 34–37 mm; ♀ Flügel:
150–160, Schnabel: 43–46 mm (DELACOUR 1959 und
SAVAGE 1965). *Gewicht:* ♂ 500–865 g, ⌀ bei
700–750 g; ♀ 510–820 g, ⌀ bei 600–650 g.

Ruhekleid des ♂: Spätherbst bis April. Etwa wie ♀
gefärbt, Flanken, Bürzel und Oberschwanzdecken
aber kupferrot und beiderseits des Backenstreifs bedeutend mehr Weiß.

Dunenkleid: Gesamte Oberseite dunkel braungrau,
zwei Backenstreifen, ein Fleckchen am hinteren Flügelrand und Bauch rahmweiß. Schnabel und Läufe
dunkelgrau.

Jugendkleid: Kleingefieder der Oberseite dunkel
rahmbraun, ockerfarben gesäumt, nur wenig und unsauber schwarz bekritzelt. Schnabel und Beine dunkelgrau. Geschlechter farblich und in der Größe nicht unterscheidbar. Umfärbung in das Alterskleid ab
März/April. Bis zur Großgefiedermauser sind Jungvögel an den Spitzen der Steuerfedern kenntlich, der Kiel
ist leicht verbreitert und weist keine Äste auf.

Vorkommen in Mitteleuropa: Seltener Irrgast, von dem
10–12 Nachweise vorliegen. Alle Beobachtungen, bei
denen es sich stets um einzelne ♀-farbige Tiere handelte, lagen in den Wintermonaten, besonders im Februar und März. Künftig ist auch das Vorkommen der

Schwarzkopfruderente bei Freilandbeobachtungen in Betracht zu ziehen.

Die Brutplätze im Karpatenbecken, speziell an den ungarischen Natronseen zwischen Donau und Theiß, sind etwa seit 1950 erloschen (SCHMIDT 1967). Seit 1972 wird die Weißkopfruderente auf der ›Roten Liste der Vögel Europas‹ als gefährdete Art geführt.

Lebensweise: In der südlichen Sowjetunion, dem Kern ihres Brutvorkommens, bewohnen die Ruderenten ausgedehnte, flache Steppenseen mit breiten Ufervegetationszonen und großen, offenen Wasserflächen. Sporadische Brutvorkommen sind weit in die borealen Waldgebiete vorgeschoben. Brackwasser wird dem reinen Süßwasser offenbar vorgezogen. Auf stark salzhaltigen Seen fehlt die Art zumindest als Brutvogel; der hohe Salzgehalt läßt den für den Nestbau notwendigen üppigen Schilfwuchs nicht zu.

Die Rückkehr in die Brutgebiete erfolgt Ende April. In lockeren Trupps rasten die Ruderenten weit entfernt vom Ufer auf der freien Wasserfläche. Bei ruhigem Wetter und völliger Sicherheit schwimmen sie flach eingetaucht und mit schräg aufgerichtetem Schwanz. Bei Gefahr und starkem Wellengang dagegen liegen sie so tief im Wasser, daß nur der Kopf sichtbar ist. Das Nest wird in der äußersten Rohrkante oder auf Schilfinselchen, stets nahe dem tiefen Wasser errichtet. Nicht selten werden alte Nester der Bleßralle, Taucher oder Tauchenten als Unterlage genutzt und aus frischem Schilf zu einem tiefen Napf ausgebaut. Die Brutzeit beginnt in der Sowjetunion im Juni. Die Gelege enthalten 6–13 Eier mit den Maßen 63–72,5 × 48–53,5 mm; ∅ 66,7 × 50,7 mm. Sie haben eine rauhe, körnige Oberfläche und sind in frischem Zustand hellgrün, später schmutzigweiß. Die Brutdauer beträgt 25 Tage. GROTE (1943) kennt Ruderenten als sehr scheue Vögel während der Brutperiode. Es

gelang ihm nie, die brütende Altente direkt vom Nest flüchten zu sehen, doch ruhte der Erpel wiederholt in Nestnähe, und bei Störungen am Nest gesellte sich auch bald das Weibchen hinzu. Da die Tauchdauer bis zu zwei Minuten betragen soll (KOMJATY 1926), kann die Ente unter Wasser vom Nest zum Erpel schwimmen. MEYER und STRESEMANN (1928) schreiben: »Es wird sowohl von *Oxyura leucocephala* wie von der amerikanischen Art *Oxyura jamaicensis* von mehreren Autoren übereinstimmend berichtet, daß man das Weibchen niemals auf den Eiern antrifft, weil es, wie gewöhnlich daraus geschlossen wird, ›beim Nahen des Beobachters unbemerkt ins Wasser gleitet und wegtaucht‹. Wahrscheinlicher ist es mir, daß es sich nach einigen Brütetagen überhaupt nicht mehr auf die Eier setzt. Die Eigenwärme der Embryos reicht für die Weiterentwicklung aus.« Unklar scheint auch die Beteiligung des Männchens an der Jungenführung zu sein. Aus mehreren von SCHMIDT (1967) angeführten Beobachtungen ist zu entnehmen, daß beide Eltern und auch die Erpel allein bei den Jungen angetroffen wurden. Nach KOMJATY (1926) warnt das Männchen die Familie bei Gefahr. Dagegen berichten GROTE (1943) und JOHANSEN (1959), daß sich die Erpel bereits im Juli auf der freien Wasserfläche der Brutteiche oder in deren Nähe zu lockeren Trupps sammeln, die Enten aber mit ihren Jungen bis zum Spätsommer im schützenden Röhricht leben und dieses nur in ruhigen Abendstunden verlassen.

Im September und Oktober erfolgt der Abzug in die Winterquartiere, die sich auf wenige Seen Anatoliens (Türkei) und Pakistans konzentrieren. Auf einem der pakistanischen Gewässer, das 1968 zum World Wild-

Weißkopfruderente, *Oxyura leucocephala* (SCOPOLI).

life Fund Reservat erklärt wurde, mausern alljährlich etwa 1000 Ruderenten. KONING (1973) berichtet von 9100 Überwinterern auf dem Berdur-See (Türkei), die er als 80 % des Weltbestandes ansieht, wogegen MATTHEWS and EVANS (1974) die Weltpopulation mit ca. 15000 Individuen angeben.

Nahrung: Sie besteht überwiegend aus Teilen der Wasserpflanzen mit einem geringeren Anteil Kleinlebewesen, während die Mägen untersuchter Jungenten nur Wasserinsekten enthielten (DOLGUSCHIN 1960).

Haltung und Zucht: Über erste Versuche, Küken der Weißkopfruderente auf einem Zooteich in Spanien zu halten, berichtete DURÁN (1961); zwei in den Sümpfen des Guadalquivirs ergriffene Küken wuchsen unter großer Mühe heran (ausführlich KOLBE 1972). Seit Dezember 1964 erhielt der Wildfowl Trust mehrfach während der Schwingenmauser eingefangene Altvögel aus Pakistan. In den Wintern 1968 und 1969 importierte Tiere konnten 1973 erstmalig gezüchtet werden, MATTHEWS and EVANS (1974) berichten darüber: In den Jahren 1970 bis 1972 wurde in den Frühjahrsmonaten intensiv gebalzt, ohne daß es zu Nestbau oder Eiablage kam. Deshalb wurden 1973 zwei frisch aufgegebene Bleßrallen-Nester und einige Bambus-Schilf-Unterlagen in der Ufervegetation untergebracht. Am 19. bzw. 25. Juli begannen zwei Weibchen in die Bleßrallen-Nester zu legen, die zuvor und während der Brut (in einem Falle unter Beteiligung des Erpels) komplettiert wurden. Die Enten brüteten sehr fest und verließen ihr Gelege nur zu einer täglichen kurzen Brutpause. Eine Brutdauer von 25 Tagen wurde im Inkubator ermittelt, die Küken schlüpften mit 57–65 g. Ein Küken wurde der Ente belassen, die sich als ausgezeichnete Mutter bewährte. Diese Jungente erlangte mit 58 Tagen die Flugfähigkeit.

In den Folgejahren wuchsen zahlreiche Weißkopfruderenten im Trust sowie in englischen und holländischen Zuchtanlagen auf. Der Tierpark Berlin erwarb die Art 1977 aus Slimbridge und brachte sie 1978 zur Eiablage (unbefruchtet), 1979 kam es erstmalig zum Schlupf einiger Küken.

Weißkopfruderenten lassen sich gut auf Gehegeteichen halten, die Wasserfläche soll jedoch nicht zu eng sein und muß für die Nestanlage eine natürliche Ufervegetation im Flachwasserbreich aufweisen. Die Überwinterung muß auf einer Wasserfläche erfolgen. Knapp einjährige Tiere sind geschlechtsreif.

Afrikanische Ruderente
Oxyura maccoa (EYTON)

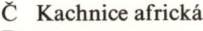

Č	Kachnice africká	F	Erismature maccoa
D	–	H	Maccoa Duck
E	Maccoa Duck	R	Африканская савка

Afrikanische Ruderente, *Oxyura maccoa* (EYTON); Männchen im Brutkleid und im Ruhekleid, rechts Weibchen

Habitus: Den anderen schwarzköpfigen Ruderenten sehr ähnlich, doch merklich größer. Abb. Seite 347.

Alterskleid: ♂ Kopf und oberer Teil des Halses schwarz, Kleingefieder der Oberseite und der Flanken kastanienbraun, Bauch und Übergang zur Brust grau mit braunen Federspitzen, untere Schwanzdecken grauweiß. Großgefieder an Flügel und Schwanz dunkel graubraun, teils hellbraun gesprenkelt. Schnabel hellblau, sehr breit und mit leicht erhöhter Basis; Iris braun, Füße dunkelgrau. ♀ in der Färbung schwer von anderen Ruderenten-♀♀ zu unterscheiden, doch mit sehr kräftigem Schnabel. *Maße:* ♂ Flügel: 160–172, Schwanz: 87–88, Schnabel: 38–41, Lauf: 37–39 mm; ♀ Flügel: 166–172, Schnabel: 36–39 mm. *Gewicht:* ♂ um 820 g; 3 ♀♀ 516–580 g, ∅ 554 g (SIEGFRIED, briefl.).

Ruhekleid des ♂: Nach beendeter Brutsaison, im SW-Kap-Gebiet beispielsweise zwischen Februar und September. Dem ♀-Kleid sehr ähnlich, Backenstreif und

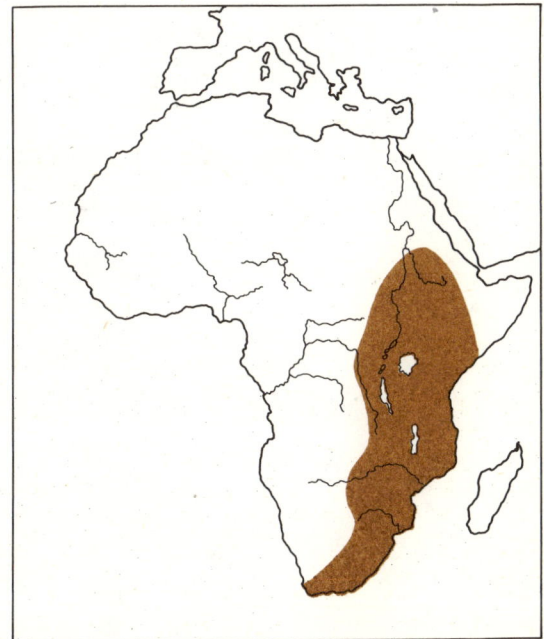

Jahresvorkommen der Afrikanischen Ruderente.

347

untere Kopfhälfte sehr hell, Schnabel schwarzgrau (SIEGFRIED 1968).

Dunenkleid: Im Färbungstypus wie andere Ruderenten-Küken; Gesicht und seitlicher Rücken ziemlich hell, Kehle und Bauch weiß.

Jugendkleid: Etwas stumpfer und einfarbiger als das Alterskleid vom ♀, sonst diesem ähnlich.

Lebensweise: Die Afrikanische Ruderente ist innerhalb ihrer Verbreitungsgrenzen fast überall heimisch, doch nirgends ausgesprochen häufig. Sie bewohnt schilfumstandene Süßwasserseen, Teiche und Vleys, hier und da auch Stauseen. Nichtbrütende Vögel halten sich in lockeren Verbänden auf der freien Wasserfläche auf. Sie fliegen selten und versuchen, Gefahren durch Tauchen zu entkommen.

Der Beginn der Brutzeit steht in Abhängigkeit von den Niederschlägen und kann in den verschiedenen Gebieten zu den unterschiedlichsten Jahreszeiten erfolgen. In Brutstimmung kommende Erpel beginnen anfangs innerhalb der Trupps und später in den Nestrevieren – meist kleinen Schilfbuchten – ausgiebig zu balzen und diese heftig gegen fremde Erpel zu verteidigen; fremde Weibchen dagegen werden angebalzt. Im Abwehrgebaren wird der Hals eingezogen und gesenkt, der Rücken katzenartig gekrümmt; der Kopf liegt dabei dicht über dem Wasser. Bei den Angriffen werden schnarrende Töne abgegeben. Der Beginn des Nestbaues geht offensichtlich allein vom Weibchen aus. Die Nester selbst werden überwiegend in den Röhrichtbeständen, seltener auf Kaupen oder Inselchen errichtet. Es sind aus niedergetretenem Schilf 10–20 cm aus dem Wasser herausragende Plattformen mit flachen Nestmulden, die Bauten werden später von der brütenden Ente laubenartig überdacht. SIEGFRIED (briefl.) fand in etwa 60 Nestern als Auspolsterung lediglich einzelne Federchen. Die Gelege bestehen aus 4–8 grünlichweißen Eiern mit den Maßen 63,7–72,8 × 45,8–52,7 mm; ∅ 67,7 × 50,3 mm (ROBERTS 1957). Die Eiablage erfolgt täglich, die Brutdauer beträgt 25–27 Tage (CLARK 1964). Die Küken verlassen unmittelbar nach dem Trockenwerden ihres Dunenkleides unter Führung der Mutter das Nest, sie sind sofort geschickt im Schwimmen und Tauchen. Im äußeren Schilfsaum des Brutgewässers geht die Familie im Flachwasser der Nahrungssuche nach. Die Küken tauchen gewöhnlich etwa 30 cm tief. Die Familienbindung löst sich nach drei bis vier Wochen, nicht selten bereits nach ein bis zwei Wochen, anderseits halten auch einige Jungentrupps über zwei Monate zusammen. Über die Befiederung der Küken schreibt CLARK (1964) sinngemäß: Im Alter von zwei Wochen wird das Dunenkleid merklich hellgrau, aber erst drei bis vier Wochen später zeigt sich das mausgraue Jugendgefieder an Flanken und Flügeln. Die Umfärbung ins Alterskleid erfolgt etwa nach einem Jahr, und zwar während des Frühlings im jeweiligen Brutgebiet. Die Jungerpel beginnen im Alter von 6–8 Monaten mit der Balz.

Nahrung: Sie wird insgesamt als relativ feine Partikel aufgenommen und unterscheidet sich in Zusammensetzung und Erwerb nicht von der anderer Ruderenten-Arten.

Haltung und Zucht: Nach DELACOUR (1959) gelangten von der Afrikanischen Ruderente lediglich 1937 ein Tier in eine englische Privatsammlung und 1957 zwei in den Wildfowl Trust Slimbridge, wo 1974 auch die Erstzucht mit 1973 importierten Enten gelang und seit 1978 gute Vermehrungsraten erzielt werden.

Die wenigen danach auf den Tiermärkten angebotenen Afrikanischen Ruderenten lassen sich wie die anderen *Oxyura*-Vertreter gut auf Gehegeteichen halten. Sie sind recht kälteunempfindlich und können unter günstigen Bedingungen im Freien überwintert werden. Knapp einjährige Tiere sind geschlechtsreif, insgesamt scheint die Art wie die amerikanischen Formen fortpflanzungsbereit zu sein. Stimulierend für die Eiablage wirkt ein passender Nistplatz, eine Kleinströhrichtzone im Flachwasserbereich.

Der Tierpark Berlin erwarb 1978 ein Paar Jungvögel aus Slimbridge und erzielte mit ihnen 1979 mehrere befruchtete Eier.

Aus einer Wasservogel-Zuchtanlage bei Kapstadt, Südafrika, berichtet SIEGRIED (briefl.) wie folgt: »Die Afrikanische Ruderente ist schwierig zu züchten, aber uns glückt es seit einiger Zeit. Diese Enten benötigen viel mehr Pflege als andere Arten, trotz allem bleibt die Sterblichkeitsrate unter den Küken – weniger bei den Altvögeln – sehr hoch. Wir füttern den Jungen Wasserflöhe, Wasserlinsen und ein Kükenaufzuchtfutter-Gemisch mit 23 % tierischem Eiweiß. Die Alten lassen sich gut bei einem Mischfutter mit 20 % tierischem Eiweiß halten.«

Argentinische Ruderente
Oxyura vittata
(PHILIPPI)

Č Kachnice malá	F Erismature tacheté
D –	H Argentijnse
E Argentine Ruddy	Ruddy Duck
Duck	R Аргентинская
	савка

Habitus: Kleiner, im Körper kürzer und dünnschnäbliger als *O. jamaicensis*.

Brutkleid: ♂ Kopf und Hals durchweg schwarz; Brust, Rückenpartien und Flanken dunkel kastanienbraun; Unterseite schmutzigweiß, von braunen Federn durchsetzt. Großgefieder einfarbig dunkel braungrau. Schnabel hellblau, Iris dunkelbraun, Füße dunkelgrau. ♀ sehr ähnlich dem *jamaicensis*-♀, doch schmaler Unteraugenstreif und Kehlgegend heller und klarer gezeichnet, Mantelgefieder stärker ockergelb gebändert. Schnabel und Iris graubraun, Füße dunkelgrau.

Maße: ♂ Flügel: 137–155, Schwanz: 85–87, Schnabel: 38–45, Lauf: 34–36 mm; ♀ Flügel: 132–140,

Brutvorkommen und nördliche Begrenzung der Überwinterungsgebiete der Argentinischen Ruderente.

Schnabel: 36–38 mm. *Gewicht:* ♂ und ♀: 550 g bis
675 g.
Ruhekleid des ♂: Insgesamt ♀-farbig, doch Rumpfge-
fieder mit rostfarbenen Säumen, die dem ♀ fehlen.
Dunenkleid: Kopf oberhalb der Augenlinie, ein kräftiger Backenstreif, der hintere Halssaum und die Rük-
kenpartien dunkel sepiabraun; ein langer, schmaler
Unteraugenstreif, die untere Kopfhälfte und der
Bauch rahmweiß; Brust fahl grau.
Jugendkleid: Sehr ähnlich dem Alterskleid des ♀,
doch Bauchseite dunkler und Steuerfedern wie bei der
Weißkopfruderente. Kein Geschlechtsdimorphismus.
Lebensweise: Die Argentinische Ruderente ähnelt
nicht nur in ihrer äußeren Erscheinung, sondern auch
in Biologie und Verhalten weitgehend anderen Ruderenten-Arten. Mit der ebenfalls schwarzköpfigen Peruanischen Ruderente, *O. j. ferruginea*, überschneiden
sich andererseits in Zentralchile die Brutvorkommen,
ein sicheres Merkmal ihrer Differenziertheit.

Argentinische Ruderenten bewohnen ganzjährig
wasserführende große Lagunen und Marschen mit
Ried-, Großsimsen- und Schwimmpflanzengesell-
schaften sowie eingesprengte größere Wasserflächen
der Niederungen und Ebenen (nicht der Hochplateaus). Nach WELLER (1967) liegt ein Verbreitungs-
schwerpunkt in den Pampasebenen Ostargentiniens.
Hier führen die Ruderenten paarweise oder in kleinen
Gruppen eine unscheinbare Lebensweise. Etwa von
Januar bis April tragen die Erpel das Ruhekleid, um
die Mai-Juni-Wende wurden Schwarmbildungen (bis
zu 400 Tieren) beobachtet, während sich die Brutperiode von Mitte Oktober bis Anfang Januar erstreckt.

Balz und Revierverteidigung erfolgen ähnlich wie bei
den anderen Ruderenten.

Nach JOHNSON (1965) brüten beide oben genannten Arten in Chile nebeneinander auf großen, flachen
Niederungsgewässern, doch baut die Argentinische
Ruderente ein viel kleineres Nest und legt nur
3–5 Eier (vergl. *O. j. ferruginea*), während andere Autoren von Gelegen mit 6–12 cremeweißen, porigen
Eiern berichten, die jedoch von zwei Weibchen stammen können. *Maße:* 60,2–72,2 × 45,8–52,5 mm; ∅
65,5 × 48,5 mm. Das Weibchen brütet und führt die
Küken allein, die Brutdauer ist von Wildvögeln nicht
bekannt.
Nahrungsökologische Untersuchungen liegen nicht
vor.
Haltung und Zucht: Die Argentinische Ruderente gelangte im Jahre 1962 erstmals in den Zoo Philadelphia
und in einige USA-Zuchtanlagen (DELACOUR, 1964)
und als eine der letzten *Oxyura*-Arten nach 1970 in
den Wildfowl Trust Slimbridge, wo 1975 ein erstes
Jungtier aufwuchs. Die relativ problemlose Haltung
gut eingewöhnter und gezüchteter Tiere führte in den
folgenden fünf Jahren zu einer raschen Verbreitung
der Art in den großen Zoos (u. a. Tierpark Berlin seit
1977) und Zuchtgehegen (WIENANDS, Viersen, seit
1978, eigene Anlage seit 1983). Auch in der Zuchtbe-
reitschaft steht die Argentinische Ruderente ihren
nordamerikanischen Verwandten offenbar nicht nach,
im Wildfowl Trust wuchsen 1977 31 und 1978
27 Junge heran. Im Tierpark Berlin erfolgte (erstmals
1979) die Eiablage mehrerer Weibchen ab Juni in flachen Nistkästen. Knapp einjährige Tiere sind ausgefärbt und geschlechtsreif (GRUMMT, mündl.).

Australische Ruderente
Oxyura australis
(GOULD)

Č Kachnice tmavá	F Erismature d'Australie
D –	H Australische Blue-billed Duck
E Australian Blue-billed Duck	R Австралийская савка

Habitus: Sehr kleine, kurz und gedrungen wirkende
Ente. Abb. Seite 368.
Brutkleid: ♂ Kopf und Hals glänzend schwarz, zum
Rumpf hin in eine gleichmäßig dunkelbraune Färbung mit einigen schwarzen und silbergrauen Fleckchen übergehend; Bauch aufgehellt; Flügel, Schwanzfedern und Unterschwanzdecken schwarzbraun bis
schwarz. Der schmale Schnabel ist zur Basis hin
schwach gewölbt und leuchtend himmelblau gefärbt;

Iris dunkelbraun, Beine schwarzgrau. ♀ wie alle Ru-
derenten-♀ auf dunkel graubraunem Grundton gelbbraun kritzelartig quergefleckt, Kinn und Kehle aufgehellt, Gesicht ohne dunklen Backenstreif. *Maße:* ♂
Flügel: 150–173, Schnabel: 37–48 mm; ♀ Flügel:
142–163, Schnabel: 32–47 mm (FRITH 1967); ♂
Schwanz: 65–70, Lauf: 33–36 mm (DELACOUR 1959).
Gewicht: ♂ 610–965 g, ♀ 476–1300 g (FRITH).

Ruhekleid: Der schwarze Kopf des Erpels ist von
graubraunen, das übrige braune Kleingefieder von
schwarzbraunen Federn durchsetzt. Schnabel schiefergrau.

Dunenkleid: Kopf, Oberseite und Brust dunkel graubraun, hintere Flügelränder und je zwei Flecke am
Schenkel heller braun; Kehle und Bauch weißlich, Gesicht ohne helle Zeichnung. Schnabel und Füße sind
dunkel.

Jugendkleid: Etwas heller und farbflacher als das
weibliche Alterskleid; Schnabel graugrün.

Lebensweise: Die Australische Ruderente galt lange
Zeit als eine seltene Art, doch ist sie infolge ihrer überwiegend versteckten Lebensweise nur wenig beobachtet worden. FRITH (1967) sah Schwärme von 1000 und
mehr Exemplaren (einmal etwa 8000 in einem Verband), die sich während der Wintermonate auf den
freien Wasserflächen großer Binnenseen und Süßwasserlagunen zusammenscharten. Während der längsten
Zeit des Jahres leben die Ruderenten jedoch heimlich
und unauffällig an ruhigen Stellen dicht bewachsener
Sümpfe, oft weit entfernt vom Ufer. Sie fliegen nur selten und gehen fast nie an Land.

Als bevorzugte Brutbiotope werden im Binnenland
die etwas tieferen, permanenten Cumbungi-Sümpfe*,
seltener die flachen, mit Knöterich bewachsenen Lignum-Sümpfe* und in den Küstengebieten die dichten
Baumsümpfe besiedelt. Die Brutsaison scheint in fast
allen Gegenden der Verbreitung auf die Frühjahrs-
und Sommermonate September bis Februar beschränkt zu sein. Bei der gegen Ende des Winters einsetzenden Balz wird der Schwanz steil aufgestellt und
zum Rücken hin übergebogen. Mit flach eingetauchtem Kopf und Flügelschlagen umwirbt der Erpel die
Ente. Die Nester stehen in der dichten Sumpfvegetation der Flachwasserzone, seltener auf kleinen Inselchen. Als Unterlage dienen alte Nestbauten der Bleßhühner und der Lappenenten *(Biziura lobata)*. Die von
den Ruderenten selbst erbauten Nester haben stets
eine laubenartige Überdachung. Zur Auspolsterung
werden nur wenige oder gar keine Dunen verwendet.
Das Vollgelege besteht aus 3–12, normal 5–6 grünlichweißen Eiern der Größe 64–72 × 46–52,7 mm; ∅
66 × 48,2 mm (SCHÖNWETTER 1961 und FRITH 1967).
Die Brutdauer gibt WHEELER (1953) mit 26–28 Tagen
an. Das Männchen beteiligt sich nicht am Brutgeschäft, es wurde selbst bei schwach bebrüteten Gelegen nicht mehr im Brutrevier beobachtet. Die Jungen
sind sehr geschickte Taucher und wachsen unter der
Führung der Mutter schnell heran. Etwa im Alter von
6–8 Wochen haben sie die Größe und das ungefähre

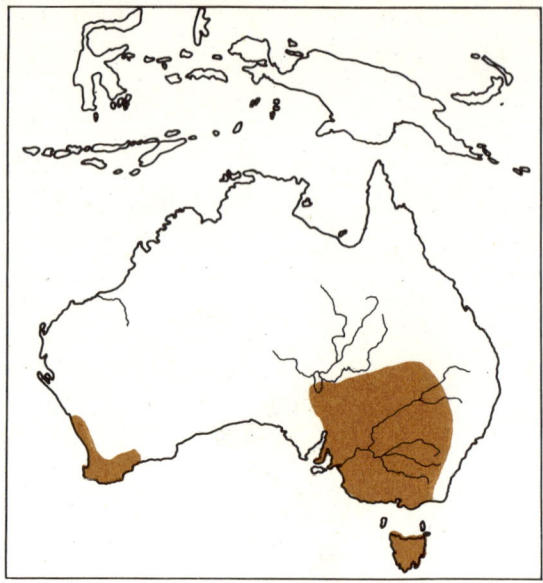

Bevorzugtes Brut- und Jahresvorkommen der Australischen Ruderente.

Aussehen der Altente erreicht; damit lösen sich die Familienverbände, und die Tiere verlassen die Brutreviere. Bis Mitte Juli des folgenden Jahres mausern die
meisten Jungvögel das Alterskleid durch (FRITH
1967).

Nach der Brutzeit vergesellschaften sich die Australischen Ruderenten auf den offenen Wasserflächen
gern mit anderen Wasservögeln. Obgleich die Ruderenten schnelle und gute Flieger sind, machen sie von
ihrer Flugfähigkeit kaum Gebrauch.

Nahrung: Sie wird durch geschicktes Tauchen auf dem
Teichgrund erfaßt. Die Tauchdauer beträgt 10–15,
maximal 30 Sekunden. Magenanalysen bei 352 Exemplaren ergaben 53 % planzliche und 47 % tierische
Substanzen. Die Hauptfutterpflanzen sind der Algenfarn *(Azolla* spec.) und das Tausendblatt *(Myriophyllum* spec.), das animalische Futter besteht vor allem
aus den Larven der Zuckmücken *(Chironomidea),* der
Köcherfliegen *(Trichoptera* spec.) und der Libellen
(FRITH 1967).

Haltung und Zucht: Die Australische Ruderente ist
bisher nur in wenigen australischen Zoos gehalten und
wohl auch gezüchtet worden. Im Herbst 1979 sammelte M. LUBBOCK für den Wildfowl Trust in West-
australien 20 Eier von Wildvögeln, aus denen in Slimbridge 4 Küken schlüpften, ein Tier wuchs auf.

* siehe Australische Moorente

Lappenente
Biziura lobata SHAW
Dt. Syn.: Scharbenente, Moschusruderente

Č Kachnice laločnatá   F Canard musqué
D Bisamand   H Musk Duck
E Musk Duck   R Лопастная утка

Habitus: Ziemlich große Ente mit weit hinten ansitzenden Beinen und einem kräftigen Schnabel.

Alterskleid: ♂ gesamte Oberseite, Brust und Flanken dunkel graubraun, überdeckt von feinen hellbraunen Wellen und Kritzeln. Oberkopf, Genick und Nacken schwarzbraun; Gesicht, Halsseiten und Bauch aufgehellt. Flügel und die schmalen, steifkieligen Schwanzfedern schwarz. Schnabel schwarzgrau, Iris braun, Füße dunkelgrau. Der schwarze Kehllappen hängt schlaff herab und variiert nach Alter und jeweiliger Brutstimmung des Erpels. ♀ nur reichlich halb so groß wie ♂ und ohne Kehllappen. *Maße:* ♂ Flügel: 205–240, Schnabel: 36–47 mm; ♀ Flügel: 165–202, Schnabel: 31–41 mm (FRITH 1967); ♂ Schwanz: 110–150, Lauf: 48–52 mm (DELACOUR 1959). *Gewicht:* ♂ 1811–3120 g, ♀ 993–1844 g (FRITH).

Dunenkleid: Gesamte Oberseite und Brust ohne hellere Fleckung dunkel graubraun, Bauch hellbraun, Schnabel und Füße grau.

Jugendkleid: Ähnlich dem Alterskleid, Kinngegend gelblich, nur mit angedeutetem Kehlsack.

Lebensweise: Lappenenten bewohnen ähnlich wie die Ruderenten im Binnenland die tieferen permanenten Cumbungi-*, etwas weniger die flacheren Lignum-Sümpfe* und in den Küstengebieten ausgedehnte Baumsümpfe. Üppige Schilf- und Knöterichbestände, durchsetzt von kleinen, freien Wasserflächen, bilden die bevorzugten Brutbiotope. Hier verbringen die Enten die meiste Zeit in der dichtesten Sumpfvegetation und suchen das freie Wasser vornehmlich für die Nahrungsaufnahme und zum Balzen auf. Lappenenten tauchen geschickt und ausdauernd, beim Schwimmen liegt der Körper tief eingetaucht, und der Schwanz gleitet flach auf dem Wasser. Die Paare beanspruchen ein streng abgegrenztes Brutrevier und vertreiben daraus jeden Artgenossen äußerst heftig.

Während der Wintermonate suchen die Lappenenten große offene Seen, Lagunen, Flüsse, Stauseen und das freie Meer auf. Weit entfernt vom Ufer ruhen die Tiere einzeln oder paarweise auf dem Wasser. Gefahren weichen sie durch Schwimmen oder Tauchen aus; sie können dabei weite Strecken unter Wasser schwim-

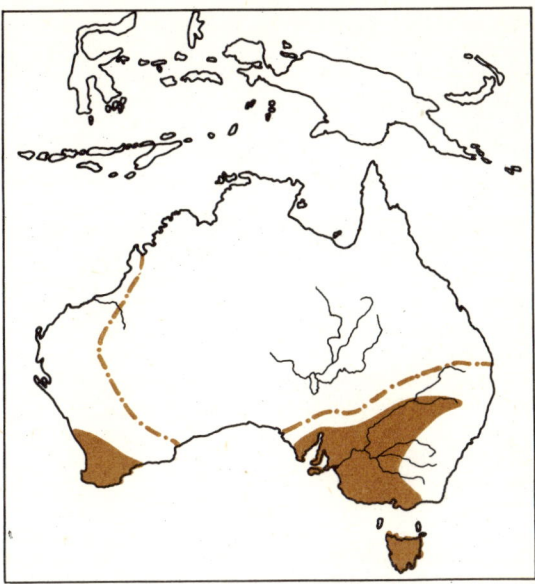

Bevorzugte und (–·–·–) sporadisch besiedelte Brutgebiete der Lappenente; Jahresvogel.

men. Auf deckungsarmen Seen lebende Lappenenten fliegen jedoch öfter und besser, als in der älteren Literatur beschrieben wurde.

Die sehr auffällige Balz wird bereits im Herbst und Winter auf den großen Seen und später im Brutrevier in ruhigen Schilfbuchten ausgetragen. ELYMANN (1914) schreibt dazu: »Die Balz bestand darin, daß der Vogel in der Nähe des Weibchens mit den Füßen Wasser in einem Strahle hinter sich schleuderte. Dies geschah mit großem Kraftaufwand. Das Wasser flog 1–2 m weit und schoß wie aus einer Spritze hervor. Als das Männchen das Spiel eine Weile getrieben hatte, umkreiste es das Weibchen mehrere Male. Jetzt erfolgte die Begattung mit großem Ungestüm. Sie dauerte verhältnismäßig lange. Sobald sie beendet war, schoß der Erpel wie rasend auf dem Wasser eine weite Strecke davon. Der Schwanz wurde fächerförmig aufrecht und zum Rücken übergebogen gehalten.« Die Fortpflanzungszeit ist im wesentlichen auf die Sommermonate September bis November beschränkt. Die Nester werden stets sehr gut verborgen inmitten kleiner Schilfdickichte, am äußeren Schilfsaum oder im Gewirr auf dem Wasser liegender Zweige erbaut. Die Unterlage ist oft so flach und niedrig, daß die Eier feucht liegen. Die wenigen verwendeten Dunen sind grau, im Zentrum weiß. Viele Nester haben eine laubenartige Überdachung. Nach FRITH (1967) bestehen die Vollgelege aus 1–10, meist aus 1–3, nach KEAR (1975) nie mehr als 3 blaßgrünen Eiern mit den Maßen 71–88 × 48–58 mm; ∅ 79–54 mm (FRITH). Die Brutdauer ist unbekannt. Das Weibchen brütet und führt die Jungen allein. Die Küken klettern oft nach Art der Schwanen- und Taucherküken auf den Rücken der Mutter. SERVENTY and WHITTELL (1951) halten es für möglich, daß die reitenden Küken von der tau-

* siehe Australische Moorente

351

chenden Mutter mit unter Wasser genommen werden und erst mit ihr wieder an die Oberfläche kommen.

Nahrung: Sie wird durch Tauchen im tiefen Wasser erfaßt. Durchschnittliche Tauchzeiten von 25–30 (max. 60) sec. wurden ermittelt. Obgleich Kleinlebewesen überwiegen, fand man in den Mägen unter anderem Grünteile beziehungsweise Samen von Kleefarn *(Marsilea spec.)*, Luzerne, Laichkräutern und Knöterich. Als tierische Nahrung wurden hauptsächlich Insekten (Wasserzikaden, Libellen, Zuckmücken, Köcherfliegen und Wasserkäfer), weniger kleine Fische, Schnecken und Muscheln aufgenommen (FRITH 1967).

Haltung und Zucht: Von Zeit zu Zeit gelangten einzelne Lappenenten in außeraustralische Zoos; das erste eingeführte Exemplar kam 1882 in den Zoo London. Nach der Jahrhundertwende »hauste« eine männliche Lappenente sechs Jahre lang im Berliner Zoo, über deren Verhalten HEINROTH (1910) wie folgt berichtet:

»In der Hand gehalten (also in starker Erregung), werden die spitzen und starkkieligen Schwanzfedern spitzwinklig nach dem Rücken gebogen. Im Sitzen wird der Schwanz aufrecht gestellt und gefächert, im Schwimmen schleppen die Steuerfedern auf dem Wasser und dienen wie bei den Tauchenten als Höhensteuer beim Tauchen. Das Tier hatte die Gewohnheit, nach Schellentenart andere Wasservögel tauchend von unten her zu verfolgen, und sein Erscheinen bewirkte daher bald eine allgemeine Flucht der anderen Enten nach dem Ufer.«

Ein in Clères, Frankreich, lebendes Paar tötete mehrere kleine Enten und verzehrte sogar einzelne Entenküken. Das Männchen im Berliner Zoo wurde mit Fleischstücken und Fisch ernährt. Eine Stimmäußerung vernahm man von ihm nicht.

FRITH (1967) berichtet über künstlich erbrütete Lappenenten-Küken: Erst ab dem 7. Tag begannen die Küken zu tauchen. Bis zu dieser Zeit waren sie nicht in der Lage, Mehlwürmer, die im 2,5 cm tiefen Wasser auf Grund lagen, zu erfassen. Alle Jungenten mußten in den ersten Tagen wie Sperlingsvögel gefüttert werden. Mit einer Zange vorgehaltene Mehlwürmer verschlangen sie gierig. FRITH hält es für möglich, daß auch die freilebenden Küken von der Mutter in ähnlicher Weise betreut werden.

Der Wildfowl Trust hält seit 1970 zwei Erpel und eine Ente. Wegen der Unverträglichkeit der Männchen dem Weibchen gegenüber wurde ein Wassergraben so getrennt, daß das kleinere Weibchen bei zu starken Bedrängnissen der Erpel durch Gitterstäbe flüchten kann, die die Erpel nicht durchschwimmen können. In den Sommermonaten kam es zur intensiven Balz der Männchen und 1979 erstmals zur Eiablage.

Hinweise zu den Verbreitungskarten

Die Verbreitungskarten markieren mit der farbig abgedeckten Fläche die Jahresvorkommen b.z.w. die Brutgebiete der einzelnen Arten und kennzeichnen mit den Wortanfängen der deutschen oder wissenschaftlichen Namen das Vorkommen der Unterarten. Während die Brutvorkommen vieler Arten relativ gut bekannt sind, lassen sich weltweit die eigentlichen Überwinterungsgebiete u.a. wegen der weiten Streuung kleinerer Individuengruppen und ziehender Vögel schwer erfassen und werden von den einzelnen Autoren auch sehr unterschiedlich dargestellt. Hier wird mit der Punkt-Strich-Linie der Versuch unternommen, die wesentlichsten Überwinterungszentren in ihrer weitesten Entfernung von den Brutgebieten zu umreißen. Viele Arten überwintern entlang der Küstenlinien (deshalb Meeresenten), andere konzentrieren sich auf eng begrenzten Überwinterungsplätzen. Bei der Mehrzahl jedoch überlappen sich Brut- und Wintergebiete, oder die dazwischen liegenden Regionen werden von übersommernden Nichtbrütern beflogen. In diesen Fällen wird die Überwinterungsmarkierung zu den Brutgebieten hin offen gelassen.

Neben speziellen Publikationen, die bei der jeweiligen Karte vermerkt sind, liegen den Verbreitungsangaben folgende Werke zugrunde: Afrika: JOHNSGARD (1978); Australien: FRITH (1967); Indien: ALI and RIPLEY (1968); Ostasien: Wild Bird Society of Japan (1982), CHENG (1976); Paläarktis: CRAMP, SIMMONS, et.al. (1980), USPENSKI (1965 und 1972); Nordamerika: JOHNSGARD (1975), BELLROSE (1976); Südamerika: JOHNSGARD (1978), SCHAUENSEE (1970)

1 Andenschopfente, *Lophonetta specularioides alticola* MENEGAUX, Erpel während der Schwingenmauser. 2 Patagonische Schopf-ente, *Lophonetta sp. specularioides* (KING). phot. K. Kussmann

1 und 2 Bahamaente, *Anas bahamensis* L.; die Silberbahamaente ist eine Farbmutation der in Zuchtgehegen und Zoos weitverbreiteten Bahamaente. 3 Paar der Rotschnabelente, *Anas erythrorhyncha* GMELIN.

phot. H. Kolbe

1 Paar der Versicolorente, *Anas versicolor* VIEILLOT, vorn das etwas kleinere Weibchen. 2 Hottentottenenten, *Anas punctata* BURCHELL. 3 Die große und langschnäblige Punaente, *Anas versicolor puna* TSCHUDI, ist eine Hochgebirgsunterart der bekannten Versicolorente.

phot. H. Kolbe

1 Paar der Argentinischen Zimtente, *Anas c. cyanoptera* VIEILLOT. 2 Erpel der Blauflügelente, *Anas discors* L. . 3 Paar der Knäkente, *Anas querquedula* L. .   phot. H. Kolbe

1 Südamerikanische Löffelente, *Anas platalea* V<small>IEILLOT</small>, während der Kopulation. 2 Erpel der Australischen Löffelente, *Anas rhynchotis* L<small>ATHAM</small>. 3 Die bei uns heimische Löffelente, *Anas clypeata* L., ist farbenprächtiger als ihre Verwandten der südlichen Erdteile.   phot. 1 K. Kussmann, 2 E. Slater, 3 H. Kolbe

357

1 Erpel der Afrikanischen Rotaugenente, *Netta erythrophthalma brunnea* (EYTON). 2 Die Erpel der Peposakaente, *Netta peposaca* (VIEILLOT), tragen ganzjährig das Prachtkleid.   phot. 1 H. Kolbe, 2 K. Kussmann

1 Riesentafelente, *Aythya valisineria* (WILSON). 2 Die in Nordamerika heimische Rotkopfente, *Aythya americana* (EYTON), ähnelt in vielem unserer Tafelente.

phot. K. Kussmann

1 Reiherente, *Aythya fuligula* (L.). 2 Brütendes Weibchen der Halsringente, *Aythya collaris* (Donovan). 3 Weibchen der Tafelente, *Aythya ferina* (L.), mit 10 Tage alten Küken.

phot. H. Kolbe

1 Paar der Moorente, *Aythya nyroca* (GÜLDENSTÄDT). 2 Erpel der Australischen Moorente, *Aythya australis* (EYTON). 3 Erpel der Schwarzkopfmoorente, *Aythya baeri* (RADDE). phot. 1 H. Kolbe, 2 K. Kussmann, 3 E. Kolbe

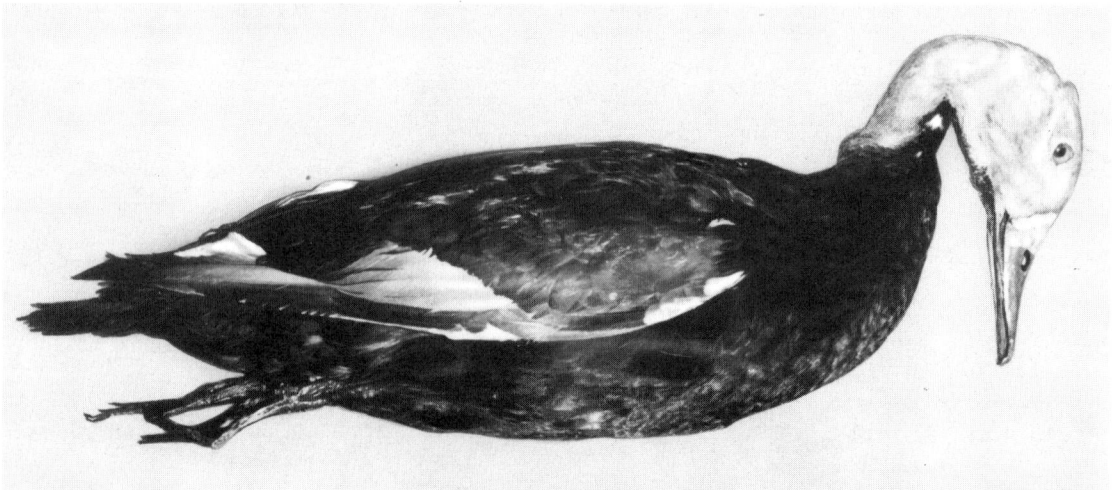

1 Die Labradorente, *Camptorhynchus labradorius* (GMELIN), starb vor über 100 Jahren aus. Der abgebildete Erpel wurde 1838 für die Sammlung des Zoologischen Museums Berlin erworben. 2 Die Rosenkopfente, *Rhodonessa caryophyllacea* (LATHAM), wurde im ersten Drittel unseres Jahrhunderts noch in Gehegen gehalten; der abgebildete Erpel lebte bis 1908 im Zoo Berlin.

phot. H. Kolbe

1 Erpel der Eiderente, *Somateria m. mollissima* (L.). 2 Erpel der sehr selten gezüchteten Prachteiderente, *Somáteria spectabilis* (L.). Die Scheckente, *Polysticta stelleri* PALLAS, wird in jüngster Zeit mit offenbar gutem Erfolg in nordamerikanischen Zuchtstationen gehalten.

phot. 1 J. Feige, 2 K. Kussmann, 3 H. Kolbe

1 Die Schellente, *Bucephala clangula* (L.), ist die einzige Meeresente, die problemlos in Gehegen gehalten und gezüchtet wird.
2 Die Büffelkopfente, *Bucephala albeola* (L.), ist der kleinste Vertreter der Meeresenten.

phot. H. Kolbe

1 Paar der Samtente, *Melanitta fusca* (L.). Spatelente, *Bucephala islandica* (GMELIN), 2 Erpel während der Umfärbung in das Ruhekleid, 3 Weibchen.   phot. 1 H. Kolbe, 2 und 3 R. Lachner

Mittelsäger, *Mergus serrator* L.; 1 brütendes Weibchen, 2 Gelege, 3 einjähriges Männchen im Ruhekleid.

phot. 1 H. W. Nehls, 2 H. Kolbe, 3 H. Kolbe, Zerbst

1 Kappensäger, *Mergus cucullatus* L., Männchen in Imponierhaltung. 2 Weiblicher Gänsesäger, *Mergus merganser* L., mit Küken.

phot. 1 P. A. Johnsgard, 2 W. v. Westernhagen

1 Männliche Australische Ruderente, *Oxyura australis* (Gould), im Zoo Adelaide. 2 Weibchen der Kuckucksente, *Heteronetta atricapilla* (Merrem).   phot. 1 K. Kussmann, 2 H. Kolbe

Literatur

ALDRICH, J. W., and K. P. BAER (1970): Status and speciation in the Mexican duck *(Anas diazi)*. Wilson Bulletin **88**, 63–73.

ALI, S. (1960): The pink-headed duck *Rhodonessa caryophyllacea* (LATHAM). Wildfowl Trust, 11th Ann. Rep., 55–60.

ALI, S., and S. D. RIPLEY (1968): Birds of India and Pakistan. Vol. 1. Bombay, London, New York.

ANTON (1964): The World Population of the Hawaii Goose in January 1964. Wildfowl Trust, 15th Ann. Rep., 16–19.

AUDUBON, J. J. (1832–1839): Ornithological biography. Edinburgh.

BAKER, E. C. S. (1921): Indian Ducks and their Allies. 2nd Edition. Bombay.

BALL, I. J., H. FROST, W. R. SIEGFRIED and F. McKINNEY (1978): Territories and local movements of African Black Ducks. Wildfowl **29**, 61–79.

BANKO, W. E. (1960): The Trumpeter Swan. U. S. Dept. of the Interior. Fish and Wildlife Service (North American Fauna 63).

BARBOUR, T. (1923): The Birds of Cuba. Cambridge, Massachusetts.

BATES, G. L. (1930): Handbook of the Birds of West Africa. London.

BAUER, K. M. und U. N. GLUTZ von BLOTZHEIM (1968 und 69): Handbuch der Vögel Mitteleuropas. Bd. 2 und 3. Frankfurt am Main.

BAUER, R. V. (1981): Abyssinian Blue-Winged Geese. American Pheasant and Waterfowl Society Mag. **81–2**, 43–44.

BECKER, P. und A. HILL (1977): Der Mittelsäger *(Mergus serrator)* als Brutvogel in Südniedersachsen. Vogelkundl. Ber. aus Niedersachsen **9**, 33–37.

BEIER, D. (1968): Über die erfolgreiche Bekämpfung der infektiösen Virushepatitis bei Entenküken. Zool. Garten N. F. **35**, 162–165.

BELLROSE, F. C. (1976): Ducks, Geese and Swans of North America. Harrisburg. (Neubearbeitung des gleichlautenden Titels von F. H. KORTRIGHT [1942]).

BENGTSON, S.-A. (1966): Field Studies on the Harlequin Duck in Iceland. Wildfowl Trust, 17th Ann. Rep., 79–94.

BENGTSON, S.-A. (1972): Breeding Ecology of the Harlequin Duck *Histrionicus histrionicus* (L.) in Iceland. Ornis Scandinavica **3**, 1–19.

BENGTSON, S.-A., and S. ULFSTRAND (1971): Food resources and breeding frequency of the Harlequin duck *Histrionicus histrionicus* in Iceland. Oikos **22**, 235–239.

BENKE, J. (1974): Etwas von meinen Gänsesägern. Gef. Welt **98**, 49–52.

BENT, A. C. (1923 und 1925): Life Histories of North American Wild Fowl; Order *Anseres*. Part. I und II. Washington.

BERG, B. (1930): Die Liebesgeschichte einer Wildgans. Berlin.

BERNDT, R., und W. MEISE (1959 und 1962): Naturgeschichte der Vögel. 2 Bände. Stuttgart.

BERNHARDT, P. (1940): Beiträge zur Biologie der Schellente *(Bucephala clangula)*. J. Orn. **88**. 488–497.

BEZZEL, E. (1955): Biologische Beobachtungen über die Tafelente *(Aythya ferina)* im Ismaninger Teichgebiet. Anz. orn. Ges. Bayern **4**, 274–297.

BEZZEL, E. (1962): Beobachtungen über Legebeginn und Legezeit bei Entenpopulationen. Anz. orn. Ges. Bayern **6**, 218–233.

BEZZEL, E. (1965): Bemerkungen zum Zeitpunkt des Flüggewerdens junger Tauchenten. Anz. orn. Ges. Bayern **7**, 338–339.

BEZZEL, E. (1965): Zum Brutbestand von Lappentauchern und Enten in Südbayern. Anz. orn. Ges. Bayern **7**, 249–272.

BEZZEL, E. (1969): Die Tafelente. Neue Brehm-Bücherei **405**. Wittenberg Lutherstadt.

BLANFORD, W. T. (1898): Fauna of British India (Birds). Band 4.

BOCK, J. (1973): Dampfschiffenten-Nachzucht im Zoo Wuppertal. Gef. Welt **97**, 208–209.

BOENIGK, G. (1980): Freilandbeobachtungen zur Biologie der Großen Kelpgans *(Chloephaga hybrida malvinarum* PHILLIPS). Bongo **4**, 23–30.

BOETTICHER, H. v. (1958): Die Dampfschiffenten. Gef. Welt **82**, 69–71.

BOETTICHER, H. v., und W. GRUMMT (1965): Gänse- und Entenvögel aus aller Welt. 2. Auflage. Neue Brehm-Bücherei **73**. Wittenberg Lutherstadt.

BOLEN, E. G. (1961): Nesting of Black-bellied Tree Ducks in Texas. Audubon Field Notes **16**, 482–485.

BOLEN, E. G. (1964a): Weights and Linear Measurements of Black-Bellied Tree Ducks. The Texas Journal of Science **16**, 257–260.

BOLEN, E. G. (1964b): Natural History of the Black-Bellied Tree Duck *(Dendrocygna autumnalis)* in Southern Texas. Southwestern Naturalist **9**, 78–88.

BOLEN, E. G. (1973): Breeding whistling ducks, *Dendrocygna* spp., Internat. Zoo Yearbook **13**, 32–38.

BOLEN, E. G., and B. J. FORSYTH (1967): Foods of the Black-bellied Tree Duck in South Texas. Wilson Bulletin **79**, 43–49.

BOND, J. (1956): Check-List of Birds of the West Indies. Lancaster.

BOYD, H. (1961): The Number of Barnacle Geese in Europa in 1959–60. Wildfowl Trust, 12th Ann. Rep., 116–124.

BRIGGS, S. V. (1982): Food habits of the Frecklad Duck and associated waterfowl in North-western New South Wales. Wildfowl **33**, 88–93.

BRODEL, R. (1955): Kurzschnabelgans brütet auf Föhr. Die Heimat **62**, 98–100.

BRUNING, D. (1979): Breeding of the Indian Pygmy Goose *(Nettapus co. cor.)*. America Pheasant a. Waterfowl Soc. Mag. **79**, 2–4.

BRUUN, B. (1971): North American waterfowl in Europe. British Birds **64**, 385–408.

CAMPOLI, G. (1982): Those Magnificent »Kids« of Eldon. American Pheasant and Waterfowl Society Mag. **82–8**, 43–46.

CAPEN, D. E., W. J. CRENSHAW, and M. W. COULTER (1974): Establishing breeding populations of Wood Ducks by Relocating wild broods. J. Wildl. Manage. **38**, 253–256.

CASARES, J. (1933): Palmipedos Argentinos. Hornero **5**, 142–156.

CASARES, J. (1934): Palmipedos Argentinos. Hornero **5**, 290–303.

CASARES, J. (1938–1940): Palmipedos Argentinos. Hornero **7**, 327–357.

CAWKELL, E. M., and HAMILTON (1961): The Birds of the Falkland Island. Ibis **103a**, 1–27.

CHENG, T.-H. (1976): Distributional list of Chinese birds. Peking.

CLANCEY, P. A. (1967): Gamebirds of southern Africa. New York.

CLARK, A. (1964): The Maccoa Duck *(Oxyura maccoa* [EYTON]*)*. Ostrich **35**, 264–276.

CLARK, A. (1969): The Breeding of the Hottentot Teal. Ostrich **40**, 33–36.

CLARK, A. (1969): The behaviour of the White-backed Duck. Wildfowl **20**, 71–74.

CLARK, A. (1980): Notes on the Breeding Biology of the Spurwinged Goose. Ostrich **51**, 179–182.

COIMBRA-FILHO, A. F. (1964): Notas Sôbre a Marreca-Ananai, *»Amazonetta brasiliensis«* (GMELIN, 1782), sua Reprocução em Cativeiro e Ensaios de Repovoamento. Rev. Brasil. Biol. **24** (4), 383–391.

COOCH, F. G. (1961): Ecological Aspects of the Blue-Snow Goose Complex. Auk **78**, 72–89.

COOCH, F. G., G. F. STIRRETT, and G. F. BOYER (1960): Autumn Weights of Blue Geese *(Chen caerulescens)*. Auk **77**, 460–465.

COOPER, J. A. (1979): Trumperter Swan nesting behaviour. Wildfowl **30**, 55–71.

COPLEY, R. A. (1962): Hooded Mergansers. Avic. Mag. **68**, 166–168.

COPLEY, R. A. (1964): Hooded Mergansers – Rearing Problems. Avic. Mag. **70**, 182–184.

CRAMP, S., K. E. L. SIMMONS et. al. (1977): Handbook of the birds of Europe, the Middle East and North Afrika. Vol. 1. Oxford.

CUNNINGHAM, J. M., and E. O. WELCH (1955): The Grey Teal in New Zealand: Some nesting and plumage notes. Emu **55**, 303–309.

CURTH, P. (1954): Der Mittelsäger. Neue Brehm-Bücherei **126**. Wittenberg Lutherstadt.

DAGUERRE, J. B. (1920): Observaciones sobre los patos *Metopiana peposaca y Heteronetta atricapilla*. Hornero **2**, 61–62.

DANE, CH. W. (1966): Some Aspects of Breeding Biology of the Blue-winged Teal. Auk **83**, 389–402.

DAVIES, C., H. FISCHER und E. GWINNER (1969): Die Brutzeiten einiger Gänsearten und ihre Bastarde in identischen Bedingungen. Oecologia (Berl.) **3**, 266–276.

D'EATH, J. O. (1961): Incubation Period of the North American Ruddy Duck *(Oxyura j. jamaicensis)*. Avic. Mag. **67**, 202.

DEAN, W. R., and D. M. SKEAD (1979): The weights of some southern African Anatidae. Wildfowl **30**, 114–117.

DELACOUR, J. (1954–64): The Waterfowl of the World. 4 Bände, London.

DEMENTJEW, G. P., und N. A. GLADKOW (1952): Die Vögel der Sowjetunion. Band 4. Moskau. (Russisch).

DITTBERNER, H., und W. D. KRUMMHOLZ (1979): Mai- und Sommerbeobachtungen des Zwergsägers (*Mergus albellus* L.) in der DDR. Beitr. Vogelkd. **25**, 353–355.

DOLAN, J. M. (1965): Notes on *Chloephaga hybrida* (MOLINA, 1782). Zool. Garten NF **30**, 272–274.

DOLGUSCHIN, I. A. (1960): Die Vögel Kasachstans. Band 1. Alma-Ata. (Russisch).

DOUTHWAITE, R. J. (1976): Weight changes and wing moult in the Red-billed Teal. Wildfowl **27**, 121–127.

DRENCKHAHN, D. R. und R. HELDT (1971): Die Bedeutung der Nordseeküste Schleswig-Holsteins für einige eurasische Wat- und Wasservögel mit besonderer Berücksichtigung des Nordfriesischen Wattenmeeres. Natur und Landschaft **46**, 338–346.

DURÁN, D. A. (1961): Notes on keeping the White-headed Duck *(Oxyura leucocephala)* in Captivity. Avic. Mag. **67**, 160–161.

DZUBIN, A. (1959): Growth and plumage development of wild-trapped juvenile Canvasback *(Aythya valisineria)*. J. Wildlife Manage. **23**, 279–290.

DZUBIN, A., H. W. MILLER, and G. V. SCHILDMAN (1964): White-Fronts. Waterfowl Tomorrow; U. S. Dep. of the Interior. 135–143.

EICHLER, W. (1958): Brandgansschutzgebiet Großer Knechtsand. Falke **5**, 164–169.

ELDER, W. H., and D. H. WOODSIDE (1958): Biology and Management of the Hawaii Goose. Transaction of the Twenty-third North American Wildlife Conference. Published by the Wildlife Management Institute, Wire Building, Washington **5**, D. C.

ELYMANN, E. (1914): Die Vogelwelt des SO-Teils vom Staate Südaustralien. J. Orn. **62**, 1–35 und 226–251.

ERDMANN, G. (1973): Zu: »Eis- und Kolbenente auf dem Elsterstaubecken in Leipzig«. Falke **20**, 428.

ERSKINE, A. J. (1961): Nest-site Tenacity and Homing in the Bufflehead. Auk **78**, 389–396.

ERSKINE, A. J. (1972): Buffleheads. Canad. Wildlife Service, Monograph Series – No. 4. Ottawa.

EVANS, M. E. (1975): Breeding behaviour of captive Bewick's Swans. Wildfowl **26**, 117–130.

EVANS, M. E. (1977): Notes on the behaviour of captive Whistling Swans. Wildfowl **28**, 107–112.

EVANS, M. E., and J. KEAR (1978): Weights and measurements of Bewick's Swans during winter. Wildfowl **29**, 118–122.

FABRICUS, E. (1951): Zur Ethologie junger *Anatiden*. Acta Zoologica Fennica **68**, 1–178.

FEILER, M. (1974): Die Bestandssituation des Höckerschwans *(Cygnus olor)* in der DDR 1971. Beitr. Vogelkd. **20**, 340–368.

FICHTNER, A. (1933): Rotschulterenten – *Nettium torquatum*. Gef. Welt **62**, 270–271 und 280–281.

FISCHER, W. (1974): Vorläufiger Abschlußbericht über Vogelbeobachtungen in Vietnam. Beitr. Vogelkd. **20**, 249–300.

FOG, M. (1977): Gänse, Gänseforschung und Gänseprobleme Dänemarks. Vogelwelt **98**, 121–141.

FRÄDRICH, J., und J. NAACKE (1974): Das Vorkommen der Graugans, *Anser anser* L., in der DDR. Beitr. Vogelkd. **20**, 369–383.

FRÄDRICH, J., und H. LITZBARSKI (1976): Ergebnisse der Bestandserfassung an Rastplätzen der Graugans 1975. Mitteilungen und Berichte **8**, 34–43.

FRANZ, O. (1959): Wasser- und Wasserziergeflügel. Reutlingen.

FRITH, H. J. (1959): The ecology of wild ducks in inland New South Wales: I. Waterfowl Habitats. CSIRO Wildl. Res. **4**, 97–107. II. Movements. Ebenda, 108–130. III. Food Habits. Ebenda, 131–155.

FRITH, H. J. (1964): The Downy Young oft the Freckled Duck, *Stictonetta naevosa* (GOULD). Emu **64**, 42–47.

FRITH, H. J. (1965): Ecology of the Freckled Duck, *Stictonetta naevosa* (GOULD). CSIRO Wildl. Res. **10**, 125–139.

FRITH, H. J. (1967): Waterfowl in Australia. Sydney, London, Melbourne.

FRITH, H. J., and S. J. J. F. DAVIES (1961): Ecology of the Magpie Goose, *Anseranas semipalmata* LATHAM *(Anatidae)*. CSIRO Wildl. Res. **6**, 91–141.

FRITH, H. J., and S. J. J. F. DAVIES (1961): Breeding saesons of birds in subcoastal Northern Territory. Emu **61**, 97–111.

FROST, P. G. H., I. J. BALL, W. R. SIEGRIED and F. MCKINNEY (1979): Sex ratios, morphology and growth of the African Black Duck. Ostrich **50**, 220–233.

GAJDÁCS, M. (1974): Die Vögel von Addis Abeba. Beitr. Vogelkd. **20**, 444–450.

GEE, E. P. (1958): The present status of the White-winged Wood Duck, *Cairina scutulata*. Journ. Bombay nat. Hist. Soc. **55**, 569–575.

GEWALT, W. (1968): Ansätze zu einer erfolgreichen Zucht der Dampfschiffente *(Tachyeres brachypterus* LATH.). Gef. Welt **92**, 188–189.

GISENKO, A. I., und I. P. MISCHIN (1952): Neue Ergebnisse über geographische Verbreitung und Biologie der Schwanengans auf Sachalin. Zool. J. **31**, 312–314 (Russ.).

GLADKOW, N. A., G. P. DEMENTJEW, E. S. PTUSCHENKO und A. N. SUDILOWSKAJA (1964): Bestimmungsbuch der Vögel der UdSSR. Moskau. (Russisch).

GLADSTONE, P., and CH. MARTELL (1968): Some field notes on the breeding of he Greater Kelp Goose. Wildfowl **19**, 25–31.

GODFREY, W. E. (1966): The Birds of Canada. Ottawa.

GORE, M. E. J., and W. PYONG-OH (1971): The Birds of Korea. Seoul and Tokyo.

GRATZI, E., und H. KÖHLER (1968): Spezielle Pathologie und Therapie der Geflügelkrankheiten. Stuttgart.

GRAY, A. P. (1958): Birds Hybrids. A Check-List with Bibliography. Farnham.

GREENWAY, J. C. (1958): Extinct and vanishing birds of the world. Special Publ. **13**. American Committee for Intern. Wildlife Protection. New York.

GRISWOLD, J. A. (1968): First breeding of the Magellanic Flightless Steamer Duck in captivity. Wildfowl **19**, 32.

GRISWOLD, J. A. (1973): The coscoroba, *Coscoroba coscoroba*. Internat. Zoo Yearbook **13**, 38–40.

GROTE, H. (1931): Brutbiologische Bemerkungen über einige Vögel der Mongolei. Beitr. Fortpfl. Biolog. Vögel **7**, 93ff.

GROTE, H. (1939): Der Zug der Rothalsgans, *Branta ruficollis* (PALL.). Orn. Monatsber. **47**, 170–176.

GROTE, H. (1943): Kleine Beiträge zur Biologie einiger paläarktischer Vogelarten. Teil I (Zwergadler und Ruderente). Beitr. Fortpfl. Biolog. Vögel **19**, 150–156.

GRÜNBERG, W. (1968): Ernährungsstörungen. In GRATZL, E., und H. KÖHLER: Spezielle Pathologie und Therapie der Geflügelkrankheiten. Stuttgart.

GUDMUNDSSON, F. (1932): Beobachtungen an isländischen Eiderenten *(Somateria mollissima mollissima)*. Beitr. Fortpfl. Biolog. Vögel **8**, 120ff.

GUILER, E. R. (1961): The 1958–60 Cape Barren Goose aerial surveys. Emu **61**, 61–64.

GUILER, E. R. (1966): The Breeding of Black Swan *(Cygnus atrata* LATHAM*)* in Tasmania with Special Reference to some Management Problems. Papers and Proceeding of the Royal Society of Tasmania **100**, 31–52.

GUILER, E. R. (1967): The Cape Barren Goose, Its Environment, Numbers and Breeding. Emu **66**, 211–235.

GUILER, E. R. (1974): The Conservation of the Cape Barren Goose. Biological Conservation **6**, 252–257.

HANSEN, H. A. (1973): Trumpeter Swan management. Wildfowl **24**, 27–32.

HANSEN, H. A., P. E. K. SHEPHER, J. C. KING, and W. A. TROYER (1971): The Trumpeter Swan in Alaska. Wildlife Monographs **26**.

HANSON, H. C., P. QUENEAU, and P. SCOTT (1956): The Geography, Birds, and Mammals of the Perry River Region. Arctic Institute of North America, Sp. Pub. **3**, 96ff.

HANTZSCH, B. (1905): Beitrag zur Kenntnis der Vogelwelt Islands. Berlin.

HARRISON, C. J. O. (1962): Notes on the Distribution and Eggs of some Waterfowls. Bull. of the Brit. Orn. Club **82**, 91–92.

HARRISON, J. (1967): Drake Harlequin escorting its family. Wildfowl Trust, 18th Ann. Rep., 155–156.

HARTERT, E. (1912–1921): Die Vögel der paläarktischen Fauna. Band 2. Berlin.

HAYES, F. N., and M. WILLIAMS (1982): The status, aviculture and reestablishment of Brown Teal in New Zealand. Wildfowl **33**, 73–80.

HEINROTH, O. (1909): Beobachtungen bei einem Einbürgerungsversuch mit der Brautente. J. Orn. **58**, 101–156.

HEINROTH, O. (1910): Beitr. zur Biologie, namentlich Ethologie und Physiologie der Anatiden. Verh. d. V. Intern. Orn. Kongreß in Berlin 1909. Berlin.

HEINROTH, O. (1926): Hochbruten von Graugans *(Anser anser)* und Kolbenente *(Netta rufina)*. Beitr. Fortpfl. Biolog. Vögel **2**, 6–9.

HEINROTH, O., und M. HEINROTH (1928–31): Die Vögel Mitteleuropas. Bd. 3 und 4. Berlin-Lichterfelde.

HENNY, Ch. J., J. L. CARTER, and B. J. CARTER (1981): A review of Bufflehead sex and age criteria with notes on weights. Wildfowl **32**, 117–122.

HENRY, G. M. (1955): A Guide to the Birds of Ceylon. Oxford Univ. Press. London.

HESSE, E. (1915): BERNHARD HANTZSCHS ornithologische Ausbeute im Baffinland. J. Orn. **63**, 137–228.

HEYDER, R. (1952): Die Vögel des Landes Sachsen. Leipzig.

HEYDER, R. (1962): Nachträge zur sächsischen Vogelfauna. Beitr. Vogelk. **8**, 1–116.

HILBRICH, P. (1967): Krankheiten des Geflügels. 2. Aufl. Schwenningen am Neckar.

HILPRECHT, A. (1956): Höckerschwan, Singschwan, Zwergschwan. Neue Brehm-Bücherei **177**. Wittenberg Lutherstadt.

HINKEL, H. (1969): Bericht über die Aufzucht und Haltung von Europäischen Pfeifenten *(Anas penelope* L.*)* in den Schwanenteichanlagen von Mittweida. Monatsschrift der SZG Ziergeflügel und Exoten, 107–108.

HOBBS, J. N. (1957): Notes on the Pink-eared Duck. Emu **57**, 265–268.

HOCHBAUM, H. A. (1944): The canvasback on a prairie marsh. Harrisburg.

HOESCH, W., und G. NIETHAMMER (1940): Die Vogelwelt Deutsch-SW-Afrikas. J. Orn. **88** (Sonderheft).

HOLWELL, A. H. (1924): Birds of Alabama. New York.

HUDEC, K., und J. ROOTH (1970): Die Graugans. Neue Brehm-Bücherei **429**. Wittenberg Lutherstadt.

HUMPHREY, P. S., and S. D. RIPLEY (1962): The affinities of the pink-headed duck. Postilla **61**, 1–21.

HUMPHREY, P. S., and M. C. THOMPSON (1981): A new species of Steamer-Druck *(Tachyeres)* from Argentina. Univ. of Kansas, Museum of Nat. History. Occasional papers **25**, 1–12.

HUMPHREY, P. S., and B. C. LIVEZEY (1982): Flightlessness in Flying Steamer-Ducks. Auk **99**, 368–372.

IMMELMANN, K. (1960): Im unbekannten Australien, dem Lande der Papageien und Prachtfinken. Pfungstadt/Darmstadt.

IMMELMANN, K. (1963): Tierische Jahresperiodik in ökologischer Sicht. Zool. Jahrbuch Syst. **91**, 91–200.

JACOB, K. (1976): Haltung und Zucht von Hühnergänsen. Monatsschrift der SZG Ziergeflügel und Exoten. 181–183.

JACOB, K. (1976): Zur Haltung und Zucht der Schellente, *Bucephala clangula* L., Zool. Garten N. F. **46**, 139–144.

JAHN, H. (1942): Zur Oekologie und Biologie der Vögel Japans. J. Orn. **90**, 1–301.

JERDON, T. C. (1863): Birds of India. Calcutta.

JOHANSEN, H. (1959): Die Vogelfauna Westsibiriens, III. Teil, 6. und 7. Fortsetzung. J. Orn. **100**, 60–78 und 313–336.

JOHNSGARD, P. A. (1961): The taxonomy of the Anatidae – A behavioural analysis. Ibis **103a**, 71–85.

JOHNSGARD, P. A. (1961): Breeding biology of the Magpie Goose. Wildfowl Trust, 12th Ann. Rep., 92–103.

JOHNSGARD, P. A. (1964): Observations on the biology of the Spectacled Eider. Wildfowl Trust, 15th Ann. Rep., 104–107.

JOHNSGARD, P. A. (1965): Observations on some aberrant Australian Anatidae. Wildfowl Trust, 16th Ann. Rep., 73–83.

JOHNSGARD, P. A. (1966): The biology and relationships of the Torrent Duck. Wildfowl Trust, 17th Annual Report, 66–74.

JOHNSGARD, P. A. (1966): Behaviour of Australian Musk Duck and Bluebilled Duck. Auk **83**, 98–110.

JOHNSGARD, P. A. (1967): Observations on the behaviour and relationships of the Whitebacked Duck and the Stiff-tailed Ducks. Wildfowl Trust, 18th Annual Report, 98–107.

JOHNSGARD, P. A. (1968): Waterfowl – Their biology and natural history. Lincoln.

JOHNSGARD, P. A. (1975): Waterfowl of North America. Bloomington.

JOHNSGARD, P. A. (1978): Ducks, Geese, and Swans of the World. Lincoln and London.

JOHNSGARD, P. A., and D. HAGEMEYER (1969): The Masked Duck in the United States. Auk **86**, 691–695.

JOHNSON, A. W. (1965): The birds of Chile, and adjacent regions of Argentina, Bolivia and Peru. Vol. 1. Buenos Aires.

JOHNSTONE, S. T. (1960): The Collection in 1959. Wildfowl Trust, 11th Ann. Rep., 11–12.

JOHNSTONE, S. T. (1961): Breeding of the King Eider 1961. Avic. Mag. **67**, 196–197.

JOHNSTONE, S. T. (1965): The Collection in 1964. Wildfowl Trust, 16th Ann. Rep., 12–16.

JOHNSTONE, S. T. (1965): Zucht der Bronzeflügelente im Wildfowl Trust Slimbridge gelungen. Freunde des Kölner Zoo **8**, 12.

JOHNSTONE, S. T. (1969): Ein Vogel wird vom Aussterben gerettet. Vogelkosmos **6**, 15–17.

JOHNSTONE, S. T. (1970): Waterfowl eggs. Avic. Mag. **76**, 52–55.

JONES, R. D. (1965): Returns from Steller's Eider banded in Izembek Bay, Alaska. Wildfowl Trust, 16th Ann. Rep., 83–85.

JONES, R. D., and D. M. JONES (1966): The process of family disintegration in Black Brant. Wildfowl Trust, 17th Ann. Rep., 75–78.

KEAR, J. (1967): Notes of the eggs and downy young of *Thalassornis leuconotus*. Ostrich **38**, 227–229.

KEAR, J. (1973): The Blue Duck of New Zealand. The Living Bird **11**, 175–192.

KEAR, J. (1973): The magpie goose *Anseranas semipalmata* in captivity. Internat. Zoo Yearbook **13**, 28–32.

KEAR, J. (1975): Salvadori's duck of New Guinea. Wildfowl **26**, 104–111.

KEAR, J. (1975a): Returning the Hawaiian Goose to the Wild. In MARTIN, R. D.: Breeding Endangered Species in Captivity. London, New York, San Francisco.

KEAR, J. (1975b): Breeding of Endangered Wildfowl as an Aid to their Survival. Ebenda.

KEAR, J. (1979): Wildfowl at risik, 1979. Wildfowl **30**, 159–161.

KEAR, J., and R. J. SCARLETT (1970): The Auckland Islands Merganser. Wildfowl **21**, 78–86.

KEAR, J., and G. WILLIAMS (1978): Waterfowl at risk. Wildfowl **29**, 5–21.

KITCHINSKI, A. A. (1971): Biological notes on the Emperor Goose in north-east Siberia. Wildfowl **22**, 29–34.

KITCHINSKI, A. A. (1972): On the biology of the Emperor Goose. In KUMARI, E.: Gänse der UdSSR, Tartu. (Russisch).

KITCHINSKI, A. A. (1973): Waterfowl in north-east Asia. Wildfowl **24**, 88–102.

KITCHINSKI, A. A., and V. E. FLINT (1974): On the biology of the Spectacled Eider. Wildfowl **25**, 5–15.

KLAFS, G., und J. STÜBS (1977): Die Vogelwelt Mecklenburgs. Jena.

KLÖS, G.-H. (1966): Aus dem Jahresbericht 1965 des Zoologischen Gartens Berlin. Gef. Welt **90**, 178–179.

KOEPCKE, H. W., und M. KOEPCKE (1965): Las silvestres de importancia económica del Perú. Lima.

KOLBE, H. (1966): Wasserziergeflügel; Lehrbrief für Ziergeflügel-, Exoten- und Kanarienzucht. Berlin.

KOLBE, H. (1972): Die Entenvögel der Welt. 1. Aufl., Radebeul.

KOLBE, H. (1976): Erste Erfahrungen über die Haltung und Zucht der Pfeifgänse (*Dendrocygna* sp.). Monatsschrift der SZG Ziergeflügel und Exoten, 179–181.

KOLBE, H. (1977): Wasservögel in Freiland und Gehege. Leipzig.

KOLBE, H. (1977): Erstzucht des Mittelsägers (*Mergus serrator* L.). Monatsschrift der SZG Ziergeflügel und Exoten, 175–176.

KOLBE, H. (1979): Eingewöhnung verölter Meeresenten (spez. Eisenten) und ihre Möglichkeit der Haltung in Zuchtanlagen. Monatsschrift der SZG Ziergeflügel und Exoten, 41–44.

KOLBE, H. (1979): Ornamental Waterfowl. Old Woking GB.

KOLBE, H. (1981): Die Entenvögel der Welt. 2. Aufl., Leipzig, Radebeul.

KOLBE, H. (1981): Erstzucht des Kappensägers, *Mergus cucullatus* L. Monatsschrift des SZG Ziergeflügel und Exoten, S. 175–176.

KOLBE, H. (1983): Zur Ökologie, Haltung und postembryonalen Entwicklung der Gänse-, Mittel- und Kappensäger. Monatsschrift der SZG Ziergefl. und Exoten, S. 19–26.

KOMJATY, O. (1926): Neuer Brutplatz der Ruderente in Ungarn. Aquila **17**, 286.

KÖNIG, A. (1932): Die Schwimmvögel Aegyptens. J. Orn. **80**, (Sonderheft).

KONING, F. J. (1973): Quantitative Angaben über die in der Türkei überwinternden Anatiden. Bonn. Zool. Beitr. **24**, 219–226.

KORHONEN, S. (1972): Tuloksia kanadanhanhen istutuskokeilusta. Suomen Riista **24**, 52–56.

KORTEGAARD, L. (1968): Studier over den Toppede Skalleslugers (*Mergus serrator*) ynglebiologi i Vejlerne. Dansk Orn. For. Tidsskr. **62**, 37–67.

KORTRIGHT, F. H. (1942): The Ducks, Geese and Swans of North American. Am. Wildlife Inst., Washington, D. C.

KOSKIMIES, J., und E. ROUTAMO (1953): Zur Fortpflanzungsbiologie der Samtente *Melanitta fusca*. Riistatiellisiä Julkaisuja; Papers on game research **10**. Helsinki.

KRAPU, G. L. (1974): Foods of Breeding Pintails in North Dakota. J. Wildl. Mgmt. **38**, 408–417.

KRIEG, H. (1940): Als Zoologe in den Steppen und Wäldern Patagoniens. München/Berlin.

KRONBERGER, H. (1960): Befunde bei Geflügelsektionen. Mh. Vet. Med. **15**, 197–202.

KRONBERGER, H. (1967): Erkrankungen der Verdauungsorgane der Vögel. IX. Internat. Symp. Erkrankungen Zootiere Prag. Berlin.

KRONBERGER, H. (1968): Erkrankungen der Atmungsorgane der Vögel. X. Internat. Symp. Erkrankungen Zootiere Salzburg. Berlin.

KRONBERGER, H. (1969): Todesursache von *Anatiden*. XI. Internat. Symp. Erkrankungen Zootiere Zagreb. Berlin.

KRUMBIEGEL, J. (1965): Wie füttere ich gefangene Tiere? 3. Aufl. Frankfurt am Main.

KÜHNE, A. (1979): Zucht- und Haltungstendenzen bei europäischen Anatidenarten. Monatsschrift der SZG Ziergeflügel und Exoten. 131–134.

KUMARI, E. (1968): Die Eiderente (*Somateria m. mollissima* L.) in der UdSSR. Tallin. (Russisch).

KUMARI, E. (1972): Gänse in der UdSSR. Tartu. (Russisch).

KURODA, N. N. (1964): Hybrid from Bàikal Teal and Common Teal. Tori 18, 127–130.

LABZJUK, W. J., und I. N. NASAROW (1967): Über seltene und neue Vögel im südlichen Primorje. Ornitologija 8, 363–364. (Russisch).

LADHAMS, D. E. (1977): Behaviour of Ruddy Ducks in Avon. Brit. Birds 70, 137–146.

LAMPSON, B. L. (1973): First breeding of the Long-tailed duck, *Clangula hyemalis,* in captivity. Internat. Zoo Yearbook 13, 70–71.

LAVERY, H. J. (1972): The Grey Teal at saline drought-refuges in north Queensland. Wildfowl 23, 56–63.

LEIPE, Th. (1982): Ergebnisse von Magenuntersuchungen an Eisenten im Greifswalder Bodden. Falke 29, 377–378.

LINKE, H. (1979): Erfahrungen bei der Schellentenaufzucht. Monatsschrift der SZG Ziergeflügel und Exoten. 137–138.

LITZBARSKI, H. (1982): Populationsstruktur und Zugverhalten der Graugänse, *Anser anser,* in der DDR. Beitr. Vogelkd. 28, 107–128.

LUTHER, D. (1967): Ausgestorbene und aussterbende Vögel: V. Die ausgestorbenen und gefährdeten Gänse- und Entenvögel der Welt. Falke 14, 186–193.

LUTHER, D. (1967): Ausgestorbene und aussterbende Vögel: VI. Die Rosenkopf- oder Nelkenente. Falke 14, 268–271.

LUTHER, D. (1970): Die ausgestorbenen Vögel der Welt. Neue Brehm-Bücherei 424. Wittenberg Lutherstadt.

MACINNES, CH. D. (1962): Nesting of Small Canada Geese Near Eskimo Point, Northwest Territories. Journ. of Wildlife Management 26, 247–256.

MACINNES, CH. D. (1964): The status of Ross's Goose in 1962–63. Wildfowl Trust, 15th Ann. Rep., 137–139.

MACKENZIE, M. J. S., and J. KEAR (1976): White-winged Wood Duck. Wildfowl 27, 5–17.

MACKWORTH-PRAED, C. M., and C. H. B. GRANT (1952): Birds of Eastern and North-Eastern Africa. London, New York, Toronto.

MACKWORTH-PRAED, C. M., and C. H. B. GRANT (1962): Birds of the Southern third of Africa. London, New York, Toronto.

MARCHANT, S. (1960): The breeding of some SW-Ecuadorian Birds. Ibis 102, 301–382.

MARK, R. R. P. VAN DER (1958): Sierwatervogels – als Liefhebberij. Zutphen.

MARLER, Chr. (1973): Breeding the Black spur winged Goose, *Plectropterus gambensis niger,* and the Blackbrand, *Branda bernicla occidentalis* at Flamingo Gardens Olney. Internat. Zoo Yearbook 13, 58–59.

MATTHEWS, G. V. T., and M. EVANS (1974): On the behaviour of the Whiteheaded Duck with especial reference to breeding. Wildfowl 25, 56–66.

MAUERSBERGER, G. (1969): Urania Tierreich. Band 5. Vögel, Leipzig, Jena, Berlin.

MCALLUM, H. J. F. (1965): The Adaptation and Increase in the Paradise Shelduck (*Tadorna variegata*) within a Man-modified Environment. Transactions of the Royal Society of N. Z., Zoology 6, 115–125.

MCGILVREY, F. B. (1966): Fall Food Habits of Wood Ducks from Lake Marion, South Carolina. Journ. of Wildlife Management 30, 193–195.

MCKENZIE, H. R. (1971): The Brown Teal in the Auckland Province. Notornis 18, 280–286.

MCKINNEY, F. (1965): Spacing and chasing in breeding ducks. Wildfowl Trust, 16th Ann. Rep., 92–106.

MCKINNEY, F. (1965): The Comfort Movements of Anatidae. Behaviour 25, 120–220.

MCKINNEY, F. (1967): Breeding behaviour of Shovelers. Wildfowl Trust, 18th Ann. Rep. 108–121.

MEANLEY, B., and A. G. MEANLEY (1959): Observations on the Fulvous Tree Duck in Louisiana. Wilson Bulletin 71, 33–45.

MENDALL, H. L. (1958): The ring-necked duck in the northeast. University of Maine Bulletin 60.

MEYER, O., und E. STRESEMANN (1928): Zur Kenntnis der Entwicklung von *Megapodius* und *Oxyura* im Ei. Ornith. Monatsber. 36, 65–71.

MIDDLEMISS, E. (1958): The Southern Pochard *Netta erythrophthalma brunnea.* Ostrich. Suppl. No. 2.

MIERS, K. H., and M. WILLIAMS (1969): Nesting of the Black Swan at Lake Ellesmere, New Zealand. Wildfowl 20, 23–32.

MOFFETT, G. M. (1970): A study of nesting torrend ducks in the Andes. Living Bird 9, 5–28.

MOLL, K. H. (1962): Zur Brutbiologie der Graugans. Falke 9, 183–188.

MOODY, A. F. (1932): Water-Fowl and Game-Birds in Captivity. London.

MORITZ, F. (1934): Etwas über Zierenten. Gef. Welt 63, 415–417, 437–438 und 476–478.

MULLER, K. A. (1973): Pygmy geese, *Nettapus* spp., Internat. Zoo Yearbook 13, 60–62.

MÜLLER, E. (1974): Zuchtbericht über die Erstzucht von Rothalsgänsen in der SZG. Monatsschrift der SZG Ziergeflügel und Exoten. 3–4.

MUNRO, G. C. (1960): Birds of Hawaii. Rutland and Tokyo.

NAACKE, J. (1976): Herbstzug und Überwinterung von Saat- und Bleßgänsen in der DDR von 1972–1974. Mitteilungen und Berichte 8, 5–71.

NAUMANN, J. A. (1905): Naturgeschichte der Vögel Deutschlands. Band 10. Gera.

NAUMOW, S. P. (1931): Säugetiere und Vögel der Gydan-Halbinsel (NW-Sibirien). Arb. d. Polarkommission (Akad. d. Wiss.) 4. Leningrad. (Russisch).

NAYLOR, A. E. (1953): Production of the Canada Goose on Honey Lake Refuge, Lassen County, California. California Fish and Game 39, 83–93.

NAYLOR, A. E. (1960): The Wood Duck in California with special Reference to use of Nest Boxes. California Fish and Game 46, 241–269.

NIENDORF, W. (1976): Mähnengänse, ihre Lebensweise im natürlichen Vorkommen und Erfahrungen bei der Haltung in Zuchtanlagen. Monatsschrift der SZG Ziergeflügel und Exoten. 183–185.

NIESS, H. (1960): Brütet das Männchen vom Höckerschwan, *Cygnus olor* (GMELIN), wirklich? Beitr. Vogelkd. 7, 19–21.

NIETHAMMER, G. (1938): Handbuch der deutschen Vogelkunde. Band 2. Leipzig.

NIETHAMMER, G. (1952): Zur Anatomie und systematischen Stellung der Sturzbach-Ente *(Merganetta armata).* J. Orn. 93, 357–360.

NIETHAMMER, G. (1953): Zur Vogelwelt Boliviens. Bonn. Zool. Beitr. 4, 195–303.

NIETHAMMER, G. (1953): Die Einbürgerung von Säugetieren und Vögeln in Europa. Hamburg und Berlin.

Nowak, E. (1983): Die Schopfkasarka, *Tadorna cristata* (Kuroda 1917) – eine vom Aussterben bedrohte Tierart (Wissensstand und Vorschläge zum Schutz). Bonner zoolog. Beitr. **34**, 235–271.

Nowak, E. (1984): Über das vermutliche Brut- und Überwinterungsgebiet der Schopfkasarka, *Tadorna cristata*. J. Orn. **125**, 103–105.

Ogilvie, M. A. (1975): Ducks of Britain and Europe. Berkhamsted.

Ogilvie, M. A. (1978): Wild Geese. Berkhamsted.

Oelke, H. (1969): Die Brandgans *(Tadorna tadorna)* im Mausergebiet Großer Knechtsand. J. Orn. **110**, 170–175.

Oliver, W. R. B. (1930): New Zealand Birds. Wellington.

Owen, M. (1977): Wildfowl of Europe. London.

Palmer, R. S. (1976): Handbook of North American Birds. Vol. 2. und 3. New Haven.

Partridge, W. H. (1956): Notes on the Brazilian Merganser in Argentinia. Auk **73**, 473–488.

Petzold, H.-G. (1964): Beiträge zur vergleichenden Ethologie der Schwäne *(Anseres, Anserini).* Beitr. Vogelkd. **10**, 1–123.

Philippona, J. (1972): Die Bleßgans. Neue Brehm-Bücherei, **457**. Wittenberg Lutherstadt.

Phillips, J. C. (1922–26): A Natural History of the Ducks. Boston.

Piechocki, R. (1960): Der Schuppensäger *(Mergus squamatus).* Falke **7**, 150–153.

Piechocki, R. (1968): Beitr. zur Avifauna der Mongolei; Teil I *Non-Passeriformes.* Mitt. aus dem Zool. Mus. Berlin **44**, 150–291.

Pinto, O. M. (1964): Ornitologia Brasiliense. Band 1. São Paulo.

Pitman, C. R. S. (1965): The nesting and some other habits of *Alopochen, Nettapus,* and *Sarkidiornis.* Wildfowl Trust, 16th Ann. Rep., 115–121.

Powell, A. (1979): Cuckoo in the Nest. Wildfowl News No. 8.

Preuss, B. (1973): Breeding of the Whooper swan. *Cygnus c. cygnus,* at Rostock Zoo. Internat. Zoo Yearbook **13**.

Pziclonskii (1976): Seltene, bestandsrückläufige und wenig bekannte Vögel der UdSSR. Moskau. (Russisch).

Rachilin, W. K. (1964): Interessante ornithologische Funde im Fernen Osten. Sbornik trud. zool. mus. Mosk. gossud. Univ. **9**, 214–216. (Russisch).

Rachilin, W. K. (1972): Zur Biologie der Mandarinente im Sichote-alin. Die Ressourcen der Wasservögel der UdSSR, ihre Reproduktion und Nutzung; Teil II. Moskau. (Russisch).

Raethel, H. S. (1961): Krankheiten der wilden Entenvögel in Gefangenschaft. III. Internat. Symp. Erkrankungen Zootiere Köln. Berlin.

Raethel, H.-S. (1979): Zur Haltung der Prachteiderente *(Somateria spectabilis)* im Zoo Berlin. Bongo **3**, 79–80.

Rand, A. L., and E. Th. Gilliard (1967): Handbook of New Guinea Birds. London.

Reichenow, A. (1905): Die Vögel Afrikas. Berlin.

Reichholf, J. (1975): Biogeographie und Ökologie der Wasservögel im subtropisch-tropischen Südamerika. Anz. orn. Ges. Bayern **14**, 1–69.

Reid, B., and C. Roderick (1973): New Zealand scaup, *Aythya novaeseelandiae,* and Brown teal, *Anas aucklandica chlorotis,* in captivity. Internat. Zoo Yearbook **13**, 12–15.

Reiser, O. (1926): Ergebnisse der Zool. Expedition d. Akad. d. Wissenschaften nach Nordostbrasilien im Jahre 1903; Denkschrift der Akad. d. Wissenschaften in Wien, math.-naturw. Klasse **76**, 109–252. Wien.

Richter, H. (1959): Zum Brutvorkommen der Graugans *[Anser anser* (L.)*]* im Seengebiet der Müritz in den Jahren 1954 und 1955. Beitr. Vogelkd. **6**, 340–348.

Ringleben, H. (1957): Die Wildgänse Europas. Neue Brehm-Bücherei **200**. Wittenberg Lutherstadt.

Ripley, S. D. (1951): Remarks on the Philippine Mallard. Wilson Bulletin **63**, 189–191.

Ripley, S. D. (1960): Laysan Teal in Captivity. Wilson Bulletin **72**, 244–247.

Ripley, S. D. (1967): Notes from Litchfield (especially Eyton's Tree Duck), Avic. Mag. **73**, 193–194.

Ripley, S. D. (1973): Saving the Wood duck, *Aix sponsa,* through captive breeding. Internat. Zoo Yearbook **13**, 11–14.

Rittinghaus, H. (1956): Über das Verlassen der Bruthöhle und der Folgetrieb bei jungen Brandgänsen. Natur und Volk **86**, 168 ff.

Robel, D. (1979): Erstzucht der Eiderente in der DDR. Falke **26**, 248–249.

Roberts, A. (1957): Birds of South Africa. London.

Rogge, D. (1979): Probleme und Erfahrungen bei vorbereitenden Versuchen zur Wiederansiedlung der Schellente *(Bucephala clangula)* an ausgewählten Gewässern der DDR. Beitr. Vogelkd. **25**, 94–96.

Rosenius, P. (1931): Zwerg- oder Gebirgsgans *(Anser erythropus).* Beitr. Fortpfl. Biol. Vögel **7**, 81–83.

Rowan, M. K. (1963): The Yellowbill Duck *Anas undulata* Dubois in Southern Africa. Ostrich, Suppl. **5**.

Rutgers, A. (1966–1970): Enzyklopädie für den Vogelliebhaber. 3 Bände. Gorssel – Holland.

Rutschke, E. (1976): Ornithologische Zusammenarbeit UdSSR–USA. Falke **23**, 389.

Rutschke, E. (1983): Zur Bestandsentwicklung des Höckerschwans in der DDR. Der Falke **30**, 186–191.

Rutschke, E., H. Litzbarski und G. Schwede (1973): Untersuchungen zur Siedlungsdichte, Bestandsentwicklung, Biologie und Ernährung der Tafelente im Teichgebiet Peitz nebst Bemerkungen über das Vorkommen der Art in der DDR. Beitr. Jagd- und Wildforschung **8**, 257–308.

Ryan, R. A. (1972): Body weight and weight changes of wintering diving ducks. J. of Wildlife Manage. **36**, 759–765.

Ryder, J. P. (1964): A preliminary study of the breeding biology of Ross' Goose. Wildfowl Trust, 15th Ann. Rep., 127–136.

Ryder, J. P. (1967): The breeding biology of Ross' Goose in the Perry River region, Northwest Territories. Canad. Wildl. Serv. Rep. Series 3. Ottawa.

Ryder, J. P. (1969): Nesting Colonies of Ross' Goose. Auk **86**, 282–292.

Ryder, J. P. (1970): A possible factor in the evolution of clutch size in Ross' Goose. Wilson Bulletin **82**, 5–13.

Salmon, D. G. (1982): Numbers of swans and ducks in Britain, 1980–1981. Wildfowl **33**, 171.

Salvan, J. (1970): Remarques sur l'evolution de l'avifaune Malgache depuis 1945. Alauda **38**, 191–203.

Savage, C. (1965): Wildfowl Survey in south-west Asia: a progress report. Wildfowl Trust, 16th Ann. Rep., 123–125.

Schäfer, E. (1938): Ornithologische Ergebnisse zweier Forschungsreisen nach Tibet. J. Orn. **86**, Sonderheft.

Schauensee, R. M. de (1970): A guide to the birds of South America. Edinburgh.

Scherer, S., und Th. Hilsberg (1982): Hybridisierung und Verwandtschaftsgrade innerhalb der *Anatidae* – eine systematische und evolutionstheoretische Betrachtung. J. Orn. **123**, 357–380.

Scherner, E. R. (1974): Biotop, Verbreitung und Bestand brütender Höckerschwäne *(Cygnus olor)* in Bremen, Hamburg, Hessen, Niedersachsen, Schleswig-Holstein und West-Berlin 1969. Vogelwelt **95**, 161–169.

374

SCHLAWE, L. (1969): Die für die Zeit vom 1. August 1844 bis 31. Mai 1888 nachweisbaren Thiere im zoologischen Garten zu Berlin. Berlin.

SCHMIDT, G. A. J. (1966): Zum Vorkommen und Verhalten der Eisente, Clangula hyemalis, auf der westlichen Ostsee. Corax 17, 216–250.

SCHMIDT, CH. R. (1969): Preliminary notes on breeding the Falkland Island flightless steamer duck, Tachyeres brachypterus, at Zurich Zoo. Intern. Zoo Yearbook 9, 125–127.

SCHMIDT, E. (1967): Die Ruderente (Oxyura leucocephala) im Karpatenbecken. Anz. orn. Ges. Bayern 8, 123–128.

SCHMIDT, G. A. I. (1980): Der Gänsesäger. Mergus merganser. Monogr. d. Vogelkdl. Arbeitsgr. Schleswig-Holstein.

SCHÖNWETTER, M. (1960/61): Handbuch der Oologie. (2. und 3. Lieferung). Berlin.

SCHRÖDER, H. (1975): Zur Ernährungsweise von Wildgänsen auf landwirtschaftlichen Nutzflächen im Müritzgebiet. Falke 22, 6–15 und 60–63.

SCHUBERT, M. (1963): Der Zwergschwan, Cygnus bewickii YARR., im Gebiet der DDR (1950 bis 1961). Falke 10, 75 ff.

SCHÜRER, U. (1980): Beobachtungen an Spiegelgänsen (Gattung Chloephaga) des südlichen Argentinien und der Falklandinseln. Zeitschr. d. Kölner Zoo 23, 65–68.

SCOTT, P. (1953): South America – 1953. Wildfowl Trust, 5th Ann. Rep. 55–69.

SCOTT, P. (1957): A Coloured Key to the Wildfowl of the World. London. Deutsche Übersetzung: KLÖS, H.-G. (1961): Das Wassergeflügel der Welt. Hamburg, Berlin.

SCOTT, P. (1966): The Bewick's Swans at Slimbridge. Wildfowl Trust, 17th Ann. Rep. 20–26.

SCOTT, P., and J. FISHER (1957): Geheimnisse der Brutstätten. Hamburg.

SCOTT, D., and J. LUBBOCK (1974): Preliminary observations on waterfowl of Western Madagascar. Wildfowl 25, 117–121.

SECRETT, J. (1972): Breeding of Bewickis' Swans at bentley. Avic. Mag. 72, 46–47.

SERVENTY, D. L., and H. M. WHITTELL (1951): A Handbook of the Birds of Western Australia. Perth.

SHIRNOW, L. W., A. A. WINOKUROW und W. A. BYTSCHKOW (1975): Seltene Säugetiere und Vögel und ihr Schutz in der UdSSR. Moskau. (Russisch).

SIEGFRIED, W. R. (1962): Observations on the Post-embryonic Development of the Egyptian Goose and the Redbill Teal. Invest. Rep., Dept. Nat. Cons. Cape 2.

SIEGFRIED, W. R. (1962): Nesting Behaviour of the Redbill Teal Anas erythrorhyncha GMELIN. Invest. Rep., Dept. Nat. Cons. Cape 2.

SIEGFRIED, W. R. (1963): Waterfowl of the Cape Province. Cape Town.

SIEGFRIED, W. R. (1965): The Cape Shoveller Anas smithii (HARTERT) in Southern Africa. Ostrich 37, 155–198.

SIEGFRIED, W. R. (1966): On the Post-embryonic Development of the South African Shelduck, Tadorna cana (GMEL.). Ostrich 38, 149–151.

SIEGFRIED, W. R. (1968): The Black-Duck in the South-western Cape. Ostrich 39, 61–75.

SIEGFRIED, W. R. (1968): Non-Breeding Plumage in the Adult Male Maccoa Duck. Ostrich 39, 91–94.

SIEGFRIED, W. R. (1977): Evening gatherings and night roosting of African Black Ducks. Ostrich 48, 5–16.

SINGH, L. P. (1966): The Pinkheaded Duck [Rhodonessa caryophyllacea (LATHAM)] again. Journ. Bombay Nat. His. Soc. 63, 440–441.

SKRJABIN, N. G. (1965): Brutbiologie der Fleckschnabelente in der Baikal-Region. Ornitologija 7, 266–271. (Russisch).

SMART, G. (1965): Development and Maturation of Primary Feathers of Redhead Ducklings. Journ. of Wildlife Management 29, 533–536.

SMART, G. (1965): Body weights of new hatched Anatidae. Auk 82, 645–648.

SMYTHIES, B. E. (1953): The Birds of Burma. Edinburgh and London.

SMYTHIES, B. E. (1960): The Birds of Borneo. Edinburgh and London.

SNETHLAGE, H. (1928): Meine Reise durch Nordbrasilien. J. Orn. 76, Teil II: 503–538; Teil III: 668–738.

SOK, O. M. (1984): Wiederentdeckung der Schopfkasarka, Tadorna cristata, in der Koreanischen Demokratischen Volksrepublik. J. Orn. 125, 102–103.

SOPER, J. D. (1930): The Blue Goose (Chen caerulescens L.). Dept. of Interior, North-West Terr. and Yukon Branch. Ottawa.

SPANGENBERG, E. P. (1964): Die Vögel des Iman-Beckens. Sbornik trud. zool. mus. Mosk. gossud. Univ. 9, 98–202. (Russisch).

STANDEN, P. J. (1980): The social display of the Chilean teal Anas f. flavirostris. J. Zool. Lond. 191, 293–313.

STEGMANN, B. (1930): Die Vögel des Amurlandes. J. Orn. 78, 78–117.

STEINBACHER, G. (1937): Über einige bemerkenswerte Bruten und Brutversuche im Berliner Zoologischen Garten im Jahre 1937. Gef. Welt 36, 559–560.

STEINBACHER, G. (1957): Knaurs Vogelbuch. Stuttgart und Hamburg.

STEINBACHER, G. (1960): Balz der Formosaente (Anas formosa). Vogelwelt 81, 126–128.

STEINBACHER, J. (1962): Beitr. zur Kenntnis der Vögel von Paraguay. Abhandl. Senckenberg. naturforschenden Gesell. 502, 1–106.

STERBETZ, I. und J. SZIJJ (1968): Das Zugverhalten der Rothalsgans (Branta ruficollis) in Europa. Vogelwarte 24, 266–277.

STEWART, R., and J. W. ALDRICH (1958): Distinction of Maritime and Prairie Populations of Bluewinged Teal. Proc. Biol. Soc. 69, 29–36.

STEWART, R. E. (1962): Waterfowl Populations in the Upper Chesapeake Region. Special Scientific Report-Wildlife 65.

STOLL, F. E. (1931): An den Brutplätzen von Oidemia fusca und Arenaria interpres. J. Orn. 79, 541–547.

STORR, G. M. (1965): The Avifauna of Rottnest Island. Western Australia: II. Lake and Litoral Birds. Emu 65, 105–113.

STRESEMANN, E. (1940): Zeitpunkt und Verlauf der Mauser bei einigen Entenarten. J. Orn. 88, 288–333.

STRESEMANN, E., und V. STRESEMANN (1966): Die Mauser der Vögel. J. Orn. 107, (Sonderheft).

SUPPERER, R. (1968): Invasionskrankheiten. In GRATZL, E., und H. KÖHLER: Spezielle Pathologie und Therapie der Geflügelkrankheiten. Stuttgart.

SUTTON, G. M. (1932): The birds of Southampton Island. Memoirs Carnegie Mus. 12, 1–275.

SWANSON, G. A., M. I. MEYER, and J. R. SERIE (1974): Feeding Ecology of Breeding Blue-Winged Teals. J. Wildl. Mgmt. 38, 396–407.

SZIJJ, J. (1963): Zehn Jahre Entenvogelzählung am Bodensee. Vogelwarte 22, 1–17.

TANGEN, H. I. L. (1974): Forsök med canadagås i Norge. Fauna 27, 166–176.

TARSNANE, S. (1982): Manual of Ornamental Waterfowl Management. Publ. by the Brit. Waterfowl Assoc. Halstead GB.

TAYLOR, J. S. (1957): Notes on the birds of inland waters in the Eastern Cape Province with special reference to the Karoo. Ostrich 28, 2–80.

TEMME, M. (1976): Beitrag zur Kenntnis der Philippinenente (Anas luzonica Frazer). Orn. Mitt. 28, 184–189.

TIMMERMAN, A. (1962): De Brandgans *(Branta leucopsis)* in Nederland. Limosa **35**, 199–218.

TIMMERMAN, A. (1965): Über den Zug der Wildgänse in den Niederlanden. Falke **12**, 198–201.

TIMMERMAN, A. (1976): Winterverbreitung der paläarktischen Gänse in Europa, West-Asien und Nord-Afrika, ihre Anzahlen und ihr Management in West-Europa. Vogelwelt **97**, 81–98.

TIMMERMAN, A. (1977): Het Wintervoorkomen van de Kleine Rietgans *Anser brachyrhynchus*. Limosa **50**, 71–91.

TIMMERMAN, G. (1933): Die Kurzschnabelgans auf Island. J. Orn. **81**, 322–331.

TIUSSA, J. (1965): Food habits of some Waterfowl species in the inland waters. Suomen Riista **18**, 42–49.

TODD, F. S. (1979): Waterfowl: Ducks, Geese, and Swans of the World. New York, London.

USPENSKI, S. M. (1965): Die Wildgänse Nordeurasiens. Neue Brehm-Bücherei **352**. Wittenberg Lutherstadt.

USPENSKI, S. M. (1972): Die Eiderenten. Neue Brehm-Bücherei **452**, Wittenberg Lutherstadt.

VAURIE, CH. (1965): The Birds of the palaearctic fauna. Band 2. Witherby, London.

VESELOVSKY, Z. (1973): The breeding biology of the Cape Barren geese, *Cereopsis novaehollandiae*. Internat. Zoo Yearbook **13**, 48–55.

VESELOVSKY, Z. (1976): Beitrag zur Kenntnis der Ruderente *(Oxyura leucocephala)* (Scopoli 1769). Beitr. Vogelkd. **22**, 105–114.

VOOUS, K. H. (1962): Die Vogelwelt Europas und ihre Verbreitung. Hamburg, Berlin.

VOSS, G. (1963): Erfolgreiche Aufzucht von Rothalsgänsen im Zoo Winnipeg. Freunde d. Kölner Zoo, **6** Heft 4.

WACKERNAGEL, H. (1975): Erfahrungen in der Tierhaltung. Zool. Garten N. F. **45**, 17–27.

WARNER, R. E. (1963): Recent history and ecology of the Laysan Duck. Condor **65**, 3–23.

WELLER, M. W. (1959): Parasitic egg laying in the redhead *Aythya americana* and other North American *Anatidae*. Ecol. Monographs **29**, 333–365.

WELLER, M. W. (1967): Distribution and habitat selection of the Black-headed Duck. Hornero **10**, 299–306.

WELLER, M. W. (1967): Notes on Plumages and Weights of the Black-headed Duck, *Heteronetta atricapilla*. Condor **69**, 133–145.

WELLER, M. W. (1967): Notes on some marsh birds of Cape San Antonio, Argentina. Ibis **109**, 391–416.

WELLER, M. W. (1968): The Breeding Biology of the Parasitic Black-headed Duck. The Living Bird **7**, 169–207.

WELLER, M. W. (1969): Comments on waterfowl habitat and management problems in Argentina. Wildfowl **20**, 126–130.

WELLER, M. W. (1972): Ecological studies of Falkland Island's waterfowl. Wildfowl **23**, 25–44.

WELLER, M. W. (1972): Ecological Studies of the South Georgia pintail *(Anas georgica georgica)*. Antarctica Journal **7**, 77–78.

WELLER, M. W. (1973): Waterfowl in the Auckland Islands. Antarctica Journal **7**, 188–190.

WELLER, M. W. (1973): Ecology and behaviour of the South Georgia pintail. *Anas g. georgica*. Ibis **117**, 217–231.

WELLER, M. W. (1974): Habitat selection and feeding patterns of brown teal *(Anas castanea chlorotis)* on Great Barrier Island. Notornis **21**, 25–35.

WELLER, M. W. (1976): Ecology and behaviour of steamer ducks. Wildfowl **27**, 45–54.

WEND, G. (1982): Erstzucht der Halsringente, *Aythya collaris* (DONOVAN). Monatsschrift der SZG Ziergeflügel und Exoten, S. 42.

WERTH, E. (1925): Beobachtungen zum Vogelleben von Kerguelen; Deutsche Südpolar-Expedition 1901–1903; **17**, Zool. 9, 543–604.

WESTERNHAGEN, W. von (1970): Über den Jahreszyklus des Gänsesägers, *Mergus merganser*. Corax **3**, 121–129.

WETMORE, A. (1965): The Birds of the Republic of Panama. Band 1. Smithson. Misc. Coll.

WHEELER, J. R. (1953): Notes on the Blue-billed Ducks at Lake Wendouree, Ballarat. Emu **55**, 280–282.

WHISTLER, H. (1928): Popular Handbook of Indian Birds. London.

WIENANDS, J. (1966/67): Wasserziergeflügel. Gef. Welt, **90** u. **91**, 135–137, 146–147, 168–171, 197–198, 212–213, 239–241 und 7–8.

WIENANDS, J. (1974): Gelungene Zucht des Kappensägers *(Mergus cucullatus* L.). Gef. Welt **98**, 81–82.

Wild Bird Society of Japan (1982): A Field Guide to the Birds of Japan. Tokyo.

WILLIAMS, G. R. (1962): Extinction and the land and freshwaterinhabiting birds of New Zealand. Notornis **10**, 15–24 und 29–32.

WILLIAMS, G. R. (1964): Extinction and the *Anatidea* of New Zealand. Wildfowl Trust, 15th Ann. Rep., 140–146.

WILLIAMS, G. R., and M. W. WELLER (1974): Unsuccessful research for the auckland island merganser *(Mergus australis)*. Notornis **21**, 247–249.

WILLIAMS, J. S. (1973): Die Vögel Ost- und Zentralafrikas. Hamburg und Berlin.

WILLIAMS, M. (1969): Courtship and copulatory behaviour of the New Zealand Grey duck. Notornis **16**, 23–32.

WILLIAMS, M. (1971): The distribution and abundance of the Paradise Shelduck *(Tadorna variegata,* Gmelin) in New Zealand from pre-europan times to the present day. Notornis **18**, 71–86.

WILLIAMS, M. (1979): The social structure, breeding and population dynamics of Paradise Shelduck in the Gisborne-East Coast district. Notornis **26**, 213–272.

WILLIAMS, M. (1979): The status and Management of Black Swans *Cygnus atratus,* LATHAM, at lake Ellesmere since the ›Wahine‹ storm, April 1968. New Zealand Journ. of Ecology **2**, 34–41.

WILLIAMS, W. M. H. (1971): Some notes on the rearing of Bufflehead and Hooded Mergansers *(Bucephala albeola* and *Mergus cucullatus)*. Avic. Mag. **77**, 58–65.

WINTERBOTTOM, J. M. (1974): The Cape teal. Ostrich **45**, 110–132.

WISSEL, V. C., M. STEFANI und H.-S. RAETHEL (1966): Fasanen und andere Hühnervögel. Melsungen.

WOLTERS, H. E. (1977): Die Vogelarten der Erde. 2. Lieferung. Hamburg und Berlin.

WOOD, J. S. (1965): Some associations behaviour to reproductive development in Canada Geese. Journ. Wildl. Manag. **29**, 237–244.

WOROBJEW, K. A. (1954): Die Vögel des Ussuri-Gebietes. Moskau. (Russisch).

WOROBJEW, K. A. (1963): Die Vögel Jakutiens. Moskau. (Russisch).

WÜRDINGER, J. (1975): Vergleichende morphologische Untersuchungen zur Jugendentwicklung von *Anser-* und *Branta-*Arten. J. Orn. **116**, 65–86.

YOCOM, CH. F., and M. KELLER (1961): Correlation of Food Habits and Abundance of Waterfowl, Humboldt Bay, California. Calif. Fish and Game **47**, 41–53.

ZEDLITZ, G. v. (1909): Meine ornithologische Ausbeute aus Nordost-Afrika. J. Orn. **57**, 290ff.

Register

Seitenzahlen mit * weisen auf Textabbildungen, Seitenzahlen mit ** kennzeichnen Abbildungen auf den Tafeln

A

Affengans 131
Afrikanische Ruderente 347f., 347*
Afrikanische Zwergglanzente 183ff., 184*
Aix galericulata 188ff., 312**
– *sponsa* 187f., 312**
Alopochen aegyptiacus 142ff., 239**
Amazonasente 32**, 191ff., 311**
– Große 191
– Kleine 191
Amazonetta brasiliensis 32**, 191ff., 311**
– – *brasiliensis* 191
– – *ipecutiri* 191
Amerikanische Pfeifente 200f., 314**
Anas acuta 246ff.
– – *acuta* 70**, 246f., 319**
– – *drygalskii* 246
– – *eatoni* 246ff., 319**
– *americana* 200f., 314**
– *angustirostris* 69**, 267f.
– *aucklandica* 214ff.
– – *aucklandica* 64, 214
– – *chlorotis* 64, 214, 316**
– – *nesiotis* 64, 214
– *bahamensis* 250f., 354**
– – *bahamensis* 250
– – *galapagensis* 250
– – *rubrirostris* 250
– *bernieri* 64, 211
– *capensis* 209ff.
– *castanea* 213f., 316**
– *clypeata* 264f., 357**
– *crecca* 207f.
– – *carolinensis* 69**, 207
– – *crecca* 71**, 207, 317**
– – *nimia* 207
– *cyanoptera* 258ff., 356**
– – *borreroi* 258
– – *cyanoptera* 258
– – *orinomus* 258
– – *septentrionalium* 258
– – *tropica* 258
– *discors* 257f., 356**
– – *discors* 257

– – *orphna* 257
– *erythrorhyncha* 251ff., 354**
– *falcata* 72**, 202f.
– *flavirostris* 208f., 317**
– – *altipetens* 208
– – *andinum* 208
– – *flavirostris* 208
– – *oxyptera* 208
– *formosa* 65**, 205f., 315**
– *georgica* 248ff.
– – *georgica* 68**, 248, 318**
– – *niceforoi* 248
– – *spinicauda* 248, 318**
– *gibberifrons* 212f., 317**
– – *albogularis* 212
– – *gibberifrons* 212
– – *gracilis* 212
– – *remissa* 212
– *leucophrys* 185
– *luzonica* 242f., 315**
– *melleri* 221f.
– *oustaleti* 64, 216
– *penelope* 71**, 199f., 314**
– *platalea* 73**, 260f., 357**
– *platyrhynchos* 216ff.
– – *conboschas* 216
– – *diazi* 216
– – *fulvigula* 216
– – *laysanensis* 64, 216, 218f.
– – *maculosa* 216
– – *platyrhynchos* 216ff., 218*
– – *wyvilliana* 216, 219f.
– *poecilorhyncha* 223f., 241, 320**
– – *haringtoni* 223
– – *poecilorhyncha* 223
– – *zonorhyncha* 223
– *punctata* 255f., 355**
– *querquedula* 68**, 256f., 356**
– *rhynchotis* 263f.
– – *rhynchotis* 263, 357**
– – *variegata* 263
– *rubripes* 220f.
– *sibilatrix* 201f., 314**
– *smithi* 73**, 261*, 261ff., 262*
– *sparsa* 197f., 315**
– – *leucostigma* 197
– – *maclatchyi* 197
– – *sparsa* 197
– *specularioides* 244

– *specularis* 68**, 243*, 243f.
– *strepera* 204f.
– – *couesi* 204
– – *strepera* 204, 316**
– *superciliosa* 241f.
– – *pelewensis* 241
– – *rogersi* 241
– – *superciliosa* 241
– *undulata* 222f., 320**
– – *rüppelli* 222
– – *undulata* 222
– *versicolor* 253ff., 355**
– – *fretensis* 253
– – *puna* 253ff., 355**
– – *versicolor* 253
– *waigiuensis* 196*, 196f.
Andengans 134f., 135*, 236**
Anden-Krickente 208
Anlagenbesetzung 15
Anser albifrons 109ff.
– – *albifrons* 25**, 109
– – *flavirostris* 110
– – *frontalis* 110
– – *gambelli* 110
– *anser* 112ff., 113*, 228**
– – *anser* 112
– – *rubrirostris* 112
– *brachyrhynchus* 27**, 108f., 229**
– *caerulescens* 115ff., 232**
– – *atlanticus* 115
– – *caerulescens* 115
– *canagicus* 26**, 118ff., 231**
– *cygnoides* 105ff., 228**
– *erythropus* 19**, 25**, 111f., 230**
– *fabalis* 107f., 229**
– – *fabalis* 107
– – *johanseni* 107
– – *middendorfi* 107
– – *rossicus* 107
– – *serrirostris* 107
– *indicus* 114f., 229**, 230**
– *rossi* 27**, 117f.
Anseranas semipalmata 81f., 156**, 157**
Argentinische Ruderente 348f.
Aspergillose 49
Aucklandente 64, 214ff.
– Neuseeländische 64, 214, 316**
– Campbell 64, 214
Aucklandsäger 339
Augenbrauenente 241f.
– Australische 241
– Neuseeländische 241
– Palau-241
Australische Kasarka 32**, 162ff.
Australische Löffelente 263f., 357**
Australische Moorente 281f., 361**
Australische Ruderente 349f., 368**
Australische Zwergglanzente 182, 310**
Aythya affinis 75**, 289f.
– *americana* 276*, 279f., 359**
– *australis* 281f., 361**
– – *australis* 281

– – *extima* 281
– *baeri* 282f., 361**
– *collaris* 74**, 280f., 360**
– *ferina* 78**, 276*, 277*, 277f., 360**
– *fuligula* 285ff., 360**
– *innotata* 285
– *marila* 78**, 288f.
– – *marila* 288
– – *nearctica* 288
– *novae-seelandiae* 75**, 287f.
– *nyroca* 283f., 361**
– *valisineria* 275ff., 276*, 359**

B

Baers Moorente 282
Bahamaente 250f., 354**
– Galapagos 250
– Nördliche 250
– Südliche 250
Baikalente 65**, 205f., 315**
Bandwurmbefall 51
Banks-Moorente 281
Bebrütung der Eier 37, 153**
Bergente 78**, 288f.
Behandlung erkrankter Tiere 41ff.
Bernierente 64, 211
Betonteiche 12
Biziura lobata 351f.
Blauflügelente 258ff., 356**
Blauflügelgans 32**, 132ff.
Bleßgans 109ff.
– Europäische 25**, 109
– Grönland- 110
– Pazifische 110
– Thule- 110
Bodenvegetation 14, 146**, 151**
Bolutismus 48
Borstensäger 193
Brandgans 167*, 167f., 306**
Branta bernicla 126ff.
– – *bernicla* 126
– – *hrota* 126
– – *nigricans* 29**, 126, 233**
– – *orientalis* 126
– *canadensis* 121ff.
– – *asiatica* 122
– – *canadensis* 27**, 121, 235**
– – *fulva* 122
– – *hutchinsi* 122
– – *interior* 122
– – *leucopareia* 64, 122
– – *maxima* 28**, 122
– – *minima* 122, 124
– – *moffitti* 122
– – *occidentalis* 122
– – *parvipes* 122
– – *taverneri* 122
– *leucopsis* 124ff., 125*, 234**
– *ruficollis* 30**, 64, 128f., 233**
– *sandvicensis* 29**, 64, 120f., 235**
Brautente 187f., 312**

Brillenente 304, 321
Bucephala albeola 323 f., 364**
– *clangula* 326 ff.
– – *americana* 326
– – *clangula* 76**, 326 ff., 326*, 327*, 364**
– *islandica* 76**, 324 ff., 365**
Büffelkopfente 323 f., 364**

C

Cairina hartlaubi 67**, 178*, 178 f., 309**
– *moschata* 174 ff., 175*
– *scutulata* 64, 64*, 67**, 176 f.
Callonetta leucophrys 185 f., 311**
Camptorhynchus labradorius 298 f., 362**
Cereopsis novaehollandiae 129 ff., 130*, 131*, 240**
Chenonetta jubata 190 f., 191*, 308**
Chilepfeifente 201 f., 314**
Chile-Krickente 208 f., 317**
Chloephaga hybrida 137 ff., 138*
– – *hybrida* 137
– – *malvinarum* 31**, 137
– *melanoptera* 134 f., 135*, 236**
– *picta* 31**, 135 ff., 237**
– – *leucoptera* 135
– – *picta* 135
– *poliocephala* 32**, 139 f.
– *rubidiceps* 31**, 140 f., 236**
Clangula hyemalis 77**, 301 ff.
Coscoroba coscoroba 24**, 64, 102*, 104 f., 105*
Crozetente 246
Cyanochen cyanopterus 32**, 132 ff.
Cygnus atratus 96 ff., 102*, 226**
– *columbianus* 102 ff.
– – *bewickii* 102 ff., 23**, 102*
– – *columbianus* 102*, 102
– – *jankowskii* 64, 102
– *cygnus* 99 ff.
– – *buccinator* 24**, 99, 101, 102*, 225**
– – *cygnus* 99 ff., 102*, 225**
– *melanocoryphus* 64, 98 f., 102*, 227**
– *olor* 24**, 95*, 95 f., 102*, 226**

D

Dachpappenteiche 13, 151**
Dampfschiffenten 170
Darre 55
Dendrocygna arborea 64, 91*, 91 f., 157**
– *arcuata* 20**, 87*, 87 f.
– – *arcuata* 87
– – *australis* 87
– – *pygmaea* 87
– *autumnalis* 22**, 92 f., 158**
– – *autumnalis* 92
– – *discolor* 92
– *bicolor* 21**, 85 f., 158**, 159**
– *eytoni* 22**, 84 f., 159**
– *guttata* 82 ff., 157**
– *javanica* 88 f., 159**
– *viduata* 17**, 19*, 89 f.
Dunkelente 220 f.
Dunkelsäger 333 f.

E

Eiderente 76**, 290 ff., 292*, 295*, 363**
– Amerikanische 291, 295*
– Nördliche 291
Einzelgehege 11, 18**, 147**, 148**
Eisente 77**, 301 ff.
Enteninfluenza 45
Entenpest 45
Ernährungsstörungen 52 f.
Eytons Baumente 84

F

Falkland-Dampfschiffente 66**, 170 ff.
Federlingsbefall 52
Federmilbenbefall 52
Fleckschnabelente 223 f., 241, 320**
– Burmesische 223
– Indische 223
– Östliche 223
Fütterung der Altvögel 33 f.
Fütterung der Küken 39

G

Galapagosente 250
Gänseinfluenza 47
Gänsesäger 80**, 337 ff., 367**
Gehegeeinrichtung 10
Gelbe Pfeifgans 21**, 85 f., 158**, 159**
Gelbschnabelente 222 f., 320**
– Dunkle 222
– Helle 222
Gesellschaftsgehege 10, 15, 145**, 146**, 149**
Gluckente 205
Graugans 112 ff., 113*, 228**
– Östliche 112
– Westliche 112
Graukopfgans 32**, 139 f.
Graukopfkasarka 32**, 161 f., 162*, 307**
Grüne Zwergglanzente 181 f., 310**
Grünohrente 214

H

Haarwurmbefall 51
Halsringente 74**, 280 f., 360**
Handel mit gefährdeten Arten 64
Hartlaubsente 67**, 178*, 178 f., 309**
Hawaiigans 29**, 64, 120 f., 235**
Herbstpfeifgans 22**, 92 f., 158**
– Nördliche 92
– Südliche 92
Heteronetta atricapilla 340 f., 368**
Histrionicus histrionicus 77**, 299 ff., 299*
Höckergans 106
Höckerglanzente 64, 179 f., 308**
Höckerschwan 24**, 95*, 95 f., 102*, 226**
Hottentottenente 255 f., 355**
Hühnergans 129 ff., 130*, 131*, 240**
Hybriden 61
Hymenolaimus malacorhynchos 60*, 194 f.

I

Indische Zwergglanzente 182 f.

J

Jankowski-Schwan 64, 102
Javanische Baumente 88

K

Kaisergans 26**, 118 ff., 231**
Kanadagans 121 ff.
– Aleuten Zwerg- 64, 122
– Atlantische 27**, 121, 235**
– Bering-Zwerg- 122
– Dunkle 122
– Dunkle Zwerg- 122, 124
– Hutschins Zwerg- 122
– Kleine 122
– Moffitts 122
– Riesen- 28**, 122
– Todds 122
– Taverners 122
– Vancouver 122
Kapente 209 ff.
Kappensäger 80**, 329 ff., 330*, 367**
Kasarka 144
Kastanienente 213 f., 316**
Kelpgans 137
Kerguelenente 246 ff., 319**
Knäkente 68**, 256 f., 356**
Kokzidiose 50
Kolbenente 270 ff., 271*
Kolibazillose 46
Koskorobaschwan 24**, 64, 102*, 104 f., 105*
Kotproben 42
Kragenente 77**, 299 ff., 299*
Krankheitsanzeichen 41
Kratzerbefall 52
Kreuzungen (siehe auch Hybriden) 61 f.
Krickente 71**, 207 f., 317**
– Aleuten 207
– Nordamerikanische 69**, 207
Kubapfeifgans 64, 91*, 91 f., 157**
Kuckucksente 340 f., 368**
Kükenaufzucht 18**, 37, 38*, 154**, 155**
Kupferspiegelente 68**, 243*, 243 f.
Kupieren 34, 34*
Kurzschnabelgans 27**, 108 f., 229 **

L

Labradorente 298 f., 362**
Langflügeldampfschiffente 170
Lappenente 351 f.
Laysan-Stockente 64, 216, 218 f.
Legenot 56
Leucocytozoon-Infektion 50
Listeriose 48
Löffelente 264 f., 357**
Lophonetta specularioides 244 ff., 245*

– – *alticola* 244, 353**
– – *specularioides* 69**, 244, 353**
Luftröhrenwurmbefall 51

M

Madagaskarente 221 f.
Madagaskar-Moorente 285
Magellan-Dampfschiffente 66**, 170 ff.
Magellangans 31**, 135 ff., 237**
– Große 135
– Kleine 135
Mähnengans 190 f., 191*, 308**
Magenwurmbefall 51
Malacorhynchus membranaceus 265 ff., 313**
Malaienente 64, 64*, 67*, 176 f.
Mandarinente 188 ff., 312**
Marianenente 64, 216
Marmelente 69**, 267 f.
Maskenruderente 341 ff., 342*
Mauser 58
Melanitta fusca 321 ff.
– – *deglandi* 321
– – *fusca* 321, 365**
– – *stejnegeri* 321
– *nigra* 303 f.
– – *americana* 303
– – *nigra* 303
– *perspicillata* 304, 321
Merganetta armata 193 f.
– – *armata* 193, 313**
– – *columbiana* 193
– – *leucogenis* 193, 313**
Mergus albellus 78**, 331 f., 332*
– *australis* 339
– *cucullatus* 80**, 329 ff., 330*, 367**
– *merganser* 337 ff.
– – *americanus* 337
– – *merganser* 80**, 337, 367**
– – *comatus* 337
– *octosetaceus* 333 f.
– *serrator* 334*, 334 ff.
– – *schioeleri* 334
– – *serrator* 79**, 80**, 334, 366**
– *squamatus* 336*, 336 f.
Merida-Krickente 208
Messen der Entenvögel 62 f., 62*, 63*
Mikrokokkose 47
Mineralstoffe 54 f.
Mittelente 204
Mittelsäger 79**, 80**, 334*, 334 ff., 366**
– Grönland- 334
Moorente 283 f., 361**
– Banks- 281
Moschusente 174 ff., 175*
Moschusruderente 351
Mutationszüchtungen 62

N

Nelkenente 268
Ne-Ne 120

Neochen jubatus 141f., 238**
Netta erythrophthalma 272f., 273*, 358**
– – brunnea 272
– – erythrophthalma 272
– peposaca 73**, 273ff., 274*, 358**
– rufina 270ff., 271*
Nettapus auritus 183ff., 184*
– coromandelianus 182f.
– – albipennis 182, 310**
– – coromandelianus 182
– pulchellus 181f., 310**
Neuseeländische Kasarka 164
Neuseeland-Löffelente 263
Neuseeland-Tauchente 75**, 287f.
Nilgans 142ff., 239**
Nisthöhlen 19**, 35, 152**
Nonnengans 124

O

Organkrankheiten 55f.
Orinokogans 141f., 238**
Ornithose 46
Oxyura australis 349f., 368**
– dominica 341ff., 342*
– jamaicensis 343ff.
– – andina 343
– – ferruginea 343
– – jamaicensis 67**, 343, 344*
– leucocephala 64, 345ff., 346*
– maccoa 347f., 347*
– vittata 348f.

P

Paradieskasarka 32**, 164f., 306**
Pasteurellose 47
Patagonische Dampfschiffente 170ff.
Peposakaente 73**, 273ff., 274*, 358**
Pfeifente 71**, 199f., 314**
Pfeifferellose 47
Pfeifschwan 102*, 102
Philippinenente 242f., 315**
Plastteiche 14
Plectropterus gambensis 173f., 308**
– – gambensis 173
– – niger 173
Plüschkopfente 295*, 295ff., 296*
Polysticta stelleri 295*, 297f., 298*, 363**
Prachteiderente 293*, 293ff., 295*, 363**
Pseudotuberkulose 47
Punaente 253ff., 355**
Pünktchengans 131f., 240**

Q

Quarantäne 40

R

Radjahgans 168f., 305**
– Rotrücken- 168
– Schwarzrücken- 168

Reiherente 285ff., 360**
Rhodonessa caryophyllacea 64, 268ff., 269*, 362**
Riesendampfschiffente 170
Riesentafelente 275ff., 276*, 359**
Ringelgans 126ff.
– Dunkelbäuchige 126
– Hellbäuchige 126
– Lawrence- 126
– Pazifik- 29**, 126, 233**
Rosenkopfente 64, 268ff., 269*, 362**
Ros's Gans 117
Rostgans 144, 161
Rotaugenente 272f., 273*, 358**
Rothalsgans 30**, 64, 128f., 233**
Rotkopfente 276*, 279f., 359**
Rotkopfgans 31**, 140f., 236**
Rotlauf 48
Rotschnabelente 251ff., 354
Rotschulterente 185f., 311**

S

Saatgans 107f., 229**
Salmonellosen 46
Salvadoriente 196*, 196f.
Samtente 321ff., 365**
– Amerikanische 321
– Asiatische 321
Sarkidiornis melanotos 64, 179f., 308**
– – melanotos 179
– – sylvatica 179
Saugwurmbefall 50
Saumschnabelente 60*, 194f.
Scharbenente 351
Scheckente 295*, 297f., 298*, 363**
Schellente 76**, 326ff., 326*, 327*, 364**
– Amerikanische 326
Schmuckpfeifgans 84
Schnatterente 204f., 316**
– Coues- 204
Schneegans 115ff., 232**
– Blaue 115, 232**
– Große 115
– Kleine 115
Schopfente 224ff., 245*
– Anden- 244, 353**
– Patagonische 69**, 244, 353**
Schopfkasarka 165f., 166*
Schuppensäger 336*, 336f.
Schwanengans 105ff., 228**
Schwarzente 197f., 315**
– Abessinische 197
– Südafrikanische 197
– Westafrikanische 197
Schwarzer Schwan 96
Schwarzhalsschwan 64, 98f., 102*, 227**
Schwarzkopfente 340
Schwarzkopfmoorente 282f., 361**
Schwarzkopfruderente 343ff.
– Kolumbianische 343
– Nordamerikanische 67**, 343, 344*
– Peruanische 343

Sichelente 72**, 202f.
Sichelpfeifgans 22**, 84f., 159**
Singschwan 99ff., 102*, 225**
Somateria fischeri 295*, 295ff., 296*
– *mollissima* 290ff.
– – *borealis* 291
– – *dresseri* 291, 295*
– – *faeroeensis* 291
– – *mollissima* 76**, 291, 292*, 295*, 363**
– – *v-nigra* 291
– *spectabilis* 293*, 293ff., 295*, 363**
Soor 48
Spaltfußgans 81f., 156**, 157**
Spatelente 76**, 324ff., 365**
Spatelschnabelente 265ff., 313**
Spatula capensis 261
Spießente 70**, 246f., 319**
Spirochätose 48
Spitzschwanzente 248ff.
– Chile- 248, 318**
– Nördliche 248
– Südgeorgien- 68**, 248, 318**
Spitzschwingenente 208
Sporenente 193
Sporengans 173f., 308**
– Schwarze 173
Spurenelemente 54f.
Stictonetta naevosa 131f., 240**
Stockente 216ff., 218*
– Florida- 216
– Grönland- 216
– Hawaii- 216, 219f.
– Laysan- 64, 216, 218f.
– Mexiko- 216
Streifengans 114f., 229**, 230**
Sturzbachente 193f.
– Chile- 193, 313**
– Kolumbianische 193
– Peru- 193, 313**
Südafrikanische Löffelente 73**, 261*, 261ff., 262*
Südamerikanische Löffelente 73**, 260f., 357**
Suschkingans 107
Systematik 58f., 59*

T

Tachyeres brachypterus 66**, 170ff.
– *leucocephala* 170ff.
– *patachonicus* 170ff.
– *pteneres* 66**, 170ff.
Tadorna cana 32**, 161f., 162*, 307**
– *cristata* 165f., 166*
– *ferruginea* 144, 161
– *radjah* 168f., 305**
– – *radjah* 168
– – *rufitergum* 168
– *tadorna* 167*, 167f., 306**
– *tadornoides* 32**, 162ff.
– *variegata* 32**, 164f., 306**
Tafelente 78**, 276*, 277*, 277f., 360**
Tanggans 137ff., 138*
– Große 31**, 137

– Kleine 137
Teichtypen 11ff.
Thalassornis leuconotus 93f., 160**
– – *insularis* 93
– – *leuconotus* 93
Tierische Feinde 16f.
Tonteiche 13
Trauerente 303f.
– Amerikanische 303
Trauerschwan 96ff., 102*, 226**
Trompeterschwan 24**, 99, 101, 102*, 225**
Tuberkulose 48
Tüpfelpfeifgans 82ff., 157**

U

Überwinterung 15, 18**, 38*
Uferbefestigung 11, 12*, 150**

V

Veilchenente 75**, 289f.
Vergiftungen 55
Versicolorente 253ff., 355**
– Nördliche 253
– Südliche 253
Virushepatitis 45
Viruskrankheiten 45
Vitaminmangel 53f.
Vogelmilben 52
Volierenhaltung 10, 147**

W

Wanderpfeifgans 20**, 87*, 87f.
Wehrente 193
Weißflügelente 176
Weißkehlente 212f., 317**
– Andamen- 212
– Australische 212
– Renell 212
Weißkopf-Dampfschiffente 170ff.
Weißkopfruderente 64, 345ff., 346*
Weißrückenente 93f., 160**
– Afrikanische 93
– Madagaskar- 93
Weißwangengans 124ff., 125*, 234**
Witwenpfeifgans 17**, 19**, 89f.

Z

Zimtente 258ff., 356**
– Anden- 258
– Argentinische 258
– Gefleckte 258
– Kolumbianische 258
– Nördliche 258
Zucht des Wassergeflügels 35ff.
Zwergbleßgans 111
Zwerggans 19**, 25**, 111f., 230**
Zwergpfeifgans 88f., 159**
Zwergsäger 78**, 331f., 332*
Zwergschneegans 27**, 117f.
Zwergschwan 23**, 102*, 102ff.